数字信息资源检索

——国际关系及相关专业检索指南

Information Retrieval of Digital Resources:

Searching Guidelines for International Relations and Relevant Disciplines

胡 波　游 祎◎主编

世界知识出版社

本书获外交学院中央高校基本
科研业务费专项资金资助

目　录
Contents

第1章

信息与信息素质

前　言

随着信息社会的到来，信息资源对人类的社会生活产生了巨大影响。美国未来学家托夫勒[①]说："电脑网络的建立和普及将彻底改变人类生存及生活的模式，控制与掌握网络的人就是未来命运的主宰。谁掌握了信息，控制了网络，谁将拥有整个世界。"但是，信息空间的无限、无序和纷繁复杂等特点，又给人们查找和利用信息带来了困难。人们开始意识到，信息检索能力是信息化时代每个人必须具备的基本技能。面对浩瀚的知识海洋，每个人只有掌握从大量文献中获取有用、准确信息的能力，才能达到更新知识、开拓视野、启迪思维、激发创造力、增强竞争力的目的。

在真正实施信息检索之前，我们首先要学习一些有关信息和信息检索的基本知识。

一、信息、知识、情报及文献

（一）信息（Information）

信息是与物质、能量相并列的一类对象的总称，是一种客观存在，从微观世界到宏观世界，从无机界到有机界，从植物到动物，从机器到人，都能产生信息，也能接收信息。信息无所不在，无时不有，从结绳记事到登上月球，从日常生活到科学研究，人类自古以来就在利用信息。

① 阿尔文·托夫勒（Alvin Toffler，1928.10.8—2016.6.27），世界著名未来学家，代表作：《未来的冲击》《第三次浪潮》《权力的转移》。

1. 信息的定义

信息一词，我国古已有之，最早出自唐朝诗人李中《暮春怀故人》中的“梦断美人沉信息，目穿长路倚楼台”，原意是消息。但是直到20世纪40年代，美国数学家克劳特·申农（C.E.Shannon）创立了狭义信息论以后，信息才成为一个科学概念。申农这样描述信息：“信息就是用于消除随机不定性的东西。”

控制论的创始人诺伯特·维纳（Nobert Wiener）说：“信息就是信息，既不是物质也不是能量，而是与物质和能量相并列的三大要素之一。”

《辞海》把信息解释为对消息接受者来说预先不知道的报道，泛指听说的消息、情报、指令、代码、符号语言、文字、信号、数据等。

在我国国家标准《情报与文献工作词汇基本术语》中，对信息的概念定义为：信息是物质存在的一种方式、形态或运动状态，是事物的一种普遍属性，一般指数据、消息中所包含的意义，可以使消息中所描述事件的不定性减少。

这些定义分别从不同层次、不同侧面揭示了信息的属性（客观存在性）、作用（消除不确定性）及形式（数据、消息等事实）等。目前，信息的内涵与外延还在不断探索中，信息的定义在不断地拓展和完善中。我们可以将信息广义地归纳为：信息是客观世界中一切事物自身存在方式和它们之间互相关系、相互作用等运动状态的反映，是一种客观存在的物质运动形式。

2. 信息的属性

信息一般具有如下属性：

（1）客观性。这是信息最重要的本质特性，是指信息是事物本质特征和客观规律的表征，是客观的存在的，不以人们的主观意识为转移。

（2）传递性。信息在事物之间的相互关系必定在信息的流动中发生。信息的传递性表现在人与人之间的信息交换，人与计算机之间的信息交换，动物界及植物界之间的信号交换等方面。人类进化过程中的细胞选择、遗传也是信息的传递与交换。

（3）时效性。信息的价值取决于及时地把握和运用信息。信息的功能、作用和效益都是随着时间而改变的，这就是时效性，它既表明信息的时间价值，也表明了信息的经济价值，如金融信息、战争信息。时过境迁的信息是毫无价值的。

（4）共享性。同一内容的信息，可以在同一时间里被若干用户同时使用。信息不会像物质一样因为共享而减少，反而可以因为共享而衍生出更多信息。

（5）价值相对性。由于人们认识的能力与认知的条件不同，信息的接受者获得的信息及信息量也不同，信息的价值是有相对性的。

（6）可转换性。信息可以从一种形态转换成另一种形态，同样的信息内容可以用不同的信息形式来表现。

（7）增长性。物资和能源在使用后会有消耗，而信息的使用不但不减少信息的数量，还能产生更多的信息。

（二）知识（Knowledge）

1. 知识的定义

《辞海》解释为："知识是人类认识的成果或结晶，包括经验知识和理论知识。"根据《韦伯斯特词典》（*Webster's Dictionary*）1997年的定义，知识是通过实践、研究、联系或调查获得的关于事物的事实和状态的认识，是对科学、艺术或技术的理解，是人类获得的关于真理和原理的认识的总和。

总之，知识是人们在改造世界的实践中所获得的认识和经验的总和，是对客观世界物质形态和运动规律的认识。知识有三种存在方式：记忆、实物和文献，其中文献是知识存在和传播的主要方式。

2. 知识的特点

（1）意识性。知识是一种观念形态的东西，只有人的大脑才能产生、认识和利用它，知识通常以概念、判断、推理、假设、预见等思维形式和范畴体系表现自身的存在。

（2）信息性。信息是产生知识的原料，知识是被人们理解和认识并经过大脑重新组织和系统化了的信息。

（3）实践性。社会实践是一切知识产生的基础和检验知识的标准，科学知识对实践有重大指导作用。

（4）规律性。人们对实践的认识是一个无限的过程，人们获得的知识在一定层面上揭示了事物及其运动过程的规律性。

（5）继承性。每一次新知识的产生，既有原有知识的深化与发展，又是更新的知识产生的基础和前提，知识被记录或物化为劳动产品后，可以世代相传利用。

（6）渗透性。随着知识门类的增多，各种知识可以相互渗透，形成了许多新的知识门类，形成科学知识的网状结构体系。

3. 知识的类型

知识有多种分类方法，按反映对象分为生活常识和科学知识；按成熟程度分为经验知识和理论知识；按描述内容分为哲学知识、自然科学知识、社会科学知识和思维科学知识。按存在方式分为主观知识和客观知识。主观知识是各种信息经过人脑接收、处理而形成的知识，这种人脑中的知识就是主观知识。客观知识是主观知识借助各种语言符号，通过各种物质载体记录下来后变成了可以传递的客观知识。

此外，德国哲学家马克斯·舍勒（Max Scheler）将知识划分为应用知识、学术知识和精神知识三大类。在此基础上，美籍经济学家弗里兹·马克卢普（Fritz Machlup）按照认识者的主观解释来分析知识的各类，认为知识包括实用知识、学术知识、闲谈和消遣知识、精神知识和不需要的知识五个方面。

按照国际经合组织（Organization of Economic Cooperation and Development，OECD）的《以知识为基础的经济》（*Knowledge-based Economy*）报告，知识可以划分为以下4大类：

Know what（知道是什么）——关于事实方面的知识；

Know why（知道为什么）——关于自然原理和规律方面的知识；

Know how（知道怎么做）——关于技能或能力方面的知识；

Know who（知道谁有知识）——关于到哪里寻求知识的知识。

（三）情报（Intelligence）

1. 情报的定义

情报的概念在不同的历史时期有不同的含义。早期，人们认为情报是战时关于敌情的报告；20世纪70年代，人们认为情报是意志、决策、部署、规划、行动所需要的能指引方向的知识和智慧；20世纪80年代，人们认为情报是获得的他方有关情况以及对其分析研究的结果。

无论情报的内容形式如何变化，一般认为，情报是由以下基本要素构成的：

（1）情报包含知识或信息。情报的本质是知识，知识和信息是构成情报的原料，但并非所有知识和信息都能构成情报，只有经过筛选、加工、为用户所需的新知识或新信息才能成为情报。

（2）情报要经过传递。知识或信息必须经过交流传递，并为用户所接收或利用，才能转化为情报。

（3）情报要经过用户使用并产生效益。情报以实现使用价值为目的，人们创造情报、传递情报的目的在于利用，在于提高其效益性，效益是情报的结果。

综合以上，情报的定义可以概括为：情报是人们用来解决特定问题所需要的，经过激活过程活化了的，具有使用价值的知识或信息。情报是特定的知识，是知识的一部分。

2. 情报的属性

情报的基本属性是知识性、传递性、效用性。

（1）知识性。情报的本质是知识，没有一定的知识内容，任何东西都不能成为情报。如地震前动物的异常行为，具有一定的含义，这就是知识，又因为人们事先已知道其含义，所以其所包含的知识可以成为人们利用的情报。

（2）传递性。无论多么重要的知识，如果人们不知道其存在就不能成为情报。知识要变成情报必须经过运动。传递一方面指情报可以通过一定的物质形式传递，另一方面指人们要获得情报必须通过传递。情报是一种传递中的知识。

（3）效用性。判断情报的标准。情报是一种有价值、有效用的知识。情报均须“有用”，当用户不需要时，百分之百的知识也不能称之为情报。

3. 情报的分类

（1）按公开程度分为公开情报、内部情报、秘密情报和机要情报。

（2）按内容分为技术情报、社会科学情报、政治情报、军事情报、经济情报和体育情报。

（3）按使用目的分为战略情报和战术情报。

（4）按传播形式分为口头情报、实物情报和文献情报。

（四）文献

1. 文献的定义

关于文献的定义主要有以下两种：一是国家标准《文献著录总则》（GB/T3792.1—1983）给出的定义：“文献是记录有知识的一切载体。”二是国际标准化组织 ISO《文献情报术语国际标准》（ISO/DIS5217）给出的定义：“文献是在存储、检索、利用或传递记录信息的过程中，可作为一个单元处理的，在载体内、载体上或依附载体而存储有信息或数据的载体。”

两种定义中都特别强调一个词：载体。具体地讲，文献是指以文字、符号或图形等方式记录人类活动或知识的一种信息载体，它将人类知识用文字、符号、图形、数字、代码及音频、视频信号等记录方式在甲骨、竹帛、纸张、胶卷、磁带、光盘等载体上记录下来。知识、载体和记录是构成文献的三个基本要素。知识是文献的内容，载体是文献的外在形式，记录则是两者联系的手段。文献具有存储功能、传递功能和认知功能。

文献的范围非常广泛。以龟甲、兽骨为载体介质的古代甲骨文记录是文献；刻有铭文的青铜器是文献；有文字和图形的碑刻是文献；竹简和帛书是文献；现今的缩微胶片胶卷、视频声像资料、电子图书、网络数据库等都是文献。文献既是记录和保存信息和知识的载体，也是人类重要的信息交流方式之一——间接的正式的交流。没有文献就没有现代人类文明。

2. 文献的属性

文献一般具有以下几方面的属性：

（1）知识信息性。这是文献的本质属性。任何文献记录或传递的都是一定的知识信息，离开知识信息，文献就不存在。

（2）客观物质性。文献记录的知识信息只有通过各种记录手段，记录在一定的载体上才能保存和传递。

（3）人工记录性。知识信息是人们通过各种方式记录在载体上的。

（4）动态发展性。文献并不是静止的，随着人类记录水平的提高，文献的数量在增长，载体形式多样化，同时，一部分文献因老化而失去价值。

（五）信息、知识、情报和文献之间的关系

信息、知识、情报和文献之间存在着一种内在的必然联系，是同一系统的不同层次，但也有明显的区别。目前，我们一般认为：知识是对信息加工、吸收、提取、评价的结果，即系统化的信息成为知识。知识记录下来成为文献，文献经过传递并加以应用成为情报。

知识是系统化、精练化的信息；文献是静态的、记录的知识；情报是动态的、传递的知识。三者在一定的条件下可以相互转化。

二、信息资源

未来学家托夫勒把人类社会的发展过程划分为三个阶段：以农业经济为基础的农业社会；以工业经济为基础的工业社会；以信息经济为基础的信息社会。在信息社会中，信息资源已被人们公认为是物质、能量资源之后的人类可利用的第三类资源，是人类社会领域的基础性资源。

（一）信息资源的内涵与特点

1. 信息资源的内涵

“信息资源”（Information Resources）一词最早由罗尔科（J. O. Rourke）在《加拿大的信息资源》（Information Resources in Canada）一文中提出。[①] 这一术语自20世纪90年代以来在国内外文献中被广泛使用，但是有关信息资源的定义，国内外有多种观点，目前尚无定论。

1986年，美国信息管理专家霍顿（F.W.Horton）在他与马钱德（D.A.Marchand）合著的《信息趋势：从你的信息资源中获利》（*Informations：Profiting from Your Information Resources*）一书中提出，对于整个社会和国家来说，信息资源包括如下四

① 该文刊载于美国《专业图书馆》（*Special Libraries*）1970年2月号（61卷2期）第59—65页。

个方面的内容：（1）具有与信息相关的技能的人才；（2）信息技术中的硬件和软件；（3）信息机构，如图书馆、计算中心、通信中心和信息中心等；（4）信息处理服务提供者。

德国信息管理专家斯特洛特曼（K.A.Stroetmann）认为，信息资源包括三个重要组成部分：信息内容、信息系统和信息基础结构。①

我国学者乌家培教授认为："对信息资源有两种理解，一种是狭义的理解，即仅指信息内容本身。另一种是广义的理解，指的是除信息内容本身外，还包括与其紧密相连的信息设备、信息人员、信息系统和信息网络等。"②

2004年，马费成在《信息资源开发与管理》一书中认为，信息资源就是指人类在信息活动中积累起来的以信息为核心的各类信息活动要素（信息技术、设备、设施、信息生产者）的集合。③

综观国内外学术界对信息资源概念的定义，可以从广义和狭义两种角度来理解和分析。

一种是广义上的理解。认为信息资源是信息活动中的各种要素的总称，既包含了信息内容本身，也包括了与信息相关的人员、设备、技术、网络、资金等各种资源。广义的信息资源概念，把信息活动的各种要素全部纳入信息资源的范畴，有助于从整体上把握"信息资源"的内涵。它强调"信息资源"是经过人类开发与组织的信息集合，信息只有在实施管理后才具备成为资源的条件；强调信息要素价值的实现离不开信息生产者、信息技术等信息活动要素的综合作用。这也正是信息资源与自然物质资源的区别。

一种是狭义上的理解。即从信息的本体出发，认为信息资源即指信息内容本身。信息资源是经过人类选取、加工、组织、序化的有用信息的集合。从狭义的角度来理解信息资源，集中强调了信息要素在信息资源定义中的核心地位，而把信息生产者、信息技术与设施等信息本体之外的相关要素作为信息生产的外在条件，有助于把握信息资源的核心和实质。

信息是普遍存在的，但并非全部信息都是信息资源，只有满足一定条件的信息才能称为信息资源，即信息资源必须经过人类开发与组织。综合起来可以这样认为，信息资源是指人类社会信息活动中积累起来的以信息为核心的各类信息活动要素的集合。

2. 信息资源的特点

信息资源与自然资源、物质资源相比，具有以下几个特点：

（1）具有利用价值。作为资源的一种，信息资源也和自然资源一样具有利用价值，能够创造物质财富和精神财富。信息资源的利用具有很强的目标导向性，不同的信息

① 陈畴镛：《信息资源管理》，杭州：浙江大学出版社，2004年，第14页。

② 乌家培：《信息资源与信息经济学》，《情报理论与实践》，1996年第4期，第4页。

③ 马费成：《信息资源开发与管理》，武汉：武汉大学出版社，2004年，第5页。

对不同的用户体现不同的价值。同时，信息资源所产生的价值影响力比较大，时间一般也比较久远，无法从经济学的角度对其价值进行评估。

（2）具有可开发性。信息资源具有可开发性的特点，其价值的体现方式是，通过人类的信息活动转化为物质财富和精神财富。信息资源可以重复开发利用，其价值在使用中得到体现，在开发中不断增值。

（3）具有可共享性。自然资源一般来说具有排他性。而信息资源具有共享性，它可以在不同群体、不同国别、不同民族间实现资源的共享。

（4）信息资源具有整合性，人们对其检索和利用，不受时间、空间、语言、地域和行业的制约。

（5）具有流动性、可传播性。信息资源借助于各类媒介，比如网络、电视、电话、印刷品、声像、电子信息、数据库等，可以在社会上广泛传播。

（二）信息资源的类型

信息资源按照不同的标准可以划分为不同的类型。

1. 按出版形式划分

按出版形式划分，信息资源可分为传统印刷型文献信息资源和数字信息资源。

（1）传统印刷型文献信息资源

传统印刷型文献是人类知识、载体、记录方式的综合产物，主要包括图书、期刊、会议文献、科技报告、专利文献、学位论文、标准文献、政府出版物和产品样本等。

① 图书（Books）

图书是文献中最古老、最重要的类型。其历史悠久，流传广泛，数量庞大，使用方便，影响深远，是迄今为止最主要的信息资源。国家标准《信息与文献术语》（GB/T4894—2009）对图书的解释是“一般不少于49页并构成一个书目单元的文献”。根据联合国教育、科学及文化组织（UNESCO）和国际标准化组织（ISO）规定：49页不包括封面与扉页，如48页或少于48页则称为小册子。

图书按文种可分为中文图书、日文图书、西文图书等；按作用范围可分为通俗图书、教科书、工具书等；按写作方式可分为专著、编著、翻译、编译等；按出版卷册可分为单卷本、多卷本等；按刊行情况可分为单行本、丛书、抽印本等；按版次可分为初版、重版、修订版等。

图书提供的知识一般比较系统、全面、可靠，起着综合、积累和传递知识的重要作用，但由于图书篇幅较多，出版周期较长，记录的内容往往会有滞后现象。

② 连续出版物（Serial）

连续出版物是指具有统一名称、固定版式、统一开本、连续编号、汇集多位著者的多篇著述、定期或者不定期编辑发行的出版物。连续出版物是与图书并列的最主要的文献类型，其特点是内容新颖、报道及时、出版连续、信息密集、形式一致等。据统计，目前世界上连续出版物约有130万种，限期连续出版物约有50万种。

连续出版物包括期刊、报纸、年度出版物及其他连续报告、会议录、专著性丛刊等。其中以期刊和报纸流行最广、影响最大。

期刊又称杂志（journal，magazine），一般是指具有固定名称、定期或不定期出版的连续出版物，其特点是出版周期短，报道文献速度快，内容新颖，发行及影响面广，能及时反映科学技术中的新成果、新水平和新动向。期刊发表的论文大多数是原始文献，许多新的成果、新的观点、新的方法往往首先在期刊上刊登。期刊论文是文献的主要类型，是检索工具报道的主要对象。

报纸，也是一种连续出版物。报纸具有固定名称，是出版周期最短的定期连续出版物，通常以报道新闻为主，也对一些重大问题发表评论。报纸的基本特点是内容新颖、涉及面广、读者面广，是影响面较广的文献信息源。

③ 会议文献（Conference Document / Conference Paper）

会议文献是指在国际、国内等各级重要学术会议上发表的论文和报告。此类文献一般都要经过学术机构严格的挑选，代表某学科领域的最新成果，反映该学科领域的最新水平和发展趋势。所以会议文献是了解国内外的科技水平、动态和发展趋势的重要情报来源。

会议文献大致可分为会前文献和会后文献两种。会前文献主要指论文预印本（preprint）和论文摘要；会后文献主要指会议结束后出版的论文汇编——会议录（proceedings）。

会议文献大多是论文作者自己创造的科研成果，专业性强、内容新颖、学术性强、出版较快。一些新的发现、新的理论往往首先发表在学术会议上，所以会议文献能够反映一门学科、一个专业的最新发展水平，对于及时了解国内外最新科技发展水平、动态和发展趋势很有帮助，是一个很重要的情报源。

④ 科技报告（Science & Technical Report）

科技报告是科学研究工作中阶段性或最终研究成果的总结。同期刊论文、会议论文、标准、专利等一样，科技报告是国家科技文献信息资源保障体系的重要组成部分，是国家基础性、战略性科技资源，是国家科技实力的重要体现。

科技报告的内容比较新颖、详尽、专深。其中可以包括各种研究方案的选择与比较，成功与失败的体会，有些内容涉及军事、国防、尖端技术、重要工程、新材料、新工艺等方面，大部分属于保密或控制发行之列，等到内容已无保密必要时才可转为公开。

许多发达国家都有自己的科技报告，其中最著名的是美国政府的四大报告，即国防部AD报告①、商务部PB报告②、航空航天局NASA报告③和能源部DOE报告④。NTIS美国政府报告数据库（National Technical Information Service）可以检索1964年以来美国四大报告（AD、PB、NASA、DOE）的文摘索引信息，少量收录西欧、日本及世界各国（包括中国）的科学研究报告。

此外，还有英国航空航天委员会ARC报告、法国原子能委员会CEA报告、德国航空研究报告DVR、瑞典国家航空研究报告FFA、日本原子能研究报告JAERI等。科技人员对科技报告的需要量约占其全部文献量的10%—20%，通过刚刚解密的报告，可以获得一些其他途径无法获得的尖端科技情报。

⑤ 专利文献（Patent Document）

专利是发明人创造发明的某种新技术经政府专利局审批后，即获得一定年限的垄断权。由此发明创造过程而产生的文献即专利文献，主要是指专利说明书，可以分为发明专利和实用新型专利两种。这两种说明书是专利申请人向专利局递送的说明其发明创造的文件。在说明书中，发明人常常论述其发明解决了什么特殊问题、解决的方法、对旧有产品的改进及其他用途等。专利对企业引进技术和设备以及保护企业自身利益的技术有着非常重要的作用。因此，专利文献已成为情报的一个重要来源。

专利文献具有内容广泛、详尽具体、法律约束力等特点。通常，90%以上的新技术首先发表在专利文献上，所以专利文献可以从一定程度上反映一个国家的先进技术水平。

⑥ 学位论文（Dissertation/Thesis）

学位论文是高等学校、科研机构的学生为获得学位，在导师指导下，通过完成科学研究后撰写的学术论文。学位论文通常需要比较详细地总结前人的工作和当前的研究水平，进行选题论证，开展系统的实验研究及理论分析，提出自己的观点，因而具有一定程度的独创性、新颖性和科学性，是一种重要的文献来源。

⑦ 标准文献（Standard Literature）

技术标准是一种规范性的技术文件，它是在生产或科学研究活动中对产品、工程或其他技术项目的质量品种、检验方法及技术要求所做的统一规定，供人们遵守和使用。

---

① AD报告：凡美国国防部所属研究所及其合同户的技术报告均由当时的美国武装部队技术情报局（ASTIA）整理，并在规定的范围内发行。AD报告即为这个情报局出版的文献。

② PB报告：由美国商务部出版局出版，其内容主要涉及物理、化学和数学等基础理论，以及工艺材料、生产技术和材料科学等顶尖科学技术等。20世纪40年代的PB报告（10万号以前），主要为战败国的科技资料，20世纪50年代起（10万号以后），则主要是美国政府科研机构及其有关合同机构的科技报告。

③ NASA报告：美国国家航空航天局拥有的研究机构产生的技术报告。主要内容为：空气动力学、发动机及飞行器结构、材料、试验设备、飞行器的制导及测量仪器等。

④ DOE报告：美国能源部所属单位及合同户编写的报告，内容以原子能为重点。

技术标准按使用范围可分为国际标准、区域标准、国家标准、专业标准和企业标准五大类型。每一种技术标准都有统一的代号和编号，独自构成一个体系。技术标准是生产技术活动中经常利用的一种情报信息源。

标准文献具有法律约束性、时效性和针对性等特征，而这些特征是任何其他类型文献所没有的，因此标准文献对于特定团体的生产技术活动具有较强的实用价值。标准对于企业产品的更新换代、改进工艺水平、提高产品质量、加强市场竞争力可以起到很好的借鉴作用。此外，在国际贸易竞争激烈的时代，靠关税壁垒阻止一国商品进入另一国的办法已经行不通了，但以产品不符合国际或某国标准而提高市场准入难度是许多国家的常用手法。因此，标准文献成为企业了解一个国家经济技术政策、科技和生产水平的重要参考资料，是企业制定出口战略和组织生产活动的依据。

⑧ 政府出版物（Government Publication）

政府出版物是指各国政府部门及其所属的专门机构发表、出版的或是通过指定出版商出版的文献。政府出版物具有内容广泛、形式多样、权威可靠等特点，是反映一个国家的方针、政策、经济和科技现状的权威性信息来源，对于了解有关一国方针政策和科技发展状况具有重要的参考价值。

通常，政府出版物可分为两类：一类是行政性文献（包括宪法、司法文献），主要涉及政府政策、法律，国会和议会记录、议案、决议，以及司法资料、听证记录、调查统计资料等；另一类是科技文献，主要指政府部门出版的科技报告、标准、专利文献、科技政策文件，以及公开后的科技档案、经济规划和气象资料等。

⑨ 产品样本（Products Sample）

产品样本又称产品说明书，是国内外生产厂商或经销商为推销产品而印发的企业出版物，用来介绍产品的品种、特点、性能、结构、原理、用途和维修方法、价格等。查阅、分析产品样本，有助于了解产品的水平、现状和发展动向，获得有关设计、制造、使用中所需的数据和方法，对于产品的选购、设计、制造和使用等有着较大的参考价值。

通常，产品样本包括产品目录、单项产品样本、产品说明书、企业介绍和广告性厂刊等，内容一般包括产品的性能、规格、构造原理、用途、使用方法和操作规程等。产品样本内容具体、图文并茂、出版迅速，具有可靠性强以及技术信息较为完整、新颖、及时等特点。

⑩ 档案文献（Archives）

档案是国家机构、社会组织及个人从事政治、军事、经济、科学、技术、文化、宗教等活动直接形成的具有保存价值的各种文字、图表、声像等不同形式的历史记录，是完成了传达、执行、使用或记录现行使命而备留查考的文件材料。档案以其记录性和原始性于一体的特点而区别于遗留下来的实物，又因其可靠性和稀有性而区别于一次文献，这就使相当一部分档案在一定时间内是受到保护的，在利用上有特殊的要求和价值。

档案的信息价值体现在：

① 凭证作用：档案是实践活动留下的记录，保存着真实的原始标志，具有无可争辩的客观性和可靠性，是查考和处理事务的真凭实据。

② 提供大量情报和知识：例如学术部门利用历史档案研究历史发展中的问题；企业利用技术档案了解技术开发系统在科研、引进新技术、新工艺、新材料方面的情况；经济学专业人员利用会计档案了解产品生产成本、原材料价格的变化，并通过归纳、分析，预测企业活动的发展趋势和市场对企业的影响。

档案文献主要依据档案号查询。

（2）数字信息资源

数字信息资源（digital information resources），又称为电子资源，指一切以数字形式产生和发行的信息资源。① 主要的数字信息资源有。

① 参考数据库（reference database）

参考数据库是指包含各种数据、信息或知识的原始来源和属性的数据库。数据库中的记录是通过对数据、信息或知识的再加工和过滤，如编目、索引、摘要、分类等，然后形成的，称为元数据。参考数据库的目的是指引用户能够快速、全面地鉴别和找到相关信息。

参考数据库主要包括：书目数据库、文摘数据库、索引数据库。书目数据库主要是针对图书进行内容的报道与揭示，如各图书馆的馆藏目录数据库；文摘和索引数据库则相对期刊论文、会议论文、专利文献、学位论文等进行内容和属性的认识和描述，每一个具体的资源都有相应的描述元数据记录，著名的如《科学引文索引》（*Science Citation Index*，SCI）、《工程索引》（*Engineering Index*，EI）、《化学文摘》（*Chemical Abstracts*）、《生物学文摘》（*Biological Abstracts*）等。

② 全文数据库（full-text database）

全文数据库是指收录有原始文献全文的数据库，以期刊论文、会议论文、政府出版物、研究报告、法律条文、商业信息等为主。如清华学术期刊全文数据库、美国的LexisNexis数据库、ProQuest博硕士论文数据库等。

③ 事实数据库（factual database）

事实数据库是指包含大量数据、事实，直接提供原始资料的数据库，又分为数值

① 肖珑：《数字信息资源的检索与利用》，北京：北京大学出版社，2013年，第2版。

数据库、指南数据库、术语数据库等，相当于印刷型文献中的字典、辞典、手册、年鉴、百科全书、组织机构指南、人名录、公式与数表、图册等。数值数据库是指专门以数值方式表示数据，如统计数据库、化学反应数据库等；指南数据库，如公司名录、产品目录等；术语数据库，即专门存储名词术语信息、词语信息等的，如电子版百科全书、电子词典等。

④ 电子图书（electronic books）

电子图书近年来发展迅速，涉及了很多学科领域，文学作品、学术专著所占比例越来越大，电子图书正在逐步发展成为比较主要的数字信息资源。

⑤ 电子期刊（electronic journals）

电子期刊包括与纸本期刊并行的电子期刊（如著名的《科学》（*Science*）、《自然》（*Nature*）、中国电子期刊杂志社的期刊等）和纯电子期刊（如《数字图书馆杂志》）。

⑥ 电子报纸（electronic newspaper）

电子报纸分为印刷型报纸的电子版和纯电子报纸两种类型，前者有时也发展成为包含但不限于印刷型报纸内容在内的综合性报纸网站，如在《人民日报》内容基础上发展起来的“人民网”，在《光明日报》内容基础上发展起来的“光明网”。

⑦ 开放获取资源（open access resources）

开放获取资源简称 OA，即作者和版权所有者授权所有用户免费、广泛和长期访问使用，可以以任何数字媒体形式进行公开复制、使用、传播、展示以及在原作基础上创作和传播其演绎作品的学术资源，OA 资源要求用户的使用是基于合法目的并在使用时注明引用信息。目前这类作品以论文为主，因此又称 OA 论文。OA 作品发表后以一种标准的数字格式存储在在线仓储中，由研究所、学会、政府部门等机构支持，称为 OA 仓储（archive）或者机构库（institutional repository）。

⑧ 特种文献

包括学位论文、会议论文、专利、标准、科技报告等。

⑨ 搜索引擎

搜索引擎是目前利用互联网开放信息的常用工具。主要是使用一种计算机自动搜索软件，在互联网上检索，将检索到的网页编入数据库中，并进行一定程度的自动标引，用户使用时输入检索词，搜索引擎将其与数据库中的信息匹配，然后产生检索结果。常用的搜索引擎有 Google、Yahoo、百度、搜狗等。

⑩ 网络学术资源学科导航

网络学术资源学科导航是指将网上的开放信息加以甄别、筛选和科学整理，按照学科组织起来，构成完整的学科导航系统，为教学、科研、技术人员提供各类学术信息。

2. 按加工层次划分

人们在利用、传递信息的过程中，为了及时报道和揭示信息，需要对信息资源进行不同深度的加工。按加工层次可将信息资源分成零次信息资源、一次信息资源、二次信息资源和三次信息资源。

（1）零次信息。是指未经出版发行的或未进入社会交流的最原始的文献。如私人笔记、底稿、手稿、个人通信、新闻稿、工程图样、考察记录、试验记录、调查稿、原始统计数字、技术档案等。

零次信息与一次信息的主要区别在于其记载的方式、内容的价值及加工深度有所不同。零次信息的主要特点是内容新颖，但不成熟，不公开交流，难以获得。

（2）一次信息。也称一级信息或原始信息。是人们对自然和社会信息进行首次加工（固化）而成的文字记载，如专著、报纸、期刊、专利文献、标准文献、会议文献、科技报告、样本等成品文献都属于一次信息。一次信息都有详尽具体的学术内容与研究数据，参考和使用价值较高，是科研人员追踪的主要目标。一次信息是文献信息源的主要部分，数量极为庞大，由于在内容上是分散的、无系统的，因此不便于管理和传播。

（3）二次信息。也称二级信息或检索性信息。为了便于人们查找，对一次信息资源进行再加工，通过整理、提炼和压缩，并按其外部特征（题名、作者、文献物理特征）和内容特征序化，形成另一类新的信息资源形式，如目录、题录、索引、文摘，这就是二次信息。二次信息不是一次信息资源本身的汇集，而是一次信息资源特征的汇集，通过它们可以很方便地找到一次信息资源，或了解一次信息资源的内容。

（4）三次信息。也称参考性信息。它是利用、选择有关的一次信息，再加以分析、综合而编写出来的第三个层次的文献形式，如专题报告、综述、进展和手册、百科全书、年鉴等工具书。三次信息具有系统性、综合性、知识性和概括性的特点，它从一次信息中汲取重要内容提供给人们，便于人们高效率地了解某一领域的状况、动态、发展趋势和有关情况。

从知识加工的角度看，一次信息是对知识的创造性加工，二次信息是对知识的有序化加工，三次信息是对知识的再加工，它既有序化，又带有一定的创造性。

3. 按载体形式划分

信息资源按其载体的物理形态不同，可分为四种类型：印刷型信息资源、缩微型信息资源、声像型信息资源、机读型信息资源。

印刷型信息资源，又称为纸介型信息资源，是以纸张为主要载体，以印刷为记录手段的传统信息形式，如图书、期刊、报纸等。优点是阅读、携带、利用方便；缺点是信息存储密度小、体积大、分量重、收藏和管理困难。

缩微型信息资源，是一种以缩微胶片为载体，利用缩微摄影技术为记录手段而产生的信息形式，其优点是体积小、存储密度高、保存期长，缺点是需要配备专用的缩微阅读机才能阅读。

声像型信息资源，又称为视听型信息资源，这是一种以磁性或光学材料为存储介质，借助特殊的机械装置直接把图像和声音记录的一种信息形式，如唱片、录音带、电影拷贝、幻灯片等。声像型信息资源的优点是体积小，存储密度高，便于保存，携带方便，直观、生动，可以直接表现难以用文字描述的事物；缺点是成本高，阅读时必须借助相关设备，不易检索和更新。

机读型信息资源，也称电子型信息资源，是指以数字代码方式将图、文、声、像等信息存储到磁、光、电介质上并通过计算机阅读的信息形式。如各种电子图书、电子期刊、联机数据库、网络数据库、网络新闻、光盘数据库等。其特点是存储量大，出版周期短，传递迅速，可以融文本、图像、声音等多媒体信息于一体，易复制，共享性好。

三、信息素质

网络时代，文献信息服务方式和知识载体的多元化趋势日益明显，知识的传播手段和传播渠道有了重大的改变，表现出了前所未有的多样性和复杂性。虽然人们可以轻而易举地通过互联网获取大量信息和知识，但是，要在庞大而杂乱的信息海洋里迅速、准确而全面地筛取所需的信息却很难。要实现信息的快速获取、准确分析，充分利用好信息，更好地挖掘信息的价值，就需要具备良好的信息素质。信息素质作为“21世纪的五个能力素质”[①] 之一，对于个人的成长和国家发展都起着非常重要的作用。

（一）信息素质的涵义

信息素质（Information Literacy），又称信息素养，最早由美国信息产业协会（HA）主席保罗·车可斯基（Paul Zurkowski）在1974年给美国图书馆与信息科学国家委员会的报告中提出。他认为信息素质是“利用大量的信息工具及主要信息资源使问题得到解答的技术和技能”。

1989年，美国图书馆协会（American Library Association，ALA）和美国教育传播与技术协会（AECT）提交了一份《关于信息素质的总结报告》，将信息素质的概念明确为：“具备信息素质的人，能够判断什么时候需要信息，并将懂得如何去获取信息，

① 美国教育技术CEO论坛指出“21世纪的能力素质”包括以下五个方面：基本学习技能；信息素质；创新思维能力；人际交往与合作精神；实践能力。

如何去评价和有效利用所需的信息。”

1992年，多伊尔（Doyle）在《信息素养全美论坛的终结报告》（*Final Report to National Forum on Information Literacy*）中给信息素养下的定义是：一个有信息素养的人，他能够认识到精确和完整的信息，并做出合理的决策；能够确定信息需求，形成基于信息需求的问题，确定潜在的信息源，制定成功的检索方案，从包括基于计算机的和其他的信息源获取信息，评价信息，组织信息用于实际的应用，将新信息与原有的知识体系进行融合以及在批判思考和问题解决的过程中使用信息。

2003年，联合国教科文组织（UNESCO）和美国图书情报学委员会（NCLIS）联合召开的信息素质专家会议（Information Literacy Meeting of Experts，Prague，The Czech Republic）发布了《布拉格宣言：走向具有信息素质的社会》，将信息素质定义为一种能力，它能够确定、查找、评估、组织和有效地生产、使用和交流信息，并解决面临的问题。布拉格宣言宣称信息素质是人们有效参与信息社会的一个先决条件，是终身学习的一种基本人权。

我国学者马海群指出：信息素质广义的理解为在信息化社会中个体成员所具有的各种信息品质，包括信息智慧（涉及信息知识与技能）、信息道德、信息意识、信息觉悟、信息观念、信息潜能、信息心理等。

此外，我国主要由著名教育技术专家李克东教授和徐福荫教授分别提出了关于信息素质的定义。李克东教授提出：信息素质应该包含信息技术操作能力、对信息内容的批判与理解能力，以及对信息的有效运用能力。徐福荫教授认为：从技术视角看，信息素质应定位在信息处理能力；从心理学视角看，信息素质应定位在信息问题解决能力，从社会学视角看，信息素质应定位在信息交流能力，从文化学视角看，信息素质应定位在信息文化的多重建构能力。

简单地说，信息素质就是人们获取、评价和使用知识信息资源的能力，是人们跨入信息社会，在生理素质、心理素质和社会文化素质等基本品质的基础上，发展并优化出来的一种新品质，是信息时代对人类的一种高要求，是现代人才在信息环境下获取、加工和利用知识信息必需的技能。

（二）信息素质的主要构成

目前国内学者普遍认为信息素质主要包括信息意识、信息知识、信息能力、信息道德四个方面。

1. 信息意识

信息意识是相关主体信息素质的最基本、最主要的构成要素，是指个体对信息的敏感、判断能力以及根据自身需要对信息的重视程度。只有具备一定信息意识，才能快速的查找、整理出自己所需要的有价值的信息。信息意识对于个体来讲至关重要，如果缺乏足够的信息意识，就会失去较多有用信息，丧失解决问题的机会，而信息意识较强的人，就能够抓住有用信息，为进一步进行有效信息活动创造先决条件。

信息意识具有以下特征：

（1）信息意识的对象性。信息意识可以分为个体信息意识、群体信息意识、社会信息意识。不同层次的信息意识的水平不同：根据信息内容又可将信息意识划分为不同类型，如社会科学类、科学技术类、日常生活类等。个人对信息的认识是根据自身的条件需求决定的。

（2）信息意识的内在性。人的信息意识是看不到的，只能通过人的行为、语言及对信息的应变能力反映出来。

（3）信息意识的能动性。信息意识可推动或阻碍人们对信息的认识及一切的信息活动，形成不同程度的信息意识水平。

信息意识对信息的判断力具有指导作用，信息意识对实践活动具有阻碍或促进的作用，信息意识淡薄，会影响、阻碍社会实践活动；相反则有促进、推动作用。

（4）信息意识的社会历史性。社会发展的进程，社会的经济文化水平，决定了信息意识的产生和水平高低。

2. 信息知识

信息知识是信息素养的基础。它是指开展信息获取、评价、利用等活动所需要的知识。具体包括两个方面：

（1）信息基础知识，主要是指信息的概念、内涵、特征，信息源的类型、特点，信息组织的理论和基本方法，信息搜集和管理的基础知识，信息分析方法和原则，信息交流的形式、类型、模式等。

（2）信息技术知识，包括信息技术的基本常识（如信息技术常用名词术语、各种信息技术及其特点和作用、信息技术的发展历史与趋势），信息系统结构及工作原理、信息技术的作用与影响等。

作为信息素质的重要组成部分，信息知识是不可或缺的内容。它体现出人们对信息及信息技术的了解程度，而且通过了解和掌握这些知识，信息意识才能够得到进一步强化。同时信息知识也是形成信息能力的基本前提。

3. 信息能力

信息能力被认为是信息素质的核心，是指人们获取信息、处理信息、评价利用信息的能力，包括信息技术应用能力，信息查找与获取能力，信息组织、加工、分析能力，信息的有效利用、评估、传播的能力等。信息能力包括以下几个方面：

（1）信息需求分析和表达能力：确定所需信息的学科范围、时间跨度等；能够通过各种交流方式进一步认识和明确信息需求，并能够用确切的语言表达出来。

（2）信息获取能力：掌握信息源，熟悉信息技术基础应用知识、检索工具和方法，能灵活制定和调整检索思路和策略。

（3）信息分析和处理能力：经过综合分析，分辨出核心信息和有价值的信息，以备利用。对信息进行组织、加工、分析，去伪存真，去粗取精，提炼和吸取符合自身需要的信息。

（4）信息利用能力：即指把信息运用于实践的能力。这种能力是把信息同学习、工作相结合，善于挖掘信息同实际学习和工作的结合点，使有价值的信息在实践中运用，另外还要善于将别人看来无关紧要的信息与实际情况密切联系，运用创造性思维，创造性地利用信息。

4. 信息道德

当今社会是一个道德法制的社会，信息道德同样是道德中的一种。信息道德是信息素质的准则，是指人们在信息活动中应遵守的道德规范，其内容主要包括树立正确的信息价值观、抑制信息污染、确保信息安全、尊重知识产权和他人隐私等。

在现代社会，网络给我们带来了前所未有的信息，带来了一个新型而宽阔的交流空间。它对人们的生活观念、行为方式以及社会的整体文化带来了巨大的影响，对现有的习俗、规范、法律、道德等发出了无声的挑战，对人们的信息伦理道德修养提出了更高的要求。由于网络的开放性，加之目前网络上的信息发布缺乏有力的规范措施，导致网络上的信息良莠并存，垃圾信息、不健康的信息乘虚而入，出现了一些缺乏自律、发布不良信息、不尊重他人知识产权的现象。正如在不同的社会时期人们需要不同的社会行为规范来维持社会的秩序稳定一样，信息化社会需要靠信息道德来约束和规范人们的行为。

为有效预防和严肃查处高等学校发生的学术不端行为，维护学术诚信，促进学术创新和发展，教育部于2016年6月16日发布了《高等学校预防与处理学术不端行为办法》,[①] 自2016年9月1日起施行。

综上所述，信息意识是信息素质的灵魂，信息能力是信息素质的核心，信息知识是信息素质的基础，信息道德是信息素质的准则。信息知识、信息意识、信息道德渗透在信息能力的全过程。具有强烈的信息意识，才能激发信息能力的提高；信息能力的提升，又促进了信息知识的学习，加强了人们对信息及信息技术作用和价值的认识，进一步增强了信息意识；信息道德则是信息能力正确应用的保证，它关系到信息社会的稳定和健康发展。

---

① http://www.moe.edu.cn/srcsite/A02/s5911/moe_621/201607/t20160718_272156.html

（三）信息素质的评价标准

信息素质评价是依据一定的目的和标准，采用科学的态度与方法，对个人或组织等进行的综合信息能力考察的过程。国外很多图书馆和地区都根据信息素质的概念纷纷制定了信息素质能力标准。信息素质能力标准作为评价个人信息素质能力、指导高校信息素质教育实践的指南，具有高层次的宏观指导意义。①

1. 国外信息素养评价标准

国外的信息素养标准很多，其中以美国ACRL标准、澳大利亚与新西兰ANZIIL标准和英国SCONUL标准最为著名。

（1）美国ACRL标准

2000年美国大学与研究图书馆协会（Association of College and Research Libraries，ACRL）颁布的《高等教育信息素质能力标准》（*Information Literacy Competency Standards for Higher Education*）将信息素养的理念纳入了高等教育体系，该标准也成为许多国家借鉴参考的重要文件。作为该文件的更新文档，ACRL于2015年初发布《高等教育信息素养框架》（*Framework for Information Literacy for Higher Education*）。它反映了美国高等教育界和图书情报界对信息素养教育的最新认知，将对信息素养实践产生很大影响。

表1-1 美国高等教育信息素养框架②

阈值	知识技能	行为方式
权威的构建性与情境性 Authority is Constructed and Contextual	·明确权威的类型（学科专业知识、社会地位、特殊经历） ·使用研究工具和权威指标来判定信息源的可信度，了解可能影响这种可信度的因素 ·明白在很多学科领域，知名学者和著名出版物被视作权威，并被普遍作为标准。即便在这些情况下，一些学者仍将挑战这些信息源的权威性 ·认识到权威的内容可以被正式或非正式地包装，并且其来源可能包括所有媒介类型 ·确认自己正在一个特定的领域形成自己的权威观点，并清楚为此所需承担的责任，包括追求精确度和可靠性，尊重知识产权，以及参与团体实践 ·理解由于权威人士积极互联，以及信息源随时间而不断发展，信息生态系统也在日益社会化	·在遇到不同的甚至相互冲突的观点时，形成并保持开放的思维 ·激励自己找到权威信息源，明白权威可以被授予或通过意想不到的方式表现出来 ·逐步明白对内容做客观评估的重要性，评估时需持有批评精神，并对自己的偏见和世界观保持清醒认识 ·质疑推崇权威的传统观念，并认可多元观点和世界观的价值 ·意识到维持这些态度和行为需要经常进行自我评价

① 张晓娟:《信息素养：标准、模式及其实现》,《图书情报知识》，2009年第1期，第17页。

② 韩丽风等:《高等教育信息素养框架》,《大学图书馆学报》，2015年第6期。

续表

阈值	知识技能	行为方式
信息创建的过程性 Information Creation as Structed and Contextual	·可以阐明不同创造过程所产生的信息的功能和局限性 ·评估信息产品的创造过程与特定信息需求之间的匹配程度 ·可以清楚说明，在一个特定学科中，信息创造与传播的传统和新兴的过程 ·认识到可能因为包装形式不同，信息给人的感觉也会有异 ·判断信息形式所隐含的是静态还是动态信息 ·特别关注在不同背景下各类信息产品所被赋予的价值 ·将对信息产品的优势和局限性的认识运用到新类型的信息产品中 ·在自己创造信息的过程中形成一种认识，即自己的选择将影响该信息产品的使用目的及其所传达的消息	·力图找出能体现所隐含创造过程的信息产品特性 ·重视将信息需求与适当产品相匹配的过程 ·承认信息的创造最初可能始于一系列不同形式或模式的交流 ·承认以新兴格式或模式表达的信息所拥有潜在价值的模糊性 ·抵制将信息形式等同于其所隐含的创造过程的倾向 ·知道因不同目的而产生的不同信息传播方式可供利用
信息的价值属性 Information Has Value	·恰当地注明出处和引用，表达对他人原创观点的尊重 ·明白知识产权是法律和社会的共同产物，随着文化背景的不同而有差异 ·可以清楚地说明版权、正当使用、开放获取和公共领域的用途及其显著特征 ·明白在信息产生和传播系统中，一些个人或群体是如何以及为什么被忽视或排斥的 ·认识到获取或缺乏获取信息源的问题 ·判断信息发布的途径和方式 ·明白个人信息商品化和在线互动如何影响个人获取到的信息，以及个人在线生成或传播的信息 ·在线活动中，对个人隐私和个人信息商业化的问题保持高度清醒的认识，并做出明智选择	·尊重他人的原创 ·重视知识创造所需的技能、时间和努力 ·将自身定位为信息市场的贡献者而非单纯的消费者 ·注意审视自身的信息倾向性
探究式研究 Research as Inquiry	·基于信息空白或针对已存在的、但可能存在争议的信息来制定研究问题 ·确立合适的调研范围 ·通过将复杂问题分解为简单问题、限定调研范围来处理复杂的研究 ·根据需求、环境条件和探究类型使用多种研究方法 ·密切关注收集到的信息，评估缺口或薄弱环节 ·以有意义的方式组织信息 ·对多渠道获取的观点进行综合 ·通过信息分析和演绎得出合理结论	·视研究为开放式探索和信息研究过程 ·明白一个问题也许看起来很简单，但仍可能对研究有颠覆性和重要性 ·重视问题发现和新调研方法学习过程中的求知欲 ·保持开放思想和批判态度 ·重视持久性、适应性和灵活性，明白模糊性对研究过程是有益的 ·在信息收集和评估过程中寻求多维视角 ·如有需要可寻求适当帮助 ·在收集和使用信息过程中要遵守道德和法律准则 ·展现学识上的虚心（例如：承认个人知识或经验的局限）

续表

阈值	知识技能	行为方式
对话式学术研究 Scholarship as Conversation	·在自己的信息产品中引用他人有贡献的成果 ·在适当的层面为学术对话做出贡献 ·识别通过各种途径加入学术对话的障碍 ·理性评判他人在参与式信息环境中所做的贡献 ·鉴别特定文章、书籍和其他学术作品对学科知识所做的贡献 ·对具体学科中特定主题的学术观点变化进行总结 ·明白指定的学术作品可能并不代表唯一的观点，甚至也不是多数人的观点	·清楚自己参与的是正在进行的学术对话，而不是已结束的对话 ·找出自己研究领域内正在进行的对话 ·将自己视为学术的贡献者而不仅仅是消费者 ·明白学术对话发生在各种场合 在更好的理解学术对话大背景之前，不对某具体学术作品的价值进行判断 ·明白只要参与对话就要担负相应的责任 ·重视用户生成内容的价值，并评价他人的贡献 ·明白体制偏爱权威，而由于语言表达不流畅以及不熟悉学科流程会削弱学习者参与和深入对话的能力
战略探索式检索 Searching as Strategic Exploration	·确定满足信息需求任务的初步范围 ·确认关于某一话题的信息产生方，并决定如何去获取信息 ·检索时运用发散（如头脑风暴）和收敛（如选择最佳信息源）思维 ·选择与信息需求和检索策略相匹配的检索工具 ·根据检索结果来设计和改进需求与检索策略 ·理解信息系统（如已记载信息的收集）的组织方式，以便获取相关信息 ·使用不同类型的检索语言（如控制词表，关键词，自然语言） ·有效地管理检索过程和结果	·展示思维的灵活性和创造性 ·理解首次检索结果可能有所不足 ·认识到各种信息源在内容和形式上有很大的不同，并且其相关性和价值也会因需求和检索性质的不同而差异很大 ·寻求专家的指导，比如图书馆员、研究人员和专业人士 ·明白浏览及其他偶然发现的信息收集方法的价值 ·坚持面对检索的挑战，并知道在拥有足够的信息时结束任务

（2）ANZIIL标准

澳大利亚与新西兰高校信息素质联合工作组（Australian and New Zealand Institute for Information Literacy，ANZIIL）2004年颁布澳大利亚与新西兰高校信息素质能力指标体系《澳大利亚与新西兰信息素养框架：原则、标准及实践》（*Australian and New Zealand Information Literacy Framework*：*Principles*，*Standards and Practice*），它由6个一级指标，19个二级指标和67个三级指标组成。[①] 如表1–2所示：

① 娜日等：《国内外信息素养标准研究现状与展望》，《图书情报工作》，2010年第3期。

表1–2 《澳大利亚与新西兰信息素养框架：原则、标准及实践》

	一级指标	二级指标
标准一	能确认信息需要并决定所需信息的信息种类和程度。	• 能定义和描述信息需求 • 能理解多种信息源的目的、范围和正确性 • 能再评估信息需求的性质和范围 • 使用多种信息源做出决定
标准二	能够高效地获取所需信息	• 选择最合适的方法或工具来发现信息 • 构思和实现有效的检索策略 • 使用合适的方法来获取信息 • 不断更新信息源、信息技术、信息获取工具和研究方法
标准三	能够批判地评价信息和搜寻信息过程	• 评估所获得信息的有用性和相关性 • 定义和运用标准来评估信息 • 反映信息搜寻的过程和适当地修订检索策略
标准四	能够管理所收集或者产生的信息	• 记录信息及其来源 • 组织（整理、分类、储存）信息
标准五	能将初始信息和新的信息应用到构建新概念或者创新新知识中	• 通过对比新旧知识来判断信息是否增值，或是否前后矛盾，是否独具特色 • 有效地交流知识和新的见解
标准六	能在使用信息时，懂得和遵守与使用信息有关的文化、道德、经济、法律和社会问题	• 遵守与信息获取和使用有关的文化、道德和社会经济问题 • 认为信息是被价值和信仰支持的 • 遵守与信息获取和使用有关的协议和礼仪 • 合法地获取、存储和散布文字、数据、图像或声音

（3）英国 SCONUL 标准

英国的国家与大学图书馆协会（Society of College，National and University Libraries，SCONUL）制定的信息素养七要素标准[①]（The Seven Pillars of Information Literacy），在名称上不是指标体系，但实际上是一个高校信息素质能力的指标体系，是世界上最具影响力的标准之一。2011年4月发布的最新版本，其内容较1998年有相当程度的变化，既反映出图书馆界从实际出发，对信息素养教育的反思与完善，也折射出英国高等教育大环境的变革。

表1–3　英国高等教育信息素养框架

指标	应知	应会
识别	a）新信息和数据将持续产生 b）信息素养要求持续获取新信息的学习习惯 c）通过探求信息才能获得科研思路和机遇 d）对正式信息和灰色信息规模有一定概念	a）识别自身在某研究领域中缺乏的知识 b）识别自身检索需求并用简洁术语表达 c）清楚自身已具备的知识 d）清楚对信息和数据的需求度以确定检索深度和广度 e）利用参考资料辅助检索 f）自己能有效率地完成检索

① https://www.sconul.ac.uk/sites/default/files/documents/coremodel.pdf

续表

指标	应知	应会
审视	a）当前可获取信息的类型 b）不同类型信息（数字型、印刷型）的特点 c）有哪些参考咨询服务可用及如何获得	a）明确自身信息空白点 b）明确哪种类型信息最符合需要 c）明确可获取的通用或学科专用检索工具 d）明确所需信息可能的类型（数字型、印刷型） e）可以自行试用新检索工具
规划	a）检索信息所需的不同技能 b）不同检索工具的区别及优缺点 c）可使用复杂检索策略调整检索结果的深度和广度 d）积极尝试新检索工具而非依赖某些常用资源的必要性 e）根据检索结果不断调整检索词和检索策略的必要性 f）受控词和分类表的价值	a）用合适词语概括检索需求 b）用合适的关键词、限定项等制定检索策略 c）选出最合适的检索工具 d）用受控词及分类表辅助检索 e）检索技巧的运用（简单如查索引，复杂如数据挖掘） f）根据具体检索需求不断换用合适的检索工具
搜集	a）数字及印刷型信息与数据的组织方式 b）图书馆提供的资源入口 c）网络和电子技术是信息生产和共享的重要工具 d）数据收集和数据监护方面的问题 e）引文各部分的含义及其提供的信息 f）文摘的作用 g）免费及收费资源的区别 h）网络环境的风险防范 i）甄别和评估检索结果的必要性	a）有效使用必要的检索工具和资源 b）进行数字及印刷资源组织检索 c）获取数字或印刷资源全文，阅读并下载网上资源及数据 d）使用合适技能去收集新数据 e）进行信息追踪 f）积极与同行分享信息 g）明确信息需求是否已满足 h）使用数字或印刷型帮助文档
评估	a）自身学习、科研环境中信息和数据的宏观情况 b）不同信息源、数据源之间质量、准确度、可信度、相关性、偏重等方面的差异 c）依据信息从评审到出版的流程制定自评过程 d）持续收集数据的重要性 e）引文在科研、学习环境中的重要性	a）区分不同信息资源及其所提供的信息 b）用适当的原则筛选合适的素材 c）测评信息的质量、准确度、可信度、相关性、偏重 d）测评数据的可信度 e）批判性阅读、找出重点内容和争议之处 f）根据检索结果反思检索策略 g）认真比对自己与他人检索结果的异同 h）懂得控制检索的规模
管理	a）在信息运用及传播中的知识产权责任 b）采用合适方法处理数据 c）积极、合情合法地帮助他人查找及管理信息 d）有条理地保存检索结果 e）合情合法地存储及分享信息数据 f）专业人士（图书馆员等）能提供重要的建议和帮助	a）使用文献管理软件 b）使用合适的软件和方法管理数据 c）使用合规的格式撰写参考文献 d）对信息和数据的知识产权保持清醒意识 e）依学术道德准则行事 f）寻找数据监护机会以确保数据的再利用

续表

指标	应知	应会
发布	a）区分信息概括和信息整合 b）针对不同受众采用合适的撰文、发布方式 c）数据可通过多种途径发布 d）个人有责任传播信息和知识 e）科研成果的考评体系和出版流程 f）论文归属问题 g）个人可凭借纸质文献和电子技术在信息创造过程中成为积极角色	a）运用检索到的信息和数据解决问题 b）对文档进行口头或文字的归纳总结 c）将新信息融入现有知识体系 d）准确地分析并发布数据 e）整合不同途径获取的信息 f）使用适当的体裁和文笔进行有效的沟通 g）有效进行口头沟通 h）选择合适的出版和传播渠道 i）构建人际网络，在学术圈中提升个人知名度

2. 国内信息素养评价标准

（1）北京地区高校信息素质能力指标体系

2005年，北京高校图书馆学会发布了《北京地区高校信息素质能力指标体系》，具体分为7个标准，19个指标，61个能力描述，将高校学生毕业时应具有的信息素质能力具体化为一个指标集合。该指标体系作为北京市高校学生信息素养评价的重要指标，是我国第一个比较完整、系统的信息素养能力体系。其主要内容见表1–4。

表1–4　北京地区高校信息素质能力指标体系

标　准	指　标
标准一：能够了解信息以及信息素质能力在现代社会中的作用、价值与力量。	1. 具有强烈的信息意识。 2. 了解信息素质的内涵。
标准二：能够确定所需信息的性质与范围。	1. 能够识别不同的信息源并了解其特点。 2. 能够明确地表达信息需求。 3. 能够考虑到影响信息获取的因素。
标准三：能够有效地获取所需要的信息。	1. 能够了解多种信息检索系统，并使用最恰当的信息检索系统进行信息检索。 2. 能够组织与实施有效的检索策略。 3. 能够根据需要利用恰当的信息服务获取信息。 4. 能够关注常用的信息源与信息检索系统的变化。
标准四：能够正确地评价信息及其信息源，并且把选择的信息融入自身的知识体系中，重构新的知识体系。	1. 能够应用评价标准评价信息及其信息源。 2. 能够将选择的信息融入自身的知识体系中，重构新的知识体系。
标准五：能够有效地管理、组织与交流信息。	1. 能够有效地管理、组织信息。 2. 能够有效地与他人交流信息。
标准六：作为个人或群体的一员能够有效地利用信息来完成一项具体的任务。	1. 能够制定一个独立或与他人合作完成具体任务的计划； 2. 能够确定完成任务所需要的信息； 3. 能够通过讨论、交流等方式，将获得的信息应用到解决任务的过程中； 4. 能够提供某种形式的信息产品（例如：综述报告、学术论文、项目申请、项目汇报等）。

续表

标 准	指 标
标准七：了解与信息检索、利用相关的法律、伦理和社会经济问题，能够合理、合法地检索和利用信息。	1.了解与信息相关的伦理、法律和社会经济问题。 2.能够遵循在获得、存储、交流、利用信息过程中的法律和道德规范。

（2）我国高校学生信息素质综合水平评价指标体系

2005年8月中国科学技术信息研究所承接了联合国教科文组织的中国国民信息素质教育研究（Research on National Information Literacy Education of China）项目（该项目属于UNESCO全民信息计划（The Information for All Program）的一部分），提出了"我国高校学生信息素质综合水平评价指标体系"。

中国科学技术信息研究所制订的评价体系，将信息素质能力归纳为3个基本方面，即信息意识、信息能力、信息观念和伦理。信息意识系指人们对信息需求的自我感悟，即人们对信息的捕捉、分析、判断和吸收的自觉程度。信息能力系指获取、评价、处理、保存、传递和利用信息的能力。信息观念系指人们对信息的看法和态度以及对信息本质特征和价值的认识；信息伦理则指在整个信息活动中调节信息创造者、信息服务者、信息作用者之间相互关系的行为规范的总和。

（3）高校大学生信息素质指标体系

为更好地促进国内高校图书馆这一工作的开展并规范高校图书馆信息素质教育的要求，中国图工委信息素质教育工作组于2008年4月组织北京地区部分高校图书馆专家在北京高校信息素质教育研究会制定的《北京地区高校信息素质能力指标体系》基础上进行修改，提出《中国高校信息素质指标体系及信息素质教育知识点》，分为以下七个方面：一、能够了解信息以及信息素质能力在现代社会中的作用；二、能够确定所需信息的性质与范围；三、能够有效地获取所需要的信息；四、能够正确地评价信息及其信息源，并能够有效利用；五、能够有效地管理、组织与交流信息；六 、能够独立或是合作完成一项具体的信息检索和利用任务；七、能够合理、合法地检索和利用信息。

可见，对信息素质要求不仅仅是诸如信息获取、检索、分析、交流等技能，而且包括独立学习的态度和方法，以及将已经获得的信息用于解决实际问题，进行创新性思维的综合能力。具有信息素质的人从根本上讲是"那些学会了如何学习的人，他们掌握了知识的组织机理，知晓如何发现信息，以及如何以便于他人学习的方式利用信息。他们是有能力终生学习的人，是有能力为所有的任务和决策提供信息支持的人"。

四、图书馆

在德国柏林大学图书馆的墙上刻着：“这里是人类的知识宝库，如果你掌握其钥匙的话，那么全部知识都是你的。”图书馆作为文献信息中心，是获取文献资料的主要途径。因此，要能快速准确地找到所需的资料，就要了解图书馆，知道哪里能获得某种资料或谁能给予帮助。

（一）图书馆概述

“图书馆”的英文为“Library”，含义为藏书之所，来源于拉丁文的“Liber”（图书）一词。据考古发现证实，世界上最早的图书馆名为“亚述巴尼拔图书馆”，位于如今的伊拉克，距今4000多年，比古埃及的亚历山大图书馆还要早400年，是现今已发掘的古文明遗址中，保存最完整、规模最宏大、书籍最齐全的图书馆。亚述巴尼拔图书馆主要收藏的是泥版书，包括哲学、数学、语言学、医学、文学以及占星学等各类著作，几乎囊括了当时的全部知识。我国古代图书馆先后有府、宫、阁、观、院、斋、楼等称谓，一般又称为“藏书楼”。19世纪末，“图书馆”一词才传入我国。

由于图书馆及其发展环境的不同，认识问题的角度也不同，因而，不同时期人们对图书馆的表述也不尽相同。印度图书馆学家阮冈纳赞在1931年撰写的《图书馆学五定律》中认为，作为一种机构的图书馆就是一个生长着的有机体，图书馆正是由藏书、读者和馆员三个生长着的有机部分构成的结合体。美国图书馆学家巴特勒提出：“图书馆是将人类记忆的东西移植于现在人们的意识之中的一个社会装置。”稍后，美国图书馆学家谢拉认为：图书馆是这样的一个社会机关，它用书面记录的形式积累知识，并通过馆员将知识传递给团体和个人，进行书面交流。因此，图书馆是社会中文化交流体系的一个重要机关。与谢拉同时期的德国图书馆专家卡尔施泰特则认为，图书是客观精神的容器，图书馆是把客观精神传递给个人的场所。我国学者吴慰慈等在《图书馆学概论》中提出：“图书馆是搜集、整理、保管和利用书刊资料，为一定社会的政治、经济服务的文化教育机构。”①

1. 图书馆的功能

功能也称职能，是指人、事物或机构应有的作用。图书馆自产生以来，其主要职能一直在不断扩充。古代图书馆主要担负保存人类文化典籍的职能；随着资本主义工业生产的兴起，近代图书馆又担负起社会教育的职能；到了现代，随着科学技术迅速

① 吴慰慈、董焱：《图书馆学概论》，北京：北京图书馆出版社，2002年，第53页。

发展，图书馆又担负起传递科学情报和开发智力资源的职能。

1975年国际图联（International Federation of Library Associations and Institutions，IFLA）在法国里昂召开的国际图书馆协作发展专题会议上，图书馆的社会职能被明确地定义为四个方面：保存人类文化遗产；开展社会教育；传递科学情报；开发智力资源。现代图书馆以馆藏资源多元化、信息资源数字化、信息服务网络化和业务管理自动化为特征。它不仅是知识信息交流的重要场所，也是社会教育机构，为读者提供良好的学习场所。

国外常常将现代化的图书馆视为现代化大学的三大标志之一。大学图书馆是学校的图书资料情报中心，是根据教学和科研的需要，搜集、整理、保存和提供各种书刊情报资料，为广大师生服务。大学图书馆是文化资源的集散地. 它既是有关学科专业知识的信息储存，又是相关学科多样而丰富的收藏。对于教师和学生而言，图书馆是历史的、现实的百科全书，是有限课堂的延伸和扩展。因此，图书馆对于师生的知识视野、思维能力的养成都是必备的设施。一所大学要出高质量的人才和高水平的科研成果，必须有高质量的图书馆情报工作的保证。图书馆工作绝不是与教学、科研无直接关系、无关大局的工作，而是教学、科研的有机组成部分，是创办一流大学一流学科的基本条件之一。

2. 图书馆的类型

根据不同的分类标准，图书馆可以分为多种类型。国际标准化组织（International Organization for Standardization，ISO）与国际图联（IFLA）合作，于1974年，颁布了“IS02789–1974（E）国际图书馆统计标准”。在这个标准中，把图书馆区分为国家图书馆、高等院校图书馆、其他主要的非专门图书馆、学校图书馆、专门图书馆和公共图书馆六大类型。

我国图书馆的类型基本上是按主管部门或领导系统划分的，主要有三大类型：① 文化部所属的公共图书馆系统；② 高校图书馆系统；③ 科学院所属科学图书馆系统及政府各部门所属研究机构的专业图书馆。此外，还有企业或公司图书馆、工会图书馆、少年儿童图书馆、中小学图书馆、社会（街道）图书馆和农村图书室等。

（1）公共图书馆系统

公共图书馆是面向社会公众开放的图书馆，在促进国家政治、经济、科学、文化、教育事业的发展，提高全民族科学文化水平方面发挥着极为重要的作用。与其他各种类型的图书馆相比较，公共图书馆更接近最大范围的普通读者，对大多数读者来说，公共图书馆产生着比其他类型的图书馆更加有效的教育作用。它的藏书非常广泛，大多比较综合，内容涉及各个学科，通俗性、学术性兼顾。除满足一般读者需求外，公共图书馆都会有一些独具地方特色的馆藏，如图书馆的地方志文献特藏。

我国的公共图书馆按行政区划建立，包括国家图书馆，省、市、自治区图书馆，县、区图书馆等。

中国国家图书馆（National Library of China）[①] 是我国最大的公共图书馆，是国家总书库，国家书目中心，国家古籍保护中心，国家典籍博物馆。履行国内外图书文献收藏和保护的职责，指导协调全国文献保护工作；为中央和国家领导机关、社会各界及公众提供文献信息和参考咨询服务；开展图书馆学理论与图书馆事业发展研究，指导全国图书馆业务工作；对外履行有关文化交流职能，参加国际图联及相关国际组织，开展与国内外图书馆的交流与合作。此外，它还是图书馆研究中心、馆际互借中心和国际书刊交换中心。中国国家图书馆是亚洲最大的图书馆，是世界五大图书馆之一，以其善本图书丰富而著称。它代表了一个国家图书馆事业的发展水平，是中国图书馆事业发展的重要标志之一。

需要注意的是，国家图书馆从20世纪90年代起开始研发数字图书馆，自建了一些特色数据库，并购买了部分中外文数字资源，为社会提供服务。读者所在的图书馆如没有订购某些数据库资源，使用国家图书馆读者卡，或在国家图书馆网站上注册后，即可以访问这些资源。

图1–1　中国国家图书馆

① http://www.nlc.cn/

（2）高校图书馆系统

高校图书馆根据本校学科专业特点，收藏有丰富的、系统的、连续的和可靠的文献，是学校信息资源中心，是为教学与科研提供文献支撑和信息服务的学术性机构，其建设水平是学校总体水平的重要标志，与实验室、师资共同构成现代化大学生存的三大保障因素。高校图书馆的藏书综合性和专业性兼顾，学术性较强，但藏书品种受本校专业设置的影响较大。高校图书馆的服务对象主要是高校的教职工和学生。它的主要职责是通过提供文献信息资源和服务，保证所属大学完成其教学、科研任务。学生利用图书馆的质量和能力直接反映学生获取信息和知识的能力与素质，因此学生在大学阶段必须学会有效利用图书馆。随着知识经济的发展和终生学习观念的深入人心，高校图书馆的服务对象也逐步扩大到社会的各个阶层。

截至2016年，高校图书馆馆舍面积馆均约2.41万平方米，有128所高校图书馆在建新馆。人才队伍素质进一步提升，高学历人才比例更大，减员增效充满活力。数字化设施全面普及，信息技术应用更加深入。资源共建共享活动走向拓展和深入，中国高等教育文献保障系统（CALIS）和中国高校人文社会科学文献中心（CASHL）在资源建设、平台再造、服务提升、管理优化、协同创新等方面拾级而上，已成为支撑和保障中国高校教学科研的重要的信息基础设施。[①]

表1–5 2016年高校图书馆馆舍面积前10名[②]

序号	图书馆名称	馆舍总面积（平方米）
1	中山大学图书馆	116660.0
2	厦门大学图书馆	102858.0
3	河南科技大学图书馆	89346.7
4	浙江大学图书馆	86376.0
5	大连理工大学图书馆	83000.0
6	贵州大学图书馆	82628.0
7	华南师范大学图书馆	82000.0
8	暨南大学图书馆	81632.5
9	苏州大学图书馆	79850.0
10	武汉理工大学图书馆	79594.0

国内众多高校图书馆中，清华大学图书馆、北京大学图书馆最为著名。其中，清

① 《2016年高校图书馆发展概况》，http://162.105.140.111/tjpg/201801181057。

② 数据出自“教育部高校图书馆事实数据库”，http://www.scal.edu.cn:18080，提取日期为2017年9月30日。

华大学图书馆始于1912年建立的清华学校图书室。百余年以来，清华大学图书馆发展成清华园内当之无愧的标志性建筑群。由校图书馆及文科、经管、法律、建筑、美术和金融等六个专业图书馆组成，馆舍总面积7万余平方米，阅览座位约4200席。截至2016年底，实体馆藏总量502万余册（件），其中包含古籍22万多册，期刊合订本58.7万册；电子期刊8.9万种，电子图书856.2万册，电子版学位论文392.5万篇。成为清华大学建设世界一流大学不可或缺的学术支撑平台。①

表1-6　2016年高校图书馆文献资源购置费前10名②

序号	图书馆名称	文献资源购置费（元）
1	中山大学图书馆	70926927.6
2	武汉大学图书馆	64877929.0
3	北京大学图书馆	63922516.5
4	浙江大学图书馆	54735528.6
5	华中科技大学图书馆	49992478.7
6	清华大学图书馆	48102344.8
7	复旦大学图书馆	38384870.6
8	北京师范大学图书馆	36791336.6
9	深圳大学城图书馆	34948515.3
10	上海交通大学图书馆	34105309.0

（3）科学图书馆系统

科学与专业图书馆是科学研究的重要组成部分，包括中国科学院、中国社会科学院系统及各研究所的图书馆，政府部门及其所属研究院（所）与大型厂矿企业的技术网，以及一些专科性图书馆。它主要为各类专业人员提供科学研究与生产技术服务，其馆藏文献高度专业化，学科内容专深。2000年6月，该类图书馆共同组建了一个虚拟的科技文献信息服务机构，即国家科技图书文献中心，又名国家科技数字图书馆（NSTL）。其特色是企业实用资源如国内外标准、规范等比较丰富，读者主要为行业内企事业单位、科研单位的科研人员与管理人员。

国家科技图书文献中心（National Science and Technology library，简称NSTL）是经国务院领导批准成立的一个基于网络环境的科技信息资源服务机构。由中国科学院文献情报中心、中国科学技术信息研究所、机械工业信息研究院、冶金工业信息标准

① http://lib.tsinghua.edu.cn/about/collection.html，2018-3-12.

② 数据出自"教育部高校图书馆事实数据库"，提取日期为2017年9月30日。

研究院、中国化工信息中心、中国农业科学院农业信息研究所、中国医学科学院医学信息研究所、中国标准化研究院标准馆和中国计量科学研究院文献馆组成。在全国各地已经建成了39个服务站，构成了辐射全国的网络化的科技文献信息服务体系，推动了全国范围的科技文献信息共建共享，提升了地方科技文献信息保障能力与服务水平，更全面、更高效率地发挥了国家科技文献信息战略保障的整体功效。目前，NSTL 拥有印本外文文献25000多种，其中外文期刊17000多种，外文会议录等8000多种，居国内首位。[①]NSTL 是我国收集外文印本科技文献资源最多的，面向全国提供服务的科技文献信息机构。

（二）图书馆的信息资源和服务

大学生在校期间，可以免费访问图书馆提供的各类数据库。通过本校的图书馆，还可以连通全国乃至全球的共享资源体系。这些资源在离开校园后是不易获得的。因此，对于个人来说，图书馆是信息提供与知识服务的重要支持力量。充分利用图书馆的资源与服务，可以达到取各馆之长为我们信息需求所用的目的，让图书馆真正成为个人学习、工作和生活中取之不竭的知识信息宝库。

1. 图书馆馆藏资源与利用

（1）图书馆馆藏信息资源

图书馆拥有大量的文献信息资源，其文献的专业性、系统性和完整性构成了图书馆得天独厚的资源优势，也为其开展信息服务提供了可靠的物质保证，同时，相对其他信息机构而言，图书情报业自身的职能也决定了其对信息资源的收集、处理、存储、传递等方面的优势。如：国家图书馆馆藏，截至2016年12月，图书合计14735773册，期刊合计15045013册，报纸合计260501（合订册），特藏专藏合计4315809件，数字资源存储量1323.35TB，外购数据库数量253个。[②] 北京大学图书馆到2017年底，总、分馆纸质藏书近800余万册，近年来还大量引进和自建了数据库、电子期刊、电子图书和多媒体资源等各类国内外数字资源。馆藏中以123万册中文古籍为世界瞩目，其中20万件5至18世纪的珍贵书籍，是中华民族的文化瑰宝，被国务院批准为首批国家重点古籍保护单位。外文善本、金石拓片、1949年前出版物的收藏均名列国内图书馆前茅，为研究家所珍视。[③]

（2）特色馆藏

信息资源的特色化和个性化是图书馆追求的重要目标。特色馆藏是指图书馆收藏

---

① https://www.nstl.gov.cn/nstl/facade/index.jsp，2018-3-13.

② http://www.nlc.cn/，2018-3-13.

③ http://www.lib.pku.edu.cn/portal/，2018-3-13.

的具有独特风格的文献资源，它是一个图书馆特有的，具有较高利用价值和收藏价值的资源。特色馆藏包含两方面的含义，一是指一个图书馆特有的馆藏；二是指一个图书馆总的馆藏体系中具有的与众不同的特点。特色馆藏是信息资源共建共享的基础，也是高校图书馆发展学科特色服务的前提。

特色馆藏资源的特点包括独特性、延续性与价值性。

主题独特性——是指该馆藏资源能体现国家、地方区域和学校的特色，包括学科特色和馆藏特色。

时间延续性——特色馆藏资源应具备一定年限的收藏时间和文献积累，自收藏之日起没有间断，资料收藏较为系统、相对完整，具有时间的延续性。资源优势相对明显，具有一定的影响力。

内容价值性——是指该馆藏资源具有较高的研究价值或应用价值，并且随着时间的延伸，其价值越高。

以外交学院图书馆为例，目前，外交学院图书馆外交、国际关系专业文献收藏在国内居领先地位，特别是外交文件、条约汇编、专业学术著作等收藏齐备，如：全套的《申报》，2760册的《中国近代史料丛刊》，1861年至今的《美国外交文件》（*Foreign Relations of United States*），1947年至今的《联合国条约集》（*Treaty Series of United Nations*），1932年至今的《*Foreign Affairs*》等，资源优势突出。同时，馆内附设联合国托存图书馆、欧盟资料中心和中国翻译研究资料中心。此外，由于历史的原因，图书馆文献来源非常多，据不完全统计，文献原收藏单位在60家以上，还有大量个人捐赠的图书。从清末开始，一百多年来各个时期的外交、国际关系专业图书都有收藏，形成完整的系列，许多藏书为国内仅有的孤本。

（3）图书分类法

目前，图书的分类法有很多种，国际上的分类法主要有《杜威十进分类法》、《国际十进分类法》和《美国国会图书馆图书分类法》，并称为世界三大分类法，使用最广泛的是《杜威十进分类法》。国内的分类法主要有《中国图书馆分类法》《中国科学院图书馆图书分类法》以及《中国人民大学图书馆图书分类法》等。其中，《中国图书馆分类法》是现在国内使用最广泛的分类法体系。

《中国图书馆分类法》（原名《中国图书馆图书分类法》，简称《中图法》），是新中国成立后由国家图书馆《中国图书馆分类法》编辑委员会编制的一部具有代表性的综合性分类法，被我国图书馆和情报单位普遍使用，是当今国内使用最广泛的分类法体系。《中图法》于1971年发布试用版，初版于1975年，先后经过了第二版（1980年）、第三版（1990年）、第四版（1999年）的修订，最新版为2010年出版的第五版。《中图法》标记符号采用汉语拼音字母与阿拉伯数字相结合的混合制号码。用一个字母标志一个大类，以字母的顺序反映大类的序列。在字母后用数字表示大类下类目的划分。《中图法》共5大部类，22个基本大类，是由数万条类目组成的一个完善的分类体系。五大部类序列为：马列主义、毛泽东思想，哲学，社会科学，自然科学，综合性图书，按照从总到分，从一般到具体的原则编制，组成了社会科学和自然科学的完整体系。其中，政治、法律类图书是社会科学中的一大类，用D类表示，类目简表分为9个大类目（见图1–2）。

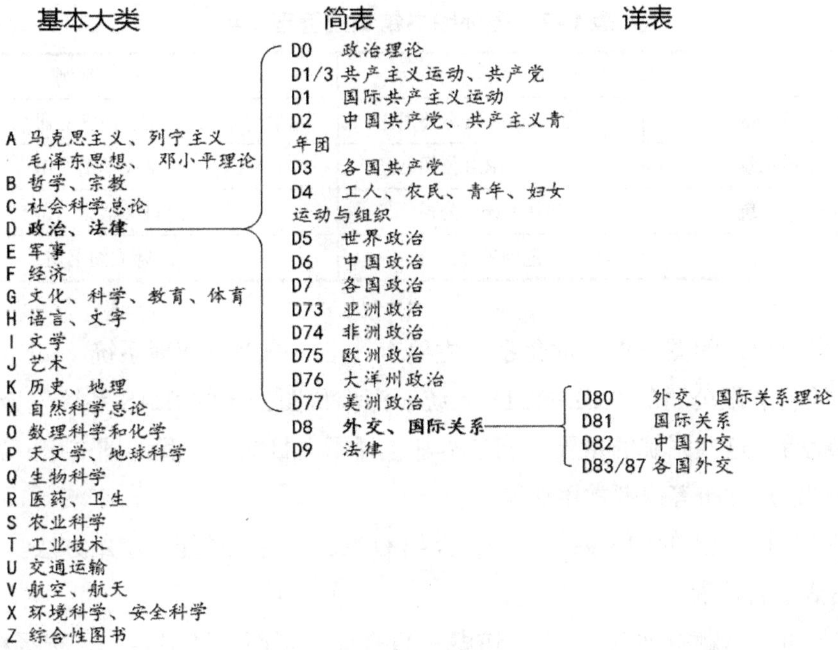

图1–2 《中图法》类目简表

按照《中图法》去检索所需要的图书，这种方法被称为分类法检索，比如想要查找有关国际关系方面的图书．读者就可以通过分类法，直接找到D类中的“D81国际关系”类目，然后按照索书号去馆藏目录检索系统中查找有哪些书，再到书架上去找具体的书。

（4）联机公共目录查询系统（OPAC）

OPAC（Online Public Access Catalogue，联机公共目录查询系统），于20世纪70年代初发端于美国大学和公共图书馆，是传统读者目录查询的自动化，是一种通过网络查询馆藏信息资源的联机检索系统。读者可以不受地点的限制利用网络实现图书、期刊的检索、借阅等传统服务以及网上预约、续借、推荐图书等个性化服务。

OPAC可以用于检索单个图书馆的馆藏，也可以用于检索多个图书馆的馆藏即联合目录查询系统，如国内的全国期刊联合目录和图书联合目录数据库、美国 OCLC 的世界书目查询数据库 WorldCat。①

掌握了 OPAC 的正确使用方法，将会减少书目检索的时间，提高检索的查全率和查准率。

目前，国内图书馆的 OPAC 使用的管理系统不尽相同，其中常用的国外图书馆集成管理系统如表 1–7 所示。

表 1–7　国外图书馆集成管理系统

名称	公司	使用馆举例
Innopac/Mellienium 系统	美国 Innovative 公司	清华大学图书馆、西安交通大学图书馆
Unicorn 系统	美国 SIRSI 公司	北京大学图书馆
Horizon 系统	美国 Dynix 公司	复旦大学图书馆
Aleph500	以色列 Ex Libris	北师大图书馆

国内自行研发的图书馆自动化系统主要有：汇文图书馆管理系统（Libsys）、北邮电信科技股份有限公司的 MELINETS 系统、深圳科图公司的 ILAS 系统、金盘软件书目查询系统等。这些系统的主要功能基本都包括了书目检索、我的图书馆、新书通报、读者荐购和信息发布等读者常用功能。

下面以北邮 MELINETS 系统为例，介绍 OPAC 的主要功能及使用方法。

① 馆藏书目检索

点击首页“馆藏查询”，打开“馆藏书目查询”页面（见图 1–3），选择检索字段，有“题名、作者、主题词、ISBN 号、索书号、图书条码”等供选择，如选择“题名”字段；在检索框输入想要查询的图书书名，点击搜索。在检索结果页面选择要查询的图书，即可查看馆藏信息。

如果仅查找某一类的文献资料，可以对所查的图书信息进行范围限制，如语言、资料类型等设定检索限制。在右侧的“高级检索”中，读者可以选择多字段检索。

② 我的图书馆

“我的图书馆”登录界面的读者证号一般为学生证号和工作证号，初始密码为各图书馆自行设定，读者登录后可以修改。输入读者证号和密码后，点击“登录”进入“我的图书馆”，可以看到相关信息，如：读者的个人信息，点借书信息、借阅历史、预约通知、催还通知等事项。

① Worldcat 是 OCLC 公司（联机计算机图书馆中心）的在线编目联合目录，是世界最大的联机书目数据库，其联合目录内容涵盖了全球 170 个国家和地区的 72000 个图书馆。https://www.worldcat.org。

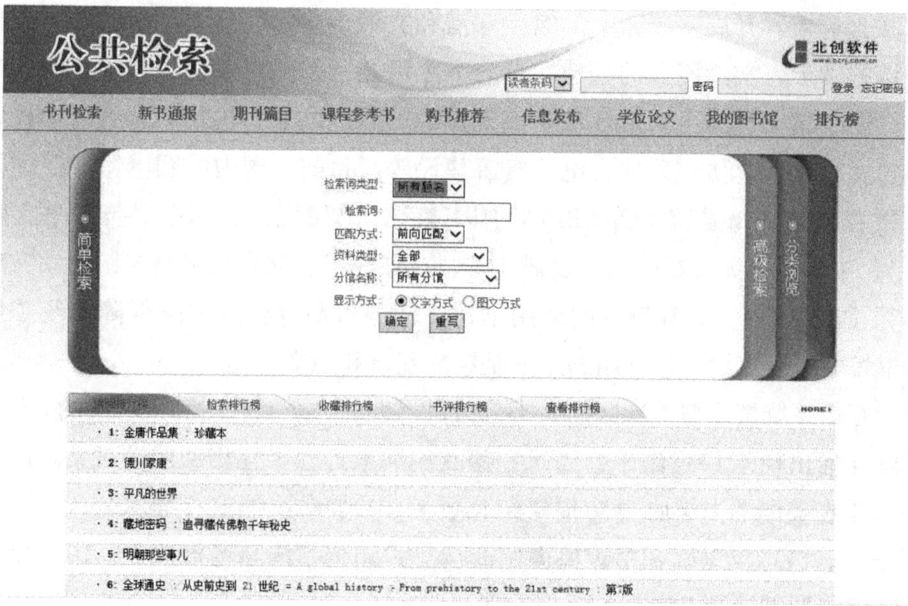

图1-3 “馆藏书目查询”页面

2. 图书馆信息资源服务

（1）流通服务

流通服务是指持有图书馆有效用户证件的用户在规定的借阅册数内，经办理手续后，将图书借出馆外的服务，是图书馆用户服务工作中最基本的方式。

（2）阅览服务

阅览服务是图书馆为用户提供阅览座位以供其在馆内阅览馆藏文献的服务方式，图书馆馆藏资源无论是否可以外借，基本上都可以在馆内阅览。阅览服务能够给读者提供充足的文献资源，对于许多不外借的图书文献，比如期刊、工具书、特种文献、库本文献等，可以保证读者入馆阅读参考。阅览室的图书一般不外借，仅供读者馆内阅读，这样不仅能够提高文献的利用率，还有利于馆员了解读者的阅读需求和阅读倾向，便于有针对性地购买图书、推荐图书、指导阅读、提供参考咨询服务以及组织读书活动等。

（3）馆际互借（Interlibrary Loan）

馆际互借/原文传递（Interlibrary Loan/Document Delivery）是不同图书馆之间利用对方馆藏来满足本馆读者需要的一种活动。这种活动可以弥补本馆馆藏不足，实现图书馆之间资源共享的目的。能让资源得到充分的利用和共享，为个人和机构的研究提供更全面、更快捷的文献支撑。

早在19世纪末20世纪初，图书馆之间的合作就已经形成，当时的合作主要集中在建立联合目录、开展基于印本的馆际互借和文献传递等项目上。随着计算机技术和信息经济的发展，文献资源的共建共享成为了可能，图书馆联盟也就相应地快速发展了起来。图书馆联盟最主要的任务是实现资源的共建共享，包括联合编目和检索、馆际互借、文献传递、协作采购、电子资源建设等。目前，国内的图书馆联盟主要有中国高等教育文献保障系统（CALIS）、中国数字图书馆联盟、国家科技图书文献中心（NSTL）、中国高校人文社会科学文献中心（CASHL）、北京地区高校图书馆文献资源保障体系（BALIS）、上海教育网络图书馆、江苏省高等教育文献保障系统（JALIS）等。图书馆联盟开展两项最常用的服务是馆际互借和原文传递。

馆际互借系统按照覆盖地区的大小分为世界性的、全国性的和区域性的。

国际互借出现于19世纪末，当时一些欧洲国家订立了互相利用馆藏文献的双边协议。1926年在美国图书馆协会50周年纪念会上，参加会议的21个国家的代表讨论了国际互借制度。1936年国际图书馆协会联合会正式制定了国际互借规则，1954年又重新制定了《国际图书馆借书章程》。

世界性的馆际互借系统主要有美国的OCLC、大英图书馆的BLDSC、德国的SUBITO、加拿大科技信息所的CISTI等。这些国际性的文献传递提供者对促进国际间的馆际互借和文献传递起到了非常重要的作用，对图书馆之间的资源共建共享有着巨大的意义。以OCLC① 为例，自1979年OCLC引入馆际互借（WorldShare）服务后，OCLC资源共享服务用户持续增长。使用OCLC WorldShare服务的国家数量达56个，图书馆达10383个。2016年7月至2017年6月OCLC馆际互借请求总数达7066399，平均每隔3秒就有读者的借阅请求被满足。②

国家图书馆是国内最早开展国际业务的机构，目前，国家图书馆国际互借中心已与世界63个国家、500多个图书馆建立了业务联系。③ 此外，能提供国际互借服务的国内机构还有，国家科学图书馆、上海图书馆、北京大学图书馆、清华大学图书馆、武汉大学图书馆等国内大型图书馆。然而，全国性或区域性的馆际互借服务已经遍布全国，成为众多图书馆的服务中最基本的一项。

（4）文献传递（Document Delivery）

文献传递服务是图书馆通过一定的方式把读者所需的文献从文献源提供给读者的

---

① OCLC，成立于1967年，是俄亥俄学院图书馆中心。是美国非赢利性合作组织“致力于推动访问全世界的信息，降低信息成本的公共目的”。提供的服务有图书馆管理、检索、编目、数字图书馆、虚拟咨询、资源共享，目前成员数量16548，遍及124个国家。OCLC及其成员图书馆合作生产和维护世界上最大的在线公共访问目录（OPAC）WorldCat。OCLC的联机检索系统FirstSearch面向最终用户，通过这个交互式的系统，读者可以检索80多个数据库，涵盖了13个主题范畴，用户满足率高达95%。

② https://www.oclc.org/，2018-3-13.

③ http://www.nlc.cn/，2018-3-13.

一种服务。具体来说，是信息用户对特定的已确知的文献需求，由图书馆通过一定的方式在适当的时间内将需要的文献或替代品以其有效的方式与合理的费用直接或间接传递给使用者的一种服务，它是从馆际互借发展而来的一种服务。文献传递服务一般可通过本校图书馆申请。由图书馆代读者获取本馆未入藏的国内外其他图书馆的文献信息（复印期刊论文、会议文献、学位论文、技术报告、标准文献等文献或提供相应文献类型的电子版全文）。文献传递方式主要以Email为主，也可以使用邮寄、传真的方式。

目前国内重要文献传递中心有：中国高等教育文献保障系统文献传递中心（China Academic Library & Information System，CALIS）、中国高校人文社会科学文献中心（China Academic Social Science and Humanities Library，CASHL）、国家科技图书文献传递中心（National Science and Technology Library,NSTL）、国家图书馆文献提供中心、中国科学院文献情报中心。

CASHL是全国性的唯一的人文社会科学文献收藏和服务中心，其宗旨是组织若干所具有学科优势、文献资源优势和服务条件优势的高等学校图书馆，借助现代化的服务手段，有计划、有系统地引进国外人文社会科学期刊，为全国高校的人文社会科学教学和科研提供高水平的文献保障。CASHL于2004年3月15日正式启动，目前已拥有830家成员单位，个人用户逾12.74万。累计提供手工文献传递服务超过120万笔。可提供国外人文社会科学领域的核心期刊和重要印本期刊达26490种；电子期刊达2739

图1-4　CASHL首页

种，电子图书达73万余种；外文印本图书达200余万种。[①] 此外，CASHL还提供“高校人文社科外文期刊目次库”和“高校人文社科外文图书联合目录”等数据库的检索、原文传递服务等。

（5）通借通还

通借通还服务（Free Borrow and Return Service）是指读者可以到图书馆任一分馆借或还馆藏地为本分馆或其他分馆的图书。通借服务是读者可以到图书馆的任一分馆借书；通还服务即是读者可以在图书馆任一分馆归还其他分馆馆藏的图书，再由图书馆的工作人员将这些图书送到其所属的分馆。目前高校的通借通还服务一般指的是在同一所高校的多个校区之间展开的此项服务。

（6）参考咨询（Reference service）

参考咨询服务可以简称参考咨询或者咨询，它的基本定义是：由图书馆员或信息专家以专业方式，尽可能多地、快速地向用户提供他们所需要的信息和帮助。相较于传统的参考咨询，数字参考咨询的核心并无本质变化，它关注的依旧是馆员与用户之间的交流互动，只是方式和手段略有差异。

数字参考咨询服务（digital reference）也称虚拟参考咨询（virtual reference）、网络化参考咨询（networked reference）或者远程参考咨询（remote reference）等。数字参考咨询是建立在数字化通信基础上，通过网络收发电子邮件、网页表单或者使用在线聊天软件等给远程用户提供方便、快捷的信息咨询服务。其实质是依托网络解答读者遇到的各种问题，目的在于帮助读者更便捷、有效地利用信息。[②]

图书馆的数字参考咨询服务最早开始于1984年的美国马里兰大学。目前，全球最有影响力、规模最大、服务范围最广的基于网络的合作网络参考咨询服务系统是美国国会图书馆与OCLC合作的“Question Point”[③] 系统，另一个较为著名的虚拟参考咨询台是由美国教育部开发的“VRD”（Virtual Reference Desk）。国内的数字参考咨询服务有中国高等教育文献保障系统（CALIS）。

参考咨询服务主要包括以下四项：

① 解答用户提出的咨询问题，包括传统的面对面解答、网络实时解答、电子邮件解答等方式。

② 培训用户查找和利用图书馆信息资源的方法与技能。

---

① http://www.cashl.edu.cn/，2018-3-13.

② 张丽萍：《图书馆数字参考咨询服务研究》，《高校图书馆工作》，2010年第2期，第71页。

③ Question Point Collaborative Reference Service，是由美国国会图书馆和OCLC共同开发的全球合作参考咨询系统。从2002年6月开始至今，该系统已经在全世界范围内拥有2000多家成员馆、数量庞大的咨询专家队伍和参与全球网络咨询的众多机构。目前该系统已成为全球图书馆合作数字参考咨询服务的典范，代表了图书馆数字参考咨询服务的趋势和发展方向。

③ 信息资源推广服务，包括向用户推荐图书馆所藏的特色信息资源、新收藏的信息资源等。

④ 信息检索服务，帮助用户查找所需要的信息资源。

（7）用户教育服务

用户教育服务是对用户开展利用文献信息的意识及能力提高的一种教育活动，是图书馆读者工作的基本内容之一。图书馆通过举办信息资源利用的讲座、个别辅导、新生入馆参观等形式让用户了解图书馆馆藏信息、文献信息、数据库信息以及图书馆服务内容，培养用户利用图书馆的意识，同时大部分高校图书馆还面向全校学生开设信息资源利用课程，指导学生学习利用文献资源、掌握信息检索方法、培养学生独立获取文献信息能力。通过对具有代表性的39所985高校图书馆用户教育开展情况进行网络调查，在被调查的高校中有97%的图书馆开展了专题讲座，74%的图书馆开设了文献检索课，38%的图书馆进行了新生入学教育培训。[①]

图书馆通过开展读者教育与培训，能让读者了解图书馆的馆藏资源和图书馆为读者提供的深层次服务内容，为读者利用图书馆提供帮助。

（8）个性化信息推送服务

信息推送服务是网络环境下的一种信息服务模式，是利用推送技术将图书馆文献信息、个性化读者服务、素养教育培训信息及图书馆二三次文献信息推送给用户的一种新型服务。个性化信息推送服务是图书馆根据用户的借阅历史、学科背景等为用户提供推荐信息，或用户按照自己的个人信息资源需求来进行各种订制，通过图书馆网络系统的智能检索和信息推送等功能模块，实现为不同用户提供有针对性的信息服务。

随着移动通信行业的快速发展，通过智能手机应用程序（如微信公众平台等）实现信息推送服务已成为图书馆未来的发展趋势。

（9）网络信息导航服务

网络信息导航就是图书馆针对某一学科领域或专题，通过对互联网上可免费获取且具有学术参考价值的信息资源进行搜集、鉴别、分类、描述，以及有序化重新组建成网络信息资源集成化系统，为广大用户提供网络信息导航服务。

① 李娜:《985高校图书馆用户教育现状调查分析》,《大学图书情报学刊》，2014年第6期，第87页。

第2章

信息检索方法

一、信息检索概述

（一）信息检索的含义

信息检索一词来源于英文“Information Retrieval”，即在按一定方式组织和存储的信息集合中，根据用户的信息需求，采取一定的检索手段并运用检索工具查找相关信息的过程。1949年，情报学家高尔文·W. 穆尔斯（Galvin W. Mooers）在国际数学会议上首次提出这一概念。

信息检索有广义与狭义之分。广义的信息检索指将信息按照一定的方式组织和存储起来，并根据信息用户的需求查找出相关信息的过程。它包含信息存储（Information Storage）和信息查找（Information Search）两个过程。狭义的信息检索仅指信息查找的过程。

（二）信息检索的类型

1. 按检索对象的内容划分

（1）文献型信息检索

文献型信息检索（Document Retrieval）也称文献信息检索或情报检索，它是一种相关性检索。广义的文献信息检索是指将文献信息按一定的方式组织和储存起来，并根据用户的需要找到所需特定信息的整个过程；狭义的文献信息检索是依据一定的方法，从已经组织好的大量相关文献集合中，查找并获取特定的文献的过程，检索结果可以是文献本身，也可以是相关文献线索（文摘、题录或全文）。

文献型信息检索包括全文检索。所谓全文检索，主要针对全文数据库而言，是指以获取文献全文而非文献线索为目的的检索活动。

（2）数据型信息检索

数据型信息检索（Numeric Retrieval）是以具有数量性质且以数值形式表示的量化信息为检索对象，从已有的数据库中查找特定信息的过程，也称数值检索。常见的数据类型有自然资源数据（土地面积、水利资源、降水量、平均温度、矿藏储量、作物产量等）；经济及社会统计数据（国民生产总值、国内生产总值、国民收入、工农业总产值、居民消费水平、财政收支、外汇收支、人口及增长率、劳动就业相关数据等）；物理性质数据（熔点、沸点、密度、溶解度、扩散系数等）；化学性质数据（分子式、分子量、结构图、临界温度、燃烧热等）；光谱数据（红外光谱、质谱、核磁共振光谱）等。

（3）事实型信息检索

事实型信息检索（Fact Retrieval）的检索对象是客观事实，广义的事实型信息检索包含数据检索，此外还涉及数据的运算、比较和数学推导，以及非数值数据（如事实、概念、思想、知识等）的检索、比较、演绎和逻辑推理。事实检索是最为复杂的信息检索类型，要求检索系统不仅能够从数据（事实）集合中查出原来存入的数据或事实，还能够从已有的基本数据或事实中推导、演绎出新的数据或事实。

概括而言，数据检索与事实检索具有明确的检索目的、特定的检索工具和检索手段以及准确的检索结果。

2. 按检索方式划分

（1）手工信息检索

手工信息检索是由检索人员和用户采用人工匹配的方式，对检索提问标识和文献标识进行相符性比较和匹配，从而选择所需文献的过程。手工检索是传统的检索方式，这种检索方法通常要使用印刷型（书本式）的检索工具，检索过程是采用手工操作配合人脑的判断来完成，匹配的过程实际上就是人脑的思考、比较和选择。

手工信息检索具有直观、查询结果准确等特点，但相对于计算机信息检索而言，其检索效率低下。

（2）计算机信息检索

计算机信息检索是利用计算机系统有效存储和快速查找的能力发展起来的一种计算机应用技术。

计算机信息检索也有狭义和广义之分。狭义的计算机信息检索指的是利用计算机或计算机网络通过设定的检索指令、检索词和检索策略，从数据库中查询所需信息的过程。广义的计算机信息检索还包括根据检索需求收集相关文献并进行加工、处理，构成可供检索的数据库的过程。

3. 按检索要求划分

（1）特性检索

特性检索是从特定事物或概念出发的检索，是检索者从已知现存的以及至少在某种程度上可叙述的特定项目开始进行的、专指性较强的检索，属于强相关性检索。

（2）族性检索

族性检索是指文献检索时，由广义的主题词入手，检出有关该主题各方面或子主题的全部的文献，属于弱相关性检索。它是对具有某种共同性质或特征的众多事物、概念的检索，因而分类搜索引擎是进行族性检索的首选工具。

4. 按检索时间要求划分

（1）定题检索

定题检索（Selective Dissemination of Information）是指专业的信息服务人员根据用户提出的研究意向和检索需求，制订检索式，定期在文献检索系统中进行查询，得到最新检索结果后以一定格式反馈给用户。

当前，各大高校及研究机构图书馆的定题检索服务非常常见。馆员通常利用中、英文数据库检索系统、网络信息资源及馆际协作关系，针对用户委托的课题进行专题信息检索，并以书目、索引、文摘、全文 / 汇编等多种形式将检索结果提交给用户。同时，针对用户对某一特定主题的信息需求，提供定期或不定期的定题跟踪检索服务，及时反馈最新检索结果。

（2）回溯检索

回溯检索（Retrospective Searching）指逆向追溯查找过去几年甚至几十年的文献信息、并将结果整理后一次性提供给用户的一种方法。通过回溯检索可以全面了解某一课题在某一段时间内的发展情况。在申请专利、科研课题立项、科研成果鉴定时的查新，以及撰写综述性论文和编写教材时的信息收集都会用到回溯检索。

定题检索要求得到最新的文献资源，回溯检索则关注过去某段时间的文献成果。但二者的检索过程十分类似：首先将用户需求转化为恰当的检索语言及检索式，然后利用检索式在数据库中寻找与用户需求匹配的文献，最后将检索结果整理为报告交给用户。

5. 按检索对象的信息表现形式

（1）文本检索

文本检索（Text Retrieval）是指不对文献进行任何标引，直接通过计算机以自然语言中的语词匹配查找的检索方式。文本检索进行匹配的对象既可以是整个出版的文本，包括文章、报告甚至整本图书，也可以是其中一个部分，如文摘、摘录或只是文献的题名。文本检索是其他各类信息检索的基础。

文本检索起源于图书馆的图书索引，即馆员根据书名、责任者、出版来源、出版时间等信息对馆藏图书进行索引，读者利用索引查找所需图书的馆藏位置。

文本检索模型包括三个要素：文本集（作为检索对象的检索单元集合）、用户提问（与检索需求相关的检索词、检索表达式或自然语言）、文本集与用户提问的匹配过程。

（2）多媒体检索

多媒体是指形态格式不同但相互关联的媒体集成在一起而形成的信息载体，较为常见的多媒体形式包括文本、音频、图像、图形、动画、视频等。

多媒体信息检索（Multimedia Retrieval）是基于用户的信息需求，对多媒体信息进行识别、匹配并获得相关信息的过程，涉及多媒体信息的特征元数据提取、索引建库、提问与数据库资源匹配、识别和返回检索结果等重要步骤，并通过与用户互动、接收反馈、修改调整实现检索优化。

目前，多媒体信息检索有基于文本和基于内容特征两种检索方式。前者是以关键词形式反映多媒体信息的物理特征和内容特征，然后对关键词进行著录和标引，从而建立起索引数据库，这种检索方式的原理与文本检索原理相同，存在的问题是用户需求可能不够具体或难以用文字精准描述，会造成检索结果准确率低。后者则是对多媒体对象的内容及上下文语义环境进行检索，如对图像中的颜色、纹理，视频中的场景、片断，音频中的音量、音调等进行分析和特征提取，并基于这些特征进行相似性匹配，存在的问题是查询输入过程不符合用户习惯，“语义鸿沟”① 难以逾越。

（3）超文本检索

超文本（Hyper Text）由信息结点（Node）和表示信息结点间相关性的链（Link）构成的一个具有一定逻辑结构和语义的网络。节点的内容可以是文本、图形、图像、动画、音频、视频等，也可以是一般计算机程序。

与线性、顺序表达的传统文本相比，超文本是非线性的网状结构。

超文本检索（Hyper-Text Retrieval）是对每个节点中所存的信息以及信息链构成的网络中信息的检索。它其实就是以超文本网络为平台，依据相应的匹配原则和超文本检索技术，快速灵活地实现文献检索的方式。

（三）信息检索的作用

概括而言，信息检索的作用有以下几个方面。

1. 信息检索能力是信息时代的必备技能

信息素养是信息与数字时代不可或缺的能力和素质。“信息素养”一词于1974年被首次提出，2001年美国教育技术CEO论坛第四季度报告指出，“21世纪的能力素质”

① 语义鸿沟（Semantic Gap）是指通常人们在判别图像的相似性时并非建立在图像低层视觉特征的相似上，而是建立在对图像所描述的对象或事件的语义理解的基础上。语义鸿沟问题在基于内容的图像检索系统中广泛存在。

包含五个方面：基本学习技能（读、写、算）、信息素养、创新思维能力、人际交往与合作精神、实践能力。而信息检索能力是个人信息素养的重要组成部分。身处信息爆炸和知识焦虑的时代，具备了信息检索能力，才能及时寻求、鉴别、搜索、选择个人所需的知识，有效提高自身素质，应对各类机遇和挑战。这种能力有助于充分挖掘和利用前人积累下来的精神财富，并在此基础上研究、开发和创造出更多的精神财富，推动社会发展和进步。

2. 信息检索是获取新知识的重要途径

信息检索是获取知识的基本手段。俗话说，“授人以鱼，不如授之以渔”。虽然课程教学可以传授一定数量的知识，但这仅仅是知识海洋中很小的一部分。掌握信息检索技术以后，可以找到一条获取和利用新知识的捷径，进入更加广阔的知识领域之中。信息检索有助于提高自身获取和利用各类信息资源的能力，为解决工作生活中的各种问题和实现终身学习、[①②] 打下坚实的基础。

3. 信息检索是科学研究过程中的得力工具

信息检索是研究工作的基础步骤和必要环节。从最初的选题、调研、试验，到最后得出结论或成果，每一个步骤都离不开信息的支持。信息检索有助于帮助科研人员快速了解某个课题的国内外研究进展，面对数量巨大、种类繁多、内容重复、出版分散的文献资源，信息检索可以为研究人员节省论文选题、信息搜集、文献调研的时间，培养其独立研究能力，提高科学研究效率；还能有效避免重复或无效研究，尽可能少走或不走弯路，使其能将更多的时间和精力用于科学研究。

4. 信息检索有助于实现科学决策

科学决策，来源于对信息资料的充分了解。可以说，掌握相当数量的真实、有效的信息，是进行正确决策必不可少的重要前提。信息检索是决策者获取信息的重要途径，有助于确保决策者及时、准确、全面地掌握相关信息，增强科学、民主、合理决策的能力，能够使各项决策建立在科学基础之上，减少决策的盲目性。

二、信息检索的发展历程

（一）手工检索阶段

20世纪40年代以前，人们主要利用印刷本检索工具（如图书、期刊、目录卡片等）

---

① 《布拉格宣言：走向具有信息素质的社会》提出：信息素质是人们有效参与信息社会的一个先决条件，是终身学习的一种基本人权。

② 《亚历山大宣言》提出：信息素质和终身学习是信息社会的灯塔，照亮了通向发展、繁荣和自由之路。信息素质是终身学习的核心。

查找信息。手工检索不需要特殊的设备，用户根据所检索的对象，利用相关的检索工具手工进行翻检即可。手工检索系统可分为卡片式检索工具和书本式检索工具，它操作简单、成本低廉，但耗费时间长，检索效率低。

（二）机械检索阶段

20世纪50年代，检索技术和检索系统有所改进，出现了机电信息检索系统和光电信息检索系统。机电信息检索系统是指使用打孔机、分类机等机电设备记录二次文献，并用电刷作为检索原件的检索系统；光电信息检索系统是指使用缩微照相记录二次文献，以胶卷或胶片边缘部分若干黑白方块的不同组合做检索标志，利用相关检索原件查找文献的系统。机械信息检索利用了机器在信息处理过程中的数据识别功能，是实现检索过程自动化的第一步，但是这种检索系统只能处理固定存储形式的信息，并且过程复杂，检索质量及效率都较为低下。

（三）计算机检索阶段

计算机信息检索经常称为机检，是通过计算机来模拟人的手工检索过程，由计算机来处理检索者的检索提问，将检索者输入检索系统的检索标识按检索者预先制定的检索策略与系统文档（机读数据库）中的存贮标识进行类比、匹配运算，从而得到所需的文献。

概括而言，计算机检索可以分为脱机检索、联机检索、光盘检索和网络检索四个发展阶段，具体如下表所示。

表2-1　计算机检索阶段

发展阶段	时间	含义	特点	典型代表
脱机检索（Off-Line Retrieval）阶段	20世纪50年代至60年代中期	由情报中心组织信息检索工作，专职检索人员把情报用户的一批检索提问集中起来，定期成批地利用计算机检索系统直接在计算机上检索，也被称为成批检索。在此阶段，用户与机器脱钩，不直接参与检索过程，检索系统没有远程终端设备和通讯网络。	属于定题服务，对设备要求较低，能够主动定期向对口用户提供情报。与手工检索相比较为便捷。但用户不能直接进行检索，需要将检索需求表达给检索人员，一旦检索结果不满意，还需要重复检索过程，受到地理和时间上的阻碍，检索效率底下。	美国海军武器实验站图书馆建立的世界上第一个计算机检索系统

续表

发展阶段	时间	含义	特点	典型代表
联机检索（On-Line Retrieval）阶段	20世纪60年代中期至70年代	是指用户利用计算机终端设备，通过通信网络与大型计算机检索系统的主机连接，从而检索其数据库中存储的信息资料的过程。 用户可根据检索结果对其检索式进行反复修改，直到获得满意的结果。 构成要素通常包括检索终端、通信网络和联机检索中心三部分。	检索速度快、信息时效性强、结果呈现形式灵活、系统稳定性和可靠性强。 通常按检索时间收费；对检索技术水平的要求相对较高。	DIALOG系统、①ORBIT系统、ESA-IRS系统、JOCST系统
光盘检索（CD-ROM Searching）阶段	20世纪80年代	是指基于光盘这一激光存储载体进行的信息存储和检索系统。用户通常按照系统菜单的指引一步一步完成检索全过程。分为单机光盘检索和联机光盘检索两种形式。 构成要素通常包括光盘、光驱（或光盘塔）、计算机和相应软件四个部分。	所需设备简单、耗时较少、运行速度快、下载复制方便、便于操作、可随时修改检索策略。 通常以某一学科信息为主，资源内容有限；更新周期比较长；由于系统更新换代，检索系统可能不兼容；长期保存有一定困难。	《中文科技期刊数据库》光盘、《中国专利文献》光盘数据库、《中国生物医学文献数据库》（CBMdisc光盘版）
网络检索（Network Searching）阶段	20世纪80年代末以来	是指利用搜索引擎、网络机器人和门户网站等工具，对互联网发布的各类信息资源所进行的检索。它是网络技术、信息存储处理技术和检索技术相结合的产物。网络检索主要分为搜索引擎和分类目录式检索两种类型。	内容广泛，信息主题和类别覆盖互联网上的所有资源；更新速度快，实时性强；用户界面易于操作，导航及帮助功能完善；检索方法多元化；不受时间和空间的局限。 信息繁杂、缺乏有效的组织管理，真假难辨；检索结果评价困难，不能简单地以查全率和查准率衡量；对个体信息素质的要求较高。	百度、谷歌、各种网络数据库

（四）信息检索的发展前沿

1. 智能化信息检索②

智能化信息检索是人们把人工智能与信息检索技术结合起来应用于信息存取领域的成果。在应用过程中，通常是按照用户需求，进行信息特征提取，即根据用户需求进行信息筛选；当用户的查询请求具有不确定性时，智能推理机利用知识库和数据库进行推断，给出潜在的用户需求信息。

智能化信息检索的应用模式主要包括：智能技术应用于信息过滤过程中；基于智

---

① 美国DIALOG系统是目前世界上规模最大、影响最广泛的综合性商业联机检索系统，其用户遍布世界一百多个国家，其主机系统位于美国加利福尼亚帕洛阿尔托市。DIALOG拥有近600个联机数据库，其内容涉及40多个语种和占世界发行总量60%的6万多种期刊，几乎覆盖所有学科范围。著名的化学文摘（CA）、生物学文摘（BA）、美国政府报告（NTIS）都属于DIALOG，工程索引（EI）、科学引文索引（SCI）、社会科学引文索引（SSCI）、艺术与人文科学引文索引（AHCI）等也都可以通过DIALOG检索。

② 杨超凡、邓仲华、彭鑫等:《近五年信息检索的研究热点与发展趋势综述——基于相关会议论文的分析》,《数据分析与知识发现》，2017年第7期第35—43页。

能技术的图像视频信息检索；智能代理、神经网络算法应用于信息检索等。

人工智能与信息检索技术的结合，将使检索工具更高级易用、更加智能化、个性化和人性化，也使得检索结果更加符合人们的需求。

2. 移动搜索

以智能手机、平板电脑为代表的移动终端的出现，为用户随时随地获取信息资源提供了极大的便利，移动搜索也应运而生。简而言之，移动搜索就是用户利用移动网络终端满足信息需求、实现信息检索目标的过程。目前，移动搜索主要应用于浏览器、搜索引擎和一般功能性搜索，通常借助移动终端上的网页浏览器、搜索引擎、APP 等工具完成。

与桌面检索行为相比，移动搜索有着明显的差异：搜索信息种类方面，以生活类信息为主，学术类信息较少；搜索时间碎片化，每次搜索用时较短；搜索过程中的人机交互行为较少，搜索结果很少使用过滤，搜索引擎往往根据用户的搜索习惯提供定制的结果。

2017年7月14日，全球领先的新经济行业数据挖掘和分析机构艾媒咨询权威发布《2017上半年中国移动搜索市场研究报告》。报告显示，2017年第二季度中国移动搜索用户规模增至6.47亿人，增长率为0.94%，目前移动搜索用户规模已趋向于饱和状态，增长速度放缓且较为稳定。国内移动搜索市场产品目前主要分为两个梯队，其中百度搜索独居第一梯队并拥有较大优势，第二梯队阵容为同样拥有较大流量入口的搜狗搜索、360搜索以及神马搜索。

3. 信息检索可视化

信息检索可视化是利用数据可视化技术，将信息资源、用户提问、信息检索模型、检索过程以及检索结果中各种语义关系或关联数据转换成图形，显示在一个二维、三维或多维的可视化空间中。用户通过图形界面与信息检索系统进行交互，优化提问和查询过程，评价检索结果。

信息检索可视化的优势在于：通过将文本内容转化为可视化空间的图形形式，直观地供用户浏览和分析，有助于减少其认知负担，提高认知能力；改变传统信息检索系统对用户不透明的问题，将各类语义关联关系、信息发现过程、检索结果显示等内容呈现出来，有助于降低检索难度，增强用户对信息检索过程的控制力；信息检索可视化对信息相关性的判别效率大大提高，有助于提高查全率和查准率。

实现信息检索可视化的技术既包括信息检索相关技术，也包括可视化相关技术。在可视化技术中，映射技术和显示技术最为重要。较为常用的映射技术有自组织映射（Self-Organizing Maps）、探路者关联网络（Pathfinder）、多维尺度变换（Multidimensional Scaling）、潜在语义索引（Latent Semantic Indexing）等。较为常用的可视化显示技术有 Focus+Context 技术、Cone-tree 技术、Tree-map 技术、Hyperbolic Tree 技术等。

4. 信息检索个性化

信息检索个性化是指在检索过程中不仅关注查询与信息资源的相关性，还要考虑用户习惯、需求及偏好与信息资源的相关性。不同用户的检索习惯和兴趣爱好有所不同，他们需要的信息也有很大差别，虽然使用的检索词完全相同，但想要获得的检索结果可能截然不同。个性化信息检索系统会根据用户使用历史确定其信息需求模型，将最符合用户偏好、最具价值的信息推荐给用户，并提供高质量的检索结果。

目前，信息检索个性化涉及三方面主要内容，即搜索日志分析、用户兴趣模型建立以及个性化检索方法。

搜索日志是用户使用搜索引擎进行检索的历史记录，是对用户进行行为分析的数据来源，也是建立兴趣模型的基础。搜索日志中包含的主要信息有用户基本情况、用户查询习惯、用户点击（浏览）习惯，如下表2–2所示。

表2–2 搜索日志中包含的信息

搜索日志中隐含的信息	用户基本情况	主要包括用户的年龄、性别、学历、职业、背景知识、检索经验等信息。这些信息通常可以从社交网络数据中获得。	用户可以分为专家和普通人，专家又可细分为信息检索专家和特定学科领域专家。相对而言，专家在整个用户群体中只占很小一部分。
	用户查询习惯	查询习惯可以反映出用户使用检索词及检索语句的规律，通常包含两种：以单一查询为对象的分析，以多个查询构成的会话为对象的分析。	对单个查询的分析主要关注查询语言、查询长度、查询频率、查询结构、查询周期等内容。对查询会话的分析通常研究加词、减词、替换词等行为，以及相邻查询之间的关系。
	用户点击（浏览）习惯	是指生成检索结果之后，用户具体浏览和点击结果的习惯。	通常用户倾向于浏览检索结果的第一页，点击排在前面的文档。这方面的研究有助于挖掘用户兴趣，以及对检索结果做相关性评价。

对用户搜索行为进行分析挖掘之后，就要着手建立用户兴趣模型。可以说，用户兴趣模型是实现信息检索个性化的关键。用户兴趣可以通过使用类别标签和使用关键词来表示，前者需要借助已有的分类词表或分类目录，从中选取标签对用户兴趣进行标注（比如体育类、艺术类、计算机类）；后者则基于用户以往使用过的关键词。兴趣模型分为长期兴趣模型和短期兴趣模型两种。在建立兴趣模型时，还要考虑标签和关键词的权重问题。

目前，实现信息检索个性化的方法主要是基于机器学习的方法和基于传统语言模型的方法。

三、信息检索基础知识

（一）检索工具

1. 检索工具的定义

检索工具是指用以报道、存储、查询文献信息资源及其线索的工具，是附有检索标识的某一范围文献条目的集合。它把大量零散而无序的信息按照一定的逻辑顺序和科学体系进行加工、整理和存储，以方便人们进行检索利用。检索工具可以视为对原始文献进行加工整理后形成的二次文献，其作用在于记录所著录文献的线索、为用户提供检索的必要手段，并使用户根据检索标识找到所需的文献。

2. 检索工具的分类

检索工具可以按收录范围、载体形态、时间范围等标准划分为不同的种类。

（1）按信息检索手段分类

① 手工检索工具

手工检索工具是指印刷型检索工具，主要分为书本式和卡片式检索工具两类。

书本式检索工具是指印刷在纸质载体上、供手工检索使用的工具，通常被称为工具书，其优点是一次印刷，长久使用，不易损耗，可以携带，不受地点限制；缺点是出版周期长，不能及时更新，一些工具书体积大，查阅不便。书本式检索工具可以细分为字词典、百科全书、类书、政书、综述、书目、索引、名录、表谱、图录、年鉴、手册等种类。

卡片式检索工具是将书目或文献信息著录在卡片上，将这些卡片按照一定顺序排列，从而形成的一种检索工具，其优点是能够随时进行编辑、排序和使用；缺点是需要占据较大空间，检索点少，无法随时随地查阅。

除书本式和卡片式检索工具外，还有缩微制品、磁带磁盘、光盘等检索工具。

② 机械检索工具

机械检索工具主要是指计算机检索工具，也就是利用计算机和网络处理和查找文献信息的工具，主要分为光盘检索工具、联机检索工具和网络检索工具。

（2）按收录学科范围分类

① 综合性检索工具

综合性检索工具收录范围和涉及学科广，文献类型和语种多，因而适用面非常广，是科技人员最常用的检索工具。常见的综合性检索工具有美国的《工程索引》（EI）、《科学引文索引》（SCI）、《科学文摘》（SA）、日本的《科学技术文献总报》、我国的《中文科技资料目录》等。

② 专业及专题检索工具

专业检索工具的收录范围限于某一学科领域，适用于检索专业信息。如《中国石油文摘》《美国石油文摘》《中国地质文摘》《中国石化文摘》《中国化学化工文摘》等都是专业性检索工具。

③ 单一性检索工具

单一性检索工具只限于收录某一种特定类型文献。学科范围可宽可窄，通过检索特定类型文献，检索效果往往比综合性、专业性检索工具好。单一性检索工具有专利（如英国《世界专利索引》、美国《专利公报》、《中国专利索引》等）、科技报告（如美国的AD报告、PB报告、DOE报告、NASA报告等）、学位论文（如《国际学位论文文摘》、《美国博士论文索引》等）、会议文摘（如美国《世界会议》《会议论文索引》《美国科技会议录》《中国学术会议文献通报》等）、技术标准（如《ISO标准目录》《IEC出版物目录》）等。

（3）按著录信息特征分类

① 目录

目录是著录一批相关文献并按一定次序编排而成的揭示、报导文献的工具。它对文献的描述相对简单，目录中每个条目的著录项包括书名（刊名）、卷（期）数、作者、出版时间、出版地及馆藏书（刊）收录情况等。

目录有多种类型，如国家书目、馆藏目录、联合目录等。

② 题录

题录是将书刊中文献的篇目按照一定的排检方法进行编排，供用户查找篇目出处的工具。题录的著录项一般包括篇目、著者、来源出处等，不包括内容摘要。

③ 文摘

文摘是通过描述文献的外部特征并简明摘录文献内容要点来报导文献的一种检索工具，是二次文献的核心，能够迅速报道科学文献的发展状况，系统积累科学信息。文摘的特点是对文献的主要内容、学术观点、数据及结构以凝练的语言准确摘录下来，并按一定的著录规则和排列方式进行编排，供用户查阅。

文摘分为指示性文摘、报道性文摘等类型。

④ 索引

索引是将书刊内容中所论及的篇名、语词、人名、主题等项目，按照一定排检方法加以整理编制并注明出处，供读者检索时使用。可以说，索引是对文献内容特征较为深入的揭示。常见的索引有科学引文索引、社会科学引文索引、中国哲学史论文索引等。

索引与目录的根本区别在于二者著录对象不同，索引所著录的是完整出版物的某一部分、某一观点、某一知识单元等，而目录所著录的是完整的出版单位（如一本图书、一种期刊等）。

（4）按信息源类别分类

① 图书检索工具

根据揭示图书信息的深度不同，可以细分为反映图书书目信息的书目检索工具（如《全国总书目》《中国国家书目》、国家图书馆联机公共目录查询系统、CALIS 联合检索目录、各高校及研究机构图书馆的公共检索系统等）和能够获得图书全文信息的电子图书全文数据库（如超星数字图书馆、方正阿帕比电子图书、SpringerLink 电子图书等）。

② 期刊检索工具

根据揭示期刊信息的深度及收录期刊的形式不同，可以分为题录型期刊检索工具（如《中文核心期刊要目总览》《全国报刊索引》）文摘型期刊检索工具（如科学文摘、化学文摘、工程索引、科学引文索引、剑桥科技文摘等）和全文型期刊数据库（如中国知网、维普科技期刊库、万方中国数字化期刊群、Ebscohost 全文数据库、Emerald 数据库等）。

③ 学位论文检索工具

学位论文很少公开出版，在综合性检索工具中一般较少涉及，通常需要使用专门的学位论文检索系统。目前较为常用的学位论文检索工具有中国知网的博士论文数据库和优秀硕士论文数据库，万方数据的中国学位论文全文数据库，CALIS 高校学位论文数据库、国家科技图书文献中心（NSTL）学位论文库、ProQuest Dissertations and Theses（PQDT）博硕论文文摘数据库、ProQuest 博硕论文全文数据库、NDLTD 学位论文网络数字图书馆等。

④ 会议文献检索工具

会议文献一般指的是各类学术会议上发表的学术报告、会议录和论文集。会议文献具有较高的学术水平，通常能够反映学科前沿发展趋势和最新成果，是十分重要的研究文献来源。按出版时间先后，会议文献可分为会前文献（会议论文预印本、议程及发言提要、会议论文摘要、会议预告等）、会中文献（开幕闭幕词、讲演词、会议简报、讨论记录、决议等）、会后文献（会议录、论文集或论文汇编、会议报告、会议辑要等）。

国内外常用的会议文献检索工具主要有中国学术会议全文数据库（PACC）、中国学术会议在线、中国学术会议论文数据库（CACP）、科学技术会议录索引（ISTP）、会议论文索引（CPI）、美国国家科学院会议文献（PNAS）等。

⑤ 专利检索工具

“专利（Patent）”一词实际上包含三种含义：从法律角度来说，是指国家按照专利制度和法规授予申请人在一定时间内对其发明创造成果所享有的独占、使用和处理的权利，即专利权；从技术角度来说，是指受专利法规保护的发明创造，也称专利技术；从文献角度来说，是指与专利相关的各类文件（如专利说明书、权利要求书、专利证书、专利索引、专利文摘等）。

国内外常用的专利文献检索工具有中国国家知识产权局网站、中国专利信息网、SOOPAT专利搜索引擎、欧洲专利局专利信息网、Delphion知识产权信息网、德温特专利数据库（DII）、美国专利商标局专利检索系统、日本专利数据库等。

⑥ 多媒体检索工具

多媒体检索涉及多媒体信息的特征元数据提取、索引建库、相似度匹配、识别与返回匹配信息、用户反馈、优化调整检索结果等内容，主要分为基于文本的多媒体信息检索和基于内容的多媒体信息检索。

常用的图像搜索工具有IBM的QBIC搜索引擎、加拿大Idée公司研发的Tineye搜索引擎、Lycos搜索引擎、哥伦比亚大学开发的VisualSeek搜索引擎、Alltheweb图像搜索等。常用的音频搜索工具有百度音乐、搜狗音乐、基于声音的搜索引擎Midomi、开放式音乐百科Musicpedia、专业音乐搜索工具Themefinder等。常用的视频搜索工具有百度视频搜索、WebSeek搜索引擎、Informedia数字视频图书馆系统等。

3. 计算机检索系统

（1）计算机检索系统的定义

信息检索是通过信息检索系统来实施的。信息检索系统是根据一定的社会需要，面向一定的用户群体，为达到特定信息检索需求目的而建立的一种有序化的信息资源集合体。

计算机信息检索系统是指由计算机硬件及软件系统、数据通信网络、数据库、检索终端设备和各类检索应用软件等组成的，用以完成信息检索任务的系统。其特点在于检索速度快、检索途径多、覆盖年限长、检索效率高、可同时检索多个数据库等优势，但容易受到系统设备、通讯线路、网络带宽等客观因素的影响。

（2）计算机检索系统的基本结构

计算机检索系统的基本结构包括物理结构和逻辑结构。

① 物理结构

指的是系统的硬件、软件及存储的数据资源构成的实体系统结构。

硬件部分包括主机、外存储器、输入输出设备、数据处理及传输设备。

软件部分包括系统软件和应用软件。前者涉及操作系统、语言处理程序等，后者涉及数据采集程序、自动标引程序、建库与索引程序、检索匹配程序等。

数据资源主要指的是以数据库形式存储在检索系统中的有序数据集合。

② 逻辑结构

指的是检索系统所包含的各个功能模块（信息资源采集模块、标引模块、数据库创建与维护模块、互动检索界面、提问处理与检索匹配模块、用户界面等）及其相互关系。

（3）计算机检索系统的功能

检索功能就是检索系统在其界面上为用户提供的使用功能，与系统的检索技术密切相关。较为常见和通用的检索功能有浏览功能、索引功能、词表功能、简单检索功能、高级检索功能、二次检索功能、专家检索功能等。

① 浏览功能

浏览检索是利用系统提供的树形层级结构，从“树根”开始，逐级打开，直至找到所需的信息资源。树形层级结构能为用户呈现出知识体系的全貌，便于了解某个方面信息的总体情况。浏览检索有分类浏览、主题浏览等类型。

② 索引功能

索引功能是将信息资源记录的一个或几个字段中具有实际检索意义的词汇以一定顺序排列成表单式索引，供检索者选择检索。常见的索引有人名索引、地名索引、主题索引、机构索引等。索引仅仅是一个简单的线性列表。

③ 词表检索功能

词表检索属于主题检索的一种。一些检索系统将自己的词表嵌入系统之中，用户确定检索主题词后，即可用词表中相应的检索词进行检索。

④ 简单检索功能

简单检索也被称为基本检索。通常，系统界面上只有一个检索框，便于非专业用户提交检索式，快速获得检索结果。这种功能无法构造复杂、精确的检索式，检准率较低。

⑤ 高级检索功能

高级检索提供了组配检索功能和字段检索功能，用户可以构造更加细致的检索式，实现灵活、精确的检索。

⑥ 二次检索功能

二次检索就是在已经获取的检索结果范围之内，对检索词和检索策略进行调整，逐步缩小检索范围，使检索结果更加精准，更加符合用户查询目标。

（二）检索语言

1. 检索语言的定义

检索语言（Retrieval Language）是信息组织和检索时所使用的语言，它是从自然语言中精选出来的一整套词汇、符号，能够对信息资源的内容和特征进行概括和规范，从而实现标引和检索功能。检索语言是信息资源标引和检索提问所约定的人工语言，主要作用是描述信息的内容特征和外部特征以及表达用户的信息需求，可以说既是连接存储过程和检索过程的桥梁，也是用户与检索系统实现联系的纽带。

检索语言有广义和狭义之分。广义的检索语言指的是信息检索过程中涉及的所有人工语言及自然语言；狭义的检索语言仅仅指按照一定规则和检索需要对自然语言进行规范，专门用于信息标引和检索活动的人工语言。

检索语言包含两个基本要素：基本词汇和语法规则。

基本词汇，即登录在词表、类表中的全部标识，一个标识（如分类号、检索词、代码等）是其语词，而分类表和词表是其词典。

语法规则，即如何创造和运用标识（单个或多个组合）来正确表达信息内容和用户信息需求。

2. 检索语言的功能

（1）描述功能

检索语言能够在信息存储过程中描述信息外部特征和内容特征，形成标引用语，在信息检索过程中描述检索提问，形成检索用语，然后将标引用语和检索用语进行相符性比较。

（2）规范功能

检索语言能够对信息资源的外部特征及内容特征进行规范化的标引，是不同信息检索系统共同遵循的专用语言，是信息资源组织、存储、管理信息资源的标准。

（3）关联功能

检索语言能够对具有相同（或相似）外部特征或内容的信息资源加以集中，可以揭示信息之间的相关性。

（4）管理功能

检索语言能够实现信息资源存储的系统化、集中化、有序化，为用户检索信息的规范化、高效化、准确化提供保障。

3. 检索语言的理论基础

（1）概念逻辑方法

概念属于逻辑学范畴，是主体对客观事物的本质属性及一般属性的概括反映，由内涵和外延构成。概念体现了一定历史时期科学发展及人的认识发展的最高水平，作用在于认识和反映客观世界。

概念逻辑方法，就是通过明确各种概念及其相互关系，揭示事物的本质属性和事物之间的区别与联系。概念逻辑方法涉及概念的划分与概括，即通过建立概念等级体系，系统显示事物之间的内在联系；还涉及概念的分析与综合，即通过建立概念组配体系，从多种途径实现信息检索，用户可以任意选择检索标识的专指度，根据实际需要限定检索范围。

（2）知识分类方法

知识分类方法就是根据特定的需要和标准，通过比较，把人类的全部知识按照相同、相异、相关等属性划分成为不同类别的知识体系，以此显示其在知识整体中的应有位置和相互关系。

知识分类方式包括按照知识的效用分类、按照研究对象分类、按照知识属性分类、按照知识形态分类、按事物运动形式分类、按照思维特征分类、按照自然现象和社会现象分类、按照知识研究方法分类、按照知识的内在联系分类、按照学科发展趋势分类等。

（3）术语学

术语是在特定学科领域用来标识概念称谓的集合，或是通过语音或文字表达或限定科学概念的约定性语言符号。它是分类表和词表的基本组成元素，检索语言可以被视为经过精细组织的术语集。

术语学是语言学的一个分支，以术语为研究对象，研究术语发展规律的学科都可以被称为术语学。

4. 检索语言的分类

（1）按文献信息特征分类

基于文献的信息特征，可以将检索语言分为描述文献内容特征的语言和描述文献外部特征的语言。

文献的内容特征一般指与文献主题内容和学科属性密切相关的信息，主要有各种形式的主题词和分类号。

描述文献内容特征的语言主要有分类语言和主题语言两类。

文献的外部特征是文献信息显示的、显而易见的特征，主要指的是篇名（书名、题名）、责任者（著者、编者、译者）、文献出处（刊名、卷期、起止页码）、出版项（出版社、出版地点、出版时间）、稽核项（价格、页数）、ISBN 号、ISSN 号、语种、专利号、报告号等，因此描述文献外部特征的语言一般是针对这些检索途径进行的索引。

文献的外部特征与文献是一一对应的，即一组外部特征只对应唯一的文献；文献的内容特征却没有这种唯一的对应关系，一篇文献可以有多个主题词或分类号，同一个主题词和分类号也可以对应多篇文献。

（2）按检索工具编排体系分类

基于检索工具的编排体系，可以将检索语言分为分类语言、主题语言、分类主题一体化语言、代码语言、引文语言等类别。

① 分类语言

分类语言（Classification Language）是以分类号（字母、数字及其组合）及相应分类款目（语言文字）表达各种概念，以事物的属性特征或学科体系为基础，根据其性质和逻辑层次结构对各类概念做出分类和系统排序，从而反映其从属和派生关系。这种语言通常由数字、字母或二者的结合体构成基本字符，字符直接连接或由符号分隔。国内的《中国图书馆分类法》《中国科学院图书馆分类法》《中国图书分类法》，国外的《杜威十进分类法》《国会图书馆分类法》《国际专利分类法》都是分类语言的典型实例。

分类语言分为体系分类语言、组配分类语言和混合分类语言，如表2–3所示。

表2–3　分类语言的种类

分类语言	体系分类语言	是以科学分类为基础，运用概念划分的方法，将具有共同属性的事物集合划分为一类，然后用代表这类事物本质属性的概念作为类目，给出相应标记符号作为分类号。 其特点是按学科、专业属性构建类目体系和知识概念系统，采取等级列举式概念表示系统揭示概念的相互关系，采用分类号作为标识，不受语种限制。
	组配分类语言	组配分类语言来源于组配式文献分类法，是将主题概念分解为简单概念（或概念因素），按照它们所属的方面或范畴，分别编列成表。标引时用两个或多个简单概念的分类号的组合来表达一个复杂的主题概念。 组配分类语言使用的组配分类表由编制说明、基本类表、分面类表、分面公式和通用辅表构成。
	混合分类语言	即混合使用体系分类语言和组配分类语言的分类语言。

在网络环境下，分类检索语言呈现出新的特征。从形式上看，分类体系结构日趋多维化、分类法实现了电子化；从内容上看，类目划分较为随意，类目排列缺乏一定的逻辑性，类目命名逐渐通俗化，聚类标准逐渐主体化。

② 主题语言

主题语言是用于表达信息资源内容和主题的词语标识系统，直接使用代表信息实质内容特征和科学概念的主题词表达各种概念，并将这些主题词按照字顺方式组织起来，与分类检索语言相比，具有直观、专指、灵活的特征。

主题语言分为关键词语言（Keyword）、单元词语言（Uniterm）、标题词语言（Subject Heading）和叙词语言（Descriptor），如表2–4所示。

表 2–4 主题语言的种类

主题语言	关键词语言	关键词也称自由词，关键词语言属于自然语言的范畴，未经规范化处理，不受主题词表的限制。通常直接选取能够揭示文献题名或主要内容的关键自然语词作为关键词进行标引。对于同一概念，可以有多种不同形式的关键词来表达。
	单元词语言	单元词是字面上不能再细分的最基本词汇单位，也称元词，是从文献内容（题目、摘要或正文）中抽出、经过规范化处理、代表独立概念的词汇。单元词语言是在标题词语言的基础上发展而来的，也是规范化的检索语言。
	标题词语言	标题词语言是用规范化的自然语言作为标识，表达文献信息涉及的主题概念，同时将所有标识按照字母顺序排列。它是最早出现的按照主题标引的先组式规范化检索语言。 标题词由主标题词和副标题词两级构成，主标题词表达主题内容，副标题词起到限定和修饰作用，表达主题某一方面特征。
	叙词语言	叙词是从文献内容中抽取的，能够概括表达文献内容并经过规范化处理的最小概念单元。叙词语言是在前面三种语言基础上发展而来的，其特点是组配性，可以通过多个叙词在语义层次上的拆分与组合表达新的概念。 叙词语言的前身是单元词语言，单元词语言只包含单个词汇，叙词语言除包含词汇之外还包含词组。

③ 分类主题一体化语言

也称分类主题一体化词表，指的是在同一个检索语言系统中，分类表部分和叙词表部分的术语、参照、标识和索引受到统一规范控制，两部分互相兼容、有机结合在一起，同时能够满足分类和主题两方面的需求。由于两种语言都以概念逻辑、知识分类和术语学理论为基础，都将语义单元作为处理对象，所以具有相通之处，能够相互融合。

④ 代码语言

代码语言是使用某种代码系统对事物某一方面特征进行标引和排列的检索语言，如分子式索引、结构式索引、专利号索引等。以美国化学文摘（CA）的化合物分子式索引为例，该索引将全卷报道的各种化合物分子式根据化学符号字顺及其右下角原子数从小到大升序排列，借助该索引系统，用户可以通过分子式检索相应的化合物及关联的文献信息。

⑤ 引文语言

引文语言是将文献之间的引用与被引关系作为文献内容主题标识，并以此进行标引和检索文献的语言。

引用行为包括两个对象——来源文献和被引文献。文献 A 在撰写过程中引用了文献 B，并将 B 列在文后的参考文献中，因此 B 是 A 的“被引文献（Cited Works）”，A 是 B 的“来源文献（Source Works）”。

由于来源文献和被引文献在主题内容上有着一定的相关性，因此引文能够起到文献集中的作用；引文标识的全体构成了引文检索语言。将引文作为检索语言完成标引和检索工作的技术称为引文索引法。

（3）按规范受控情况分类

基于检索语言的规范受控情况，可将其分为人工语言和自然语言两种。

① 人工语言（规范语言）

人工语言即规范语言，是根据一定规则对信息检索用语的概念加以人工控制和规范，对同义词、多义词、近义词等词汇用同一个词表达一个概念而进行的规范化处理，通常用于表述信息资源的主要内容，建立信息检索系统。

通常，规范化处理涉及三个方面：第一，词义规范，指对同义词、近义词、学名与俗名、简称与全称、不同译名、不同写法进行规范，并对多义词和同形异义词做出限定；第二，词性规范，指确定词性，用于叙词的词性通常是具有实际意义的名词或者动名词；第三，词形规范，指对语词的繁简体、词序、字母符号等做出限定。

② 自然语言（非规范语言）

自然语言即非规范语言，是人类平时交流所使用的语言，亦即语言本身的自然形态，不受任何限制，未经过任何加工和规范。自然语言复杂多样，种类丰富，一词多义、多词一义及词义交叉的现象经常出现。

在信息检索中，自然语言的应用主要表现为使用关键词进行全文检索。

（4）按词汇组配方式分类

组配，就是将词表中给定的主题词作为文献检索标识，并通过这些主题词之间的形式逻辑关系表达一个复合型专指概念（词表未收录该概念的相应主题词）或一篇文献完整主题的过程。

组配可以控制词表中的词汇数量，避免词表体积过大；可以灵活扩大或缩小检索范围，提供多种途径的检索；可以反映词表未收录的主题概念并揭示主题间的逻辑关系。

基于词汇的组配方式，可以将检索语言分为先组式语言和后组式语言。

① 先组式语言

先组式语言指的是检索词在检索工作开始之前已经被组配完成，用户只能严格按照预先设定的检索词查找所需的信息，不能自己进行组配。例如，分类索引的各级分类款目以及标题索引的各种标题词都不能变换次序组配。

② 后组式语言

后组式语言指的是检索词在检索系统中没有预先被组配，用户在检索时可以根据需要对某些词进行任意组配，构成相应的概念，如单元词、叙词、关键词等。

（三）检索途径

1. 检索途径的定义

检索途径又称检索点或检索入口，是检索文献所使用的渠道，具体来说，就是通过文献的特征标识检索所需信息的手段，它与检索语言有着密切的对应关系。检索工具所提供的检索途径是以检索对象的特征而确定的。

检索途径包括信息外部特征途径和内容特征途径。

2. 常用检索途径

（1）外部特征途径

① 题名途径

以图书书名、期刊刊名、各类论文题名、标准文献标准名等文献名称作为检索点查找所需信息。这种途径的局限性在于，海量文献中，题名相同或相似的很多，非常容易造成误检。在文摘和题录性检索工具中，通常不使用题名途径。

② 著者途径

著者包括个人著者（Personal Author）、团体著者（Corporate Author）、专利发明人（Inventor）、专利权人（Patentee）、会议主办单位（Sponsor）、合同订立者（Contractor）等。

著者途径就是以著者作为检索点，利用著者目录和著者索引查找其发表或编辑的文献。采用著者途径有助于系统、连续地掌握著者的研究水平和研究方向，便于查找到具有一定逻辑联系的文章。

③ 编号途径

编号途径也称序号途径。很多文献拥有唯一或一定编号，比如国际标准书号（ISBN）、国际标准连续出版物编号（ISSN）、专利号（NP）、报告号、馆藏索书号、电子元件型号等。编号途径就是将这些编号代码作为检索点查找所需信息。在使用编号途径时，需要对其编码规则及排检方法有所了解。在已知文献代码的情况下，利用编号途径是最快捷的检索方法之一。

④ 机构名称途径

机构名称途径，就是以作者所在单位、图书期刊出版发行单位为检索点查找所需信息。

⑤ 引文途径

虽然引文揭示的是文献的内容主题，但由于其检索标识为著者、文献类型、出版年、语种等外部特征字段，因此也属于外部特征途径的一种。使用此种途径有两种方式：其一，从被引文献入手，利用成套检索工具查找来源文献；其二，从来源文献入手，通过文献结尾所附的参考文献查找被引文献。

（2）内容特征途径

① 主题途径

主题途径就是根据信息资源内容的主题特征，利用各类主题目录及索引进行检索的途径。使用该途径时，需要分析和提炼信息的主题概念，选择能够表达主题概念的语词。主题词分为标题词、关键词和叙词三种。

主题途径具有直观、专指、便于操作的特点，表达概念相对准确和灵活，不受主题层次深浅的限制，也能满足多主题课题和交叉边缘学科的检索需要。

② 分类途径

分类途径就是基于信息资源的内容特征，利用分类目录或分类索引查找相关资源的途径，需要按照一定的分类法对所需信息资源进行分类，获取分类号。

分类途径有助于从学科体系的角度获得较为系统的文献线索，但要求检索者了解所用的分类体系，熟悉分类语言的特定和学科分类的方法。

③ 代码途径

将事物的某方面特征以特定的代码系统加以标引、排列和检索，通常利用某些信息的特殊标识（如分子式、结构式等）作为检索点查询所需信息。

④ 关键词途径

将信息主题内容中起到关键作用的词语抽取出来，作为检索信息资源的一种途径，它在计算机检索系统中应用较为广泛。

3. 选择检索途径的原则

（1）主题途径为主，多种检索途径综合应用

应当认识到，不同检索途径各有其优缺点，比如题名途径适合检索某一篇文献，关键词途径适合检索主题较为具体的信息，分类途径适合较为成熟的知识分类体系。在检索过程中，应当以主题途径为主，并基于个人的检索目的综合使用多种检索途径，以免影响检索效率。

（2）基于文献特征选择检索途径

如果已知文献名称、著者、编号等文献资源的外部特征信息，应当采用相应的题名途径、著者途径、编号途径及相关目录索引，能够实现方便、快捷和高效的检索。已知信息资源某些内部特征时，可以选择分类或主题途径进行检索。检索特殊信息资源时，可以考虑利用其他途径进行检索，包括各种号码索引、专用符号代码索引、专用名词术语索引等。

（3）基于具体检索要求选择检索途径

举例而言，如果课题要求的泛指性比较强，需要的文献范围比较广，则应当选择

主题途径。

（4）基于检索工具选择检索途径

不同检索工具提供的检索途径有所不同，数量也有较大差别。要熟练使用某种检索工具，就必须充分熟悉和掌握其提供的检索途径，并在检索时根据检索工具的实际情况选择相应的检索途径。

（四）检索技术

1. 传统信息检索技术

（1）运算符和检索式

运算符和检索式是信息检索中的两个重要概念。

① 运算符

运算符又称逻辑算符，是表达各个检索词之间逻辑关系和限制关系的运算符号，是复合检索式中不可或缺的构成要素。

② 检索式

检索式是用运算符将不同检索词连接起来的，能够被计算机识别的表达式。

（2）布尔逻辑检索

布尔逻辑检索是指利用布尔逻辑运算符对各个检索词或代码进行逻辑组配，然后由计算机进行相应逻辑运算，以找出所需信息的方法。它在所有检索技术中使用范围最广、使用频率最高。

布尔逻辑算符包括“逻辑与（AND）”“逻辑或（OR）”“逻辑非（NOT）”，如表 2–5 所示。

表 2–5　布尔逻辑算符

逻辑算符	表示含义	图形表达	应用形式
逻辑与（AND/*）	表示相交关系	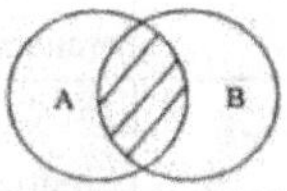	“A AND B”表示检索结果中 A 与 B 必须同时存在。
逻辑或（OR/+）	表示并列关系	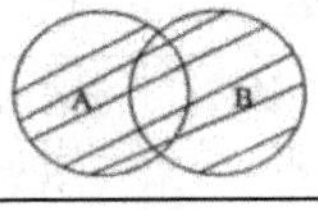	“A OR B”表示检索结果中 A 与 B 至少有一个存在。
逻辑非（NOT/-）	表示排除关系	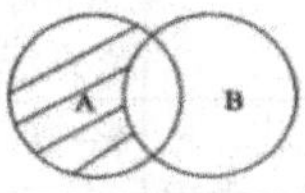	“A NOT B”表示检索结果中包含 A，但不包含 B。

布尔算符的运算顺序是 NOT → AND → OR。需要注意的是，如果需要改变运算

顺序，应将先运算的部分加上括号；检索式中只有“AND”“OR”时，算符前后的检索词可以互换；检索式中有“NOT”时，NOT前后的检索词不能互换。

布尔检索形式简洁、结构明晰，能够准确表达检索概念之间的逻辑关系，并且很容易通过软件实现，因此在检索系统中十分常见。但是，布尔逻辑无法反映出文献所涉及的多个检索概念的相互关系，也不能体现这些概念的相对重要性，并且过分依赖检索语言的规范化、文字化，形成的表达式较为复杂。

（3）截词检索

① 截词检索的含义

截词检索就是将检索词的某个部分截断，保留其局部词形，然后加上截词符，用以表达某一词干的不同变化形式，凡是满足这个词局部所有字符（串）的文献，都为命中文献。外文词汇一词多形的情况十分常见，由于单复数形式、词性、英美拼写方式差异可能导致检索时遗漏某些形式，因而造成漏检。

截词检索技术在西文检索系统中极为常用，能够减少检索词的输入量，扩大检索范围，有效提高查全率，避免漏检现象。

不同系统所使用的截词符有所不同，较为常见的有“？”“*”等。“？”通常代表一个字符，“*”通常代表一个或多个字符。也有些系统使用“$”“#”作为截词符，因此在使用时应先阅读系统说明，以免使用错误。

② 截词检索的分类

按照截断的位置划分，可以分为前截词、后截词、前后截词和中间截词三种类型，具体含义及实例如表2–6所示。

表2–6　基于截断位置的截词检索分类

截词类型	含义	实例
前截词	也称左截词，允许检索词前端有一定形式的变化，凡是满足截词符之后部分的文献即为命中文献。常用于复合词较多的文献检索。	检索词“*ology”可以检出含biology、sociology、psychology、geology、archaeology、technology等词汇的文献。
后截词	也称右截词，允许检索词后端有一定形式的变化，凡是满足截词符之前部分的文献，即为命中文献。常用于处理单复数词形、年代、人名、同词根词汇等。	检索词“librar*”可以检出含library、librarian、libraries等词汇的文献。
前后截词	允许检索词前后有一定形式的变化，凡是满足截词符中间部分的文献，即为命中文献。	检索词“*computer*”可以检出含computer、computers、minicomputer、microcomputer、computerized、computerised、computerization等词汇的文献。
中间截词	也称屏蔽词，允许检索词中间有一定形式的变化，凡是满足截词符前后部分的文献，即为命中文献。常用于处理同一个词的不同拼写形式及单复数形式不同的词汇。	检索词“organi？ation”可以检出含organization和organisation的文献；检索词“wom*n”可以检出含woman、women的文献。

按照截词数量的多少划分，可以分为有限截词和无限截词两种类型，具体含义及实例如表2–7所示。

表2–7 基于截词数量的截词检索分类

截词类型	含义	实例
有限截词	检索词中任意位置截去有限个字母，并用同等数量的截词符“?”代替。	检索词“stud???”表示末尾截掉三个字母，可以检出含studies、studied等词汇的文献。
无限截词	检索词词根后部加上“！”“?”或“*”，表示任意数量的字母。	检索词“economic*”可以检出含economic、economics、economical等词汇的文献。

（4）位置检索

位置检索是通过位置算符规定检索词之间的位置关系。

位置算符是表示两个检索词之间位置的检索算符，用于缩小检索范围，仅限外文数据库使用。位置算符有With、Near、Field、Subfield、Sentence等，具体含义及实例如表2–8所示。

表2–8 位置算符的类型

位置算符类型	含义	实例
With	A（W）B：A与B相邻，词序不变，中间不能插入其他词，但可以有标点符号、连字符或空格。	“part（W）time”可以检索出part time、part-time、“part，time”等。
	A（nW）B：A与B之间至多有n个单词，且词序不变。 有些检索系统中表达为A W/n B。	“international（1W）policy”可以检索出international policy、international and policy、international monetary policy、international development policy等。
Near	A（N）B：A、B两词相邻，词序不限，中间不能插入其他词，但可以有标点符号、连字符或空格。	“brand（N）management”可以检索出brand management、brand-management、management brand等。
	A（nN）B：A与B之间至多有n个单词，A、B前后位置不限。	“environment（2N）protection”可以检索出environment protection、protection of environment、protection of urban environment等。
Field	A（F）B：A与B两词必须在同一字段出现。	“information（F）retrieval”表示information和retrieval必须出现在一个字段中。
Subfield或Sentence	A（S）B：A与B两词必须出现在同一个子字段或同一个句子中。	“air（S）pollution”表示air和pollution必须出现在同一子字段或同一句子中。
A（nX）B	表示A与B两个检索词完全一致，中间至多插入n个单词。	“step（1X）step”可以检索出step by step。

通常，位置算符仅仅出现在外文数据库中，常见于全文检索。

值得一提的是，一些数据库还具备系统截词（也称自动取词）功能，能够自动对检索词进行一定的词形处理，如Web of Science数据库、SciFinder数据库等。

（5）限制检索

限制检索通常指检索系统提供的，用来缩小检索结果范围或对结果进行约束的方法，包括字段限制、时间限制、匹配度限制等，其中最具代表性的就是字段限制检索。

① 字段限制检索

字段限制检索是对数据库记录中出现的字段进行限定，通过约束检索词在文献记录中的位置缩小检索范围。字段分为基本索引字段和辅助索引字段，前者用来反映文献的内部特征，包括题名、关键词、主题词、文摘、分类号、全文等；后者用来反映文献的外部特征，包括责任者、文献来源、出版时间、语种、文献类型等。对字段进行限制有助于提高检索结果的相关性。

在不同检索系统中，使用的字段检索符号有所不同。常见的字段检索符号有：in、/、=、<=、>=、>、<。

字段检索分为前缀方式和后缀方式两种检索方式。

前缀方式指的是将字段代码放在检索词前面作为前缀。能用这种方式的字段是文档的辅助索引字段（也被称为非主题字段），包括著者（AU）、文献类型（DT）、期刊名称（JN）、作者单位（AD）、来源出版物（SO）、机构名称（CS）、出版年（PY）、国际标准书号（BN）、会议（CF）、资金资助机构（FO）、语种（LA）等。

比如："AU= Kissinger" 表示著者名含有 Kissinger；"JN=Foreign Affairs" 表示文献发表的期刊名是 Foreign Affairs；"PY>=2013" 表示 2013 年之后发表的文献。

后缀方式指的是将字段代码放在检索词后面作为后缀。能用这种方式的字段是文档的基本索引字段（也被称为主题字段），包括题名字段（TI）、摘要字段（AB）、叙词字段（DE）等。比如："diplomacy/TI" "diplomacy in TI" 表示检索词 diplomacy 出现在题名。

② 时间限制检索

时间限制检索就是对信息资源出版的年代范围进行约束，通常在检索系统的高级检索功能中出现。

③ 匹配度限制检索

所谓匹配度，就是信息检索过程中，用户信息需求的表达与其实际需求的一致程度以及与检出信息内容的相关程度。匹配度限制检索又可以分为精确匹配检索和模糊匹配检索。

精确匹配检索指的是检索词与资源库中某一字段完全相同的检索方式，而模糊匹配指的是无论词的位置怎样，只要出现该词即可。精确匹配是指将输入的检索词作为固定词组进行检索，不做拆分，而模糊匹配则会自动拆分检索词为单元概念，并进行逻辑与运算。

（6）加权检索

加权检索属于定量检索技术。在检索时赋予每一个检索词一个表示其重要程度的数值（权值），然后对含有这些检索词的文献进行加权计算，权值大小反映了文献的相关程度，权值之和大于规定数值（阈值）的文献为命中文献。设定的阈值越高，命中的文献数量越少，所有命中文献按照权值降序排列。

加权检索分为词加权检索和词频加权检索两类。

① 词加权检索

词加权检索由检索者赋予检索词权重，例如以"高校图书馆服务"为检索课题，设定"高校"权值为10，"图书馆"权值为20，"服务"权值为10，阈值为30，则只有包含以上三个词，或包含"高校"及"图书馆"，或包含"图书馆"及"服务"的文献才会被检出。

词加权能够明确显示各个检索词的重要程度，提高检索的针对性，并且不需要列出检索式，简化了检索过程。

② 词频加权检索

词频加权检索中，检索词的权值并非由检索者指定，而是由它在数据库记录中的词频特性决定，排除了人工干预的影响。词频加权有多种方式，比如词频决定权值，即以一个词在一篇文献中出现的次数表示该词的权值，其原理是出现次数较多的词汇（具有实质意义的词）更能反映文献的内容。此外还有以词频和平均词频相结合确定权值、逆文献频率确定权值、词频与逆文献频率结合确定权值等。

（7）词组检索

词组检索也称短语检索，是使用双引号""将专业词组或短语括起来，作为一个整体检索词进行独立匹配，在检索词专指性强的时候，可以有效提高检索精确度。比如，"World Trade Organization""Geographic Information System"等。

（8）聚类检索

聚类检索，指的是基于文献的自动标引结果构造出文献的形式化表示形式——文献向量，通过一定的聚类算法计算出文献之间的相关度，然后将相关度较高的文献集中在一起，形成若干个文献类。

根据聚类水平高低的要求，可以形成层次不同的聚类类目体系。在这种类目体系中，主题相近、内容相关的文献被聚集在一起。

聚类检索的出现得益于数值分类学和计算机数据处理技术的发展，它受到分类主题一体化思想的影响，按分类理念组织文献，以主题标引形式对文献进行标引，并由计算机完成聚类处理，形式化程度比较高，能够有机整合文献的分类属性与主题属性，因而兼具分类检索系统和主题检索系统的优点。

2. 新型网络信息检索技术

（1）全文检索

全文检索是以全文本信息为主要检索对象，允许用户根据文献主题内容使用自然语言和布尔逻辑实现检索的技术。全文检索直接借助计算机以自然语言形式在文本中进行匹配和查找，文本包含的任意字符及字符串均可作为检索入口。在检索过程中，计算机通过扫描文本中的每一个词，对每个词建立一个索引，用以指明该词在文本中出现的次数和位置。用户查询时，系统根据建立的索引查找，并将查找结果反馈给用户。

全文检索主要有两个过程——创建索引（Indexing）和搜索索引（Searching），如图2–1所示。

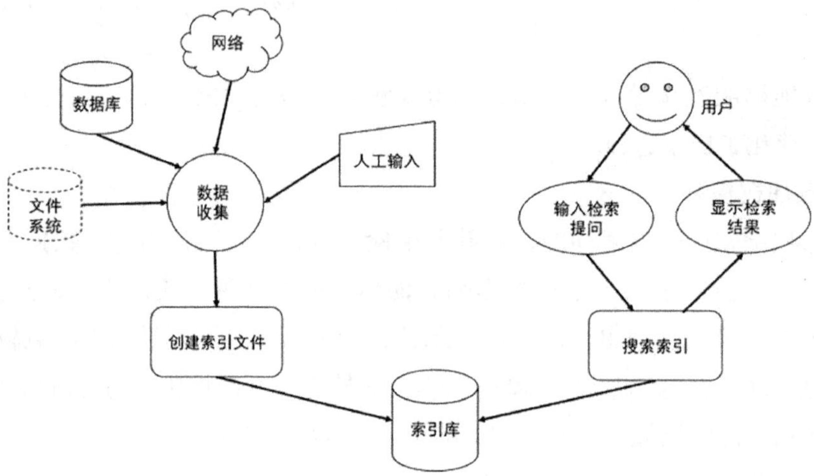

图2–1　全文检索过程示意图

全文检索分为按字检索和按词检索两类。按字检索指的是将文本中的词分解为字的组合，然后对每个字都建立索引。按词检索则是将文本中的每个词作为语义单位建立索引。

全文检索的优势包括：易于操作，用户不需要提前参加培训和学习，仅使用自己熟悉的自然语言就可以实现检索，非常方便；查全率高，能够对文本中任意字符进行匹配检索，检索范围扩大，查全率因而提高；绝大多数全文检索系统都能实现布尔逻辑检索、截词检索、位置检索等功能，用户可以按需选择。

目前，较为常见的全文检索系统有专业搜索引擎系统（如百度、谷歌）、含全文检索功能的数据库系统、基于Java的全文检索系统（以Lucence[①] 为代表）、基于php的

① Lucence不是一个完整的全文索引应用，而是一个用Java写的全文索引引擎工具包，它可以方便的嵌入各种应用中实现针对应用的全文索引/检索功能。

全文检索系统（以 Sphinx[①] 为代表）等。

（2）多媒体信息检索

多媒体有“广义”和“狭义”之分。广义的多媒体指的是能够传播文字、声音、图形、图像、动画、视频等多种类型信息的手段、方式或载体；狭义的多媒体则专指融合两种及以上“传播手段、方式或载体”的人机交互式信息交流及传播媒体。

多媒体信息检索，就是对多媒体信息进行元数据提取及索引建库，将检索语言和数据库资源近相似度匹配运算，从而识别和返回用户所需信息，并通过与用户之间的反馈，进一步优化、调整检索结果的过程。

（3）超文本信息检索

超文本（Hyper Text）是由信息结点和表示信息结点间相关性的链构成的具有一定逻辑结构和语义的网络，能够按照信息之间的关系非线性地存储、组织、管理和浏览信息。简而言之，就是利用超链接将不同空间的各种文字信息组织在一起的网状文本。

超文本信息检索是以超文本网络为基础的一种新型检索技术，其信息组织特点是以节点而非字符串作为信息的基本单元，节点之间通过链接进行连接。检索过程中，相关检索技术能够满足节点间的多种链接关系，通过链从一个节点到达另一个节点。

（4）概念信息检索

概念信息检索指的是对文献中的原文信息从语义上进行自然语言处理，吸取各种概念信息并在此基础上形成一个知识库。然后，分析用户的提问内容，将其与知识库中的信息相匹配，从而获得直接的回答。

概念信息检索能够分析和理解自然语言，对输入原文的内容进行组织和安排，并吸收内容信息所涉及的知识，然后利用记忆机制将其储存到知识库中，供检索时使用；此外，它具有使用自然语言回答检索提问的功能。

（5）自然语言检索

自然语言也被称为日常语言，是在长期社会实践中形成的用于日常表达和交流思想的工具。与分类语言、主题语言等受控语言不同，自然语言属于非受控语言。

自然语言检索就是直接以原始文献内容作为检索标识，用户直接通过自然语言表达自己的检索需求，进行检索提问并获得检索结果的一种检索形式。使用自然语言检索，用户可以根据个人习惯使用自然语言中的短语、词组、句子构成检索提问，智能化的检索系统能够自动进行分析并完成检索过程。

---

① Sphinx 是由俄罗斯人安德鲁·阿克苏诺夫（Andrew Aksyonoff）开发的一个全文检索引擎，意在为其他应用提供高速、低空间占用、高结果相关度的全文搜索功能，极易与 SQL 数据库和脚本语言集成。

（6）自动标引技术

自动标引指的是由计算机代替人工，自动生成用以表达信息资源内容特征的主题标识。

基于不同的原理，可将自动标引分为自动抽词标引和自动赋词标引两种形式。

① 自动抽词标引

自动抽词标引是计算机利用一定的自动抽词标引程序，直接从文献的题名、文摘或正文部分抽取能够表达其内容特征的主题标识。其主要流程包括：计算机分析正文或文摘；对照禁用词表删除文本内的高频语法功能词（如介词、连词、冠词等）；加工保留词，去掉前后缀后将每个词还原到词根；统计分析词根在文本中出现的频率，然后根据加权函数得出各个词根的权值；权值大于特定阈值的词被选为标引词。

② 自动赋词标引

自动赋词标引是根据信息资源的内容特征，由计算机模仿人工赋词方法进行标引，从规范化的主题词表选择相应的主题词，作为该信息资源的主题标识。其主要流程包括：使用控制词编写主题词表；计算机自动分析文本，将其中重要的关键词挑选出来；对照主题词表进行关键词比较和转换；主题词表中与关键词相匹配的词汇可以视为和文献主题相关，因此将该词作为标引词。

（7）相关检索

相关检索指的是用户使用关键词检索时，除得到相应的检索结果之外，在结果页面的上方或者下方会出现与检索词有关的一些关键词，单击这些关键词，就可以得到相应的搜索结果。大多数搜索引擎都会提供相关检索功能。相关检索可以避免用户重复输入搜索关键词，并给出关键词选项和推荐的检索词，有助于帮助用户明确自己的检索需求，及时有效地找到真正想得到的信息，大大提高检索效率，减少找到有效信息所花费的时间。

（8）数据挖掘

数据挖掘（Data Mining）是从大量的、不完全的、有噪声的、模糊的、随机的数据中，提取隐含于其中的有效、新颖、潜在有用并最终可理解的信息的过程。同时，数据挖掘也是一种新的商业信息处理技术，是按照既定业务目标，对海量企业数据进行分析探索，揭示其隐藏规律并将之模型化的有效方法。

数据挖掘是数据库知识发现（Knowledge-Discovery in Databases，KDD）的一个重要步骤。其任务是从海量数据中发现一定的模式，概括而言，较为典型的数据挖掘任务有预测模型、关联分析、分类分析、聚类分析、序列分析、偏差预测、模式相似性挖掘、Web 数据挖掘等。

数据挖掘质量取决于两个方面：第一，用于挖掘的数据的数量和质量；第二，所使用的挖掘技术的有效性。

（9）智能检索技术

智能检索技术以自然语言为基础，计算机对用户提供的自然语言检索需求进行分析，然后形成相应的检索策略进行检索。智能检索是人工智能与检索技术的高度融合，是对检索词具有较高判断、理解和处理能力的人工智能型多媒体检索系统。

智能检索涉及自然语言理解、知识推理、机器翻译、机器学习、知识发现、模式识别、专家系统、多媒体信息处理等重要技术。

四、信息检索原理与步骤

（一）信息检索原理

1. 信息检索的原理是什么

概括而言，信息检索的原理就是“对信息集合与需求集合的匹配与选择”，即从用户需求出发，对一定信息集合采用一定的技术手段，根据一定线索与准则找出相关信息。

信息检索实际包括存储和检索两个过程。存储过程是根据文献的外部特征和内容特征对其进行分类、标引，从而形成一定的检索系统。检索过程则是用户根据自身的信息需求，对检索课题进行分析，将代表信息需求的主题概念转换为恰当的信息检索语言标识，然后与存储在检索系统中的文献检索标识进行对比，两者完全一致或基本

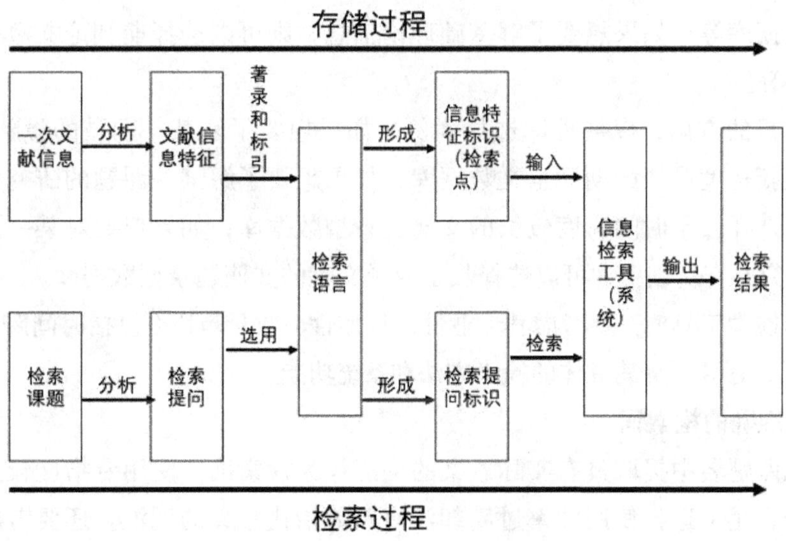

图2-2　信息检索原理示意图

一致时即为命中信息，就实现了检索目标。检索结果既可能是最终信息，也可能是信息线索，需要用户进一步分析筛选。

2. 信息检索原理示意图

信息检索的原理可以用图2–2来表示。

（二）信息检索的步骤

1. 分析研究课题，确定检索需求

课题需求分析是信息检索活动的第一步。在分析过程中，应当弄清楚检索目的，以及课题的背景信息、研究性质、学科属性、专业范围和所涉及的相关内容；明确检索课题的信息类型和时间要求，以及所需的文献在类型、语种、出版时间、质量等方面的要求；考虑课题的特殊要求，如查全、查准、查新方面是否有具体的要求。完成上述工作后，才能列出能够表达检索概念的自然语言关键词及其同义词、近义词。

需要注意的是，由于知识结构、所处环境和面对的实际问题有所不同，每个人的信息需求差异很大；不同人面对同一问题，所产生的信息需求可能迥然不同；同一个人在学术研究的不同阶段，信息需求也不一样。

2. 选择恰当的检索工具

检索工具种类繁多，所收录的学科种类及数据类型也各有侧重。一般来说，信息需求和检索目的是选择检索工具的主要依据。

在信息需求方面，如果想要获取大众化及常识性的信息，则可以选择搜索引擎、报纸数据库等检索工具；如果想要获取有关尖端技术的信息，则可以选择科技报告数据、专利数据库等；如果想要了解基础理论信息，则可以选择期刊论文数据库、会议论文数据库等。

在检索目的方面，以数据库选择为例，如果想要了解某一领域的最新研究动态，可以选择更新速度最快的期刊全文数据库；如果想要了解某一课题的研究成果和发展历程，可以选择收录时间跨度较长的文摘题录型数据库；如果想要对某一课题进行深入细致的研究并有所创新，可以选择收录权威文献的文摘题录型数据库。

在选择检索工具时，要考虑其专业性、权威性、收录范围（包括时间跨度、文献类型、语种等），还要了解其具体的检索方法和系统功能。

3. 提炼准确的检索词

可以从课题名中提取具有实际意义的词汇作为检索词，使用专指性较强的主题词作为检索词，避免选择使用频率过高却没有具体指代意义的词汇。还要考虑关键词的同义词、近义词、上下位词、全称和简称等，确保检索词概括的全面性。

检索词的选择技巧如下：

① 切分

切分就是以词为单位对课题语句进行拆分，分解为最小检索单元。

② 删除

删除就是排除自然语言中不具备实际检索意义的词汇，包括虚词、出现频率较低的词、过分宽泛的词、不能表达课题内容的高频词等。

③ 扩展

扩展就是保证选择的检索词能够尽可能全面，应当立足规范词、兼顾自由词；注意词的不同词形、简称与全称、学名与俗名、音译与意译等；如有必要，扩检至上下位类词；利用数据库同义词选择功能、搜索引擎、专业知识等寻找同义词与反义词。

4. 制定检索策略，构造检索表达式

检索策略有广义与狭义之分。狭义的检索策略指的是由检索词和运算符组配而成的逻辑表达式，即检索式，常见的组配算符有布尔逻辑算符、截词算符、位置算符、嵌套算符等。广义的检索策略是以分析课题内容为基础，确定所使用的检索系统、检索途径、检索词、检索词之间的逻辑关系以及具体检索流程的安排。检索策略的构建和调整对于检索结果有着十分重要的影响，制定恰当的检索策略，有助于优化检索过程，提高检索效率，快速、准确、全面地找到所需的信息。

在构造检索表达式时，同义词或近义词之间应当使用“逻辑与（OR）”进行组配，所有标点符号必须在英文状态下输入。

5. 确定检索途径

检索途径分为两类：反映文献内容特征的途径（分类、主题）和反映文献外部特征的途径（著者、题名、代码等）。具体内容请参见本章“三、信息检索基础知识”中“（三）检索途径”的内容。

6. 调整检索表达式

当检索结果不甚理想时，需要考虑使用的检索工具是否恰当、检索词是否准确、检索表达式是否书写有误、检索途径是否合理等内容，并进行相应的调整。

通常，检索结果较少时，可以增加检索词、调整组配算符、取消或放宽检索限定、增加或修改检索入口，以提高查全率；检索结果较多时，则采取与上述方法相反的策略，以提高查准率。

7. 获取原始文献

原始文献的获取是检索活动的最后一个步骤，可以分为直接获取（如通过全文数据库浏览或下载）和通过文献服务机构（如图书馆）获取两种方式。

获取原始文献应当遵循“先电子后印刷”“先近后远”的原则。数字资源具有更新快、出版快、便于查询和输出等优势，因此应先寻找相关电子文献；要充分利用本单位、本系统、本地区图书馆及相关文献部门的纸质及数字资源，如果无法满足，再考虑通过网上订购、馆际互借和原文传递等服务从其他机构获取文献。

（三）信息检索效果评价

信息检索效果评价是对信息检索系统性能进行评估的活动，通过评价可以比较不同检索系统及检索技术的优劣，评估不同因素对检索结果的影响。

1. 检索效果评价指标

（1）查全率

查全率（Recall Ratio）是指检出的相关文献量与检索系统中相关文献总量的比率，是衡量信息检索系统检出相关文献能力的尺度。查全率绝对值很难计算，只能根据数据库内容和数量来估算。

查全率=（检索出的相关信息量/系统中的相关信息总量）×100%

查全率受到检索系统和检索用户两方面的影响。

从检索系统角度来说，降低查全率的因素有数据库收录信息不全、索引词汇缺乏控制和专指性、词表结构不完整、词间关系模糊或不正确、标引不完善或存在问题等。

从检索用户角度来说，降低查全率的因素有检索策略简单、关键词和组配逻辑不当、检索途径过少、缺乏专业的检索技术等。

（2）查准率

查准率（Precision Ratio）是衡量某一检索系统从文献集合中检出相关文献成功度的一项指标，即检出的相关文献与全部相关文献的百分比。查准率标志某一检索系统运行过程中拒绝无关文献、选出有关文献的能力，同时也是用户从检出文献中进一步筛选出相关文献所需时间的一种测度形式。

查准率=（检索出的相关信息量/检索出的信息总量）×100%

查准率主要取决于检索语言的专指性和所拟定的检索策略能否准确表达用户真正的情报需求。若检索策略拟订得较宽泛，参与组配的检索词较少，主题词的概念比用户的情报需求宽泛，则查准率将降低。

查全率和查准率之间具有互逆的关系。在极端情况下，一个将文档集合中所有文档返回为结果集合的系统有100 %的查全率，但是查准率却很低。另一方面，如果一个系统只能返回唯一的文档，会有很低的查全率，但却可能有100 %的查准率。

（3）漏检率

漏检率（Omission Ratio）是指未检出的相关文献量与文献库中该种相关文献总量

之比。

查全率和漏检率是一对互逆的检索指标。

（4）误检率

误检率是检出不相关文件与检出文件总数之比，是衡量误检出非相关信息的程度指标。

查准率和误检率是一对互逆的检索指标。

（5）响应时间

响应时间是指检索系统对检索请求做出的应答时间，即用户向检索系统提交查询请求到系统响应该请求的时间。

具体而言，委托检索[①]的响应时间表示从用户送交提问到收到检索结果所花费的时间；非委托检索表示用户实际所花费的检索时间。

响应时间一般都是针对某个特定检索提问而言的，不同提问对应的响应时间因提问复杂程度而有所不同。

（6）用户负担

用户负担指的是用户在检索过程中所需要承受的人力投入、时间、费用、软硬件消耗等。

2. 影响检索效果的因素

影响检索效果的因素主要有：信息标引的质量，包括检索工具的有效性、检索系统的网罗度等；检索语言的性质，主要指的是检索词的选择是否恰当；检索途径的数量；检索策略的优劣；检索表达式的准确程度；检索人员的素质，比如检索人员是否具备较为专业的检索知识和能力，是否有耐心等。

3. 改进检索结果的途径

概括而言，对检索结果进行改进可以选择更加恰当的检索工具，选择存储文献更为全面、准确、标引质量较高的检索系统；了解相关检索知识，提高课题分析能力和信息检索能力；调节查全率和查准率。

提高查全率和查准率的途径如下。

（1）提高查全率的途径

• 扩展检索范围，对含有多个子库的综合性数据库可以选择跨库检索，不必局限在某个数据库；如果使用题名检出的结果很少，可以尝试将范围扩展到摘要、关键词甚至全文。

• 减少约束条件，取消对文献类型、所在学科领域、发表时间、检索词所在字段的

① 委托检索是指检索人员对用户所委托的研究课题进行检索，非委托检索是用户个人实施的检索。

限制。

• 描述检索主题的检索词尽可能全面，包括同义词、近义词、上位类词和下位类词、不同拼写形式等。在外文检索系统中，使用单词的单数形式检索，这样可以涵盖单数、复数、所有格形式（不规则单词除外）。另外，还可以利用截词检索和模糊检索扩大检索词范围。

• 少用逻辑与（AND）和逻辑非（NOT）连接检索词，多用逻辑或（OR）连接检索词。

（2）提高查准率的途径

• 对检索范围进行约束，限定文献类型、学科领域、发表时间、检索词所在字段等。

• 检索词的选择应当精确，避免使用指代意义不明、过于宽泛的词汇，如“研究”“分析”“影响”“展望”等，尽可能使用专业术语和规范化主题词。

• 使用词组检索或位置检索缩小检索范围。

• 利用检索系统的二次检索功能对检索结果进行筛选。

• 少用逻辑或（OR）连接检索词，多用逻辑与（AND）和逻辑非（NOT）连接检索词。

第3章

电子期刊和报纸

一、期刊概述

期刊是交流学术思想最基本的文献形式，是科研人员利用最多的文献类型，许多新的成果、新的观点、新的方法往往首先在期刊上发表，全面准确地获取期刊论文将大大提高研究工作的效率。

世界上最早的期刊是1665年1月，法国戴·萨罗在巴黎创办的《学者杂志》(*Le Journal des Savants*)。该刊是一种图书目录性质的期刊，主要报道在法国和国外出版的各类图书。[①] 第一份用于学术交流的期刊是亨利·奥尔登伯格等人于1665年3月6日创办的英国皇家学会汇刊《哲学会报》(*Philosophical Transactions*)(也译作《哲学汇刊》)。该刊现名为《伦敦皇家学会哲学会报》(*Philosophical Transactions of the Royal Society*)，分为A、B两辑，它是世界上创刊最早、寿命最长的学术期刊。自1665年出版第一卷以来，《哲学会报》曾经刊登过包括牛顿、达尔文在内的众多著名科学家的经典论文，为科学交流与现代科学思想的广泛传播作出了不可磨灭的贡献。

(一)期刊的概念

联合国教科文组织在1964年11月19日巴黎会议上，对期刊做出如下定义："凡用同一标题连续不断(无限期)定期与不定期出版，每年至少出一期(次)以上，每期均有期次编号或注明日期的称为期刊。"

《辞海》：期刊又名杂志。定期或不定期的连续出版物，每期版式基本相同，有固

① 王晓光主编:《期刊编辑与制作》，武汉大学出版社，2014年，第24页。

定名称，用卷、期或年、月顺序编号出版。它有专业性和综合性两类。

我国《信息与文献术语》(GB/T 4894-2009)对期刊的定义是：期刊，面向特定主题或专业用户的连续出版物。

国家标准《情报与文献工作词汇传统文献》(GB1314-1991)对期刊的定义是：期刊，刊名、刊期相对稳定的连续出版物，每年至少出两期，每期有期号，内容包括一个或多个专业或学科领域。

以上定义对期刊内涵的表述大致相同，都把期刊定义为具有固定名称，以期、卷、号或年、季、月为序，按照一定周期出版的成册连续出版物。

(二)期刊的特征

1. 标准刊号

根据《中国标准刊号》(GB9999–1988)规定，中国标准刊号由以"ISSN"(*International Standard Serial Number*)为标识的国际标准连续出版物编号和以CN为标识的国内统一刊号两部分组成。ISSN被全世界大部分国家所使用，成为标准期刊的显著标志。在我国，衡量一份刊物是否合法，还要看其是否具有国内统一刊号。例如：在我国大陆地区出版的凡具有CN刊号和ISSN刊号的期刊为我国认可的合法期刊；只具有ISSN刊号但没有CN刊号的期刊，只能在境外出版，在我国大陆地区出版则为非法出版期刊。如《外交评论》的国内统一刊号是CN11–5370/D，国际标准刊号是ISSN1003–3386。

2. 定期连续出版

期刊一般有长期固定的刊名，有相对稳定的刊名字体、封面、开本、栏目、篇幅，有统一形式的连续期次号。期刊要一期一期地连续出版下去，都有表示无限期连续出版下去的序号，如卷号、期号、出版年、出版月份等。

3. 报道及时

期刊的出版周期比图书短得多，一般一月或半月出版一期，内容新颖，更新及时，所以具有较强的时效性。此外，期刊连续性强、信息量大、内容丰富新颖，能及时报道学科发展的最新动向，反映科学研究的最新成果和学术发展的最新水平。

值得一提的是，学术期刊论文的研究内容往往专注某一学科领域，大多反映最新的研究动态、研究成果、实验数据、各种观点等。严谨的学术期刊刊载论文前一般先由该领域的权威专家评议、审查，内容质量上有保证。

(三)期刊质量鉴别标准

期刊数量巨大，鉴别期刊的质量是一个问题。通常，我们可以通过看其是否是核心期刊或同行评审刊，从而对它的学术质量有一个初步的判断。

1. 核心期刊

核心期刊（core journal），指的是刊载与某一学科（或专业）有关的信息较多，且水平较高，能够反映该学科最新成果和前沿动态，受到该专业读者特别关注的那些期刊。核心期刊的种类是运用文献计量学的方法，经过复杂的统计和运算最后确定的。目前外文核心期刊基本以美国汤森路透公司出版的SCI、SSCI、A&HCI数据库中收录的期刊为准，中文核心期刊以北京大学图书馆编写的《中文核心期刊要目总览》及CSSCI[①] 中收录的期刊为准。需要说明的是，这些工具书所收录的核心期刊都是印刷版期刊，因此对于纯电子期刊来说，目前尚无关于核心期刊的统计。

2. 同行评审期刊

同行评审期刊[②]（peer-reviewed 或 refereed），是指期刊发表的主要文章在发表之前，由编辑部聘请作者同一学科或同一研究领域的同行专家对论文进行评审，评审时并不公开作者姓名，然后决定是否发表、修改或退稿，这样做的目的主要是为了提高论文和期刊的质量。目前无论是印刷版期刊的电子版还是纯电子期刊，都拥有大量的同行评审期刊，例如美国数学学会（American Mathematical Society）的纯电子期刊“*Representation Theory*”，清华大学《国际政治科学》就是同行评审期刊。

（四）电子期刊

19世纪以后，期刊的数量迅速增长，并且日趋专业化。随着计算机技术、网络技术和多媒体技术的飞速发展，产生了电子期刊。电子期刊（e-journals）是指以电子（或称数字）形式出版、发行、传播与阅读的期刊，具有印刷型期刊的一般特征。它分为两种类型：一种是印刷型期刊的电子版，主要内容与印刷版相同，但利用网络和计算机技术增加了很多服务功能。如《科学》杂志的电子版《科学在线》（*Science Online*）；另一种属于原生数字资源，是只在互联网上发行的纯电子期刊，完全依托计算机、网络和通信技术编辑、出版和发行，内容新颖，表现形式丰富。如英国物理学会和德国物理学会联合创办的《新物理学杂志》（*New Journal of Physics*）。[③]

最早的电子期刊可追溯到20世纪60年代初期，美国化学文摘社采用计算机技术改进印刷版《化学文摘》并出版磁带版《化学文摘》。世界上第一份互联网期刊是1991

---

① CSSCI（Chinese Social Sciences Citation Index，中文社会科学引文索引），用来检索中文社会科学领域的论文收录和文献被引用情况。由南京大学中国社会科学研究评价中心开发研制而成。CSSCI遵循文献计量学规律，采取定量与定性评价相结合的方法从全国2700余种中文人文社会科学学术性期刊中精选出学术性强、编辑规范的期刊作为来源期刊。目前收录包括法学、管理学、经济学、历史学、政治学等在内的25大类的500多种学术期刊。

② 肖珑：《数字信息资源的检索与利用》，北京大学出版社：2013年第2版，第222页。

③ http://www.iop.org/EJ/njp

年9月由美国科学促进会（AAAS）和俄亥俄大学图书馆中心（OCLC）共同开发的《最新临床实践联机杂志》(*The Online Journal of Current Clinical Trials*)。电子期刊从最初的软盘期刊、光盘期刊、联机期刊，到目前的网络期刊，发展迅速，已成为期刊的重要类型。

二、中文期刊数据库

中文电子期刊的发展始于20世纪90年代初期，经过20余年的发展，目前已经有清华同方知网（北京）技术有限公司的《中国学术期刊网络出版总库》、重庆维普资讯公司的《中文科技期刊数据库》、万方数据资源系统三家主要的电子期刊出版物，基本囊括了主要的中文期刊，涵盖了所有学科。

（一）中国学术期刊网络出版总库（CNKI）

1. 数据库介绍

1998年世界银行提出了“中国国家知识基础设施（China National Knowledge Infrastructure）”的概念，简称CNKI。CNKI工程由清华大学、清华同方股份有限公司发起，始建于1999年6月，采用自主研发形成国际领先的中文数字图书馆技术与CNKI网格资源共享平台，建成了完整的以学术研究成果为核心的中国信息资源体系《中国知识资源总库》。

中国知识资源总库[①]是我国大型中文数据库，内容覆盖学术期刊、博士学位论文、优秀硕士学位论文、工具书、重要会议论文、年鉴、专著、报纸、专利、标准、科技成果、知识元、古籍等类型。包括中国期刊全文数据库、中国博硕士学位论文数据库、中国重要报纸全文数据库、中国重要会议论文全文数据库，中国年鉴网络出版总库和中国工具书网络出版总库等。重点资源如表3–1所示。

表3–1 中国知识资源总库子库列表

数据库名称	简 介
中国学术期刊网络出版总库	China Academic Journal Network Publishing Database（CAJD），是世界上最大的连续动态更新的中国学术期刊全文数据库。收录1915年至今国内出版的8000种学术期刊，其中核心期刊、重要评价性数据库来源期刊2600多种。内容覆盖自然科学、工程技术、农业、哲学、医学、人文社会科学等各个领域，全文文献总量5000万篇。数据库每日更新。

① http://www.cnki.net/

续表

数据库名称	简 介
中国博硕士学位论文全文数据库	是目前国内相关资源最完备、高质量、连续动态更新的中国优秀博硕士学位论文全文数据库。收录1984年至今的，来自全国439家培养单位的博士学位论文和728家硕士培养单位的优秀硕士学位论文。目前，累积博硕士学位论文全文文献300万篇。每日更新。
中国重要报纸全文数据库	是收录2000年以来中国国内重要报纸刊载的学术性、资料性文献的连续动态更新的数据库。文献来源为国内公开发行的500多种重要报纸。
国内外重要会议论文全文数据库	是由国内外会议主办单位或论文汇编单位书面授权并推荐出版的重要会议论文。重点收录1999年以来，中国科协系统及国家二级以上的学会、协会，高校、科研院所，政府机关举办的重要会议以及在国内召开的国际会议上发表的文献。其中，国际会议文献占全部文献的20%以上，全国性会议文献超过总量的70%，部分重点会议文献回溯至1953年。目前，已收录出版国内外学术会议论文集3万本，累积文献总量200万篇。
中国年鉴网络出版总库	是目前国内最大的连续更新的动态年鉴资源全文数据库。内容覆盖基本国情、地理历史、政治军事外交、法律、经济、科学技术、教育、文化体育事业、医疗卫生、社会生活、人物、统计资料、文件标准与法律法规等各个领域。文献来源为中国国内的中央、地方、行业和企业等各类年鉴的全文文献。数据库每日更新。
中国工具书网络出版总库	简称《知网工具书库》，或者《CNKI工具书库》。收录近200家出版社的字典、词典、专科辞典、百科全书、手册、图录图鉴、表谱、名录等6000多部，含1900多万个条目，100多万张图片，其内容涵盖自然科学、人文科学、社会科学与工程技术、农业、医学等各个方面。

本章主要介绍中国学术期刊网络出版总库。该库收录的期刊分为10个专辑：①基础科学 ②工程科技 I ③工程科技 II ④农业科技 ⑤医药卫生科技 ⑥哲学与人文科学 ⑦社会科学 I ⑧社会科学 II ⑨信息科技 ⑩经济与管理学。

2. 系统功能

该数据库的知识发现网络平台（KDN）利用知识管理的理念，实现了知识汇聚与知识发现，结合搜索引擎、全文检索、数据库等相关技术达到知识发现的目的，可在海量知识及信息中发现和获取所需信息，简洁高效、快速准确。提供标准化的、风格统一的检索模式，提供多角度、多维度的检索方式，帮助用户快速定位文献。

（1）一框式检索

中国知网知识发现网络平台提供简单的用户操作，通过统一检索平台可一框式检索中国知网的系列资源，包括期刊、博硕士论文、报纸、会议论文、年鉴等。

① 输入检索词直接检索

选择数据库（默认为“文献检索”，文献范围包括期刊、博硕士、国内重要会议、国际会议、报纸）以及检索字段，在检索框中直接输入检索词，点击检索按钮进行检索。如图3–1所示。

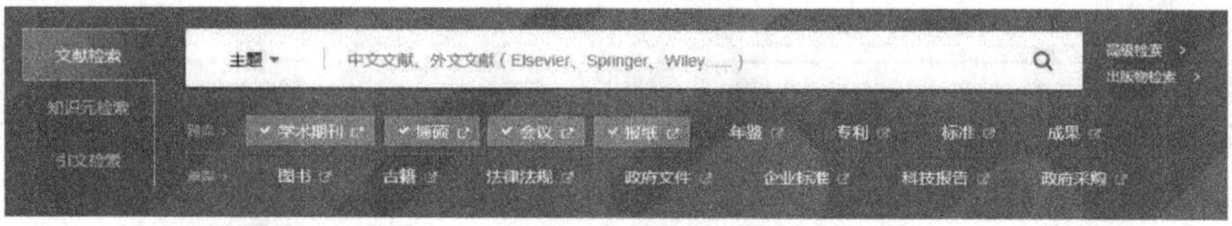

图3–1　直接检索

② 数据库切换直接检索

选择字段以及输入检索词，切换数据库则直接检索，如果检索框为空，则不检索。

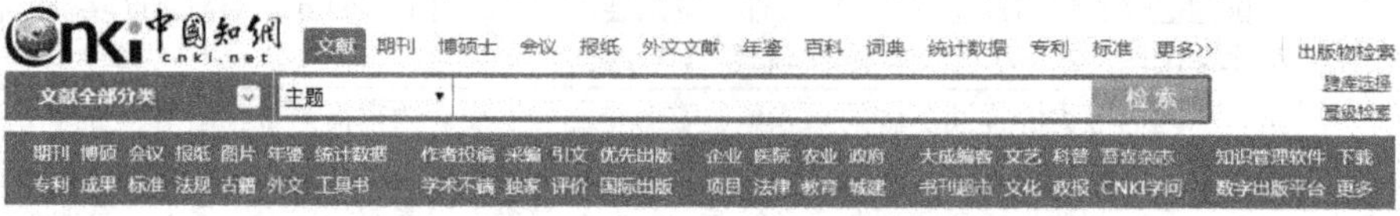

图3–2　切换数据库检索

③ 文献分类检索

文献分类检索，提供以鼠标滑动显示的方式进行展开，包括基础科学、工程科技、农业科技等领域，每个领域又进行了细分，根据需要点击某一个分类，即进行检索。见图3–3。

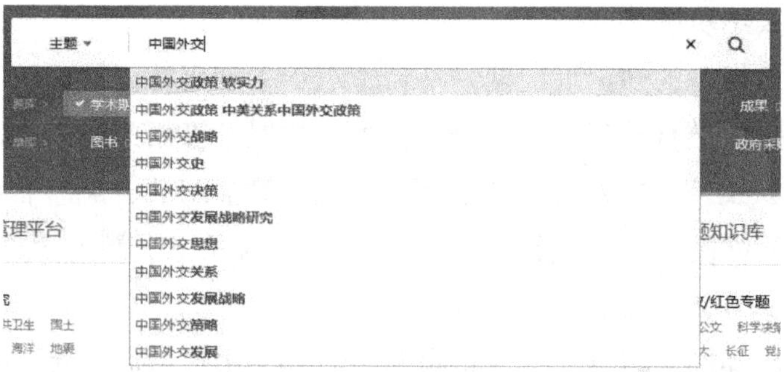

图3–3 文献分类检索　　　　**图3–4 智能提示检索**

④ 智能提示检索

当输入检索词“中国外交”时，系统会根据输出的词，自动提示相关的词（见图3–4），选中提示词，即可实现相关检索。

⑤ 相关词检索

在检索结果页面的下方，提供了输入检索词的“相关搜索”和该领域“知名专家”，点击相关词即可进行检索。如图3–5所示。

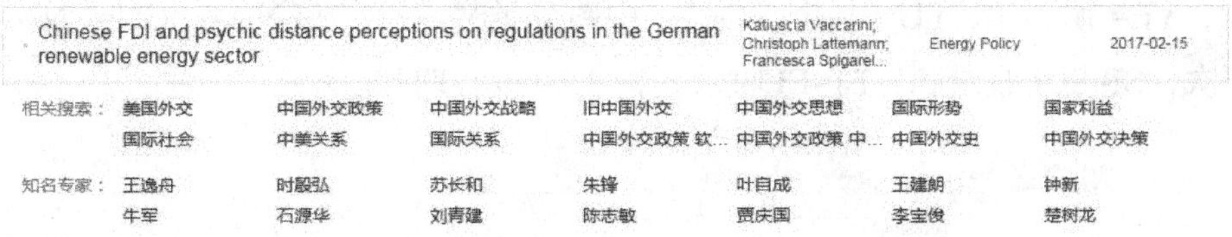

图3–5　相关词检索

⑥ 历史记录检索

在检索页面左下方，有“检索历史”“浏览历史”“下载历史”记录。点击历史检索词，同样可以检索出数据（检索项为页面默认的检索项）。

（2）高级检索模式

需要专业检索和组合检索的用户可以进入高级检索模式进行检索。在检索的首页，选择要检索的库，再点击“高级检索”。直接进入高级检索页面，这里以“期刊”高级检索为例。

① 高级检索

高级检索如图3–6所示，其中⊞和⊟按钮用来增加和减少检索条件，“词频”表示该检索词在文中出现的频次。在高级检索中，还提供了更多的组合条件，来源、基金、作者以及作者单位等。

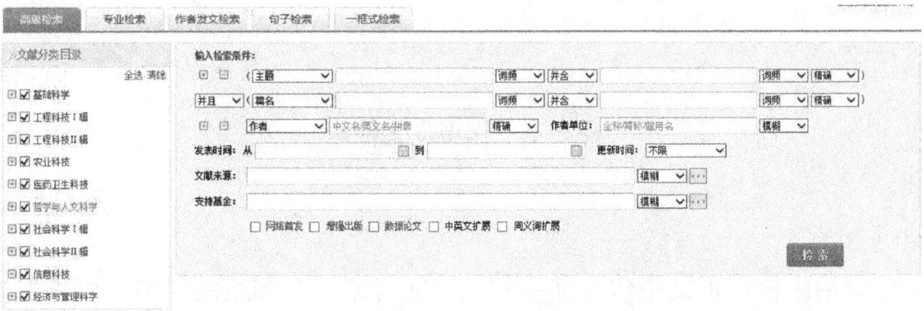

图3–6　高级检索

② 专业检索

专业检索是所有检索方式里面比较复杂的一种检索方法。需要用户自己输入检索式来检索，并且确保所输入的检索式语法正确。在期刊库中，用户首先要明确期刊库的可检索字段有哪些，分别用什么字母来表示。

可检索字段：SU= 主题，TI= 题名，KY= 关键词，AB= 摘要，FT= 全文，AU= 作者，FI= 第一作者，AF= 作者单位，JN= 期刊名称，RF= 参考文献，RT= 更新时间，PT= 发表时间，YE= 期刊年，FU= 基金，CLC= 中图分类号，SN=ISSN 号，CN=CN 号，CF= 被引频次，SI=SCI 收录刊，EI=EI 收录刊，HX= 核心期刊。

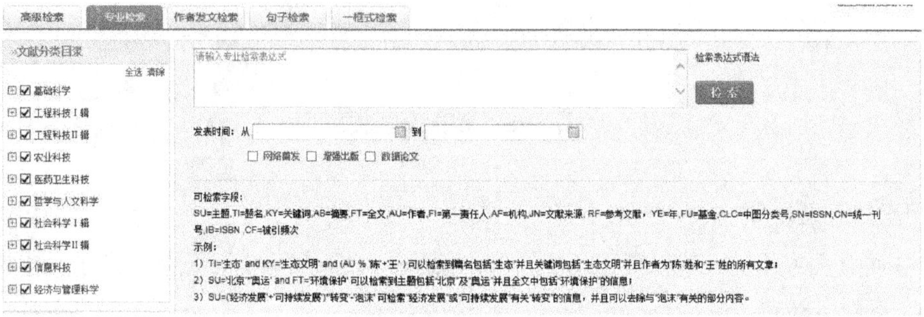

图 3–7　专业检索

③ 作者发文检索

作者发文检索用于检索某作者发表的文献，检索非常简单，只需输入相应作者姓名、单位即可。可以点击⊞和⊟按钮增加删除检索条件。如图 3–8 所示。

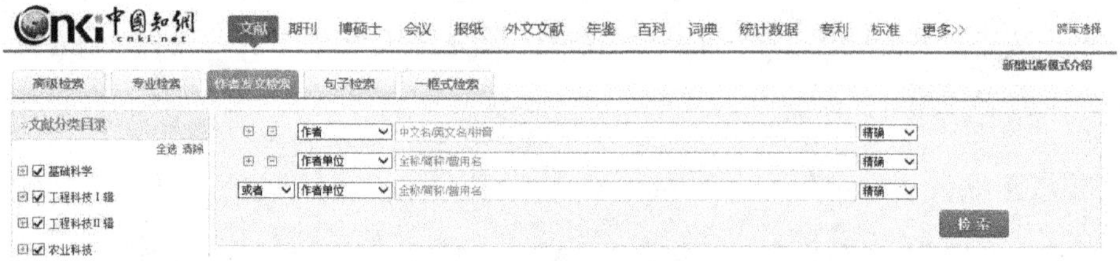

图 3–8　作者发文检索

④ 句子检索

句子检索用来检索正文中包含某一句话，或者某一个词组的文献，可以点击⊞和⊟按钮，增加检索项，在多句话或者多段话中检索。如图 3–9 所示。

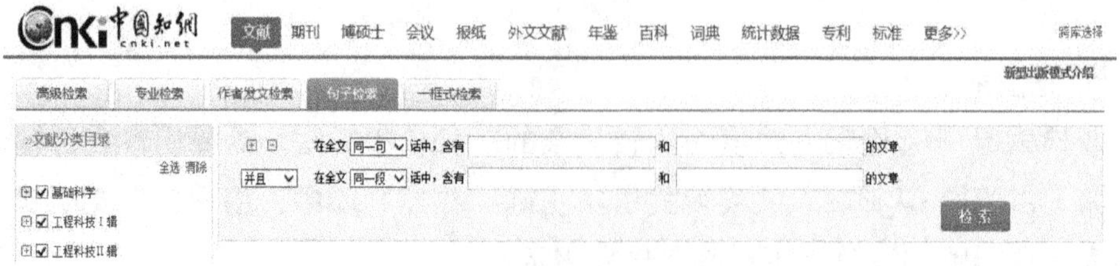

图 3–9　句子检索

（3）出版物检索

在 KDN 首页点击“出版物检索”进入出版来源导航页面。出版来源导航主要包括期刊、学位授予单位、会议、报纸、年鉴和工具书的导航系统。每个产品的导航体系根据各产品的特色设置不同的导航系统。

每个产品的导航内容基本覆盖自然科学、工程技术、农业、哲学、医学、人文社会科学等各个领域，囊括了基础研究、工程技术、行业指导、党政工作、文化生活、科学普及等各种层次。

（4）检索结果

检索结果包括分组、排序、导出、设置摘要模式、设置显示记录、在结果中检索等功能。

图 3–10　检索结果界面

① 分组浏览

在检索结果中显示相关的分组详细情况，以期刊为例，提供“学科”“发表年度”“研究层次”“作者”“机构”“基金”分组浏览，默认“发表年度”分组浏览，并且每一个分组后面都显示了该组的数量。

② 排序

在检索结果的下方，可以选择按照某个字段进行排序，默认为“主题排序”降序，再次点击之后则按照升序排列。还可按“发表时间”“被引”“下载”次数进行排序。

每个数据库对应的分组形式和排序形式都不一样，表 3-2 是每个数据库对应的分组和排序方式。

表 3–2　各库的排序和分组名称

数据库名称	排序	分组
期刊	主题排序、发表时间、被引、下载	学科、发表年度、研究层次、作者、机构、基金
学位论文	主题排序、出版时间、被引、下载、学位授予年度	学科、学位年度、基金、导师、学科专业、研究层次
会议论文	主题排序、时间、被引、下载	学科、发表年度、主办单位、基金、研究层次、作者、单位
报纸	主题排序、报纸日期	学科、发表年度、作者、单位
年鉴	年鉴年份、相关度、下载	学科、年鉴年份、地域、年鉴级别
工具书	相关度、文字量	学科

③ 在结果中检索

如果对检索结果不满意，可以选择在结果中检索，这样检索的结果范围缩小，更加精确，符合检索的要求。

④ 下载

对于包库用户，正常登录可直接下载。知网提供 CAJ、PDF 两种下载模式，博硕士论文提供分页、分章、整本三种下载方式。

（5）文献知网节

提供单篇文献的详细信息和扩展信息浏览的页面被称为“知网节”。它不仅包含了单篇文献的详细信息，还是各种扩展信息的入口汇集点。这些扩展信息通过概念相关、事实相关等方法提示知识之间的关联关系，达到知识扩展的目的，有助于新知识的学习和发现，帮助实现知识获取、知识发现。

在检索结果的页面中，点击文献题名“当代中国外交理念发展研究”，则进入知网节页面。

节点文献信息包括：篇名、下载阅读方式、作者、导师、作者基本信息、摘要、

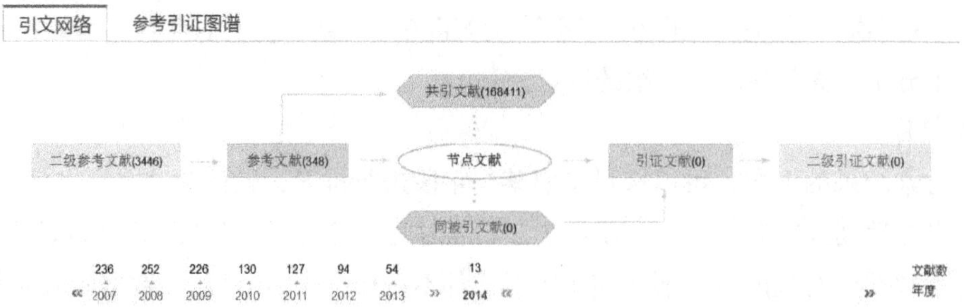

图 3–11　“当代中国外交理念发展研究”引文网络

关键词、文内图片、网络出版投稿人、网络出版年期、分类号、被引频次、下载频次、攻读期成果、节点文献全文快照搜索、知网节下载。不同类型的知网节包含的信息不同。

在本文的引文网络部分包括：二级参考文献、参考文献、引证文献、二级引证文献、共引文献、同被引文献。如图3–11所示。

（二）万方电子期刊

1. 数据库介绍

万方数据资源系统[①]是由中国科技信息研究所、万方数据集团公司联合开发的网上数据库联机检索系统，1997年8月开始运行，2010年升级为“万方数据知识服务平台”（Wanfang Data Knowledge Service Platform），主要包括：期刊、学位论文、会议、专利、科技报告、成果、标准、法规、地方志、视频、OA 论文等数据库。

万方数据资源系统重点资源介绍如下：

（1）中国学术期刊数据库（China Science Periodical Database，CSPD）

电子期刊是万方数据知识服务平台的核心内容之一，包括中文期刊和外文期刊，其中中文期刊共8000余种，核心期刊3200种左右，涵盖了自然科学、工程技术、医药卫生、农业科学、哲学政法、社会科学、科教文艺等各个学科；外文期刊主要来源于NSTL[②]外文文献数据库以及牛津大学出版社等国外出版机构，收录了1995年以来世界各国出版的20900种重要学术期刊。

（2）中国学位论文全文数据库（China Dissertation Database，CDDB）

学位论文资源包括中文学位论文和外文学位论文，中文学位论文收录始于1980年，收录中文学位论文共计524万多篇，年增30万篇，涵盖理学、工业技术、人文科学、社会科学、医药卫生、农业科学、交通运输、航空航天和环境科学等各学科领域；外文学位论文收录始于1983年，累计收藏11.4万余册，年增量1万余册。

（3）中国学术会议文献数据库（China Conference Paper Database，CCPD）

会议资源包括中文会议和外文会议，中文会议收录始于1982年，收录中文会议论文共计538万多篇，年收集4000多个重要学术会议，年增20万篇全文，每月更新；外文会议主要来源于外文文献数据库，收录了1985年以来世界各主要学、协会、出版机构出版的学术会议论文，共计766万多篇。

（4）中外专利数据库（Wanfang Patent Database，WFPD）

专利资源来源于中外专利数据库，收录始于1985年，目前共收录中国专利1500万

① http://www.wanfangdata.com.cn

② National Science and Technology Library（国家科技图书文献中心）。

余条，国外专利3700万余条，年增25万条。收录范围涉及11国2组织，[①] 内容涵盖自然科学各个学科领域。

（5）中国法律法规数据库（China Laws & Regulations Database，CLRD）

法规资源主要由国家信息中心提供，共计近90万条，信息来源权威、专业。涵盖了国家法律、行政法规、部门规章、司法解释以及其他规范性文件。

（6）国家科技报告服务系统

科技报告是描述科研活动的过程、进展和结果，并按照规定格式编写的科技文献。中文科技报告源于中华人民共和国科学技术部，收录始于1966年，共收录中文科技报告20,000余份；外文科技报告源于美国政府四大科技报告（AD、DE、NASA、PB），收录始于1958年，共收录外文科技报告1100000余份。

（7）中国地方志数据库（China Local Gazetteers Database，CLGD）

地方志，简称“方志”，即按一定体例，全面记载某一时期某一地域的自然、社会、政治、经济、文化等方面情况或特定事项的书籍文献。通常按年代分为新方志、旧方志，新方志收录始于1949年，共计40000余册，旧方志收录年代为新中国成立之前，近80000卷。

2. 系统功能

（1）一框式检索

利用系统提供的“一框式”检索，可以简单快捷地找到所需的文献。默认的资源类型“学术论文”，包含了期刊、会议、学位、外文文献和OA论文，也可以选择某一种文献类型进行检索。

图3–12　一框式检索界面

（2）高级检索

高级检索功能是在指定的范围内，通过增加检索条件满足用户更加复杂的要求，实现精准检索。可以按标题、作者、刊名、关键词、摘要、全文等字段进行检索，并可利用发表日期、被引用次数、有无全文来限定检索结果。如图3–13所示。

---

① 11国包括：中国、美国、澳大利亚、加拿大、瑞士、德国、法国、英国、日本、韩国、俄罗斯；2组织为：世界专利组织、欧洲专利局。

图 3–13　高级检索界面

（3）专业检索

专业检索比高级检索功能更强大，需要检索人员根据系统的检索语法编制检索式进行检索，适用于熟练掌握检索语言的专业检索人员。检索表达式使用 CQL（Common Query Language）检索语言。可检索字段见图 3–15。

图 3–14　专业检索界面

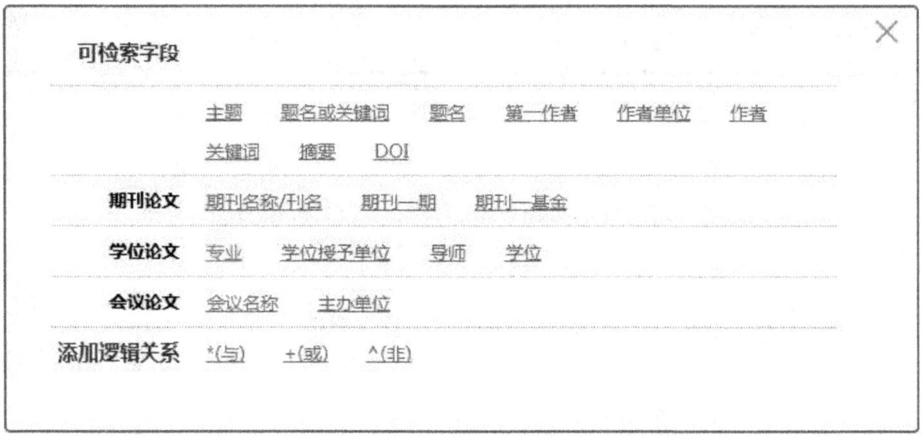

图3–15　专业检索字段

（4）检索结果

① 检索结果列表

可按期刊、年份、学科主题等分面浏览检索结果。检索结果记录包括题名、作者、来源期刊名称、出版年、卷期、关键词、摘要、被引次数等。来源期刊后面“PKU”表示来源期刊被北京大学编写的《中文核心期刊要目总览》收录，“CSSCI”表示被《中文社会科学引文索引》收录、“CSTPCD”表示被《中国科技论文与引文数据库》收录、“ISTIC”表示被中国科技信息研究所的《中国科技期刊引证报告》收录。

图3–16　检索结果界面

② 检索结果排序及范围

万方电子期刊提供的排序功能包括：相关度、出版时间、被引频次优先。相关度优先是指与检索词最相关的文献优先排在最前面。被引频次优先是指被引用次数比较多，有价值的文献排在前面。检索结果默认相关度优先排序。

检索结果的范围包括：显示全部、仅OA（开放获取资源）、仅全文、仅原文传递、仅国外出版物5种。

③ 二次检索

如果对检索结果不满意，可以进行二次检索，还可以在检索结果界面的左侧对检索结果进行按“资源类型”“学科分类”“年份”“语种”“来源数据库”“出版状态”“作者”“机构”的分类检索。见图3–17。

在检索结果界面的右侧，提供“研究趋势”分析和“相关热词”推荐。其中研究趋势统计的文献类型包括期刊论文、学位论文、会议论文、专利。相关热词推荐与当前检索词相关的热搜词，点击即可检索。见图3–18，3–19。

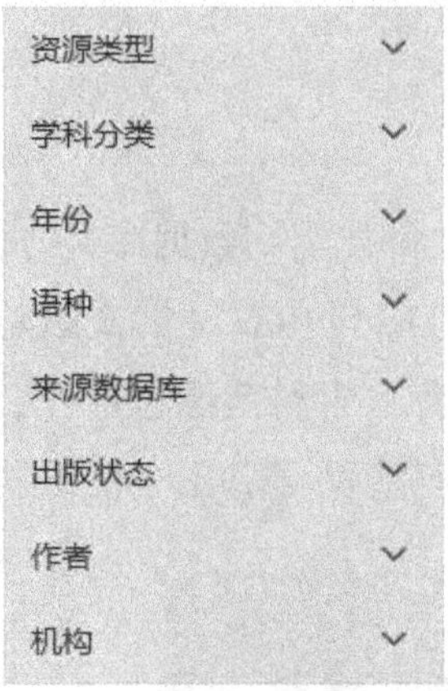

图3–17

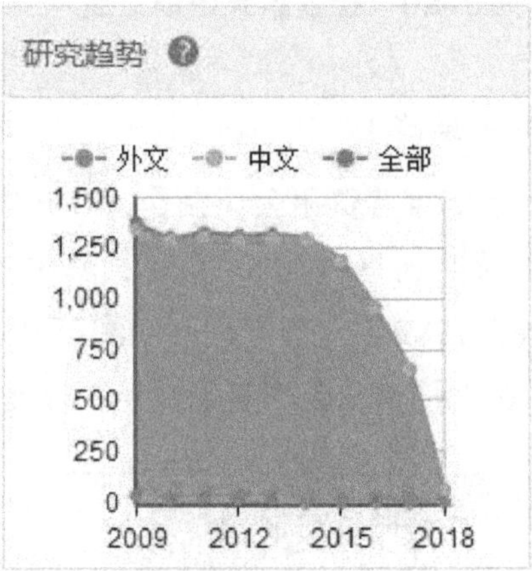

图3–18

图3–19

④ 标记和下载

找到所需要的文献以后，可以在线阅读、下载、导出、分享、收藏和加标签等。此外，还提供引文网络、相关文献、媒体资源、相关主题、相关机构、相关学者、参考文献等进一步检索的信息。

图3-20　检索结果详细页面

（三）中文科技期刊数据库（维普）

中文科技期刊数据库[①]由重庆维普资讯公司制作，在《中文科技期刊数据库》（文摘版）的基础上发展而来，收录期刊总数14000余种，其中核心期刊1983种，文献总量5700余万篇。期刊初始年限为1989年，部分期刊回溯至1955年。学科范围包括社会科学、自然科学、工程技术、农业科学、医药卫生、经济管理、教育科学和图书情报。

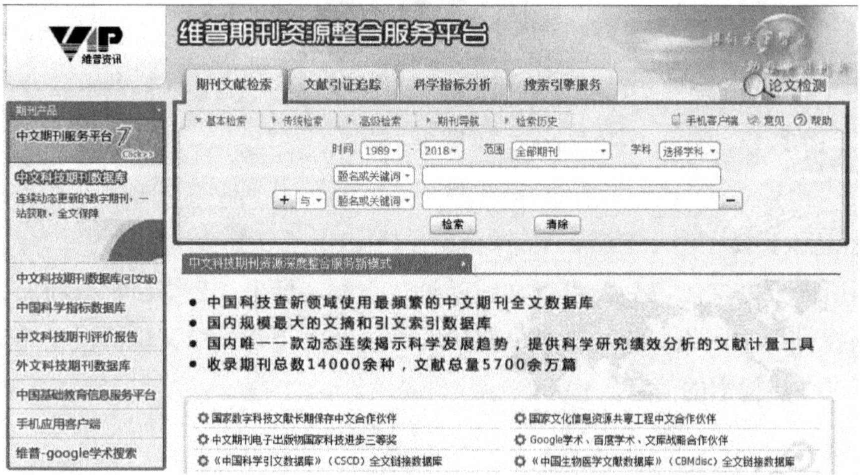

图3-21　《中文科技期刊数据库》主页

---

① http://lib.cqvip.com/

1. 数据库介绍

《维普期刊资源整合服务系统》(CSTJ)V6.5版，是中文科技期刊资源一站式检索及提供深度服务的平台，是一个由单纯提供原始文献信息服务过渡延伸到提供深层次知识服务的整合服务系统。包括以下功能：中刊检索、文献查新、期刊导航、检索历史、引文检索、引用追踪、H 指数、影响因子、排除自引、索引分析、排名分析、学科评估、顶尖论文、搜索引擎服务等。

《维普期刊资源整合服务系统》是维普公司集合所有期刊资源从一次文献保障到二次文献分析再到三次文献情报加工的专业化信息服务整合平台，该平台包含以下四个功能模块：

(1)“期刊文献检索”模块

该模块有效继承了原《中文科技期刊数据库》检索查新及全文保障功能，并进行检索流程梳理和功能优化，新增文献传递、检索历史、参考文献、基金资助、期刊被知名国内外数据库收录的最新情况查询、查询主题学科选择、在线阅读、全文快照、相似文献展示等功能。

(2)“文献引证追踪”模块

该模块是维普期刊资源整合服务系统的重要组成部分，是目前国内规模最大的文摘和引文索引型数据库。采用科学计量学中的引文分析方法，对文献之间的引证关系进行深度数据挖掘，除提供基本的引文检索功能外，还提供基于作者、机构、期刊的引用统计分析功能，可广泛用于课题调研、科技查新、项目评估、成果申报、人才选拔、科研管理、期刊投稿等用途。

该功能模块现包含维普所有的中文科技期刊数据，引文数据回溯加工至2000年，除帮助用户实现强大的引文分析功能外，还采用数据链接机制实现到维普资讯系列产品的功能对接，有效提高资源利用效率。

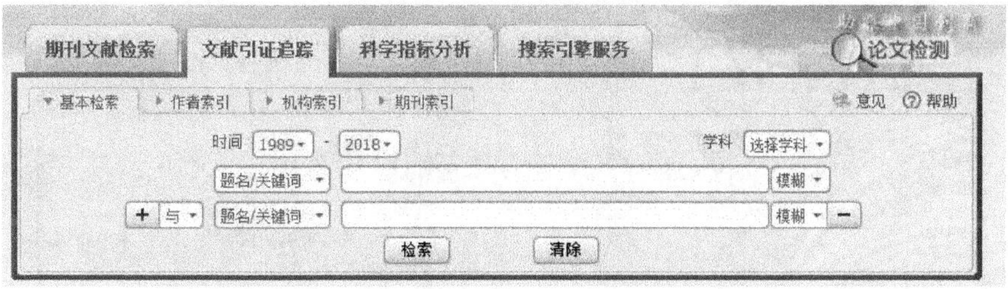

图 3–22　“文献引证追踪”模块检索界面

(3)“科学指标分析”模块

该模块是目前国内规模最大的动态连续分析型事实数据库，提供三次文献情报加工的知识服务，通过引文数据分析揭示国内近200个细分学科的科学发展趋势、衡量国内科学研究绩效，有助于提高用户的学习研究效率。

该功能模块是运用科学计量学有关方法，以维普中文科技期刊数据库近10年的千万篇文献为计算基础，对我国近年来科技论文的产出和影响力及其分布情况进行客观描述和统计。从宏观到微观，逐层展开，分析了省市地区、高等院校、科研院所、医疗机构、各学科专家学者等的论文产出和影响力，并以学科领域为引导，展示我国最近10年各学科领域最受关注的研究成果，揭示不同学科领域中研究机构的分布状态及重要文献产出，是致力于为用户提供具有高端分析价值的精细化产品，专门为辅助科研管理部门、科研研究人员等了解我国的科技发展动态而倾力打造，适用于课题调研、科技查新、项目评估、成果申报等用途。

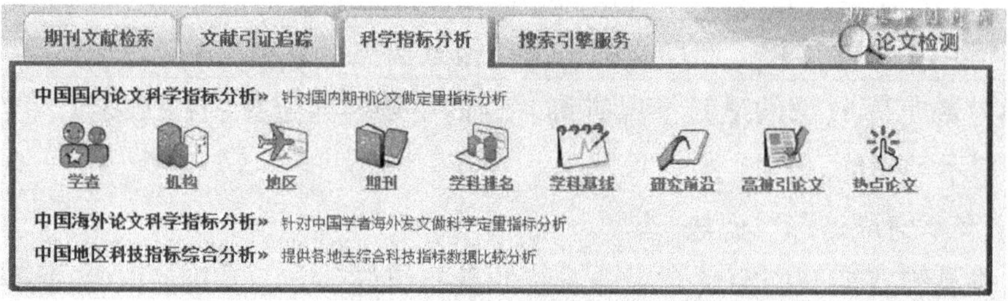

图3-23 “科学指标分析”模块检索界面

（4）“搜索引擎服务”模块

该模块是基于谷歌和百度搜索引擎，面向读者提供服务的有效拓展支持工具，既是灵活的资源使用模式，也是图书馆服务的有力交互推广渠道；通过开通该服务可以使图书馆服务推广到读者环境中去——“读者在哪里，图书馆的服务就在哪里”，让图书馆服务无处不在。图书馆可以通过公司授权的后台对该单位的信息进行定期更换。

图3-24 “搜索引擎服务”模块检索界面

本章主要介绍“期刊文献检索”模块。

2. 系统功能

“期刊文献检索”模块提供基本检索、传统检索、高级检索、期刊导航、检索历史，可以对检索条件做时间、期刊、学科范围限制。包括任意字段、题名或关键词、题名、关键词、文摘、作者、第一作者、机构、刊名、分类号、参考文献、作者简介、基金资助、栏目信息14个检索入口。可增加或减少检索框，进行任意检索入口“与、或、非”的逻辑组配检索。

图3–25　基本检索

（1）基本检索

数据库的默认检索方式，通过下拉菜单可选择检索选项，检索方便快捷。

在基本检索首页可以进行如下操作：

时间范围限定——使用下拉菜单的选择，时间范围是1989—2010年；

期刊范围限定——可选全部期刊、核心期刊、EI[1] 来源期刊、CAS[2] 来源期刊、CSCD[3] 来源期刊、CSSCI[4] 来源期刊；

学科范围限定——包括管理学、经济学、图书情报学在内的45个学科，可进行多个学科的限定；

选择检索入口——提供任意字段、题名或关键词、题名、关键词、文摘、作者、第一作者、机构、刊名、分类号、参考文献、作者简介、基金资助、栏目信息14个检索入口；

逻辑组配——检索框默认为两行，点击“+、-”可增加或减少检索框，进行任意

---

① EI（The Engineering Index,《工程索引》），由美国工程信息公司编辑出版，创刊于1884年，是历史最悠久的一部大型综合性检索工具，供查阅工程技术领域文献的综合性情报检索刊物。在全球的学术界、工程界、信息界中享有盛誉，是科技界共同认可的重要检索工具。

② CA（Chemical Abstracts，美国《化学文摘》），1907年创刊，由美国化学会所属化学文摘服务社（Chemical Abstracts Service，CAS）编辑出版，现为世界上收录化学化工及其相关学科文献最全面，应用最广泛的一种文献检索工具。CAS为美国《化学文摘（网络版）》。

③ CSCD（Chinese Science Citation Database，中国科学引文数据库），创建于1989年，是我国第一个引文数据库。

④ CSSCI（Chinese Social Sciences Citation Index，中文社会科学引文索引），用来检索中文社会科学领域的论文收录和文献被引用情况。

检索入口“与、或、非”的逻辑组配检索。

（2）传统检索

这是为经常使用维普资讯原来的网站《中文科技期刊数据库》的老用户提供的一种检索模式，主要便于老用户按照原有的使用习惯进行检索。检索功能如下：

① 选择检索入口：提供10种检索入口，“题名或关键词、关键词、题名、文摘、作者、第一作者、机构、刊名、分类号、任意字段”，用户可根据自己的实际需求选择检索入口、输入检索式进行检索；

② 限定检索范围：中文科技期刊数据库可进行专辑 / 学科类别限制，每一个学科分类都可以按树形结构展开；

③ 可对期刊范围（核心期刊、EI 来源刊、SCI 来源刊等）、数据年限以及更新时间进行限制。

（3）高级检索

高级检索提供向导式检索和直接输入检索式检索两种方式。

① 向导式检索

为读者提供分栏式检索词输入方法。用户选择检索字段，输入检索词后，可选择逻辑运算、检索项、匹配度外，还可以进行相应字段扩展信息的限定，提高了“检准率”。该模式中的扩展功能主要是系统为前面输入的检索式提供提示信息。包括：查看“同义词”、查看“同名 / 合著作者”（最多可选取5个）、查看“分类表”、查看“相关机构”和“期刊导航”。在各个检索条件之间可以进行逻辑组合。用户可使用“更多检

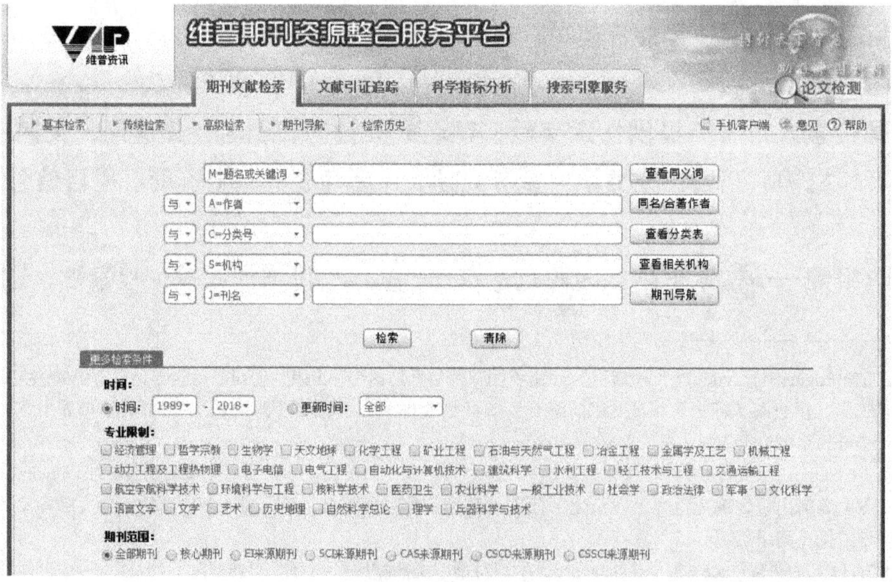

图3–26　向导式检索

索条件”对检索进行限定，包括：“时间”“专业限制”和“期刊范围”，以进一步减小搜索范围，获得更符合需求的检索结果。

② 直接输入检索式检索

用户可在检索框中直接输入字段名称代码、检索词和逻辑运算符等构造检索式进行检索。检索优先级为无括号时逻辑与“*”优先，有括号时先括号内后括号外。括号不能作为检索词进行检索。

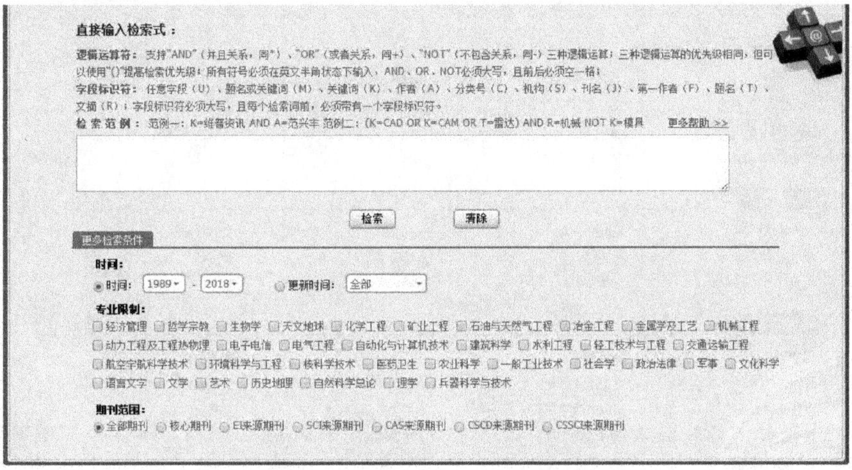

图 3–27　直接输入检索式检索

（4）期刊导航

期刊导航分检索和浏览两种方式。

① 检索方式：提供刊名检索、ISSN 号检索查找某一特定刊，刊名检索为关键词检索，只要刊名中包含关键词就能命中，而 ISSN 检索则为精确检索。按期次查看该刊的收录文章，可实现刊内文献检索、题录文摘或全文的下载功能，同时可以查看期刊评价报告。

图 3–28　期刊检索界面

② 浏览方式：提供按期刊学科分类导航、核心期刊导航、国内外数据库收录导航。

• 期刊学科分类导航：按期刊所属学科统计，分为“经济管理”“哲学宗教”等共35个大学科。

• 核心期刊导航：按“中国科技核心期刊”“北大核心期刊”“中国人文社科核心期刊”“CSSCI”“CSCD”来源期刊统计。

• 国内外数据库导航：汇总23家国内外知名数据库收录期刊的最新情况。

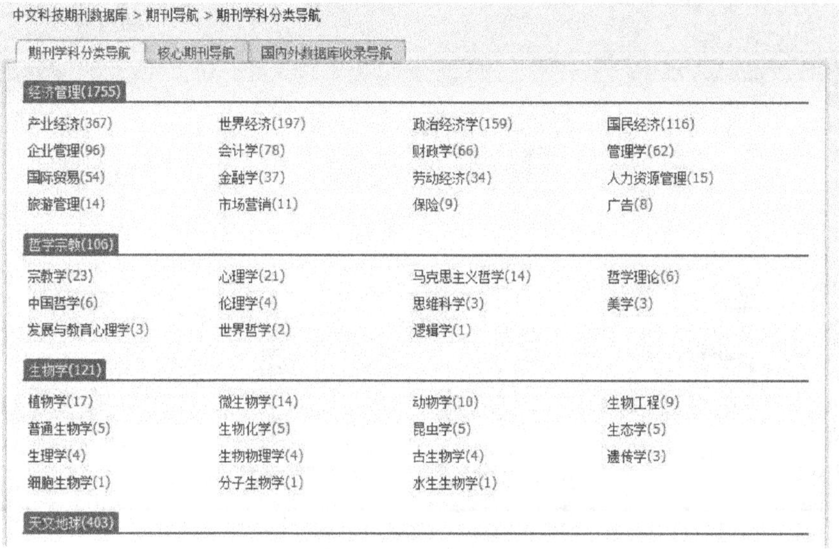

图3–29　期刊浏览界面

（5）检索历史

系统对检索历史做自动保存，单击保存的检索式可进行该检索式的重新检索或者进行“与、或、非”逻辑组配检索。

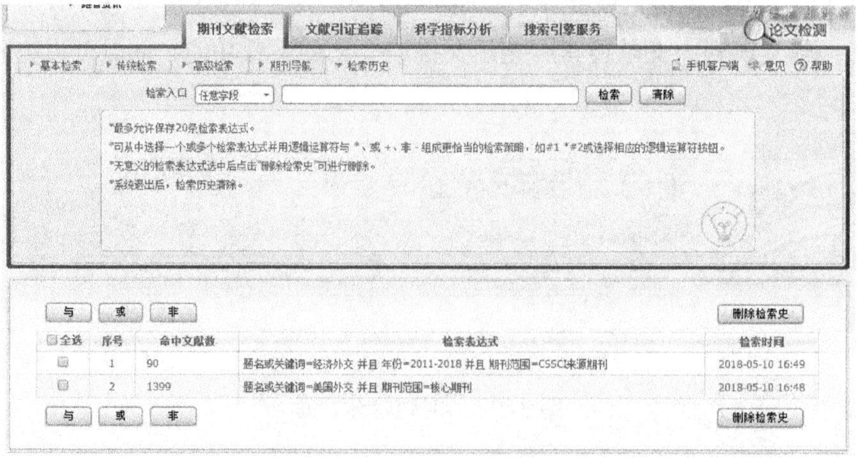

图3–30　检索历史界面

（6）检索结果

① 检索结果页面

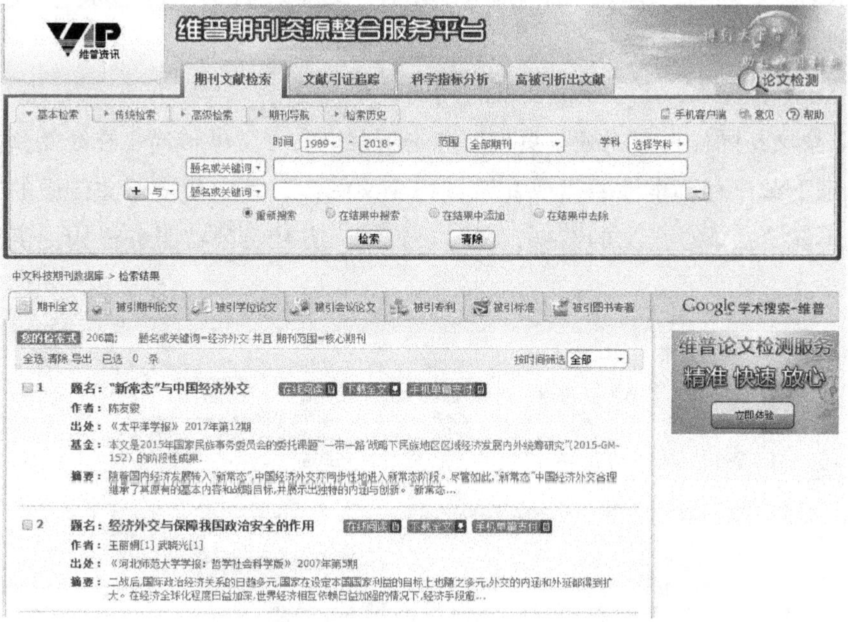

图3–31　检索结果界面

在检索结果页可以进行如下操作：

• 显示信息：检索式、检索结果记录数、检索结果的题名、作者、出处、基金、摘要，其中出处字段增加期刊被国内外知名数据库收录最新情况的提示标识，与基金字段一起作为判断文献重要性的依据。

• 按时间筛选：限定筛选一个月内、三个月内、半年内、一年内、当年发表的文献。

• 查看细览：点击文献题名进入文献细览页，查看该文献的详细信息和知识节点链接。

• 获取全文：点击“下载全文”“在线阅读”按钮将感兴趣的文献下载保存到本地磁盘或在线进行全文阅读。

• 检索：可以进行重新检索，也可以在第一次的检索结果基础上进行二次检索（包括“在结果中检索”“在结果中添加”“在结果中去除”三种方式），实现按需缩小或扩大检索范围、精练检索结果。

• 整合服务：切换标签到“被引期刊论文”等，链向“文献引证追踪”功能，快速检索到最有影响力的相关研究论文。

②文献细览页面

在文献细览页可以进行如下操作：

• 显示信息：题名、作者、机构地区、出处、基金、摘要、关键词、分类号、全文快照、参考文献、相似文献。

• 路径导航：显示并定位到该文献的刊期。

• 获取全文：同样在文献细览页也可点击下载全文、文献传递、在线阅读按钮将感兴趣的文献下载保存到本地磁盘或在线进行全文阅读，其中新增原文传递的全文服务支持，对不能直接下载全文的数据，通过委托第三方社会公益服务机构提供快捷的原文传递服务。

特朗普经济外交思想与实践：重返经济民族主义
Economic Statecraft in the Trump Administration： The Return toEconomic Nationalism
在线阅读
下载全文
收藏本页
导出题录
分享
作　者：张晓通[1] ;Ethan Robertson[2]
查看高影响力作者
ZHANG Xiaotong & Ethan Robertson （Wuhan University）
机构地区：[1]武汉大学政治与公共管理学院,湖北武汉430072; [2]武汉大学经济外交研究中心,湖北武汉430072;
查看高影响力机构
出　处：《边界与海洋研究》 2017年第2卷第4期 80-90页,共11页
查看高影响力期刊
《Journal of Boundary and Ocean Studies》
基　金："武汉大学人文社会科学青年学者学术团队建设计划资助项目"阶段性成果
摘　要：美国总统唐纳德·特朗普的经济外交思想和政策深受经济民族主义影响,一切以美国利益为先。美国可能重回保护主义和重商主义的老路。特朗普已经明确表示不会遵从过去60年间美国的基本经济政策,排斥世界贸易组织,转向双边贸易协定谈判。特朗普对经济民族主义的笃信,对于美国各方面的政策和现存的自由世界秩序将会产生广泛而深远的影响。这种政策上的重大转变还会使得欧洲内部应对民粹主义、民族主义的斗争更加艰难。
President Donald Trumps vision of economic statecraft is heavily influenced by his embrace ofeconomic nationalism an embrace that could represent a return to Americas long history of protectionistand mercantilist policies President Trumps rhetoric on the campaign trail has continued into hispresidency along with many of the advisors that helped to craft his populist nationalist appeal Thiscommitment to economic nationalism has extensive implications for American policies and for the existingliberal world order Trump has signaled strongly that he will diverge from the previous 60 years ofAmerican economic statecraft by shying away from liberal institutions like the World Trade Organization the United Nations and the North Atlantic Treaty Organization as well as the multilateral approach totrade This major shift could exacerbate Europes struggle with its own populist nationalist movementsas well as empowering China to fill the gap left behind by a contraction of American influence in Asia
关键词：特朗普 经济外交 经济民族主义
Donald Trump Economic Statecraft Economic Nationalism
分类号：F114.41 [经济 > 世界各国经济概况、经济史、经济地理 > 世界经济、国际经济关系 > 国际经济关系 > 国际经济合作 > 国际经济一体化]
查看高被引论文

图3-32　文献细览

• 节点链接：通过作者、机构地区、出处、关键词、分类号、参考文献、相似文献提供的链接可检索相关知识点的信息。

• 整合服务："高影响力作者""高影响力机构""高影响力期刊""高被引论文"按钮链向"科学指标分析"模块的相应页面。

（7）用户服务

注册用户可使用个性化服务，包括：我的主页、我的电子书架、我的检索历史、分类定制、期刊定制和关键词定制等。

（四）人大《复印报刊资料》

1. 数据库介绍

人大《复印报刊资料》，[①] 是以中国人民大学书报资料中心的复印报刊资料系列数据库为内容基础，辅以先进的检索方式、优质的期刊、论文推荐而成的人文科学、社会科学资料库。中国人民大学书报资料中心成立于1958年，是新中国最早从事人文社会科学文献搜集、整理、编辑、发布的信息资料提供机构。

图3–33　数据库主页

（1）全文数据库

该数据库囊括了人文社会科学领域中的各个学科，包括政治学与社会学类、哲学类、法律类、经济学与经济管理类、教育类、文学与艺术类、历史学类、文化信息传播类以及其他类。每个类别分别涵盖了相关专题的期刊文章。收录年限：1995年至今，部分专题已回溯到创刊年。

特色：以专家和学者的眼光，依循严谨的学术标准，在全面的基础上对海量学术信息进行精心整理、加工、分类、编辑，提供高质量的学术信息产品。数据信息量大，

① http://ipub.exuezhe.com/index.html

涵盖范围广，便于用户了解与自己的课题相关的研究状况，把握本领域的研究动态。

（2）报刊摘要库

该数据库收集了中心出版的14种专题文摘，内容均为经过高等院校和研究单位的专业人员提炼和浓缩的学术资料。收录年限：1993年至今。

特色：简明扼要地摘写文章的论点、论据和重要材料，记录科研成果，反映学术动态、积累有关数据。数据库既能通过主题词等常见字段进行检索，又以丰富的字段逻辑组合满足专家级的准确检索需求。对于分类号、作者、主题词、关键词、期刊等均具备无限链接功能。

（3）报刊索引库

题录型数据库，汇集了自1978年至今的国内公开发行人文社科报刊上的全部题录。按专题和学科体系分为九大类，包括：法律类、经济学与经济管理类、教育类、历史类、文学与艺术类、文化信息传播类、哲学类、政治学与社会学类和其他类。600多万条数据包含专题代号、类目、篇名、著者、原载报刊名称及刊期、“复印报刊资料”专题期刊名称及刊期等多项信息。收录年限：1978年至今。

特色：该数据库在报刊文献从无序到有序的转化以及促进报刊文献资源的开发与利用方面发挥着关键性的作用，可以让用户及时了解本专业的研究状况和热点问题。

（4）目录索引库

该数据库是题录型数据库，汇集了1978年至今“复印报刊资料”系列期刊的全部目录，按专题和学科体系分类编排而成，累计数据达70多万条。每条数据包含专题代号、类目、篇名、著者、原载报刊名称及刊期、选印在“复印报刊资料”上的刊期和页次等多项信息。为用户提供了查阅全文文献资料的得力工具。

特色：其功能大大超过传统人工索引，为科研工作提供详尽的资料，用户可以从中归纳出该专题的历史研究规律和趋势。收录年限：1978年至今。

（5）专题研究库

该数据库于2008年10月建成，是根据特色选题，通过分类整理、合理组合，从“复印报刊资料”全文数据库中整理生成各类专题研究资料，从而形成的新的数据库产品。该库主要设有24种专题，其中包括中国立法、司法、政治、民族、社会等方面的问题研究，每个专题里面又下设若干子库。

特色：该专题研究数据库选题遵循专题原则、实用性原则和需求原则，内容涵盖人文社会科学领域中的理论前沿和社会热点问题，体现了“特色”与“精选”的完美结合。

（6）数字期刊库

该库资源以整刊形式面向读者，读者可以查看期刊封面、期号等信息，同时提供按期刊学科、期刊首字母拼音、期刊分类号、期刊属性等不同形式的查询方式以方便读者进行资源检索。

按刊物类别：数字期刊库分为复印报刊资料系列、原发刊系列、文摘系列。收录年限：1995年至今。

2. 系统功能

（1）简单检索

可以按照“主题词”“标题”“副标题”“作者”“作者简介”“作者单位”“关键词”“正文”“摘要”“参考文献”“原文出处”“分类名称”“分类号”进行检索。

图3-34　简单检索页面

（2）作者检索

可以通过“作者”字段，或者在“高级检索”里，选择“作者”和“作者简介”字段来进行作者检索。

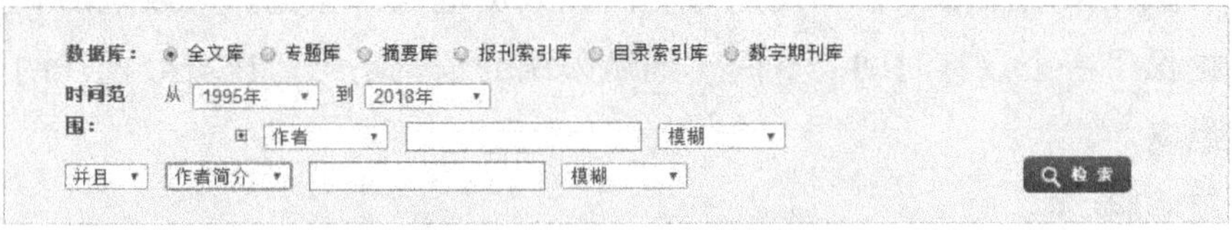

图3-35　高级检索页面

（3）二次检索

通过检索得到结果后，可以在列表页面检索框进行二次检索。

（五）大成老旧刊全文数据库

1. 数据库介绍

《大成老旧刊全文数据库》[①] 是国内第一家专门的老旧刊全文数据库，是目前收集老旧期刊最多最全的数据库。收录了清末到1949年近百年间中国出版的7000多种期刊，共14万多期，很多期刊属于国内不多见的珍本，史料珍贵，内容丰富，检索方便；资料涉及文史教育、哲学经济、政治军事、工农交通、天文医药等各大门类；在中国近代的

① http://www.dachengdata.com

历史、文学、教育、哲学、政治、科技史等方面尤其有着很强的研究价值和收藏价值。

晚清和民国时期（1911—1949年）社会转型、中西融合、学术兴盛、思潮碰撞、百家争鸣，是各个学科或衍生、或融合、或发展的时代。《大成老旧刊全文数据库》按照《中国图书馆图书分类法》进行分类，几乎所有的学科都可以从中找到该学科在近代中国的传承足迹。其中，最主要的学科有：晚清民国史、近代文学史、教育学、近代艺术、汉语文化、思想史、社会学、经济学、新闻史、政治学、法律、哲学、科技史等。

2. 大成老旧刊全文数据库的价值

• 历史研究价值：旧刊中有很多关于当时历史事件的记述和对历史事件评论的文章，这对于中国近代史历史研究具有很高的历史研究价值。

• 科学研究价值：中国近代科学起源于那个动乱的年代，科学家发表的科学论断和研究成果都是发表在当时的科学期刊上的。这些期刊凝聚了近代科学家的智慧结晶，为中国现代科学的高速发展奠定了牢固的基础。

• 文学研究价值：近代中国有很多文坛巨匠在近代文学史上留下了浓墨重彩的一笔。他们开办过报刊并通过报刊发表小说、社论等针砭时弊、文采斐然的文章。这些文章具有很高的文学研究价值。

• 文献的独有性：大成老旧刊全文数据库的资料有很多都属于仅存刊。也有很多期刊的珍本珍藏在某地图书馆，即使是专业研究人员也难得全览。大成老旧刊全文数据库为用户提供了一个没有时间、空间、地域限制的浏览平台，让身处现代的人们与近代中国零距离。

3. 系统功能

《大成老旧刊全文数据库》平台设计简洁，可以通过学科分类浏览，也可通过检索直达篇目目次，检索分为按刊检索和按篇检索，可实现结果搜索和逻辑组合高级搜索。

（1）使用搜索工具栏设定检索条件

使用搜索工具栏设定检索条件分为按篇检索和按刊检索两种。

图3–36　工具栏检索界面

按篇检索：想要检索文章时，可选择按篇检索。按篇检索可分别选择设定题名、作者、关键词和刊名四种条件。

按刊检索：想要检索期刊时，可选择按刊检索，按刊检索可分别设定刊名、年代、出版地、单位四种条件。

（2）使用分类检索链接选择检索条件

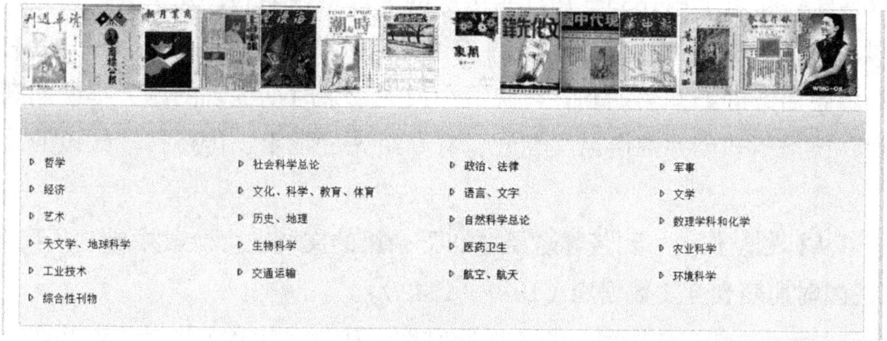

图 3–37　分类检索界面

（3）阅读与下载

① 数据库不需要安装专门的客户端或阅读器，直接在浏览器下即可直接阅读，使用时无并发数限制。

② 数据库所有文献属于扫描版图片格式，300dpi 清晰度，每页图片较大，需要加载时间略长于普通页面。

③ 阅读页面提供放大、缩小、页面跳转及 PDF 下载功能。

④ 点击 PDF 下载，可将正在阅读的本篇文章，打包为一个 PDF 文件下载到本地。

（六）晚清、民国期刊全文数据库

《晚清期刊全文数据库》和《民国时期期刊全文数据库》[①] 是上海图书馆（上海科学技术情报研究所）“全国报刊索引”品牌旗下的两个重要的数据库产品。产品依托自身丰富的馆藏文献资源，在一批经验丰富的图书情报学专家、数据库专家和庞大的专业编辑队伍的努力下，历经多年经验积累自主研发而成。作为历史档案的重要组成部分，《晚清期刊全文数据库》和《民国时期期刊全文数据库》具有重要的学术价值和史料价值，不仅丰富了期刊数字资源，而且方便了广大读者、用户进行关于中国近代史的兴趣了解和学术研究。

① http://www.cnbksy.cn/

1.《晚清期刊全文数据库（1833—1911）》

晚清是中国历史上从封建社会向现代社会转变的一个特殊历史时期，期间所产生的各类文献反映了当时的政治、经济、军事、外交、教育、文化、科技、宗教等各方面的内容，具有相当高的研究利用价值。晚清期刊是中国社会发展过程中的一个重要历史记录，是珍贵的文化遗产之一。

该数据库共收录了从1833—1911年出版的三百余种期刊，几乎囊括了当时出版的所有期刊，拥有众多的“期刊之最”。再现了晚清时期思想激荡的峥嵘岁月：有宣扬妇女解放和思想启蒙的妇女类期刊，有晚清小说大繁荣时期涌现的四大小说期刊，有为开启民智、传播新知创办的白话文期刊，有介绍先进技术、传播科学知识的科技类期刊等。

用户可从标题、作者、刊名等途径对28万余篇的文章进行检索并浏览、下载全文。

2.《民国时期期刊全文数据库（1911—1949）》

《民国时期期刊全文数据库》收录民国时期（1911—1949）出版的期刊两万五千余种，文献一千余万篇，集中反映这一时期政治、军事、外交、经济、教育、思想文化、宗教等各方面的内容。该库涵盖了民国时期出版的绝大部分期刊，致力于构建完整和权威的数字资源产品。

读者用户可从标题、作者、刊名、分类号、年份及期号等途径对文献进行检索、浏览并下载全文。同时，《民国时期期刊全文数据库》支持期刊导航、检索结果聚类分析、整本浏览、简繁检索转换等多种特色服务。

三、外文期刊数据库

（一）Ebsco 电子期刊全文数据库

1. 数据库介绍

EBSCO是目前世界上最大的提供学术文献服务的专业公司之一，提供数据库，期刊、文献订购及出版等服务，总部在美国，在全球22个国家设有办事处。开发了300多个在线文献数据库产品，涉及自然科学、社会科学、生物医学、人文艺术等多学科领域。

EBSCO 数据库[①]是美国 EBSCO 公司的数据库检索系统，也是著名的全文数据库整合平台，主题涉及人文科学、社会科学、自然科学、工程技术、农业和医学等几乎所有学科。

① http://search.ebscohost.com/

主要的全文数据库有：

（1）Academic Search Complete（ASC，综合学科全文数据库）

ASC 是 ASP（Academic Source Premier）数据库的升级版，内容上完全涵盖 ASP 数据库，属于综合学科类数据库。

Academic Search Complete 是世界上最有价值、最全面的学术型多学科全文数据库，全文收录了超过 8500 种期刊，包括 7300 多种同行评审期刊。此外，此数据库还提供了超过 12500 种期刊和总计超过 13200 种包括专题论文、报告、会议记录等出版物在内的出版物的索引和摘要，还可回溯到 1887 年至今的 PDF 文件（绝大部分全文标题都采用原生可搜索 PDF 格式），以及 1400 多种期刊的可搜索参考文献。

收录文献的主题范畴包括社会科学、教育、法律、医学、语言学、人文、工程技术、工商经济、信息科技、通讯传播、生物科学、教育、公共管理、社会科学、历史学、计算机、科学、传播学、法律、军事、文化、健康卫生医疗、宗教与神学、生物科学、艺术、视觉传达、表演艺术、心理学、哲学、妇女研究、各国文学等。

（2）Business Source Complete（BSC，商业资源全文数据库）

Business Source Complete 是 EBSCO 最完整的商管财经全文数据库，是 BSP（Business Source Premier）数据库的升级版，内容上完全涵盖 BSP 数据库。BSC 约收录4200多种期刊索引及摘要，其中逾 3300多种全文期刊（1600多种为 peer-reviewed），有1300种全文期刊提供可查找引文参考的功能（searchable cited references）。还收录包括《伯恩斯坦财务分析报告》（Bernstein Financial Data）、AICPA 美国会计师协会出版品、Richard K. Miller & Associates 市场研究报告及哈佛商学院教授的讲课视频等资源。

（3）OmniFile Full Text Select（H.W. Wilson 全文期刊精选库）

威尔逊全文期刊精选库收录3055种全文出版物，其中3052种为全文期刊，700多种期刊被 JCR 收录，文献最早回溯至1972年。内容覆盖应用科技、艺术、生物农业、教育、普通科学、人文、社会科学、法律、图书馆与信息情报学、商业等几乎所有学科领域。文献最早回溯至1980年。

（4）Communication & Mass Media Complete（CMMC，大众传媒全文数据库）

CMMC 合并了 CommSearch（原由美国传播协会制作）和 Mass Media Articles Index（原由美国宾夕法尼亚州州立大学制作）的内容，以及其他众多通讯、大众传播期刊及其他相关领域的研究，包含全部通讯学科的研究和参考资源，提供通讯和大众传播相关领域的最健全优质研究方案。

收录如下著名学协会及出版社的1000多种期刊，其中642种为全文收录。

美国传播协会（National Communication Association）

国际商业交流学会（International Association of Business Communicators）

美国营销学会（American Marketing Association）

新闻传媒教育学会（Association for Education in Journalism & Mass Communication）

布莱克威尔出版有限公司 Blackwell Publishing Limited

剑桥大学出版社（Cambridge University Press/UK）

加拿大传播期刊（Canadian Journal of Communication）

哥伦比亚新闻业评论（Columbia Journalism Review）

报纸研究期刊（Newspaper Research Journal）

施普林格科学与商业媒体公司 Springer Science & Business Media B.V.

影视大学协会（University Film & Video Association）

世界传播协会（World Communication Association）

（5）The Belt and Road Initiative Reference Source（“一带一路”资源中心）

“一带一路”资源中心是EBSCO公司专为研究人物、文化以及一带一路涵盖的国家政策经济所设计，提供包含一带一路沿线的65个国家的出版文献。该数据库收录超过5100种特色全文期刊，可回溯至1975年；此外还收录有120多种报纸与电讯新闻全文内容以及500多种报告及会议录。多语种检索。

（6）Ebsco eBook Collection（EBSCO电子图书）

EBSCO电子图书前身是NetLibrary电子图书，涉及学科广泛，包括商业与经济、计算机科学、教育、工程与技术、历史、法律、数学、哲学、心理学、政治学、社会学、艺术与建筑等。该数据库既可以直接搜索，也可以按照目录分类浏览。所有电子图书都内嵌了在线字典功能，方便查询词义和读音。国家图书馆目前订购该库电子图书2114种，此外还可以免费访问3461种无版权图书。

（7）EBSCO美洲回溯典藏文献

EBSCO与美国古文物学会（American Antiquarian Society，AAS）合作，提供1684年到1912年从美国殖民时期到内战和重建生活的丰富历史档案回溯文献。包括50多个主题的子库，收录约8000多种杂志和期刊的数字图像，内容有广告、健康、女权平等运动、科学、奴隶历史、工业和职业、宗教问题、文化和艺术等。

（8）Military and Government Collection 军事政治情报分析数据库

军事政治情报分析数据库①提供军事研究与政府研究相关的各层面需求的情报分析数据库，为目前美国军事及政府机构必备的情报分析全文数据库。收录自1901年以来军事及政府相关领域的420种期刊杂志的索引文摘，并提供自1934年以来的500多种全文文献资源，其中包括262种全文期刊，290种国外相关的国家报告、产业报告、政府

① http://ebsco.cnki.net/

文件等全文资源。主要包含与所有军方和政府部门相关的最新消息，是应军方和政府部门工作人员对相关期刊、学术期刊、国家报告和其他内容不断增加的需求而建立的完整文集。

2. 系统功能

进入数据库后，首先必须选择检索数据库，可以点选择数据库，决定是要进行单一数据库检索或是多数据库检索。

（1）基本检索（Basic Search）

可以输入任意检索词对其进行任意字段的检索，检索词可以是一个单词或是检索式。

（2）高级检索（Advanced Search）

在高级检索界面，系统提供三组检索词输入框，通过下拉菜单来限定检索词出现的字段；三组检索词之间可选择下拉式布尔逻辑算符“and、or、not”进行组配；检索框下方，提供了各种检索选项（Search Options），如文献类型、语种等，可以对检索范围进行限定或扩展。高级检索界面如图 3–38 所示。

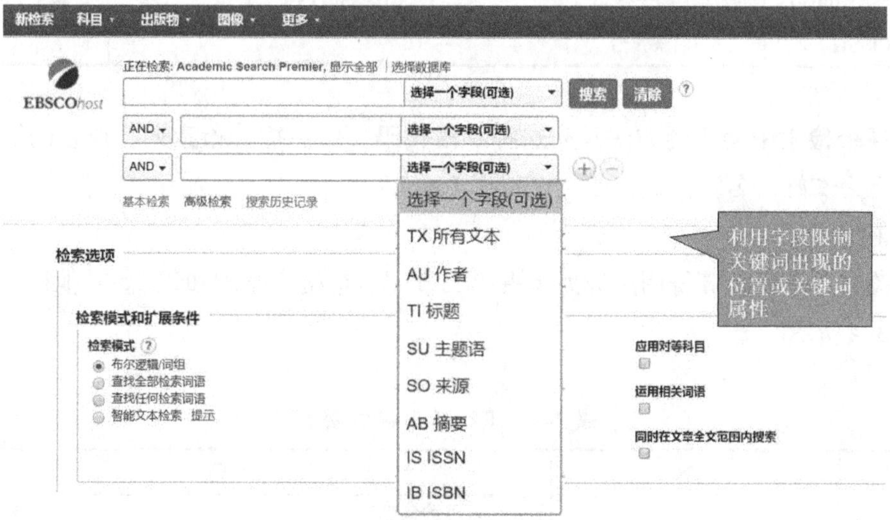

图 3–38　高级检索界面

（3）其他资源和服务功能

在检索平台上还提供了一些相关信息的特色资源及其检索服务，包括：

公司概况浏览（company profiles）：可按公司名称浏览公司完整报表，还提供公司地址、行业等信息。

图像数据库：EBSCOhost 的图像收藏（image collection）提供超过 18 万幅人

物、自然科学、历史图片和地图、旗帜等图像；图像快速查看收藏（image quick view collection）提供来自EBSCOhost数据库全文中包含的图像的缩略图。选择上述两项收藏可以检索相关的图像或全文资源，检索界面类似于简单检索，支持检索选项，但选项仅限于检索模式和检索结果限定中的图像类型限定。

（4）检索技术

① 字段检索

可检索的字段因选择的数据库不同而会有所变化，主要的检索字段见表3–3。

表3–3　EBSCO数据库主要检索字段

字段代码	说明	字段代码	说明
TX（All Text）	在全文中检索	GE（Geographic Terms）	地理学名称检索
AU（Author）	检索作者	CO（Company Entity）	检索公司名称
TI（Title）	在题名中检索	TK（Ticker Symb01）	检索股票代码
SU（Subject）	主题词检索	SO（Journal Name/source/publication name）	出版物名称
AB（Abstract）	在文摘中检索	AN（accession number）	数据库存取号
KW（Keywords）	在关键词中检索	IB（ISBN）	检索ISBN号
IS（ISSN）	检索ISSN号		

在高级检索中使用的方法是先选择字段代码，然后输入检索词。作者的输入方式特别规定为“姓，名”格式，如“Wiley，Ralph”。

② 检索算符

有关布尔逻辑运算符用法详见本书第二章“信息检索基础知识”。其他检索算符用法如表3–4所示。

表3–4　EBSCO检索算符

名称	内容	示例
截词符号*	用于检索变形体，单复数	econ* 可以检索到 economy, economic, economically, etc Student* 可以检索到student, students
通配符	适用于一个字母（?）用于检索英美单词拼写差异	organi?ation 可以检索到 organisation or organization
	适用于多个字母（#）用于检索英美单词拼写差异	behavio#r 可以检索到 behavior or behaviour
短语检索“”	用于检索固定短语	“global warming”可以检索到固定格式的词组，位置顺序保持不变

续表

名称	内容	示例
位置算符	N表示两词相邻，顺序可以颠倒	如“information N retrieval”的检索结果同时包括information retrieval和retrieval information
	W表示两词相邻，但顺序不能改变	如“information W2 management”的检索结果可以包括information management，information technologies and management等
优先运算	允许使用括号将优先检索的词括起来	运算优先级为：( ) >not >and >or

③ 检索限定与扩展

EBSCO 数据库有多种检索限定条件，主要的检索限定条件见表3–5。

表3–5　检索限定条件列表

限定条件	内容
Full Text	只检索全文文献
Scholarly（Peer Reviewed）Journals	只检索学术期刊（同行评审期刊）
Publication	只检索特定出版物中的文章
Image Quick View	只检索能够快速查看图像的文章。EBSCO数据库中有些文献全文中含有图片或图表、照片、地图等，为了更好地揭示这些信息，EBSCO除了提供PDF格式的全文外，还对全文中的这些图像提供可预览的缩略图，用户可以只检索这些能够快速查看图像的文章。
References Available	只检索有参考文献的文章
Published Date	出版日期
Number of Pages	页码
Image Quick View Types	图像快速查看类型，包括黑白和彩色照片、各种图表、插图、地图等类型。
Cover story	只检索有封面报道的文献（适用于高级检索）
PDF Full text	只检索PDF格式的全文文献（适用于高级检索）

特殊限定条件对于不同的数据库选项不同，例如对于 ASC 只有出版物类型（Publication Type）和文献类型（Document Type）限定，而对于 BSC 则除了上述两种限定条件外，还有产品名称（Product Name）、公司 / 实体（Company/Entity）、股票代码（Ticker Symb01）、NAICS/ 行业代码（NAICS/Industry Code）等多种特殊限定条件：

（5）检索结果

① 重新定义结果，可以按照来源、出版社、出版日期、主题词等筛选。还可以按照出版时间查找，选择全文或者学术同行评审资源。

② 检索结果列表显示每一个记录的文章篇名、作者、刊名、卷期、页数，并用图标

显示全文是 PDF 格式还是文本格式（HTML 格式）。

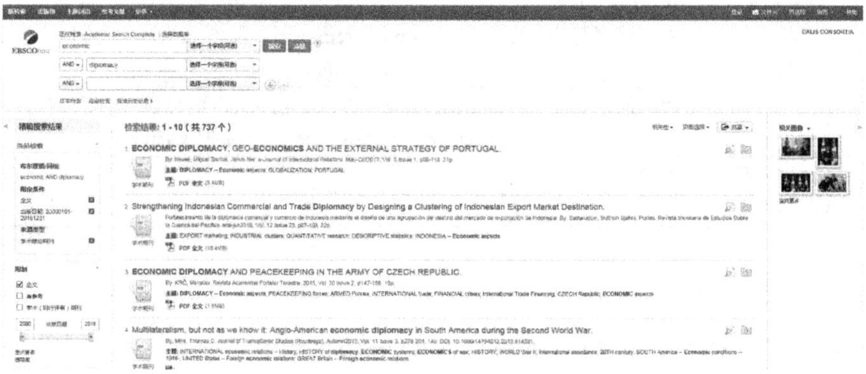

图3-39　检索结果

③ 单击文献篇名或篇名后的预览图标，可以查看文献详细信息，包括文章篇名、刊名、作者、出版者、出版地、出版日期、卷期、页数、国际统一刊号、主题词、文摘、全文、附注、参考文献、收录数据库及数据库识别号等，文章中如果包含照片、图片、图表、地图等还会显示图像缩略图。全文为 PDF 格式、图像文件为 JPEG 格式。

④ 在详细记录显示页面，选择相应的图标可以对记录进行打印、保存、E-mail 发送、引用本文（cite this article）、输出到个人文献管理工具（export to bibliographic manager）、添加到个人收藏夹以及添加注释等。

（6）用户服务

① 提供多种检索结果后续处理功能：除了支持对检索结果直接输出到常见的 EndNote、ProCite、CITAVI、Reference Manager、RefWorks 等个人文献管理工具中外，还支持其他通用的参考文献管理软件（Generic bibliographic management software），也可以将结果保存为 XML、Bib-RX、MARC21 等格式的题录。

② 自动生成参考文献（cite）：可以对当前记录按照不同期刊的投稿格式自动生成参考文献，为论文写作提供帮助。

③ 订制服务（Alers）：注册用户可以保存检索策略，单击“Search history”显示系统中保存的检索策略，对于用户使用过的检索策略系统提供最新目次报道服务。

（二）Elsevier-Science Direct 电子期刊全文库

1. 数据库介绍

荷兰爱思唯尔（Elsevier）出版集团是全球最大的科技与医学文献出版发行商之一，已有 180 多年的历史。该公司出版的期刊是世界上公认的高品位学术期刊，大多数都是核心期刊，并且被世界上许多著名的二次文献数据库所收录。

ScienceDirect 系统[①]是Elsevier公司的核心产品，自1999年开始向用户提供电子出版物全文的在线服务，包括Elsevier出版集团所属的3500多种同行评审期刊和34000多种系列丛书、手册及参考书等，涉及四大学科领域：物理学与工程、生命科学、健康科学、社会科学与人文科学，数据库收录全文文章总数已超过1300万篇，最早可回溯至1823年。

该数据库文章摘要是免费提供的，但对其全文（以PDF格式，对于较新的出版物也可以是HTML格式），通常需要订阅或付费购买。值得注意的是，ScienceDirect目前有超过25万篇文章是开放获取的，这些开放获取论文都经过同行评审并免费供所有人阅读和下载。

Elsevier Science全文电子期刊的社会科学和人文科学（Social Sciences and Humanities）分类如下：艺术和人文科学（Arts and Humanities）；商业，管理和会计（Business, Management and Accounting）；决策科学（Decision Sciences）；经济学，计量经济学和金融学（Economics, Econometrics and Finance）；心理学（Psychology）；社会科学（Social Sciences）。

2. 系统功能

用户可以通过检索和浏览两条途径获取论文，检索途径包括快速检索和高级检索。

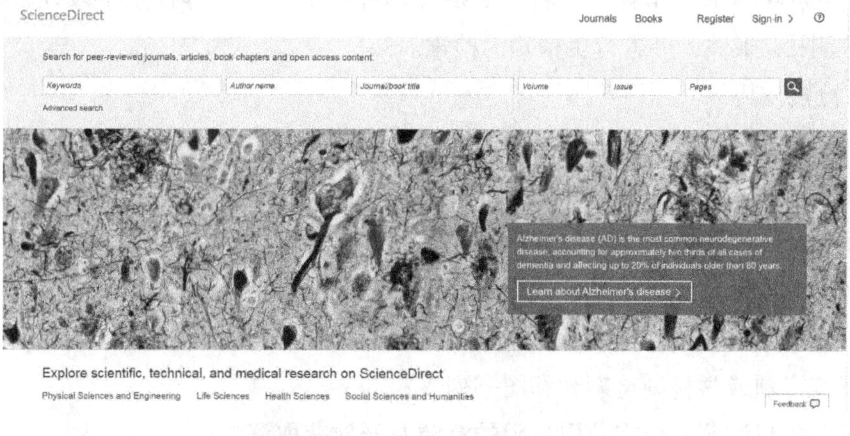

图3–40 Science Direct主页

（1）快速检索（Quick Search）

Quick Search出现在Science Direct任何一个检索界面的上方，方便随时对感兴趣的主题词进行检索。

① http://www.sciencedirect.com/

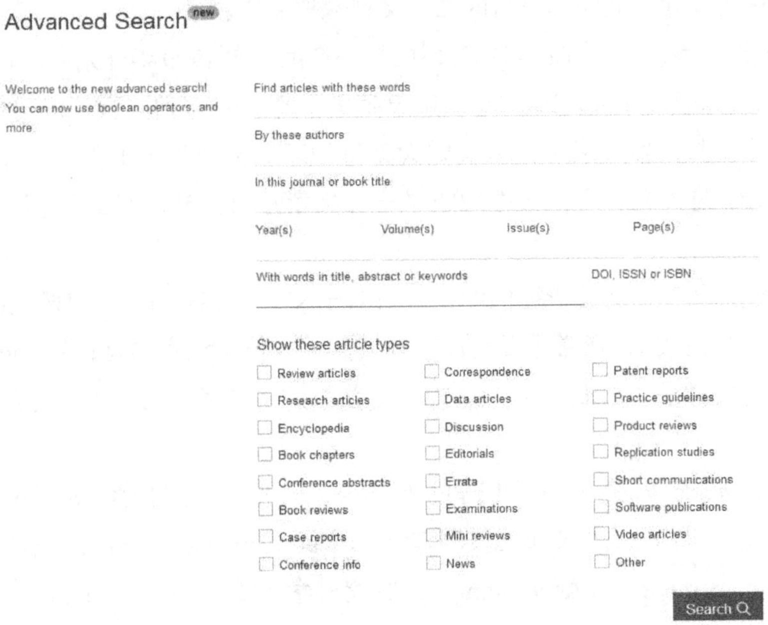

图3-41　高级检索界面

（2）高级检索（Advanced Search）

点击导航栏中的“Advanced Search”进入高级检索界面。

高级检索除增加了作者、刊名、ISSN（国际标准刊号）等检索字段外，还增加了文章类型等限定条件，可进行更精确的检索。

（3）检索技巧

① 利用“”可以进行专有词组检索，如“heart attack”；

② 截词符 * 替代任意个字母，利用？替代一个字母。如 transplant* 可以检索到 transplant，transplanted，transplanting 等；

③ 名词的单复数形式、英式美式拼写都不影响检索结果。

（4）浏览

① 可按字顺或学科浏览期刊和图书列表；

② 可选择只浏览有全文获取权限的资源及开放获取资源；

③ 可同时浏览图书和期刊，或只浏览其中一种；

④ 可查看包括金色 OA、[①] 绿色 OA[②] 及混合 OA 在内的不同开放获取资源。

---

① 开放获取在欧美一直有“金色”和“绿色”两大路径。金色OA指由出版商主导的、通过各类OA期刊来实现学术内容免费开放的路径。自然、施普林格、威利、爱思唯尔和泰勒·弗兰西斯等传统学术出版巨头是金色OA的主导力量之一。

② 绿色OA是指科研人员依然在传统（付费内容）学术期刊发表论文，但是将经过同行评议的终稿上传于各种机构知识库，供读者免费阅读。绿色OA是由学术机构、图书馆以及学者主导的。

图 3–42　浏览界面

（5）检索结果

在检索结果显示页面，提供 PDF 格式下载，PDF 格式完全是期刊论文的原貌。可对结果进行标记、保存、打印等操作。

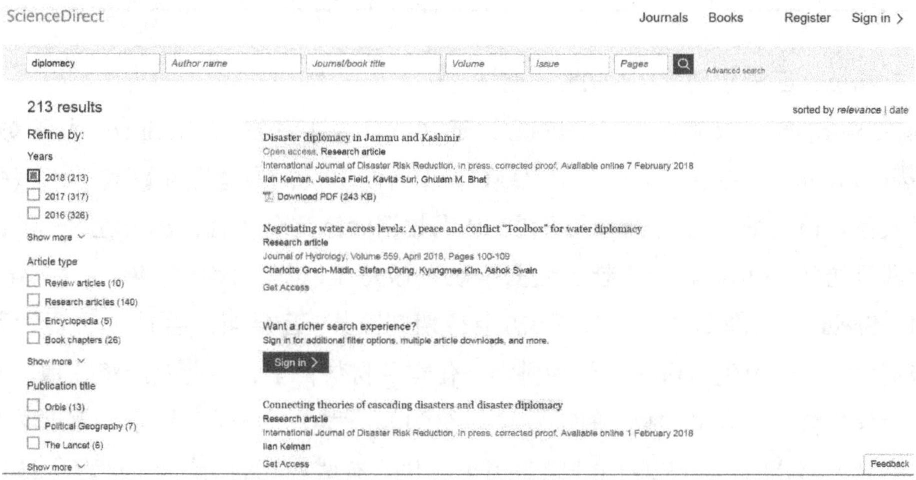

图 3–43　检索结果界面

（三）Springer Link 数据库

1. 数据库简介

施普林格 · 自然（Springer Nature）集团是目前全球最大的学术书籍出版公司，同时出版全球具有广泛影响力的期刊，也是开放研究领域的先行者。

Springer Link① 平台整合了原Springer的出版资源、原Palgrave的电子书，收录文献超过1000万篇，包括图书、期刊、参考工具书、实验指南和数据库，其中收录电子图书超过22万种，最早可回溯至1840年。涵盖学科包括：行为科学、工程学、生物医学和生命科学、人文、社科和法律、商业和经济、数学和统计学、化学和材料科学、医学、计算机科学、物理和天文学、地球和环境科学、计算机职业技术与专业计算机应用、能源。

该数据库主要产品见表3–6。

表3–6　Springer Link产品列表

名称	内容简介
Springer的在线期刊库	包括2614种经同行评议的期刊，一半以上的刊物皆被SCI所收录。以1997年为界，1997年之前（不含1997年）为回溯期刊库，1997年之后为现刊库。
Springer Link电子书	2006年，Springer大规模推出新书的在线电子书（电子书与纸本书同步，无滞后）。目前Springer link包括44840余本在线电子书，每年增加3000余本新著作。无并发用户的限制；提供MARC21记录；用户拥有永久使用权。
Springer电子参考工具书	包括189种电子参考工具书乃Springer参考工具书（Springer Reference Works）的电子版本，大多为大型多卷百科全书和手册。
Springer电子丛书系列	包括1236种电子丛书，涵盖最新的科研专著，按题目编排。包括Springer著名的计算机类旗舰出版物《计算机学讲义》(Lecture Notes in Computer Sciences)。
Springer回溯数据库	Springer Online Archive Collection包括回溯期刊库和回溯丛书库，包括从第1卷第1期至1997年（不含1997年）出版的英文科学论文。

2. Springer回溯数据库（NSTL平台）

国家科技图书文献中心（NSTL）于2008年5月订购了Springer回溯数据库（Springer Online Archives Collection，OAC）全国使用权，为全国非赢利学术型机构用户提供服务。该数据库与Springer现刊、丛书数据库已完全整合，读者在Springer Link平台上即可访问。OAC收录文献的数据年限为1996年以前（含1996年），主要包括：

（1）Springer回溯期刊库。包括920余种期刊，共3万余期，由11个重要学科包组成，包括生物医学及生命科学、行为科学、化学及材料科学、商业及经济、地球及环境科学、计算机科学、人文学科、社会科学及法学、工程学、医学、数学、物理学及天文学，其中绝大部分期刊均从第1卷第1期开始提供。有些期刊的访问年限远至1854年。

（2）Springer回溯丛书库。包括14种Springer著名丛书，如*Lecture Notes in Computer Science*，*Lecture Notes in Mathematics*等，全部从第1卷第1期提供访问。另外，2008—2010年OAC新增的所有回溯数据，Springer出版社也提供免费访问。自2012年，用户可通过NSTL提供的平台② 访问Springer回溯数据库。

① https://link.springer.com/

② http://archive.nstl.gov.cn/Archives/

图3–44 NSTL平台界面

3. 系统功能

Springer Link 包括浏览、普通检索和高级检索功能。数据库主页分成三个部分：搜索功能、浏览功能、根据个人资料提供的相关内容。见图3–45。

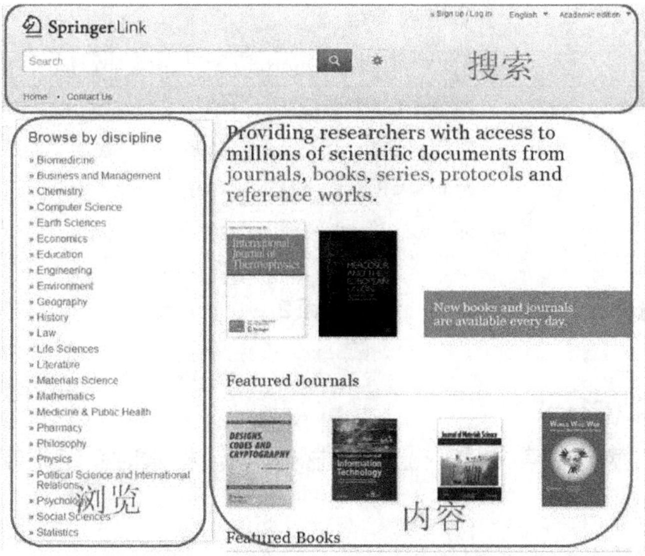

图3–45 Springer Link数据库主页

（1）浏览

数据库提供学科浏览功能，单击某个学科，进入该学科页面。也可按内容的类型来浏览，包括期刊文章（articles）、图书章节（chapters）、参考文献（reference work entries）等。如图3–46所示。

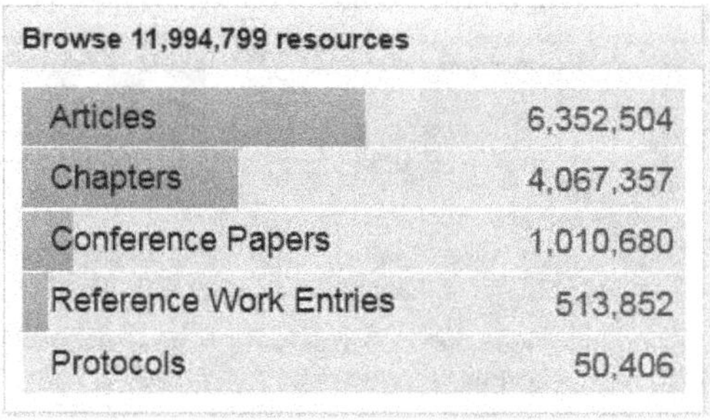

图3–46　浏览功能

选择某一学科，例如，选择“政治学与国际关系”（Political Science and International Relations）进入浏览内容界面后，可进一步选择文献类型、分支学科、语种进行浏览。如图3–47所示。

图3–47　浏览界面1　　浏览界面2　　浏览界面3

（2）普通检索（Search）

可在题名、文摘、参考文献、全文中进行检索。检索时系统根据用户键入的字符提供自动建议功能。

（3）高级检索（Advances Search）

通过对检索词、题名、作者、日期等限定，可以进一步缩小搜索范围，提高检索的精度。还可以对检索结果的范围进行限定，也可以限定在该机构的访问权限内搜索。

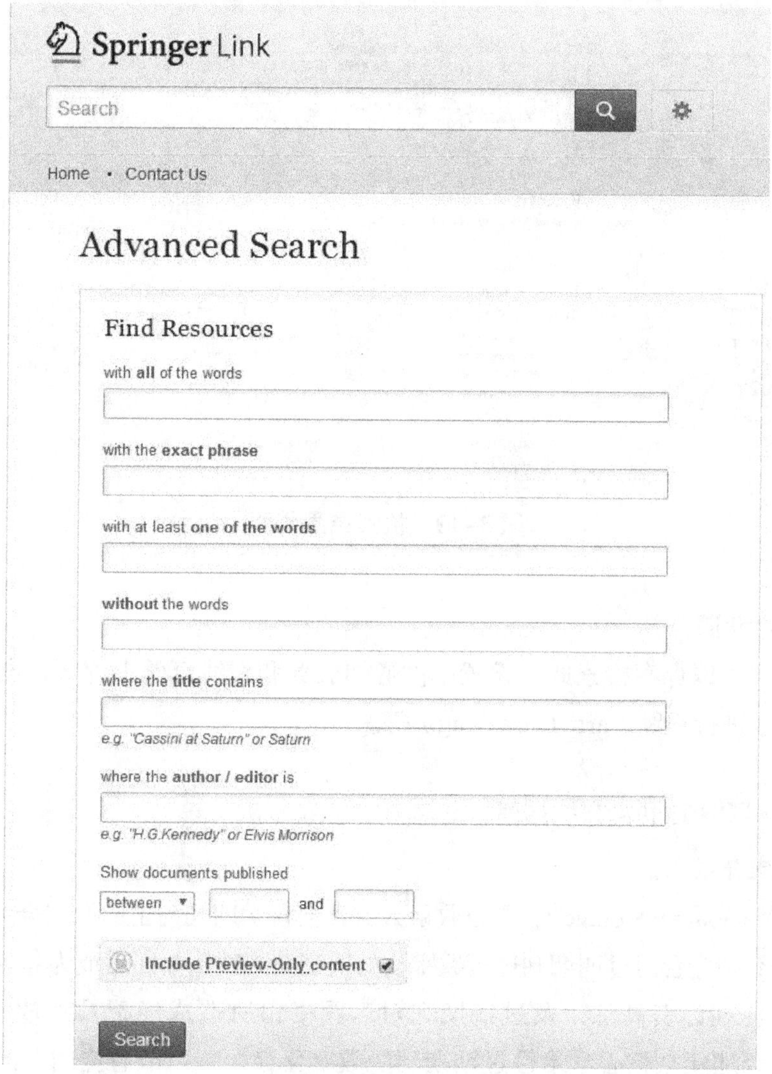

图 3–48　高级检索

（4）检索结果

无论普通检索还是高级检索，其检索结果为命中的文献记录列表，文献记录显示出标题、期刊名、作者、卷、期等信息。

单击“PDF”按钮可以下载全文。在检索结果界面左侧可以对检索结果按照文献类型、学科分类、语种等进行过滤。

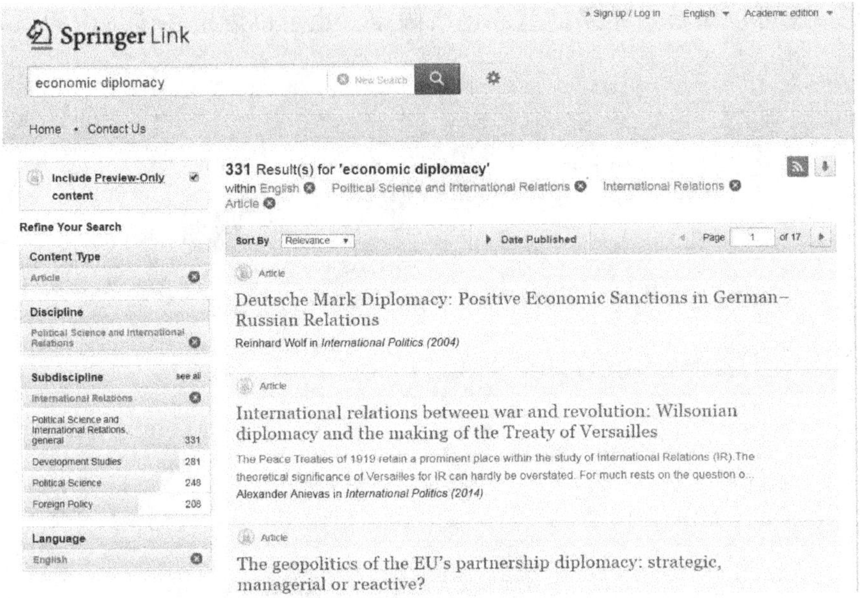

图3–49　检索结果界面

（5）个性化服务

注册用户可以保存检索式、设置邮件通知服务和在线订阅书评等，同时可对自己要发表的文章进行跟踪（article tracking）等。

（四）JSTOR过刊全文数据库

1. 数据库介绍

JSTOR①（Journal Storage），是以收录人文社会科学期刊为主的西文全文数据库。始于1995年美仑基金会对过期期刊进行数字化的数字典藏项目，而后成为非赢利性机构。

为解决期刊订费高涨，及过期期刊对于图书馆所造成经费及存放空间等问题，JSTOR有计划地建立核心学术性过期期刊的数字化存档，以节省空间，同时提供资料检索的功能，有效提高使用的便利性。其期刊来自于大学、专业学会、独立出版社等，大部分期刊都从第1卷第1期开始，最早回溯至1665年。该过刊库中的“最新期刊”多为三至五年前的期刊。目前部分期刊亦收录现刊内容。

JSTOR目前是一个发现、保存学术研究成果的平台，是查找早期期刊与学术文献的最佳来源，以政治学、经济学、哲学、历史等人文社会学科主题为中心，兼有一般科学性主题共十几个领域。JSTOR主要资源包括：

① http://www.jstor.org/

JSTOR 回溯期刊：目前可访问期刊约2000种，以政治学、经济学、哲学、历史等人文社会学科主题为中心，兼有一般科学性主题共十几个领域。

JSTOR 学术现刊计划：最新的各期期刊以数据库或单独出版物的形式提供。

Primary Source Collection：通过与各大图书馆、博物馆和学术协会的合作，提供多种主要源数据库，以补充期刊数据库。这些主要源数据库包括专论、宣传册、信件、原始标本、政府文书、图纸和画作等。具体内容有：19世纪英国宣传手册文献集（*19th Century British Pamphlets*）、非洲文化遗址与景观（*Aluka - African Cultural Heritage Sites and Landscapes*）、南部非洲的自由斗争（*Aluka - Struggles for Freedom in Southern Africa*）等。

JSTOR 电子书：从2012年秋季开始，JSTOR 平台增添来自一流大学出版社和其他学术出版机构的图书。目前收录顶尖学术出版社共超过4.5万册电子书。电子书与期刊平台整合，同步供应研究者发觉不同内容格式的相关研究资源。

2. 系统功能

（1）基本检索

系统默认在作者、题名和全文中检索。

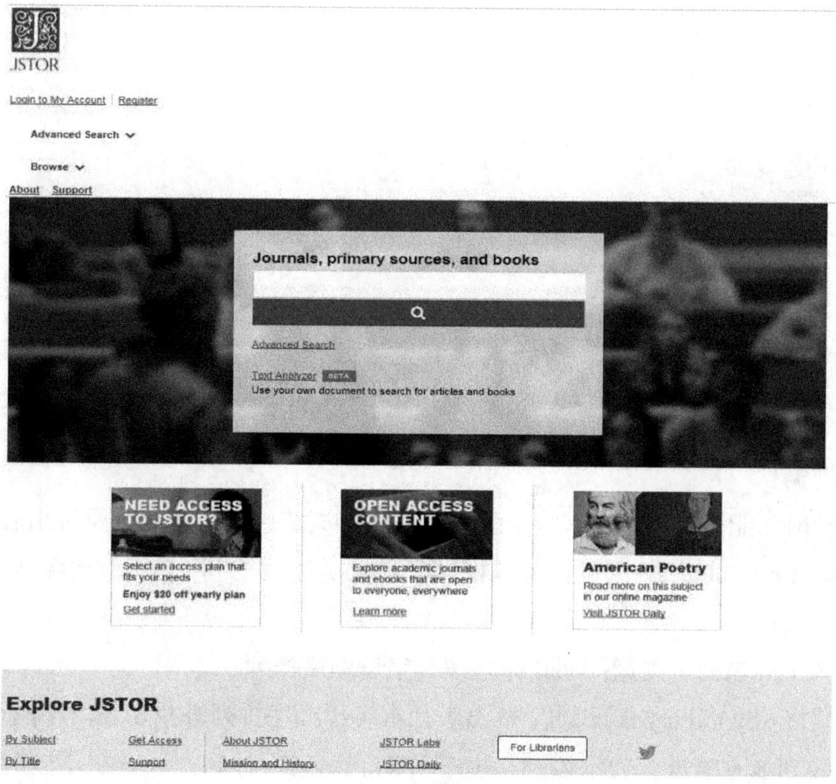

图3-50　基本检索

（2）高级检索

使用高级检索可以同时限定多个检索字段，字段之间使用“and”“or”和“not”连接，或是邻近5—25个字。检索字段包括全文、作者、文章标题、摘要及章节标题，限制条件包括学科分类、日期、语言、期刊，还可输入出版社名称。可仅检索能取得全文的部分，或包含连结外部的全文部分。具体检索应用中，可以先输入检索词，然后限定检索字段和字段之间的逻辑关系，再选择限制条件。

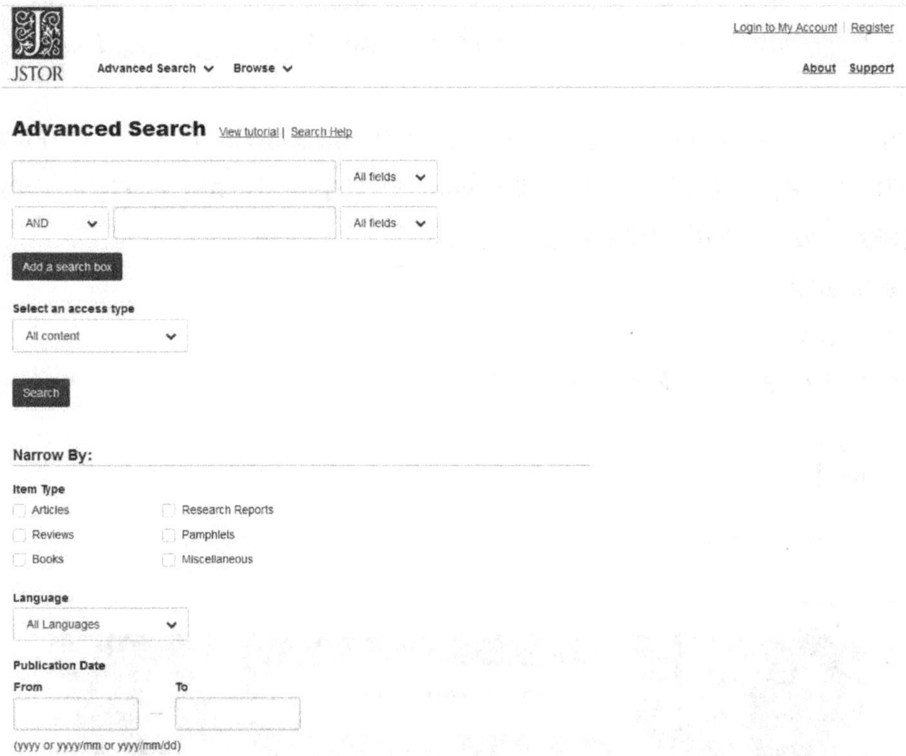

图3–51　高级检索

（3）浏览

浏览导航功能可以对数据库收录的文献按学科浏览、按标题浏览及按出版社浏览。

按学科（by Subject）浏览：可以根据学科分类查找期刊，在每个学科后会呈现出收录的期刊数；

按标题（by Title）浏览：期刊标题按首字母顺序排列；

按出版社（by Publisher）浏览：按出版社首字母顺序排列查找期刊。在浏览刊名时，会发现有些刊名有缩进，表示该刊与上一种期刊属同一种刊，只是在不同时期使用了不同的刊名。

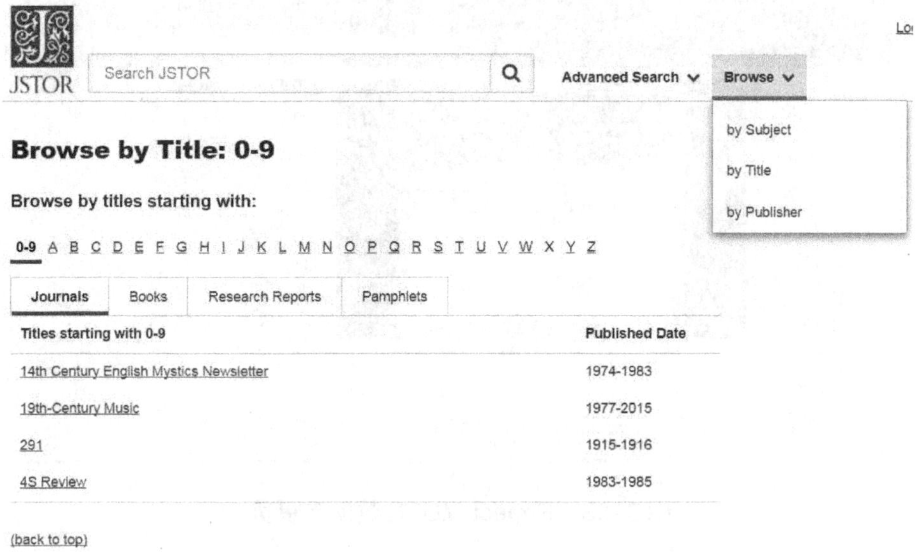

图3–52　按标题浏览界面

（4）检索结果处理

实施检索策略后，可在本次检索结果中进行二次检索。检索结果可按相关度排列。可显示全部检索结果，也可仅显示可以获得全文的检索结果。可以下载命中的文献，也可以对检索结果批量导出索引。

（5）个性化服务

注册个人化账号，登录后可使用“My JSTOR”服务。个性化服务主要包括：个人书目管理、书目输出、检索策略保存。

在个人书目管理中，可点击查看所保存的书目，针对所选择的书目可依照存储日期及出版日期的先后排序；检索策略保存可查看检索历史，并对其进行二次检索。

（五）Project MUSE 人文社科期刊数据库

1. 数据库简介

Project MUSE[①] 始于1995年，是美国约翰·霍普金斯大学出版社与其 Milton S. Eisenhower 图书馆合作开发的学术期刊集成项目。至2017年底共收录来自266多家出版社超过600多种期刊共计超过47万多篇文章，并且收录的期刊数量不断增加。所收录的内容大部分回溯到1993年，部分期刊提供自第1期起的全部内容。

① http://muse.jhu.edu/

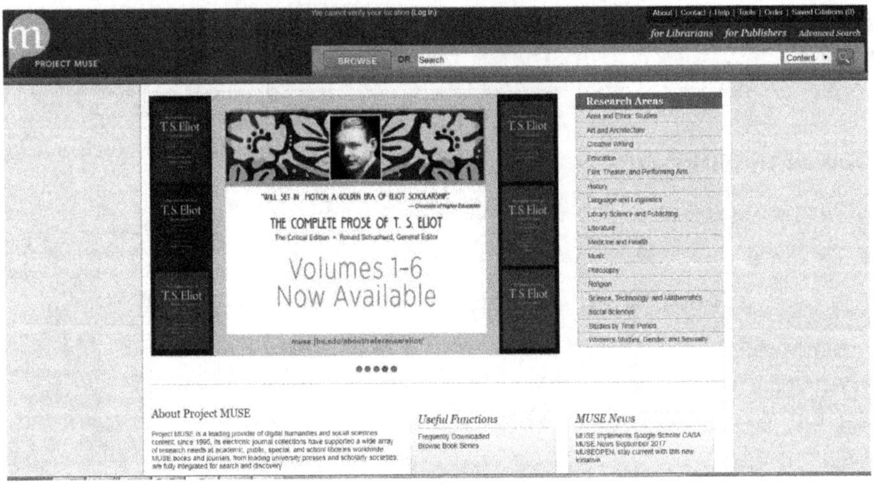

图 3–53　Project MUSE 数据库首页

Project MUSE 是一个非赢利项目，旨在传播高质量的艺术、人文与社会科学领域学术知识，内容涵盖以下学科：经济、教育、语言学、法律、文学、领域 / 国别研究、政治与政策研究、历史、国际关系、人类学、音乐、艺术、电影戏剧与表演艺术、西方古典文化、图书馆学与出版、医学与健康、数学、哲学、科学、社会学、心理学、宗教等。其中在区域 / 国家研究、文学、历史和政治、政策研究上尤为突出。

Project MUSE 所收录的期刊都是同行评审期刊，是由非赢利性或学、协会出版社出版。此外，还会考虑其在学科领域的排名、影响因子与图书馆员建议等。数据库中期刊文献的被引频率很高，并被多个广泛使用的数据库索引，如：ABC-CLIO，CSA，EBSCO，Gale，ISI Web of Science，JSTOR，OCLC FirstSearch，ProQuest，OVID 等。同时也被 Google 和 Google Scholar 索引，从而提升期刊的使用效率。

数据库提供全文文献、评论（书籍、表演、艺术、音乐等）、小说与诗歌、可缩放的图表与照片，在期刊目录与检索结果页提供美国国会图书馆标题表（*Library of Congress Subject Headings*），使用者在检索时可利用这项信息快速地辨别文献主题。

2. 系统功能

（1）基本检索（Basic Search）

点击 Basic Search 按钮，即可进入基本检索界面，Muse 提供按摘要、著者、刊名、标题几种常规的字段查询方式。

图3–54　简单检索界面

（2）高级检索（Advanced Search）

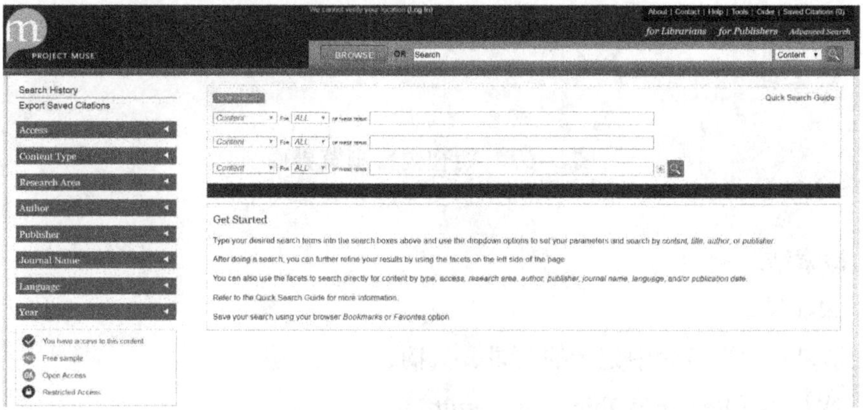

图3–55　高级检索界面

① 提供多组检索词输入框，通过下拉菜单限定不同的检索字段，如 Title, Authors, Publisher 等；不同检索词间可使用下拉式布尔逻辑算符“and, or”进行组配。

② 检索界面左侧，提供了内容类型（Content Type）、研究领域（Research Area）、出版社（Publisher）、语种（Language）、年份（year），每屏显示数（result）等限定选项。

（3）浏览（Browse）

Project Muse 提供多种浏览方式：按学科主题、题名、出版商、书名、刊名。

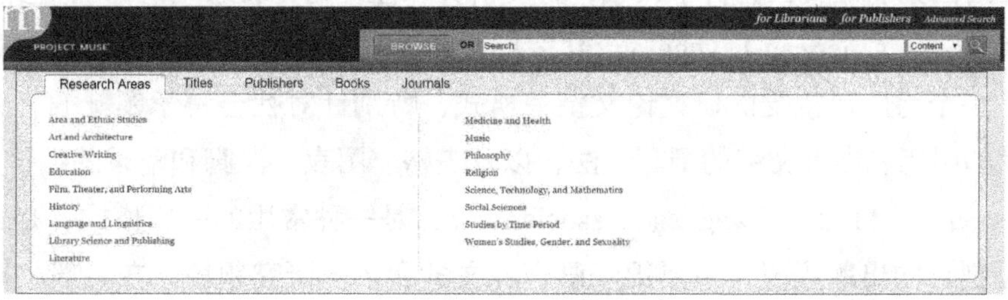

图3–56　浏览界面

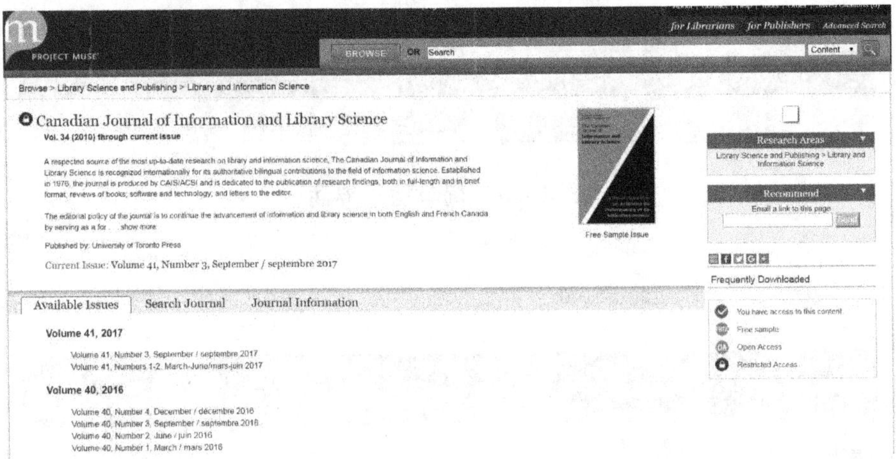

图3-57　期刊内容浏览界面

（4）检索结果

① 结果浏览。

可在结果页中浏览命中记录的题录、文摘、全文信息。

② 二次检索（Search Within This Result）。

可以通过新的检索词、检索字段，对检索结果进行精炼。

③ 检索结果的标记、保存、打印、E-mail 发送。

对于适用的检索结果，可进行标记；标记过的结果可保存、打印，或通过 E-mail 发送。标记过的记录可保存到收藏列表“marked list”中。

保存检索（Save Search）：对于有价值的检索式，可以将其保存，点击“saved search”可查看保存记录。

显示全文：平台提供 html、PDF 两种全文显示方式。PDF 格式的全文打开后可进行保存、打印。

④ 导出格式说明。

在英语国家的人文社会科学领域，有关引文和注释的比较通用的标准主要有三个：

APA 格式（American Psychological Association）：由美国心理学会协会制订的出版规范，是一个为广泛接受的研究论文撰写格式，特别针对社会科学领域的研究，规范学术文献的引用和参考文献的撰写方法，以及表格、图表、注脚和附录的编排方式。

MLA 格式（Modern Language Association）：是一种常用的引用格式，是美国现代语言协会制订的出版规范，主要用于语言、文学和艺术研究领域，在一般书写英语论文时应当使用 MLA 格式来保证学术著作的完整。

Chicago 格式：由芝加哥出版社制订的出版规范，主要用于历史学科。这一格式的基准是《芝加哥引注格式使用指南》（*The Chicago Manual of Style*）。

（六）俄罗斯社科与人文期刊库

1. 数据库介绍

《俄罗斯大全》（Universal Database）[①] 俄语数据库，是目前全球最大的，收录俄罗斯学术资源的数据库，内容权威，涉及范围广泛，是研究俄罗斯与独联体国家政治、经济、文化、法律、历史、军事、安全、外交、科技、医学等方面的重要资源。数据库由 East View 出版社提供，CINFO 公司代理。

全库共收录资源600多种，文章超过1200万篇，以俄语为主，部分资源还同时提供英语与德语。数据库使用方便，可对其中的任意部分进行全文检索，可以在俄语、中文、英语、德语四种检索界面之间任意切换，也可以进行俄、英、德三种语言的联合检索，同时收录了大量的过刊。

数据库目前包括以下几个主要部分：社科与人文科学期刊、图书馆、档案馆与博物馆期刊、俄罗斯国家参考书目、历史与文化期刊、军事与安全期刊、Kodeks 俄罗斯法律数据库、统计出版物、政府出版物、中央报纸、地方报纸、乌克兰出版物、独联体与波罗的海报纸、俄罗斯 / 独联体有线新闻、最新文摘等。

该数据库主要内容如下：

（1）人文社科期刊与参考书目

① 社科与人文科学期刊：《俄罗斯社科与人文科学期刊》（East View-Social Sciences & Humanities）是《俄罗斯大全》俄语数据库最重要的子数据库之一，收录80余种重要的俄罗斯期刊共13万多篇文章，涉及社会科学与人文科学，如俄罗斯科学院的期刊，深受欢迎的文学杂志，以及独立学者的出版物等。与纸本刊内容完全相同。

② 莫斯科大学学报：由俄罗斯著名学术机构——莫斯科大学提供内容，收录了20多种覆盖不同学科领域的期刊，这些学科包括经济学、法学和历史学等。

③ 图书馆、档案馆与博物馆：第一个俄语图书馆学专业期刊全文数据库，所收录的期刊均具有很强的影响力。目前收录有15种资源8600多篇文章。

④ 俄罗斯国家参考书目：涵盖超过2.1万家出版社的约233万条俄语参考书目。可以通过主题、作者、地区索引、资源、出版物类型与出版时间等进行检索。专业的图书馆使用界面，并提供过刊信息。

（2）俄罗斯政府、法律与军事信息

① 军事与安全期刊：收录了56种俄罗斯官方与独立军事安全出版物以及地方军事

---

① http://dlib.eastview.com/

区域文件，约56万篇文章。反映了俄罗斯军事力量与国际安全事务，以及从核武器到俄罗斯军队等方面的问题。

② Kodeks 俄罗斯法律数据库与英语的俄罗斯法律指南：Kodeks 俄罗斯法律数据库是俄罗斯立法的主要资源。提供俄语或英语译文，收录了自1991年以来约93万条内容，覆盖俄罗斯大约200个行政、立法与司法分支机构提供的立法法案等，每天更新。英语的俄罗斯法律指南收录了在俄罗斯影响经济活动的立法事件等。

③ 统计出版物：包括俄罗斯国家统计委员会与独联体国家统计委员会的出版物、报告与数据，提供报告、表格、图表、译文以及英语目录等。共109种出版物1479期。

④ 政府出版物：反映俄罗斯法律制定的进程。收录了总统法令、政府文件、杜马听证会记录、选举结果、立法草案、正式提案以及选举预测等。共36种出版物33万篇文章。

（3）历史与文化期刊

① 历史问题（Вопросы истории）：历史最悠久的苏维埃与俄罗斯历史学术期刊，创刊于1926年，由俄罗斯科学院出版，提供对发生在俄罗斯与世界范围内的事件的学术观点。包括950期共20万页的内容。

② 文学问题（Вопросы литературы）：权威性的文学批评期刊，创刊于1957年，向读者提供有关俄罗斯与世界文学、历史、文学理论等问题的1.5万多篇文章。

③ 欧洲公报（Vestnik Evropy）：1802—1830年出版的最具影响力的俄罗斯文学与政治期刊之一。同时提供当时的俄语拼写方式与现在的拼写方式两个版本。共6856篇文章。

④ 纵横（Labyrinth）：提供2.5万篇俄罗斯政治家、政府官员与商业人士的传记。

2. 系统功能

该数据库提供基本检索、高级检索和浏览三种功能。

（1）基本检索（Basic Search）

基本检索是最常用、最简单的检索方式。在基本检索界面，用户可在检索框中输入单词、词组或使用算符构建的检索式，点击检索按钮开始检索。

（2）高级检索（Advanced Search）

当基本检索结果不能满足用户检索需求时，用户可选择高级检索功能。高级检索界面为用户提供更多的检索字段和限定条件。检索步骤如下：步骤1：在检索框中输入检索词；步骤2：设定检索字段；步骤3：选择时间范围；步骤4：选择数据库；步骤5：点击检索按钮开始检索。

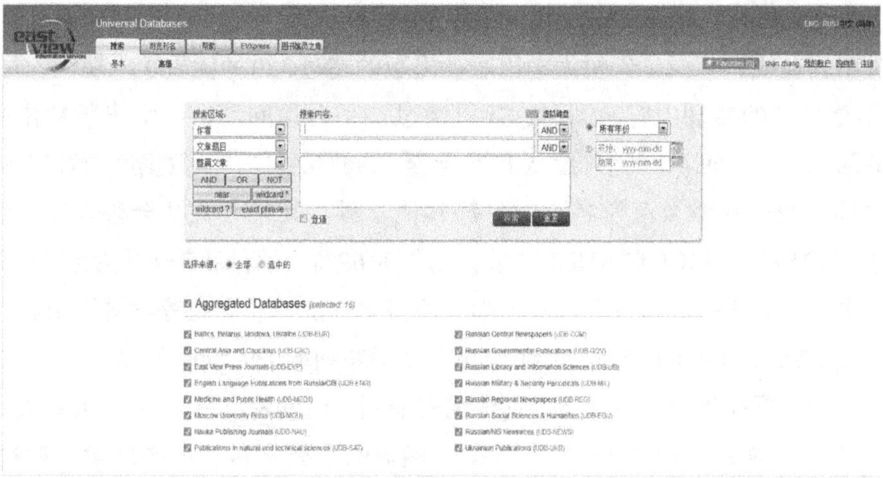

图3–58　高级检索界面

（3）浏览（Browse）

在该数据库首页点击“browse titles”按钮，进入按刊名浏览界面。

通过浏览功能，用户可了解俄罗斯中央报纸库（Russian Central Newspapers）、俄罗斯社科与人文期刊库（Social Sciences & Humanities）2个子库资源的整体情况。

进入期刊或报纸浏览界面后，用户可按年份继续进行浏览，也可进行二次检索。

（4）检索结果

检索结果按相关度从高到低或者从低到高排序。检索结果可按照题录形式呈现，也可按照全文形式呈现。每条检索结果提供的信息包括题名、作者、来源、发行日期、相关度等。用户可对检索结果进行浏览、修正、标记、保存、输出等处理。

在检索结果界面点击某条检索记录，系统进入单个检索结果界面。用户可对检索进行打印、保存、发送电子邮件等处理。如果用户对检索结果不满意，可在检索结果界面中点击“to search”按钮，进入新的检索界面，输入新的检索条件重新检索。

（七）Cambridge Journals（剑桥期刊数据库）

1. 数据库介绍

剑桥大学出版社（Cambridge University Press，CUP）成立于1514年，是世界上历史最悠久的出版社，也是世界第二大的大学出版社（仅次于牛津大学出版社）。剑桥期刊数据库主要包括“剑桥期刊在线”和“剑桥期刊电子回溯库”。

（1）Cambridge Journals Online（剑桥期刊在线）

剑桥期刊在线[①] 收录了剑桥大学出版社出版的超过380种优质学术期刊，可访问最早1997年至最新的期刊内容。同时，还可通过该平台访问剑桥大学出版社出版的207种期刊的回溯内容，回溯时间跨度从1770年至1996年左右。该数据库内容以人文社科为主，也涉及自然科学及医学各个学科等其他学科。其中人文社会科学期刊总计181种，其中有125种被SSCI或AHCI收录，比例为69%。学科涵盖人文社会科学的方方面面，其中以地域研究、语言学、政治学、经济学、法律、历史等学科见长。

（2）Cambridge Journals Digital Archive（剑桥期刊电子回溯库）

剑桥期刊回溯库2011版[②] 收录207种优秀期刊，时间跨度从1770年至1996年左右，共包含63万余篇文章，超过430万页数据。涵盖的主要学科有：物理学、材料学、农业与生命科学、医学、生态和环境保护、语言学、经济学、政治和国际关系研究、历史、亚洲及中国研究、美国研究、古典学、哲学、社会学、法律、音乐和戏剧以及数学、计算机科学等。

2. 系统功能

剑桥所有的电子期刊，包括全文，都有索引以便查询检索。主要检索方式有：简单检索（Quick Search）、引文检索（Cite Search）、高级检索（Advanced Search）、期刊浏览、个性化功能。

（1）简单检索（Quick Search）

在系统每个页面的右上角都有简单检索可供使用。可以在文章题名、作者、关键词、文摘等范围里进行检索。

（2）引文检索（Cite Search）

引文检索可以根据一篇文章的出处、著者、卷次和刊号等信息，在剑桥期刊中准确查找该文章的文摘和全文。

（3）高级检索（Advanced Search）

按期刊名称、学科类别、作者、作者单位、关键字、DOI信息和出版时间检索。

① 检索范围：可以通过下拉菜单，选择在Anywhere（任何字段）、Full Text（全文范围）、Article Title（文章题名）、Author（作者名）、Affiliation（作者所在单位）、Abstract（文摘）、Keywords（关键词）、DOI（Digital Object Identifier，数字对象标识符）、ISSN（期刊标准号）内检索。

---

① https://www.cambridge.org/core

② https://www.cambridge.org/core/services/librarians/cambridge-journals-digital-archive/cambridge-journals-complete-digital-archive-2011

② 可以使用布尔逻辑算符，来限定各个检索条件之间的关系："AND" 表示检索出来的文章必须同时符合前后两个条件；"OR" 表示检索出来的文章只需要符合两个条件中的任何一个即可；"NOT" 表示检索出来的文章符合前一个条件，而排除后一个条件。

（4）期刊浏览

① 按期刊名称浏览。点击 "By Title（按期刊名称浏览）"，进入期刊名称浏览页面。可以点击某个英文字母，浏览名称中以该字母为首的期刊。

② 按学科类别浏览。点击 "By Subject（按主题浏览）"，进入主题浏览页面。可以选择不同学科主题，浏览相关主题或学科领域的期刊。

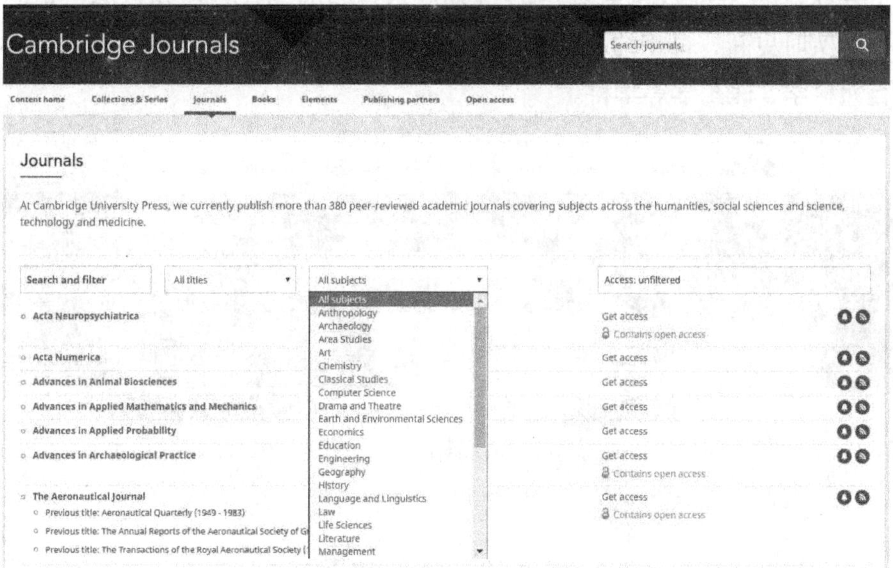

图3–59　期刊浏览页面

（5）个性化功能

① 读者注册并登录后，可以使用的 "My Cambridge Journals Online" 个性化服务主要有：保存搜索记录、设置书签、保存所需的文章、设置最新期刊信息通知、设置 "我的收藏" 等。

② 读者还可以选择剑桥期刊的 RSS 和 Atom 新闻订阅服务，无须重复登录网站，即可及时获取剑桥期刊中新内容的标题、简介和网页链接。只有在系统中注册为个人用户，并且登录之后才能定制此项服务。

（八）SAGE全文期刊数据库

1. 数据库介绍

SAGE[①] 是国际权威的学术期刊出版集团，成立于1965年，与400余家学术协会学会（主要为欧美协会和组织）开展出版项目，旗下出版的社会科学专业期刊尤为学术界推崇，每年出版1000多种高品质学术期刊，12至15种百科全书和800余种新书。

SAGE 全文期刊数据库（SAGE Journals Online）期刊品质卓越，超过60% 的期刊被收录在2015年期刊引用报告（JCR）中，超过240种期刊名列 JCR 的前30%。

国家图书馆订购了 SAGE 出版社出版的648种期刊的全文内容；同时可访问381种回溯期刊全文，最早可回溯至第1卷第1期。未订阅的 SAGE 期刊资源可访问文章摘要。数据库实时更新，每年约新增5.4万篇期刊全文。内容涉及商业、人文科学、社会科学、自然科学、医药学等学科。

图3–60　SAGE主页

2. 系统功能

（1）数据库提供简单检索（全文字段）和高级检索（Advanced Search）。支持布尔逻辑检索和 * 截词符。

（2）提供 RSS 订阅期刊。注册登录后可以定制或查看电子邮件定制的各种提醒服务（某文献被引用或修改的提醒、某刊更新的提醒、针对某个检索式、作者的文献更新提醒）保存喜欢的期刊、投稿等。

（3）期刊的文章可以选择以 PDF 或者 HTML 格式来浏览。

（4）支持多种格式的导出引文功能。

① http://journals.sagepub.com/

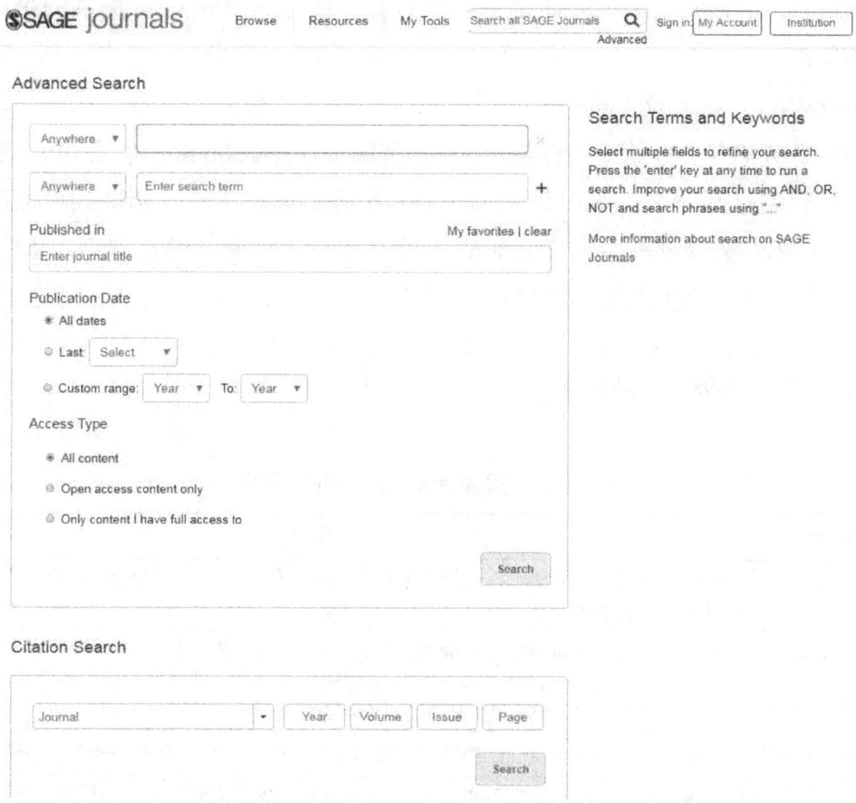

图3–61　高级检索界面

（九）ProQuest平台的期刊数据库

ProQuest系列数据库平台①是由ProQuest Information and Learning公司提供的多文献类型、跨学科的信息服务集成平台。该平台的期刊数据库主要包括：

1. ProQuest Research Library

综合学术期刊数据库（PRL）收录了大量综合学科的核心学术期刊内容，广泛覆盖了超过150个最重要的学科范围，如商业与经济、教育、保护服务/公共管理、社会科学与历史、计算机、科学、工程/工程技术、传播学、法律、军事、文化、医学、卫生健康及其相关科学、生物科学/生命科学、艺术、视觉与表演艺术、心理学、宗教与神学、哲学、社会学及妇女研究等领域等。可检索到1971年以来的文摘和1986年以来的全文，每日更新。

截至目前，PRL数据库收录了6600多种期刊，覆盖多元化的刊物类型，包括学术期刊、行业出版物、杂志、白宫简讯（*White House Briefings*）、白宫新闻通讯（*White*

① https://search.proquest.com/index

House Press Releases）和 SSRN 研究手稿等内容。该库是 ProQuest 提供的最广泛的综合类数据库之一。

2. Periodicals Archive Online

典藏学术期刊全文数据库（PAO），年限范围1802—2006年，收录760余种人文社科类权威期刊的过刊全文，可以访问超过140万篇文章，几乎全部期刊可回溯至创刊号。涵盖了艺术、人文和社会科学领域的37个重点学科主题，涉及英语、法语、德语、西班牙语、拉丁文、意大利语、希腊语等语种。

（十）国内外免费期刊数据库

表3–7　国内外免费期刊数据库

数据库名称	数据库简介
香港科技大学图书馆Dspace	http://repository.ust.hk/dspace包括香港科技大学的学术论文、学位论文、研究报告等内容，均可免费获取全文。
加利福尼亚大学国际和区域数字馆藏	http://repositories.cdlib.org/escholarship/ 加利福尼亚大学国际和区域数字馆藏研究项目（eScholarship Repository）主要提供已出版的期刊论文、未出版的研究手稿、会议文献以及其他连续出版物上的文章1万多篇，均可免费阅读。
剑桥大学机构知识库	http://www.dspace.cam.ac.uk/ 提供剑桥大学相关的期刊、学术论文、学位论文等电子资源。
发展中国家联合期刊库	http://www.bioline.org.br/ Bioline International是一家非赢利性学术出版合作组织，提供来自发展中国家（如孟加拉国，巴西，智利，中国，哥伦比亚，埃及，加纳，印度，伊朗，肯尼亚，马来西亚，尼日利亚，坦桑尼亚，土耳其，乌干达和委内瑞拉等）的开放获取的多种期刊的全文。
美国密歇根大学论文库	http://deepblue.lib.umich.edu/index.jsp 美国密歇根大学论文库提供2万多篇期刊论文、技术报告、评论等文献全文。包含艺术学、生物学、社会科学、资源环境学等学科的相关论文，另外还有博硕士论文。标识为“OPEN”的资源可以获取全文。
ERIC教育资源信息中心	http://www.eric.ed.gov/ ERIC成立于1964年5月15日，是美国教育部资助的网站系列和世界上最大的教育资源数据库，其中包括各种文档以及教育研究与实践方面的论文摘要。这些摘要超过了100万篇，每年新增48000条记录。收录980多种教育及和教育相关的期刊文献的题录和文摘。部分资源可查找到全文。
统计软件	http://www.jstatsoft.org/ 由美国统计协会出版的Journal of Statistical Software杂志成立于1996年，出版关于统计软件和算法主题的文章，书评，代码片段和软件评论。提供1996年至今的内容，可以免费获取全文。
Social Science Research Network	http://www.ssrn.com/ Social Science Research Network（SSRN）的电子图书馆提供来自30个学科的366690位研究人员的788391篇研究论文。
世界银行报告	http://documents.worldbank.org/ 汇集了27000篇银行报告。
DOAJ	http://www.doaj.org/ 开放获取期刊目录（Directory of Open Access Journals）参见第11章“二、开放获取资源（二）开放获取期刊”。
HighWire Press	http://highwire.stanford.edu/lists/allsites.dtl 参见第11章“二、开放获取资源（二）开放获取期刊”。
Wiley全文电子期刊数据库	http://onlinelibrary.wiley.com/ Wiley Online Library参见第4章“三、常用外文电子图书数据库”。

四、电子报纸

（一）电子报纸概述

1. 电子报纸的概念

美国国会图书馆目录部（Library of Congress，Cataloging Distribution Service）1997年关于电子报纸的定义是：电子报纸是一种远端存取的电脑文件型报纸。该定义包含两个要素：一是电子报纸必须是报纸，即必须具有纸质报纸的本质属性；二是远端可得的电脑文件系列，以机读格式发行，通过输入、输出装置连接电脑进行阅读的连续出版物。

电子报纸是一种以电子纸为载体，能够远端存取图文、声音、动画等多媒体信息的新型报纸。它既承袭了传统报纸的版面优势，又具有海量存储、互动、实时传播、数据反馈、个性化对接等数字化介质的优势，属于数字化时代的新媒体。[①]

综合起来，我们认为电子报纸（Electronic newspapers），是一种远程存取的电脑文件型报纸。它必须具备两个条件：一是具备报纸的特征，即以刊登新闻为主，面向公众、定期、连续地发行；二是必须是通过电脑等阅读设备阅读，并依靠互联网发行的电子连续出版物。电子报纸最初指传统报纸的电子版，后来电子报纸逐渐演变成信息量更大，以及服务更加充分的网络新闻媒体。[②]

2. 电子报纸的特点

（1）时效性强

快速及时，出版周期短，是电子报纸最重要的特点。互联网作为电子报纸的发行载体，具有快速性和及时性的特点，它给电子报纸提供了一个非常便利的快速传播平台。在这个平台上，电子报纸可以省去以往传统报纸所需的编排、印刷、出版等环节，采用在线实时更新的方式，将最新发生的新闻事件以最快的速度直接传递给读者，充分体现了电子化、网络化载体的快速性和及时性。使用上的便利，使得电子报纸在信息传播上不受时间、空间限制，能以最快的更新速度进行内容传播。

（2）传播范围广

传统纸质报纸作为早期主要的印刷媒介，在其传播过程中不仅要受到印刷技术的限制，还要受到地域和时间的制约。相比之下，依托于互联网发行的电子报纸，不受发行地域、发行政策、发行能力及时间等的限制。对使用者而言，其对电子报纸的阅读也可不受限制地随意选择。网络科技的快速发展为电子报纸的广泛传播提供了无限的可能性。

---

① 岳泉等:《新媒介概论》，南京：南京大学出版社，2010年，第279页。

② 肖珑:《数字信息资源的检索与利用》，北京：北京大学出版社，2013年第2版，第278页。

（3）信息容量大

受版面影响，印刷型报纸信息容量的增长是有瓶颈的，而电子报纸是以Web形式呈现的，增加信息内容在技术上不受限制，在成本增长上也微乎其微，因而电子报纸在信息容量方面远远超过了印刷型报纸。

（4）成本低廉

电子报纸的成本比起传统报纸来说相对低廉很多。从出版者角度来说，电子报纸在互联网上面向全球的读者发行，无需进行传统报纸的印刷环节，从而节省了大量的发行及印刷费用；从读者角度来说，电子报纸是可以通过网络直接进行下载的，而且很多电子报纸都是免费提供的，这同电子图书价格低廉的特点相类似。所以电子报纸无论是对出版者还是对读者都是非常明智的选择。2016年3月26日，英国《独立报》宣布纸质版停刊，并在第一时间推出“The Independent Daily Edition”APP。至此，有着30多年历史的《独立报》完全脱去了“纸媒”外衣，实现了数字化转型。《独立报》的数字化转型，可以说是时代发展的必然选择。据调查显示，与传统纸质版的效益萎缩相比，《独立报》网络版仅用三年时间便扭转了亏损局面，并成为英国最具市场潜力的新闻报纸网站。

（5）使用便捷

电子报纸利用现代计算机技术、用数据库、超文本或超媒体的形式存储信息，读者利用电子设备即可进行阅读，阅读过程中通过信息检索功能，输入关键词，就能方便快速地找到想要的新闻内容，大大提高了阅读的便捷性；电子报纸还提供打印、复制和下载等功能；另外，存储技术的发展使电子报纸的保存内容和保存时间增多，使过期电子报纸的存储和获取也变得较容易。

（6）双向交互性强

互动式的阅读体验作为电子报纸的一大亮点，读者在浏览报纸内容的同时，可以借助E-mail、论坛、微博、博客等方式，随时随地的就其中某一自己感兴趣的新闻事件发表看法，读者与读者之间也可通过电子报纸的平台对新闻事件及各自观点进行讨论、评价等，从而实现了读者彼此之间的互动；此外，电子报纸还提供了读者与报社记者、报社主编相互沟通的平台，可以借助网络调查的方式第一时间了解读者的需求、感受、体会，从而实现读者与新闻传播者之间的双向互动。

（7）多媒体功能丰富

相比传统报纸呈现出的静态单一性，电子报纸具有全新的多媒体功能特性。电子报纸的形态不再拘于文字和静态的图片，它融合了多媒体技术，内容表现形式多样，可以方便地插入视频、音频或动画等，极大丰富了报纸内容的可读性和表现力，使读者能在立体化的时空里，更加完美地感受到视听结合的阅读效果。

3. 电子报纸类型

（1）按照电子报纸的主题内容划分

电子报纸按照主题内容分类，可以分为综合性电子报纸和专业性电子报纸。

① 综合性电子报纸

综合性电子报纸的读者群体广泛，其内容并不偏重于某一行业或针对某一阶层。电子报纸内容多为普通大众所感兴趣的社会多方面新闻热点事件以及对热点事件的点评等。如我国的《人民日报》《文汇报》《光明日报》等，美国的《纽约时报》，英国的《泰晤士报》《卫报》等。

② 专业性报纸。

专业性电子报纸多以某一特定行业或阶层的读者群体为发行对象，其报纸内容多为某一特定类别的新闻以及新闻评论，如科学类、经济类、计算机类、娱乐类、文学类等。典型的专业性电子报纸有我国的《经济日报》《中国健康报》《中国商业报》《中国证券报》《电脑报》，美国的《每日科学》，英国的《金融时报》等。

（2）按载体形态划分

① 网络版电子报纸

网络版是电子报纸的早期版式形态，在互联网上基本以还原其纸质报纸印刷版版面内容为主。

目前，网络版的电子报纸已经不常见了，在我国仅有一些地方区域性报纸、行业类报纸，如江西的《新法制报》《信息日报》、天津的《风采报》等，仍以网络版形态呈现。

② 以光盘或硬盘等载体存储和发行的报纸

这类载体的报纸数据库多以某种报纸的回溯数据为主，如《人民日报》光盘数据库就包括《人民日报》自1946年创刊以来的全部数据。

③ 便携式电子报纸

便携式电子报纸是融合报纸、计算机和网络的特点，将一个微型电脑嵌在报纸的夹板内。1999年IBM公司开发出世界上第一份基于“电子墨”技术的电子报纸模型。我国首份便携式电子报《宁波播报》于2006年10月问世。电子阅读器虽小，却可以容纳50份对开大报的文章与数据。

④ 网站版

比起先前简单的网络版，网站版的电子报纸在内容上不仅包含了其印刷版的部分，更扩展、整合了海量的新闻内容以及提供了多种多样的信息服务功能。

网站版的电子报纸中更不乏一些大型的综合性信息服务网站。这些大型网站是由众多传统报业集团通过联合，一起创立的。他们紧随时代的发展，改变以往独立发行的方式，整合旗下所有的子报刊，以新闻报道的权威性、及时性、多样性和评论性为特色，在读者中树立起权威性的大众新闻网站形象。

目前，这种“报网合一”的模式，在国内外主流电子报纸中都有体现，比较典型的有我国的“人民网”“中国日报网”等，美国的《纽约时报》网站、《华盛顿邮报》网站、《今日美国》网站、法国的《回声报》网站等，德国《法兰克福汇报》网站、《时代报》网站、《莱茵邮报》网站等。

⑤ 手机报

手机报（mobile newspaper），就是将传统报纸信息经过整合编辑后变成适合在手机上观看的新闻，发送到用户的手机上，供用户浏览近期发生的新闻。

（二）代表性电子报纸

1. 报纸全文数据库

（1）世界各国报纸全文库（NewsBank）

① 数据库介绍

《世界各国报纸全文库》[①] 是美国NewsBank公司最具代表性的数据库之一，目前收录7000多种来自世界各地的主要报纸，内容全面，涉及政府、政治、国际关系、商业、财经、法律、环境、能源、科技、文化、人口、社会、教育、体育、艺术、健康等，所收录资源涵盖的各个领域，适合各专业广泛使用。

其特点如下：

• 全球最大的报纸数据库，并配合主要通讯社等新闻来源，资源更为丰富；

• 拥有《金融时报》《经济学家》《泰晤士报》等众多著名大报；

• 免费赠送100家左右全球主要电视台视频节目；

• 时效性强，每天更新，可以看到当天大部分报纸；

• 回溯内容丰富，最早可到1970年；

• 多语种，以英语为主，包括西班牙语、法语、德语、意大利语、葡萄牙语，提供英语和西班牙语检索界面；

• 许多非英语报纸提供英语版，使多数读者有机会阅读全球报纸，读者群更为广泛，数据库利用率更高；

• 功能强大，提供多种检索方式组合，可任选全库，部分国家地区，单份或多份报纸检索；可以进行全文检索并显示关键词。检索结果数量无上限且相关度高；

• 永久网址：每份报纸与每篇文章均有固定网址，可收藏后直接使用；

• 可以复制检索结果中的文本，提供打印，保存检索结果，检索历史，将检索结果

① https://www.newsbank.com/

批量发至指定邮箱等功能；

• 具有浏览报纸功能。可以浏览数据库内所有报纸，部分报纸提供原报版面格式；

• 100% 全文（除《华尔街日报》）。

② 美国历史报纸数据库

美国历史报纸数据库（America's Historical Newspapers）由美国 Newsbank 公司出版，收录了美国50个州1690—1980年间的2000多种报纸。内容涉及17—20世纪美国的新闻、政治科学以及历史等，是对《美国早期印刷品》的补充，它所收集的早期报纸见于布里格姆（Brigham）的《美国报纸史及书目：1690—1820》（History and Bibliography of American Newspapers，1690—1820）之中，其核心部分是收藏于美国古文物家协会，并已拍摄成胶卷的 Isaiah Thomas 殖民地时期的报纸收藏。其他报纸则收藏于全美许多机构，如波士顿图书馆、康州历史学会、费城图书馆公司、国会图书馆、布朗大学和哈佛大学，以及许多私人手中。数据库包括7个系列。适用于支持美国研究、新闻、政治科学与17—20世纪历史研究的学术图书馆与有关领域的学者。

③ 系统功能

• 检索报纸：默认状态下对全库报纸进行检索，可以按地区（Locations）、资源类型（Source Types）或字母顺序（Source List）查看报纸列表并选择所需的报纸进行检索。

• 浏览报纸：点击报纸名称进入单份报纸界面，即可浏览单份报纸。

• 收看视频节目：点击"Source Type"后点击"Video"，即可以按个人喜好收看不同电视台视频节目。

（2）Gale 数据库平台的报纸数据库

Cengage Gale 集团是国际著名出版机构，在出版文学及传记工具书以及机构名录方面颇具权威性。Gale 平台[①] 上的数据库收录很多原始档案一次文献，为用户呈现跨越了全球500年历史的1.7亿页珍稀原始资源文献，收录了来自大英图书馆、美国国会图书馆、苏格兰国家图书馆、爱尔兰国家图书馆、美国国家档案馆、英国国家档案馆、哈佛大学、耶鲁大学、牛津大学、剑桥大学、哥伦比亚大学、约克大学图书馆等全球领先图书馆的海量图书、报纸和期刊以及地图、图片和照片等多媒体资源。

Gale 平台上的海量原始档案资源可以通过 Gale Primary Sources 的平台进行跨库全文检索，该平台还提供了先进的文本分析和数据可视化工具，帮助用户以全新的方式和途径分析信息。高质量的元数据可供研究人员进行数据和文本挖掘，通过计算机分析识别实体、关系及行为，在不同的数据类型之间得出新的结论，开展数字人文的研究。

---

① https://www.gale.com/uk/primary-sources

Gale平台上的数据库涉及丰富的学科主题，包括经济、历史、社会、国际关系、文学、地理、政治、法律等，收录从15世纪至今各重要历史时期的文献资料。

其中的报纸数据库如下：

① 17th and 18th Century Burney Collection Newspapers（17和18世纪伯尼典藏报纸）

该数据库典藏原始资料由查尔斯伯尼收集，含有200多年的记录、说明和观点，700多种限量报纸。内容包括英格兰、爱尔兰和苏格兰的报纸以及大量来自英国在美洲和亚洲的殖民地的报纸，涉及36个城市的政治、教育和经济形式，包含当时的1200多种小册子、宣言、新闻书籍和报纸。1818年原始收藏被大英博物馆获取后，大英图书馆对集成本做了修订，增加了评论条目，并增加新的文献，同时在该收藏中还添加了对16世纪20年代最初公认的报纸格式的观点。

② The Times Digital Archive（泰晤士报数字化档案）

《泰晤士报》是研究英国历史的重要参考资料，也是研究过去两个世纪世界历史和中国历史的重要资料。Gale出版公司制作的英国《泰晤士报》全文数据库（The Times Digital Archive），收录1785年至1985年间发行的每一份报纸原稿，包括140多万页，涵盖近1000多万篇文章，报纸中的头版、社论、各种出生和死亡通知、广告和分类广告无一遗漏，看到的是200年来不同层面的发展，呈现了1785年至1985年间当时的政经文化和社会百态；用户可以全文检索、依时间浏览、简单的操作和丰富的内容，轻易的获取世界历史资源。可以检索全部页面的每一个事件、每一个标题、文章和图片。

③ British Library Newspapers（大英图书馆报纸）

大英图书馆报纸共分为五部分：第一部分1800—1900年；第二部分1800—1900年；第三部分1741—1950年；第四部分1732—1950年；第五部分1746—1950年。

（3）俄罗斯中央报纸库（East View-Russian Central Newpapers）

俄罗斯大全俄语数据库—俄罗斯中央与地方报纸库[①]具体内容见表3–8。

表3–8　俄罗斯中央与地方报纸数据库内容

名称	内容
中央报纸	收录俄罗斯65种具影响力的中央报纸，333万篇文章，每天更新并可看到当天的报纸全文，包括《莫斯科时报》《莫斯科新闻》等，并提供1980年以来的过刊。
地方报纸	包括俄罗斯所有七个联邦行政区108份报纸的206万篇文章。所选取的报纸发行量都很大并且具有权威性。
乌克兰出版物	全球唯一提供乌克兰报纸、期刊与参考书目的数据库，包括37种报刊共36万篇文章。
独联体与波罗的海报纸	收录了独联体所有国家权威的俄语与英语报纸，计32种报纸90万篇文章。

① https://dlib.eastview.com/

续表

名称	内容
俄罗斯/独联体有线新闻	通过俄语与英语向读者提供近于实时的信息，展示了俄罗斯与独联体国家的每日发展状况。共10种来源78万篇文章。
Current Digest（最新文摘）	创刊于1949年的英语周刊，是苏维埃/俄罗斯领域研究的重要出版物。该刊每周精选俄语报纸的主要文章并翻译成英语出版，内容涉及俄罗斯经济、政治与政治改革、公共健康、私有化、外国政策/国际事务以及其他社会文化与立法事件等。目前已有1万多篇文章。

该数据库还提供1912—2012年间所有刊发的《真理报》，为报纸原版面的扫描影像PDF文件，包含图片等所有图像内容，读者可从页面直接输出影像。《真理报》创办于1912年，是俄罗斯影响力最大的报纸之一，以其显著的政治色彩而闻名世界。见图3–62。

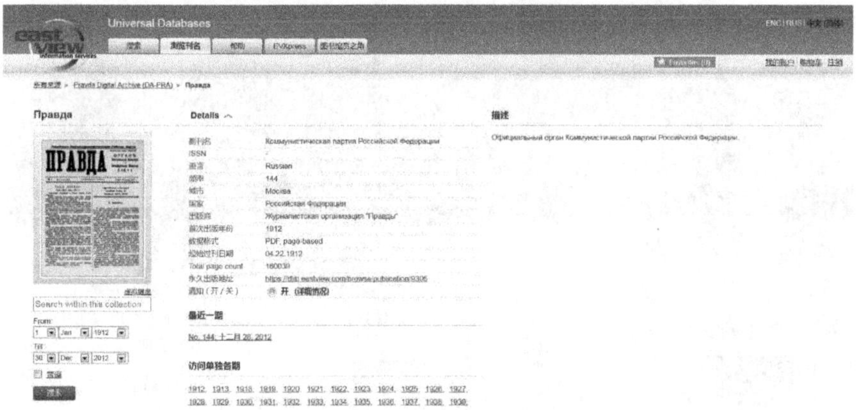

图3–62 《真理报》浏览界面

（4）PressDisplay 报纸数据库

Swets公司推出的PressDisplay在线报纸数据库①收录了来自全世界97个国家2200多种世界各国的报纸，如:《华尔街日报》（*The Wall Street Journal*）、《华盛顿邮报》（*The Washington Post*）、《中国日报》（*China Daily*）、《远东经济评论》（*Far Eastern Economic Review*）、《今日美国》（*USA Today*）、《卫报》（*The Guardian*）、《观察家报》（*The Observer*）、《每日快讯》（*Daily Express*）、《每日电讯》（*The Daily Telegraph*）、《每日镜报》（*Daily Mirror*）等。语种包括英语、俄语、德语、日语、韩语、阿拉伯语、西班牙语、法语、波兰语、葡萄牙语等。

① http://www.pressdisplay.com/

该数据库保持印本报纸的原始版面，每日更新，可以看到当天的报纸，具备8种标准语音的播放功能，读者可按照国家、语言、报纸名称浏览，提供全文检索，对于在报纸名称前有播放标记的，可提供11种语言的翻译，并具有标准语音播放功能，可方便读者学习外语。

（5）Japan Chronicle Weekly（日本编年史周报）

英文版的“日本编年史周报（1919—1940）”[①] 来源于伦敦大学亚非学院与大英图书馆，共有约75000页，记录了日本现代化的发展，以及日本在经过战争、政治社会动荡和东亚的社会改革巨变后在20世纪上半叶登上世界舞台的历史过程。编年史周报的总部设在神户，它见证了这一港口城市的巨变；编年史周报由这一通商口岸的代表性人物进行编辑，它为日本、东亚移民群体和东亚的历史发展研究提供了独特视角。东亚的历史学家一直将“日本编年史周报”看作极具价值的电子资源。这一周报内容丰富，为日本和东亚研究提供了可读性资源与独特视角，同时它也是对北华捷报中的日本内容做了生动补充。

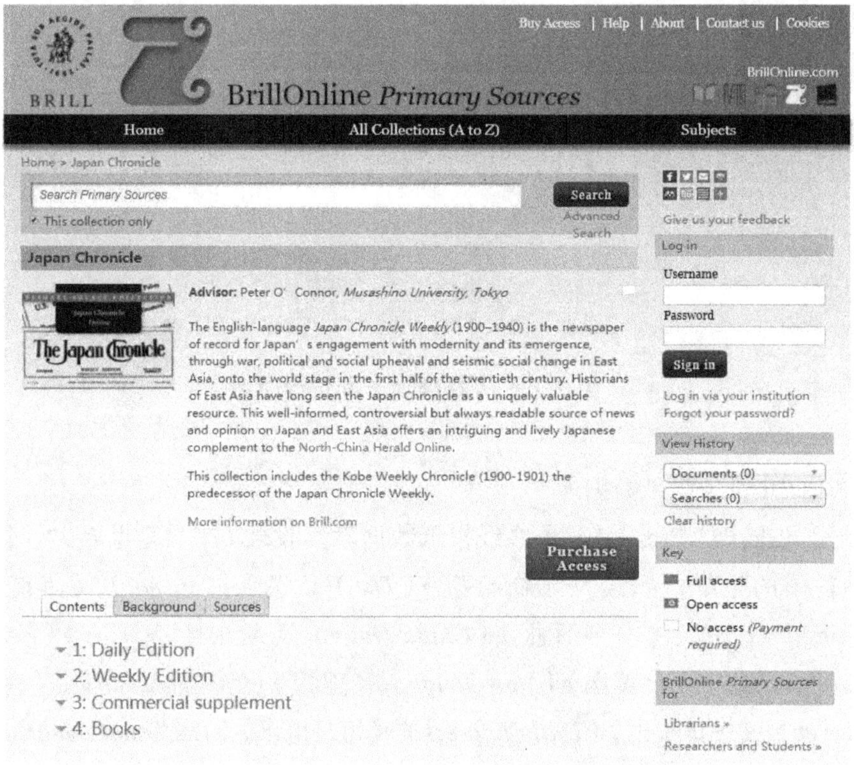

图3-63　日本编年史周报界面

① http://primarysources.brillonline.com/browse/japan-chronicle

（6）ProQuest平台的报纸数据库

ProQuest平台[①]的报纸数据库主要有"近现代中国英文报纸库"和"华尔街日报"：

① ProQuest历史报纸：近现代中国英文报纸库

该库收录了从1832到1953年间在中国出版的《北华捷报》（*The North-China Herald*）、《密勒氏评论报》（*The China Weekly Review*）等12份英文报纸。这些报纸收录的内容具有非常重要的史料价值，所刊内容从独特的视角对中国近现代史上最为动荡的120年间发生的政治和社会生活动态进行了全面的报道。

② ProQuest Wall Street Journals - East Edition华尔街日报（美国本土版—同步）

《华尔街日报》在美国是权威的商业新闻来源，是美国日发行量最大的报纸。读者通过关注《华尔街日报》上刊登的一些关键性统计报告，就可以迅速准确地把握美国经济的起起落落。

（7）EBSCO报纸数据库

《EBSCO报纸数据库》（Newspaper Source）提供45种美国和国际报纸的全文检索以及389种报纸的选择性全文。还包括部分CBS News、CNN等广播与电视的新闻脚本的全文。此数据库通过EBSCOhost[②]进行每日更新。

（8）LexisNexis报纸数据库

LexisNexis《学术大全数据库》[③]（LexisNexis Academic）收录美国以及国家性的报纸1000余种。报纸覆盖的地区和语言较为广泛，如：美联社（the Associated Press）、法新社（Agence France Press）和新华社等新闻媒体的内容。

（9）中国期刊网重要报纸数据库

中国期刊网重要报纸数据库[④]是收录2000年以来中国国内重要报纸刊载的学术性、资料性文献的连续动态更新的数据库。文献来源为国内公开发行的500多种重要报纸，至2012年10月，累积报纸全文文献1000多万篇。产品分为十大专辑：基础科学、工程科技Ⅰ、工程科技Ⅱ、农业科技、医药卫生科技、哲学与人文科学、社会科学Ⅰ、社会科学Ⅱ、信息科技、经济与管理科学。十专辑下分为168个专题文献数据库和近3600个子栏目。

（10）中华数字书苑之数字报纸

中华数字书苑之数字报纸[⑤]是由方正阿帕比联合全国各大报社开发，以中国报纸资源为主体的数字化全文数据库系统，该数据库集当前现报及历史过报的收录为一体，

---

① https://search.proquest.com/

② http://search.ebscohost.com/

③ http://origin-www.lexisnexis.com/ap/academic/

④ http://www.cnki.net/

⑤ http://www.apabi.cn/

绝大多数的报纸严格按照纸报出版日进行数据更新，保持与纸报同步出版甚至是提前出版，部分重要核心报纸从创刊起进行回溯。

该数据库集文章内容全文检索和在线报纸原版翻阅为一体。目前，已经与300多家报社合作，覆盖了所有的报业集团，在线运营报纸500多种，拥有3000万篇新闻，最早回溯至1949年。除对报纸文章内容进行多途径的全文检索外，还可以实现对报纸中所有图片的独立检索，并可以通过图片直接定位到图片所属的文章和报纸。收录的重要报纸有《人民日报》《环球时报》《新京报》《科技日报》《中华读书报》《体坛周报》《解放军报》《中国航天报》《扬子晚报》《北京日报》等。

2. 独立性报纸

（1）《纽约时报》网络版

《纽约时报》[①]（*The New York Times*）有时简称为“时报”（The Times），创办于1851年，至今已有160年历史，是美国最有影响的大报之一，美国高级报纸、严肃刊物的代表，长期以来拥有良好的公信力和权威性，由于风格古典严肃，它有时也被戏称为“灰色女士”（The Gray Lady）。内容包括全世界政治、经济、教育文化、军事、体育娱乐、科技等方面的最新消息和相关的评论。

首页“Today’s paper”可以查看跟印刷版内容相同的当天报纸，在当天报纸浏览页面提供最近7天报纸的免费阅读（The Times in print from the past 7 days）。

网站对之前的过期报纸提供检索功能，首页的检索输入框是基本检索，输入关键词可以检索有关信息，可以对报纸的时间范围进行限定，最早到1851年。在基本检索结果页面还提供高级检索链接，高级检索提供限定检索，如：标题、作者等，所有内容都可以免费查看。

（2）《华盛顿邮报》网络版

《华盛顿邮报》[②]（*The Washington Post*）也是美国最有影响的大报之一，和《纽约时报》一起并称为美国新闻类报纸的两大高峰，创办于1877年。

《华盛顿邮报》为注册用户提供免费阅读当天和最近14天内跟印刷版内容相同的报纸，可以按照首页导航条上的类别（如体育、经济等）分别阅读。在过期报纸中，2005年至今的报纸可以免费检索，之前的要付费才能阅读。在EBSCOhost平台上可检索2003年2月至今的全文。

《华盛顿邮报》的检索结果提供分面浏览功能，可按照文章类型、版面类别（如：体育、教育、就业等）、来源、作者、日期等分别浏览检索结果。

---

① 美国版（US edition）为http://www.nytimes.com，全球版（global edition）为http://global.nytimes.com/，两个版本可以切换。

② https://www.washingtonpost.com/

图3–64　华盛顿邮报主页

（3）《泰晤士报》网络版

《泰晤士报》①（*The TIMES*）是英国最有影响的媒体之一，也是世界上最著名的报纸之一，包括国内国际政治新闻、经济报道、评论、专题等。

在首页选择“Papers”可以看到《泰晤士报》当天报纸、回溯报纸以及移动版报纸的链接。该网站于2010年6月开始收费，用户需要每天花费1英镑才能获得浏览权限。检索结果提供分面浏览功能。

《泰晤士报》回溯卷（1785—1985年）由美国Gale公司（Gale Cengage Learning）出版；此外2000年以来的全文可以在EBSCOhost平台上访问。

（4）人民日报图文电子版

由人民日报社新闻信息中心制作的人民日报图文电子版②（1946—2003年），由中央文献出版社正式出版发行，收录了1948年6月15日至2003年12月31日出版的《人民日报》以及《人民日报》的前身晋冀鲁豫《人民日报》1946年5月15日至1948年6月14日的内容，包含了全部的文字、图片和版式信息，计近300万篇文章，20亿汉字和18万个版式及图片。该系统界面操作方便，能够快速进行日期、版次、栏目、作者、任意词等多途径的全文检索、下载和打印，并可进行PDF和文本双平台全文检索和版式浏览。

此外，《中国知网中国重要报纸全文数据库》提供2000年5月2日至今的全文，只有文章，没有版式；《人民日报》官方站点可访问2009年1月1日至今的全文，部分报纸只有前四版内容，提供PDF版；“九星时代读报系统”提供6个月以来的全文，随日

① https://www.thetimes.co.uk/

② http://www.people.com.cn/

期变化逐渐后移，有版式，可以剪报。

（5）《参考消息》《经济日报》和《中华读书报》

《参考消息》《经济日报》和《中华读书报》均是由金报兴图公司制作的全文报纸数据库，包括三大报纸自创办以来的全部内容。关于内容所处时间段：《参考消息》全文库（1957—2003年），《经济日报》全文库（1983—2003年），《中华读书报》全文库（1994—1998年）。金报兴图公司专门制作了一个中文报纸的全文检索和阅读平台——金报兴图全文数据库统一检索平台，可提供多种中文报纸的检索、浏览和原版阅读，支持打印及下载。除了这里提到的三大报纸外，金报兴图公司还制作了《中国妇女报》《农民日报》等报纸。金报兴图全文数据库统一检索平台及其制作的中文报纸通过镜像服务方式向机构发售并通过镜像服务器向最终用户提供服务。

3. 其他电子报纸

除了上面介绍的一些重要报纸之外，网上还有很多可供利用的免费报纸网站，举例如表3–9。

表3–9　免费报纸网站示例

名称	简介
上海图书馆电子报纸导读	http://newspaper.digilib.sh.cn/website/index.asp，提供了489份报纸的链接。
《中国日报》网络版	http://www.chinadaily.com.cn/，国内最权威，最有影响力的英文报纸，报道政治、经济、军事、文化、教育、体育、科技等方面内容。
光明网	http://www.grow.cn/，可以在线阅览《光明日报》《文摘报》《中华读书报》《新京报》等报纸的内容。
中青在线	http://www.chinayouthdaily.com.on/，中国青年报社主办。
《大公报》网络版（Kung Pao Ta）	http://www.takungpao.com，是香港重要的报纸之一，具有百年历史，提供香港、中国大陆以及世界其他地区的政治、财经、体育、教育等各方面的新闻资讯。
《明报》	http://www.mingpaoweekly.com/home.php
《香港商报》	http://www.hkcd.com.hk/

第4章

电子图书检索

一、电子图书概述

（一）电子图书

1. 电子图书的定义

电子图书（Electronic Book，简称 E-book）是继纸质出版物之后出现的一种全新图书类型，它区别于以纸质媒介为载体的书籍，是一种以数字代码方式将图、文、声、像等信息存储在磁、光、电介质上，通过计算机或类似设备进行读取和复制，并通过网络传播的一种电子出版物。

电子图书的出现得益于计算机技术、通信技术和网络技术的飞速发展，是利用计算机高容量的存储介质来储存图书信息的一种新型图书记载形式，数字内容是其核心部分。

2. 电子图书的构成要素

电子图书由内容、阅读软件、阅读器三个要素构成。

（1）内容

电子图书的内容，就是以数字化形式存储、以特定格式制作而成的多媒体文件，能够通过互联网出版发行，实现在线下载及无线接收，并可以在电子图书阅读器上进行阅读和使用。

（2）阅读软件

电子图书阅读软件又称移动阅读客户端软件，是安装在移动硬件设备上的一种识别电子书文件并提供阅读功能的应用软件，具有内容导航、内容搜索、内容阅读、内容管理、用户账号管理、系统管理等功能。

（3）阅读器

电子图书阅读器是阅读电子图书的工具，是一种书状型的、用触摸屏控制的、具有大容量显示和人性化书报阅读界面的专用电子产品或硬件装置，其人机界面同传统图书一样，整页显示，有封面、有插图、有版式，读者可以像阅读传统纸质图书一样在电子图书阅读器的触摸屏上进行翻页、加批注、夹书签、划线、折页，以及查找等操作。

3. 电子图书的特点

同传统书籍一样，电子图书也包含一定的信息量，通过读者的阅读活动实现信息传递；其编排形式与传统书籍格式相同，包括封面、文字、插图等，二者有不少共同之处。

但电子图书是一种新形式的书籍，具有传统书籍所不具备的特点，比如必须通过一定载体读取和显示出来；具备图文声像多种媒体结合的优点；可检索、可复制；发行成本低、价格便宜、性价比更高；有更大的信息含量；发行渠道多样等。具体来说，有以下几个方面。

从发行角度来说，电子图书直接面向读者，发行快速，利于共享和传播。

从展示角度来说，电子图书融合了文字、图像、声音、电影、动画等多媒体形式，阅读更加灵活生动。

从制作角度来说，电子图书信息容量大，制作方便，便于复制，成本低廉。

从使用角度来说，电子图书以数字化形式存储，不占空间，生动直观，检索方便快捷，便于携带，不受时间空间限制。

从保存角度来说，电子图书易于保存，寿命比纸质书更长久，内容可随时更新，但需要考虑载体的更新换代。

4. 电子图书的优劣势

（1）优势

电子图书的优势在于，它改变了图书馆传统工作模式和服务范围，突破了时空及复本量的限制；在最大程度保留纸质书阅读习惯的同时，提供了全文检索、字体缩放、复制粘贴等功能。

（2）劣势

电子图书的劣势在于，不同出版机构出版的电子图书格式不同，导致电子图书的加工、处理、存储、管理、阅读都缺乏统一的标准和规范，阅读器之间相互不兼容给读者造成了极大的不便；知识产权保护方面存在漏洞（电子书在网络上传播、下载、流量均存在知识产权问题，且该问题比传统图书更难处理）；面临网络安全方面的威胁（计算机病毒、黑客攻击会造成系统破坏或无法使用、电子书残缺不全、信息泄露或丢失）；展示形式与传统图书存在差别，改变了读者的阅读习惯，有可能带来不适应感。

（二）电子图书的发展历程

1945年1月，万尼瓦尔·布什在《大西洋月刊》上发表了他的“Memex”设想，期待有一种设备能够使用户存储所有书、记录和通信信息，该设备应具有快速运转能力和灵活性。

1967年1月，安德里斯·凡·丹姆与来自布朗大学的研究团队共同开发了一种能在电脑上存储文本信息并提供检索的系统。

1971年4月，伊利诺伊大学学生迈克尔·哈特启动了古登堡计划（Gutenberg Project）。该计划是一个以自由的和电子化的形式，基于互联网，大量提供版权过期而进入公有领域书籍的一项协作计划，是世界上第一个数字图书馆。这些被数字化的图书便是电子图书的最初形式。

1985年1月，面向苹果Macintosh电脑开发的第一个桌面出版系统Aldus Pagemaker 1.0诞生。

1987年10月，世界上第一部电子书《下午》（*Afternoon*）正式出版。这是作者迈克尔·乔伊斯利用Storyspace软件编写的超文本格式电子书，通过5寸软盘发行。

1990年1月，索尼公司推出Sony Discman设备，能够支持特定电子书格式的音频及文件数据。

1993年，格伦·哈曼创办了世界上第一家数字图书出版公司BiblioBytes公司。

1998年10月，Nuvomedia公司推出了世界上第一款手持式电子阅读器——火箭（The Rocket）阅读器，人们从此可以利用便携设备阅读电子书。

1998年，美国国家标准和技术协会在马里兰州举办了第一届国际电子书研讨会，主要探讨电子书制作的标准及标准化电子出版物格式的规定。一年后，有关电子出版物结构的标准出台。

1999年3月，世界上最大的文献信息服务机构之一OCLC推出了NetLibrary服务，它整合了来自350多家出版机构的5万多册电子图书，为订购的图书馆用户提供在线服务。

2007年11月，全球最大网络书城亚马逊（Amazon）推出电子书阅读器Kindle，用户可以通过阅读器获得Kindle商店的书籍，最新和最流行图书、纽约时报评选的畅销书，在线免费图书和杂志等。

目前，电子书市场竞争异常激烈，不同品牌和功能的阅读器如雨后春笋般出现，各类电子书数据库平台也层出不穷，电子书的格式更是多种多样。

（三）电子图书的类型

按载体材料划分，可以将电子图书分为光盘型电子图书、便携式电子图书和网络电子图书等。

1. **光盘型电子图书**

光盘型电子图书的雏形是购买纸质图书时附赠的光盘。经过发展，纸本载体逐渐被光盘完全取代，很多时尚类图书都将光盘作为其内容载体。光盘型电子书需要使用电脑光驱读取其内容，在显示器上进行阅读，因而不属于独立形式的电子书。

2. **便携式电子图书**

便携式电子图书是存储了图书内容的电子阅读终端，它便于携带、存储量大，具有快速检索、语音阅读、词典查询等功能，能够满足人们随时随地阅读的需求，可以在网络接入的情况下及时下载最新出版的图书，读者还能根据自己的需求打造个人图书馆，因而受到广大喜爱阅读人士的青睐。目前，专业级的便携式电子图书不断出现，亚马逊公司自主研发的Kindle阅读器就是较为著名的一种。从整体阅读占有量看，手机、平板电脑、专业阅读器占据了便携式电子图书的主体。

3. **网络电子图书**

网络形式的电子书是当前电子图书存在最为广泛的形式，读者在网络环境下使用固定终端或移动终端点击阅读，实现了电子书新媒体形式的完全转变，是网络资源共享的一种形式。网络电子图书包括付费的电子图书系统（数字图书馆）、网上书店和提供免费电子图书的网站。

（四）常见的电子图书格式

1. **PC电子书格式**

（1）EXE格式

这种格式的电子书内嵌了阅读软件，无须安装专门的阅读器即可进行阅读，阅读软件对运行环境的要求比较低。目前EXE格式的电子书最为常见，其特点是制作简单、阅读方便，版面优美。

（2）PDF格式

PDF格式是由美国Adobe公司开发的电子文件格式，能够真实反映原文档中的格式、版式、字体和图片，并能够保证文档打印效果不失真。PDF格式的电子书需要通过阅读器Adobe Acrobat Reader或支持PDF阅读功能的其他阅读器来阅读。这种格式的电子读物美观、便于浏览、安全性很高，但不支持CSS、Flash、Java、JavaScript等基于HTML的各种技术，所以只适合浏览静态的电子图书。

（3）EPUB格式

EPUB（Electronic Publication）是完全开放和免费的电子书标准，该格式的电子书内容可以“自动重新编排”，也就是文字内容可以根据阅读设备的特性，以最适于阅读的方式显示。一个 EPUB 就是一个简单 ZIP 格式文件（使用 .epub 扩展名），其中包括按照预先定义的方式排列的文件。

2007 年 9 月，EPUB 格式取代了旧的 Open eBook 电子书标准，成为国际数位出版论坛（IDPF）新的正式标准。目前，以谷歌、苹果为代表的很多公司都以 EPUB 作为数字图书的格式。

（4）MOBI 格式

MOBI 格式与 EPUB 格式几乎一样，只是文件所占体积略大。该格式是亚马逊 Kindle 电子书的专用格式，可以用亚马逊电子设备阅读，也可以通过专门的软件 Mobipocket Reader 使用电脑阅读。

（5）CEB 格式

CEB 格式是由北京方正阿帕比技术有限公司开发的电子文件格式，能够实现电子图书的完全高保真，必须通过阿帕比公司的电子书阅读工具 Apabi Reader 进行阅读。

（6）PDG 格式

PDG 格式是超星公司电子图书和图像存储的专有格式，图像压缩比很高，需要用超星公司的专用阅读器才能阅读。

（7）LIT 格式

LIT 格式是 2000 年 8 月 8 日美国微软公司开发的软件 Microsoft Reader 的一种专有文件格式。这种格式的文件只能使用 Microsoft Reader 来阅读。其最大的优点是阅读风格接近于平时阅读的纸质书，所以使用起来十分亲切，并且支持全屏阅读该文件格式。LIT 格式目前还不支持与 HTML 相关的各种技术，只支持图片使用。

（8）WDL 格式

WDL 格式是北京华康信息技术有限公司开发研制的一种电子读物文件格式。其特点是较好地保留了原来的版面设计，既能够在线阅读也可以将电子读物下载到本地阅读，但是需要使用该公司专门的阅读器 DynaDoc Free Reader，该阅读器可以从该公司的网站免费下载。目前国内很多大型出版物都采用了 WDL 格式。

2. 手机电子书格式

（1）TXT 格式

TXT 格式是微软在操作系统上附带的一种文本格式，也是最常见的一种文件格式。手机普遍支持 TXT 格式的电子书，该格式的电子书容量大，所占空间小，不需要专门的阅读软件支持，使用方便。但 TXT 格式只有纯粹的文字，无法显示图片。

（2）UMD 格式

UMD（Universal Mobile Document）格式是目前流行最广，被用户普遍接受的格式。与其他电子书格式相比，UMD 格式是唯一一个专为手机设计的文档存储格式，同时支持纯文本、图片、图文混排。

很多网站、论坛为满足用户对手机电子书的需求，都自发制作 UMD 格式的电子书给用户分享。绝大部分手机读书软件也支持 UMD 格式的电子书阅读。

（3）JAR 格式

JAR（Java Archive）格式属于 Java 归档文件，以流行的 ZIP 文件格式为基础。与 ZIP 文件不同的是，JAR 文件不仅能够用于压缩和发布，还可以用于部署和封装库、组件和插件程序，并可以被编译器和 JVM 这样的工具直接使用。JAR 格式使用范围广泛，但也存在不少缺点，无法适配所有的手机机型。

（4）BRM 格式

BRM（Byread Media）是百阅（byread）客户端兼容的一种格式，该格式的电子书需要在手机上安装百阅视听浏览软件才能够浏览。BRM 格式可以和 TXT、UMD、JAR 等格式相互转化。

3. 其他格式

电子图书的其他格式还有：

SEP 格式——书生公司特有的“数字纸张”格式，只能进行浏览、打印等操作，不能随意编辑和修改。

GD 格式——该格式下的文件是一种电子公文文件，可以通过书生阅读器打开和浏览。

VIP 格式——重庆维普科技公司系列数据库的通用文件格式，需要使用维普全文浏览器才能够阅读。

（五）电子图书的获取途径

概括而言，用户获取电子图书的主要途径有五种，其特点和实例如表 4–1 所示。

表 4–1　电子图书的主要获取途径

获取途径	特点	实例
电子图书数据库（包括专业的图书数据库和出版社的专业数据库）	学术性强、可靠性高、质量有保证；更新及时；主要由各类图书馆、科研情报机构购买，机构付费、个人免费；阅读地点和下载数量受到一定限制。个人也可以付费购买商业数据库中的图书。	超星数字图书馆 书生之家 方正阿帕比电子图书 Springer Link 电子图书 JSTOR 电子图书
专业的开放资源	依托科研机构、高校或国际合作建立；内容丰富、平台较为成熟、有专业团队维护；解决了相关版权问题。	CADAL 中美百万册数字图书馆、中国哲学电子化计划、美国数字公共图书馆、Bartleby.com、eBooks @ Adelaide 等
搜索引擎	对海量数据采取一站式搜索，筛选工作量大，难以及时定位到所需图书；即便找到所需图书链接，可能也无法获得全文。	读秀图书搜索 谷歌图书搜索

续表

获取途径	特点	实例
网上图书商城	个人付费购买，安装客户端（阅读器）即可阅读，需要耗费金钱成本；相对来说书籍质量较高。	亚马逊、京东、当当等电商的图书品类下都含有电子书。Kindle商店专门出售电子书。
网络免费资源	资料繁杂而且专业资料有限；一些论坛下载电子书需注册账户、采取积分制（积分达到一定限额才能下载资料）。	百度文库、爱问共享资料、豆丁网、E书联盟、小木虫、DailyLit、Wikibooks、Free Book Spot、Free-eBooks等

二、常用中文电子图书数据库

（一）超星数字图书馆

1. 数据库介绍

（1）超星数字图书馆概况

超星数字图书馆[①]是国家“863”计划中国数字图书馆示范工程项目，创立于1993年，2000年1月正式在互联网开通。超星数字图书馆拥有丰富的电子图书资源，涵盖哲学、宗教、社科总论、经典理论、民族学、经济学、自然科学总论、计算机等各个学科门类，每天不断增加与更新，是国内专业的数字图书馆解决方案提供商和数字图书资源提供商，为目前世界最大的中文在线数字图书馆，其首页如图4-1所示。

书库内含图书资源数百万种，涵盖中图法22大分类，数字化加工中心20多个，年加工能力超过30万种，并拥有大量珍本善本、民国图书等稀缺文献资源。

图4-1　超星数字图书馆首页

① http://book.chaoxing.com/

（2）汇雅电子书

超星汇雅电子图书数据库[①]是由北京世纪超星信息技术有限公司推出的新一代电子图书数据库的管理和使用服务平台，存储了大量PDG格式及纯文本格式电子书，专业完善的系统功能是其优势所在。它包含22大类适合于高校用户的、最新出版的高清精品书籍；同时支持PC和其他移动终端使用，移动终端通过下载超星移动图书馆APP即可实现校外阅读；同时支持互联网内容云同步及共享评论、标注；并兼容原有超星电子书平台，能够与图书馆超星发现、超星移动图书馆系统无缝对接。其首页如图4–2所示。

图4–2　超星汇雅电子图书数据库首页

2. 系统功能

以汇雅电子图书数据库为例，超星数字图书馆的系统功能主要包括浏览、检索、在线阅读、下载阅读、页面打印、阅读辅助、帮助等。

（1）浏览

该数据库首页左上方有“图书分类”模块，将所有图书按照中国图书馆分类法分为22个大类，每个大类又进一步按照主题细分，以列表形式呈现。政治、法律类图书页面如图4-3所示。确定具体主题后，页面右侧会显示数据库中所有该主题的图书，用

① http://www.sslibrary.com/

户可通过浏览选择需要的图书。

图 4–3　政治、法律类图书的分类

（2）检索

① 简单检索

汇雅电子图书数据库首页上方提供了简单检索框，能够实现对图书书名、作者和全部字段的单项模糊查询，用户可以输入关键词进行检索，如图 4–4 所示。对于目标范围较大的查询来说，这种检索方案较为适合。

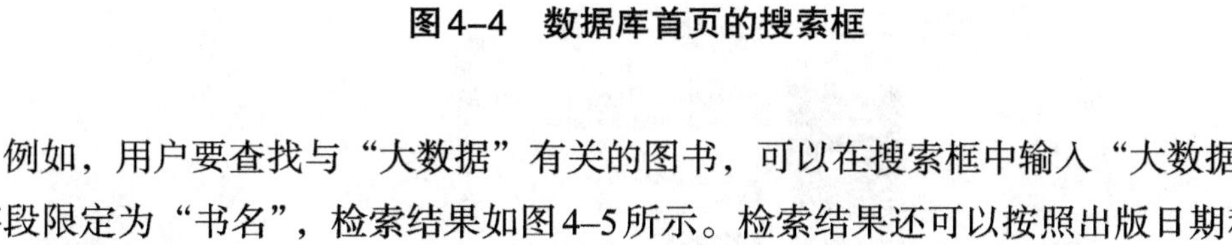

图 4–4　数据库首页的搜索框

例如，用户要查找与“大数据”有关的图书，可以在搜索框中输入“大数据”，检索字段限定为“书名”，检索结果如图 4–5 所示。检索结果还可以按照出版日期和书名进行升降序排列。

图4–5　书名含有“大数据”的图书

② 二次检索

二次检索就是对简单检索得出的结果进行进一步筛选。需要重新输入检索词，并对检索词所在字段（书名、作者或主题词）做出限定。比如对大数据安全方面的内容比较感兴趣，可以在检索界面上方的搜索框中输入“安全”，点击“二次检索”按钮，即得到相关的图书，如图4–6所示。

图4–6　书名含有“大数据”和“安全”的图书

③ 高级检索

高级检索能够同时对书名、作者、主题词、年代、分类、中图分类号等字段进行限定，能帮助用户更加精准地定位到所需的图书，用户还可以按照偏好选择每页显示的搜索结果条数。高级检索框如图4–7所示。

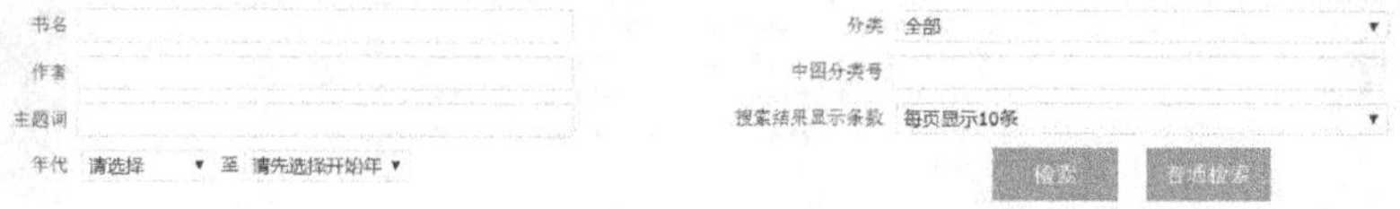

图4–7 数据库的高级检索框

（3）阅读器的下载、安装与使用

超星数字图书馆阅读器（SSReader）是阅读该数据库电子图书必须使用的阅读器。

首先，通过“客户端下载”模块（如图4–8所示）下载超星阅览器手机客户端或电脑客户端。

图4–8 超星阅读器下载界面

其次，安装超星阅读器。超星阅览器安装程序下载完毕后，双击安装程序将进入自动安装向导，按照向导提示的操作即可完成超星阅览器的安装。

① 阅读器的文字识别功能

点击阅读器工具栏上的“ ”按钮，然后用鼠标在所要识别的文字上画框即可，如图4–9所示。

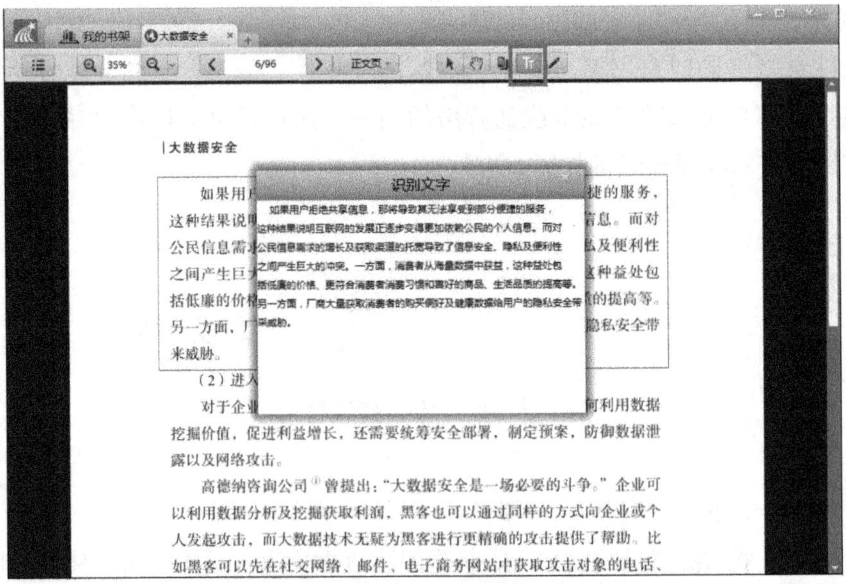
我的书架
大数据安全
35%
6/96
正文页
大数据安全
识别文字
如果用户拒绝共享信息，那将导致其无法享受到部分便捷的服务，
这种结果说明互联网的发展正逐步变得更加依赖公民的个人信息。而对
公民信息需求的增长及获取渠道的托宽导致了信息安全、隐私及便利性
之间产生巨大的冲突。一方面，消费者从海量数据中获益，这种益处包
括低廉的价格、更符合消费者消费习惯和喜好的商品、生活品质的提高等。
另一方面，厂商大量获取消费者的购买偏好及健康数据给用户的隐私安全带
来威胁。
对于企业
挖掘价值，促进利益增长，还需要统筹安全部署，制定预案，防御数据泄
露以及网络攻击。
高德纳咨询公司曾提出："大数据安全是一场必要的斗争。"企业可
以利用数据分析及挖掘获取利润，黑客也可以通过同样的方式向企业或个
人发起攻击，而大数据技术无疑为黑客进行更精确的攻击提供了帮助。比
如黑客可以先在社交网络、邮件、电子商务网站中获取攻击对象的电话、

图4-9　超星阅读器的文字识别功能

② 阅读器的书签功能

对于已经下载的本地图书，阅读器可以为其加书签。

在需要加书签的页面点击右键，弹出菜单，选择"添加书签"即可为当前页面加上书签（如图4-10所示），还能够查看书签。另外，可以取消已经添加的书签。

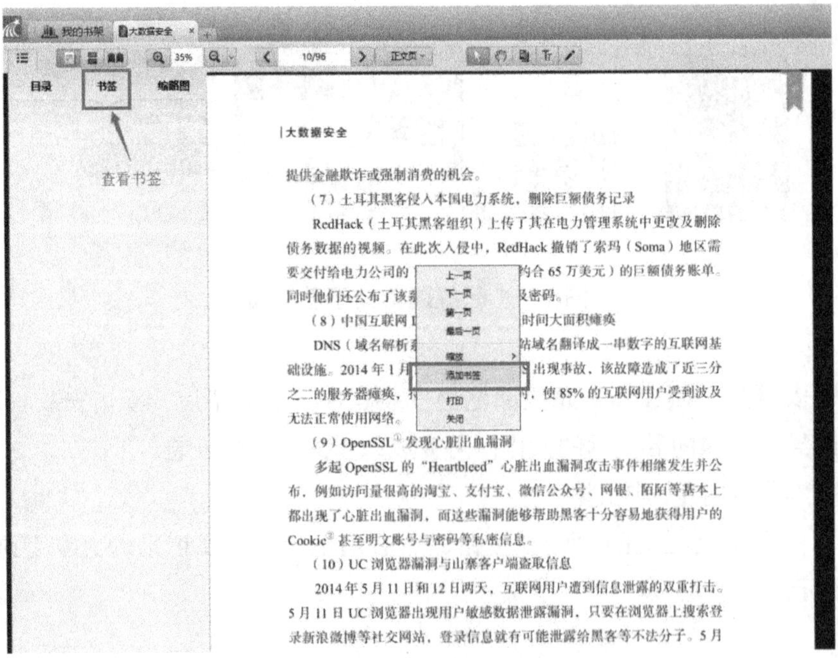
我的书架
大数据安全
35%
10/96
正文页
目录
书签
缩略图
查看书签
大数据安全
提供金融欺诈或强制消费的机会。
（7）土耳其黑客侵入本国电力系统，删除巨额债务记录
RedHack（土耳其黑客组织）上传了其在电力管理系统中更改及删除
债务数据的视频。在此次入侵中，RedHack 撤销了索玛（Soma）地区需
上一页
下一页
第一页
最后一页
缩放
添加书签
打印
关闭
（9）OpenSSL 发现心脏出血漏洞
多起 OpenSSL 的"Heartbleed"心脏出血漏洞攻击事件相继发生并公
布，例如访问量很高的淘宝、支付宝、微信公众号、网银、陌陌等基本上
都出现了心脏出血漏洞，而这些漏洞能够帮助黑客十分容易地获得用户的
Cookie 甚至明文账号与密码等私密信息。
（10）UC 浏览器漏洞与山寨客户端盗取信息
2014年5月11日和12日两天，互联网用户遭到信息泄露的双重打击。
5月11日 UC 浏览器出现用户敏感数据泄露漏洞，只要在浏览器上搜索登
录新浪微博等社交网站，登录信息就有可能泄露给黑客等不法分子。5月

图4-10　超星阅读器的书签功能

③ 阅读器的标注功能

点击阅读器工具栏中的“ ”按钮，会在阅读器左侧弹出标注工具栏，有三种标注方式可供选择——文本标注、图形标注和颜色标注，如图 4–11 所示。在已添加的标注上单击右键，会显示“删除”，点击即可删除标注。

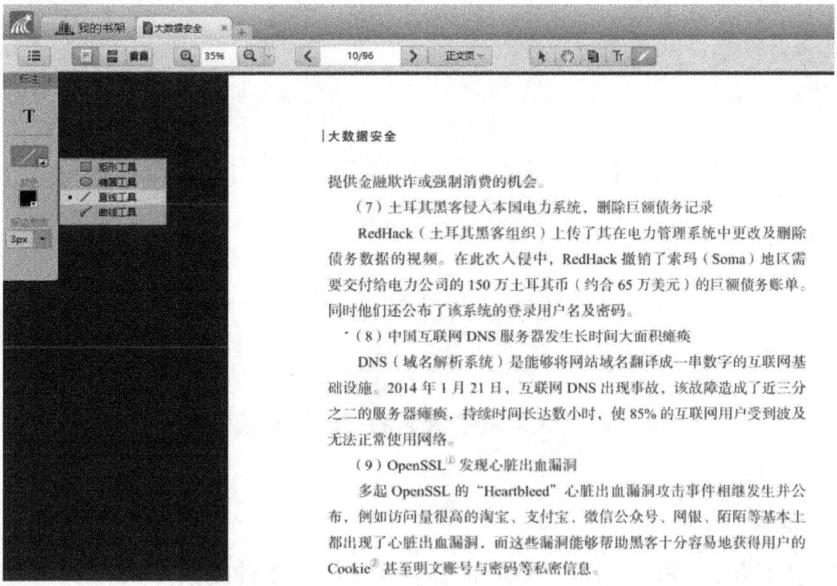
我的书架
大数据安全
35%
10/96
正文页
标注
T
矩形工具
椭圆工具
直线工具
曲线工具
3px
大数据安全
提供金融欺诈或强制消费的机会。
（7）土耳其黑客侵入本国电力系统，删除巨额债务记录
RedHack（土耳其黑客组织）上传了其在电力管理系统中更改及删除债务数据的视频。在此次入侵中，RedHack 撤销了索玛（Soma）地区需要交付给电力公司的 150 万土耳其币（约合 65 万美元）的巨额债务账单。同时他们还公布了该系统的登录用户名及密码。
（8）中国互联网 DNS 服务器发生长时间大面积瘫痪
DNS（域名解析系统）是能够将网站域名翻译成一串数字的互联网基础设施。2014 年 1 月 21 日，互联网 DNS 出现事故，该故障造成了近三分之二的服务器瘫痪，持续时间长达数小时，使 85% 的互联网用户受到波及无法正常使用网络。
（9）OpenSSL[①] 发现心脏出血漏洞
多起 OpenSSL 的“Heartbleed”心脏出血漏洞攻击事件相继发生并公布，例如访问量很高的淘宝、支付宝、微信公众号、网银、陌陌等基本上都出现了心脏出血漏洞，而这些漏洞能够帮助黑客十分容易地获得用户的 Cookie[②] 甚至明文账号与密码等私密信息。

图 4–11　超星阅读器的标注功能

（4）图书阅读与下载

数据库中所有的图书资源都提供超星阅读器阅读、网页阅读、PDF 阅读三种在线阅读方式。

① 超星阅读器阅读

每本图书的书目信息下面有“阅读器阅读”和“PDF 阅读”（或“网页阅读”）两个按钮，已经下载阅读器的用户，可以使用超星阅读器进行阅读。

② 网页阅读

书目信息下方有“网页阅读”按钮的图书可以使用该种阅读方式。以《大数据挖掘》一书为例，点击“网页阅读”按钮，即显示该书的网页格式，如图 4–12 所示。页面上方的工具栏提供了页面跳转、页面缩放、文字摘录、纠错、打印等功能，还可以阅读模式（带目录阅读、双页阅读、全屏连页阅读）。需要注意的是，下载功能需要安装阅读器才能实现。

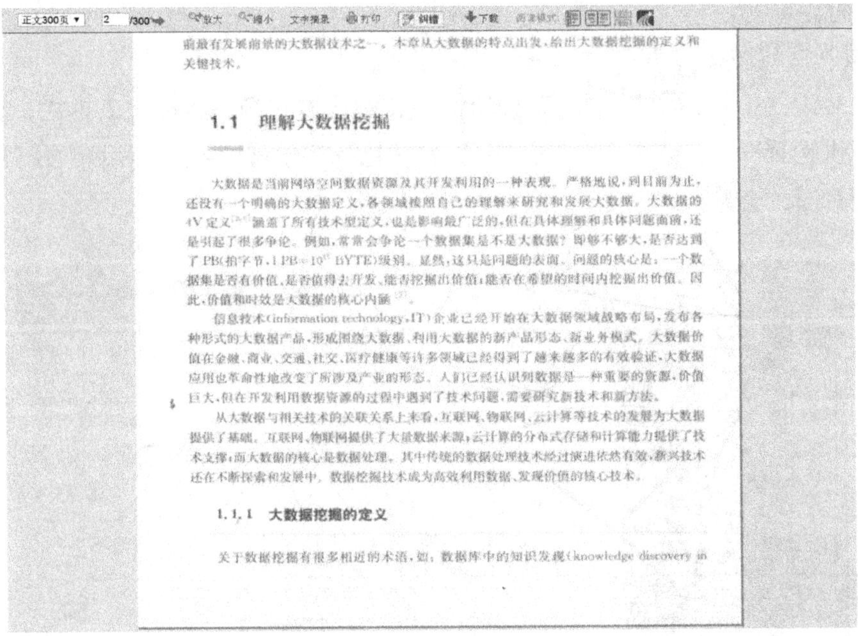

前最有发展前景的大数据技术之一。本章从大数据的特点出发，给出大数据挖掘的定义和关键技术。

1.1 理解大数据挖掘

大数据是当前网络空间数据资源及其开发利用的一种表现。严格地说，到目前为止，还没有一个明确的大数据定义，各领域按照自己的理解来研究和发展大数据。大数据的4V定义[1-4]涵盖了所有技术型定义，也是影响最广泛的，但在具体理解和具体问题面前，还是引起了很多争论。例如，常常会争论一个数据集是不是大数据？即够不够大，是否达到了PB(拍字节，1PB=10^{15} BYTE)级别。显然，这只是问题的表面。问题的核心是：一个数据集是否有价值，是否值得去开发，能否挖掘出价值；能否在希望的时间内挖掘出价值。因此，价值和时效是大数据的核心内涵[5]。

信息技术(information technology，IT)企业已经开始在大数据领域战略布局，发布各种形式的大数据产品，形成围绕大数据、利用大数据的新产品形态、新业务模式。大数据价值在金融、商业、交通、社交、医疗健康等许多领域已经得到了越来越多的有效验证，大数据应用也革命性地改变了所涉及产业的形态。人们已经认识到数据是一种重要的资源，价值巨大，但在开发利用数据资源的过程中遇到了技术问题，需要研究新技术和新方法。

从大数据与相关技术的关联关系上来看，互联网、物联网、云计算等技术的发展为大数据提供了基础。互联网、物联网提供了大量数据来源，云计算的分布式存储和计算能力提供了技术支撑；而大数据的核心是数据处理。其中传统的数据处理技术经过演进依然有效，新兴技术还在不断探索和发展中。数据挖掘技术成为高效利用数据、发现价值的核心技术。

1.1.1 大数据挖掘的定义

关于数据挖掘有很多相近的术语，如：数据库中的知识发现(knowledge discovery in

图4–12 《大数据挖掘》的"网页阅读"页面

③ PDF 阅读

书目信息下方有"PDF 阅读"按钮的图书可以使用该种阅读方式。以《大数据安全》一书为例，点击"PDF 阅读"按钮，即显示该书的PDF格式，如图4–13所示。页面上方的工具栏还提供了自动播放、页面缩放及跳转功能。

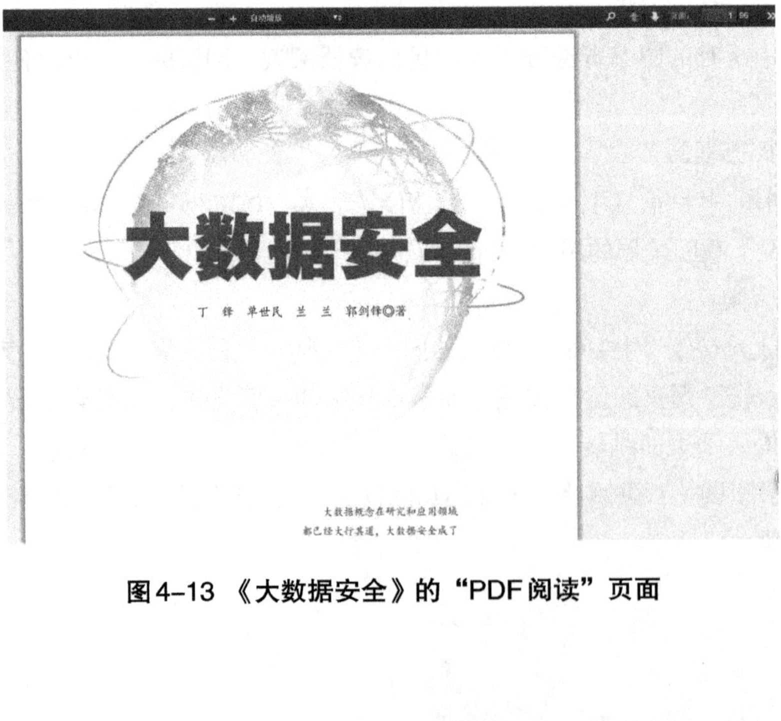

图4–13 《大数据安全》的"PDF阅读"页面

（5）其他相关服务

除电子图书的浏览、阅读、下载之外，数据库还提供了其他相关的服务，包括专题数据库（文史资料、地方志、计算机、院士文库等）、新书推荐、分类推荐等。

（二）读秀学术搜索

1. 数据库介绍

（1）基本情况

读秀学术搜索① 是超星公司开发的一个面向全球的互联网图书资源查询系统，集文献搜索、试读、传递为一体，能够对文献资源及其全文内容进行深度检索并向用户提供文献传递服务。它是由海量全文数据及资料基本信息组成的超大型数据库，为用户提供深入到图书章节和内容的全文检索、部分文献的原文试读，以及高效查找、获取各种类型学术文献资料的一站式检索、周到的参考咨询服务，是一个真正意义上的学术搜索引擎及文献资料服务平台。

此外，读秀学术搜索还将检索系统与机构馆藏资源库对接，为机构用户提供本机构图书馆印刷本图书、电子版图书的馆藏书目信息和超星电子图书的链接。其首页如图 4–14 所示。

图 4–14　读秀学术搜索首页

① http://www.duxiu.com/

（2）主要内容

目前，读秀学术搜索平台收录了540多万种中文图书的题录信息，可以进行300万种中文图书的文献传递，全文资料超过16亿页，并且每年以十几万种新书的速度增加，实现了馆藏纸本图书、电子图书、学术文章等各种异构资源在同一平台的检索。

2. 系统功能

这一部分以图书资源为例，介绍读秀学术搜索的功能。

（1）文献导航及浏览

读秀学术搜索平台将所有图书按照中国图书馆分类法进行分类，平台首页的搜索框右侧有“高级搜索”和“分类导航”两个按钮，点击“分类导航”按钮可以进入分类导航界面。读者可以根据信息需求或学术兴趣浏览逐级列表以及相关类目下的图书资源。

以“国际关系、外交”类图书为例，点击检索框右侧的“分类导航”按钮，进入下图界面。界面左侧分类导航栏显示出23个大类，右侧显示出各个大类下属的次级类目，如图4–15所示。

图4–15　读秀分类导航界面

点击“外交、国际关系”类目，即可看到该类目下的所有图书资源，如图4–16所示。

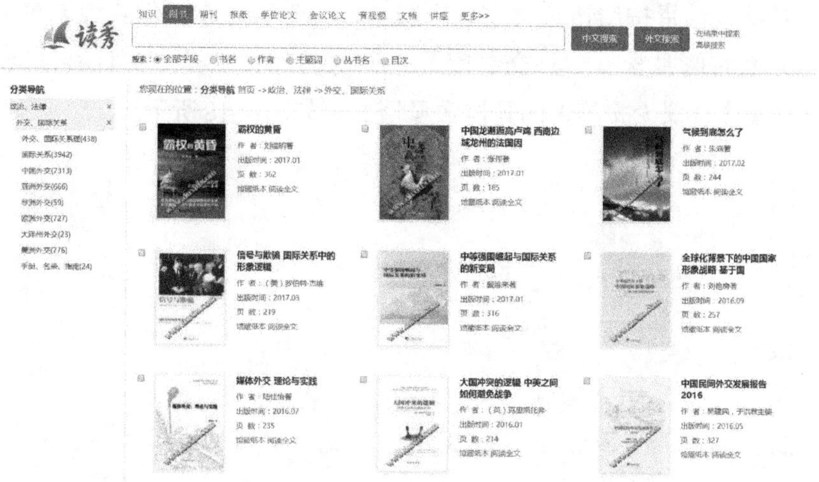

图 4–16　“外交、国际关系”类的所有图书资源

（2）文献检索及阅读

① 基本检索

基本检索即在平台首页的搜索框内输入检索词，并对检索词所在字段进行限定（如书名、作者、主题词、丛书名、目次等），点击检索框下方的检索按钮就可以得到检索结果。如果想获取外文资源，点击“外文搜索”即可，如图 4–17 所示。

图 4–17　读秀基本检索界面

在检索框中输入检索词，以“外交制度”为例，检索结果如下图所示。可以看出，

界面左侧是对检索结果按照馆藏类型、出版年代、学科分布、作者姓名等类目进行的分析筛选；界面右侧是含有“外交制度”一词的其他文献类型（百科、期刊、报纸、知识、学位论文、会议论文等）的具体数量情况，如图4–18所示。

图4–18　检索结果界面

选取所需图书，点击书名，即可查看图书详情。图书详情页显示了该书的具体信息，提供在线试读功能，平台允许用户浏览指定图书的目录页、版权页、前言页以及正文的前17页。页面右侧揭示了该书的获取途径，比如所在机构馆是否有藏书、网络书店售价、本省市其他图书馆馆藏情况等，如图4–19所示。

图4–19　图书详情界面

点击“包库全文阅读”即可阅读该书，图书正文页基于浏览器浏览，无须下载专用阅读器。阅读界面的工具栏具有页面跳转、放大缩小、打印下载、阅读模式调整、书内搜索等功能，如图4–20所示。

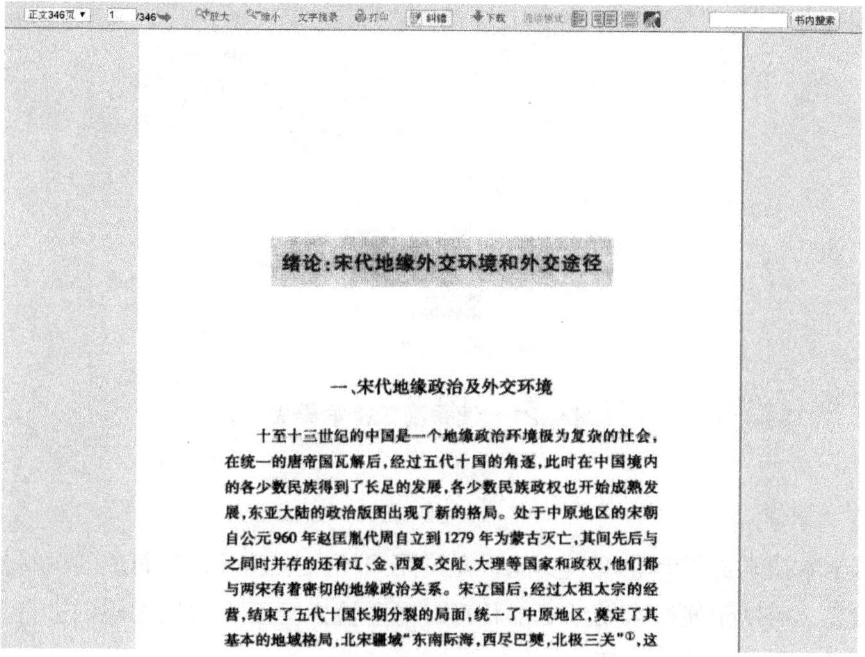

绪论：宋代地缘外交环境和外交途径

一、宋代地缘政治及外交环境

十至十三世纪的中国是一个地缘政治环境极为复杂的社会，在统一的唐帝国瓦解后，经过五代十国的角逐，此时在中国境内的各少数民族得到了长足的发展，各少数民族政权也开始成熟发展，东亚大陆的政治版图出现了新的格局。处于中原地区的宋朝自公元960年赵匡胤代周自立到1279年为蒙古灭亡，其间先后与之同时并存的还有辽、金、西夏、交阯、大理等国家和政权，他们都与两宋有着密切的地缘政治关系。宋立国后，经过太祖太宗的经营，结束了五代十国长期分裂的局面，统一了中原地区，奠定了其基本的地域格局，北宋疆域“东南际海，西尽巴僰，北极三关”①，这

图4–20　图书阅读界面

② 高级检索

在首页检索框中输入图书的任一信息，然后点击“高级搜索”，能够帮助用户更准确地定位到图书。高级检索可以对检索词出现的字段（书名、作者、主题词、出版社、ISBN号、中图分类号、出版年代等）进行具体限制，还能设置搜索结果的显示情况（每页显示10条、15条、30条或50条），如图4–21所示。

图4-21 读秀高级检索界面

③ 专业检索

读秀学术搜索提供专业检索功能，允许用户输入检索词组合而成的逻辑检索式查找所需信息，有助于使检索结果更加精准。专业检索框下方对检索规则进行了具体说明并给出了实例，如图4-22所示。

图4-22 读秀专业检索界面

（3）全文搜索

读秀全文搜索是将所有图书碎片化，以章节为基础重新整合在一起，形成一个海量数据库。在读秀学术搜索中，任何一句话都可以找到出自哪一本书的哪一页。

全文搜索的原理是先定位某个知识，然后通过知识来源找到包含该知识的图书，从而获取图书。检索词在检索结果中会被高亮显示并显示来源和出处。

（4）文献传递

文献传递是读秀学术搜索的一个特色服务，能够为读者提供最多50页的原文内容。如果检索到的图书本馆没有收藏，也没有相应的电子版本，图书书名后面就会出现“文献传递”标志，此时就可以使用文献传递功能。读者先试读部分页，然后根据显示的目录页，选定所需的页数，提交需求信息，原文以电子邮件的方式，发送到读者的信箱中，每次发送的原文可以有20天的有效期，服务并发用户为50个。

与图书馆传统的文献传递服务有所不同，读秀的文献传递是通过机器自动进行的，可以立即获取所需图书，方便快捷。

（5）数据统计

读秀学术搜索拥有成熟的流量统计系统，能够实现阅读量、点击量统计以及分类统计功能，形成饼状图、柱状图、趋势图等图表。

（6）推荐和贡献

图书推荐方面，读秀学术搜索提供了纸本图书、电子图书推荐购买功能，并对图书推荐情况以排行榜形式呈现，以便用户参考。

图书共享方面，读秀学术搜索提供图书书目馆际互知、网上书店购买、帮助联系出版商等功能。

（7）使用帮助

帮助页面分类以分类列表形式将用户使用该平台的活动分为两类——文献搜索和文献获取，其中文献搜索又分为搜索图书、搜索知识、搜索其他文献、搜索技巧四个部分，文献获取分为本馆馆藏纸本、本馆电子全文、文献传递、随书光盘五个部分，如图4-23所示。用户可以根据需要点击具体类目，查看具体的操作流程。

另外，平台提供了多种格式（包括视频、PowerPoint、文档、截图等）的平台使用方法介绍；列出用户使用过程中的常见问题并加以解答。

图4-23　读秀使用帮助界面

（三）方正阿帕比电子图书

1. 数据库介绍

（1）基本情况

2002年12月，北京大学方正集团推出了方正阿帕比（Apabi）数字图书馆，[①] 利用独有的激光排版技术，同出版社合作，得到著作权人和出版社的直接授权，制作电子版图书。该数据库收录了全国四百余家出版社的最新中文电子图书，绝大部分图书为2000年之后出版的。目前各类中文电子图书中，方正阿帕比电子书采用数字版权保护技术（DRM），因而版权问题处理得最好。

① http://apabi.szlib.com/List.asp?lang=gb

图 4–24　方正阿帕比电子书首页

（2）主要内容

目前，方正阿帕比电子书库有220余万册可供阅读的电子图书，2.2亿章节。其中可全文下载的共68.9万，可试读本数183万，支持移动阅读17万（目前正在替换书苑的 CEB 文件，全部完成后有38万本可适用移动阅读）。外文图书5000多种，民国期刊20000多期，中医古籍2000余册，国学要览80000余册。

特色资源包括教参全文数据库、中国中小学学·教精品电子书库、企鹅外文电子书库、《北京周刊—中国英文新闻周刊》50年回溯资源库、《文渊阁四库全书》数据库、《国学要览》古籍库等。

2. 系统功能及使用方法

（1）下载安装阅读器

方正阿帕比电子图书采用的是 CEB 格式，使用“Apabi Reader”阅读器，该阅读器可以阅读 CEB、PDF、HTML、TXT 或 XEB 格式的电子图书和文件，具有阅读、下载和收藏等功能，还可以输入任意知识或单词进行全文检索。

首次使用该数据库的用户，应先确认是否已经安装方正阿帕比阅读器。如没有，在 Apabi 平台首页的“阅读器下载”栏目中下载 Apabi Reader 阅读器，如图 4–25所示。

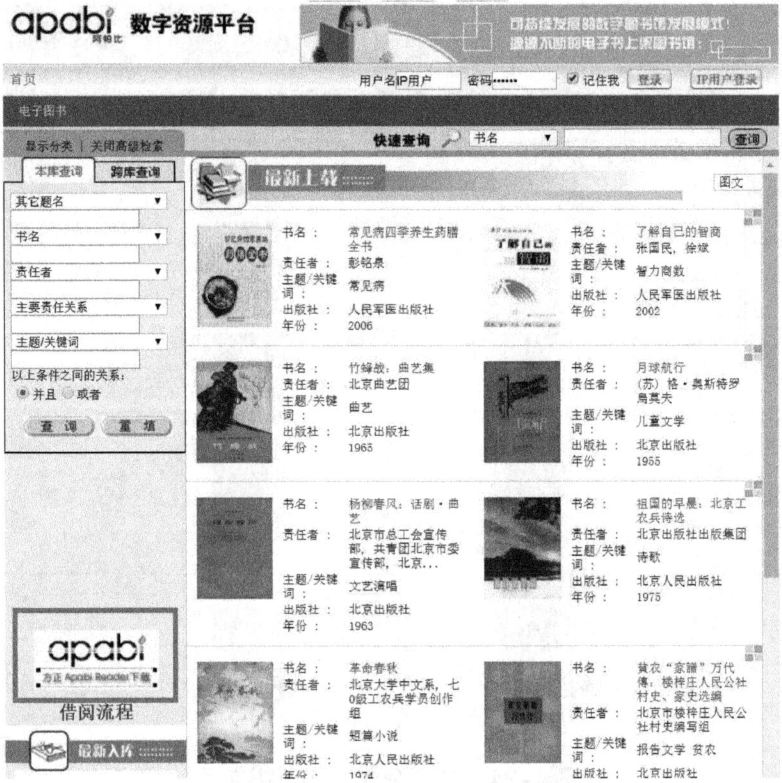

图4–25　阅览器下载栏目

（2）登录

在方正阿帕比数字资源平台首页输入相关用户信息登录；教育网内用户凭“IP 用户”的用户名和默认密码直接登录。

如果是有密码用户，输入管理员分配的用户名和密码，点击“登录”。第一次登录时，在弹出的页面中填写用户信息（显示和必填的信息可在后台管理的“读者管理→首次登录时填写信息设定”中设置）。

如果是无密码用户，点击“匿名登录”。第一次登录时，在弹出的页面中填写用户信息（显示和必填的信息可在后台管理的“读者管理→首次登录时填写信息设定”中设置）。如果其 IP 地址属于无密码用户，会提示登录成功。

（3）浏览

检索界面左上角有显示分类的区域，点击“显示分类”，可以浏览《中国图书馆分类法》的所有类目及每一类的资源数量，如图4–26所示。每个类目还会进一步细分，点击具体的类别名，页面就会显示当前库该分类下的所有资源，显示方式可以选择图文显示或列表显示。

图 4–26　中国图书馆分类法下的“工业技术”类图书

此外，页面左侧部分还有“最新入库”“下载排行”等栏目，点击即可浏览最新入藏的书籍以及下载数量较多的书籍。

（4）检索

① 快速检索

图 4–27　快速检索模块

在电子资源平台主页右上方为默认的快速检索对话框（简单检索），用户可选择书名、责任者、主题/关键词、摘要、出版社、年份、全面检索[①]等字段对检索词进行限定，点击“查询”按钮，即可迅速查到相关的书目，如图4–27所示。检索结果可选择图文或列表两种显示方式。

另外，用户还可以对检索结果进行二次筛选：检索框右侧有“结果中查”按钮，可在已经查询的结果中增加检索框中的条件，进一步筛选。点击“新查询”则表示放弃已有的检索结果，重新开始新的检索。

② 高级检索

点击电子资源平台主页左上方的“高级检索”按钮，进入高级检索页面。高级检索功能允许用户输入较为复杂的检索条件，在一个或多个资源库中进行查找。高级检索对不同检索字段（如责任者、书名、主要责任关系、主题/关键词等）输入相应的检索词，所有检索条件之间用“并且”或“或者”连接。选项设置完毕后，点击“查询”按钮即可获得检索结果，点击“关闭高级检索”可结束检索。需要注意的是，数据库允许使用词组进行检索，但不能识别布尔逻辑运算符。

图4–28 高级检索的本库查询模块

---

① 全面检索是指对书号、责任者、出版者、主题/关键词、书名等字段的全面检索，只要指定的搜索词在这些字段中的任何一个中出现，都符合全面检索的条件，系统将能查出该书。

高级检索分为本库查询和跨库查询。

• 本库查询指的是仅对方正阿帕比电子图书数据库进行检索，如图4-28所示。系统提供的检索字段包括其他题名、书名、责任者、主题/关键词、目录、摘要、出版社、出版日期、年份、中图分类号、ISBN号等；还可以规定各字段检索词之间的逻辑关系（并列关系还是选择关系）。

• 跨库查询指的是检索方正阿帕比数字资源平台的所有资源，如图4–29所示。如果选择跨库查询，需要先选定要查询的库。

图4–29　高级检索的跨库查询模块

（5）图书阅读

阅读方正阿帕比数字图书馆中的图书有两种方式——在线阅读和借阅阅读。

采取在线阅读方式时，连续读书2小时后系统自动离线，重新选择在线阅读之后才能继续阅读该书。

借阅阅读的图书可以随时在本机离线阅读，不受时间限制；每本书的复本只有两册，一次总共可以借阅50本书，借阅周期14天，到期自动归还，也可以提前手动归还。

（6）在线浏览、下载、预约和管理

① 在线浏览，是指用户登入系统后，可以在一定的时间内在线浏览任何一本书（包括已借完的）。点击“在线浏览”按钮，将启动Apabi Reader阅读器下载该资源。但该资源不进入文档管理器，且只有在规定的时间内可以阅读。在线浏览的用户数受授权数的限制。

② 下载，是指用户登入系统后，可以在用户所属用户组的有效借阅期内下载限定

数量的图书，用 Apabi Reader 阅读，该资源进入文档管理器。点击“下载”按钮，将启动 Apabi Reader 下载该资源。资源被下载到本机，下载占用资源复本数。

③ 预约，是指当资源的复本数被借光了，原“下载”按钮将变为“预约”按钮。点击“预约”按钮，即可完成该图书的预约。

④ 管理，是指图书归还和续借、建立个人书架、设置书签等功能。

（7）帮助和支持

方正阿帕比数字图书馆的在线帮助页面对用户借阅流程、系统登录方法、各种检索功能的使用、图书下载等都有详细的说明，并对用户遇到的常见问题进行了解答。

（四）CADAL 中美百万册数字图书馆

1. 数据库介绍

（1）基本情况

2000年12月，中美两国计算机专家共同发起了“中美百万册书数字图书馆合作计划”（China-US Million Book Digital Library Project），[①] 计划用五年时间由中美两国共建达百万册中英文图书的数字图书馆，以提供便捷的全球可访问的全文图书浏览服务。

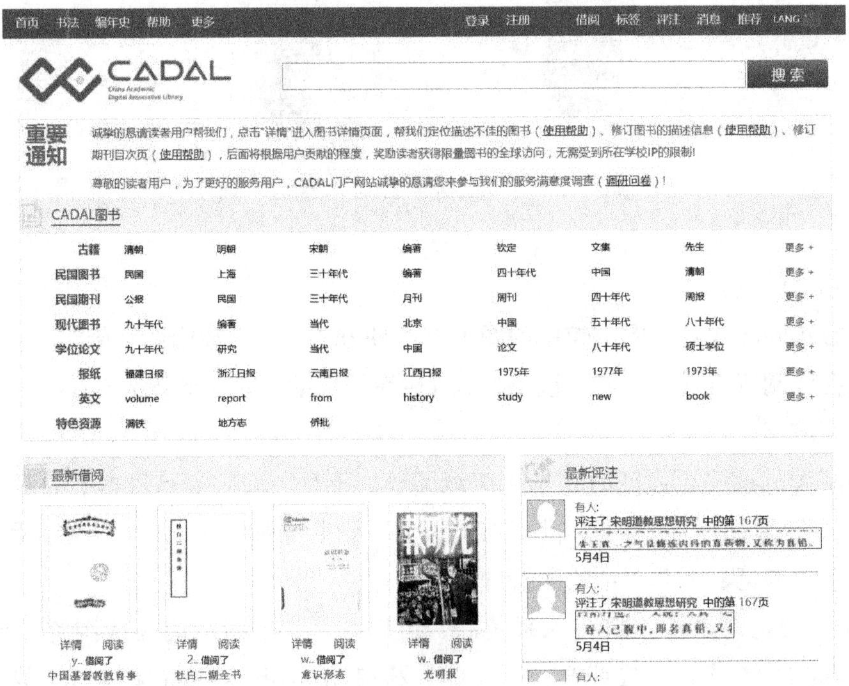

图4-30　CADAL中美百万册数字图书馆首页

① http://www.cadal.zju.edu.cn/index

国家计委、教育部、财政部在2002年9月下发的《关于“十五”期间加强“211工程”项目建设的若干意见》的文件中，将“中英文图书数字化国际合作计划（CADAL）”列入“十五”期间“211工程”公共服务体系建设的重要组成部分。CADAL与“中国高等教育文献保障系统（CALIS）”一起，共同构成中国高等教育数字图书馆的框架。

该平台的文献类别包括古籍、民国图书和期刊、现代图书、学位论文、报纸、特色资源等。

该平台实施借阅模式，读者注册后可以享受借阅历史浏览、书页评注、我的书架、社交网络等个性化服务。

（2）主要内容

CADAL项目一期建设了102.3万册中英文数字资源，主要包括：155910册中文古籍、236594册民国书刊、298869册中文现代图书、178159篇中文学位论文、2786册其他中文资源、151107册英文图书。

项目二期计划建设150万册/件数字资源，主要包括：

• 中文古籍：10万卷（件）
• 民国文献：20万册（期），含民国图书4万册、民国期刊14万期、民国报纸2万期
• 中文图书：30万册
• 中文报纸：5万期
• 外文图书：30万册
• 外文技术报告：10万篇
• 地方文史资料：25万件，含满铁资料10万件、侨批5万件、地方志5万册、少数民族资料5万册
• 图形图像：15万件，含书画、篆刻、动漫、年画、连环画等艺术作品以及标本、切片、手稿等研究素材
• 声像资料：5万件

（3）平台特点

该项目的特点主要可以概括为四个方面。

第一，对中英文图书的数字化，既能有效扭转国内高校和科研机构英文原版图书资源严重不足的状况，又突出高校教学科研的需要并兼顾保存和传承我国优秀传统文化的要求；

第二，采用开放式电子书标准，有别于目前国内电子书大都需要专用阅读器和低显示精度的状况，大大方便读者的阅读，有利于数字资源的长期保存与进一步开发利用；

第三，建成2个数字图书馆技术中心（浙江大学，中国科学院研究生院）和14个数字资源中心（北京大学，清华大学，浙江大学，复旦大学，南京大学，中国科学院研究生院，上海交通大学，西安交通大学，武汉大学，华中科技大学，吉林大学，中山大学，四川大学，北京师范大学），在CERNET上形成强大的分布式数字图书馆系统；

第四，确立完善的技术标准和规范，特别是形成一套成熟的支持TB量级数字对象制作、管理与服务的技术平台，探索多媒体、虚拟现实等技术在数字图书馆中的应用，推动我国数字图书馆技术达到国际领先水平。

2. 系统功能

（1）浏览

① 按资源类型浏览

CADAL的资源分为古籍、民国图书、民国期刊、学位论文、报纸、英文和特色资源八个大类，每个大类还按主题进一步做了细分，用户可选择个人感兴趣的类别进行浏览。此外，首页上方工具栏还列出了三个特色子库——书法字库、编年史子库和中医药子库，点击即可进入相应数据库，如图4–31所示。

图4–31　按资源类型浏览

②按系统推荐内容浏览

平台首页下方的“最新借阅”“最新评注”和“推荐书目”模块显示了被借阅的最新资源、最近被评论的资源以及系统推荐的资源，能够为用户提供相应的推荐功能，如图4–32所示。

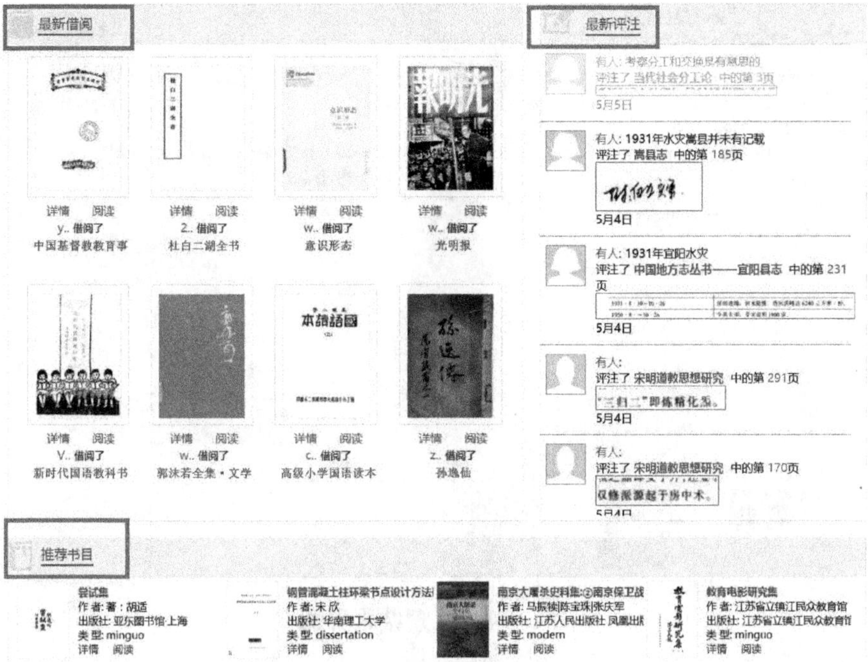

图 4–32　按系统推荐内容浏览

（2）检索

目前，CADAL 平台仅提供了简单检索功能，用户在平台首页上方的检索框中输入检索词，点击“搜索”按钮即可看到检索结果，如图 4–33 所示。

图 4–33　简单检索功能

例如，要搜索与外交有关的内容，获得的检索结果页面如图 4-34 所示。用户还可根据资源类别、主题标签和出版社对检索结果进行筛选。

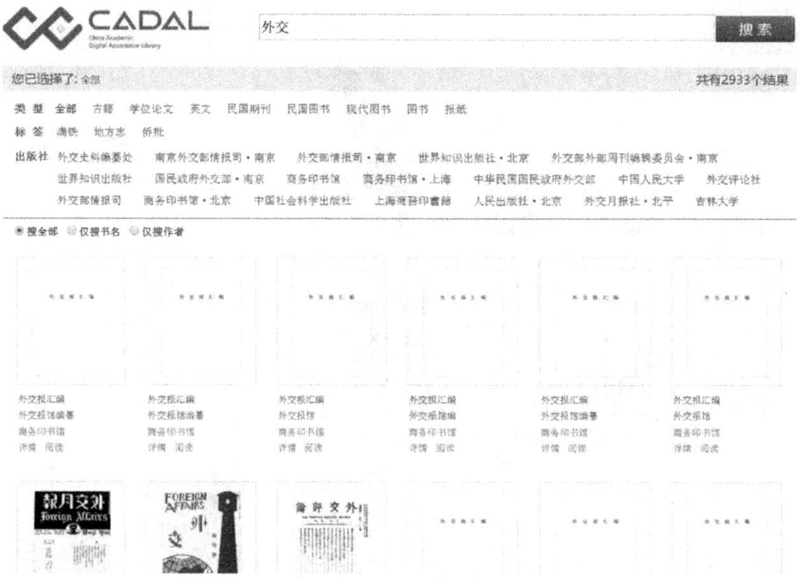

图4–34　检索结果界面

（3）借阅

需要注意的是，CADAL 项目资源基于校园网服务，CADAL 系统会根据参建单位提供的 IP 地址范围进行控制用户的借阅权限。

在进行图书借阅之前，首先要注册账户。点击首页工具栏的“注册”模块即可进入注册模块，如图4–35所示。填写信息（带有“*”的为必填项）之后点击“注册”按钮，就完成了注册工作。

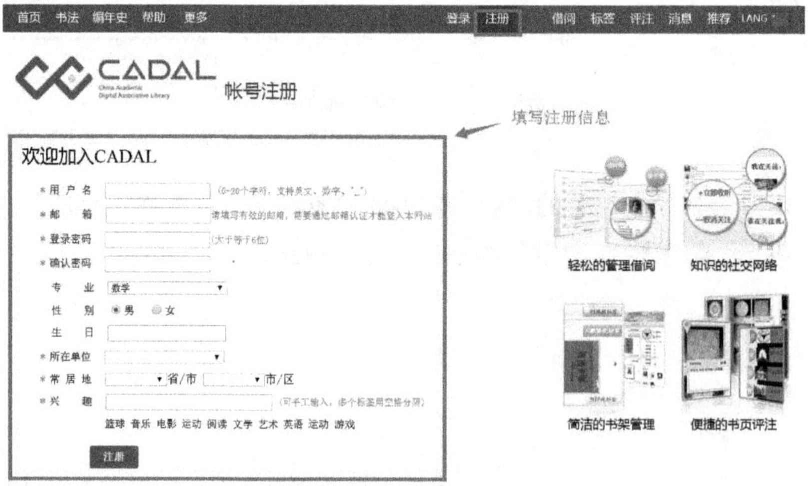

图4–35　系统注册模块

注册后，点击工具栏的“登录”模块进入登录界面，如图4–36所示。登录完成即可实现借阅、书架管理、评注、信息共享等功能。

图4–36　系统登录模块

例如，想要借阅《新中国外交风云》一书，通过检索找到该书后，点击书名下方的“详情”按钮，可以看到本书的详细信息，包括书名、作者、出版社、类型、加工单位、图书目录等，如图4–37所示。点击目录中各章节后面的“■”按钮可以在线阅读本章节具体内容。

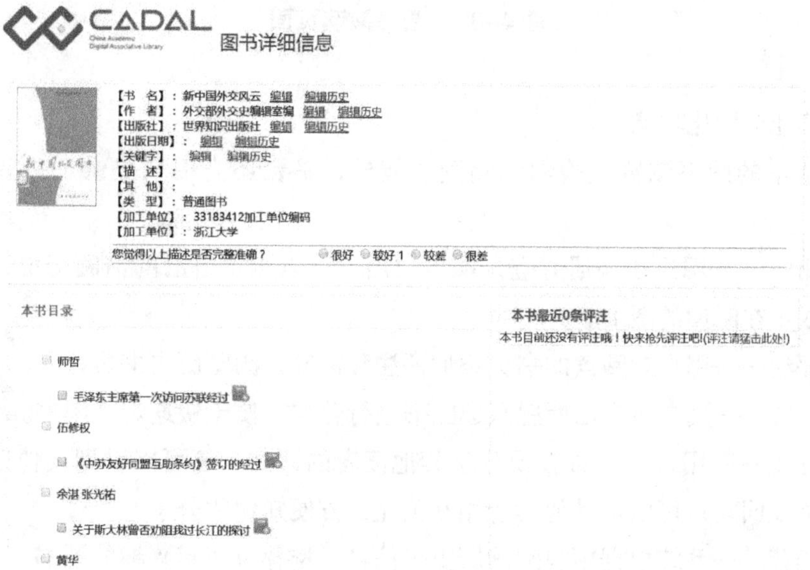

图4–37　图书详情页面

CADAL自带在线阅读器，具有显示目录、翻页、跳转、页面缩放、帮助等功能，如图4–38所示。

图4–38　图书阅读页面

（4）其他个性化功能

除了基本的图书浏览、检索和阅读功能外，平台还为用户提供了一些个性化的功能。

借阅历史——用户在注册并登录账号之后，可以浏览自己的借阅历史，快速定位已经阅读或正在阅读的图书。

添加评注——用户对阅读的书页添加评注和标签，浏览历史书页评注。

自主分类——用户对自己所感兴趣图书进行分类，便于快速定位图书。

共享互动——用户可以查看及分享其他读者的评注，还可以看到其他读者对自己评注的分享及回复；可以与其他读者相互关注，方便知识的分享与交流。

图书推荐——系统根据用户阅读历史等信息，推荐可能感兴趣的图书。

在线咨询——用户可以向系统提交使用过程中遇到的问题，及时得到系统管理员的解答。

三、常用外文电子图书数据库

（一）JSTOR电子书

1. 数据库介绍

（1）基本情况

JSTOR[①] 全名 Journal Storage，是一个发现、存取和保存学术内容成果的研究平台。JSTOR 始于美仑基金会的数字典藏计划，是一个对过刊进行数字化的非赢利性机构。2012年，JSTOR 推出电子书项目——Books at JSTOR，将电子书与电子期刊在同一平台上进行整合并提供服务。通过 JSTOR 平台，使用者可以轻松实现图书、期刊文献和评论之间的交叉检索和链接，提高资源的利用效率。JSTOR 平台覆盖的学科领域包括人类学、建筑、艺术、生态学、经济学、教育、金融、一般科学、历史、语言文学、法律、数学、哲学、政治科学、人口研究、心理学、公共政策与管理、社会学、统计学、非洲裔美国人研究、亚洲研究等。截至2018年3月，该平台已经收录的电子书超过了6万册。

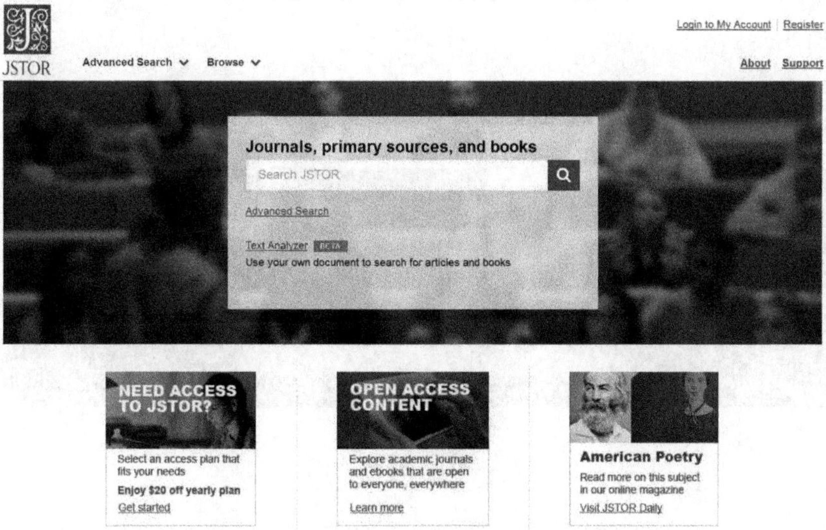

图4–39　JSTOR电子书首页

JSTOR 协同合作的出版商、图书馆以及学者，发展出可在线存取的电子书，包括年代较新及过往的书籍。JSTOR 电子书已经与期刊平台整合，同步供研究者发现不同

① http://www.jstor.org/

内容与类型的研究资源，有助于将纸本图书转化为节省空间的电子图书，减少图书馆长期保存图书所需的空间、人力、物力、财力成本。

（2）订购形式

国内各高校及研究机构采购JSTOR电子书使用的是“一次性付费、永久使用”及“共享式”集团采购模式，在备选的12家大学出版社（Central European University Press、Edinburgh University Press、Georgetown University Press、Hong Kong University Press、McGill-Queen's University Press、Princeton University Press、Russell Sage Foundation、University of California Press、University of Minnesota Press、University of Toronto Press、University Press of Kentucky、University Press of Mississippi）里的近1.4万种备选电子图书（其中90%为文科图书）中，由集团内每家成员挑选一定数量的电子书，成员馆即可共享集团所有成员订购的书目。JSTOR电子书集团最多可以达到36家成员馆，所有成员不重复挑选一定数量的书目，每种书目订购2个复本。为保障选书质量，集团确定选取3500种书目，由最终参与的成员馆挑选。

2. 系统功能

（1）浏览

数据库提供的浏览功能包括按题名浏览、按主题浏览和按出版商名称浏览三种，如图4–40所示。

图4–40　浏览功能

① 按题名浏览

用户可以按照题名字顺（A–Z）进行浏览。

② 按主题浏览

主题列表包括区域研究、艺术、商业与经济、历史、人文、法律、医学与健康、科学与数学、社会科学等九个大类，每个大类下面还有相关子类，如艺术类包含建筑与建筑史、音乐、艺术与艺术史、表演艺术四个子类，如图4–41所示。

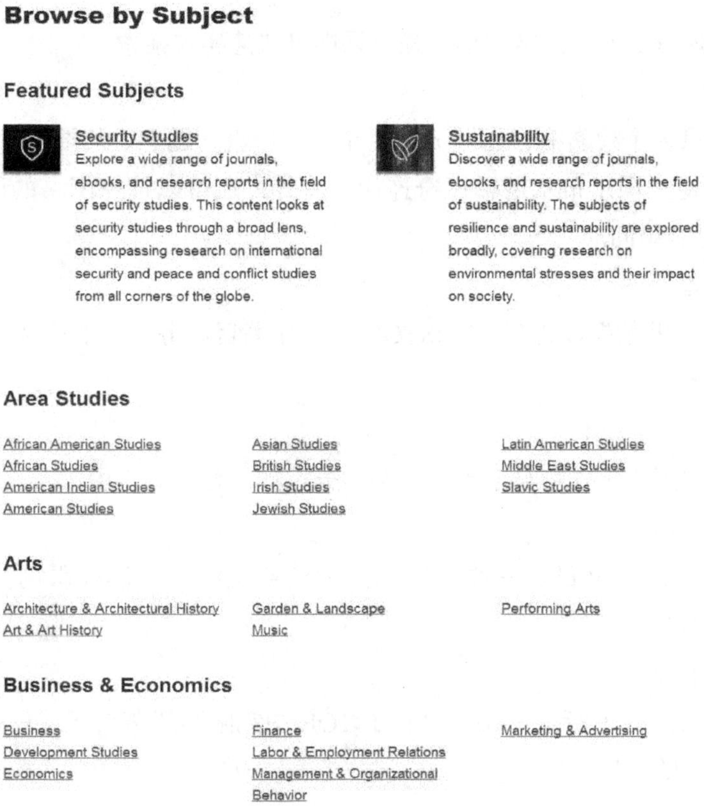

图 4–41　按主题浏览功能

③ 按出版商名称浏览

用户可以按照出版商名称字顺（A–Z）进行浏览。

（2）检索

检索功能分为基本检索和高级检索两种，如图 4–42 所示。

图 4–42　检索模块

① 基本检索

用户在数据库首页的检索框中输入检索词即可快速实现检索。

② 高级检索

高级检索提供多个检索框，能够分别对全文、作者、题名、摘要等字段进行限定，各个检索框中的检索词以布尔逻辑算符连接。此外，还可以选择图书的语种、出版时间范围、ISBN 号、访问形式等。

（3）个人管理

JSTOR 电子图书数据库提供 MYJSTOR 个人化书目服务，注册个人账号之后即可使用相关书目服务。

① 我的列表（My List）

用户可以建立列表，并将自己需要的图书分类加入相应列表中。

② 书架（Shelf）

书架可以用来储存书目。一些本来无法浏览或是没有阅读权限的文本可以利用 shelf 的功能来实现阅读。

③ JPASS 通行证

购买并拥有 JPASS 通行证的用户可在 JSTOR 中无限制阅览与下载任意文本，下载的清单会储存在“购买历史”中。

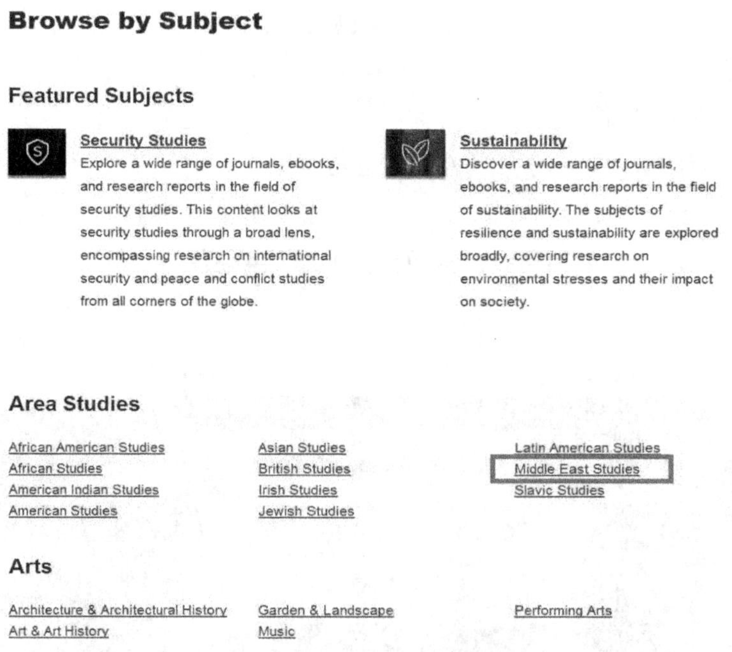

图4–43　按照主题浏览

3. 数据库使用流程

（1）图书浏览

根据需要，选择以主题、题名或出版商浏览。以主题浏览为例，如果要浏览有关“中东研究”的所有图书，需要进入主题浏览界面，在“区域研究”大类下选择“中东研究”（Middle East Studies）子类，如图4–43所示。

点击该类目即可看到数据库中所有有关中东研究的图书及其版权登记日期，如图4–44所示。

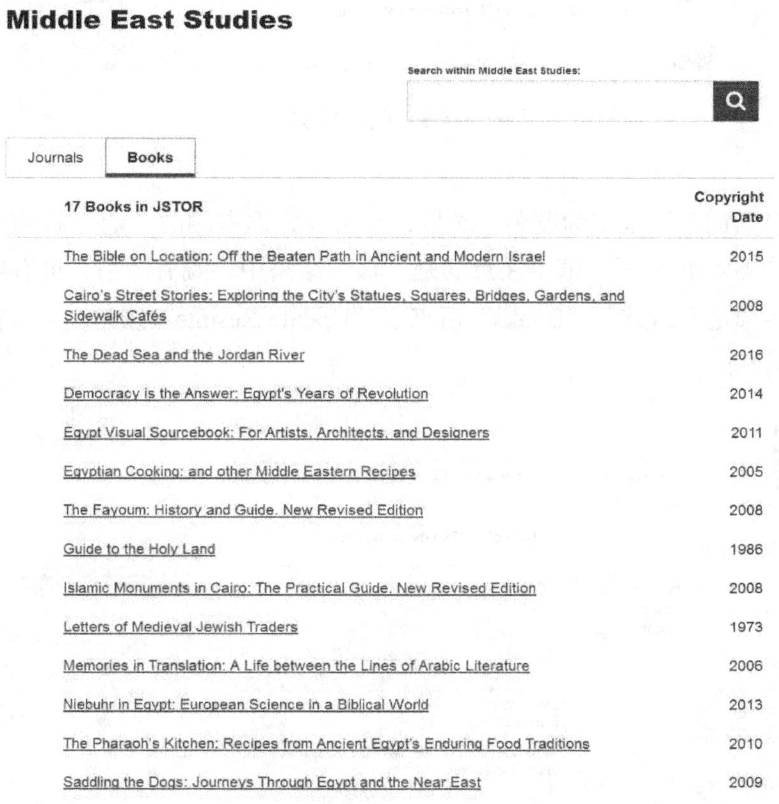

图4–44 主题浏览界面

（2）图书检索

① 简单检索

数据库首页中央提供了简单检索框，用户只需输入检索词即可检索。例如，要检索与“国际关系”有关的图书，就在检索框中输入“international relations”。输入过程中，系统还会进行提示，询问用户是否需要将检索词字段限定为“作者（author）”“题名（title）”或“出版物名称（publication name）”，如图4-45所示。

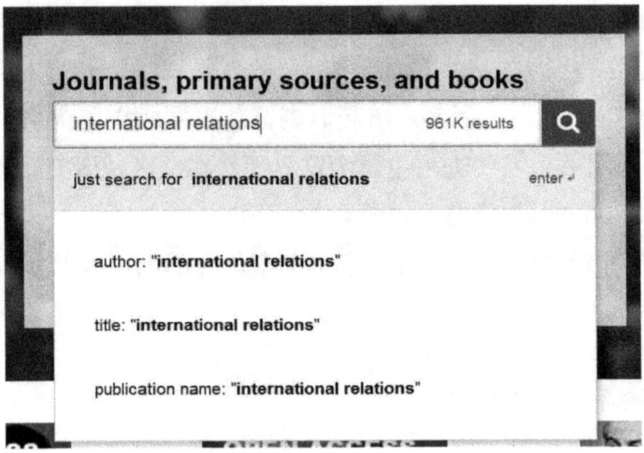

图4–45 简单检索

这里将检索词字段限定为题名，然后，点击检索框右侧的“ ”按钮，就能得到检索结果，如图4–46所示。值得注意的是，检索结果中，既有图书，也有期刊等其他出版物，需要选定文献类型“Books”后点击“Update Results”按钮，可以查看所有与图书有关的结果。

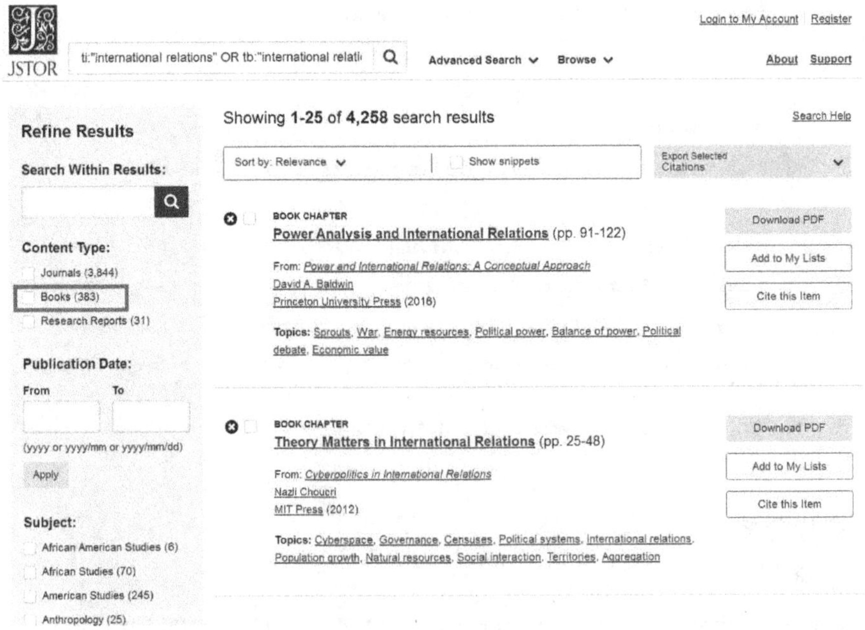

图4–46 检索结果界面

此外，还能限定检索结果的出版时间和主题等，进行进一步筛选。

② 高级检索

点击首页简单检索框下面的“Advanced Search”按钮，即可进入高级检索界面，如图4–47所示。

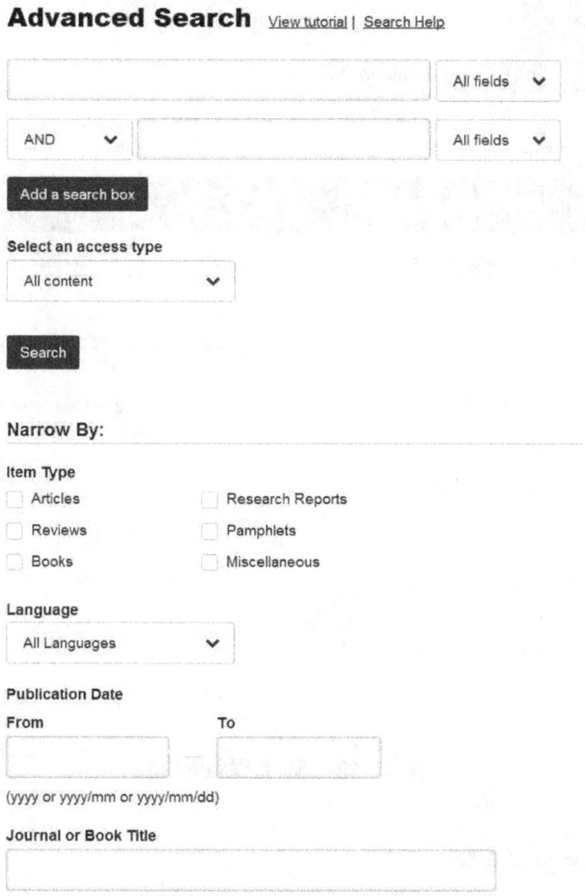

图4–47 高级检索界面

（3）图书阅读

需要注意的是，由于JSTOR电子书采取“共享式”集团采购模式，成员馆用户只能阅读本集团成员订购的书目。通常，本机构会列出成员馆订购的所有书目，便于用户使用。

以订购的*Middle Powers and the Rise of China*一书为例，图书信息页显示了该书的书名、著者、出版社、出版日期等信息，并在书目信息下方列出了图书目录，用户可以按章节在线阅读和下载到本地（PDF文件），还可以在登录后添加内容到我的列表，如图4–48所示。

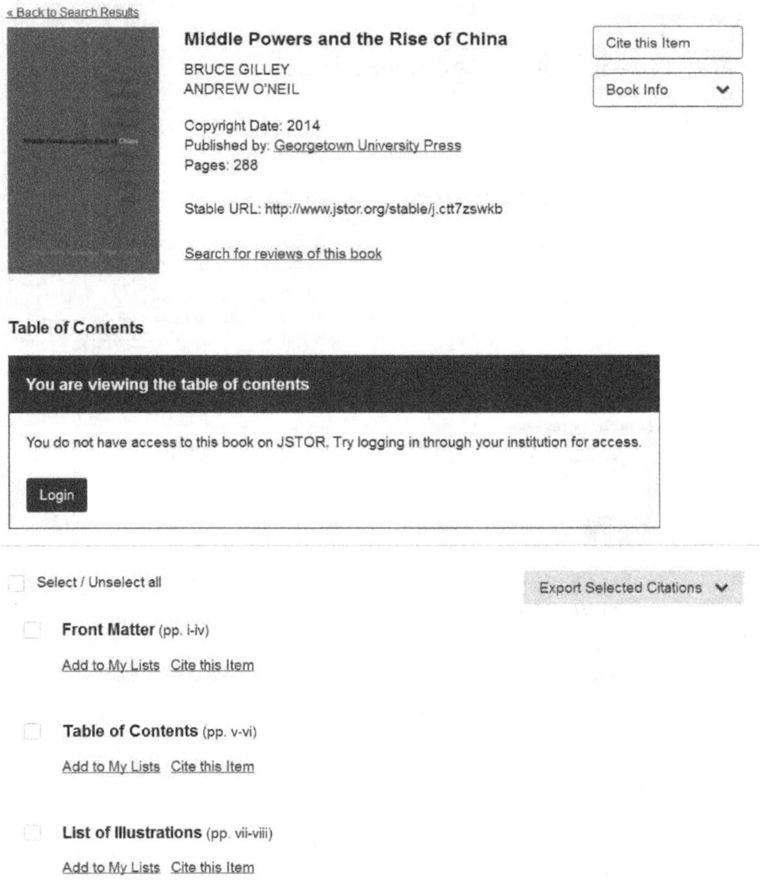

图4–48　图书详情界面

（二）Wiley 学术图书在线

1. 数据库介绍

John Wiley & Sons 公司是有200年历史的国际知名专业出版机构，在化学、生命科学、医学以及工程技术等领域学术文献的出版方面颇具权威性。Wiley 学术图书在线（Wiley online library）[①] 是一个综合性的网络出版及服务平台，在该平台上提供全文电子期刊、电子图书和电子参考工具书的服务。

目前，Wiley 学术图书在线收录了21000余种电子图书、1600余种期刊、200余种参考资源以及多种过刊集、参考工具书、实验室指南等。学科范围包括：工商管理、化学、计算机科学、地球与环境科学、教育学、工程学、法律、生命科学、数学与统计学、医学和卫生、物理和天文学、高分子与材料科学、兽医学、食品科学、艺术、

① https://onlinelibrary.wiley.com/

人类学、心理学、社会学等。

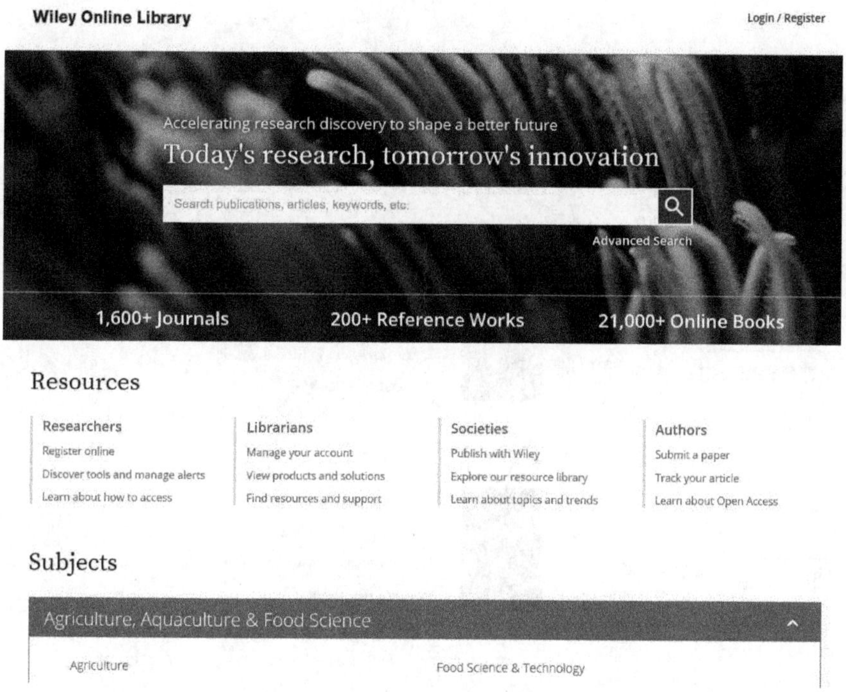

图 4–49　Wiley 学术图书在线首页

2. 系统功能

（1）浏览

Wiley 学术图书在线提供了三种浏览功能：按字母顺序浏览、按资源类别浏览和按学科种类浏览，如图 4–50 所示。点击首页下方的“Browse All Titles”按钮即可进入浏览界面，如图 4–51 所示。

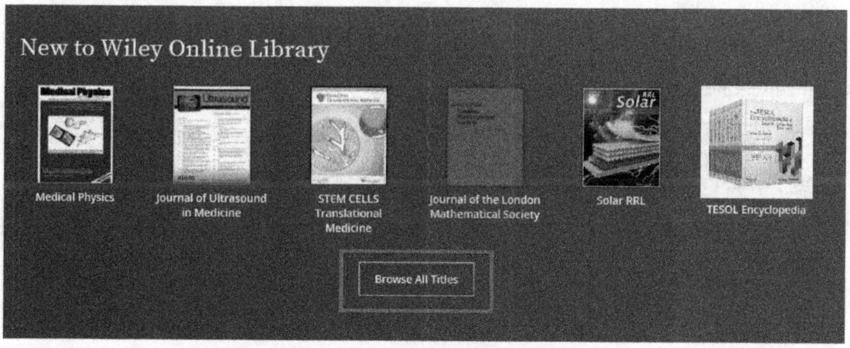

图 4–50　浏览模块

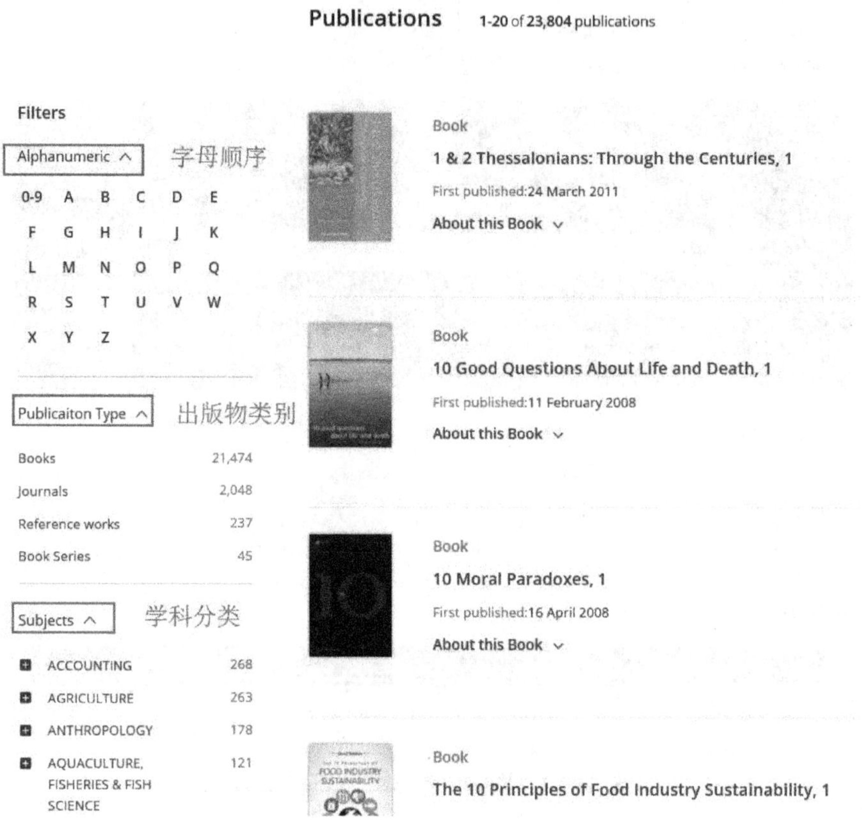

4–51　浏览界面

① 按字母顺序浏览

该浏览功能下，用户可以根据资源题名的首字母（0–9、A–Z）顺序进行浏览。

② 按资源类别浏览

该浏览功能下，用户可以选择相应的出版物类别（图书、期刊、参考资源、丛书）浏览。

③ 按学科种类浏览

Wiley 平台将资源分为17个学科大类。该浏览功能下，用户可以选择相应的学科种类进行浏览，每个学科大类还进一步细分为若干子类。例如，“Humanities（人文科学）”大类又分为古典研究、文学、文化研究、哲学、历史学、宗教与神学、语言和语言学等子类。

（2）检索

① 简单检索

在平台首页上方的简单检索框输入检索词，即可进行简单检索，如图4–52所示。

Accelerating research discovery to shape a better future
Today's research, tomorrow's innovation
简单检索框
高级检索按钮
Advanced Search

图4–52　简单检索界面

② 高级检索

点击简单检索框下的高级检索按钮，即进入高级检索界面，如图4–53所示。高级检索提供多个检索框，能够分别对全文、作者、题名、摘要等字段进行限定，各个检索框中的检索词以逻辑关系连接，还可以对出版来源、出版时间等信息进行限定。用户可根据需要增加或减少字段。

另外，检索界面右侧提供了检索技巧和实例，包括通配符的使用、作者名检索等。

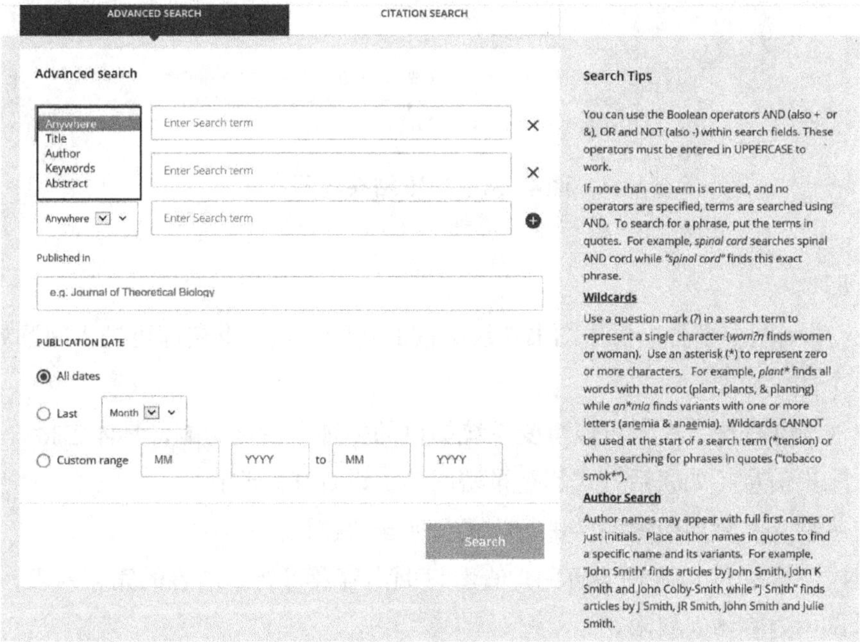
ADVANCED SEARCH
CITATION SEARCH
Advanced search
Anywhere
Title
Author
Keywords
Abstract
Enter Search term
Enter Search term
Anywhere
Enter Search term
Published in
e.g. Journal of Theoretical Biology
PUBLICATION DATE
All dates
Last
Month
Custom range
MM
YYYY
to
MM
YYYY
Search
Search Tips
You can use the Boolean operators AND (also + or &), OR and NOT (also -) within search fields. These operators must be entered in UPPERCASE to work.
If more than one term is entered, and no operators are specified, terms are searched using AND. To search for a phrase, put the terms in quotes. For example, spinal cord searches spinal AND cord while "spinal cord" finds this exact phrase.
Wildcards
Use a question mark (?) in a search term to represent a single character (wom?n finds women or woman). Use an asterisk (*) to represent zero or more characters. For example, plant* finds all words with that root (plant, plants, & planting) while an*mia finds variants with one or more letters (anemia & anaemia). Wildcards CANNOT be used at the start of a search term (*tension) or when searching for phrases in quotes ("tobacco smok*").
Author Search
Author names may appear with full first names or just initials. Place author names in quotes to find a specific name and its variants. For example, "John Smith" finds articles by John Smith, John K Smith and John Colby-Smith while "J Smith" finds articles by J Smith, JR Smith, John Smith and Julie Smith.

图4–53　高级检索界面

例如，要检索摘要中包含“气候（Climate）”和“全球变暖（Global Warming）”的资源，可以在检索框中输入“climate AND global warming”，在下拉列表中选择

“Abstract”，点击检索按钮即可，得到的检索结果界面如图4–54所示。检索结果允许用户按照出版物类别、出版时间范围、访问形式、出版来源、作者等进行筛选，还可以在结果中进行二次检索或对结果按相关性等条件排序。

图4–54　检索结果界面

（3）阅读

Wiley学术图书平台提供了图书在线阅读的功能，点击书名即可进入阅读界面。

（4）个性化功能

用户注册并登录之后，可以享受系统提供的多种个性化功能，具体包括：

个人账户信息（如联系方式、登录密码等）设置和修改；

对出版物、文章和检索条件进行收藏，便于快速访问；

注册内容提醒和RSS内容订阅；查看订阅内容及可访问内容的完整列表；

激活试用内容访问权限。

（三）易阅通电子书

1. 数据库介绍

（1）基本情况

“易阅通”（CNPeReading）[①] 是中图公司自主开发的数字资源交易与服务平台。以“一个平台、海量资源、全球服务”为定位，采用全新的合作模式和服务理念，通过与国际知名出版商、集成商的广泛合作，为上游出版社提供一体化推广、营销解决方案；为下游机构和个人读者提供荐购、阅读、管理、整合一站式服务方案。

（2）主要内容

易阅通汇聚了法律出版社、人民文学出版社、人民出版社、广西师范大学出版社、香港联合出版（集团）有限公司、重庆出版集团等400多家中文出版集团和公司，Wiley、Elsevier、Wolters Kluwer、De Gruyter、Princeton University Press、Chicago University Press、Duke University Press、American Society for Microbiology 等近300家知名学术出版社和学术机构的数字资源供读者使用。目前，数据库平台涵盖了人文社科，自然科学，工业技术等领域共31个学科的经典文学作品、书籍、期刊、百科全书、字典、手册等参考资源，数量和内容还在不断地持续更新中。

图4–55　易阅通电子书数据库首页

---

① http://www.cnpereading.com/

2. 系统功能

（1）浏览

易阅通数据库提供了五种浏览方式：按资源类别浏览、按学科分类浏览、按标题首字母浏览、浏览机构已订阅内容、资源推荐浏览。

按资源类别浏览

在数据库首页工具栏的“出版物”模块，将所有资源按类别分为外文电子书、中文电子书、外文电子期刊、中文电子期刊、打包集、机构订阅内容等，用户可以选择相应的类别进行浏览，如图4–56所示。

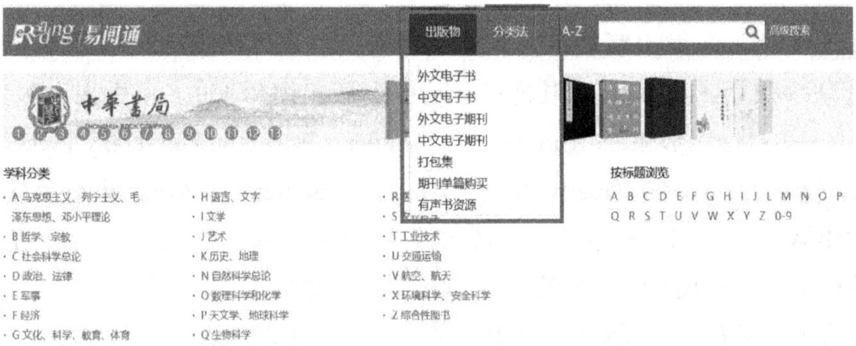

图4–56　按资源类别浏览

① 按学科分类浏览

数据库中的所有资源均按照中国图书馆分类法进行系统分类，用户既可根据数据库首页左上方的“学科分类”部分，也可以点击工具栏的“分类法”模块，选择相应的学科类别，如图4–57所示。

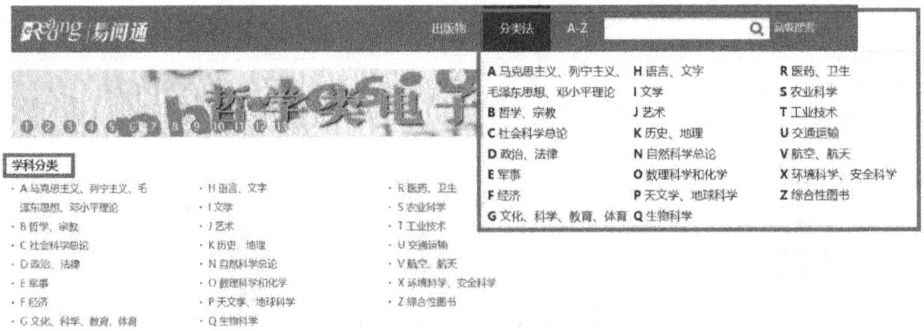

图4–57　按学科分类浏览

以“D 政治、法律”类为例，点击该类别即进入资源浏览页面，如图4–58所示。页面左侧提供了进一步筛选和浏览的条件，允许用户基于出版物类别、语种、出版社、学科、出版时间等条件对浏览内容进行过滤。

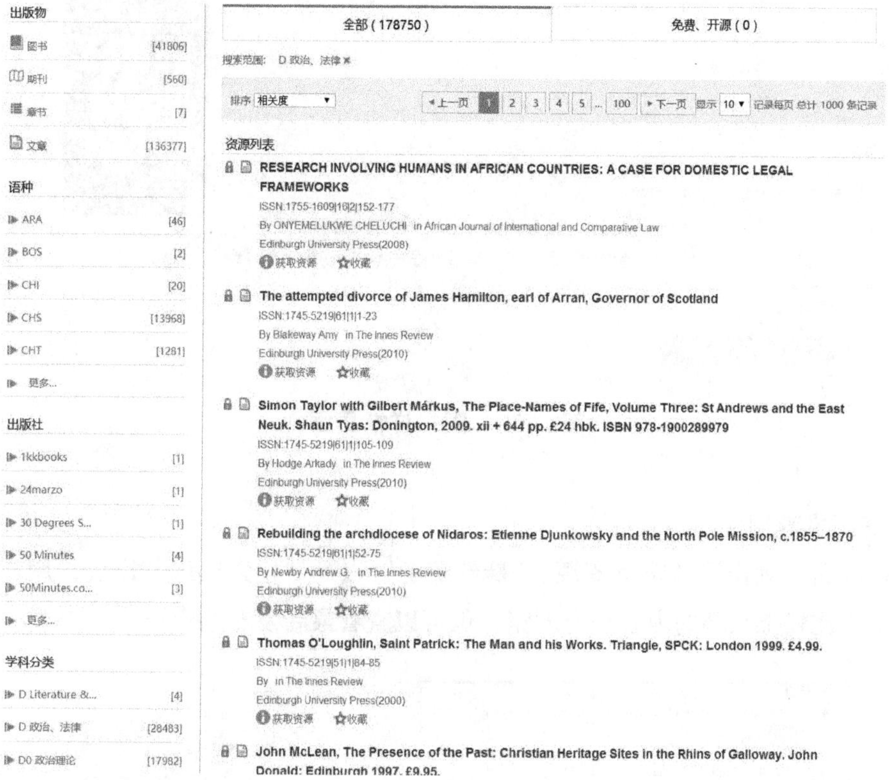

图 4–58　浏览内容界面

② 按照首字母顺序（A–Z）浏览

用户还可以根据资源题名的首字母顺序进行浏览，数据库首页工具栏的“A–Z”模块及其下方的“按标题浏览”模块均提供此项功能。与其他浏览功能一样，该浏览方式下也允许用户按出版物类别、语种、出版社、学科、出版时间进行筛选。

③ 浏览机构已订阅内容

数据库首页右侧偏上部分有“机构已订阅”模块，点击即可浏览机构订阅的所有资源。

以外交学院订购的 *China's Asian Dream: Empire Building along the New Silk Road* 一书为例，图书信息页列出了作者、出版社、出版年、ISBN 号、分类号等内容。点击左下角的“获取资源”按钮即可进行全文阅读，如图 4–59 所示。

图4–59 图书详情页面

④ 资源推荐浏览

数据库首页列出了“热读资源”“最新资源”以及“检索热词”模块，用户可以参考其他用户比较感兴趣的内容进行浏览，也可以查看最新发布的资源，如图4–60所示。

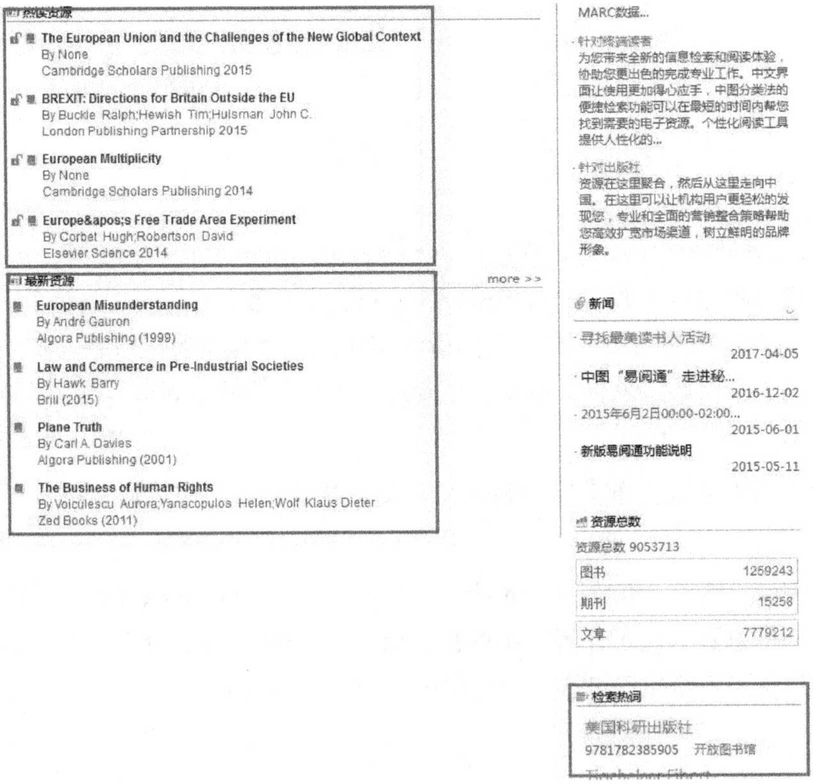

图4–60 资源推荐浏览

（2）检索功能

① 快速检索

数据库首页右上角提供快速检索框，可以对全文、标题、作者、ISBN 号、出版社等字段进行限定，快捷查询各类资源，如图 4–61 所示。该功能支持全文检索、关键词联想检索、拼音检索、繁简检索，检索结果可进行二次筛选并按照相关度、最新出版优先、最早出版优先排序。

图 4–61 快速检索模块

例如，想要检索题名中包含“International Security”（国际安全）有关的图书，既可以在快速检索框中输入该检索词，并将检索字段设置为“标题”，也可以使用高级检索，在标题框中输入该检索词。检索结果如图 4–62 所示。

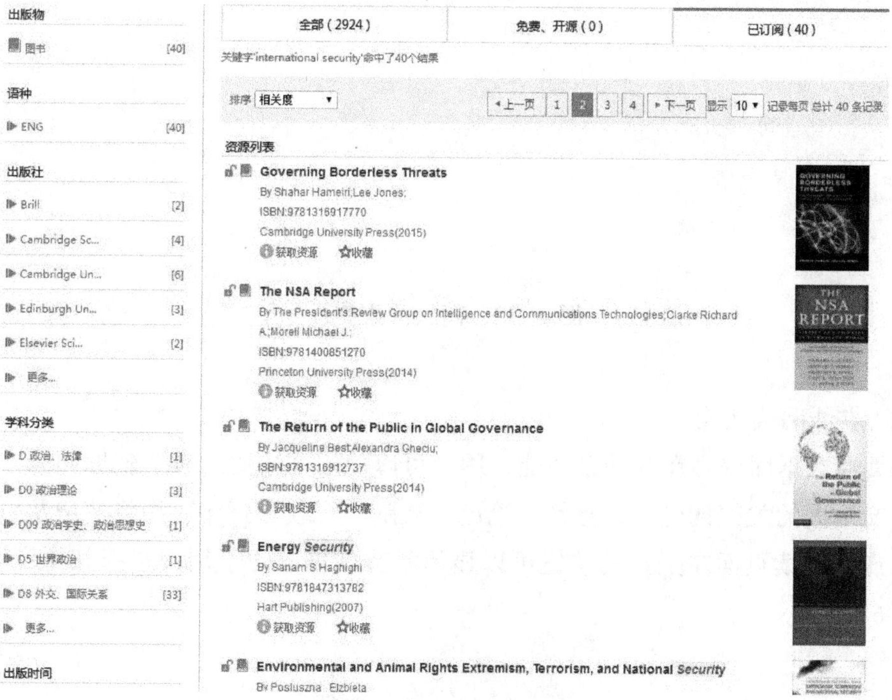

图 4–62 检索结果界面

②高级检索

高级检索可以输入一个或多个检索条件，按照字段（标题、作者、出版社、ISBN号、出版年份）准确查找所需内容，如图4–63所示。系统支持布尔逻辑运算符（AND、OR、NOT）。使用引号可以进行精确检索（如“领事保护”就是检索字段中必须出现“领事保护”一词，不能将该词分割），使用星号可以进行模糊检索（如diploma*就是检索字段中出现的单词只要前端是diploma即可，如diplomacy、diplomat都可以被检索到）。排序方式包括相关度、最新优先、最早优先。此外，用户还可以设置每页显示的结果数量。

图4–63　高级检索界面

（3）在线阅读功能

易阅通数据库提供在线阅读功能，用户可以使用“快捷工具”辅助阅读，该工具支持全文范围的关键词检索、标签、笔记、复制、下载和打印、注释笔记及引文输出管理。点击阅读页面左上角的按钮可以显示章节列表，便于用户选择某一章节阅读，如图4–64所示。

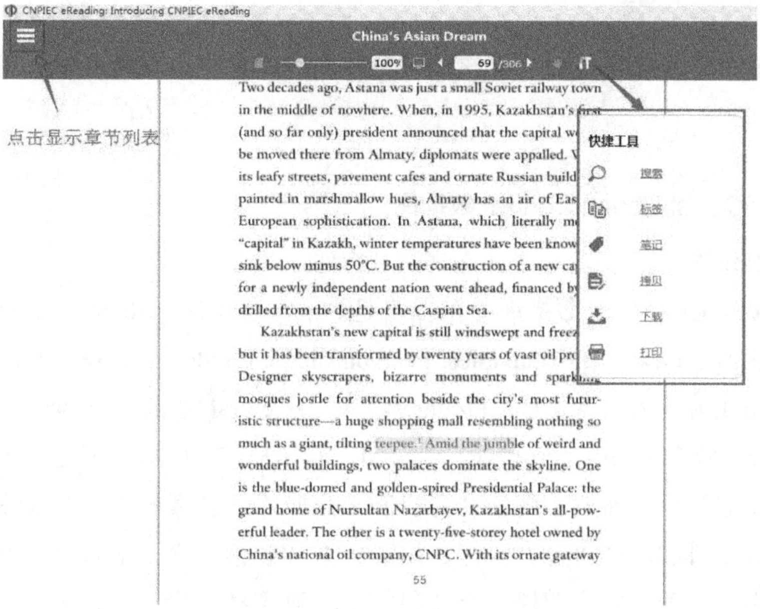

图 4–64 图书阅读界面

（4）管理功能

① 机构管理

机构管理通常指的是机构馆相关负责馆员进行的管理工作。馆员登录管理员账号后，可以维护机构信息（包括更新资料、LOGO 维护、MARC 数据管理），浏览和管理本机构已经订阅的资源。

机构管理还提供免费的 COUNTER① 格式使用统计量报告，可针对全站资源进行统计，包括全文访问量、拒访量、下载量、搜索量等，并根据时间段对统计结果进行查询和下载。

此外，馆员可以设置专家用户账号，并对专家账号进行管理。

② 推荐管理

图书馆馆员可对专家用户和普通机构用户（注册登录）的购书推荐信息进行管理及查看已订购图书的状态。

荐购图书列表可以按照专家推荐次数或所有推荐次数倒序排列进行呈现。推荐详情页面显示了专家用户和普通机构用户的推荐理由、推荐者详情和推荐日期。

③ 个人管理

个人用户登录后，可以实现个人信息维护、搜索管理、订单管理、收藏管理、学

① COUNTER（Counting Online Usage Network Electronic Resources）标准是统计在线电子资源使用情况的标准。

科提醒等管理功能。

用户设置了学科内容提醒后，该学科更新内容的信息会实时发送到用户预留的电子邮箱中。

（四）ProQuest Ebook Central 数据库

1. 数据库介绍

ProQuest Ebook Central 数据库[①]的前身是 Ebrary 数据库。Ebrary 公司于1999年2月正式成立，由 McGraw-Hill Companies, Pearson plc 和 Random House Ventures 三家出版公司共同投资组建。2017年1月，ProQuest Ebook Central 完成了 ebrary 及 EBL 电子书的整合，并统一定名为ProQuest Ebook Central，简称EBC，收藏图书已增至14万多册。

数据库覆盖学科：商业经济，计算机和信息技术，教育，工程与技术，历史和政治，人文，跨学科和区域研究，法律、国际关系和政治哲学，语言文学和语言学，生命科学，医学，护理和联合健康，自然科学，心理学和社会工作，宗教哲学和古典名著，社会学和人类学。

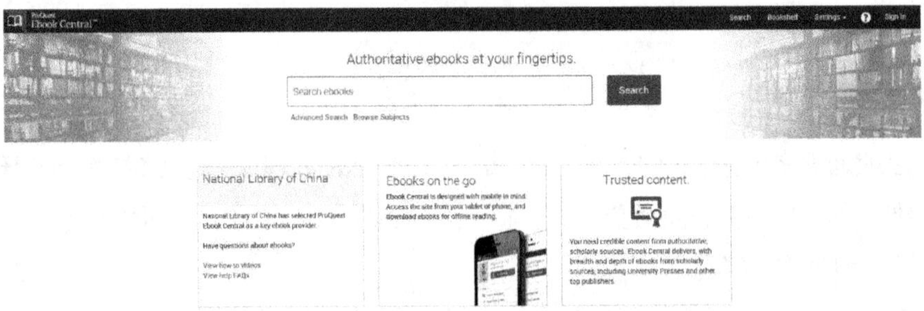

图4-65　ProQuest Ebook Central数据库首页

2. 系统功能

（1）浏览

图4-66　浏览及检索模块

① http://www.proquest.com/products-services/ebooks-main.html

数据库为用户提供了按主题浏览的功能，将所有资源按照学科主题分为艺术类、商业类、教育类、法律类、语言文学类、科技类、宗教哲学类等11个大类，每个大类还进一步细分了二级类目和三级类目，点击首页简单检索框下方的“按主题浏览按钮”即可进入浏览界面，如图4–67所示。

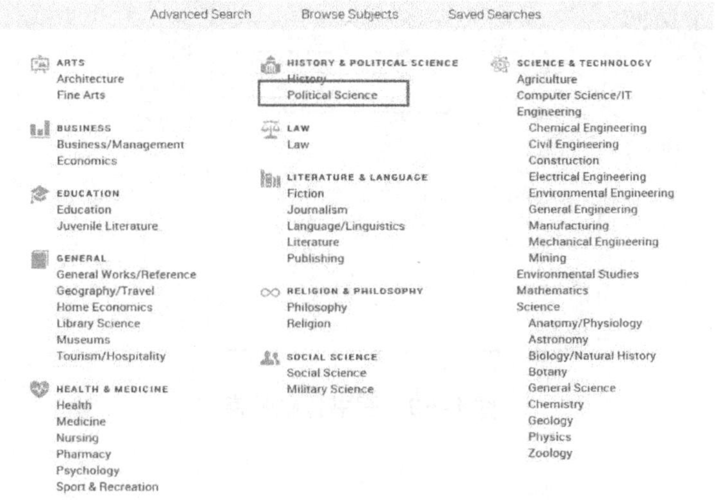

图4–67　按主题浏览界面

以“历史学和政治学”下的二级类目“政治学”为例，点击该类别进入资源浏览页面，如图4–68所示。除显示相关图书及章节的详细信息外，页面还允许用户进行筛选，并设置每页显示的资源数量及排序方式。

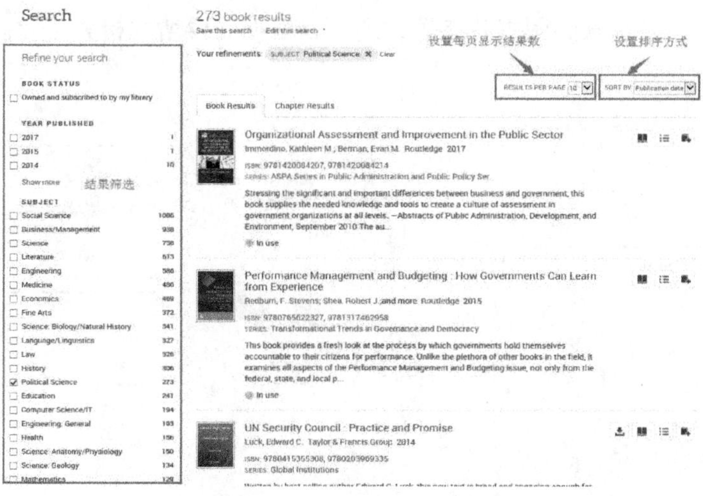

图4–68　政治学类别包含的资源

如要查看图书的详细信息，只需点击书名即可，如图4–69所示。

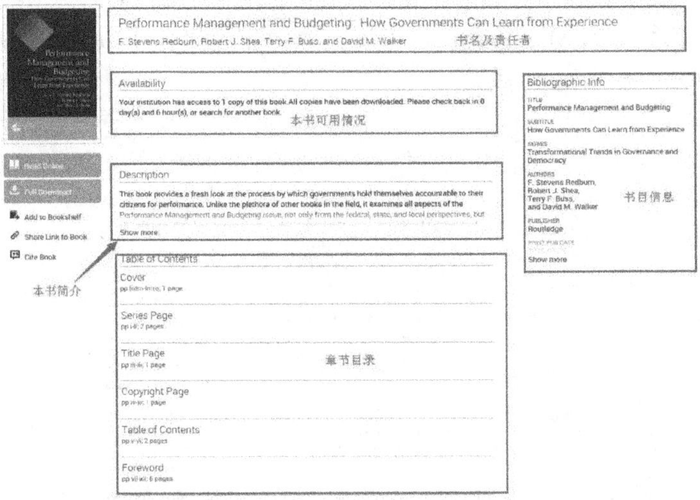

图4–69　图书详细信息

（2）检索

系统提供的检索功能包括简单检索和高级检索两种。

① 简单检索

在首页的简单检索框中输入检索词即可。

② 高级检索

点击简单检索框下方的高级检索按钮，即进入高级检索界面，如图4–70所示。用户可以限定检索词出现的字段（关键词、题名、作者、ISBN号、出版来源等）、出版时间范围、语种、要检索的图书状态等，还可以根据需要增加检索条目。

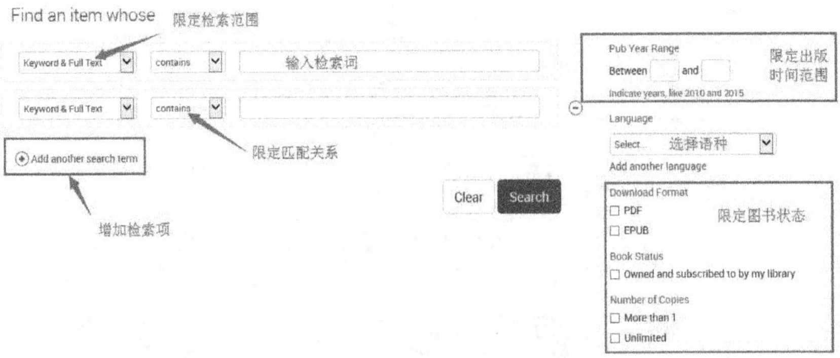

图4–70　高级检索界面

（3）阅读功能

① 在线阅读

用户首次阅读电子图书时会自动提示下载和安装 ebrary Reader 控件，对电子书的任何操作只能通过 ebrary Reader 软件进行。

相关操作按钮
UN Security Council: Practice and Promise
by Edward C. Luck
Taylor & Francis Group
2014-05-14
More
Search within book
TABLE OF CONTENTS
图书信息及目录列表
The Security Council is a special place. Over several centuries of institutional evolution, it is the closest approximation to global governance in the peace and security realm yet achieved. Its enforcement authority is unique in the history of inter-governmental cooperation. The UN's 192 sovereign member states have agreed, under its Charter, to accept the decisions of the Council's fifteen members as binding, despite ceaseless complaints about its undemocratic and unrepresentative character. Having survived more than six decades of hot and cold wars, its durability has proven unprecedented. As the centerpiece of the UN system, it is the depository of ageless dreams and recurring disappointments about the prospects for a more peaceful and cooperative global order.
Yet even the Council's most ardent admirers have to admit that its track record in maintaining international peace and security – its mandare under the Charter – has been spotty at best. Surely nothing close to the dependable system of collective security sought by the UN's far-sighted founders has been achieved. Clearly the Council has been more willing and able to grapple with some kinds of conflicts and with some regions than others. And the degree of

图 4–71　图书阅读界面

② 下载阅读

下载数据库中的电子书前，要确保电脑已经安装了 Adobe Digital Editions。第一次使用 ADE 打开电子书（扩展名为 .acsm）时，系统会提示“为您的电脑授权”，电子书供应商默认显示为“Adobe ID”，不要更改该设置。

本数据库中的大部分图书都允许用户自由选择 PDF 或 EPUB 下载格式。PDF 格式的电子书保留了纸质书的外观和感觉，EPUB 格式的电子书则可重新调整文本大小，更适合在平板电脑、手机或其他小型设备上使用。

（4）其他功能

① 更改语言

在顶部的导航栏中选择“设置”，然后选择“语言”，目前系统支持英文、简体中文、繁体中文、德语、日语、韩语等11个语种。选择目标语言后保存更改，在清除 Cookie 之前，界面都会显示用户所选择的语言。

② 我的书架

用户注册并登录后即可使用“我的书架”功能，通过该功能可查看个人下载和借阅信息，快速访问已经保存的信息，并分享图书链接。此外，还可以对图书加注释和笔记等。

③ 帮助功能

系统为用户提供了在线帮助视频和常见问题解答，方便用户查看。

（五）Gale Virtual Reference Library

1. 数据库介绍

（1）基本情况

Cengage Gale 集团是国际著名出版机构，在出版文学及传记工具书以及机构名录方面颇具权威性。Gale 数据库平台整合了多种来源的信息，形成多个主题鲜明的专题数据库。Gale Virtual Reference Library[①]（Gale 虚拟参考书数据库）是 Gale 数据库平台中的一个专题数据库，也是全球最大的虚拟参考工具书数据库，收录了 Elsevier、Springer、John Wiley、SAGE 等著名出版社出版的多种重要参考工具书。

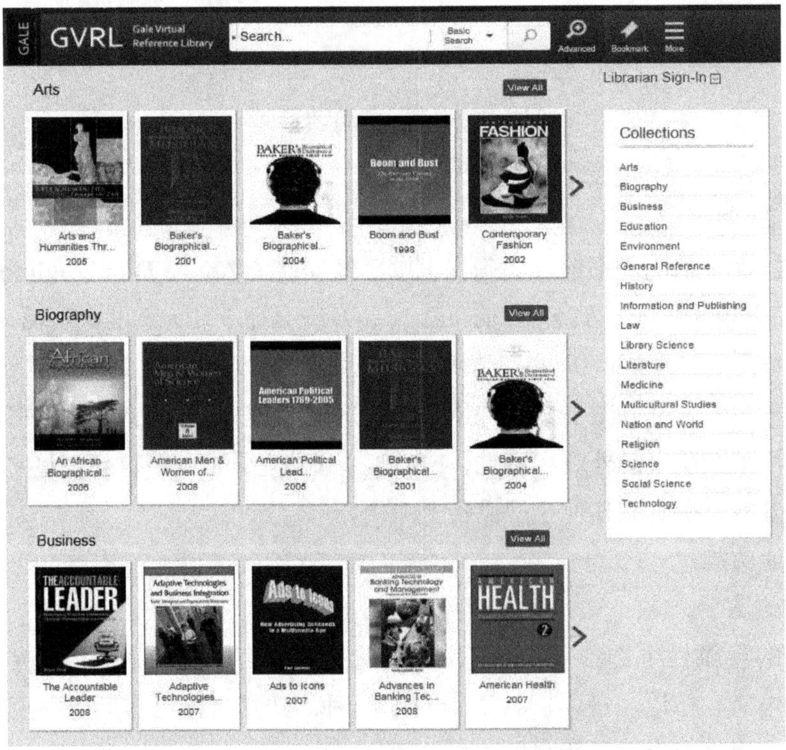

图 4–72　Gale 虚拟参考书数据库首页

（2）主要内容

工具书类别涵盖一般参考书、艺术 / 娱乐、传记 / 宗谱、商业、职业 / 教育、历史、

① https://www.gale.com/

人文 / 哲学、法律 / 政府、医学 / 健康、科学、社会科学、体育等诸多学科。可以使用多种语言进行检索。

2. 系统功能

（1）浏览

用户可以按照图书的学科专业进行浏览，如图4–73所示。首页右侧的“Collections”模块列出了所有学科类别，左侧是各个学科类别下的推荐图书。

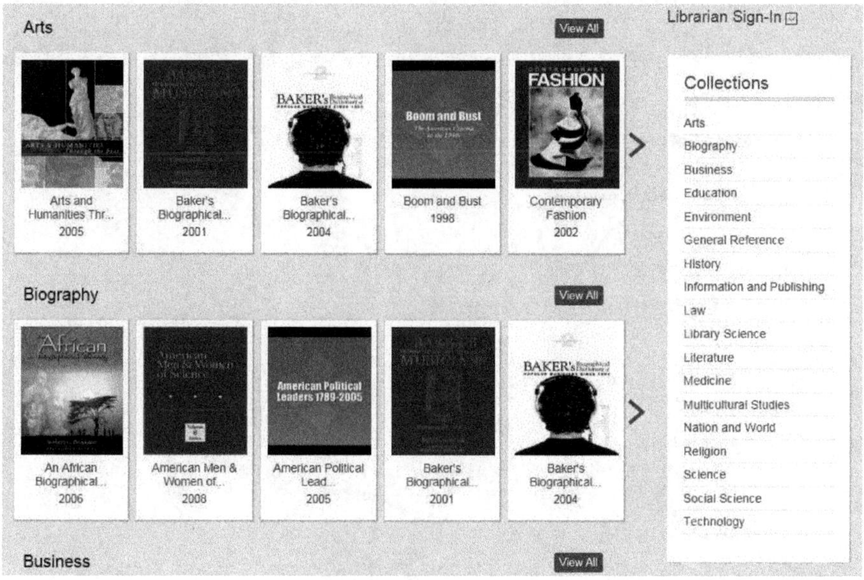

图4–73　浏览模块

（2）检索

系统提供了简单检索、高级检索、主题检索、主题发现四种功能。

① 简单检索

在数据库首页上方的简单检索框中输入检索词即可，还能够限定检索词出现的字段，如图4–74所示。点击检索框左侧的“▸”按钮，能够选择是否使用检索帮助工具。

图4–74　简单检索模块

② 高级检索

点击简单检索框右侧的“Advanced”按钮即可进入高级检索界面，如图4–75所示。高级检索允许用户用布尔逻辑运算符连接多个检索词，并限定检索词出现的字段，还可以限制出版时间、目标读者、内容级别、出版语言等内容。

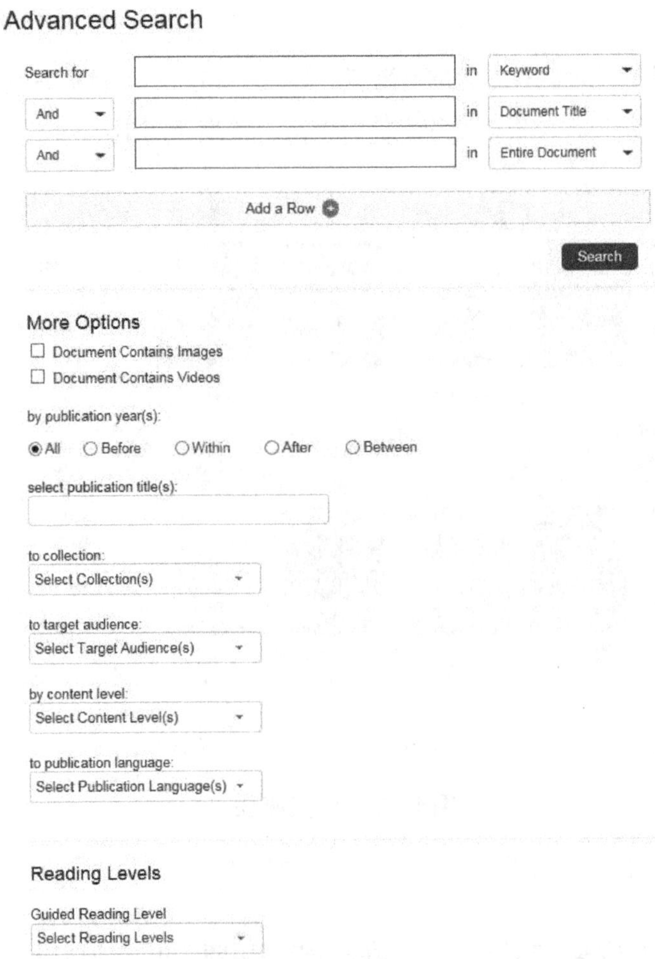

图4–75　高级检索界面

③ 主题检索

主题指南检索是通过人工方式进行信息资源搜集和描述，并采用宽泛的主题划分方法建立类目体系，用户以此为基础进行较为笼统的检索。

④ 主题发现

输入关键词后，系统以可视化形式显示与该词有关的新主题或新关键词，如图4–76所示，有助于给用户带来启发。

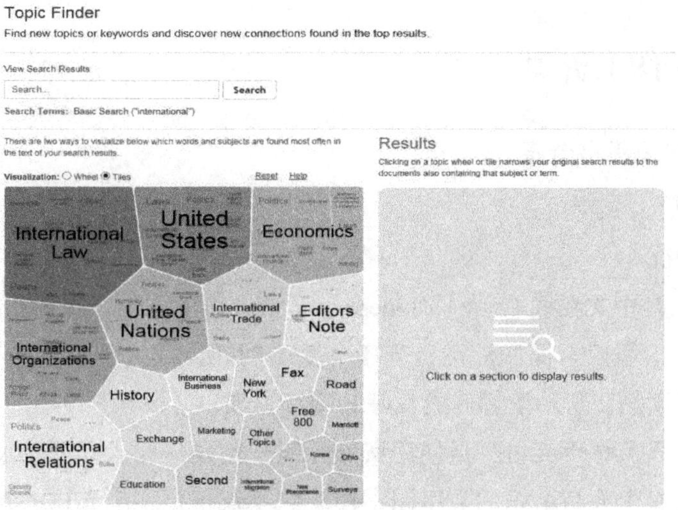

图 4–76　主题发现

（3）阅读功能

检索到相应图书后，点击图书题名即可进入阅读界面。该界面显示了图书基本信息、详细信息、图书目录、图书索引及书中图片列表，如图 4–77 所示。点击目录可以查看在线阅读具体章节的内容。

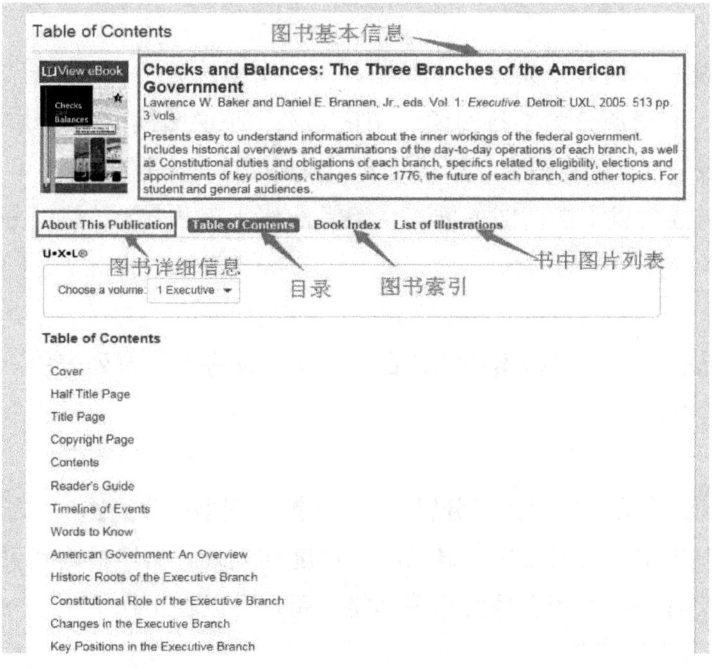

图 4–77　图书详细信息页面

四、网络电子图书资源

（一）中文电子图书资源

1. 书香中国

（1）基本情况

书香中国[①]是中文在线（www.ChineseAll.com）旗下网站，提供正版电子书免费在线阅读，并支持组织读书征文活动、分享书籍等功能，致力于为全世界华人用户提供优秀的电子图书读物，帮助读者养成良好的阅读习惯。

机构或个人只需每年支付少量使用费而无须任何硬件投入即可建设以阅读为核心、衔接机构与家庭、个人与组织的数字图书馆。它不仅仅是一个先进的新型数字图书馆，更是集阅读、互动于一体的真正“24小时无墙化”的读书活动组织平台、全民阅读公共服务平台。

（2）主要内容

书香中国聚合了国内400多家出版机构、2000余位知名作家以及10万余名作者的作品，每年新增正版数字图书2万—4万种。截至2018年3月，网站拥有电子书27万余册，内容涵盖畅销小说、人文社科、经管励志、人物传记等类别。

（3）系统功能

① 浏览

用户可以按照不同的分类方法（专题分类、中图法分类、书库分类）进行浏览，如专题分类将所有资源分为学科阅读、文化艺术、小说阅读、漫画绘本、人文社科、科普百科、拓展阅读、德育教育、家长阅读、教师阅读等类别。

此外，系统还提供了热门图书推荐、编辑推荐、新书上架、热门分类等模块，便于用户浏览受关注度较高的书籍。

② 检索

目前，平台仅提供简单检索功能，在简单检索框旁的下拉列表中，可以限定具体的资源库。

③ 阅读

在阅读方面，书香中国提供了分级阅读、[②]推荐图书、收藏图书、给书打分、给书打标签、借阅到本地、关联阅读、显示阅读进度和记录、书评精确到页、切换不同格式阅读、自定义背景颜色和字号大小等功能。用户可以在工作单位、学校、家中及其

---

① http://www.chineseall.cn/

② 采用互联网身份识别的阅读分级系统对书籍进行全面分级，确保青少年只能接触到适合自己阅读的书籍。

他任何有网络的地方以多种方式接入阅读；还可以与其他人分享阅读内容，激励阅读兴趣，提升阅读能力。

④ 读书活动组织

在读书活动组织方面，网站能够快速创建活动、上传个人作品、建立活动图片墙，还能够对活动资料进行统计、实现作品分组和排序、允许用户对作品送花和投票等。

⑤ 机构用户服务

在机构用户服务方面，每个机构都拥有一个自己的读书和活动平台，可以展示机构新闻、热门图书、热门活动、明显用户、下级机构风采等，还能够进行数字统计、智能自助建站，无须维护，实现行政层级管理。

2. 爱洋葱

（1）基本情况

爱洋葱[①]于2012年11月中旬上线，是外语教学与研究出版社旗下社会化双语阅读平台。该平台以“社会化双语阅读”为核心，致力于提供双语环境下的社会化阅读服务，实现外语与汉语的无障碍阅读，评论与读后感的无障碍分享以及阅读平台的无障碍体验。平台提供中英双语对照阅读，包括双语名著、小说、科技、经管等海量的免费在线阅读图书（另有一些图书需要付费阅读）。

爱洋葱的主要特色包括：在提供国外图书的中译本内容的同时，也提供了原汁原味的外文原版阅读，读者可根据需要和兴趣切换；阅读页面为读者提供了页内评论的功能，不仅可以留下自己的感想，也可以看到其他人的阅读体会；分享功能强大，用户可以在书页内评论或分享读后感，“社区”功能提供了“洋葱圈”“热门话题”“热门活动”三个社会化互动专区。

（2）主要内容

平台资源分为图书、轻杂志和公开课三个大类，它们各有不同，为用户带来了更优化的阅读体验。

• 图书，对应的是深度阅读模式。该类别又细分为情感、幽默、推理、科幻、教育、传记、经管、心理、语言、法学、哲学政治、社会历史、新闻传播等子类，便于用户根据类别进行浏览。

• 轻杂志，对应的是碎片化阅读模式。该类别又细分为爱洋葱研究室、牛津大学出版社博客精选、纽约书评精选、中国日报、石鹏飞论道、环球科学、世界博览、世人看天下等内容。

• 公开课，对应的是多媒体阅读格式。该类别收录了耶鲁大学、斯坦福大学、麻

① http://www.iyangcong.com/

省理工学院、牛津大学、英国公开大学、圣母大学等高校的课程以及 TED、NASA 的讲座。

（3）系统功能

① 浏览和检索

用户可以按照资源类别（图书、轻杂志或公开课）浏览，每一种类别下还进一步细分为若干子类，便于缩小浏览范围。

目前，系统仅提供简单检索功能，在平台页面上方的检索框输入检索词即可。

② 资源推荐

平台提供了“洋葱推荐”“新书上架”“大家都在读”“热门标签”“热销榜”“热评榜”等内容，便于用户及时了解目前最受关注的资源。

③ 客户端阅读

爱洋葱推出了 IOS 版和 Android 版客户端——爱洋葱阅读。客户端具有双语对照功能，中英切换非常方便；用户目前可在电脑、PAD、手机上使用同一账号，实现网络阅读、移动阅读间同步；用户可以简单便捷地管理图书，在本地存储文本，减少流量消耗；实现支持书内书签、评论、读后感等个性化使用功能，还可将阅读内容快速分享到微博。

④ 分享与交流

爱洋葱还提供了“社区”服务——“洋葱圈”。该社区是具有相同爱好的网友形成的信息互动分享的圈子。以“洋葱圈”为核心设置的“热门话题”和“热门活动”，使用户可以与其他人一起分享自己的阅读感受，并以此为纽带找到志趣相投的朋友，令阅读更有趣，交流更及时。

3. 中国哲学书电子化计划

中国哲学书电子化计划[①]（Chinese Text Project）是一个线上开放电子图书馆，将中国的古代哲学书及其相关的原典文献加以电子化，目前收录的内容已超过3万部著作，字数达到50亿字之多，是全球最大的中国古籍资料库和检索系统。

平台提供中文简体、中文繁体和英文三种显示界面。

（1）主要内容

• 原典资料库，包含了在哲学、历史学、语言学方面有重要意义的文献，年代以先秦两汉为主。部分原典附有英文或现代汉语翻译。

• 内部字典，整合了统一码联盟“Unihan”数据库、上述原典资料库以及 CTP 字典的数据：“Unihan”数据库提供有关汉字的基本信息；原典资料库给出每一个字在原

① http://ctext.org/zhs

典中的具体出处；CTP 字典对汉字的语义和实际运用提供一个尽可能完整的分析。

• 词语分析表，为段落中的每一个字显示字典中的英文翻译及其他信息，对于有语意链接的词语显示其在此脉络中的意义。

• 相似段落资料，许多早期文献含有与其他文献相似的片段或较长的段落，相似段落功能把这些相似或相同的段落连接起来并显示，以便对照。

• 原典影印本，为越来越多的原典提供原典扫描版，且为原典每一段落提供至扫描版的连接。

• 引得[①] 信息，对部分原典提供索引、引得查询服务，透过输入索引、引得编号，可检索到其所对应的原典段落。

• 后设资料系统，后设资料也称元资料，是指有关原典文献的资料。该系统让使用者能够为资料库中的原典增加新的资料。

（2）系统功能

① 浏览

用户可按照时间（先秦两汉、魏晋南北朝、隋唐、宋明、清代、民国）浏览，“先秦两汉”部分还细分为儒家、墨家、道家等13个类别。

② 搜索

具有高级搜索、全文搜索、词典搜索、浏览器搜索等检索功能。

③ 阅读

平台上的资源无需专业阅读器即可实现在线阅读，原典资料库中的一些段落旁边会显示提示图标，根据图标的不同，用户可以相应查看原典文献的来源信息、原典文献的简介说明、段落中每个词的辞典项目、与该段落相似的其他段落、与该段落有关的注释、该段落的后设资料等内容。

④ 帮助

平台的“本站介绍”模块下提供了“常见问题集”和“使用说明”两个帮助模块，用户在使用平台过程中存在的问题基本可以在这两个模块中得到解答。

4. 书格

（1）基本情况

书格[②] 建立于2013年5月22日，截至2017年9月，已经发布超过1000套高质量的书籍资源，平均每周发布十部书籍，所有资源大小超过510G。该平台是一个自由开放的在线古籍图书馆，以“每个人都能自由地看到我们的文明”为口号，致力于开放式分享、介绍、推荐有价值的古籍善本，并致力于为古籍的长期保护与数字化传播作

① 引得是英语单词“index”的音译，即索引。

② https://shuge.org/

贡献。

（2）主要内容

书格发布的书籍主要以高清彩色影像版本 PDF 格式为主，大部分书籍单页宽度在1400像素以上，跨页宽度在2400像素以上。书籍刊行年代从宋元珍本、明清善本到近代刊本，跨度很大。主要语言为中文，也包含部分与中国有关的外文书籍。下载方式主要是网盘和 P2P 链接。

该平台分享的内容限定为公共版权领域的书籍，鼓励大家自由再加工、再创造、再发布。

相对于其他网站追求点击率来说，其原则相反，网站尽可能减少访问者点击次数便能得到自己想要的内容。

（3）系统功能

① 浏览

用户可以在热门文献排行榜浏览受到读者关注较多的图书；也可以根据学术分类（世界、外文、史地、社会科学、哲学、宗教玄学等）浏览；还可以根据兴趣分类（宋刻本、传奇戏曲、中医典籍、卷轴画等）浏览。网站还对一些专题书籍（如康熙字典、古琴谱、敦煌绘卷等）进行了归纳。

② 检索

该平台仅提供简单检索功能，暂不提供高级检索功能。点击首页工具栏的“搜索”模块即可看到简单检索框，输入关键词后回车，可以获得与该关键词有关的资源内容。

③ 下载

为了方便用户转存收藏，保证高速下载，书格使用了网盘系统作为主要下载方式。国内用户推荐使用百度云或书格存储，国外用户可以使用 Google drive、onedrive 下载点。此外，也可以采用下载页面提供的电驴链接地址下载。目前，平台资源均为 PDF 格式。

④ 分享

该平台的资源可以以链接形式分享在微博、豆瓣等社交平台上。用户还可以将高质量的书籍资源推荐和提交给平台。对于公共版权领域的书籍资源，允许用户进行再加工、再创造和再发布。

⑤ 帮助

平台首页上方的工具栏中有“常见问题”模块，点击进入即可看到与网站访问、文件下载、推荐投稿、版权引用、技术相关的问题解答。

5. 其他网络中文电子图书资源

其他网络中文电子图书资源见表4–2。

表4–2　其他中文电子图书资源

网站名称	简介	网址
爱问共享资料	爱问共享资料是新浪爱问自主研发的资料共享平台，包含了千万网友上传的多种格式的文档，同时也提供海量资料的免费下载，内容涉及教育资源、专业资料、IT资料、娱乐生活、经济等类别。	http://ishare.iask.sina.com.cn/
E书联盟	庞大的免费中文电子书下载站，提供各类电子书下载，其中含比较专业的电子图书，提供部分电子书在线阅读（电子书在线阅读器由其自主开发，保护作者版权），承接电子书发布和电子书制作。	http://www.book118.com
阅读宝库	由人民网提供的电子书下载平台，所提供图书分为文学小说类、传记历史类、教育社科类、生活保健类、幽默及其他。	http://www.people.com.cn/GB/wenhua/22226/29647/
我爱E书	是一个专门提供电子书搜索、电子书阅读导航、电子书点评和电子书制作软件的网站。用户可在网页和手机上阅读该网站的电子书。	http://www.52ebook.com/
素心书斋	网站资源包含图书9225章、学术论文10067篇，允许用户阅读下载。图书被分为哲学、政治、经济、管理、历史、社会、纪实、传记、法律、小说等类别。	http://read.szrmf.com/
古籍館	古籍館收录了从古代至民国时期（主要收录1949年以前）的人撰写并经写抄、刻印、排印、影印的历代汉文古籍，提供免费在线阅读，但注册后才能使用。	http://www.gujiguan.com/
读书网	是专业的中文图书搜索引擎，集书籍查询、作者介绍、刊物定价、出版社、ISBN查询功能为一体，提供各类免费电子书阅读。	https://www.dushu.com/
爱如生论坛	全免费古籍论坛，资源极为丰富，下载需要提前注册登录，注册需要邀请码。古代典籍包括普通资源、专题资源、特别资源和外藏资源；近代文献包括民国图书、近代报刊、外藏资源。	http://forum.er07.com/
云海电子图书馆	提供投资理财、经济管理、文学小说、艺术摄影、外语学习、计算机网络等类型的电子书阅读和下载。	http://www.PDFbook.cn/
苦瓜书盘	是供网友交流适合电子书阅读的6寸PDF及mobi格式电子书制作技术的网站，提供电子书分享的平台。该网站所有资源均由网友搜集网络材料自发上传。	https://kgbook.com/
我的小书屋	是一个致力于分享kindle电子书籍的私人小站，书籍类别涵盖畅销小说、工具书、原版书籍、期刊杂志等。	http://mebook.cc/
ePUBee电子书	对外开放，免费使用。下载前需要先免费注册账号并关注公众号“ePUBee电子书”，在公众号中回复书名即可。	http://cn.epubee.com/books/

（二）外文电子图书资源

1. 古腾堡计划

（1）基本情况

1971年，伊利诺伊大学的学生 Michael Hart 启动了古腾堡计划[①]（Project Gutenberg，PG，又译作“古登堡计划”），该计划可谓最早的数字图书馆。该计划由志愿者参与，致力于推动文字读写、继承文化遗产，将文化作品进行数字化和归档，并鼓励创作和发行

① http://www.gutenberg.org/

电子书，其中的大部分书籍都是公有领域书籍的原本，古腾堡计划确保这些原本以自由文件格式自由流通，实现文档的长期保存，并可在各种计算机上阅读。

（2）主要内容

在作品类型方面，主要是西方文化传统中的文学作品（比如小说、诗歌、小故事、戏剧），除此之外，古腾堡计划也收录食谱、书目以及期刊等其他文献类型。另外还包括一些非文本内容，如音频文件、乐谱文件等。

在作品语种方面，以英语为主，但也有相当数量的德语、法语、意大利语、西班牙语、荷兰语、芬兰语以及中文等不同语言的著作。

2. 美国数字公共图书馆（DPLA）

（1）基本情况

美国数字公共图书馆（Digital Public Library of America, DPLA）① 于2013年4月19日上线，是一个汇集美国所有图书馆、档案馆、博物馆及其他文化遗产机构免费开放资源的数字化平台，旨在扩大数字资源的可获取途径，使这些数字资源更易于被发现和使用，属于非赢利性质的项目。

DPLA与上千家私人或者公立的档案馆、博物馆、艺廊、图书馆建立了资源网络，不断导入更多越来越有价值的内容，并将与全世界公众相连接。DPLA还与HathiTrust② 结合，两家的合作大大提升了美国数字图书馆的资源能级。

（2）主要内容

目前，DPLA已经有近两千万个数字化资源内容条目可供浏览、一站式检索和利用，每个条目都有着特别的故事和意义，资源形式包括文字、图像、视听资料、手稿等，内容还在持续增加和完善。除上述资源以外，相关的元数据、API③ 也被开放共享，保证用户拥有接触优质文化内容的平等机会，实现资源利用最大化。

3. The National Academies Press（NAP）免费电子图书

（1）基本情况

The National Academies Press（NAP）④ 是美国国家科学院下属的学术出版机构，主要出版美国国家科学院，国家工程院，医学研究所和国家研究委员会的报告。从1992年开始，计划将印刷本图书逐渐转化成电子图书。2011年6月，NAP宣布将其出版的

① http://dp.la/

② 2008年，美国机构合作委员会（Committee on Institutional Cooperation，CIC）的12所大学联盟及加利福尼亚大学（University of California，UC）系统所属的11所大学图书馆联合发起建立了包括数百万图书在内的数字馆藏机构库，命名为Hathitrust。Hathitrust属于非赢利性机构，致力于支持各个图书馆的资源数字化，并创建庞大的资源库。

③ API（Application Program Interface，应用程序接口）是操作系统留给应用程序的一个调用接口，应用程序通过调用操作系统的API而使操作系统执行应用程序的命令。

④ https://www.nap.edu/

所有PDF版图书对所有读者免费开放下载，并且将这些图书去除DRM[①]保护。

网站的电子图书采用PDF文档格式，意在保留书的原貌，使用Acrobat Reader软件即可阅读，并提供网上免费浏览。此外，还可以进行全文检索、打印（一次一页）。用户访问该网站资源时，无需账号和口令，也无需下载电子图书专用阅读软件。

（2）主要内容

目前通过其主站点可以在线浏览9100多种出版物，包括一批很有学术价值的图书。图书内容覆盖环境科学，生物学，医学，计算机科学，地球科学，数学和统计学，物理，化学，教育等诸多领域。

4. DailyLit

DailyLit[②] 创建于2007年，免费向公众提供包括经典名著在内的多种图书的电子书形式。该电子书阅读平台最大的特点是订阅式阅读形式，也就是通过电子邮件或者博客订阅的形式推送书籍信息。阅读之前需要先进行注册。

DailyLit网站提供书籍的浏览与检索功能，用户可以根据书籍类型（包括古典文学、当代文学、小说、科幻小说、恐怖小说、儿童读物等）、评价星级、作者、书名进行浏览，也可以查看最新出版的书籍；检索时，可通过作者、关键词、书名或ISBN号等字段查找所需图书。

5. 其他网络外文电子图书资源

其他网络外文电子图书资源见表4–3。

表4–3　其他网络外文电子图书资源

网站名称	简介	网址
Free-eBooks	该平台免费提供丰富的电子书资源，类别包含小说、纪实作品、学术著作、教材、经典文学、有声书及其他。用户注册后，下载电子书通过邮箱发送的方式获取。	https://www.free-ebooks.net/
School eBook Library	该平台拥有超过750000份PDF格式的电子书，语言涵盖100多种。	http://www.schoollibrary.com/
Bartleby.com	Bartleby项目是哥伦比亚大学启动的免费电子图书项目，始于1991年，提供重要著作的在线阅读，如《莎士比亚全集》《世界历史百科全书》以及哈佛经典著作的电子文本。	http://www.bartleby.com/
eBooks @ Adelaide	澳大利亚阿德莱德大学提供的电子书平台，内容包括文学、哲学、科学、历史、探险和旅游等学科无版权的经典著作。	https://ebooks.adelaide.edu.au/

① DRM（Digital Rights Management）是数字版权管理的英文缩写。由于数字资源的特殊性，必须采取一种技术保护那些数字化文本、图片、音视频资源的版权，数字版权管理技术应运而生。数字版权保护技术的核心主要包含数字加密和权限控制两项核心技术。

② http:// dailylit.com/

续表

网站名称	简介	网址
ManyBooks	该平台成立于2004年，提供33000余册多格式电子书籍，支持iPad、iPhone、智能手机和电子书阅读器下载使用。用户可以通过书籍标题、作者名称和类型进行查找相关的免费书籍，同时也会公布年度最受欢迎的电子书籍。	http://manybooks.net/
Wikibooks	开放于2003年，是维基百科的姊妹计划。该平台收集自由的教科书、目录或其他用户自己编辑的书。任何人都可以进入“编辑”页面修改任何一本书。	https://www.wikibooks.org/
Free Computer Books	该平台是由计算机、设计、数学、工程和技术方面的图书、注释和指南组成的免费在线数据库，网站分类结构非常细致，分为13个大类，超过150个子分类。	http://www.freecomputerbooks.com/
FreeBookSpot	该平台是一个免费英文电子书和电子期刊大全网站，分为96个类别，包括经济、建筑、计算机、数学、物理学、化学生物学、小说、有声读物等。	http://www.freebookspot.es/
eBookLobby	该平台主要提供艺术与摄影、传记、商业投资、儿童读物、计算机及网络、娱乐、健康、法律、运动、旅行艺术和教学类的免费电子书下载。	http://www.freeebooks.info/
BookYards	该平台是一个电子书籍分享和下载的网站，提供22375种电子书，分为35个类别，具有浏览（按类别或作者姓名）和检索功能。用户还可以上传自己的著作，或共享新的电子书链接。	https://www.bookyards.com/en/welcome
The Online Books Page	该平台由宾夕法尼亚大学图书馆提供，列出了一份免费电子书列表，包括二百多万种不同格式的著作链接，每天更新。用户可按作者或书名检索，也可根据列表、书名、主题或连续出版物名称浏览。	http://onlinebooks.library.upenn.edu/
Humanities E-Book Collection	简称HEB，由美国学术团体协会（ACLS）提供，收录了5000册左右的高水平人文类书籍，以英语为主，提供浏览和全文检索功能，需注册。	http://www.humanitiesebook.org/
Library Genesis	支持免费下载电子书籍的图书索引库，小说、漫画、杂志、绘画作品、标准等类型出版物，分为23个大类，可根据作者、期刊号、出版者、书号、语言等选项进行搜索并下载到本地。	http://gen.lib.rus.ec/
FreeBooks4Doctors	提供了数百种质量较高的医学类书籍，可以免费浏览和阅读。	http://www.freebooks4doctors.com/
BooksInMyPhone	收录专为手机阅读的电子书（以mobi格式为主），该站收录的无版权书籍主要是美国法律所规定的书籍，也有部分英国、加拿大和澳大利亚的书籍。具有浏览、检索和下载功能。	http://www.booksinmyphone.com/
Bookboon	Bookboon的免费在线教材都是由世界上顶尖大学的教授所撰写，它拥有超过5000万的电子书籍，内容涵盖了经济学、统计学、IT、工程和自然科学等学科。作为一个国际性的电子书出版商，bookboon为世界不同语言的商务人士提供了超过900本教材和600本电子书籍。	http://bookboon.com/

续表

网站名称	简介	网址
青空文庫	收集了海量版权失效或版权所有人允许网络共享的日文图书，主要是日本著名作家的小说，阅读和研究价值很高，对日语学习者和研究者来说是难能可贵的资源。按五十音图[①]提供作者和书名浏览，也具备检索功能。	http://www.aozora.gr.jp/
Ebooks Libres et Gratuits	免费的法语电子书网站，提供数千本法语著作下载，有PDF、DOC-ODT、HTML、ePub四种格式可选择。	https://www.ebooksgratuits.com/
Ebook Gratis	免费的意大利语电子书网站，类别包含小说、诗歌、古典文学、戏剧、传记、恐怖文学等。	http://www.ebookgratis.net/
Fundamental Digital Library of Russian Literature and Folklore	俄罗斯文学与民间传说数字图书馆，俄英双语界面可选，可按时间、作者、作品名检索，也可全文检索，提供多种在线词典和百科全书等辅助功能。	http://feb-web.ru/indexen.htm

① 五十音图，又称五十音，是将日语的假名（平假名、片假名）以元音、子音为分类依据所排列出来的一个图表。

第5章

特种文献信息检索

特种文献是指出版发行和获取途径都比较特殊的科技文献资料。特种文献特色鲜明、内容广泛、数量庞大、类型复杂多样，涉及科学技术、生产生活的各个领域，能及时反映国内外科技发展的最新水平和未来发展趋势，具有其他文献所不能取代的特殊价值。包括学位论文、会议文献、科技报告、专利文献、标准文献、产品资料、政府出版物、档案资料等。本章主要介绍学位论文、会议论文这二种社科常用的特种文献资源及其检索方法。

一、学位论文

（一）学位论文概述

1. 学位论文的定义和类型

学位论文是高等学校或研究机构的毕业生为获得学位，在导师指导下撰写完成的科学论文。1981年全国实行学位制度，规定凡申请学位者，都要提交学位论文。

（1）学位论文根据所申请的学位不同，可分为学士（Bachelor）论文、硕士（Master）论文和博士（Doctor）论文三种。其中，硕士和博士学位论文因具有专业性强、学科广泛、内容新颖、有一定的研究深度等特点，而成为一类重要的学术信息资源。

学士论文：学士学位论文是合格的本科毕业生撰写的论文，是反映作者在大学阶段对专业知识的掌握程度及综合运用所学知识进行科学研究的能力。

硕士论文：硕士学位论文是硕士研究生为获得硕士学位而撰写的学术论文，是检验硕士研究生学业学术水平的重要依据和必要环节。相比学士论文，硕士学位论文更具有一定的理论深度和更高的学术水平，更强调作者思想观点的独创性。

博士论文：博士学位论文是攻读博士学位的研究生所撰写的论文。该论文要求作者对所学专业的理论知识有相当深入的理解和思考，并在导师的指导下，选择自己能够把握和驾驭的潜在的研究方向，开辟新的研究领域。因而，博士论文具有较高的学术价值，对学科的发展具有重要的推动作用。

（2）按照研究方法不同，学位论文可分理论型、实验型、描述型三类。

理论型论文运用的研究方法是理论证明、理论分析、数学推理，用这些研究方法获得科研成果；

实验型论文运用实验方法，进行实验研究获得科研成果；

描述型论文运用描述、比较、说明方法，对新发现的事物或现象进行研究而获得科研成果。

（3）按照研究领域不同，学位论文又可分人文科学学术论文、自然科学学术论文与工程技术学术论文三大类。

2. 学位论文的特点

学位论文是重要的科学研究成果，不仅代表各学科领域的发展情况，也是掌握研究动向、了解研究成果最完整的文献资料。其主要特点如下：

（1）出版形式特殊。撰写学位论文的目的是供审查答辩之用，一般都未正式出版，而是以打印本的形式存放在特定的收藏单位。

（2）专业性。学位论文是在导师的指导下完成的，其研究内容一般与导师的课题、研究方向有关，其主题一般围绕着各学科专业的研究前沿或重大科学问题，并对相关研究进行综合、深入的综述和讨论。所以，具有较强专业性和实用性。

（3）独创性。学位论文一般都要求具有一定的独创性，所探讨的课题相对比较专深，但也存在水平参差不齐的问题。

（4）系统性。学位论文不受篇幅限制，对问题的阐述详尽而系统，从研究背景、研究和实验方法、研究成果到分析结论都有详尽论述。具有较强的系统性。此外，学位论文的参考文献多、全面，有助于对相关文献进行追踪检索。

（5）数量巨大。随着我国教育事业的发展，学位教育的规模也在不断扩大。例如，我国从1981年至2011年的30年间，授予的博士、硕士学位分别达到33.5万、273.2万。到2016年，全国在学研究生198.1万人，其中，在学博士生34.2万人，硕士生163.9万人。另有在职人员攻读硕士学位在学58.2万人。[①] 研究生的培养单位也比较分散，截至2017年，我国已有博士学位授予单位402个，硕士学位授予单位730个，因学位论文一

① 《中国教育概况——2016年全国教育事业发展情况》，http://www.moe.gov.cn/。

般只在各授予单位或少数指定机构收藏，系统地收集、管理和利用学位论文存在一定困难。

3. 学位论文的收藏单位

学位论文一般不公开出版，有其特定的收藏单位。各国的学位论文收藏单位不一，如日本国会图书馆集中收藏博士学位论文，美国和加拿大学位论文指定收藏中心为ProQuest Information and Learning 公司。

我国的学位论文的收藏单位除了学位授予单位外，还有国家指定的收藏单位。

（1）中国国家图书馆：收藏全国的博士论文，兼收部分硕士论文。

（2）中国科学技术信息研究所：收藏全国的自然科学、工程技术类学位论文。

（3）中国社会科学院文献信息中心：收藏全国的人文社科类学位论文。。

国外学位论文的国内主要收藏中心有：

（1）国家图书馆，主要收藏自然科学和社会科学方面的博士论文。

（2）中国科技信息研究所和中国社会科学院信息所，分别收藏自然科学和社会科学方面的博士和硕士论文。

此外还有清华大学图书馆等，以上这些国外学位论文收藏单位均可提供原始文献的复印及原文传递服务。

（二）国内学位论文数据库

1. 中国博硕士论文全文数据库（CNKI）

（1）中国博士学位论文全文数据库

中国博士学位论文全文数据库①（China Doctoral Dissertations Full-text Database，CDFD），是国内内容最全、出版周期最短、数据最规范的博士学位论文全文数据库。内容覆盖基础科学、工程技术、农业、医学、哲学、人文、社会科学等各个领域。

目前，收录全国985、211工程等重点高校、中国科学院、中国社会科学院等研究院所共451家培养单位的博士学位论文30万篇。产品分为十大专辑：基础科学、工程科技Ⅰ、工程科技Ⅱ、农业科技、医药卫生科技、哲学与人文科学、社会科学Ⅰ、社会科学Ⅱ、信息科技、经济与管理科学。十大专辑下分为168个专题。收录年限从1984年至今。

（2）中国优秀硕士学位论文全文数据库

China Master's Theses Full-text Database（CMFD），是国内内容最全、质量最高、出版周期最短、数据最规范、最实用的硕士学位论文全文数据库。内容覆盖基础科学、

---

① http://www.cnki.net/

工程技术、农业、哲学、医学、哲学、人文、社会科学等各个领域。

目前，收录来自746家培养单位的优秀硕士学位论文300万篇。重点收录985、211高校、中国科学院、中国社会科学院等重点院校高校的优秀硕士论文、重要特色学科如通信、军事学、中医药等专业的优秀硕士论文。产品分为十大专辑：基础科学、工程科技Ⅰ、工程科技Ⅱ、农业科技、医药卫生科技、哲学与人文科学、社会科学Ⅰ、社会科学Ⅱ、信息科技、经济与管理科学。十大专辑下分为168个专题。收录年限从1984年至今。

该数据库检索方法参见第3章“二、中文期刊数据库（一）中国学术期刊网络出版总库（CNKI）”。

2. 中国学位论文全文数据库（万方）

中国学位论文全文数据库①（China Dissertation Database，CDDB），由万方数据股份有限公司开发，通过万方数据知识服务平台提供服务。学位论文资源包括中文学位论文和外文学位论文，中文学位论文收录始于1980年，收录中文学位论文共计524万多篇，年增30万篇，涵盖理学、工业技术、人文科学、社会科学、医药卫生、农业科学、交通运输、航空航天和环境科学等各学科领域；外文学位论文收录始于1983年，累计收藏11.4万余册，年增量1万余册。

中国学位论文全文数据库提供简单检索、高级检索、专业检索和浏览四种检索途径。数据库中收录的所有论文可以按照“学科”“专业”“授予单位”三种方式进行浏览。

数据库检索方法参见第3章“二、中文期刊数据库（二）万方电子期刊”。

3. 国家图书馆馆藏博士论文库

中国国家图书馆学位论文收藏中心是国务院学位委员会指定的负责全面收藏和整理我国学位论文的专门机构，也是人事部专家司确定的唯一负责全面入藏博士后研究报告的专门机构。截至2017年，国家图书馆收藏博士论文达26万多篇。此外，该中心还收藏部分院校的硕士学位论文、中国台湾博士学位论文和部分海外华人华侨学位论文。

国家图书馆馆藏博士论文库②来源于国家图书馆收藏的博士论文，资源库以书目数据、篇名数据、数字对象为内容，提供检索、浏览服务，遵循“边建设边服务”的原则。

---

① http://www.wanfangdata.com.cn/

② http://mylib.nlc.cn/web/guest/boshilunwen

图5–1　中国国家图书馆馆藏博士论文库检索界面

如图5–1 所示，该数据库提供“题名、责任者、学位级别、专业、授予单位、导师、研究领域、关键词、目录、中英文摘要”等检索途径。此外，还提供机构、学科等浏览方式。用户可以在线使用，但无论在馆内还是馆外都只能在线浏览24页正文（正文以前的页码不计在内），不提供电子版全文下载、打印服务，检索到的馆藏学位论文，国家图书馆提供馆内阅览、复制服务。

4. 国内其他学位论文数据库

（1）CALIS 高校学位论文数据库

CALIS 高校学位论文数据库[①] 是具有特色的全国性学位论文数据库，是中国高等教育文献保障系统的子项目之一，由 CALIS 全国工程文献中心（清华大学图书馆）负责组织协调全国各高校合作建设。CALIS 高校学位论文数据库属于资源共享型数据库，采用统一规范，分散加工及集中建库的运作模式。CALIS 高校学位论文数据库于2000年4月开始面向全国高校读者提供中外文学位论文检索和获取服务，其内容涵盖了自然

① http://etd.calis.edu.cn

科学、社会科学和医学等各个学科领域。目前有大约42万条学位论文文摘索引，全文需通过CALIS的馆际互借系统获取。已有约80家大学签订了参加项目建设的协议，有70多家建立了本地学位论文提交和发布系统。

（2）台湾学术文献数据库

台湾学术文献数据库①是台湾最大的学术数据库，全球图书馆用户超过1000家，已成为全球图书馆查找台湾学术研究资源最重要的电子资源。

台湾学术文献数据库包括“学术期刊库”和“学位论文库”。

“学术期刊库”总计收录学术文献58万余篇。该库共收录期刊1999种期刊，其中现刊1678种，过刊321种。其中台湾期刊共计1654种（占台湾期刊总量的90%），收录年代主要为2000年至今，最早卷期为1930年，其中有877种期刊是从创刊卷期开始收录，期刊全文率达到100%，全文共计52万余篇。

“学位论文库”收录台湾地区学位论文113163篇，其中重点高校学位论文超过10万篇，约占本库学位论文总篇数95%，收录台湾大学学位论文超过3万篇，占本库学位论文总篇数30%。收录年代主要为2000年至今，最早卷期为1930年；更新频次每年1万篇。涵盖人文学、基础与应用科学、医药卫生、生物农学、工程学、社会科学等6大学科门类，75个学科研究领域。

图5-2　台湾学术文献数据库首页

① http://www.airitilibrary.cn/

（3）台湾博硕士论文知识加值系统

台湾博硕士论文知识加值系统[①]由台湾图书馆研制开发。台湾图书馆是中国台湾唯一的学位论文法定寄存图书馆，负责收集、典藏台湾学位论文并提供阅览台湾学位论文的服务。该系统收录台湾各优秀大学的博硕士学位论文，至2017年12月2日，数据库中已授权学位论文全文416781篇、带有书目与摘要信息的学位论文1047265篇。

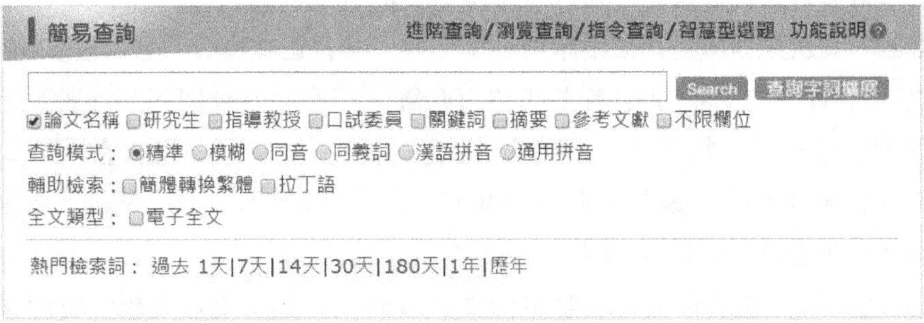

图5–3 简易查询界面

该网站为不同用户提供差异性的服务，分为“一般民众”“研究人员”“校院系所及研究生”三个检索界面。分别提供“简易查询、进阶查询、指令查询”等检索方式，如图5–3所示。

进阶查询：可同时使用多个检索字段，以及缩小查询范围；

指令查询：给用户提供更进一步的查询方式。可利用指令查询的字段有“系统编号、关键词、研究生、目次、论文名称、摘要、学校名称、参考文献、系所名称、毕业学年度、学位类别、指导教授”。

数据库浏览：提供“学科主题、百科主题、学年度、学校、系所、研究生、论文名称、指导教授”8种途径的浏览方式，以及热门排行榜、相关网站链接等功能和资讯。

注册用户可使用该系统的“我的研究室”“智慧型选题”“虚拟学科专家”“下载全文”等功能。

智能型选题：如果用户已有暂定的论文题目，可由此功能自行分析与其他同构型论文之间的相关度，以及相关主题历年的研究重点与热门程度，作为调整个人论文题目的参考；

虚拟学科专家：使用虚拟学科专家功能，需要先以会员账号登入系统，进入进阶查询功能中，选择虚拟学科专家，在查询框中输入要问的问题，选择领域及关键词后，

① https://ndltd.ncl.edu.tw/

按下搜索键，系统会给用户推荐相关的学位论文。

数据库使用语言为繁体字体，凡有“电子全文”标识的记录，注册用户均可以下载 PDF 格式的学位论文全文。

（4）香港大学学位论文数据库

香港大学学位论文数据库[①]（Hong Kong University Theses Online）提供香港大学自 1941 年以来的博硕士学位论文 1.75 万余篇，涵盖艺术、人文、教育、社会科学、医学、自然科学等领域。主要以英文写作，部分中英双语，一部分以中文写作。英语界面，部分全文。

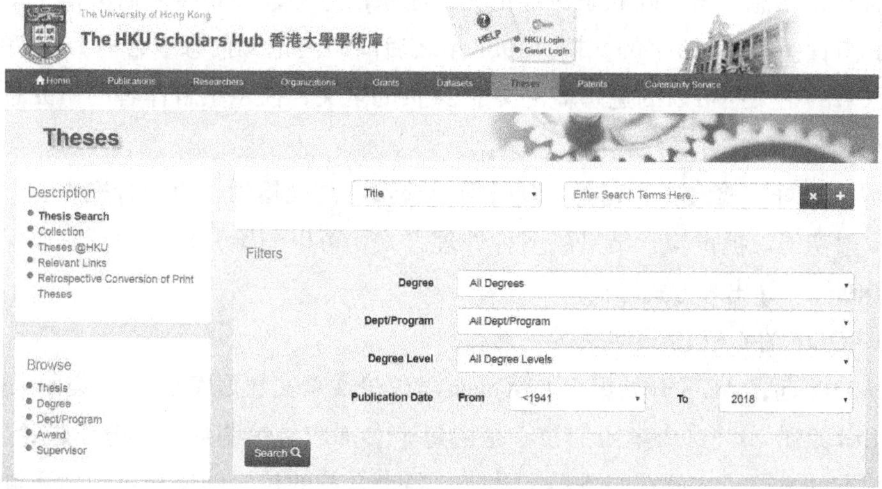

图 5–4　香港大学学位论文数据库检索界面

（三）国外学位论文数据库

1. ProQuest 博硕士论文全文数据库

（1）数据库介绍

ProQuest 博硕士论文全文数据库[②]（ProQuest Dissertations & Theses, PQDT）是迄今世界上最大的博硕士论文数据库，也是目前国内最主要的提供国外高质量学位论文全文的数据库。主要收录了来自欧美国家 2000 余所知名大学的优秀博硕士论文。截至目前，收录 1743 年至今，逾 448 万篇博硕士论文信息，内容涵盖文、理、工、农、医等各个学科领域，是学术研究中十分重要的信息资源。

① http://sunzi1.lib.hku.hk/hkuto/index.jsp

② https://search.proquest.com/

（2）数据库特点

① 合作单位数量多。PQDT 与全球数千所大学建立了学位论文出版合作关系，是美国国会图书馆和加拿大国家图书馆指定的收藏全美 / 全加博硕士论文的机构。

② 覆盖学科范围十分广泛。包含自然科学、社会科学在内的11个大学科，下辖31个一级学科和268个二级学科。

③ 收录年代长，更新频率快。ProQuest 学位论文收录的时间为1743年至今，已有270多年的数据积累。数据每周更新，可及时收录最新的学位论文。每年新增6万多篇博硕论文记录。

④ 提供的信息丰富。除收录每篇论文的题录信息外，1980年之后的博士论文信息中包含了作者撰写的350字的文摘，1988年之后的硕士论文信息中含有150字的文摘，1997年以来的论文还可以浏览每篇论文前24页的全文，便于了解作者的研究思路和架构，90% 以上的论文可以在线订购全文。

⑤ 界面友好，检索功能完善。具备简单检索、高级检索、命令行检索、二次检索等多种检索功能。提供检索结果的多种处理方式，可以浏览并标记记录，以保存、打印、电子邮件、导出等方式输出。

（3）PQDT 的 CALIS 集团采购

从2002年起，CALIS 开始组织 ProQuest 学位论文全文数据库 CALIS 集团采购[①]（简称“CALIS 集团”）。这个集团的核心是由每个参加成员馆购买一部分学位论文全文，集团内所有的学位论文放在服务器上共享，各个学校的校园网用户可免费下载这些学位论文。截至目前，CALIS 集团已经进行了四个合同期。PQDT 学位论文集团由于采用“单馆采购、集团共享”的订购模式，得到了高校成员的广泛认可。

截至2017年11月，集团成员已达到251家，其中高校成员241家，非高校成员10家。截至2018年1月29日，总上线论文699303篇。数据库学科分布情况如表5–1所示。

表5–1　ProQuest博硕士论文全文数据库论文学科分布情况[②]

学科	论文数量	比例
Applied Sciences应用科学	198513	26%
Social Sciences社会科学	137926	18%
Biological Sciences生物学	100865	13%

① CALIS（北京大学）服务器：http://pqdt.calis.edu.cn；上海交通大学服务器：http://pqdt.1ib.sjtu.edu.cn；中国科学技术信息研究所服务器：http://pqdt.bjzhongke.com.cn。

② 高校图书馆数字资源采购联盟，http://www.libconsortia.edu.cn/index.action。

续表

学科	论文数量	比例
Pure Sciences 纯科学	88810	12%
Education 教育学	64606	8%
Health Sciences 健康科学	40382	5%
Earth and Environmental Sciences 地球与环境科学	36665	5%
Language, Literature, and Linguistics 语言，文学和语言学	31056	4%
Communications and the Arts 交流与艺术	28596	4%
Psychology 心理学	28492	4%
Philosophy, Religion, and Theology 哲学，宗教与神学	12647	2%

（4）系统功能

① 学科导航

该数据库平台提供学科导航，用户可以按学科浏览，如图 5–6 所示。

图 5–5　平台首页

② 基本检索

基本检索界面简单，只提供一个检索框，不提供检索字段选择，用户可直接输入一个单词或词组进行检索。可利用双引号“”进行词组检索，如果检索词之间没有运算符，那么将按照逻辑与“AND”对所有检索词进行运算。

③ 高级检索

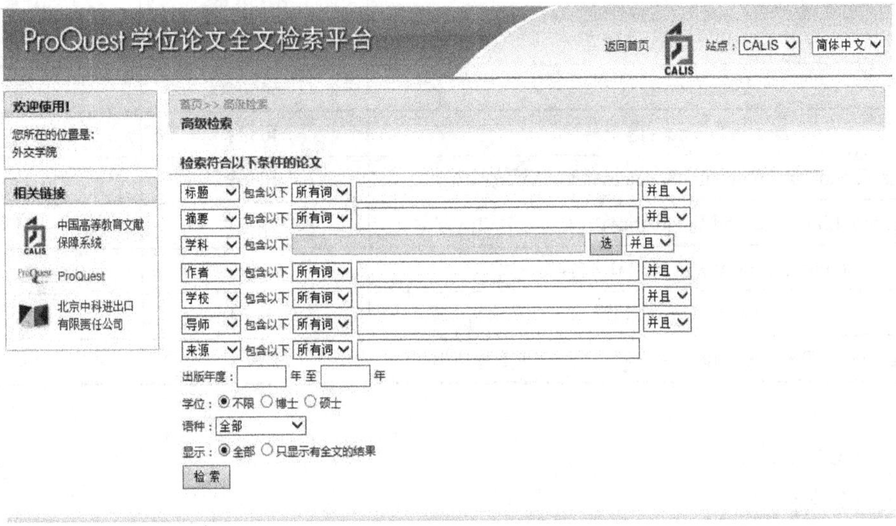

图5–6　高级检索界面

检索字段——高级检索提供多个检索框，检索字段包括：标题、摘要、全文、作者、学校、导师、来源、ISBN、出版号等。

出版年度——日期范围的默认选项是所有年度，也可指定出版年度范围。

语种——可限定文档使用语种，默认检索所有语言的文档。

学位——可选择不限、博士或硕士。

④ 检索结果

二次检索——可以在检索结果中再次检索。

检索结果排序——将检索结果按照相关度、出版年份排序。相关性考虑了多种因素，包括词频和关键词出现字段的权重。

缩小检索结果——可以通过选择学科主题、出版年、学位等缩小检索结果。

每页显示记录数——可以选择10、20、50条。

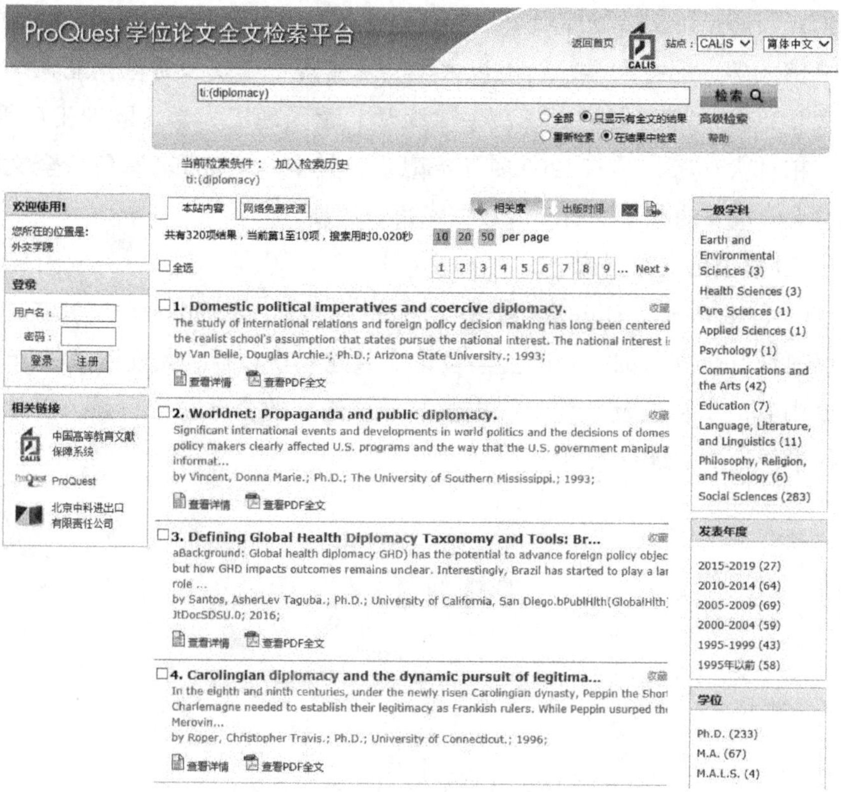

图 5–7　检索结果页面

⑤ 个性化服务功能

用户通过免费注册获取账号后，登录即可根据个人需要和爱好设置和定制个性化服务。包括：设置和订阅兴趣学科、管理收藏夹、保存检索历史等。

2. WorldCat 硕博士论文数据库

OCLC（Online Computer Library Center）即联机计算机图书馆中心，是世界上最大的提供文献信息服务的机构之一，其数据库绝大多数由一些美国的国家机构、联合会、研究院、图书馆和大公司等单位提供，并高频率地进行更新。数据库的记录中有文献信息、馆藏信息、索引、名录、全文资料等内容。资料的类型有书籍、连续出版物、报纸、杂志、胶片、计算机软件、音频资料、视频资料、乐谱等。

WorldCat 硕博士论文数据库[①]（OCLC FirstSearch-WorldCat Dissertations）收集了 WorldCat 数据库中所有硕博士论文和以 OCLC 成员馆编目的论文为基础的出版物，涉及所有学科，涵盖所有主题。

① http://firstsearch.oclc.org/FSIP

WorldCat 硕博士论文数据库最突出的特点是其资源均来自世界一流高校的图书馆，如美国的哈佛大学、耶鲁大学、斯坦福大学、麻省理工学院、哥伦比亚大学、杜克大学、西北大学以及欧洲的剑桥大学、牛津大学、帝国理工大学、欧洲工商管理学院、巴黎大学、柏林大学等，共有1900多万条记录，其中100多万篇有免费全文链接，是学术研究中十分重要的参考资料。该数据库每天更新。

3. NDLTD 学位论文数据库

NDLTD[①]（Networked Digital Library of Theses and Dissertations，NDLTD），是由美国国家自然科学基金支持的一个网上学位论文共建共享项目，始建于1996年。其目标是创建一个由其成员单位及其他组织提供的学位论文的全球联合目录，以此提供一个查找电子版学位论文的统一入口。

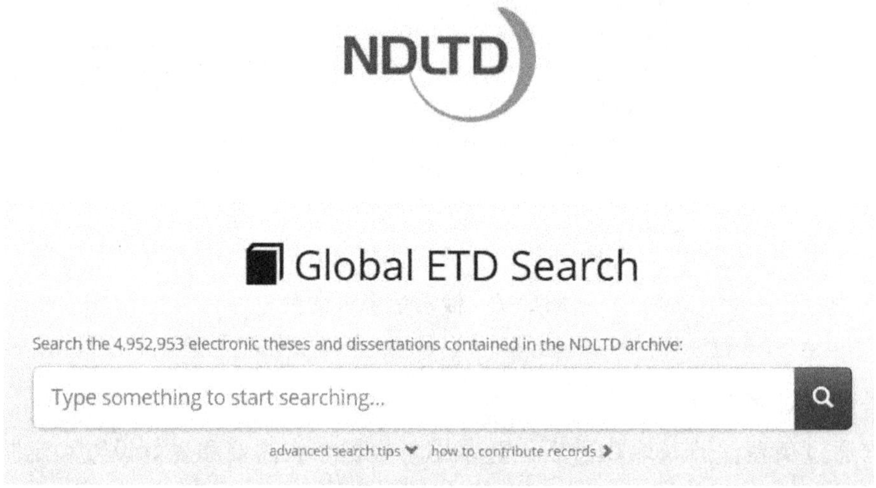

图5–8　检索界面

NDLTD 可按作者、题名、文摘、主题、机构、语种、发布年等途径检索，可免费获得论文的详细摘要，有部分论文可以得到 PDF 格式或 SGML 格式的全文（根据作者的要求，NDLTD 文摘数据库链接到的部分全文分为无限制下载、有限制下载、不能下载几种方式）。目前美国、德国、加拿大等全球200多家图书馆、7个图书馆联盟、29个专业研究所加入了 NDLTD，已收录学位论文493万多篇。为方便我国用户访问，我国 CALIS 文献中心引进了部分 NDLTD 资源。

---

① http://www.ndltd.org/

4. EThOS 英国图书馆学位论文

EThOS[①]（e-theses online service）始建于2007年，是英国的国家论文服务。EThOS旨在提供英国高等教育机构颁发的所有博士论文记录及尽可能多的论文全文，供所有研究人员使用。最初的EThOS是英国联合信息系统委员会（Joint Information Systems Committee，JISC）数字存储项目的一部分，它的设计开发与资助都来源于JISC项目。

EThOS目前集成了英国120多个高校机构的电子格式的学位论文，有48万多篇博士学位论文，最早可回溯到1600年，其中大约有26万篇通过链接到机构知识库可获取全文，下载全文需要注册。该库数据至少每周更新一次。

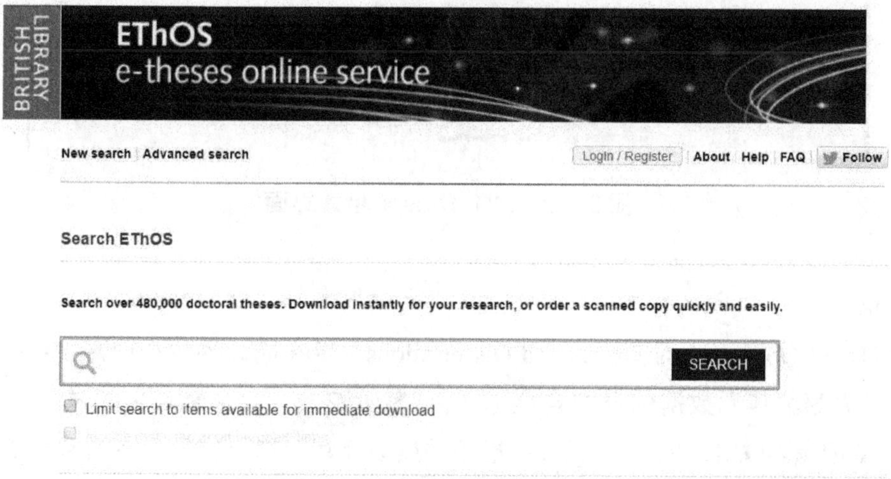

图5-9　EThOS检索界面

5. MIT Theses

MIT Theses[②] 是麻省理工学院学位论文数据库，提供麻省理工学院自19世纪中叶以来的部分学位论文共4万余篇，以及自2004年以来所有的博硕士学位论文。英语界面。部分全文。

① http://ethos.bl.uk/

② http://dspace.mit.edu/handle/1721.1/7582

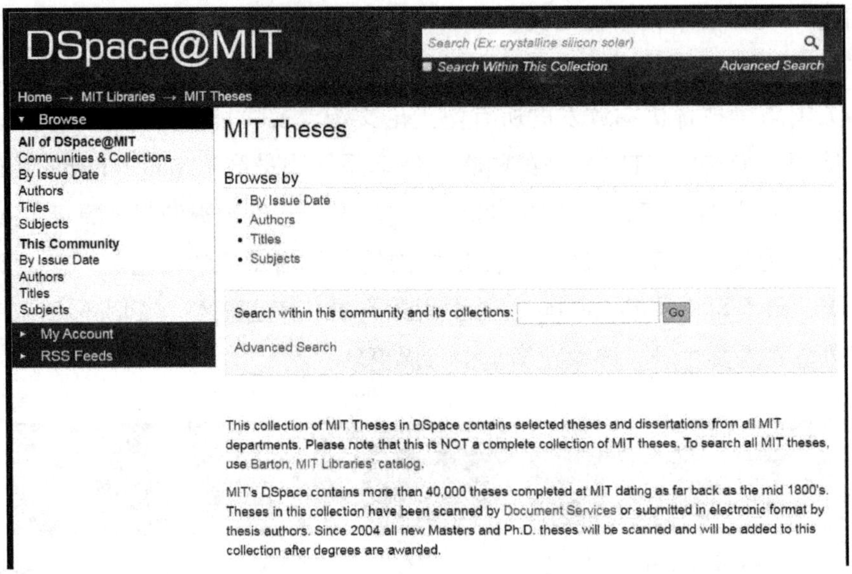

图5–10 MIT Theses检索界面

6. OATD

OATD[①]（Open Access Theses and Dissertations）旨在成为寻找全球开放获取学位论文的最佳资源。其元数据信息来自全球1100多所院校、大学和研究机构。目前共有4338814条记录。OATD由一个OATD指导委员会经营，指导委员会成员来自美国图书馆与信息技术协会及一些大学图书馆。该OATD仓储致力于提供所有支持开放获取的学位论文的索引网址，所有全文只有链接到原始机构库才能获取。OATD对学位论文的前30页进行索引，但并不对论文的全文进行索引和存储。OATD的元数据来源为大学自建的OA仓储、一些区域或国家ETD联盟建立的OA仓储，还有一些由OCLC的WorldCat提供。

① https://oatd.org/

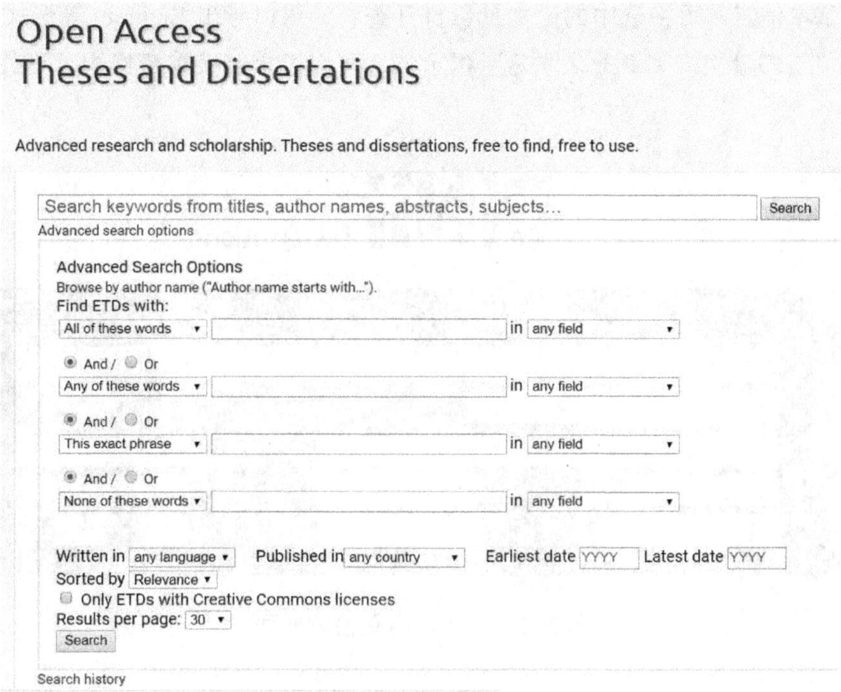

图5–11　OATD主页

7. CiNii 日本博士论文

CiNii[①] 是日本国立情报研究所（National Institute of Informatics，NII）运营的日本最大的学术论文数据库，收录了日本各学术机构及团体的期刊论文和大学学报论文，并可通过检索获取日本国会图书馆“日文期刊索引数据库”所收录的论文，索引文献较多，并含有相当数量的全文文献，可显示论文之间引用与被引用的情况。其中也有部分论文用英文或其他文字发表。

检索方法：

① CiNii 数据库检索有日语、英语两种语言界面，提供三种分类检索：日本学术论文检索、大学图书馆书刊检索、日本博士论文检索。

② 日本博士论文普通检索提供关键词检索字段；高级检索提供题名、目录、著者、学位授予大学、学位名等检索字段。

③ 可以限定揭示层次：“CiNii に本文あり”“Include Full-text”（在 CiNii 上有全文的）。

④ 博士论文的浏览与下载：检索结果界面，可以浏览学位论文的授予机构、学位、

① https://ci.nii.ac.jp/d/?l=en

馆藏地等基本信息；可将选中的论文批量打开查看，可以导出 Endnote 等形式的题录信息；带有“この論文にアクセスする”提示的，可以直接链接馆藏机构，下载全文。

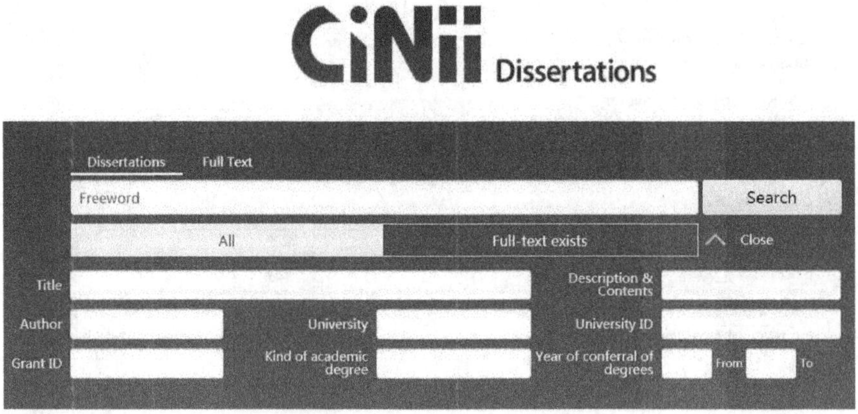

图5-12　CiNii高级检索界面

8. 美国博士论文档案数据库1933—1955年

在 H.W. Wilson 基金会的赞助下，EBSCO Information Services 与 Congregational Library & Archives 合作将纸本型的美国大学博士论文索引档案（*Doctoral Dissertations Accepted by American Universities*，DDAAU）数字化，建成美国博士论文档案数据库1933—1955年（American Doctoral Dissertations 1933-1955），收录约100000篇论文文献。

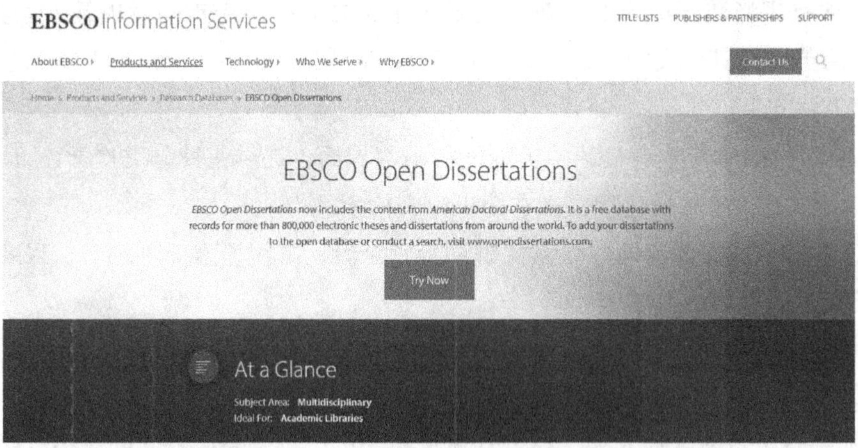

图5-13　美国博士论文档案数据库首页

美国博士论文档案数据库1933—1955年[①] 是唯一收录1933—1955年被美国大学承认的博士论文最完整的档案数据库，免费使用。该数据库提供重要的论文文摘索引数据，内容反映了历年来美国国家各方面趋势与所面临的议题等。

二、会议文献

（一）会议文献概述

随着科学技术的迅速发展，各个国家的学会、协会、研究机构及国际学术组织越来越多，为了加强科学家之间的信息交流，各学术组织每年都定期或不定期地召开学术会议。学术会议按其组织形式和规模区分，一般可分为国际性会议、地区性会议、全国性会议、学会或协会会议、同行业联合会议。

会议文献是指在学术会议上宣读和交流的论文、报告以及其他有关资料。目前，世界上每年举办的学术会议达数万个，产生几十万篇会议论文。新的理论、新的解决方案和新发展的概念通常最早出现在学术会议上发表的论文中。会议文献成为一种十分重要的文献信息源，越来越受到科研人员的重视。

1. 会议文献的类型

会议文献按发布和出版时间的先后可划分为会前文献、会中文献、会后文献三种类型。

① 会前文献：包括会议日程、论文目录、摘要和会议论文预印本。有的会后就不再出版正式文献，有的会议闭幕后不再另行出版会议录，会前文献就成为本次会议唯一的文字资料。

② 会中文献：包括开幕词、讨论记录和闭幕词等。这种文献一般为行政、事务性资料，学术价值不大，出版较少。

③ 会后文献：有会议录（Proceedings）、会议论文集（Symposium）、会议论文汇编（Transactions）、期刊特辑、图书以及有关会议的声像资料等形式。会后文献是会议文献的主体，具有很高的学术参考价值。

2. 会议文献的特点

（1）内容新颖，出版及时。许多学科中的最新发现都是在科技会议上首次公布的，会议论文阐述的观点往往代表了作者的最新研究成果，最能反映各个学科领域现阶段研究的新水平、新进展。此外，会议文献的出版速度明显快于期刊和图书，是科研人员追踪特定领域最新动态和研究进展的主要信息源之一。

---

① https://www.ebsco.com/products/research-databases/american-doctoral-dissertations

（2）专业性和针对性强。各种学术会议，通常围绕一到多个主要议题举行研讨，参会者大多是该领域内的专家，或是从事相关工作的科技人员，他们对会议议题都有较深的了解，可以在较专深的水平上进行对话，因此，与其他类型的文献资源相比，会议文献的内容更专深一些。

（3）学科范围广。会议文献的学科范围基本覆盖了科学技术领域的各学科，如光学领域有国际光学工程学会出版的 SPIE 会议录，电子电气领域有美国电气电子工程师学会出版的 IEEE 会议录，计算机科学领域有出版社出版的 LNCS 会议录等。

（4）种类繁多，出版形式多样。会议文献没有固定的出版形式，有些刊载在学会、协会出版的期刊上，作为专号、特辑或增刊，有些则发表在专门刊载会议录或会议论文摘要的期刊上。一些会议文献还常常汇编成专题论文集或出版会议丛刊、丛书，还有些会议文献以科技报告的形式出版。许多学术会议还在互联网上开设了会议网站，或者是在会议主办者的网站上设会议专页，利用网站报道会议情况和出版论文。

（5）连续性强。会议文献是伴随着会议的召开而产生，而大多数学术性、专业性会议都具有连续性，会议文献也随之连续出版。

（二）中文会议文献数据库

1. 国内外重要会议论文全文数据库（CNKI）

（1）数据库介绍

国内外重要会议论文全文数据库[①]由中国知网（CNKI）出版，汇集了国内外8000余家重要会议主办单位产出的学术会议文献，基本囊括了我国各学科重要会议论文，是我国最完备的重要会议论文全文数据库。重点收录1999年以来，中国科协系统及国家二级以上的学会、协会、高校、科研院所、政府机关举办的重要会议以及在国内召开的国际会议上发表的文献。其中，国际会议文献占全部文献的20%以上，全国性会议文献超过总量的70%，部分重点会议文献回溯至1953年。

截至2018年3月，已收录出版国内外学术会议论文集3万本，累积文献总量300余万篇。产品分为十大专辑：基础科学、工程科技Ⅰ、工程科技Ⅱ、农业科技、医药卫生科技、哲学与人文科学、社会科学Ⅰ、社会科学Ⅱ、信息科技、经济与管理科学。十专辑下分为168个专题。

① http://www.cnki.net/

（2）系统功能

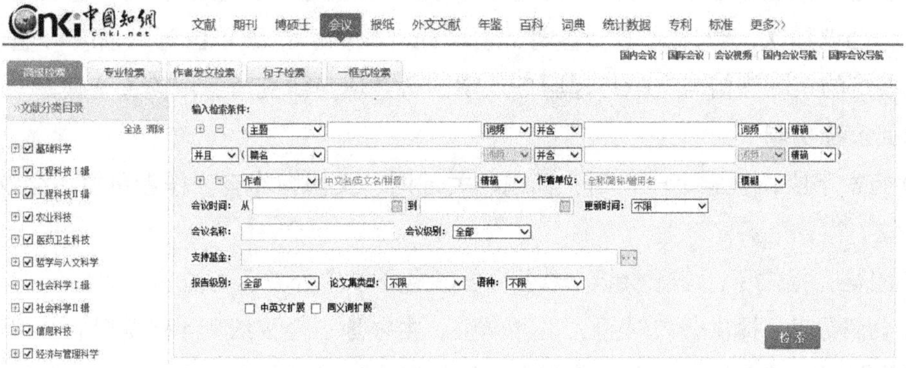

图5–14　CPCD检索界面

① 提供快速检索、高级检索、专业检索、作者发文检索、科研基金检索、句子检索、来源会议检索七种检索方式；

② 基于会议论文查全查准的核心需求，提供了“三步骤”的标准检索模式，即首先输入检索控制条件，再输入检索内容条件，最后对检索结果分组筛选，使检索过程规范、标准、高效；

③ 根据会议论文的特点，在专题文献分类的基础上，又参照《国民经济行业分类与代码 GBT4754–2002》，编制了行业分类和党政分类，用户可以根据不同需求选择相应分类进行检索。另外，还在平台首页和检索结果页都提供了“文献检索”“会议导航”“论文集导航”和“主办单位导航”通用菜单，方便用户检索；

④ 通过知网节，提供以节点文献为中心的知识网络，链接参考文献、引证文献、相似文献等相关文献。

2. 中国学术会议文献数据库（万方）

（1）数据库介绍

中国学术会议文献数据库①（China Conference Paper Database，CCPD），是万方数据知识服务平台的一个子库。该数据库会议资源包括中文会议和外文会议，中文会议收录始于1982年，收录中文会议论文共计538万多篇，年收集4000多个重要学术会议，年增20万篇全文，每月更新；外文会议主要来源于外文文献数据库，收录了1985年以来世界各主要学协会、出版机构出版的学术会议论文，共计766万多篇。

部分会议论文只提供题录信息。内容涵盖人文社会、自然、农林、医药、工程技

① http://c.wanfangdata.com.cn/Conference.aspx

术等各学科领域；内容包括：文献题名、文献类型、馆藏信息、馆藏号、分类号、作者、出版地、出版单位、出版日期、会议信息、会议名称、主办单位、会议地点、会议时间、会议届次、母体文献、卷期、主题词、文摘、馆藏单位等。读者可通过所在机构图书馆的馆际互借与文献传递服务从中国科技信息研究所获取论文全文。

（2）系统功能

① 检索字段：检索字段包括：标题、关键词、文摘、作者、作者单位、会议名称、主办单位7个字段。

② 浏览：提供了“学术会议分类”“会议主办单位分类”浏览；

③ 会议导航：提供会议时间、主办单位、主办地、会议级别4种类型的会议导航。

该数据库的高级检索、专业检索等具体检索方法参见第3章“二、中文期刊数据库（二）万方电子期刊”。

3. 会议论文数据库（国家科技图书文献中心）

（1）数据库介绍

国家科技图书文献中心[①]（National Science and Technology Library，NSTL），成立于2000年6月，是由中国科学院文献情报中心、工程技术图书馆（中国科学技术信息研究所、机械工业信息研究院、冶金工业信息标准研究院、中国化工信息中心、中国农业科学院图书馆、中国医学科学院图书馆等单位组成的虚拟式科技信息资源机构。该中心收藏有中外文期刊、图书、会议文献、科技报告、学位论文等各种类型、各种载体的科技文献信息资源，其主要任务是面向全国提供馆藏文献的阅览、复印、查询、检索、网络文献全文提供和各项电子信息服务。

截至2017年12月，NSTL数据库外文会议文摘数据库收录1985年至今的世界各地出版的学术会议论文867余万条，年增论文20余万篇，每周更新；中文会议文摘数据库收录1980年至今的国内召开的全国性学术会议论文239余万条，每年增加论文4余万篇，每月更新。

（2）系统功能

① 选择检索字段。检索字段包括：标题、作者、关键词、会议名称、会议录名称、会议时间、ISSN号、文摘8个字段。

② 输入检索词，各检索词之间可进行布尔逻辑运算，比如：（computer or PC）and design。

③ 设置查询的限制条件，比如：馆藏范围、时间范围等，推荐使用默认条件。

---

① http://www.nstl.gov.cn/NSTL/

图 5–15 NSTL 会议论文检索界面

④ 检索结果。结果页面显示命中记录的简明题录，通过链接获得详细文摘信息。如果需要获取全文，可通过“加入购物车”付费获得。

（三）国外会议文献数据库

1. 会议录引文索引数据库（Web of Science – CPCI）

（1）Web of Science 平台与引文索引

① Web of Science 平台简介

Web of Science① 是 Clarivate Analytics（科睿唯安，原汤森路透）开发的一个综合性、多功能的信息服务平台，是国际权威学术文献文摘索引数据库，是获取全球学术信息的重要数据库。涵盖了自然科学、社会科学、艺术和人文科学等领域的高品质、多样化的学术信息，并配以强大的检索和分析工具。该平台可提供全中文界面。

Web of Science 包括自然科学、社会科学、艺术和人文领域的期刊论文和会议论文。每周更新。Web of Science 核心合集数据库收录了 18000 多种世界权威的、高影响力的学术期刊，内容涵盖自然科学、工程技术、生物医学、社会科学、艺术与人文等领域，最早回溯至 1900 年。Web of Science 核心合集的重要部分组成见表 5–2。

① https://clarivate.com.cn/products/web-of-science/web-science-core-collection/

表5-2 Web of Science核心合集

类别	数据库名称
期刊引文子数据库	Science Citation Index-Expanded（SCI-E，即SCI，科学引文索引）1900年—
	Social Sciences Citation Index（SSCI，社会科学引文索引）1900年—
	Arts & Humanities Citation Index（A&HCI，艺术与人文引文索引）1975年—
会议论文引文子数据库	Conference Proceedings Citation Index-Science（CPCI-S，1990年—）
	Conference Proceedings Citation Index-Social Science & Humanities（CPCI-SSH，1990年—）
化学数据库	Current Chemical Reactions收录了1985年以来的最新化学反应
	Index Chemicus收录了1993年以来的化学物质的事实型数据
图书引文子数据库	Book Citation IndexSM（BkCI，图书引文索引）截至2016年收录了50000多种图书，共1010000多条记录，同时每年增加10000种新书（2005年—）
新兴资源索引	Emerging Sources Citation Index（ESCI）展示重要的新兴研究成果（2015年—）

②引文索引

在学术论文、综述、著作等文献中罗列了大量的参考文献，这些参考文献又称为引文。引文信息通常包括题名、著者、出版地及出版时间等。引文索引即利用文献间的引用关系检索相关文献的索引。它包含两种含义：一是索引中编制了引文内容；二是利用引文信息检索文献。

1955年，原美国情报信息研究所（ISI）① 的尤金·加菲尔德博士在《*Science*》发表论文提出将引文索引（Citation Index）作为一种新的文献检索与分类工具。在进行了几次小规模实验性研究后，尤金·加菲尔德博士和他的团队于1963年出版了科学引文索引（SCI）。随后，ISI分别在1973年和1978年相继出版了社会科学引文索引（SSCI）和艺术与人文引文索引（A&HCI），从而进一步扩大了引文索引法的应用范围。

我国的第一个引文数据库是创建于1989年的《中国科学引文数据库》（*Chinese Science Citation Database*，CSCD）。1998年，由南京大学中国社会科学研究评价中心开发研制的《中文社会科学引文》（*Chinese Social Sciences Citation Index*，CSSCI）开始出版发行。CSSCI是中文社会科学成果计量化统计工具，是目前我国社科文献信息的重要检索工具之一。此外，中文索引数据库还有"中文报刊资料索引数据库""全国报刊索引数据库"等。

Web of Science核心合集收录了论文中所引用的参考文献，并按照被引作者、出处和出版年代编制成独特的引文索引。利用引文数据库，用户不仅可以用主题、著者、

① 科学信息研究所（Institute for Scientific Information，ISI），由尤金·加菲尔德于1960年创立，即著名的汤姆森ISI。它是汤森路透知识产权与科学业务的一部分，2016年，IP & Science业务被出售，成为Clarivate Analytics。

刊名、著者地址等途径进行检索，还可以用被引用文献的著者和来源进行检索。

通过独特的引文检索，可以用一篇文章、一篇会议文献、一个专利号、一本著作的名字作为检索词，从数百万条引文中查询到某篇科技文献被引用的详细情况，了解引用这些文献的论文所做的研究工作。还可以轻松的回溯某一研究文献的起源与历史，或者追踪其最新的进展，及其对交叉学科和新学科的发展研究的重要参考价值，既可以越查越经典，也可以越查越新，越查越深入。

通过引文检索还可以对检索结果进行多角度、可视化的全景分析：用户可以将检索到的结果按作者、出版年份、学科领域、研究机构、文献语种和期刊名称进行分析，归纳总结出相关研究领域的发展趋势、某个特定的课题都分布在哪些不同的学科中；有哪些相关期刊供投稿时参考等。通过多角度、全方位的深入分析，可以从宏观层面揭示学科 / 课题的发展趋势和现状。

（2）CPCI 数据库介绍

会议录引文索引数据库[①]（Conference Proceedings Citation Index，CPCI）由美国汤森路透公司出版，CPCI 汇集了以图书、科技报告、预印本、期刊论文等形式出版的各种国际会议文献，提供综合、全面、多学科的会议论文资料。

CPCI 通过 ISI Web Of Knowledge 平台提供服务，包含两个子库：

① Conference Proceedings Citation Index Science，CPCI-S（《科学会议录引文索引》）。CPCI-S 涵盖了所有科技领域的会议录文献，包括农业、生物化学、生物学、生物工艺学、化学、计算机科学、工程、环境科学、内科学和物理学等学科。收录范围1997年至今。

② Conference Proceedings Citation Index Social Sciences & Humanities，CPCI-SSH（《社会科学与人文科学会议录引文索引》）。CPCI-SSH 涵盖了社会科学、艺术及人文科学的所有领域的会议录文献，包括艺术、经济学、历史、文学、管理学、哲学、心理学、公共卫生学和社会学等学科。收录范围1998年至今。该库共收录全球学术会议录超过170000种。

CPCI 是查询世界学术会议文献的最重要的检索工具之一，它所收录的国际会议水平高、数量多，收录的信息量大，且速度快，检索途径多，因此在同类的检索工具中影响最大，使用者最多，权威性最高，成为检索正式出版的会议文献的主要工具。CPCI 不但可以检索会议论文的信息，还可以检索会议文献引用或被引的情况，CPCI-S、CPCI-SSH 和 SCI、SSCI、A&HCI 一样，都是 Web of Science 平台上重要的引文索引数据库。

---

① http://www.webofknowledge.com

（3）系统功能

该数据库提供“基本检索”“作者检索”“被引参考文献检索”“高级检索”等检索功能。

① 选择数据库

Web of Science 平台包括8个数据库，首先选择所要检索的数据库，点击“更多设置”，出现 SCI、SSCI、A&HCI、CPCI-S、CPCI-SSH 等引文索引数据库供选择，可选择一个或同时选择多个。

② 基本检索

系统默认“基本检索”界面。

检索字段：提供主题、标题、作者、作者识别号、团体作者、编者、出版物名称、DOI、出版年、地址、会议、语种、文献类型等检索字段。

检索步骤：在检索框内输入检索词，点击“添加另一字段”增加检索字段，各字段之间自动由“AND”来组合；设置时间跨度；点击“检索”即可。

③ 作者检索

可通过输入作者姓名、选择研究领域、选择组织等方式检索某一机构的作者在某一研究领域发表的文献。

姓用全称在前，名在后可以用全称，也可以用缩写。但是，有时名会被当作姓放在前面。所以检索时姓名的形式较多，最好写全。不分大小写。

④ 高级检索

这里的高级检索是指命令检索，可以灵活编写检索式，但是检索式中的每个检索词都必须用字段标识指明检索范围，字段标识只能用英文表示，不同字段之间必须用布尔运算符连接。可以使用通配符、括号等检索技术。可进行检索式组配检索。

⑤ 常用检索字段

表5–3　CPCI常用检索字段表

字　段	内　容
主题	多字段检索，包括标题、摘要、作者关键词以及扩展关键词字段，可使用逻辑算符、截词符等各种检索技术，支持中截断和后截断检索，系统自动识别单复数。
标题 Title	检索文献标题只输入实词，标点和虚词省略，词间逻辑关系默认为and。可使用逻辑算符、截词符等各种检索技术。
作者 Author	数据库对所有文献作者或编者进行了标引，可检索所有相关的作者和编者。输入作者的姓氏全拼、空格、名字首字母。例如查找作者张李三，可输入zhang ls。多个姓名拼写形式之间可使用AND、OR、NOT等逻辑算符，也可使用通配符*?。
出版物名称 Publication Name	输入期刊的全称、缩写或右截断，也可点击“从索引中选择”，在“出版物名称索引”中浏览和查找。

续表

字 段	内 容
地址 Address	作者所在的机构名称和地理位置。地址字段的书写一般用简称，词的形式采用数据库的规范形式，也可以用全称。当不确定简称的缩写形式，可输入前3个或2个字母后输入“*”进行截词。注意：①大学名称和院系的前后次序不影响检索。②地址字段经常与作者字段组配检索或以某一单位为对象进行检索。
Reprint author	通讯作者视同为责任作者，一般可理解为第一作者；Reprint author可帮助读者获取该文献，通常原文中的通讯作者作为Reprint author。
IDS号	即Document Solution number（文章检索号），可唯一确定某期刊的某一期，因此，每种期刊每一期上的文献IDS号都相同。如订购文章的全文时，需要向出版商汤森路透知识产权与科技提供IDS号。
入藏号Accession Number	即收录号。SCI、SSCI等收录的文章被评价时，一般要提供其数据库入藏号，而不是IDS号。2011年12月推出的WOK5．5在检索结果全记录页面开始增加入藏号。过去只能在某文章的全记录页面中的“输出记录（Output This Record）”的HTML格式文档（默认文件名为“savedrecs.html”）中才能查到。
DOI	即Digital Object Identifier的简写，是一篇文章的唯一永久性的标识号，由国际DOI基金会（International DOI Foundation）管理，与Web of Science无关。
会议	检索会议录文献中的会议标题、会议地点、会议日期、会议发起人等信息。

除了上表中列出的常用检索字段外，该数据库还提供来源出版物（Source Title）、参考文献（Cited References）、被引次数（Times Cited）、相关记录（Related Records）、摘要（Abstracts）、作者关键词（Author Keywords）、增补关键词（Keywords Plus）、通讯作者地址（Reprint Address）、作者识别号（Author Identifiers）、邮件地址（E-mail Address）、类别 / 分类（Categories/Classification）等检索字段。

⑥ 被引参考文献检索

引文检索可通过被引作者、被引著作、被引标题等进行检索。

检索字段：提供被引作者、被引著作、被引年份、被引卷、被引期、被引页、被引标题等检索字段，该检索可用于查找某一特定文献的被引用情况，揭示各个研究之间的关联性。

检索步骤：选择某一检索字段（如被引作者），输入检索词，各检索词之间可使用运算符，并设置时间跨度、选择相应引文数据库，点击“检索”后进入检索结果页面。

例如：查某篇文章在近5年的SSCI引用情况。首先选择“被引标题”检索字段，在检索框中输入文章标题，选择时间跨度（近5年），并在“更多设置”中勾选SSCI数据库，点击“检索”；其次在检索结果页面中，勾选要查的被引文献记录，点击“完成检索”，在结果中可查看所有引用此篇文献的来源文献。

⑦ 检索结果

• 查找获取全文。点击某个检索结果题名进入文献摘要界面，点击上方的“全文选项”，系统会弹出该文献的全文获取途径，选择可链接至各馆已购买的全文数据库中获取全文，或者在下拉图书馆列表中选择某个图书馆，可链接至其他图书馆馆藏目录；点击“查找全文”可链接至Google Scholar检索网络全文。

• 排序功能。通过排序功能来发现某个研究领域中被引用次数最多的重要文献：排序方式选择“被引频次（降序）”。

• 聚类分析。使用“精炼检索结果”功能，可以将检索结果限定在某个范围内。系统提供按相关性、被引频次、出版日期、第一作者、来源出版物名称等方式对检索结果进行排序，还可通过学科类别、文献类型、研究方向、作者、来源出版物名称、语种、机构、国别等途径进一步简练检索结果。

• 分析检索结果。点击“分析检索结果”按钮即可通过分析结果获得隐含的研究模式。

• 了解期刊信息。在文献摘要界面点击“查看期刊信息”可了解期刊JCR（Journal Citation Reports）类别及分区情况；点击该页面下方的“Impact Factor”（影响因子），可查看期刊的影响因子。

• 关键词检索。在文献摘要界面点击“关键词”可直接实现关键词的检索。

• 特殊标识。每条检索结果记录系统会自动提供ESI[①] 高被引、高热点论文等特殊标识。精炼“ESI高水平论文”，可以快速筛选出该领域高被引论文（Highly Cited Papers）与热点论文（Hot Papers）。

• 检索结果导出。系统支持打印、下载或者Email、保存至EndNote Online、EndNote、ResearcherID或其他文件格式等多种方式导出检索结果。勾选完需要导出的记录后点击“标记结果列表”，根据需求勾选要导出的检索结果字段，如作者、标题、来源出版物、摘要或全记录、全记录及引用的参考文献等，最后任选某种方式导出即可。

⑧ 个性化功能

• 分析检索结果。系统对检索结果提供作者、国家地区、出版年、研究方向、来源出版物名称等多个维度的分析统计功能，方便了解某研究课题的总体发展趋势、潜在的合作者或合作机构等。

• 创建引文报告。在“检索结果”页面点击“创建引文报告”，可对检索结果集做综合引文统计，包括所有结果被引用的合计次数、每条结果被引用的平均次数、每条结果每年被引用的次数、每条结果在一年内被引用的平均次数等，有助于呈现某研究

① ESI（Essential Science Indicators）基本科学指标数据库，是由世界著名的学术信息出版机构ISI推出的衡量科学研究绩效、跟踪科学发展趋势的基本分析评价工具，是基于ISI引文索引数据库SCI和SSCI所收录的全球8500多种学术期刊的1000多万条文献记录而建立的计量分析数据库。ESI从引文分析的角度，将全部科学分为22个专业领域，分别对国家、研究机构、期刊、论文以及科学家进行统计分析和排序。

领域的总体趋势、快速锁定高影响力、高热点论文。

• 引文服务。针对每条检索记录，系统提供 Times Cited（被引频次）、References（参考文献）、Related Records（相关记录）、Citation Map（引证关系图）四个重要引文服务功能。

• 对注册用户系统提供检索式保存与定题跟踪服务、创建 RSS Feed、创建引文跟踪服务、个性化服务定制，如创建和使用 EndNote 图书馆，直接在线添加参考文献、分类管理、格式化参考文献，边写作边引用；注册 Researcher ID，在线将已发表的著作添加至 Researcher ID 的出版物列表等。

2. OCLC 会议文献数据库

（1）OCLC 简介

OCLC（Online Computer Library Center，联机计算机图书馆中心），是世界上最大的文献信息服务机构。创立于1967年，由美国俄亥俄州54 所大学的校长成立，也是世界上最大的图书馆合作会员制组织，向全球171个国家和地区7.2万多所图书馆提供服务。全世界众多一流大学图书馆、国家图书馆、研究图书馆和大型公共图书馆都是 OCLC 的会员馆。OCLC FirstSearch 是大型综合的、多学科的数据库平台，涉及广泛的主题范畴，覆盖所有领域和学科，所有信息来源于全世界知名图书馆和知名信息提供商。

OCLC FirstSearch① 基本组数据库是一个面向最终用户设计的交互式联机检索系统，能够对80多个数据库和一千多万篇全文文章以及上万种期刊提供电子检索，涵盖所有主题领域的信息。

CALIS 全国工程中心以年订购的方式购买了 FirstSearch 基本组13个数据库，提供给211工程的105所院校使用。FirstSearch 基本组13个数据库中大多是综合性数据库，内容涉及艺术和人文科学、商务和经济、会议和会议录、教育、工程和技术、普通科学、生命科学、医学、新闻和时事、公共事务和法律、社会科学等领域。OCLC 的主要子数据库见表5–4。

表5–4　OCLC子数据库列表

名　称	简　介
FirstSearch-WorldCat 联机联合目录数据库	是世界上最大的书目记录数据库，包含OCLC近2万家成员馆编目的书目记录和馆藏信息。从1971年建库至今，共收录有491种语言总计达3.9亿多条书目记录、25亿多条馆藏记录，每条记录还附带馆藏信息，基本上反映了从公元前4800多年至今世界范围内的图书馆所拥有的图书和其他资料。文献类型多样，包括图书、手稿、地图、网址与网络资源、乐谱、视频资料、报纸、期刊与杂志、文章以及档案资料等。该库平均每十秒更新一次。

① http://firstsearch.oclc.org/FSIP

续表

名 称	简 介
FirstSearch-Ebooks电子书书目数据库	收录了OCLC成员图书馆编目的所有电子书的书目信息，1800多万种，涉及所有主题，涵盖所有学科，收录日期从公元前1000年至今。每天更新。
FirstSearch-ArticleFirst综合类学术期刊索引数据库	ArticleFirst数据库包括自1990年以来的16000多种来自世界各大出版社的期刊，并且提供收藏该期刊的图书馆名单。目前该库有3200多万条记录，主题涵盖商业、人文学、医学、科学、技术、社会科学、大众文化等。每天更新。
FirstSearch- ECO（学术期刊索引数据库）	收录了1995年以来全球70多家出版社的5000多种期刊，共计680多万条记录，涉及几乎所有学科，每天更新。
FirstSearch -WorldCat Dissertations 硕博士论文数据库	收集了WorldCat数据库中所有硕博士论文和以OCLC成员馆编目的论文为基础的出版物，涉及所有学科，涵盖所有主题。共计1900多万条记录，其中100多万篇有全文链接，可免费下载。每天更新。
FirstSearch -Clase Periodica 拉美学术期刊文摘数据库	Clase Periodica数据库由Clase和Periodica两部分组成，其中Clase是对人文社科领域拉丁美洲期刊（1975年至今）文献所做的索引；Periodica则涵盖科学与技术文献的期刊（1978年至今）。该库对2700多种以西班牙文、葡萄牙文、法文和英文发表的学术期刊中的68万多条书目引文提供检索。涉及各个学科领域。每三个月更新一次。
FirstSearch -ERIC 教育学数据库	ERIC是由美国教育资源信息中心整理的教育方面文献的指南，涵盖从1966年至今的有关教育方面的众多资料，涉及数千个教育专题，收录了1000多种期刊和其他资料，共有记录150多万条，可免费阅读约24万篇全文文章。每月更新。
FirstSearch-MEDLINE 医学期刊数据库	MEDLINE数据库标引了国际上出版的近2万种期刊，主题涵盖了所有医学领域。每天更新。
FirstSearch-OAIster 全球联合机构知识库	OAIster是2002年密歇根大学在美国梅隆基金会的资助下开展的项目，目前发展成全球最大的开放档案资料数据库，为研究者提供多学科数字资源。该库记录数量已达到近3100万条，来自1100多家图书馆及研究机构。每条记录包括数字资源的全文链接，用户可以查看、下载和保存图片及全文内容。每三个月更新一次。
FirstSearch-SCIPIO 艺术品和珍本拍卖目录数据库	SCIPIO是一个在线艺术品和珍本拍卖目录数据库，涵盖了从16世纪晚期到目前的拍卖出售目录，共有44万多条记录。SCIPIO提供北美和欧洲主要拍卖行以及许多私下销售的拍卖目录，是了解艺术品、珍本、收藏历史、古今市场趋势的珍贵信息来源。涉及的主题有珍本、绘画、艺术作品、雕塑、素描、家具、珠宝、房地产、纺织品和地毯等。每天更新。
FirstSearch GPO 美国政府出版物书目数据库	U.S. Government Printing Office由美国政府出版署创建，覆盖从1976年以来的美国政府文件，包括美国国会的报告、听证会、辩论、记录、司法资料以及由行政部门（国防部、国务院、总统办公室等）颁布的文件，每条记录包含有一个书目引文，共有66万多条记录。每月更新一次。

（2）数据库介绍

Proceedings First和Papers First是OCLC FirstSearch检索平台的两个会议文献数据库。

① OCLC FirstSearch -Papers First（会议论文索引数据库）

Papers First数据库是一个在世界范围召开的大会、座谈会、博览会、研讨会、专业会、学术报告会上发表的论文的索引。涵盖了自1993年以来所有来自大英图书馆文献供应中心的发表过的研讨会、大会、博览会、研究讲习会和会议的资料，共有860多万条记录，所包含的主题就是在所报道的会议中讨论的主题。每两周更新一次。

② OCLC FirstSearch -Proceedings First（会议录索引数据库）

Proceedings First 是 Papers First 的相关库，是一个在世界范围召开的大会、座谈会、博览会、研讨会、专业会、学术报告会上发表的会议录索引。涵盖了自 1993 年以来所有来自大英图书馆文献提供中心的发表过的研讨会、大会、博览会、研究讲习会和会议的资料，而且每条记录都包含一份在每次大会上所呈交的文件清单，从而提供了各次活动的一个概貌，共有 47 万多条记录。每周更新两次。

（3）系统功能

OCLC FirstSearch 检索平台提供八种语言的检索界面，其中包括简体中文界面。

OCLC FirstSearch 的 13 个数据库通过一个检索平台来进行检索，但各个数据库的简单检索和高级检索界面略不相同；多库同时检索时，可用的检索框和限制条件相对较少。检索包括基本检索、高级检索和专家检索三种方式，系统默认基本检索。

① 选择主题或数据库

进行检索之前，首先要选择数据库，或按主题范畴选择。在主页，可以通过三种途径选择数据库，每次选择 1—3 个数据库或相关主题据库进行检索。

FirstSearch 具有推荐数据库功能。点击“推荐最佳数据库”，输入检索词，系统会显示该检索词在每个数据库中匹配的记录数，用户可以据此选择适合自己的数据库。

② 基本检索

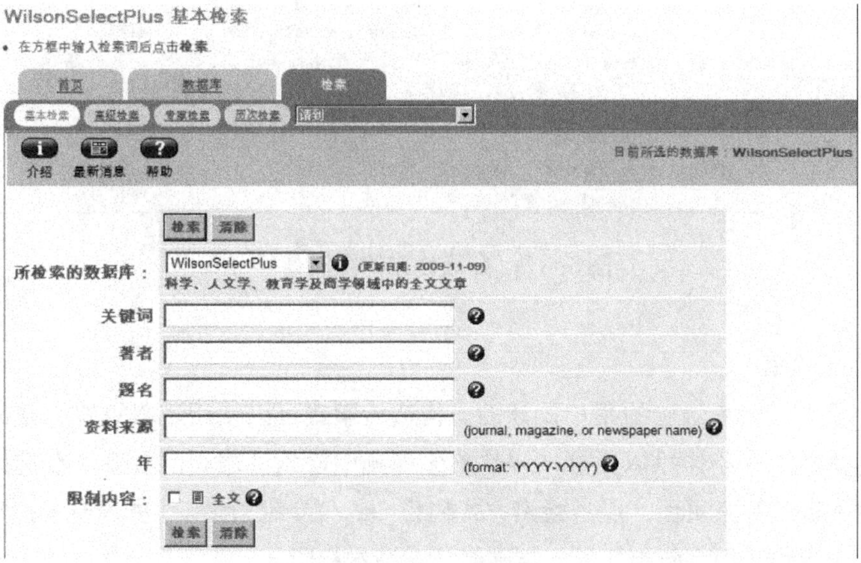

图 5–16　基本检索界面

FirstSearch 首页即可进行基本查询：在“查询”文本框后输入检索词 / 式，点击“检索”按钮进行检索。

用“作者（Author）”字段检索时，须先输入姓，再输入名的首字符；姓、名之间可用逗号或空格分隔。

③ 高级检索

通过高级检索可以构造更复杂的检索式。各个检索词之间使用布尔逻辑算符进行组配。使用括号可把检索式输入同一个检索框中，但也可以把每一个检索词分别输入不同的检索框。在高级检索中，可以通过一些限制条件进行限定，以缩小检索范围，得到更高的查准率。

每个数据库有不同的限制条件。图5–17中提供了Papers First及Proceedings First数据库的限定条件，包括内容、文献类型、子类、馆藏范围，还可以选择排序方法。

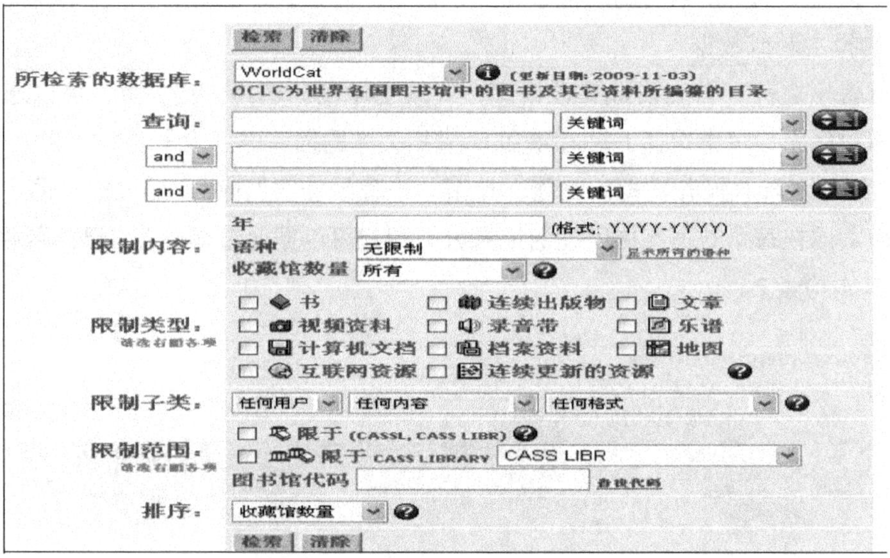

图5–17 高级检索的限制条件

④ 专家检索

专家检索是为有经验的用户设计的。构造检索式可以使用逻辑算符、截词符和位置算符等。用专家检索可以更好地表达检索课题中检索词之间的关系。在选择数据库之后，进入高级检索页面，点击检索方式栏目中的“专家检索”，进入专家检索页面。专家检索也提供了很多限制条件，与高级检索基本相同。

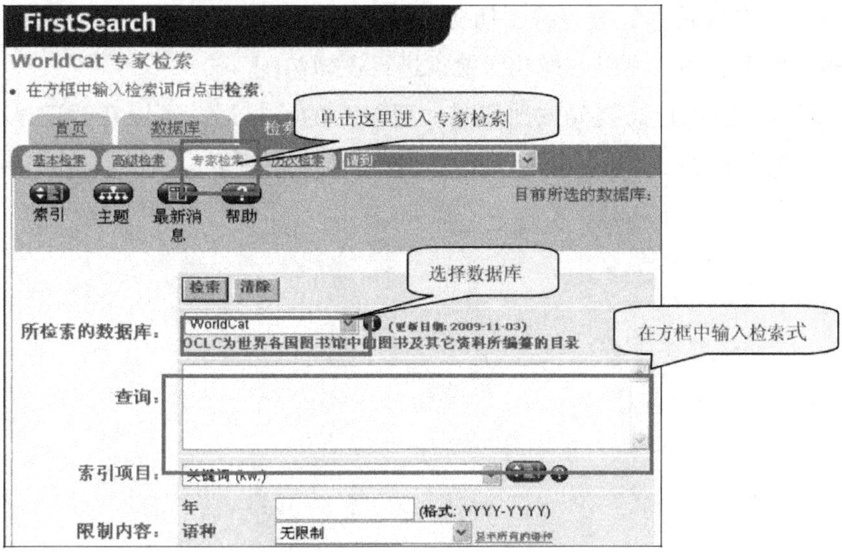

图 5–18　专家检索页面

⑤ 检索式

构造检索式是专家检索的核心，也是难点。检索式最基本的构造方式是：

字段代码 + 冒号（:）+ 检索项，如：kw:diplomacy（在关键词字段检索）

字段代码 + 等号（=）+ 检索项，如：ti=gone with the wind（在篇名中检索）

字段代码如下：著者 AU；主题 SU；关键词 KW；篇名 TI；标准号码 SN；年代 YR。

⑥ 检索结果

• 限制检索，如果初次检索得到的结果太多，可对初次检索的结果进行限定。每个数据库都允许用户限制检索，以便查找到的记录更能满足需要。如限制语种、出版年份、记录类型等。

• E-mail，点击结果显示框上的“电子邮件”按钮，可以把所需记录发送至指定的信箱。

• 打印——点击结果显示框上的“打印”按钮，可以打印所需记录。

• 输出——点击结果显示框上的“输出”按钮，可以输出所需记录。

• 获取全文——Proceedings First 和 Papers First 数据库的每条记录中都包含了纸本会议文献的馆藏址，可提供世界范围内各机构收藏相应的纸本会议文献的情况。需要会议文献全文的用户可通过馆际互借与文献传递服务获取全文。

⑦ 个性化功能

• 浏览检索历史。一次登录的几次检索后，点击导航菜单中的“历次检索”链接，即可看到本次登录的检索历史。检索历史屏幕显示出已经完成的所有检索式和每次检索结果数的一览表。用户可以选择几次检索进行逻辑组配。

• 我的账号。新用户需要先注册账号。登录我的账号后，可以在“记录列表”或“历次检索”中保存检索结果，也可以在“历次检索”中存取、索引、检索和删除保存检索记录。

第6章

国际关系、外交类信息检索

一、国际关系类信息概述

（一）基本定义

1. 国际关系与国际关系学

（1）国际关系

国际关系是政治学的一个分支，研究国际社会之间的外交事务和关系，如国家、政府国际组织、非政府国际组织、跨国公司等，关注重点是对外政策。它包括三个不同范围的领域：其一，国际关系，指任何成员的任何跨国界关系，包括国家、国际组织以及个人之间的跨国界互动关系；其二，国际政治，主要指权威国际成员间的关系，核心是国家之间的关系；其三，对外政策，指一个国家对于其他国家或组织指定和施行的政策。

国际关系的产生与近代民族国家的出现密不可分，《威斯特伐利亚和约》的签订结束了“三十年战争”（1618—1648年）并产生了威斯特伐利亚体系，由此确立了“国家至上”的思想。它规定国家间交往必须遵守的国际法基本原则，因而奠定了近代民族国家国际关系的基础，从此主权国家成为国际活动最重要的主体。

（2）国际关系学

国际关系学是研究国际关系体系运行和演变规律的科学。这门科学从国际关系体系着眼，主要研究国际关系中各成员、各个部门之间的各种关系，其中以国家之间的政治关系为主；研究该体系中各个成员、各个部门同整个体系的相互关系；研究推动和制约国际关系体系演变的各种因素，包括各个国际行为体的内部有关情况和国际关系的外部环境。在研究这些问题的基础上进行综合考察，从而揭示国际关系体系运行和演变的规律。

国际关系理论是指描述、解释、研究、分析和预测国际关系现状与发展的理论，概括而言，就是研究国际关系的科学分析框架和理论体系。

国际关系学及国际关系理论研究的对象是国际系统中的成员，也就是国际行为体。国际行为体分为国家行为体和非国家行为体两类，前者指的是民族国家，后者包括政府间国际组织（IGOs）、非政府间国际组织（NGOs）、多国公司（MNCs）、跨国公司（TNCs）等。

2. 外交与外交学

（1）外交

“外交”一词最早来自希腊文 diploma，原意为“可以折叠的物品”。“外交”一词尚无统一定义，《现代汉语词典》将外交解释为“一个国家在国际关系方面的活动，如参加国际组织和会议，跟别的国家互派使节、进行谈判、签订条约和协定等”。在《中国大百科全书》中，外交指的是“国家以和平手段对外行使主权的活动。通常指国家元首、政府首脑、外交部长和外交机关代表国家进行的对外交往活动”。陈乐民在其著作《西方外交思想史》中，给出的定义是“一个国家或一个国家集团同外界打交道时的政治”。

总的来说，外交通常是指一个主权国家通过其官方代表，在遵守国际惯例的基础上，为了维护本国的国家利益，以约定俗成的和平方式，与其他主权国家或由主权国家组成的国际组织所进行的正式的官方之间的正常交往，其形式包括互相在对方首都设立使馆，派遣或者接受特别使团，领导人访问，参加联合国等国际组织，参加政府性国际会议等。

（2）外交学

外交学是研究以和平手段处理国与国之间的事务，调整和处理国际间关系的方法、艺术及其理论原则的一门社会科学，是外交活动实践的经验总结和理论结晶。外交学研究的对象十分广泛，包括外交关系的历史脉络、外交政策的制定及其变化的依据、外交政策与国内政策的关系、实施外交政策的方法手段等。

外交学体系主要分为两个部分：第一，外交学的基本理论，主要包括外交学原理，各国外交流派，外交活动的内部机制与外部联系，外交学术用语及学科体系等；第二，外交学的应用理论，主要包括各类外交活动（政治外交、经济外交、军事外交、民间外交等）的性质、任务、形式，外交战略与策略，外交信息的收集、加工与处理，外交谈判，外交人员的素质、培养、检验与评价，外交活动的基本技能和方法等。

（二）国际关系、外交类文献的种类

概括而言，除了最为普遍的图书、期刊、会议论文等类别，国际关系、外交类文

献种类还涉及外交档案、外交年鉴、国际组织文件、智库研究报告、皮书等。

1. 外交档案

（1）档案的定义

我国档案行业标准《档案工作基本术语》将“档案”一词定义为：国家机构、社会组织或个人在社会活动中直接形成的有价值的各种形式的历史记录。档案由文件转化而来，文件办理完毕后，经过鉴定、整理、归档就形成了档案，简言之，档案就是具有查考使用价值，经过立卷归档集中保管起来的各种文献材料。

档案具有社会性（在人类社会活动中形成）、历史性（档案是已经形成的文献）、确定性（所记录的内容清楚明确）、原始性（揭示了所记录事物的本质特征）等特点。

（2）外交档案

外交档案指主权国家之间通过其官方代表，在政治、经济、文化、科技等领域，以遵守国际惯例为基础，出于维护本国的国家利益，与其他主权国家或由主权国家组成的国际组织在正式的官方正常交往活动中形成的、保存备查的文字、图像、声音及其他各种形式的原始记录。

外交档案是一国外交工作全面的、立体的记录，它所记录的历史首先是该国的外交历史，然后是交往对象国（或对象组织）的外交历史。

2. 外交年鉴

（1）年鉴的定义

年鉴是工具书的一种，起源于欧洲。它把本国或世界各国一年内出现的全部或者某一个方面的重要事物，分门别类系统地汇编成册，供人们查阅。其主要职能是为读者提供各方面较为全面系统的最新信息和最新资料，属于备查性质的工具书。年鉴通常分为百科年鉴和专科年鉴两种：百科年鉴是把当年各方面出现的新事物和新信息全部汇集整理起来，编为一册；专科年鉴仅仅收集当年某一个专业方面的事物和信息，汇编成册。

（2）外交年鉴

1934年3月，上海生活书店出版了中国第一部外交年鉴——《中国外交年鉴（1933年度）》，该年鉴由中国外交年鉴社编写。全书分为序言、凡例、图影，共设五章，分别是国民政府与外交、外交领事机关、中国外交史略、一年来之外交、一年来之外务行政。另外设有附录，包括外交行政及涉外法规等。

1935年，外交史料编纂处编印、王亮编辑的《清季外交年鉴》，也是20世纪30年代我国编纂的重要外交年鉴之一，它以时代为次，“事详而确，文简而赅”，是《清季外交史料》的重要组成部分。

我国出版的《中国外交》(1987—1995年题名为《中国外交概览》)，由中华人民共和国外交部外交编辑室主编，是介绍中国外交、国际形势等内容的年鉴。

3. 国际组织文件

（1）国际组织

① 国际组织的定义

国际组织有广义和狭义之分：狭义的国际组织指若干国家依据条约而组成的组织，广义的国际组织则除了狭义的国际组织之外还包括各种各样的民间的国际团体。若干国家依据条约而组成的组织被称为政府间国际组织，民间的国际团体则被称为非政府间国际组织。国际组织存在的意义在于通过建立起制度化的机构，促进成员在经济、社会、安全等各个领域的合作。

国际组织是随着国家间的交往日益频繁而出现的，是国际社会政治、经济和文化发展到一定阶段的产物。第一次世界大战后建立的国际联盟是第一个世界性的一般政治性国际组织，第二次世界大战后，随着国与国之间政治、经济和文化等交往的发展，国际组织的数量不断增加，种类也日趋多样。

② 联合国

联合国是第二次世界大战后成立的国际组织，是一个由主权国家组成的国际组织，现有成员国193个，总部设在美国纽约。1945年10月24日，在美国旧金山签订生效的《联合国宪章》，标志着联合国正式成立。联合国的宗旨和工作都以《联合国宪章》中规定的机构目标和原则为出发点，致力于促进各国在国际法、国际安全、经济发展、社会进步、人权及实现世界和平方面的合作。联合国共有六种正式语文，分别是阿拉伯文、中文、英文、法文、俄文和西班牙文。

联合国有六个主要机关：大会、安全理事会、经济及社会理事会、托管理事会、国际法院和秘书处，均设立于联合国成立之时，其主要职能如表6–1所示。

表6–1　联合国主要机关及其职能

机关名称	主要职能
大会	大会是联合国的主要审议、决策和代表性机关，由联合国全部193个会员国组成，是唯一具有普遍代表性的机关。每年9月在纽约召开年度常会，每届常会设有总务委员会及全权证书委员会两个程序委员会。
安全理事会	安全理事会负有维护国际和平与安全的首要责任。安理会有15个理事国（五个常任理事国和十个非常任理事国），所有理事国都有义务履行安理会的决定，每个理事国有一个投票权。
经济及社会理事会	经济及社会理事会是就经济、社会和环境问题进行协调、政策审查和政策对话并提出建议，以及落实国际发展目标的主要机关。经社理事会作为联合国全系统开展各项活动的中央机制，其下设立多个涉及经济、社会和环境领域的专门机构、附属监督机构和专家机构。
托管理事会	托管理事会对由7个会员国管理的11个托管领土实行国际监督，并确保管理国采取适当措施为托管领土的自治或独立做好准备。截至1994年，所有托管领土都已取得自治或独立。托管理事会于1994年11月1日停止运作。

续表

机关名称	主要职能
国际法院	国际法院是联合国的主要司法机关，位于荷兰海牙的和平宫，是联合国六大主要机关中唯一设在美国纽约之外的机关。国际法院的职责是依照国际法解决各国向其递交的法律争端，并就正式认可的联合国机关和专门机构提交的法律问题提供咨询意见。
秘书处	秘书处由秘书长和在世界各地为联合国工作的数万名国际工作人员组成，负责处理大会和其他主要机关委任的各项日常工作。秘书长是联合国的首席行政长官。

（2）联合国文件

联合国的机构体系庞大而复杂，各主要机构及其相关组织在工作中产生的文件成千上万，通常都以复杂的方式归类，包括文件、报告、图书、期刊、年鉴、统计及各种信息资料，涉及面广，具有较高的使用价值。概括而言主要有文件、连续出版物和图书三大类，其中文件占有主体地位。

联合国达格·哈马舍尔德图书馆在《联合国文献：研究指南》中指出："文件是提交联合国一个主要机关或附属机构供其审议的文本，通常与议程项目有关。"可以看出，"联合国文件"这个概念是特指的，只有与议程项目有关，提交给联合国主要机关（大会、安全理事会、经济及社会理事会、托管理事会、国际法院和秘书处）或附属机构（上述主要机关所设的附属机构）供其审议的文本才是联合国文件。联合国文件具有种类多、数量大、运转环节多、开放程度高等特点。

每份联合国文件都有独特的编号（文号）由数字和英文字母组成，标示提交文件的机构或印发文件的机构，例如安全理事会所有文件的文号起首都是"S/"。一份文件的各种文本（包括六种联合国官方语言版本）都使用同一编号。编号的头一部分通常反映主体机关（文件由该机关印发或提交给该机关），编号的第二和第三部分表明下属机构。

① 联合国大会文件的编号

联合国大会文件均以大写英文字母 A 开头，1946—1975 年的大会文件文号格式为"A/[序号]"，1976 年之后的大会文件的文号格式为"A/[届次]/[序号]"。

每届常会的总务委员会下设六个主要委员会，从一至六分别处理裁军和国际安全问题，审议经济财政问题，审议社会、人道主义和文化问题，处理特别政治和非殖民化问题，负责行政和预算问题，审议法律问题。这些委员会的文件分别以 A/C · 1—A/C · 6 表示，如 A/C · 3/56 表示第 56 届联合国大会第三委员会的文件。此外，常会还设有特设委员会，这些委员会的文件分别以"A/AC · 数字"表示。

每年大会召开的单一主题的专门会议，其文件以"A/conf · 数字"表示。

联合国会议记录分为逐字记录和简要记录两种。其中逐字记录（一般文件号为

PV）是对整场会议的同步记录，而简要记录（一般文件号为SR）是对会议的总结和概要。一般来说，一场会议只提供逐字记录或简要记录其中一种。

② 联合国决议及决定的编号

联合国决议是联合国机构正式表达的意见或意愿。决议一般有两个明确界定的部分：序言部分和执行部分。序言部分一般阐述行动所依据的各种考量因素，所表达的意见或做出的指示。执行部分说明机构的意见或要采取的行动。1946—1975年大会通过的前3541个决议是按数字顺序连续编排的，从1976年第31届会议起，决议采用新的编号方法，以“A/RES”文号开头。

决定是指除决议以外的正式行动，处理诸如选举、任命、会议时间地点等事项，有时候还用来记录某一机关的成员就一项问题达成的协商一致意见。大会决定不以单独文件印发，而是以资料性系列文件印发。1976年以后，大会对决定采取了与决议类似的编号方式。

4. 智库研究报告

（1）智库的定义

美国宾夕法尼亚大学的“智库与公民社会研究计划”（Think Tanks and Civil Societies Program，TTCSP）将智库定义为：“公共政策研究分析及参与机构，开展与政策有关的研究与分析，对国内外事务提出建议，从而使决策者及公众对公共政策做出明智的决策。”2015年1月，上海社会科学院智库研究中心发布的《2014年中国智库报告》认为，智库是“以战略问题和公共政策为研究对象，以公共利益为研究导向，以服务党和政府科学民主依法决策为研究目标，以社会责任为研究准则的专业研究机构”。

虽然不同机构对智库做出的界定有所不同，但从某种意义上说，智库其实扮演着桥梁的角色，既是学界与决策群体的纽带，也是国家与国民社会的纽带，它作为一种独立声音将应用性和基础性研究转化成能被决策者和公众理解、信赖和获取的语言和形式，从而为公众利益服务。

智库是一个国家“软实力”和“话语权”的重要表现形式，其研究成果是政府决策和企业发展的关键依据，对社会舆论与公共知识传播都具有深刻影响。世界上很多著名智库的研究员都是本领域的权威学者，其看法有着举足轻重的影响，因此智库发布的出版物及相关成果在很大程度上反映了学界对某一问题的态度和认识。

（2）智库研究报告

智库研究报告是指由专业智库撰写，基于公共事务领域，对政治、经济、外交、国防、科技、社会等宏观或微观问题进行专题研究，旨在为决策机构估计形势、确定目标、制定政策提供建设性的决策依据和行动建议的研究性文献。智库研究报告可以公开出版，也可以内部交流。

年度性智库报告是智库成果的重要表现形式之一，以1—2年为周期，围绕某个主题或领域进行现状表述，提供相应的数据依据和解决问题的思路对策，具有前沿性、实证性、持续性等特点，能够充分反映一个智库的研究水平和创新能力。

5. 皮书

（1）皮书的定义

皮书最早起源于17、18世纪的英国，主要指官方或社会组织正式发表的重要文件或报告，并多以白皮书命名。第六版《辞海》将白皮书定义为“一国政府或议会正式发表的、封面为白色的重要文件或报告书”。

在我国，皮书主要有两个层面的含义：第一个层面是“国家或专门机构正式发布的重要文件或报告书”，属于官方文件，代表政府立场，行文规范、文字简练；第二个层面是“以年度为时间单位，关于某一门类、地域或领域的社会科学资讯类连续出版物”，内容涉及经济、社会、文化、金融、法制、医疗、房地产、旅游、人才、教育等经济社会生活的方方面面，具有极强的现实针对性、专业性、原创性、连续性和前瞻性。

（2）皮书的分类

按颜色划分，皮书主要有蓝皮书、绿皮书、黄皮书等。蓝皮书通常代表的是学者的观点或者研究团队的学术观点；绿皮书与农业、旅游、环境等有关；黄皮书主要同世界经济、国际问题研究有关。

按内容划分，皮书主要有分析预测类、发展报告类、学术动态类。

按功能划分，皮书主要有宏观分析预测报告、区域发展报告、行业报告、专题报告等类别。

二、主要的国际关系、外交类数据库

（一）中文数据库

1. 皮书数据库

（1）数据库介绍

“皮书”是社会科学文献出版社推出的大型系列图书，由一系列权威研究报告组成，每一年度就有关中国与世界的经济、社会等各领域的现状与发展态势进行分析和预测，是各级党政决策部门、企事业单位、国外驻华机构必备的资讯读物。皮书系列是社科文献出版社编辑出版的蓝皮书、绿皮书、黄皮书等连续性年度专题研究报告的统称。自1996年11月首次出版以来，皮书系列至今已走过21个年头，累计出版近2000种，聚合了一大批一流研究机构、权威专家学者的研究力量，围绕中国发展与中国经验、世界经济与国际关系这一主线，深度分析解读当今中国与世界经济社会发展现状与未来趋势。

皮书数据库[①]以皮书系列研究报告为基础，全面整合中国发展与中国经验、世界经济与国际关系领域的研究文献、实证报告、调研数据和媒体资讯，基于学术研究脉络构建子库产品，追踪社会热点推出学术专题，依托皮书研创力量着力建设学术共同体，提供以满足用户需求为目标的文献查询和知识服务，是深度分析解读当今中国与世界经济社会发展现状与未来趋势的智库成果整合与知识服务平台。

图6–1　皮书数据库首页

（2）主要内容

2014年6月上线发布的新版皮书数据库（三期）由基本子库、特色专题库和定制子库等不同类型子库产品组成。包括中国社会发展数据库、中国经济发展数据库、中国行业发展数据库、中国区域发展数据库、中国文化传媒数据库和世界经济与国际关系数据库六个基本子库；追踪社会热点和学术前沿，不断策划特色专题库，包括依法治国与法治中国、金砖国家、中国竞争力、中国国家安全等一系列特色专题库。皮

① http://www.pishu.com.cn/skwx_ps/database?SiteID=14

书数据库内容覆盖80余个国家、30个国际区域及国际组织，以及中国的28个省级行政区、20个区域经济体、200个地级及以上行政区；覆盖100多个行业、179个二级学科。

同时，用户可通过学科、区域、行业、研究主题、现实热点等路径实现资源按需定制并形成定制子库。此外，皮书数据库还包括皮书作者库、皮书机构库、皮书视频库、皮书图表库，并设有皮书观点、专家视点、课题组动态、皮书百科等栏目。各个子库的内容如表6–2所示。

表6–2　皮书数据库各个子库名称及内容

子库名称	子库内容
中国社会发展数据库	涵盖宗教、社会、人口、政治、外交、法律、文化、文学艺术、医疗卫生、资源环境、教育、体育等12个子库，可为用户全面了解社会发展动态、跟踪社会核心热点、分析社会发展趋势，提供一站式的资源搜索和数据分析与挖掘服务。
中国经济发展数据库	涵盖宏观经济、产业经济、农业经济、工业经济、劳动经济、财政金融、房地产经济、企业经济、城市经济、交通和旅游、商业贸易、区域经济等12个子库，可为用户实时了解经济运行态势、把握经济发展规律、洞察经济形势、做出经济决策提供参考和依据。
中国行业发展数据库	涵盖农业、能源矿产、制造业、交通运输业、通信和IT业、批发零售业、旅游住宿餐饮业、金融业、房地产业、科学研究、租赁和商务服务业、环境和公共设施管理、居民服务、卫生和社会保障、教育、文化体育娱乐业、公共管理和社会组织等17个子库，可为用户提供国民经济各行业发展概况、发展经验和发展案例。
中国区域发展数据库	涵盖区域概述、地区、省份、港澳台地区、城市、农村等6个子库，可为用户提供各地方政治、经济、文化、社会法治、医疗卫生等领域的宏观态势、发展经验、先进理念、案例分析等数据服务。
中国文化传媒数据库	涵盖文化事业、文化产业、电影、群众文化、图书馆事业、档案事业、语言文字、历史地理、教育、体育、新闻传播、广播电视、出版事业、博物馆事业、宗教、文学、艺术、娱乐等18个子库，可为用户提供文化传媒领域的相关数据、研究报告和综合分析服务。
世界经济与国际政治数据库	涵盖世界经济、国际政治、世界文化与科技、全球性问题、国际组织与国际法、区域研究等6个子库，可为用户提供世界经济与国际关系的全方位数据分析，为用户决策和形势研判提供重要参考。

（3）系统功能

① 浏览

• 按资源分类浏览

首页检索框左侧提供了资源分类下拉列表，如图6–2所示。用户可以选择按皮书名称（以A-Z顺序排列，如“北京蓝皮书”属于B类）、中图分类法、所属区域（中国、亚洲、非洲、欧洲、大洋洲等）、所属行业（农业、制造业、交通运输业、通信和IT业等）等分类方式进行浏览。

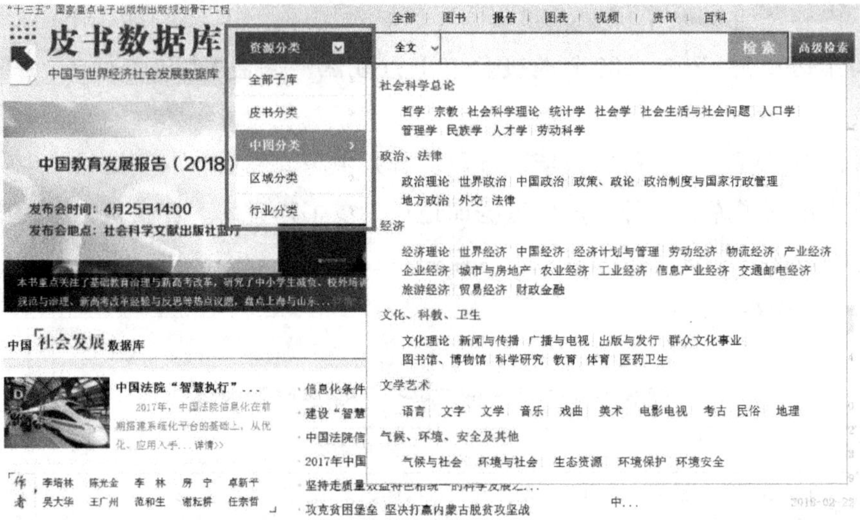

图6-2　按资源分类浏览

• 按子库浏览

皮书数据库包含了六个子库，用户可以根据需要点击首页上的子库名进入某个子库进行浏览。以"世界经济与国际政治数据库"为例，其子库首页如图6-3所示。

图6-3　按子库浏览

该子库包含了世界经济、全球性问题、国际政治、国际组织与国际法、世界文化与科技、区域研究六个模块；另有相关的作者库、机构库、视频库、图片库供用户浏览。

此外，该子库包含了国际移民研究、气候变化与中国行动、中国国家安全、金砖国家等专题，便于用户根据兴趣定位所需的资源。

② 检索

数据库提供简单检索、高级检索、专业检索和二次检索四种检索方式。

• 简单检索

数据库首页上方的简单检索框允许用户利用下拉列表对检索词出现的字段进行限定，如标题字段、作者 / 机构字段、关键词字段、主题字段、摘要字段等，限定后输入检索词即可，如图 6–4 所示。

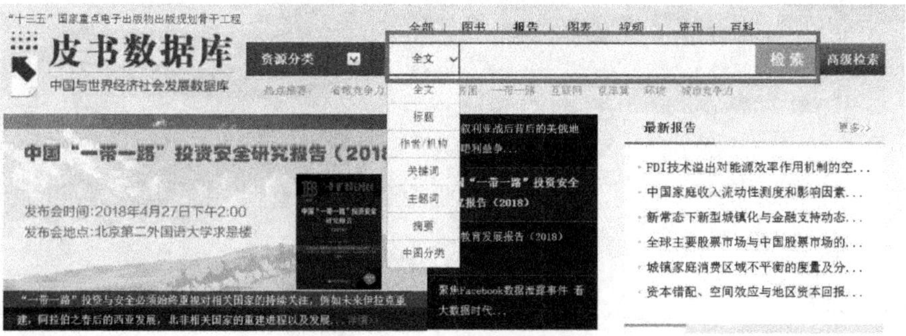

图 6–4　简单检索功能

• 高级检索

点击简单检索框右侧的"高级检索"按钮，即进入高级检索页面。高级检索允许用户自由增加检索项，自由限定检索词字段以及检索词之间的逻辑关系，限定报告出版的时间范围等，如图 6–5 所示。

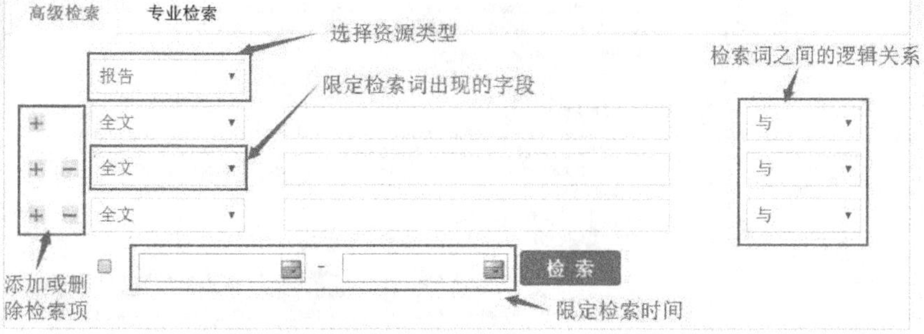

图 6–5　高级检索功能

• 专业检索

在高级检索页面，数据库同时提供了专业检索功能，并对检索方法进行了详细说明，点击“专业检索”选项卡即可切换，如图6–6所示。

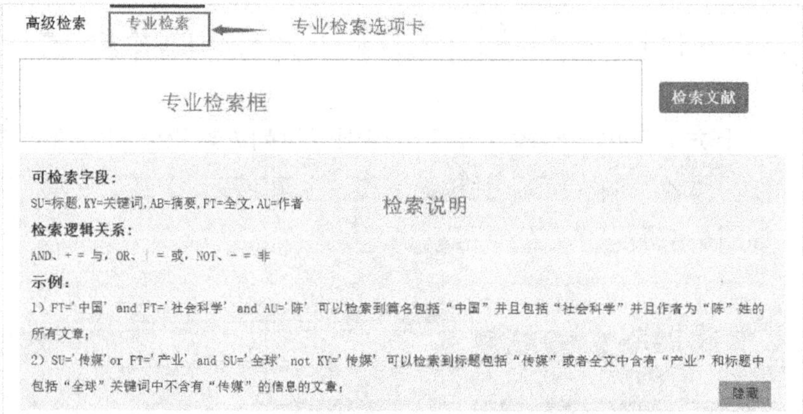

图6–6 专业检索功能

• 二次检索

数据库允许用户对检索结果进行进一步检索和筛选。以“国际关系”为例，在检索结果界面可以进行二次检索，如图6–7所示。此外，还可以对检索结果按相关度、出版时间和更新时间排序。

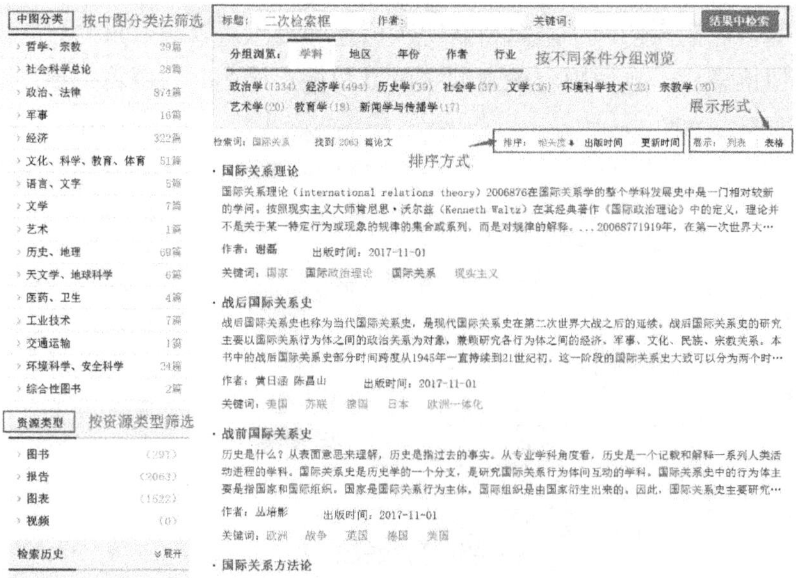

图6–7 二次检索功能

③ 阅读功能

数据库提供在线阅读（网页格式）、原版阅读（与图书版式相同）和下载阅读三种阅读方式。需要注意的是，下载的资源类型为PDF格式，需使用PDF阅读器才能打开。

2. 列国志数据库

（1）数据库介绍

社科院重大课题、国家“十五”规划重点出版项目《列国志》丛书至今已推出140余卷，囊括世界150多个国家和重要国际组织，涵盖地理、历史、政治、军事、经济、文化、外交等多个领域，时间跨度从远古时代至今。

列国志数据库以《列国志》丛书为起点和基础，依托社会科学文献出版社丰富的社科文献内容资源和社科院众多的人才资源，全方位收集整合世界主要国家和国际组织的各类基本信息，并不断采集各国最新发展动态，同时收录与各国和国际问题有关的学术资源，为用户搭建一个国别国际问题研究和知识服务的平台，成为当代世界发展问题研究的权威的基础资料库和学术研究成果库。

该数据的优势有以下几个方面：

• 专家阵容权威：依托中国社会科学院及其他国内一流学术机构和高等院校雄厚的国别国际问题研究力量，充分整合社会科学文献出版社优质的学术出版资源，是国内唯一的国别国际问题研究数据库。

• 资源全面多样：涵盖亚、非、美、欧等大洲一百多个国家和重要国际组织，涉及政治、经济、历史、地理、文化、军事、社会、外交等8大主要学术领域，时间跨度从远古到当代。收录图书、期刊、研究报告、学术资讯等多种资源，以文字、图表、图片、音频、视频等形式呈现，包含国家库、国际组织库、世界专题库和特色专题库等多种子库产品。

• 专业编辑团队：拥有相关专业背景和理论素养的数字编辑与传统学科编辑共建项目组，懂出版又懂数字，在遵循学术研究脉络和满足专业研究需要的前提下，根据列国志数据库特有的知识分类体系，对经过碎片化处理的内容单元进行深度加工和挖掘。

• 知识关联强大：源于图书又跳出“书”的概念，利用数字化形态的表现力，借助有序化的知识组织模式，将篇、章、节和知识元通过学科、地域等分类建立交叉连接，实现知识关联，构建节点丰富、交织纵横的知识网络系统，令定制建库成为可能。

• 信息更新及时：全方位收集整合世界主要国家和国际组织的各类基本信息，并不断采集各国最新发展动态，同时收录与国别国际问题有关的最新学术成果。

• 研究支持有力：知识挖掘方便深度阅读，对比检索实现对照参考，推荐专题助力拓宽思路，用户中心尽显个性化服务，定制服务满足个性需求，学术圈一网搜罗尽相关领域的学者和机构。

图6–8　列国志数据库首页

（2）主要内容

列国志数据库包含国家库、国际组织库、世界专题库、特色专题库和文献专题库，已收录全球一百多个国家和多个国际组织的基础资料，总字数已达到10.7亿字。各个子库的内容如表6–3所示。

表6–3　列国志数据库各个子库名称及内容

子库名称	子库内容
国家库	以国家为主线，全面整合各国政治、经济、历史等各方面信息，收集各国相关学术研究资源和动态资讯，并推荐库内相关专题以供深度阅读。
国际组织库	包含联合国、欧盟等国际组织的权威学术资源，并整合其他相关出版资源，将国际组织按照世界性组织和地区性组织划分，以成立背景、成员国、组织机构、领导人、主要活动、相关资源、最新动态、专家学者等板块呈现各个组织的权威学术资源和相关资讯。
世界专题库	将各个国家的相关学术资源按照政治、经济、历史等领域进行整合，并汇集相关国际性研究内容，以专题子库的形式展现，为各领域的专业研究人员提供参考资料。子库包括世界地理库、世界历史库、世界政治库、世界经济库、世界军事库、世界文化库、世界社会库、国际关系库。
特色专题库	由专业编辑根据国际热点或学术研究前沿整合相关内容，推出独具特色的子库产品，如中亚研究、东北亚研究、东南亚研究、非洲研究、中东研究、金砖国家研究、世界社会主义研究、世界安全、世界与中国等。
文献资料库	下设珍稀档案、参考文献、精品译著、会议资料四大板块，为学术研究提供基础资料来源。其中珍稀档案收录的美国国家安全战略解密文献选编、满铁档案资料汇编、苏联历史档案选编、近代日本对钓鱼岛的非法调查及窃取等珍稀档案资料，还原历史真相，具有特殊的历史价值和研究价值，为学者了解历史、开创新领域研究，提供强有力的支持。

除以上四大子库外，数据库还提供国际问题研究所必备的研究报告、历史文献等资料，并实时更新国际问题领域的时事资讯。

（3）系统功能

① 浏览

用户可以进入不同子库进行浏览，也可以选择专家学者、研究机构进行浏览，还可以查看新闻资讯和学术动态。

此外，用户还可以查看浏览记录。注册并登录后，在会员中心页面右侧导航栏处点击“浏览记录”，即可进入浏览记录页面。

② 检索

• 简单检索

用户可在首页右上角的检索框中输入检索词，选择具体的数据库，并可选择图书、文章、文献资料、知识点、图表、图片、音频和视频八种检索资源类型进行检索，如图 6–9 所示。如果不限制类型，则会检索出所有资源类型中符合检索条件的文献。

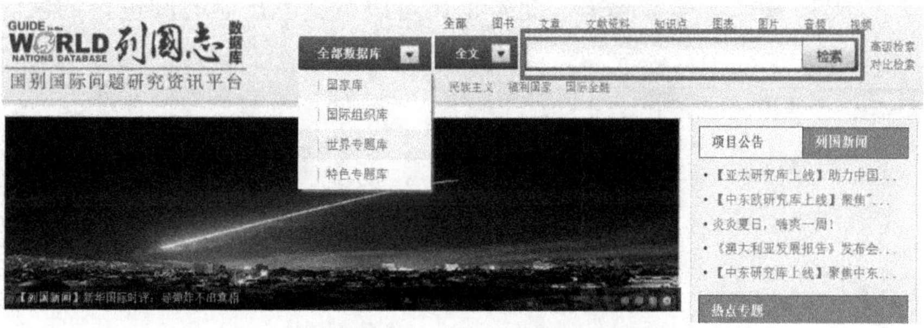

图 6–9　在特定数据库中进行简单检索

用户还可以限定检索词出现的字段，如全文、标题、作者、关键词或中图分类号，如图 6–10 所示。

图 6–10　限定检索词出现的字段

• 二次检索

在检索结果页，还向用户提供二次检索功能，用户可在检索结果中筛选标题、作者、关键词、出版时间段，以进行更加精确的检索，如图6–11所示。

图6–11　二次检索

• 高级检索

点击页首检索框右侧的“高级检索”，进入高级检索页，如图6–12所示。点击“+”和“—”按钮可增加、减少检索条件，用户可以对每个检索词出现的字段（全文、标题、作者、关键词、区域、书名）以及是否精确检索进行限定，不同关键词之间以逻辑运算符（“与”“或”“非”）连接起来。此外，还可以对文献出版时间进行约束。

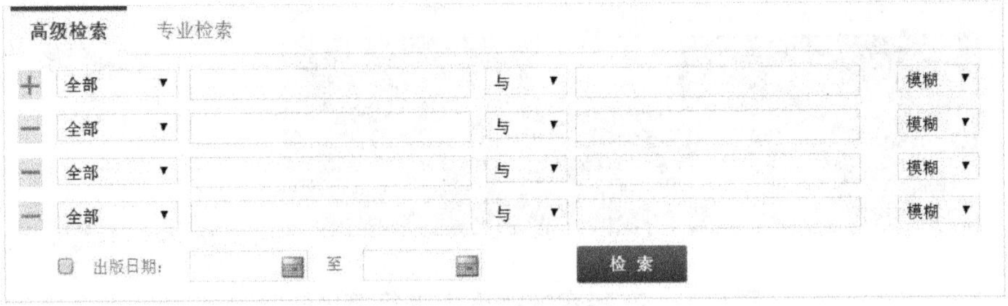

图6–12　高级检索

• 专业检索

专业检索就是在检索框中输入检索式进行检索的过程。列国志数据库对专业检索可以限定的字段、逻辑运算符做出了详细规定，并给出了明确的示例，如图6–13所示。

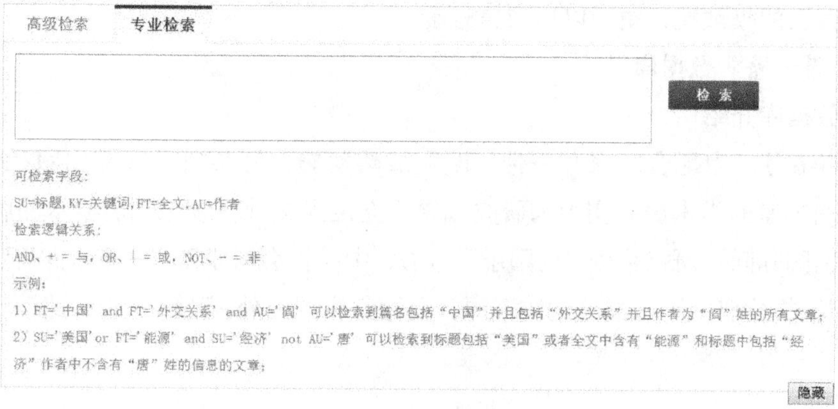

图6–13　高级检索

• 对比检索

点击页首检索框右侧的“对比检索”，进入对比检索页，如图6–14所示。用户可以检索两个国家在不同领域、不同时间段内的情况差异。

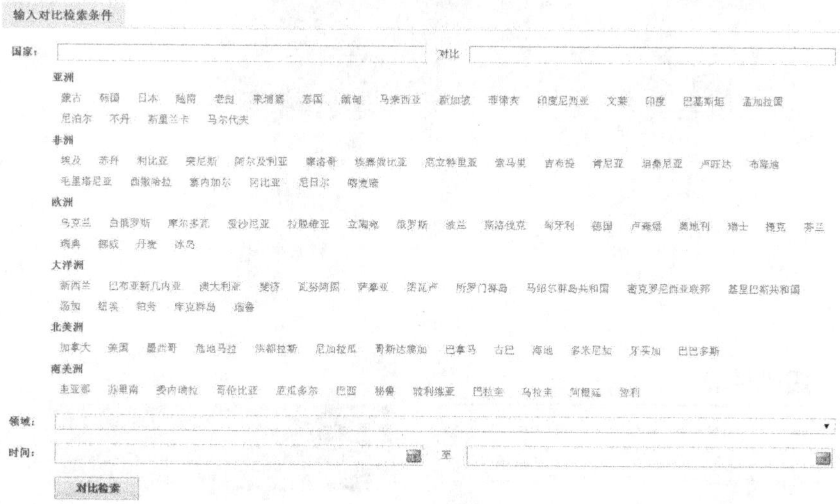

图6–14　对比检索

• 检索记录

登录后，用户可以在在会员中心页面右侧导航栏处点击“检索记录”，查看以往的检索记录。

③ 阅读功能

数据库提供在线阅读、原版阅读、下载阅读三种阅读方式，登录的会员还可以将资源加入自己的收藏夹，便于以后快速查看。

3.“一带一路”数据库

（1）数据库介绍

2015年6月，为配合国家“一带一路”战略实施，社会科学文献出版社依托中国社会科学院丰厚的学术研究实力和研究成果，立足人文社科领域知名学术品牌“皮书”系列、国别国际问题研究系列“列国志”丛书、中国社会科学院“一带一路”研究系列、“阿拉伯国家文化研究”丛书等优质资源，全面整合国内外智库“一带一路”研究资源，策划构建“一带一路”数据库。

图6–15 “一带一路”数据库首页

“一带一路”数据库[①] 以服务国家“一带一路”大战略为最终目标，以满足目前“一带一路”三大主流用户，即政府机关、科研机构、企事业单位的基本需求为出发点，为用户提供“一带一路”沿线国家和地区宏观经济、地区安全、政治安全、军事安全、风险评估等动态信息，提供经济数据、政策法规等在线查询服务。涵盖“一带一

① http://www.ydylcn.com/

路”沿线65个国家的军事、经济、社会、贸易、资源、环境、基础设施、投资环境等信息。

该数据库以“一带一路”基础资料库、学术理论库、投资指南库为三大基本定位，设置七大二级子库，包括国别国家库、省域区域库、战略理论库、实践探索库、丝路指数库、丝路史话库及政策资讯库。除七大子库外，还紧跟时事热点，追踪学术前沿，关注“一带一路”战略实施的主要问题，策划基础设施篇、金融篇、产业篇、生态篇、外交篇及文化篇等热点专题。七大子库和六大专题库相辅相成，全方位、多角度呈现“一带一路”研究成果，为政府决策、企业投资提供权威、高效的决策参考，为学术科研提供严谨、翔实的资料数据。

（2）主要内容

数据库全面覆盖3大主题出版系列，收录相关研究领域9大热点专题，力图展示“一带一路”研究和战略推进全景。

目前，“一带一路”数据库主体资源包括以下几个栏目。

① 战略研究（Strategic Research）

深度整合“一路一带”战略研究相关资源，从整体宏观战略、中国战略研究、国际战略研究三个方面深度解读“一带一路”相关战略。其中在国家层面上，将与“一带一路”相关的国家战略，如“西部大开发”“国家安全战略”“国家能源战略”“对外开放”政策等做知识网链接，打造立体交叉的战略网络。

② 实践探索（Practice Exploration）

全面汇聚国内外探索参与“一带一路”的实践研究，并从地理层面（国内、国际）和四大领域层面（经济、政治、文化、外交）两个维度立体展现，构建“一带一路”的“以线串点、以点带面、内外对接”的整体研究结构。

③ 投资指南（Investment Guide）

涵盖“一带一路”战略涉及的区域、国家及各省市经济、政治、文化、外交等各方面研究资源。分为国内、国际两个层面。国内细分为经济圈、省域、城市；国际细分为国际组织、区域、国家。通过间接相关资源展开延伸阅读。

④ 丝路史话（Silk Road History）

以古代丝绸之路路线为主线，展现古代丝绸之路的全貌，深度挖掘“丝路”重大历史事件及其相关研究资源，为“丝路”历史研究提供参考，打造该栏目趣味性的同时不失学术性，从历史的角度描述古代丝绸之路的发展及意义。

除此之外，还有“资讯”“特色专题”“专家观点”“丝路数据”“图书”“下载排行”等栏目。

“一带一路”数据库的子库如表6–4所示。

表6–4 “一带一路”数据库各个子库名称及内容

子库名称	子库内容
资讯库	收录“一带一路”重点投资项目的最新建设情况、与沿线各国的合作交流活动、外国媒体对“一带一路”的报道和评论、专家学者针对“一带一路”发表的最新观点、“一带一路”相关学术会议及学术活动、“一带一路”相关研究进展等。
理论库	提供与“一带一路”战略相关的最新学术成果，紧跟学界研究趋势，总结提炼“一带一路”研究的重点课题，根据学术研究特点，该库主要设置战略研究、实践探索、投资指南3大子栏目。
国家库	全面汇集国内国别研究成果，开启“一带一路”研究的新视角。提供“一带一路”战略沿线60余国的国别基础资料，如面积、人口、行政区划、政治体制、对华关系、经济简况、产业结构、交通运输、社会生活等。
省域库	全面汇集国内省域研究成果，提供“一带一路”战略沿线16个省域的基础资料，如面积、人口、地区生产总值、经济结构、优势产业、招商引资政策、自然资源等信息，全面展示“一带一路”沿线省份概况及其在“一带一路”战略中的地位和作用。
丝路专题库	主要依托学术成果资源，下设交通篇、产业篇、金融篇、生态篇、外交篇、文化篇六大主题，旨在帮助企业了解把握东道国的政治、经济、文化、生态环境情况。
指数库	全面整理“一带一路”相关研究数据，旨在根据国家“一带一路”建设纲领性文件，为研究人员及企业提供权威专业的经济、社会数据，明确“一带一路”建设重点，把握“一带一路”投资发展方向。
史话库	全面汇集“丝绸之路”及“海上丝绸之路”相关的历史研究资源，同时与“一带一路”倡议联系起来，开启对比视角，古为今用。
专家库	全面整理学者资源，力图展示国内关于“一带一路”研究的学术分布图，了解学术发展现状，把握学术热点，预测学术走向。

（3）系统功能

① 浏览

数据库提供了按国别浏览的功能。数据库首页显示了“一带一路”相关国家的地图，点击某个国家即进入该国的详情页面。以土耳其为例，用户可以查看土耳其的基本国情，以及与该国有关的政治、经济、社会、历史、外交、文化信息，如图6–16所示。页面右侧提供了“国家导航”栏，可以选择其他国家查看。

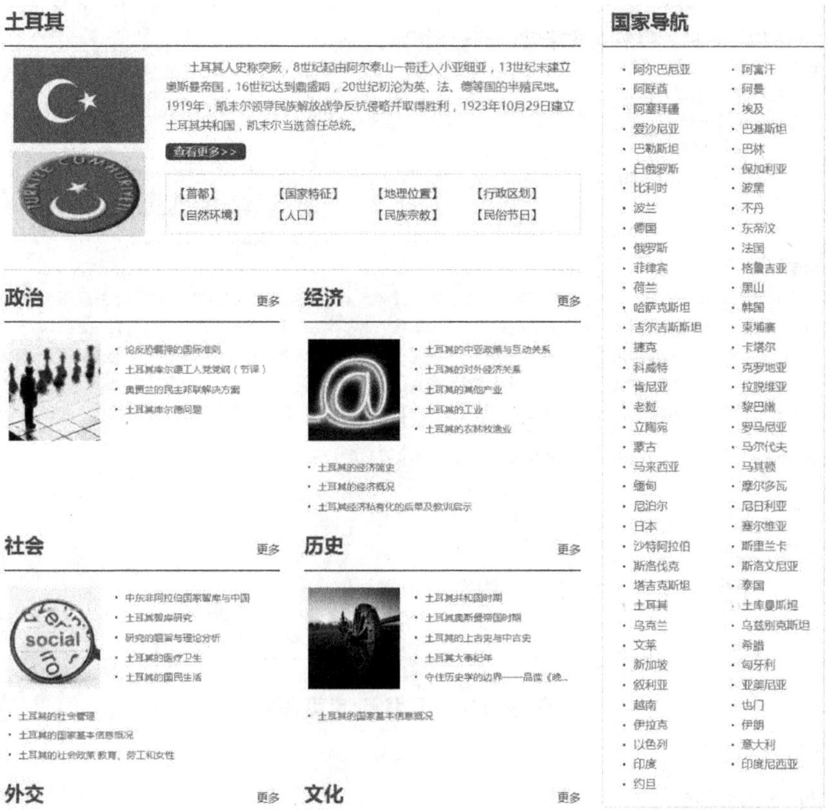

图6–16　国家详情页面

此外，用户还可以进入不同的栏目或不同子库浏览相应的内容。

② 检索

目前，数据库仅提供简单检索功能。用户在首页上方的简单检索框中输入关键词即可，检索框左侧的下拉列表可以限定要检索的资源是报告还是图书，如图6–17所示。

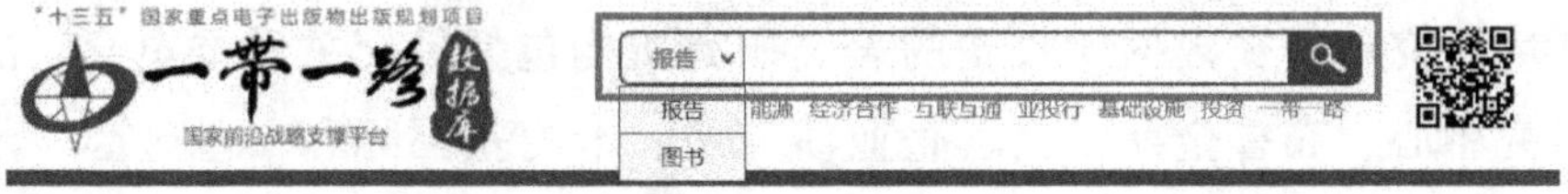

图6–17　简单检索

③ 阅览

数据库为用户提供了在线阅读、下载阅读和原版阅读三种阅读模式，如图6–18所示。

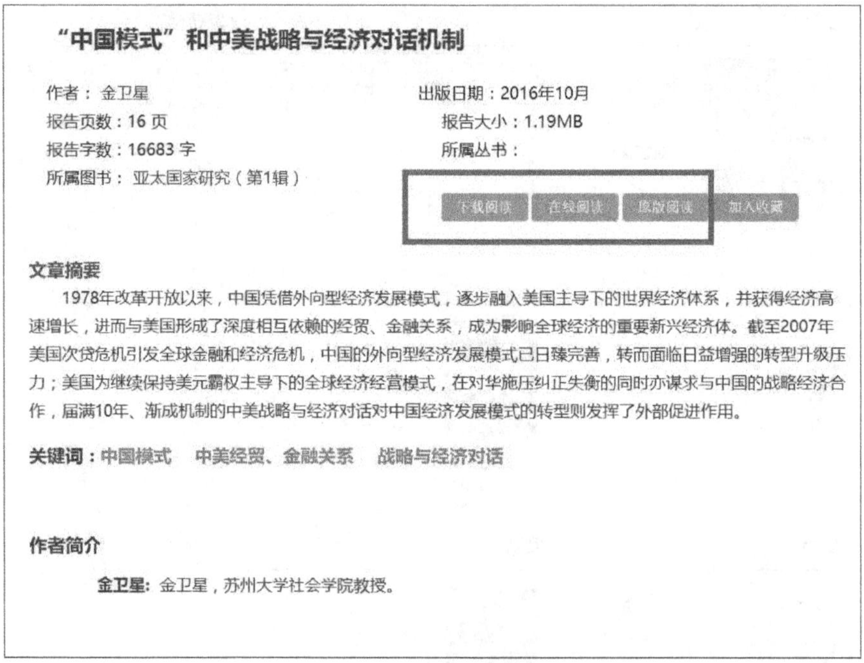
“中国模式”和中美战略与经济对话机制
作者：金卫星
出版日期：2016年10月
报告页数：16 页
报告大小：1.19MB
报告字数：16683 字
所属丛书：
所属图书：亚太国家研究（第1辑）
下载阅读
在线阅读
原版阅读
加入收藏
文章摘要
1978年改革开放以来，中国凭借外向型经济发展模式，逐步融入美国主导下的世界经济体系，并获得经济高速增长，进而与美国形成了深度相互依赖的经贸、金融关系，成为影响全球经济的重要新兴经济体。截至2007年美国次贷危机引发全球金融和经济危机，中国的外向型经济发展模式已日臻完善，转而面临日益增强的转型升级压力；美国为继续保持美元霸权主导下的全球经济经营模式，在对华施压纠正失衡的同时亦谋求与中国的战略经济合作，届满10年、渐成机制的中美战略与经济对话对中国经济发展模式的转型则发挥了外部促进作用。
关键词：中国模式 中美经贸、金融关系 战略与经济对话
作者简介
金卫星：金卫星，苏州大学社会学院教授。

图6–18　图书阅读页面

（二）外文数据库

1. 哥伦比亚国际事务在线

（1）数据库介绍

哥伦比亚国际事务在线（Columbia International Affairs Online，CIAO）① 是关于国际事务理论和研究领域的全面学术资源中心，广泛收录自1991年以来的学术资源，包括各国政府智库和大学研究所的研究手稿，非政府组织的出版物，基金会赞助的研究项目、会议录、图书、期刊及政策简报等。该数据库主要内容涵盖国际政治及相关领域的研究，包括安全研究、全球金融、外交实践、人道主义法律、全球治理、发展研究和环境研究等。被数据库收录的著名研究机构包括外交关系委员会、战略与国际问题研究中心、布鲁金斯学会、企业研究所、卡内基国际和平基金会、卡托研究所等。

① https://www.ciaonet.org/

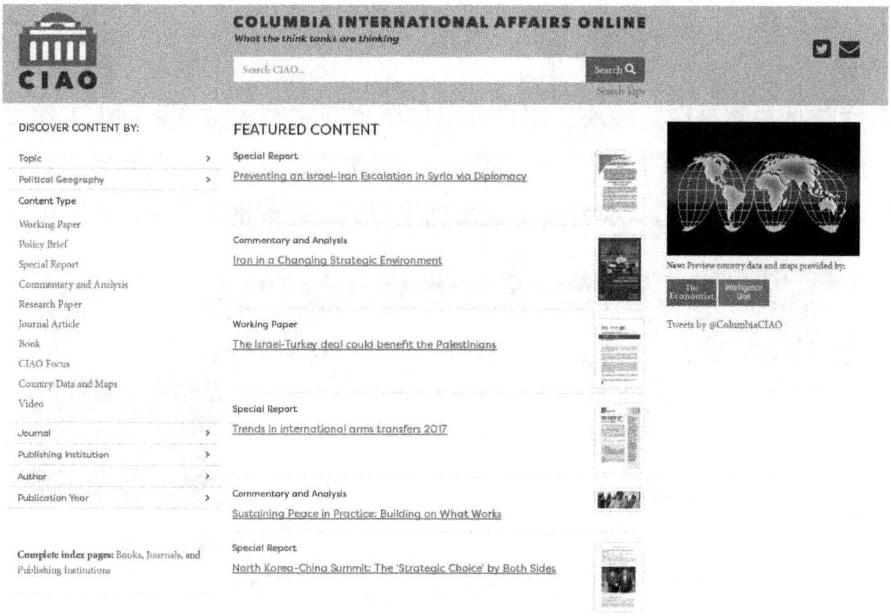

图6–19　哥伦比亚国际事务在线首页

（2）主要内容

哥伦比亚国际事务在线从300家国际性出版机构资源中整合出超过50万页资源，每年新增资源4万多页。资源类别覆盖各类工作文件、政策简介、时事分析和评论，以及学术期刊文章、电子书和视频。

其主要内容包括：

研究手稿——来自160多家高校研究生、非政府组织的系列论文，以及基金会资助的研究项目。

期刊——国际事务研究领域的专业学术期刊。

图书馆——国际知名出版社的专业书籍，含简介和全文。

案例研究——涉及历史上具有重要影响的事件，如古巴导弹危机；冲突和斗争事件，如联合国在东帝汶的行动；国际政治反复出现的问题，如全球变暖。每个案例都包含参考书目、多媒体资料、关键性条约及演讲内容。

课程包和教学大纲——提供最新教学方法、背景阅读材料和参考资源链接；提供主题概览和相关观点。

地图集——包括国家地图和基本信息；各国政治背景、结构和政局预测；各国经济等信息。

政策简报——研究机构发布的时事评论与立场文件。

（3）系统功能

① 浏览

数据库首页左侧是浏览模块，用户可以按照资源主题、文献类别（工作文件、政策简报、图书、期刊文章、视频等）、期刊、出版机构、作者、出版年等进行浏览。此外，数据库还将具有时效性、针对性的资源列于首页，起到推荐作用，如图6–20所示。

图6–20　浏览功能

② 检索

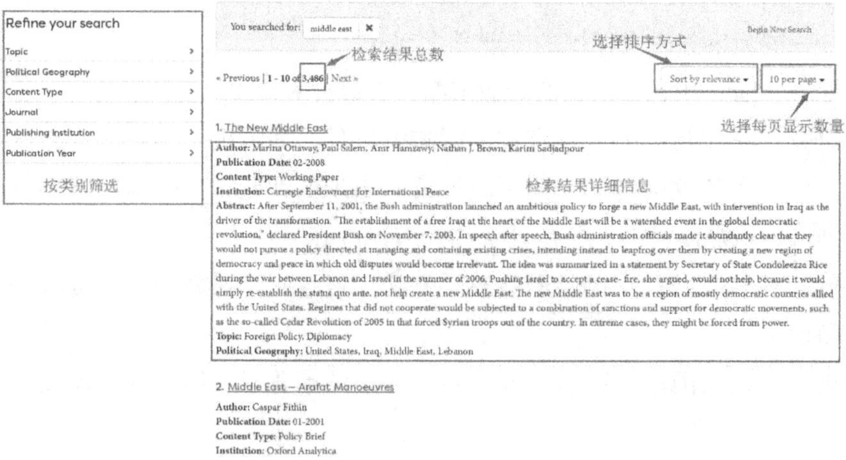

图6–21　检索结果页面

用户可以通过首页上方简单检索框进行快速检索，输入作者、机构、学科、关键字、日期和标题即可。检索框下方还有“Search Tips”按钮，点击进入检索技巧说明界面，有关布尔逻辑运算符和双引号的使用、检索结果筛选等都有详细介绍。

以检索词“middle east”为例，检索结果页面如图6–21所示。用户可以按照页面左侧显示的不同类别对结果进行筛选，也可以选择结果的排序方式以及每页显示的结果数量。

2. 南亚研究回溯数据库

（1）数据库介绍

2013年，Taylor & Francis 公司推出了南亚研究回溯数据库，[①] 该数据库专注于南亚研究，有各种连续及非连续出版物资源，包括报告、珍本书籍、期刊、罕见出版物、法律、法案、1930—1949年的印度电影宣传册等。数据库内的珍贵资料由南亚研究基金会通过各种渠道收集而来，并由专业的编辑团队为所有期刊连续出版物撰写评论、介绍出版物的主题与历史，是目前关于南亚方面最全面的回溯库。

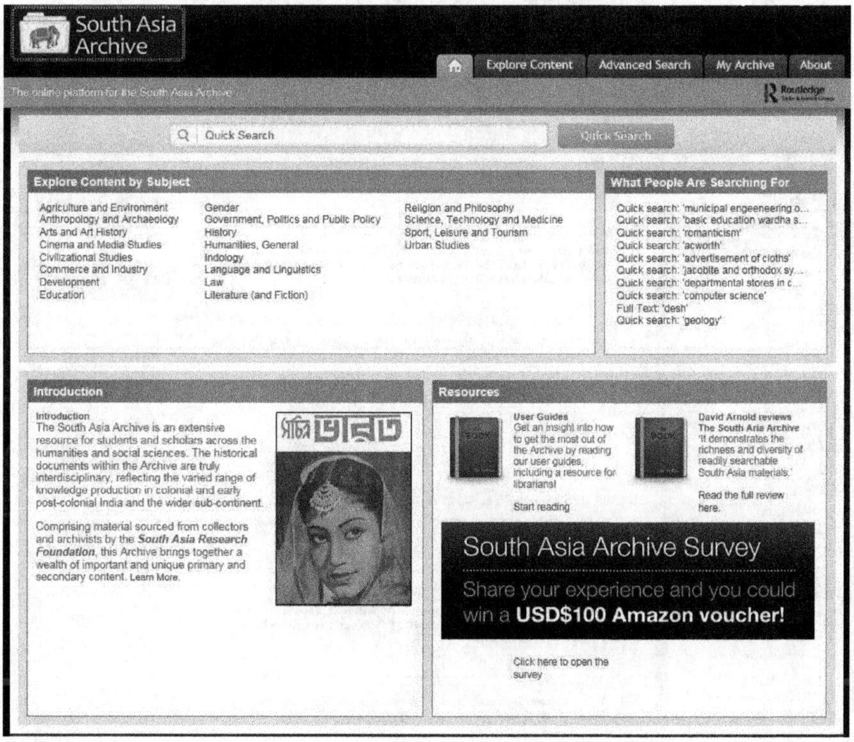

图6–22　南亚研究回溯数据库首页

① http://www.southasiaarchive.com

（2）基本内容

数据库中的资料由编辑团队从2000万页史料中筛选出500万页最具学术价值的回溯资源，时间跨度自1798年到20世纪中叶，包含2400多种图书，300种期刊，268本手册等资源。资料涉及学科广泛，包括文化与社会，工业与经济，科学技术和医学，城市规划与管理，政治与法律等。广泛的学科范围和时间跨度反应出了殖民地和早期后殖民地时期印度地区学术研究的全貌。

除英语外，数据库包含15%当地语言书写的文献，能够满足许多南亚研究人员对这方面的需求。回溯数据库的元数据已全部翻译成英语。另外，数据库中的图片、地图、海报等文献的颜色和板式均与原始文献相同，最大程度的保留了原文献的风貌。

（3）系统功能

① 浏览

系统允许用户按字母顺序（A–Z）、按文献类型（图书、杂志、地图、报告、统计数据等）、按学科主题（农业与环境、艺术、教育、法律、文学、哲学宗教、科技等）、

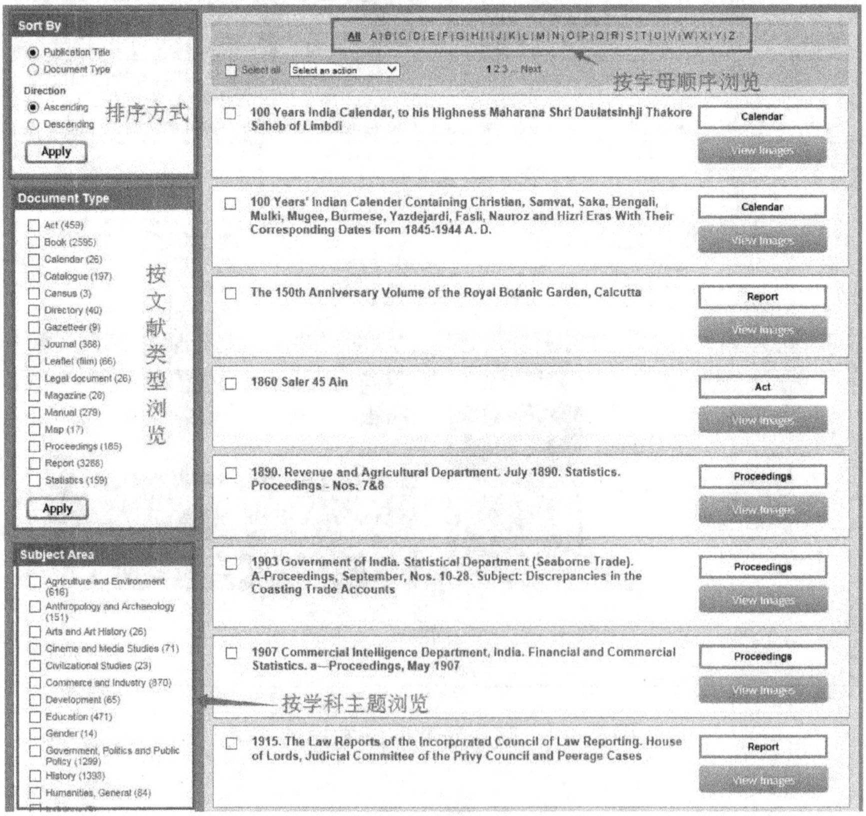

图6-23　浏览界面

按语种（英语、孟加拉语、梵语）等方式浏览资源。点击首页上方工具栏中的“Explore Content”选项卡，即可进入浏览界面，如图 6–23 所示。此外，还可以按出版时间或文献类型排序。

② 检索

系统提供了简单检索和高级检索两种检索方式。

在首页上方的简单检索框（Quick Search）中输入相应检索词，即可快速进行检索。点击首页工具栏中的“Advanced Search”选项卡，可以进入高级检索界面，如图 6–24 所示。高级检索允许用户限定检索词出现的字段（全文、题名、关键词、作者或出版商），并使用布尔逻辑算符将多个检索词连接起来，此外，还可以对文献的出版时间、类别、所属学科主题进行限定。

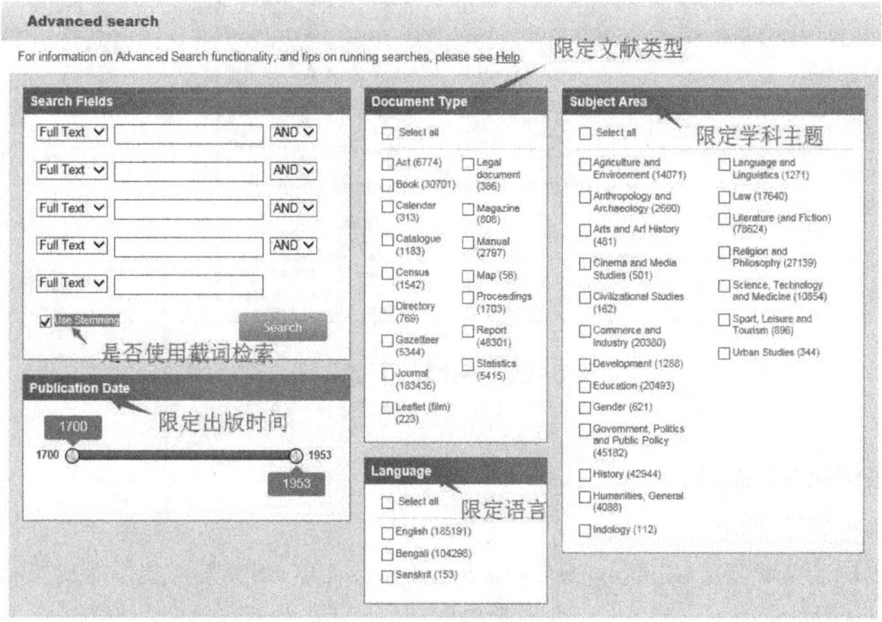

图 6–24　检索界面

③ 阅读及下载功能

检索到相应文献后，点击该文献题名就进入阅读及下载界面，如图 6–25 所示。该界面显示了文献的基本信息，包括题名、文献类型、语种、出版来源、出版时间、主题等，以及目录和各个章节的具体信息，用户可按需阅读或下载。

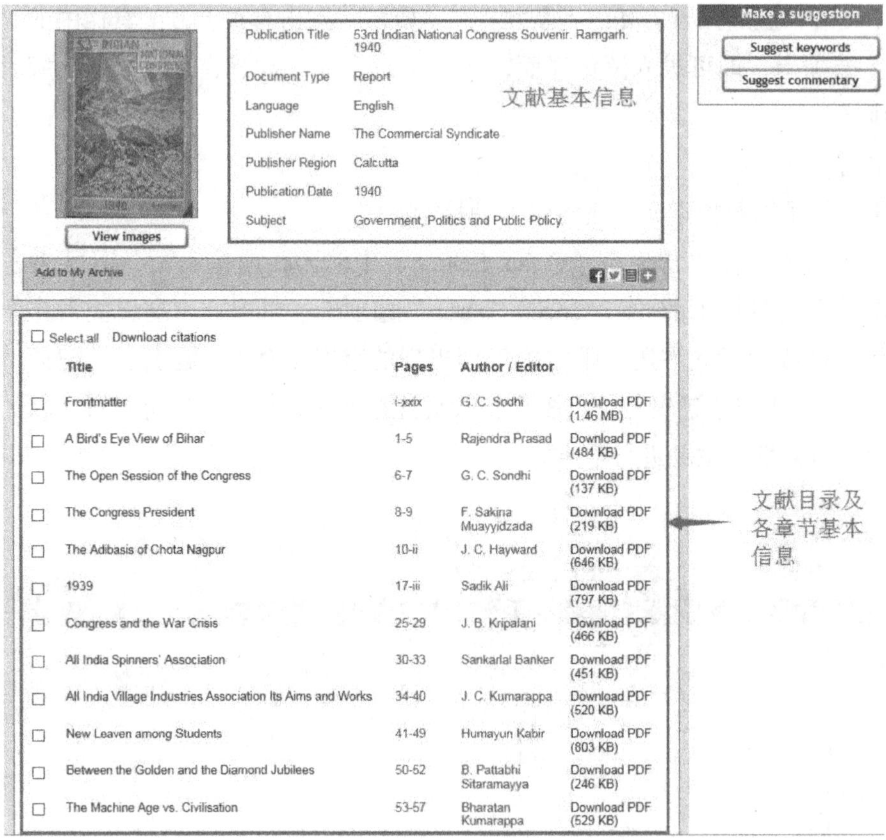

图6-25　阅读及下载界面

3. 美国国会文献集

（1）数据库介绍

美国国会文献集（US Congressional Serial Set，USCSS）是《美国历史文档》系列数据库（Archive of Americana）的子数据库之一，包括15000多卷，超过36万种出版物的2000万页内容，并有52000 张地图，以及大量插图与统计图表，其中包括13000张彩色地图。

美国国会文献集按照编号顺序装订，范围涵盖了1789—1994年美国国会文献的全部内容，包括美国参、众两院的报告、文件，期刊，行政部门的年度报告与文件，以及美国国务文书等。这些史料构成了美国国会文献最丰富、最完善的第一手资源。在19世纪大部分时间中，特别是在内战前，国会文献不仅来源于美国国会，而且还包括出自重要的政府职能部门的出版物，这些出版物一般仅发表或首先发表在美国国会文献中。因此该数据库资源在研究政治史、社会史、文化史、军事史、种族史、国际关系、工商业发展等方面都具有不可替代的价值。

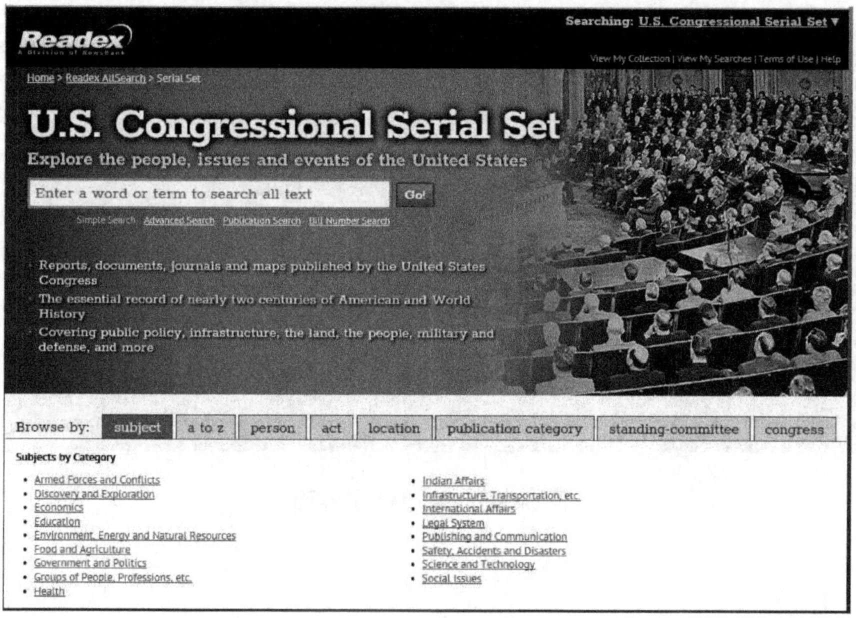

图6–26　美国国会文献集数据库首页

（2）系统功能

① 分类浏览

系统允许用户按学科专业、字母顺序（A–Z）、人名字顺、国会法案所属主题、地点、出版物类别、常务委员会、国会届次等类别进行浏览，用户可以根据需要浏览特定类目下的内容，如图6–27所示。

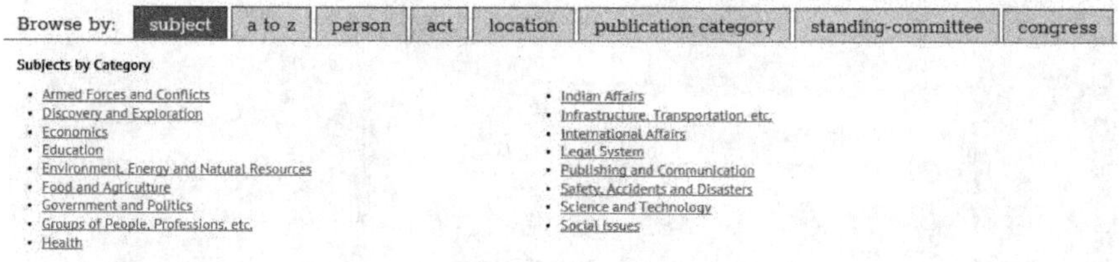

图6–27　浏览功能

② 检索功能

系统提供了简单检索、高级检索、出版物检索和国会法案号检索四种检索方式。

• 简单检索

在系统首页上方的简单检索框中输入检索词，即可快速进行全文检索，如图6–28所示。

图6–28 简单检索界面

• 高级检索

点击简单检索框下方的“Advanced Search”按钮，即可进入高级检索界面，如图6–29所示。高级检索可以限定检索词出现的字段、文献集卷号、出版时间、文献类型等内容，还能够选择检索结果的排序方式（时间顺序、相关度顺序）。

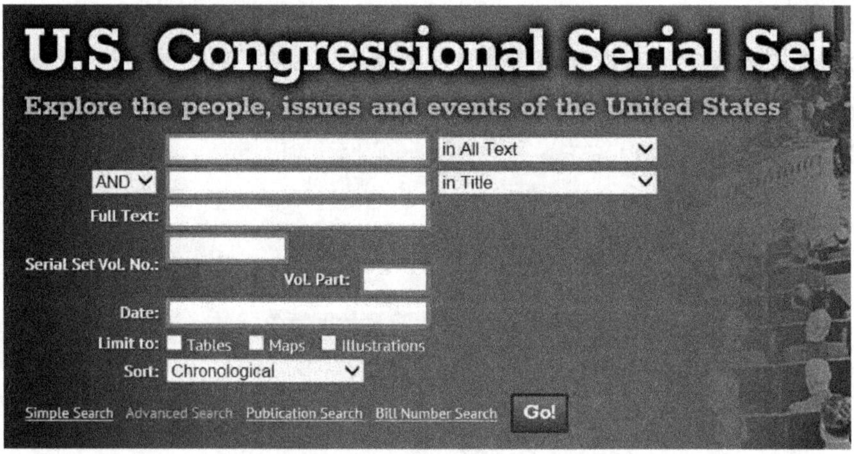

图6–29 高级检索界面

• 出版物检索

出版物检索可以对国会的届次、文献等级、文献编号等信息进行限定，还能够选择检索结果的排序方式，如图6–30所示。

图 6–30　出版物检索界面

• 国会法案号检索

国会法案号检索可以对国会的届次、法案类型、法案编号进行限定，还能够选择检索结果的排序方式，如图 6–31 所示。

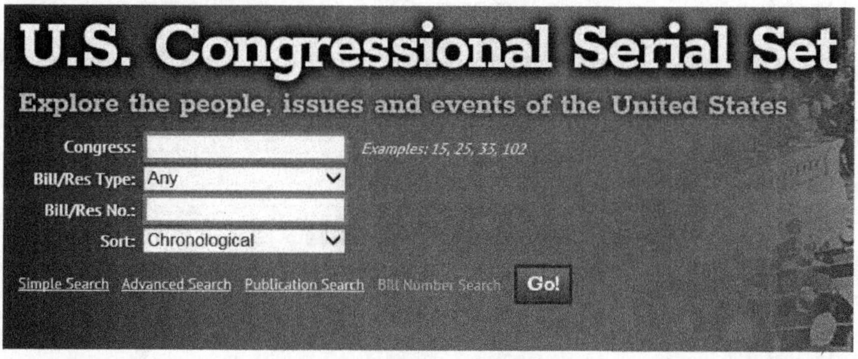

图 6–31　出版物检索界面

（三）其他国际关系、外交类数据库

1. 解密后的数字化美国国家档案

（1）数据库介绍

解密后的数字化美国国家档案[①]（Digital National Security Archive, DNSA）提供来源于美国国家安全档案馆（National Security Archive）的原始文件的访问。收录了从 1945 年开始的美国对其他国家外交、军事政策等大量珍贵的第一手资料，它是目前该领域内收录信息最全面的数据库。涵盖了 10 多万份，70 多万页最重要的解密文件，许多都是第一次出版。

① http://nsarchive.chadwyck.com

DNSA的每个子库基于一个独立专题收录大量政策文件，包括总统密令、备忘录、外交公文、会议记录、独立报告、简报、白宫往来信函、电子邮件、机密信函以及其他保密文件。同时，每个子库还提供背景资料和参考资料，如一般性介绍材料、年鉴、词汇表和参考书目等，是研究战后美国政治与历史的不可或缺的重要资源，为深入开展20世纪、21世纪历史、政治和国际关系研究提供了重要的原始文献保障。

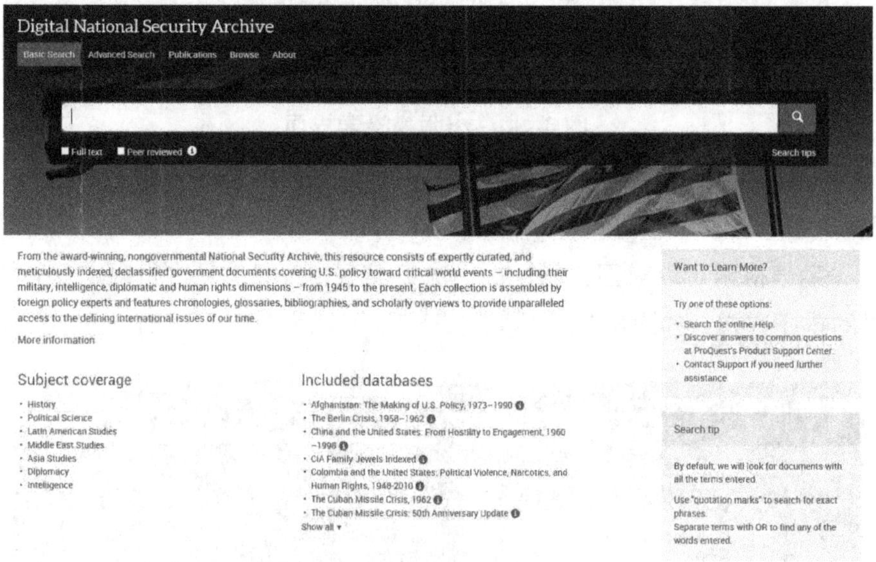
Digital National Security Archive
Basic Search
Advanced Search
Publications
Browse
About
Full text
Peer reviewed
Search tips
From the award-winning, nongovernmental National Security Archive, this resource consists of expertly curated, and meticulously indexed, declassified government documents covering U.S. policy toward critical world events – including their military, intelligence, diplomatic and human rights dimensions – from 1945 to the present. Each collection is assembled by foreign policy experts and features chronologies, glossaries, bibliographies, and scholarly overviews to provide unparalleled access to the defining international issues of our time.
More information
Subject coverage
History
Political Science
Latin American Studies
Middle East Studies
Asia Studies
Diplomacy
Intelligence
Included databases
Afghanistan: The Making of U.S. Policy, 1973–1990
The Berlin Crisis, 1958–1962
China and the United States: From Hostility to Engagement, 1960–1998
CIA Family Jewels Indexed
Colombia and the United States: Political Violence, Narcotics, and Human Rights, 1948-2010
The Cuban Missile Crisis, 1962
The Cuban Missile Crisis: 50th Anniversary Update
Show all
Want to Learn More?
Try one of these options:
Search the online Help.
Discover answers to common questions at ProQuest's Product Support Center.
Contact Support if you need further assistance.
Search tip
By default, we will look for documents with all the terms entered.
Use "quotation marks" to search for exact phrases.
Separate terms with OR to find any of the words entered.

图6–32 解密后的数字化美国国家档案首页

（2）基本内容

目前，数据库包含的专辑有45个，具体名称如表6–5所示。

表6–5 解密后的数字化美国国家档案各专辑名称

序号	专辑名称	序号	专辑名称	序号	专辑名称
1	阿富汗：美国政策的制定，1973—1990年	16	美国间谍与情报，1947—1996年	31	秘鲁：人权、毒品和民主：1980—2000年
2	柏林危机，1958—1962年	17	美国情报机构：组织、运营和管理，1947—1989年	32	“9·11”事件后的美国情报组织
3	中国和美国：从敌对到建交，1960—1998年	18	美国的太空军事化，1945—1991年	33	美国国家安全局：组织和运营，1945—2009年
4	古巴导弹危机，1962年	19	美国核历史：导弹时代的核武器与政策，1955—1968年	34	美国与朝鲜和韩国，1969—2000年
5	萨尔瓦多：美国政策的制定，1977—1984年	20	美国核不扩散政策，1945—1991年	35	美国与朝鲜和韩国，第二部分，1969—2010年

续表

序号	专辑名称	序号	专辑名称	序号	专辑名称
6	萨尔瓦多：战争、和平与人权，1980—1994年	21	恐怖主义与美国政策，1968—2002年	36	哥伦比亚与美国：政治暴力、毒品和人权，1948—2010年
7	伊朗：美国政策的制定，1977—1980年	22	从杜鲁门到布什时期的国家安全总统指令（第二部分）	37	美国情报与中国：收集、分析和隐蔽行动
8	伊朗门事件：丑闻的形成，1983—1988年	23	越南战争中的美国政策，第一部分：1954—1968年	38	智利与美国：美国民主、专政、人权政策，1970—1990年
9	伊拉克门：萨达姆·侯赛因、美国的政策和波斯湾战争前奏，1980—1994年	24	敢死队、游击战、秘密行动和种族灭绝：危地马拉和美国，1954—1999年	39	日本与美国：外交、安全和经济关系，第三部分，1961—2000年
10	日本与美国：外交，安全和经济关系，1960—1976年	25	越南战争中的美国政策，第二部分：1969—1975年	40	阿根廷，1975—1980年：美国人权政策的制定
11	尼加拉瓜：美国政策的制定，1978—1990年	26	日本与美国：外交、安全和经济关系，第二部分，1977—1992年	41	CIA秘密行动：从卡特到奥巴马，1977年至2010年
12	菲律宾：马科斯执政期间期间的美国政策，1965—1986年	27	基辛格谈话笔录：逐字记录美国外交，1969—1977年	42	墨西哥—美国禁毒政策，1969—2013年
13	从杜鲁门到克林顿时期的国家安全总统指令（第一部分）	28	古巴导弹危机回顾：国际性文件集合，从猪湾到核战争的边缘	43	基辛格谈话记录（补充）：逐字记录美国外交，1969—1977年
14	南非：美国政策的制定，1962—1989年	29	美国关于大规模杀伤性武器的情报：从二战到伊拉克	44	电子监控：从冷战到反恐战争
15	对苏联的评估：美国对苏联的分析，1947—1991年	30	基辛格电话记录：逐字记录美国外交，1969—1977年	45	CIA秘密行动二：1975情报年

2. 英国外交档案系列数据库

（1）数据库介绍

英国外交档案系列数据库[①]由英国著名的学术出版社 Adam Matthew Digital 提供。该出版社成立于1990年，以出版原始手稿、珍稀图书与其他原始资料而著称，其资源主要来自欧洲、北美、非洲与澳大利亚的图书馆与档案馆。英国外交档案系列数据库收录了中国、印度、北美、中东、非洲、拉丁美洲等地区内容，以及麦克米伦内阁文件、尼克松年代等子数据库，资料涉及内容十分广泛，报道详实，数据精准，为解读各地区外交关系及国际政治提供了珍贵的资料。

① http://www.archivesdirect.amdigital.co.uk/

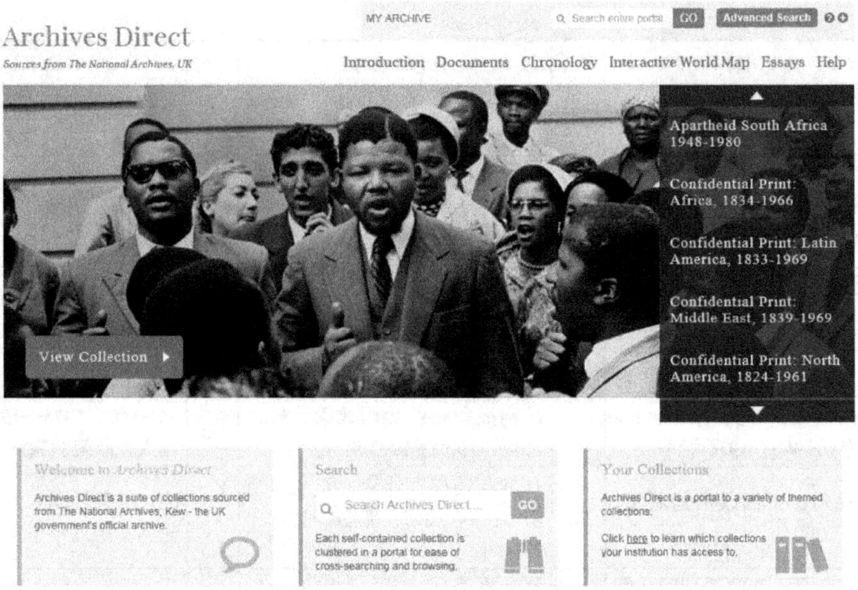

图6–33　英国外交档案系列数据库首页

（2）基本内容

该数据库细分为12个子库，具体内容如表6–6所示。

表6–6　英国外交档案系列数据库子库

子库名称	子库简介
英国外交部机密文件：中东，1839—1969年	数据库资料及档案全部来源于英国外交部自1820年以来的全部官方机密档案。数据库内容涉及众多问题，如：默罕默德·阿里与19世纪埃及改革、1921年中东大会、巴勒斯坦与美索不达米亚托管地问题、1956年苏伊士运河危机、巴勒斯坦的分割、后苏伊士时期的西方外交政策及阿以冲突。
英国外交部机密文件：北美，1824—1961年	来源于英国国家档案馆，种类有报告、急件、政治领导策略描述报告、每周政治总结、月度经济报告等。内容覆盖美国、加拿大、加勒比地区乃至部分南美地区的全部资料。
英国外交部机密文件：非洲，1834—1966年	此机密文件系列是英国政府在1820—1970年发布的，覆盖欧洲强国对非洲大陆进行殖民化的整个阶段，是对非洲政治、社会及经济研究的基石。所有文件均标有“机密”，当时均立即印刷并传阅给外交部、内阁和英国驻外机构的高层人员。该机密文件主要史实包括：英国与其他竞争对手争夺非洲的情况；英国逐步建立对非洲的影响力；非洲基础设施、采矿和工业；军事及情报事宜。
英国外交部档案：印度、巴基斯坦与阿富汗，1947—1980年	来源于英国外交部档案馆，是研究这一时期印度、巴基斯坦和阿富汗政治和社会历史的重要史料。还收藏有孟加拉国、斯里兰卡、尼泊尔、不丹、锡金和克什米尔以及其他边境地区的内容，由中国和苏联形成的威胁的分析，英国、美国和欧洲的贸易、工业政策、教育以及传媒对这一地区的冲击。

续表

子库名称	子库简介
英国外交部档案：中国，1919—1980年	收录了1919 — 1980年间发生在中国且与英国相关的重要事件记录。全库共收录档案图像约80万幅计150万页，收录的事件与专题主要包括：中国共产党、国民党和第三国际；长征，土地革命战争以及“满洲危机”；门户开放，抗日战争，以及共产主义胜利的种子；社会主义改造，民族商业与工业；毛泽东与经济复苏；国际赞誉与外交政策；对日、美商业贸易；中国加入联合国；中国与香港；中苏关系；等等。
英国外交部机密文件：拉丁美洲，1833—1969年	包括：拉丁美洲的革命，领土权的转移，政治运动，国外金融界的影响，工业和基础业的发展（包括巴拿马运河的建设），战争，奴隶制度，欧洲移民及和当地人们的交往。除了提到的这些内容，该机密文件中的所有数据对于任何一名研究19和20世纪的拉丁美洲的学者而言都将起到至关重要的作用。
英国外交部档案：日本，1919—1952年	包括外交公文、信函、地图、报告及其他材料，主要涉及三个部分：日本帝国主义和太平洋战争（1931—1945）、对日占领（1946—1952）、日本及其崛起（1919—1930）。这些文献揭示了从大正时代到昭和时代英日关系的发展变化，记录了日本走向现代化，继而走上帝国主义道路的历程。反映了英国对远东殖民地的关切，以及日本同中国、俄罗斯、德国和美国的关系。
英国外交部档案：中东，1971—1981年	收录文献内容源自英国外交部档案馆，覆盖1971—1981年发生在中东的重要历史事件，包含大量手稿、信件、年度报告、地图、会议录和总结性评述文件等。收录内容举要（含档案编号范围）：阿拉伯语与中东部分（FCO 8/1552-4276）；南欧部分（FCO 9/1353-3353）；近东地区部分（FCO 17/1374-1798）；北非与东非部分（FCO 39/768-1282）；商业与石油部分（FCO 67/427-808）；近东与北非部分（FCO 93/4-2658）。
南非种族隔离，1948—1980年	主要涉及种族隔离制度实施的前30年有关南非的文献，揭示了20世纪最饱受争议和诟病的政府体制之一。对所有研究非洲历史、大英帝国历史、种族关系及冷战相关内容的师生和研究者大有帮助。
麦克米伦内阁文件，1957—1963年	提供了获取麦克米伦执政期间最高政府文档的直接途径。内容包括柏林危机（1958—1961），古巴导弹危机（1962），英联邦移民法令（1962）和普罗富莫丑闻（1963.06）等。整个资料库包含了由CAB128、CAB129和PREM11、CAB124中选取的30000 幅原始文档图像，是研究世界史及英国政治的重要资源之一。
尼克松年代，1969—1974年	这些文件向学者与研究人员提供了宝贵的机会，让他们从英国、欧洲与联邦国家的角度进行研究，如尼克松对冷战危机的处理，执政时期的重大成就，以及在水门事件与总统弹劾中有争议的活动与执行权的运用等。包括对外政策与国内政治的各个方面。
英国国家档案馆妇女档案	是英国国家档案馆馆藏妇女研究资源的检索工具，同时还提供不列颠、英帝国与殖民地疆土的参政权问题原始文件。这一检索工具是国家档案馆馆员历时五年完成的项目，可以使研究人员迅速找出英国国家档案馆与妇女相关的任一文件的任何细节。

3. 解密档案参考系统

（1）数据库介绍

1974 年之后，成千上万份的联邦政府机密文件向公众开放，解密档案参考系统（Declassified Documents Reference System，DDRS）[①] 得以将这些档案系统化并归类整合，为研究人员提供便捷的检索与研究平台。该数据库涉及美国国内和国外其他国家与政治、经济以及社会状况相关的资料，从各个视角阐明了以下事件及其发展动向：中东

① https://www.gale.com/

的经济形式和战略地位、冷战及苏联扩张主义的发展动态、难民及流离失所人员问题、非洲殖民主义末期各种面孔及反应、拉丁美洲的经济及社会阶层、西欧在战后期间经历掠夺和经济瘫痪之后的“奇迹”，以及多米诺理论在亚洲的运用情况等，是研究者、政治科学家及政策制定者的强大工具。

文献档案来源于美国白宫、国务院、中央情报局、联邦调查局、司法局、国家安全局、北大西洋公约组织等重要机构，资源类型包括内阁会议记录、中央情报局情报研究及报告、国家安全委员会政策、日记记录、联席会议文件、信函、政治分析、技术研究等。

（2）基本内容

该数据库在线提供11万多份文档，76万多页资料，解密资料的内容包括：政治和军事事务的特别报道；社会经济问题的研究和统计；美国与外国政府官员的会议记录和访谈；法院诉讼及其他法律文件；美国外交人员收到和发出的重要信件、指示和电报的全文；外国政府高层文件，包括演讲、备忘录、官方报道，以及和政治会议和集会有关的文字记录；详细的内阁会议记录；美国国家安全委员会的政策声明；美国中央情报局的情报研究；美国总统会议；美国参谋长联席会议关于军事、外交政策等内容的文件；政治分析和技术研究。

数据库中有很多围绕二战后美国的政治、社会以及经济发展情况和军队的重要资料，如20世纪50年代的“共产主义恐慌”、20世纪60年代黑人战争和暴力以及白人对黑人的仇恨、政治及社会动荡（特别是人权运动和反战运动）、政治丑闻和滥用权力、全球及本国的恐怖主义、北美自由贸易协定和世界贸易的发展动态等。读者可以了解美国政府对“二战”后发生在全球各个角落的政治、军事事件的观点，以及做出的决策与行动。

4. 俄罗斯亚洲军事情报数据库

（1）数据库介绍

俄罗斯亚洲军事情报数据库（Russian Military Intelligence on Asia Online）是BRILL斯拉夫与欧亚研究专题数据库[①]下属的一个子库。BRILL学术出版社于1683年成立于荷兰，是世界上历史最悠久的学术出版社之一，多年来专注于学术出版，在学术出版界享有很高的盛誉。

俄罗斯亚洲军事情报数据库按时间跨度分为两个部分——《俄罗斯亚洲军事情报：机密档案，1651—1917年》和《俄罗斯亚洲军事情报：机密文件，1883—1914年》。

① https://brill.com/

（2）基本内容

①《俄罗斯亚洲军事情报：机密档案，1651—1917年》

这部分收录了大量珍稀史料，时间跨度从1651年到1917年，内容涉及有关中国、日本、韩国等远东国家或地区的历史事件的详细记述；土耳其、巴勒斯坦、阿拉伯地区和叙利亚等中东地区问题的历史背景与关系演变；伊朗、阿富汗等中亚地区国家之间的博弈。

②《俄罗斯亚洲军事情报：机密文件，1883—1914年》

这部分收录了1883 — 1914年的亚洲研究内部出版物。全书共87卷以及9份补充材料（平均每份300页），由俄罗斯总参谋部发行。其出版目的是向沙皇高级军事指挥官传播由俄罗斯及西方探险家、军官和学者编写的重要内容，涉及外交专员，外交调度，沙皇入侵印度，赫拉特围攻的历史，甚至欧洲抵制中国运动等。大量的秘密文档是关于亚洲范围内鲜为人知地区的第一手资料。

5. 珍稀原始典藏档案

（1）数据库介绍

珍稀原始典藏档案（Archives Unbound）是全球珍稀文献资源 Gale 学术平台[①] 的一个子库。它为用户提供了一个空前的能够快速检索到大量珍稀、权威、确凿的原始典藏资料（Primary source material）的数字化资源平台，是学生和学者们深度研究20世纪及其早期的全球历史中最确凿的权威文件的必备工具。该数据库的设计是源于广大学者们的研究需求：特别针对某一领域而设计的数字化原始典藏档案的数据库。相关学科包括北美历史、电影研究、非洲历史、美国黑人、国际事务、环境研究、拉丁美洲研究、女性研究、美洲印第安人、欧洲研究、商业与经济、文学、亚洲研究、越战研究、中东研究、同性恋研究等。数据库界面友好直观、简单易用，检索结果全部进行归纳和分类，便于用户精准定位所需文献。

（2）基本内容

珍稀原始典藏档案包括16个专辑，其中与国际关系有关的专辑如表6–7所示。

表6–7　珍稀原始典藏档案中与国际关系有关的专辑

专辑名称	专辑内容
国际事务	肯尼迪外交事务与国际危机，1961—1963年 尼克松政府文件：总统机密文件和专题文件，1969—1974年 冷战：对抗与缓解之声

① https://www.gale.com/

续表

专辑名称	专辑内容
拉丁美洲研究	古巴女权主义：1898—1958年 墨西哥革命，1917年宪法及其后果：美国国务院的记录 尼加拉瓜：政治动荡与美国干预，1910—1933年 美国、拉丁美洲与加勒比地区国家之间的外交关系，1930—1944年 ……
欧洲研究	《法国皇室与行政法案》，1256—1794年 都柏林城堡记录，1798—1926年 政府间难民委员会：西方国家对犹太移民的反应 第二次世界大战中的心理战与宣传：空投、传单与刊物攻势 第二次世界大战，希腊被占领及其内战，1940—1949年，美国国务院机密档案记录 ……
亚洲研究	中国内战和中美关系等
越战研究	印度支那、法国与越南独立同盟的战争，1945—1954年； 美国国务院记录，第一部分：1945—1949年 格雷厄姆·马丁大使与西贡大使馆的秘密通信文件，1963—1975年 ……
中东研究	阿富汗与美国，1945—1963年：美国国务院机密文件记录 海湾战争记录 美国的中东和平政策与美国在中东和平进程中的作用，1991—1992年 中东在线：伊拉克，1914—1974年 ……

（3）珍稀原始典藏档案：亚洲研究

该数据库不仅收录了十分丰富的内容，涉及多种领域和学科，同时也为用户提供了一个检索功能非常强大的珍稀原始典藏档案合集——亚洲研究的数字化资源平台。主要包括：亚美事件，中国和战后反共热；中国内战和中美关系：美国国务院侨务办公室档案；新教徒传教士团中国档案；全球传教团和神学团体；处于战争与和平时代的日本：美国国务院保密文件档案；日美搬迁营报纸：日常生活透视；整顿上海公共租界；美中贸易全国委员会1973年至1983年间的档案；抗议美国：抗战的越南退伍军人；来自国家安全委员会越南信息小组的情报报告；等等。

其中与中国相关的专题有：

• 美国在中国的情报服务档案：中国媒体的回顾与总结，1944—1950年
• 德国在中国的外交和军事活动，1919—1935年
• 德国在亚洲和太平洋地区的殖民地，从殖民主义到日本托管，1910—1929年
• 上海工部局董事会会议档案，1854—1943年
• 19世纪远东英文期刊
• 上海公共租界警务，1894—1945年

• 马歇尔使团在中国，1945—1947 年
• 中华民国与日本之间的政治关系和冲突，1930—1939 年：美国国务院档案
• 中国内战与中美关系：美国国务院中国事务部档案，1945—1955 年
•《教务杂志》与中国的新教传教士组织，1867—1941 年
• 中国的政治、经济和军事情况：美国军事情报局的报告和通信，1918—1941 年

6. 抗日战争与近代中日关系文献数据平台

（1）数据库介绍

该数据平台[①]由全国哲学社会科学规划办公室领导，中国社会科学院、国家图书馆和国家档案局合作筹建。2016年6月，该数据库平台建设作为国家社科基金课题“抗日战争研究专项工程”立项，中国社会科学院副院长李培林研究员主持，由近代史研究所具体负责平台的建设，百度公司负责技术支持和维护。

该数据平台主要有三大特点：其一，永久公益开放，注册即可免费下载，无论在任何地方，只要有网络就可以随时使用；其二，集图书、期刊、报纸、档案、图片、舆图以及音频、视频等多种文献资料形式于一体，实现了跨类深度内容检索，图书、期刊已实现章节、篇名目录加版权页级的检索，档案将实现案卷甚至文件目录级的检索，极大满足了研究者对内容检索的需求；其三，史学专家广泛吸收海内外各类文献数据库的优点，并结合自身研究需要向技术支持人员提出需求，不断对平台进行优化。

（2）基本内容

目前，该数据平台已上线图书、报纸、期刊、档案、图片、舆图等各类文献200万页。2017年实现1000万页以上的文献在线浏览及下载，计划包括100份民国旧报纸、近千种期刊、数万册民国图书，以及200万页档案。

7. 全球智库资讯服务平台

全球智库资讯服务平台[②]是北京万方软件股份有限公司基于多年的科技大数据积累与分析经验，通过对海量数据的挖掘和对科技市场的追踪，打造的数据库平台。平台遵循客观态度，借鉴美国宾夕法尼亚大学《Global Go To Think Tank Index Report（全球智库报告）》排名，筛选出500余家顶级智库，整合万方优势资源进行技术加工，形成拥有超过50万条智库资讯的内容平台，包括国际尖端会议报告、顶级专家研究评论、前沿书籍出版推荐、全球政经资讯动态等类目，为国际环境分析提供参考依据与决策支撑。超过7亿条事实型及评价型元数据同时作为报告的数据支持，从而确保报告的严谨性客观性。

平台核心功能有：全球尖端资讯整合功能、学科地区机构关联功能、聚类导航和

① http://www.modernhistory.org.cn/index.htm
② http://tt.sciinfo.cn/ThinkTank/thinkindex.aspx

快速检索功能、中英双语划词翻译功能。用户既可以选择浏览器访问方式，也可以关注智库官方微信，使用微信服务平台。

三、联合国信息资源

（一）联合国正式文件系统

1. 系统介绍

联合国正式文件系统（the Official Documents System of the United Nations，ODS）[①] 自 2004 年 12 月起，向全社会开放，使用该数据库不再需要密码。自 2010 年起，联合国停止在秘书处内分发各种会议文件的印刷本。所有文件都以电子化形式传送，并保存在联合国网站正式文件系统 ODS 上。ODS 成为获取联合国文件的最主要资源。

图6–34　联合国正式文件系统首页

联合国正式文件系统（United Nations ODS）的内容包括：

• 1993年至今的全文文件、原生数字文件和有文号文件，涉及安全理事会、大会、经济及社会理事会及其附属机构以及行政指示和其他文件。

• 1946年至1993年的扫描文件，涉及主要机关的所有决议、全部安全理事会文件、大会正式记录、补编和附件、会议记录（全部全体会议）、特地扫描的其他文件、每天

① http://documents.un.org/

增列的新文件。不包括（在正式文件系统中找不到的）：1993年以前印发但尚未数字化的有文号文件、新闻稿、销售出版物（例如年鉴）、条约汇编和其他无文号文件。

2. 系统功能

（1）检索

目前，系统提供简单检索、高级检索、全文检索三种检索功能。用户可采用下列方式和不同方式的组合进行搜索，包括按文号；按印发日期或放行日期；按标题用语；按议程项目编号；按届会；按工号。借助 UNBIS Thesaurus（联合国书目信息叙词表）提供的主题词汇，也可以进行主题检索。该系统还可以用6种正式语言进行全文检索，阿拉伯文、中文、俄文和西班牙文的全文检索只适用于2001年1月1日以后印发的文件。检索模块如图6–35所示。

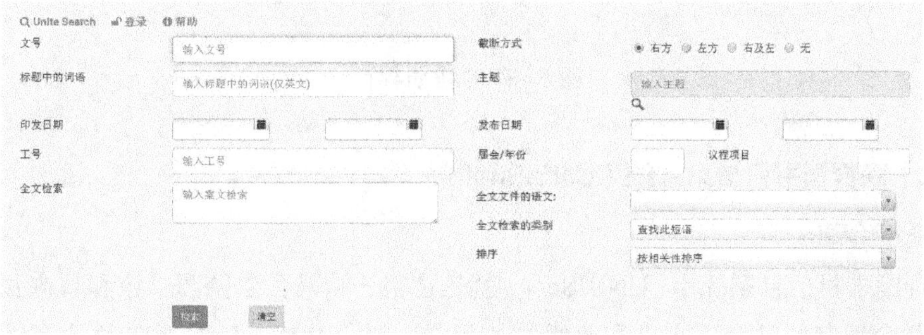

图6–35　检索模块

（2）浏览功能

系统提供的浏览功能包括浏览每日文件（日刊、每日文件和每日公报）、浏览下载次数最多的前十份文件，如图6–36所示。

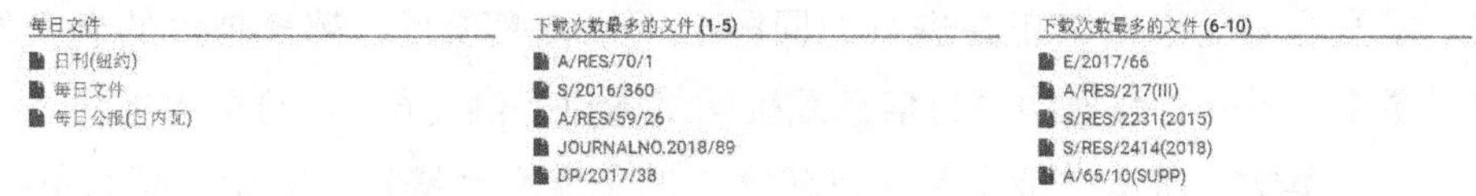

图6–36　浏览模块

（3）帮助功能

点击检索模块上部的“帮助”按钮即可进入帮助页面，系统提供了常见使用问题的解答以及与联合国文件有关的有用链接，如图6–37所示。

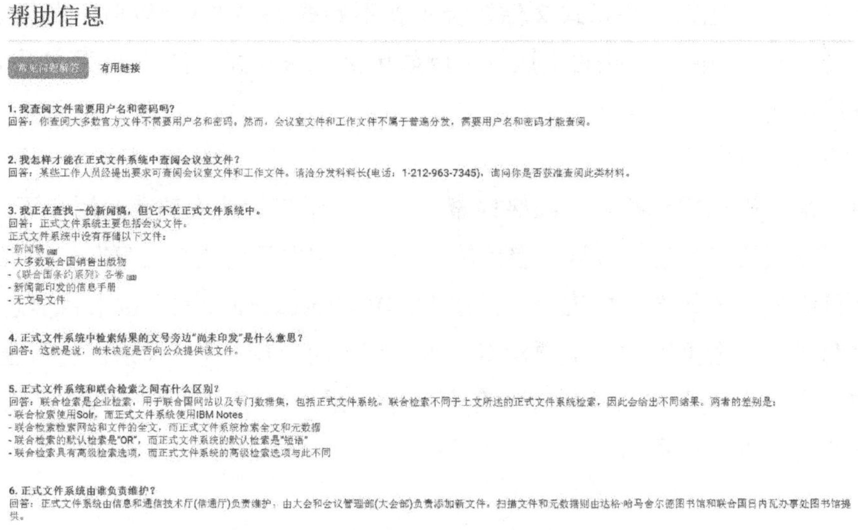
帮助信息
常见问题解答
有用链接
1. 我查阅文件需要用户名和密码吗?
回答：你查阅大多数官方文件不需要用户名和密码。然而，会议室文件和工作文件不属于普遍分发，需要用户名和密码才能查阅。
2. 我怎样才能在正式文件系统中查阅会议室文件?
回答：某些工作人员经提出要求可查阅会议室文件和工作文件。请洽分发科科长(电话：1-212-963-7345)，询问你是否获准查阅此类材料。
3. 我正在查找一份新闻稿，但它不在正式文件系统中。
回答：正式文件系统主要包括会议文件。
正式文件系统中没有存储以下文件：
- 新闻稿
- 大多数联合国销售出版物
- 《联合国条约系列》各卷
- 新闻部印发的信息手册
- 无文号文件
4. 正式文件系统中检索结果的文号旁边"尚未印发"是什么意思?
回答：这就是说，尚未决定是否向公众提供该文件。
5. 正式文件系统和联合检索之间有什么区别?
回答：联合检索是企业检索，用于联合国网站以及专门数据集，包括正式文件系统。联合检索不同于上文所述的正式文件系统检索，因此会给出不同结果。两者的差别是：
- 联合检索使用Solr，而正式文件系统使用IBM Notes
- 联合检索检索网站和文件的全文，而正式文件系统检索全文和元数据
- 联合检索的默认检索是"OR"，而正式文件系统的默认检索是"短语"
- 联合检索具有高级检索选项，而正式文件系统的高级检索选项与此不同
6. 正式文件系统由谁负责维护?
回答：正式文件系统由信息和通信技术厅(信通厅)负责维护，由大会和会议管理部(大会部)负责添加新文件，扫描文件和元数据则由达格·哈马舍尔德图书馆和联合国日内瓦办事处图书馆提供。

图6-37　帮助界面

（二）联合国书目信息系统（UNBISnet）

1. 系统介绍

联合国书目信息系统[①]（UNBISnet）就是达格·哈马舍尔德图书馆和日内瓦办事处图书馆联合编制的联合国文件和出版物的目录，以及达格·哈马舍尔德图书馆所收藏的一般出版物和非联合国资料的目录。

联合国书目信息系统主要涉及书目记录、表决记录和发言索引三个部分。

① 书目记录

包括由联合国达格·哈马舍尔德图书馆和日内瓦办事处图书馆所编制的联合国文件和出版物的目录，以及达格·哈马舍尔德图书馆所收藏的一般出版物和非联合国资料的目录。联合国书目信息系统网络版的检索范围主要始于1979年。不过，由于联合国达格·哈马舍尔德图书馆正在进行的回溯电子化转换项目，越来越多的老文件被补充到该目录中。另外，联合国书目信息系统网络版也提供对6个联合国官方语言（阿拉伯文、中文、英文、法文、俄文和西班牙文）的全文文件链接。其中包括自1946年以来，大会、经社理事会和安理会所通过的决议的全文。

② 表决记录

包括大会第一届起（1946年—）和安全理事会第一年起（1946年—）以不表决、唱名表决和记录表决等方式通过的所有决议的表决记录。提供决议全文的链接。

---

① http://unbisnet.un.org/indexc.htm

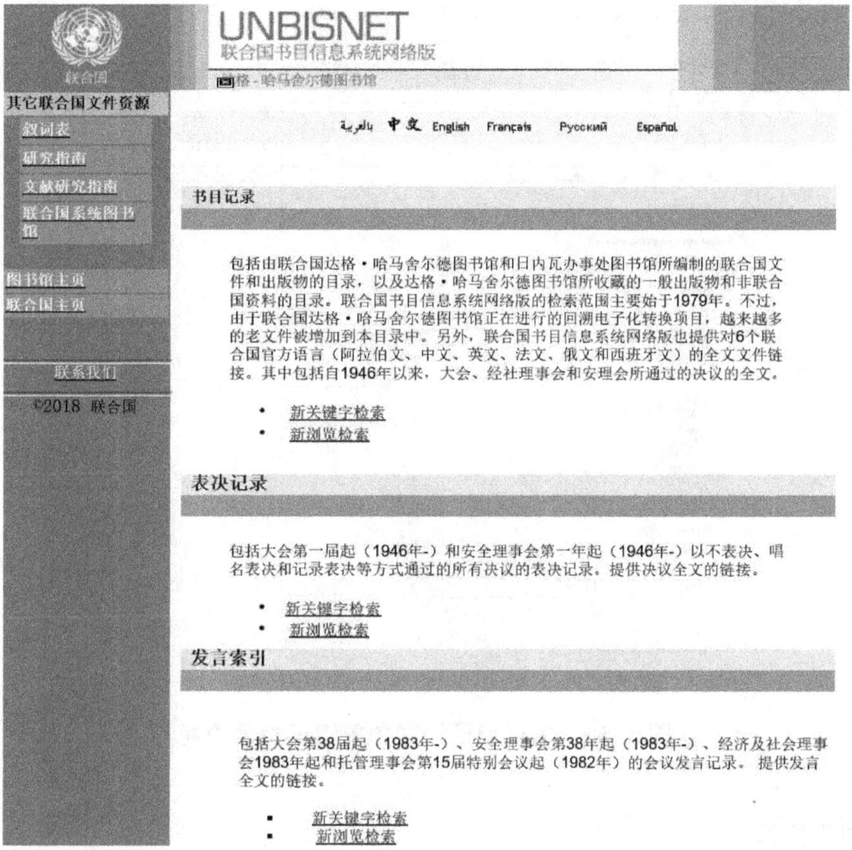
UNBISNET
联合国书目信息系统网络版
联合国
其它联合国文件资源
叙词表
研究指南
文献研究指南
联合国系统图书馆
图书馆主页
联合国主页
联系我们
©2018 联合国
بالعربية 中文 English Français Русский Español
书目记录
包括由联合国达格·哈马舍尔德图书馆和日内瓦办事处图书馆所编制的联合国文件和出版物的目录，以及达格·哈马舍尔德图书馆所收藏的一般出版物和非联合国资料的目录。联合国书目信息系统网络版的检索范围主要始于1979年。不过，由于联合国达格·哈马舍尔德图书馆正在进行的回溯电子化转换项目，越来越多的老文件被增加到本目录中。另外，联合国书目信息系统网络版也提供对6个联合国官方语言（阿拉伯文、中文、英文、法文、俄文和西班牙文）的全文文件链接。其中包括自1946年以来，大会、经社理事会和安理会所通过的决议的全文。
新关键字检索
新浏览检索
表决记录
包括大会第一届起（1946年-）和安全理事会第一年起（1946年-）以不表决、唱名表决和记录表决等方式通过的所有决议的表决记录。提供决议全文的链接。
新关键字检索
新浏览检索
发言索引
包括大会第38届起（1983年-）、安全理事会第38年起（1983年-）、经济及社会理事会1983年起和托管理事会第15届特别会议起（1982年）的会议发言记录。提供发言全文的链接。
新关键字检索
新浏览检索

图6–38　联合国书目信息系统首页

③ 发言索引

包括大会第38届起（1983年—）、安全理事会第38年起（1983年—）、经济及社会理事会1983年起和托管理事会第15届特别会议起（1982年—）的会议发言记录。提供发言全文的链接。

2. 系统功能

（1）书目记录检索

① 关键词检索

关键词检索提供主题词、标题、标题和注释、文件号、作者、一般关键词、出版信息、议程项目等多种检索入口，访问者还可结合语言、文献类型、组织机构等多个限制条件及布尔运算方式等，来优化检索式以得到更精准的检索结果。检索结果还可以按出版时间、题名字顺等条件排序。如图6–39所示。

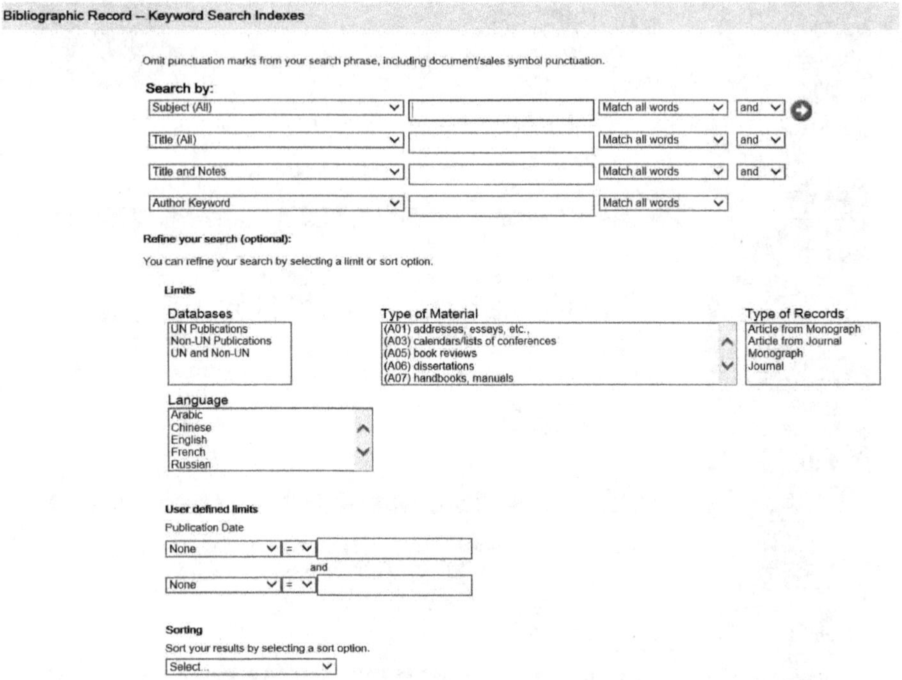

图 6–39　书目记录检索的关键词检索功能

② 浏览检索

浏览检索允许用户限定关键词出现的字段（题名、主题、作者、叙词表等），输入后即可浏览以该关键词开头的所有资源。如图 6–40 所示。

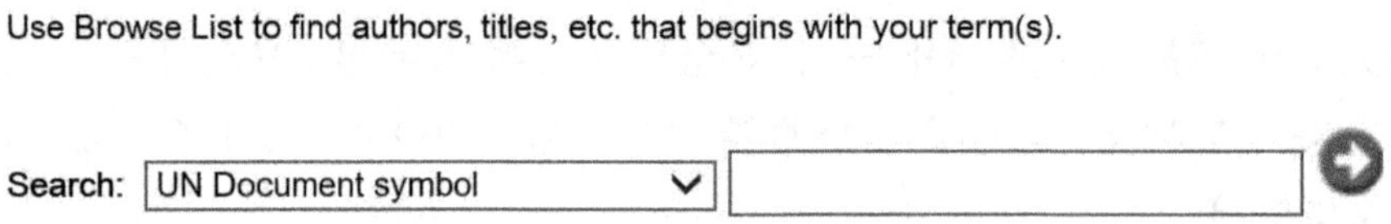

图 6–40　书目记录检索的浏览检索功能

（2）表决记录检索

① 关键词检索

关键词检索可以通过决议文号、表决日期、关键词等检索入口，结合组织机构等限制条件及布尔运算公式来进行限制检索，同时还提供跨年度查询入口。检索结果还可以按出版时间、题名字顺等条件排序。如图 6–41 所示。

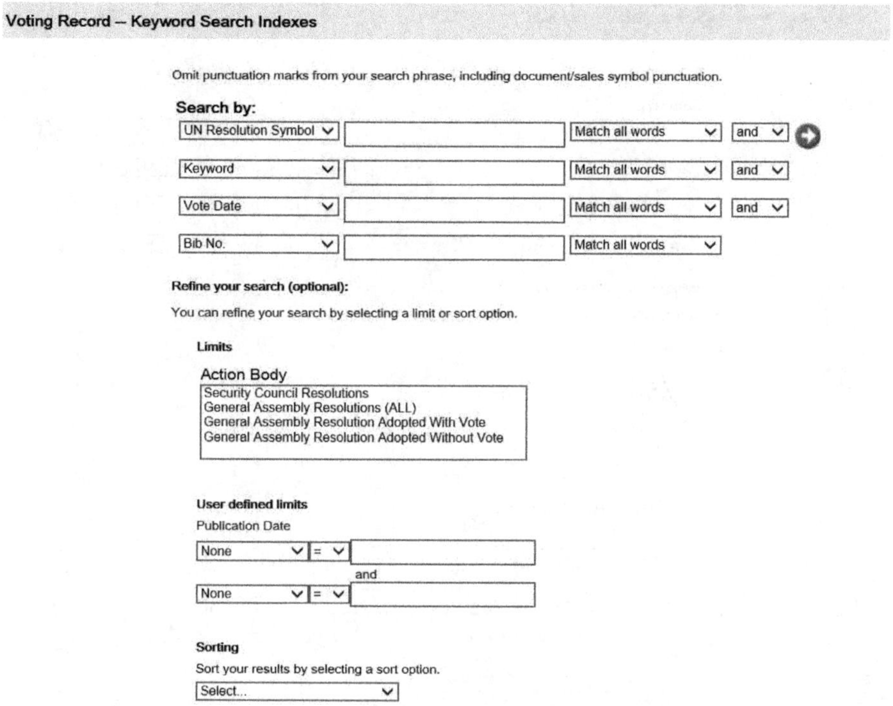

图6–41　表决记录检索的关键词检索功能

② 浏览检索

浏览检索允许用户输入联合国决议编号或议程文件编号，即可浏览相应的一系列文件，如图6–42所示。

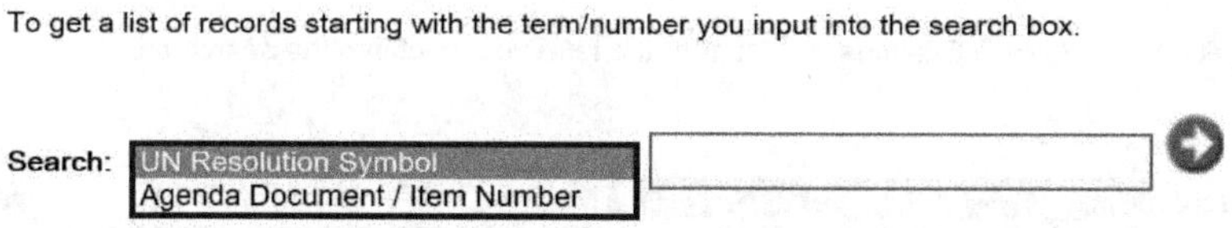

图6–42　表决记录检索的书目检索功能

（3）发言索引检索

① 关键词检索

关键词检索可以使用发言人所代表的国家或组织、发言的日期、发言的议程项目主题词、会议记录的文号、上述方式的各种组合等。检索结果还可以按出版时间、题名字顺等条件排序，如图6–43所示。

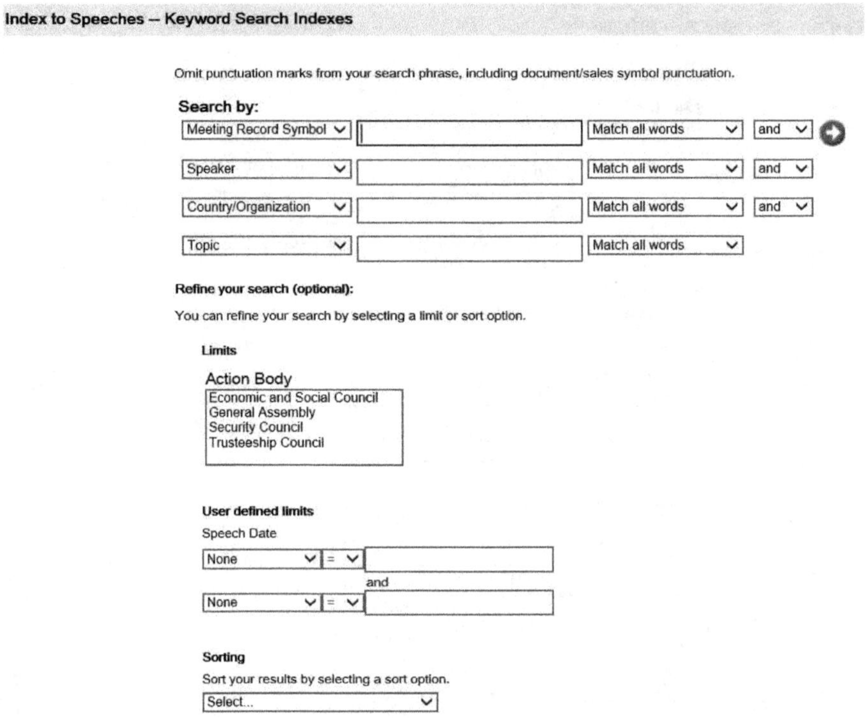

图6–43　发言索引检索的关键词检索功能

②浏览检索

用户输入联合国会议编号或议程文件编号，即可浏览一系列与会议有关的发言内容，如图6–44所示。

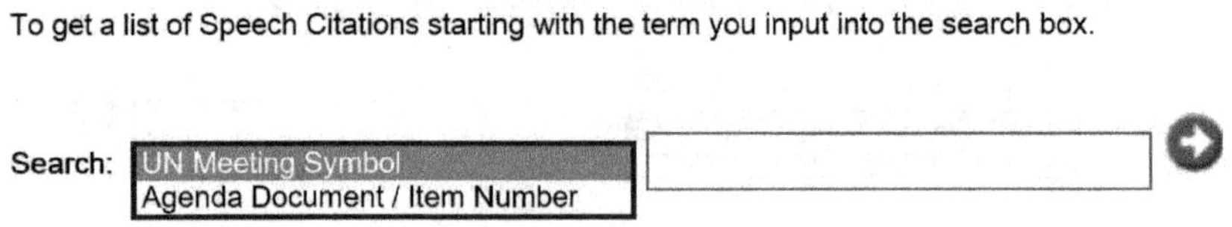

图6–44　发言索引检索的浏览检索功能

（三）联合国多语言术语库（UNTERM）

1. 系统介绍

由于联合国内部工作的需要，早在20世纪80年代，联合国总部已经建立了自己的术语库系统，由联合国术语和参考资料科负责（隶属于秘书处大会和会议管理部文件司），名为 UNTERM（The United Nations Terminology Database），简称“联合国术语库”。

2013年，联合国中央术语系统建立，同年4月全球术语库[①]正式上线，对外开放其查询功能。该术语库是多语种的全球在线术语库，向全球范围内的用户开放。其搜索引擎包含联合国六种官方语言（分别是英语、阿拉伯语、汉语、法语、俄语和西班牙语），此外还包括德语和葡萄牙语。内容涉及：与联合国相关的各类名称，包括国家、条约、法律条文、会议、工作组、组织、部门、职务（职务抬头）、非政府组织等的名称；与联合国相关的术语，如行政和预算、维和、裁军、妇女、环境；人名、地名等专有名词；相关短语和固定措辞等。

数据库分为公开和内部两个端口，供不同用户使用。公开端口面向全球普通用户，无须注册和登录即可访问，内部端口面向注册用户，需要登录。

图6–45　联合国多语言术语库首页

2. 系统功能

该数据库的功能在于查询联合国几大工作语言的术语。以“political office”为例，检索结果界面如图6-46所示。界面左侧一列可以对检索结果进行筛选，其中“Database”下面列出了联合国下属办事处及区域经社委员会的术语库，如UNHQ代表联合国总部术语库、UNOG代表联合国日内瓦办事处术语库等。界面中间一列显示了联合国常用语言对应的术语条文，可以在首页设置显示哪几种语言。界面右侧一栏是

① https://unterm.un.org/UNTERM/portal/welcome

同一术语在不同子术语库中出现及使用情况。

图6–46　检索结果界面

此外，用户在输入检索词时，系统会给予相应的检索提示，帮助用户确定要检索的术语，如图6–47所示。

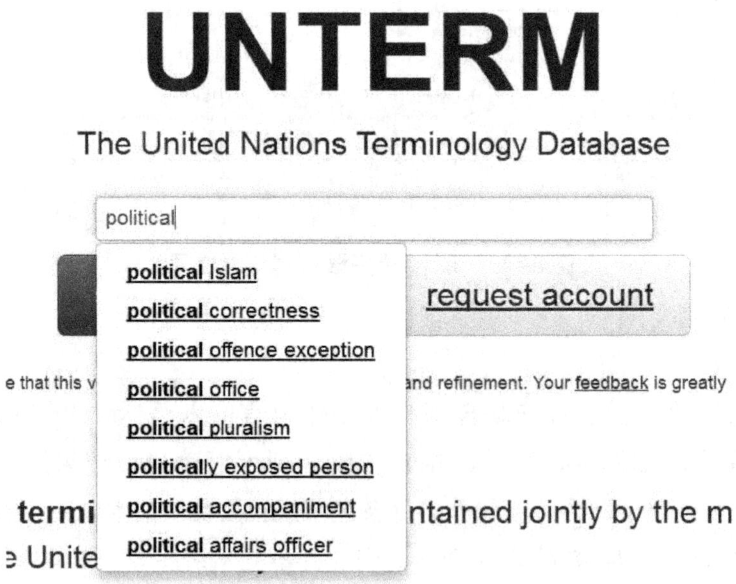

图6–47　检索提示功能

（四）其他联合国资源

1. 联合国统计数据库

联合国统计数据库（UN data）[①] 是联合国统计局（UNSD）发起的一个项目，称为"公益事业统计"，其目的是实现全球统计数据的自由存取，以帮助成员国家的国家统计办事处加强其数据传播能力。数据库资源涵盖政治、经济、人口、交通、能源等数据，资料丰富，可以直接通过互联网查阅，使用非常方便。

UN data 数据库可以按统计系列（series）字母顺序、数据来源（sources）或主题（topic）查询统计数据。该数据库包含300多个统计系列，6000余万条统计数据。用户可以进行基本数据浏览（Basic view）和国家概况（Country profiles）浏览，还可以查看术语表、元数据信息等。

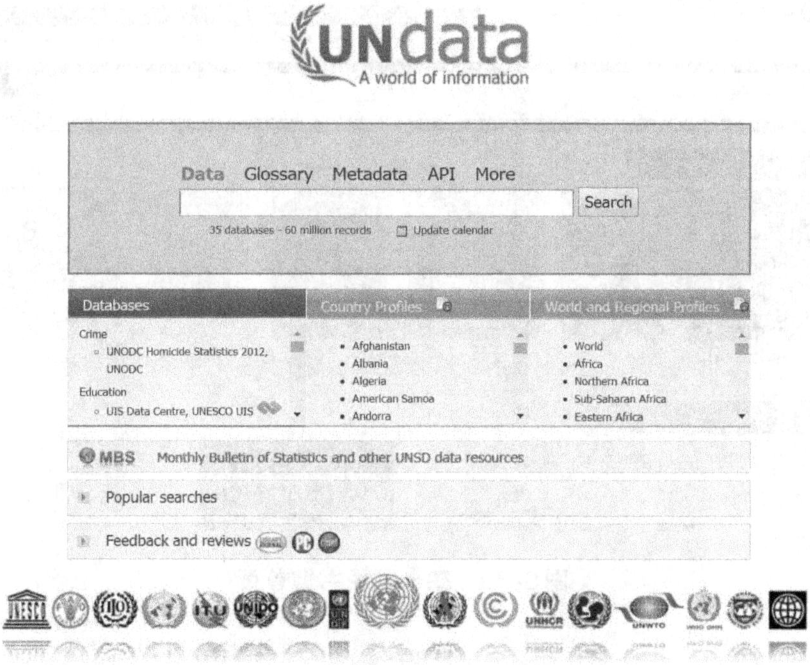

图6–48　联合国统计数据库首页

2. 联合国图书馆

联合国大会于1946年启动图书馆服务，1961年11月，为纪念达格·哈马舍尔德（Dag Hammarskjöld）秘书长，联合国图书馆被以他的名字命名。达格·哈马舍尔德图

---

① http://data.un.org

书馆位于纽约联合国总部，长期以来主要为常驻代表团的代表们和联合国工作人员提供研究和信息服务，还通过在线服务以及全球托存图书馆网络向更广泛的公众传播联合国信息。

图书馆的主要任务是使各代表团、秘书处及本组织的其他正式机构，能以最迅速、便利及经济的方法，取得他们执行职务所需要的图书资料及消息。

图书馆保存了完整的联合国文件和出版物文献资源，包括大会，安理会，经社理事会，托管理事会和国际法庭及其附属机构，还有相关机构（诸如发展计划署，环境署和儿童基金会等）的文件和出版物。图书馆还有联合国专门机构发行的部分文件和出版物。

联合国数字图书馆[①] 收录了联合国文件、关键的联合国系列出版物以及具有里程碑意义的馆藏，如议事录索引和口述历史访谈等。

图6-49　联合国图书馆首页

3. 联合国托存图书馆

为宣传联合国的宗旨和使命，向全世界开放和推广联合国的文献信息资源，联合国于1946年开创了托存图书馆制度，达格·哈马舍尔德图书馆通过托存图书馆系统向世界各地的读者分发联合国的文件和出版物。目前已在146个国家和地区建立了405家托存图书馆，负责联合国资料的妥善收藏、管理和免费向读者提供借阅。这些托存图书馆在促进信息公开和消除知识贫困等方面发挥了积极作用。

---

① https://library.un.org/

中国是最早加入联合国托存系统的国家之一，目前拥有托存图书馆数量21家，位列世界第二，如表6–8所示。

表6–8　中国的联合国托存图书馆

序号	托存馆	成立时间	序号	托存馆	成立时间
1	中国国家图书馆	1947	12	北京政法大学图书馆	2001
2	重庆图书馆	1947	13	浙江图书馆	2001
3	香港市政图书馆	1979	14	上海复旦大学法学院图书馆	2001
4	上海市图书馆	1984	15	苏州大学法学院图书馆	2001
5	澳门大学图书馆	1992	16	厦门大学图书馆	2001
6	外交学院图书馆	1997	17	烟台大学法学院图书馆	2001
7	北京大学法学图书馆	1999	18	中国社会科学院法学院图书馆	2001
8	广州中山大学法律系图书馆	1999	19	中南财经政法大学法学院图书馆	2001
9	上海华东政法大学国际法学系图书馆	1999	20	郑州大学图书馆	2001
10	武汉大学法学院图书馆	1999	21	辽宁大学联合国托存图书馆	2002
11	香港大学图书馆	2000			

4. 联合国研究指南

达格·哈马舍尔德图书馆编制了一套研究指南，[①] 旨在向研究人员介绍联合国范围内受欢迎的专题主题，并突出有用的资源，例如书籍、数据库和网站。该研究指南提供了选定类型的联合国文件、出版物、数据库和网站的概览。

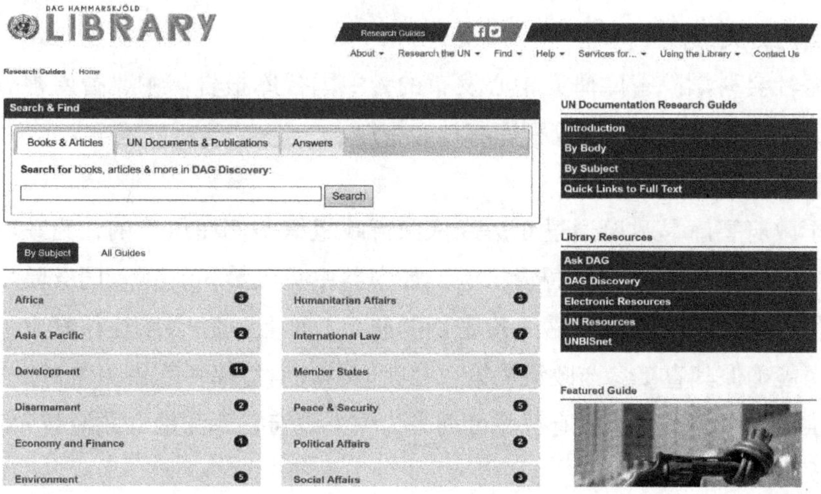

图6–50　联合国研究指南

① https://library.un.org/zh/content/1914

四、知名智库

（一）智库的分类

1. 按照智库隶属关系分类

（1）TTCSP 的分类方法

根据智库的隶属关系，美国宾夕法尼亚大学“智库与公民社会研究计划”（TTCSP）将其分为七种类别，即独立智库、准独立智库、政府下属智库、半官方智库、高校下属智库、政党下属智库、赢利性企业智库，其定义如表6–9所示。

表6–9 智库的分类

类别	定义
自主运营的独立智库	智库完全独立于任何一个利益集团或捐款者，在运营和筹集资金方面具有自主性。
准独立智库	独立于政府机构，但受到为其提供主要资金来源的利益集团、捐款者或相关机构的管理和影响。
政府下属智库	智库是政府机构的正式组成部分。
半官方智库	依靠政府拨款及合同的独资智库，但不属于政府机构的正式组成部分。
高校下属智库	智库是高校的政策研究中心。
政党下属智库	智库正式隶属于某个政党组织。
赢利性企业智库	智库是赢利性的公共政策研究机构，隶属于某个企业，或仅仅以赢利为目的。

（2）国内分类方法

在上海社会科学院智库研究中心发布的《中国智库报告》中，智库被分为党政军政府智库、科研院所智库、高校智库和社会智库。

① 党政军政府智库

党政军政府智库是政府通过立法或依照行政组织条例而组建的，为政府首脑和各级部门领导层提供决策服务的智囊机构，如中共中央政策研究室、国务院发展研究中心等。它们与决策者之间保持着天然密切的联系，而且这种联系往往具有一定的组织保障，甚至能确保其直接参与政策决策。在我国，政府智库一直占据绝对优势。

根据隶属关系的不同，政府智库可划分为中央政府智库和地方政府智库。

② 科研院所智库

科研院所智库是指隶属于科研机构和研究院所的智库，如中国科学院、中国社会科学院下属的各个研究中心和研究所，其主要任务是科学研究及成果转化，即围绕经济社会发展中的重大现实问题开展国情调研，并将科研成果转化为决策咨询服务。

③ 高校智库

高校智库是指隶属于某个大学的从事政策研究和咨询工作的组织，其经费来源主要是校方拨款和一些基金会、企业组织、社会团体的资助或个人捐助，其研究人员大多来自校内各学科的学者和从其他研究机构或大学等聘请的专家。高校智库的优势在于紧密依托高校资源，包括资深专家、大量教师、专题数据库和实验室、全球性和区域性的研究基地，以及广泛的海外联系等。

④ 社会智库

社会智库也称民间智库，指依靠政府以外的社会资金（如基金会、企业、个人捐助以及研究收入等）而运转，为政府或客户提供咨询服务的私人或民间团体组织，一般具有独立的社团法人或企业法人资格，具有自筹资金、独立运作、自负盈亏的特点。在西方发达国家（尤其是美国），社会智库占有绝对地位。

此外还有国际性智库，即由多个国家联合设立或联合国指导设立的综合性智库，旨在解决全球普遍关心的重大国际、地区问题。

2. 按研究领域分类

（1）综合性智库

综合性智库通常拥有雄厚的财力物力、庞大的研究团队、强大的综合实力，以便开展跨学科、跨领域的深入研究，研究的内容涉及内政、外交、军事、经济、科技、教育、医药卫生、人口、资源、生态等领域，研究的问题呈现出综合性、全面性的特点，美国的兰德公司便是综合性智库中的典型代表。

（2）专业性智库

专业化智库围绕某些重点领域的特定问题进行研究和咨询。它们专注于研究某一领域的具体问题，研究范围比较集中，多是就某一具体问题进行纵向、深入的研究，比如政法类智库、经济类智库、社会类智库、文化类智库、教育类智库、国际关系类智库、区域研究类智库、科技类智库、环境类智库等。

在我国，智库按照研究领域还可以分为思想理论类智库、经济社会发展类智库、科技创新类智库、国际关系和国家安全类智库等。

3. 按机构规模分类

（1）大型智库

大型智库是指科研人员超过100人，年度经费在1000万美元以上的智库，具有规模庞大、实力雄厚、资源丰富等特点。通常，大型智库在政策制定方面发挥着主要影响。

（2）中型智库

中型智库的科研人员一般在十余人至几十人左右，年度经费在100万到1000万美元之间，其决策影响力和社会影响力弱于大型智库。

（3）小型智库

小型智库的科研人员一般最多只有十余人，年度经费基本上在100万美元以下。由于资源的限制，小型智库通常将力量集中于某个具体问题，进行较有针对性的研究。

此外，还可以按政治倾向性划分为中立性智库和服务于政党的智库；按功能划分为关注学术研究的智库、提供政策方案的智库、为政党代言的智库、倡导公共利益的智库等。

（二）国际著名智库

根据2016年TTCSP发布的《全球智库发展报告》，综合排名前十位的智库如表6–10所示。

表6–10　全球综合排名前十位的智库

序号	智库名	智库简介	所属国家	主页
1	布鲁金斯学会	成立于1916年，是华盛顿学术界的主流思想库之一，也是一家研究公共政策的非赢利组织。其宗旨是开展高质量的独立研究，并据此提出具有创新精神和实用性的政策建议。	美国	https://www.brookings.edu/
2	英国皇家国际事务研究所（查塔姆社）	成立于1920年，前身是英国国防事务研究所，是目前英国规模最大、世界最著名的国际问题研究中心之一。	英国	https://www.chathamhouse.org/
3	法国国际关系研究所（IFRI）	成立于1979年，是法国最大的、独立的、最具影响力的综合性研究机构。研究专长为泛大西洋关系、欧洲事务。	法国	http://www.ifri.org/
4	战略与国际研究中心（CSIS）	成立于1962年，是现在美国国内规模最大的国际问题研究机构和具有保守色彩的重要战略和政策研究机构。该研究中心是一个非党派、非政府的民间国际问题研究机构和免税组织。	美国	https://www.csis.org/
5	卡内基国际和平基金会	成立于1910年，是美国成立最早又颇有影响的研究院之一，主要研究范围包括非洲政策、亚洲政策、世界安全、全球经济、环境能源、核武不扩散、俄罗斯及欧亚事务等。	美国	http://carnegieendowment.org/
6	布鲁塞尔欧洲与全球经济实验室（Bruegel）	成立于2007年，该智库在国际经济政策专业领域排名第二位，仅次于美国布鲁金斯学会。	比利时	http://bruegel.org/
7	兰德公司	成立于1948年，是美国最重要的以军事为主的综合性战略研究机构。它以研究军事尖端科学技术和重大军事战略而著称于世，继而又扩展到内外政策各方面，逐渐发展成为一个研究政治、军事、经济科技、社会等各方面的综合性思想库。	美国	https://www.rand.org/

续表

序号	智库名	智库简介	所属国家	主页
8	伍德罗·威尔逊国际学者中心	成立于1968年，研究领域覆盖整个人文和社会科学，尤其以历史学、政治学和国际关系为重点，主要关注政府治理、美国在世界的角色以及美国和世界面临的长远挑战。	美国	https://www.wilsoncenter.org/
9	瓦加斯基金会	成立于1944年，是巴西和拉美地区的第一大智库，应用研究、职业培训、精英教育是支撑其智库地位的三大支柱。基金会的两大宗旨是为政府和企业培训高素质的人力资源以及研究有关国家发展的重大问题。	巴西	http://portal.fgv.br/
10	对外关系委员会（CFR）	成立于1918年，是美国专门从事外交政策和国际事务的非赢利、无党派的会员制组织、出版商和智库。其宗旨是通过"了解国际形势"对"美国的政治、经济和财政问题的国际方面"进行持续不断的研究，帮助政府制订"明智的美国对外政策"。	美国	https://www.cfr.org/

（三）国内著名智库

根据四川省社会科学院、中国科学院成都文献情报中心2017年11月15日联合发布的《中华智库影响力报告（2017）》，综合影响力排名前十位的智库如表6–11所示。

表6–11　国内综合排名前十位的智库

序号	智库名	智库简介	主页
1	中国社会科学院	中国社会科学院建立于1977年5月，是中国哲学社会科学研究的最高学术机构和综合研究中心。	http://cass.cssn.cn/
2	中国科学院	中国科学院成立于1949年11月，是中国自然科学最高学术机构、科学技术最高咨询机构、自然科学与高技术综合研究发展中心。	http://www.cas.cn/
3	国务院发展研究中心	成立于1980年，是直属中国国务院的政策研究和咨询机构。主要职能是研究中国国民经济、社会发展和改革开放中的全局性、战略性、前瞻性、长期性以及热点难点问题，开展对重大政策的独立评估和客观解读，为党中央、国务院提供政策建议和咨询意见。	http://www.drc.gov.cn/
4	上海社会科学院	创建于1958年，是新中国最早建立的社会科学院，也是全国最大的地方社会科学院。现设有2个研究院、15个研究所、9个职能处室、11个直属单位和近20个院直属研究中心。	http://www.sass.org.cn/
5	中共中央党校	创建于1933年，是轮训和培训中国共产党的高中级领导干部和马克思主义理论干部的最高学府，是学习、研究、宣传马列主义、毛泽东思想和中国特色社会主义理论体系的重要阵地，是党的哲学社会科学研究机构。	http://www.ccps.gov.cn/
6	中国工程院	成立于1994年，是中国工程技术界最高荣誉性、咨询性学术机构，由院士大会、主席团、院领导、7个专门委员会、9个学部与内设机构等组成。	http://www.cae.cn/

续表

序号	智库名	智库简介	主页
7	北京大学国家发展研究院	前身是1994年创立的北京大学中国经济研究中心，2008年更名。该院是北京大学的一个以经济学为基础的多学科综合性学院，集教学、科研和智库于一身。在政府与市场的关系、新农村建设、国企改革、电信改革、股市治理、人口政策及经济结构调整等诸多重大问题上，产生了一批有影响力的政策建议并被政府所采纳。	http://www.nsd.pku.edu.cn/index.html
8	中国国际问题研究院	是外交部直属专业研究机构，主要对当前国际政治和世界经济等领域的重大问题进行中长期战略研究，亦对国际事务中重要的现实和热点问题做出及时分析，提出意见和建议，以供决策参考。	http://www.ciis.org.cn/
9	国家行政学院	成立于1994年，是国务院直属单位，集教学、科研和咨询为一体，发挥着公务员教育培训主渠道作用、公共行政理论和政府管理创新研究的重要基地作用、政府决策咨询思想库作用。	http://www.nsa.gov.cn/web/index.php
10	中国（海南）改革发展研究院	成立于1991年11月1日，是一家以改革发展政策研究为主要业务，培训、咨询和会议产业并举的改革研究机构。该院坚持“小机构、大网络”的运作机制与“网络型、国际化、独立性”的机构特色，致力于服务中国经济社会改革的政策决策。	http://www.cird.org.cn/

五、国外情报及研究机构

（一）国外主要情报机构

1. 美国

（1）中央情报局

图6–51　美国中央情报局首页

中央情报局[①]（Central Intelligence Agency, CIA）产生于1947年杜鲁门总统签署的《国家安全法》(*National Security Act of 1947*),《2004年情报改革及恐怖主义预防法》(*Intelligence Reform and Terrorism Prevention Act of 2004*) 对《国家安全法》进行了修订，中央情报局设置独立的局长，向国家情报总监报告情况。

中情局局长的职责包括：通过人力资源和其他适当手段收集情报；对事关国家安全的情报进行关联和评估；为在美国国外收集国家情报的工作提供总体方案并进行协调；执行总统或国家情报总监指出的其他与影响国家安全的情报相关的职责。中央情报局的功能就是协助中央情报局局长执行上述的职责。

（2）国防情报署

美国国防情报署[②]（Defense Intelligence Agency，DIA）成立于1961年8月1日，隶属于美国国防部。国防情报署拥有出色的人工情报（HUMINT）和技术搜集能力，以及安全的网络基础架构和服务，以“成为国防专业情报不可或缺的来源”为愿景，为决策层提供有关外国军事实力及意图的深层次情报，满足其对准确及时的情报日益增长的需求，从而在军事战略、规划和行动方面发挥关键的能动作用。

国防情报署为了战斗和非战斗军事任务而产生、分析和传播军事情报，是外国军事情报的主要生产者和管理者，为国防部长、参谋长联席会议和联合作战司令部服务。

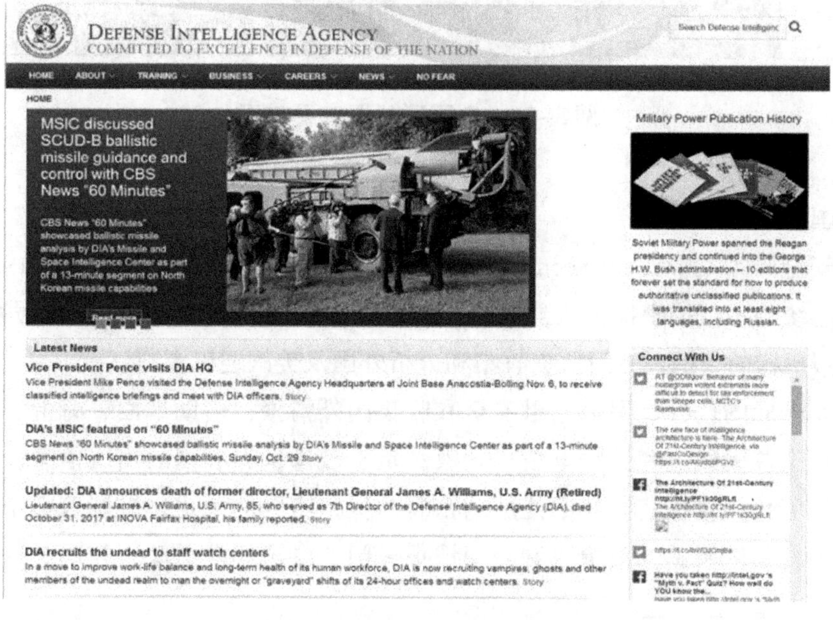
DEFENSE INTELLIGENCE AGENCY
COMMITTED TO EXCELLENCE IN DEFENSE OF THE NATION
HOME
ABOUT
TRAINING
BUSINESS
CAREERS
NEWS
NO FEAR
HOME
MSIC discussed SCUD-B ballistic missile guidance and control with CBS News "60 Minutes"
CBS News "60 Minutes" showcased ballistic missile analysis by DIA's Missile and Space Intelligence Center as part of a 13-minute segment on North Korean missile capabilities
Military Power Publication History
Soviet Military Power spanned the Reagan presidency and continued into the George H.W. Bush administration – 10 editions that forever set the standard for how to produce authoritative unclassified publications. It was translated into at least eight languages, including Russian.
Latest News
Vice President Pence visits DIA HQ
Vice President Mike Pence visited the Defense Intelligence Agency Headquarters at Joint Base Anacostia-Bolling Nov. 6, to receive classified intelligence briefings and meet with DIA officers. Story
DIA's MSIC featured on "60 Minutes"
CBS News "60 Minutes" showcased ballistic missile analysis by DIA's Missile and Space Intelligence Center as part of a 13-minute segment on North Korean missile capabilities. Sunday, Oct. 29 Story
Updated: DIA announces death of former director, Lieutenant General James A. Williams, U.S. Army (Retired)
Lieutenant General James A. Williams, U.S. Army, 85, who served as 7th Director of the Defense Intelligence Agency (DIA), died October 31, 2017 at INOVA Fairfax Hospital, his family reported. Story
DIA recruits the undead to staff watch centers
In a move to improve work-life balance and long-term health of its human workforce, DIA is now recruiting vampires, ghosts and other members of the undead realm to man the overnight or "graveyard" shifts of its 24-hour offices and watch centers. Story
Connect With Us
The Architecture Of 21st-Century Intelligence
Have you taken http://intel.gov 's "Myth v. Fact" Quiz? How well do YOU know the...

图6–52　美国国防情报署首页

① https://www.cia.gov/index.html

② http://www.dia.mil/

（3）联邦调查局

美国联邦调查局[①]（Federal Bureau of Investigation,FBI）成立于1908年，隶属于美国司法部，是以情报为基础、以应对威胁为核心的国家安全机构，兼具情报事务和执法职责，不仅在全球范围内保护美国免受恐怖主义、间谍活动、网络攻击以及重大犯罪活动的威胁，还为其合作伙伴提供相关服务、支持、培训和指导。

联邦调查局的使命是“保护美国人民，维护美国宪法”，工作重点包括保护美国免受恐怖主义等威胁的侵害，打击各层次的腐败，保护公民权利，打击跨国犯罪组织，打击大型“白领犯罪”，[②] 打击重大暴力犯罪等。

图6–53　美国联邦调查局首页

（4）国家安全局

国家安全局[③]（National Security Agency，NSA）隶属于美国国防部。1952年，根据杜鲁门总统的一项秘密指令从当时的军事部门中独立出来，用以加强情报通讯工作，是美国情报机构的中枢，专门负责收集和分析外国及美国通讯资料。

国家安全局的任务是保障电讯安全和收集国外情报；借助地面、海上、空中和宇宙手段进行全球无线电和无线电技术侦察；负责破译世界各国的密码信息；编制美国国家机关和五角大楼秘密线路中使用的密码并保持密码的稳定；控制着整个间谍卫星网和世界各地的监听站；负责协调美国情报部门的电子间谍活动，并同北约国家的无

① http://www.fbi.gov/about-us/nsb

② 白领犯罪（white-collarcrime）指白领人员所实施的犯罪，白领犯罪者大多拥有较高的社会和经济地位，通常利用职务进行犯罪，如买空卖空、假报资产负债表、操纵股票市场、贪污、诈骗、诈取、受贿、偷漏个人所得税、出卖经济情报等。

③ http://www.nsa.gov/

线电侦察和无线电谍报机关进行合作。

国家安全局为美国联邦调查局、美国中央情报局等政府机构提供可靠情报，帮助其破获重大恐怖犯罪和刑事案件，并为美国政府保守尖端机密。

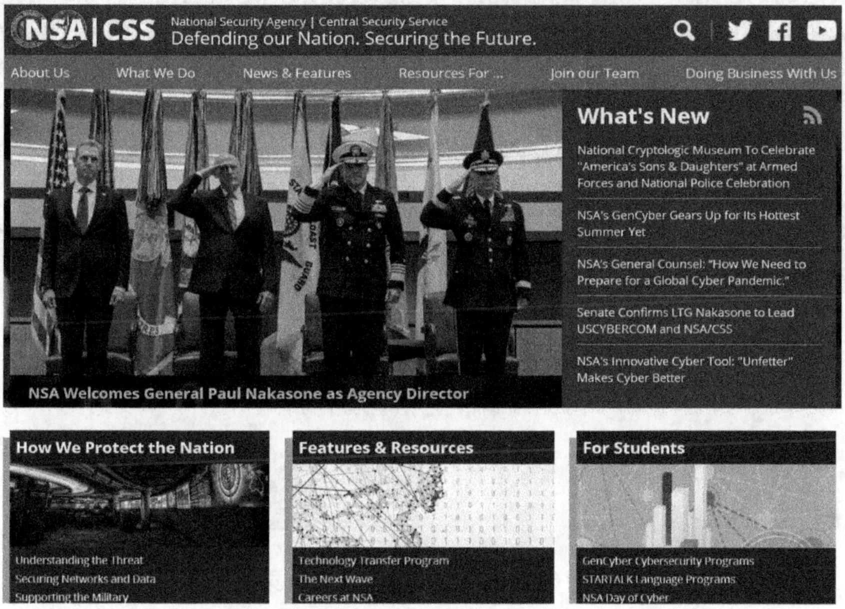

图6–54　美国国家安全局首页

2. 英国

（1）军情五处

1909年，在弗农·凯尔（Vernon Kell）上尉的领导下成立了军情五处[①]（MI5），其宗旨是阻止恐怖主义，使英国免遭外国谍报活动以及其他国家的秘密活动所带来的损失；阻止扩散大规模杀伤性武器的国家采购相关的材料、技术和专业技能；防范新威胁，同时避免旧威胁死灰复燃；保护国家敏感信息、资产和关键性国家基础设施；协助执法机构减少严重犯罪活动；协助秘密情报局和政府通讯总部履行他们的法定职责；提升机构能力。

军情五处的主要目标是：为保护国家安全和经济发展，支持执法机构预防和侦测严重犯罪活动；收集并发布情报；调查并评估威胁；与其他机构协作共同应对威胁，就保护措施提供建议，并为以上行动提供有效支持。

① https://www.mi5.gov.uk/

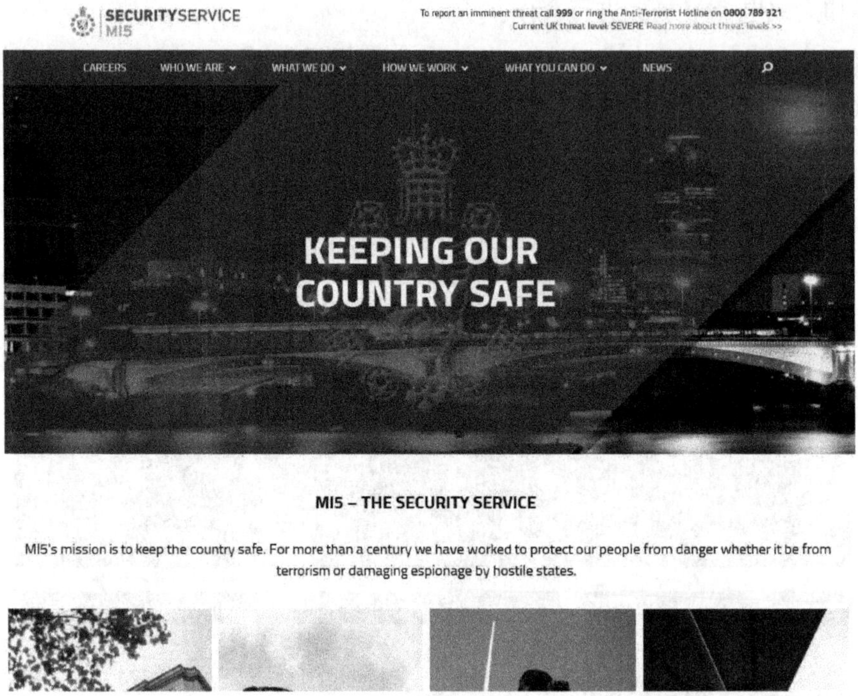
SECURITYSERVICE MI5
To report an imminent threat call 999 or ring the Anti-Terrorist Hotline on 0800 789 321
Current UK threat level: SEVERE Read more about threat levels >>
CAREERS
WHO WE ARE
WHAT WE DO
HOW WE WORK
WHAT YOU CAN DO
NEWS
KEEPING OUR COUNTRY SAFE
MI5 – THE SECURITY SERVICE
MI5's mission is to keep the country safe. For more than a century we have worked to protect our people from danger whether it be from terrorism or damaging espionage by hostile states.

图6–55　英国军情五处首页

（2）军情六处

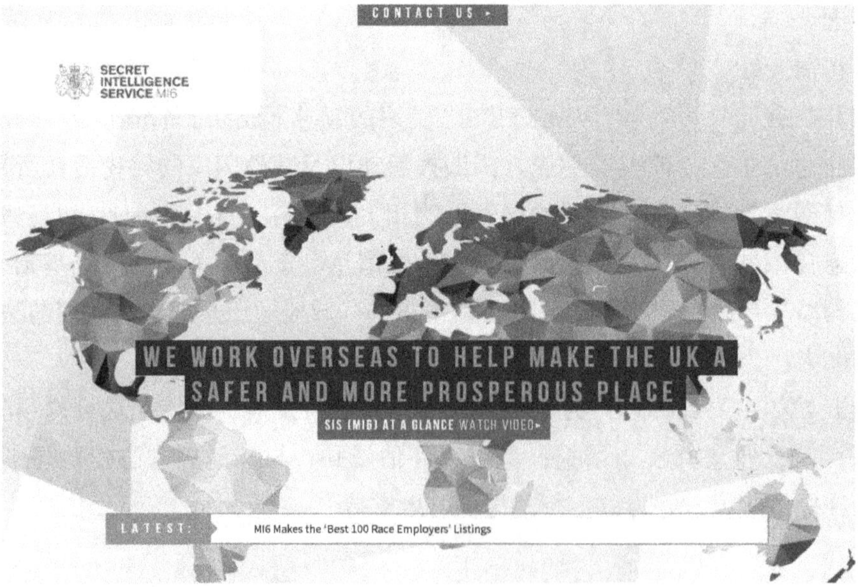
CONTACT US
SECRET INTELLIGENCE SERVICE MI6
WE WORK OVERSEAS TO HELP MAKE THE UK A SAFER AND MORE PROSPEROUS PLACE
SIS (MI6) AT A GLANCE WATCH VIDEO
LATEST:
MI6 Makes the 'Best 100 Race Employers' Listings

图6–56　英国军情六处首页

军情六处[1] 全称是“英国陆军情报六局”（Military Intelligence 6, MI6），又称“秘密情报局”（Intelligence Service, SIS），成立于1909年，其创始人是英国“情报之父”曼斯菲尔德·卡明（Mansfield Cumming）。

军情六处的使命是通过在海外秘密活动以及国外人员联系收集情报，应对国家的安全、军事和经济风险，在全球范围内打击恐怖主义，解决国际冲突，防止核武器和其他非常规武器的扩散，保护英国的人民、经济和利益，从而使英国变得更加安全繁荣。

（3）政府通信总部

英国情报机构政府通信总部[2]（Government Communications Headquarters，GCHQ）的前身是创建于1919年的政府密码学校，1946年进行改组，更名为“政府通信总部”，并沿用至今。它与军情五处、军情六处并列为英国三大情报机构。

GCHQ
Who we are
What we do
How we work
Press and Media
Careers
NCSC
Welcome to GCHQ
A welcome message from Director GCHQ.
Latest News
GCHQ
New GCHQ logo
30 Apr 2018
On Monday 30th April, we started to use a new logo. Here's a short history of GCHQ's logos and badges and an explanation of why we've...
The NCSC hosts four Prime Ministers during Commonwealth Summit
19 Apr 2018
The National Cyber Security Centre hosted
Director's speech at CYBERUK 2018
12 Apr 2018
Director, Jeremy Fleming, delivers his first public speech at CYBERUK 2018 in

图6–57　英国政府通信总部首页

政府通信总部的使命是：充分运用自身专业知识和经验，与其他执法部门和情报

① https://www.mi6.gov.uk/

② https://www.gchq.gov.uk/

机构通力合作，保护英国的安全。保护政府系统免受网络威胁、恐怖袭击、重大犯罪、间谍活动的侵害，并为执法部门和武装部队提供相应支持，努力维护公共安全。

政府通信总部和全球多个情报机构有着双边或是多边的合作关系，其中最典型的例子是和美国、加拿大、澳大利亚、新西兰组建成的情报共享“五眼联盟”（Five Eyes，FVEY）。这五个国家组成的情报间谍联盟内部实现情报信息互联互通，获得的商业数据在这些国家的政府部门和公司企业之间共享。

3. 日本

（1）内阁情报调查室

内阁情报调查室[1]是日本国家主导的情报机关，其职责是搜集内阁成员决策特别是政治决策所必需的情报，直接向总理大臣报告，为其决策提供支持，并负责其他机密调查和保护工作的相关事务。主要工作包括：对国内外重要情报进行搜集、整理、分析和评估；及时向内阁总理大臣和内阁官房长官汇报重要情报；在内阁信息会议召开时负责相关部门协调；出现紧急情况（如重大灾害）时快速搜集信息并报告。

内阁情报调查室由总务部门，国内情报部门，国际情报部门，经济部门，内阁情报与国家其他情报机关、国家机关、私人公司、社会组织的协作部门，与大众媒体的联络部门等机构组成，设有内阁情报分析官。

内閣官房 Cabinet Secretariat
内閣のインテリジェンス
内閣のインテリジェンス体制
内閣情報調査室の役割
国際テロに対する取組
内閣衛星情報センター
内閣官房TOPページ ＞組織図・事務概要 ＞内閣のインテリジェンス（内閣情報調査室）
内閣のインテリジェンス（内閣情報調査室）
内閣官房内閣情報調査室のWebサイト「内閣のインテリジェンス」へようこそ。
最近では、社会的にも徐々に認識されてきている「インテリジェンス」という言葉。
国民の安全や国益を守るための我が国における「インテリジェンス」体制はどのようになっているのでしょうか。
本サイトでは、そのような国民の皆様の疑問にお答えすべく、簡単ではありますが、内閣のインテリジェンス体制について紹介するとともに、内閣の情報機関である当室の役割等についても触れたいと思います。
情報収集・分析等を通じて、国民の安全や国益に寄与するインテリジェンスの世界について少しでも理解を深めていただければと思います。
■採用情報～情報収集・分析の専門家集団の一員に～

图6–58　日本内阁情报调查室首页

① http://www.cas.go.jp/jp/gaiyou/jimu/jyouhoutyousa/index.html

（2）防卫省情报本部

防卫省情报本部[①]（Defense Intelligence Headquarters，DIH）是日本政府的官方情报机构，其前身实施成立于1956年的统合幕僚会议（自卫队总参谋部）事务局第2幕僚室，1997年1月20日改制并更名为情报本部。面对日益复杂和充满不确定性的国际安全环境，情报本部主要对日本主要情报机构所获得的情报进行汇总整理和全面分析，并从事海外军事情报的收集和分析，为国防部和自卫队提供必要的战略信息，以应对大规模杀伤性武器扩散、国际恐怖主义、网络攻击等问题的威胁。

情报本部由6个部门（总务部、规划部、分析部、综合信息部、图像地理部、信号部）和一个通讯站组成。

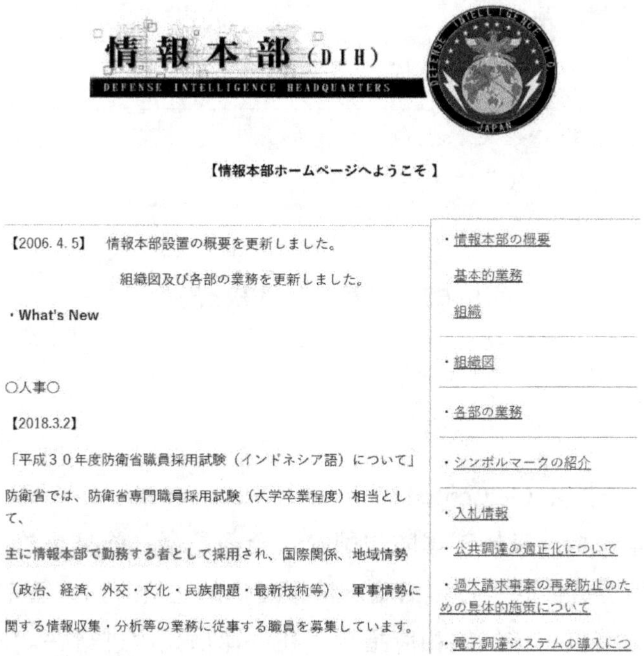
情報本部（DIH）
DEFENSE INTELLIGENCE HEADQUARTERS
JAPAN
【情報本部ホームページへようこそ】
【2006. 4. 5】　情報本部設置の概要を更新しました。
組織図及び各部の業務を更新しました。
・What's New
○人事○
【2018.3.2】
「平成３０年度防衛省職員採用試験（インドネシア語）について」
防衛省では、防衛省専門職員採用試験（大学卒業程度）相当として、
主に情報本部で勤務する者として採用され、国際関係、地域情勢
（政治、経済、外交・文化・民族問題・最新技術等）、軍事情勢に
関する情報収集・分析等の業務に従事する職員を募集しています。
・情報本部の概要
基本的業務
組織
・組織図
・各部の業務
・シンボルマークの紹介
・入札情報
・公共調達の適正化について
・過大請求事案の再発防止のための具体的施策について
・電子調達システムの導入につ

图6-59　日本防卫省情报本部首页

4. 俄罗斯

俄罗斯联邦安全局[②]（Федеральнаяслужбабезопасности，英文简称FSB）是国家反间谍与情报侦察机构，是直接履行联邦安全局机构主要活动方向的机构，在职权范围内为俄联邦安全保障领域实施国家管理的，并协调有权从事反间谍行动的各联邦执行

① http://www.mod.go.jp/dih/

② http://www.fsb.ru/

权力机构活动的联邦执行权力机构。机构内部以注册信息名为代号。

俄罗斯联邦安全局的职能包括：通报有关威胁俄联邦安全的情报；揭露、防止和制止其他国家的情报机构和个人损害俄联邦安全；防范犯罪活动、恐怖活动和破坏活动；与对外情报局共同保障俄罗斯境外机关和公民的安全等。

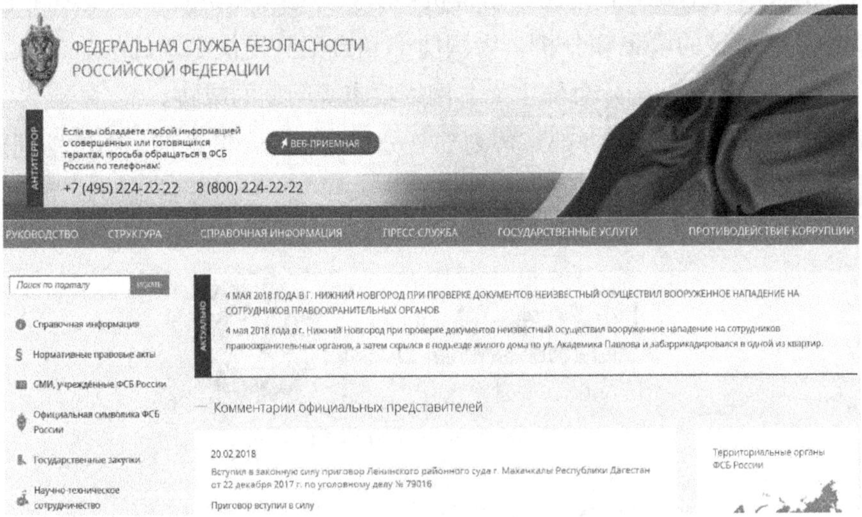
ФЕДЕРАЛЬНАЯ СЛУЖБА БЕЗОПАСНОСТИ
РОССИЙСКОЙ ФЕДЕРАЦИИ
АНТИТЕРРОР
Если вы обладаете любой информацией о совершённых или готовящихся терактах, просьба обращаться в ФСБ России по телефонам:
+7 (495) 224-22-22 8 (800) 224-22-22
ВЕБ-ПРИЕМНАЯ
РУКОВОДСТВО
СТРУКТУРА
СПРАВОЧНАЯ ИНФОРМАЦИЯ
ПРЕСС-СЛУЖБА
ГОСУДАРСТВЕННЫЕ УСЛУГИ
ПРОТИВОДЕЙСТВИЕ КОРРУПЦИИ
Поиск по порталу
Справочная информация
Нормативные правовые акты
СМИ, учреждённые ФСБ России
Официальная символика ФСБ России
Государственные закупки
Научно-техническое сотрудничество
АКТУАЛЬНО
4 МАЯ 2018 ГОДА В Г. НИЖНИЙ НОВГОРОД ПРИ ПРОВЕРКЕ ДОКУМЕНТОВ НЕИЗВЕСТНЫЙ ОСУЩЕСТВИЛ ВООРУЖЕННОЕ НАПАДЕНИЕ НА СОТРУДНИКОВ ПРАВООХРАНИТЕЛЬНЫХ ОРГАНОВ
4 мая 2018 года в г. Нижний Новгород при проверке документов неизвестный осуществил вооруженное нападение на сотрудников правоохранительных органов, а затем скрылся в подъезде жилого дома по ул. Академика Павлова и забаррикадировался в одной из квартир.
Комментарии официальных представителей
20.02.2018
Вступил в законную силу приговор Ленинского районного суда г. Махачкалы Республики Дагестан от 22 декабря 2017 г. по уголовному делу № 79016
Приговор вступил в силу
Территориальные органы ФСБ России

图6–60　俄罗斯联邦安全局首页

5. **法国**

（1）国家情报委员会

法国国家情报委员会（le Conseil National du Renseignement，CNR）是由总统直接领导的最高国家情报机构，隶属于国防与国家安全委员会，前身是总理领导的部际情报委员会。国家情报委员会的职责包括确定情报工作的主要方向、制定情报工作的目标、统筹各项资源、为情报工作提供相应指导、在法律框架内进行仲裁等。还负责制定国家情报战略并公开其主要内容，旨在增强情报活动的合法性。

（2）对外安全总局

法国对外安全总局[①]（Direction Générale de la Sécurité Extérieure，DGSE）是法国最大的情报机构，又称第七局、法国国外安全总局、法国国外情报局，它隶属于法国国防部。

（3）军事情报局

法国军事情报局（Direction du Renseignement Militaire，DRM）成立于1992年，负

① http://www.defense.gouv.fr/dgse

责开展军事情报工作，通过向有关部门汇总、分析、挖掘与分发其所关心的军事情报，为法国军队的行动与指挥提供情报服务。

6. 以色列

摩萨德（MOSSAD）① 成立于1949年10月13日，全称是“以色列情报和特殊使命局”（The Institute for Intelligence and Special Operations）。摩萨德负责情报收集，开展秘密行动和反恐行动。与政府和军队相比，摩萨德的目标、结构和权力不受以色列的基本法律的约束。然而，它的活动受到未公开的秘密程序的约束，直接向总理报告。

（二）国外相关研究机构

1. 战略及国家安全研究

从事战略及国家安全研究的知名国际机构如表6–12所示。

表6–12　战略及国家安全研究机构

机构名称	主页
英国国际战略问题研究所（International Institute for Strategic Studies，IISS）	http://www.iiss.org/
新美国安全中心（Center for a New American Security，CNAS）	https://www.cnas.org/
英国皇家联合军种研究院（Royal United Services Institute，RUSI）	https://rusi.org/
德国国际与安全事务研究所（German Institute for International and Security Affairs，简称“SWP”）	https://www.swp-berlin.org/en/
美国大西洋理事会（Atlantic Council）	http://www.atlanticcouncil.org/
澳洲战略政策研究所（Australian Strategic Policy Institute，ASPI）	https://www.aspi.org.au/
法国欧盟安全问题研究所（European Union Institute for Security Studies，EUISS）	https://www.aspi.org.au/
瑞典斯德哥尔摩国际和平研究所（Stockholm International Peace Research Institute，SIPRI）	https://www.sipri.org/
土耳其经济与外交政策研究中心（Center for Economics and Foreign Policy Studies，简称“EDAM”）	http://edam.org.tr/en/homepage/
以色列国家安全研究所（Institute for National Security Studies，INSS）	http://www.inss.org.il/
丹麦军事研究中心（Centre for Military Studies，CMS）	http://cms.polsci.ku.dk/english/

2. 外交政策与国际关系研究

从事外交政策与国际关系研究的知名国际机构如表6–13所示。

① https://www.mossad.gov.il/

表6–13　外交政策与国际关系研究机构

机构名称	主页
美国进步中心（Center for American Progress，CAP）	https://www.americanprogress.org/
波兰国际事务研究所（Polish Institute of International Affairs，简称“PISM”）	http://www.pism.pl/pl#1
美国胡佛研究所（Hoover Institution）	https://www.hoover.org/
埃及阿赫拉姆政治和战略研究中心（Al-Ahram Center for Political and Strategic Studies，ACPSS）	http://www.ahram.org.eg/
意大利国际事务研究所（Istituto Affari Internazionali，IAI）	http://www.iai.it/en
德国透明国际（Transparency International，TI）	http://www.transparency.org/
比利时国际危机组织（International Crisis Group，ICG）	https://www.crisisgroup.org/
丹麦国际问题研究所（Danish Institute for International Studies，DIIS）	https://www.diis.dk/en
法国国际战略关系研究所（Institut de Relations Internationales et Stratégiques，IRIS）	http://www.iris-france.org/
德国对外关系委员会（German Council on Foreign Relations，简称“DGAP”）	https://dgap.org/de

3. 经济政策研究

从事经济政策研究的知名国际机构如表6–14所示。

表6–14　经济政策研究机构

机构名称	主页
英国亚当斯密研究所（Adam Smith Institute，ASI）	https://www.adamsmith.org/
美国彼得森国际经济研究所（Peterson Institute for International Economics，PIIE）	https://piie.com/
德国经济研究所（German Institute for Economic Research，简称“DIW”）	http://www.diw.de/en
波兰社会经济研究中心（Center for Social and Economic Research，CASE）	http://www.case-research.eu/en
英国经济政策研究中心（Centre for Economic Policy Research，CEPR）	https://cepr.org/
韩国发展研究所（Korea Development Institute，KDI）	http://www.kdi.re.kr/
德国基尔世界经济研究所（Kiel Institute for the World Economy，简称“ifW”）	https://www.ifw-kiel.de/
阿根廷促进公平与增长公共政策实施中心（Centro de Implementacion de Politicas Publicas para la Equidady el Crecimiento，CIPPEC）	http://www.cippec.org/
奥地利维也纳国际经济研究所（Vienna Institute for International Economic Studies，简称“WIIW”）	https://www.wiiw.ac.at/
智利公共研究中心（Centro de Estudios Publicos，CEP）	https://www.cepchile.cl/

4. 能源政策研究

从事能源政策研究的知名国际机构如表6–15所示。

表6–15　能源政策研究机构

机构名称	主页
英国牛津能源研究所（Oxford Institute for Energy Studies，OIES）	https://oxfordenergy.org/
美国詹姆斯·贝克三世公共政策研究所（James A. Baker III Institute for Public Policy）	https://www.bakerinstitute.org/
日本能源经济研究所（Institute of Energy Economics, Japan；IEEJ）	http://eneken.ieej.or.jp/en/
韩国能源经济研究院（Korea Energy Economics Institute，KEEI）	http://www.keia.org/
中国社会科学院世界经济与政治研究所（Center on Environment, Energy and Resource Policy，CEERP）	http://www.iwep.org.cn/
瑞士能源政策与经济中心（Centre for Energy Policy and Economics，CEPE）	http://www.cepe.ethz.ch/
阿塞拜疆经济与社会发展中心（Center for Economic and Social Development，CESD）	http://www.cesd.az/
英国欧洲能源与资源安全中心（European Centre for Energy and Resource Security，EUCERS）	https://www.kcl.ac.uk/sspp/departments/warstudies/research/groups/eucers/index.aspx
美国能源信息管理局（the US Energy Information Administration）	http://www.eia.gov/
原子能科学家公报（Bulletin of the Atomic Scientists）	http://www.thebulletin.org/
核威胁计划（Nuclear threat Initiative）	http://www.nti.org/
科学与国际安全研究所（Institute for Science and International Security）	http://www.isis-online.org/

5. 环境政策研究

从事环境政策研究的知名国际机构如表6–16所示。

表6–16　环境政策研究机构

机构名称	主页
瑞典斯德哥尔摩环境研究院（Stockholm Environment Institute，SEI）	https://www.sei-international.org/
德国波茨坦气候影响研究所（Potsdam Institute for Climate Impact Research，简称“PIK”）	https://www.pik-potsdam.de/
美国气候和能源解决方案研究中心（Center for Climate and Energy Solutions，C2ES）	https://www.c2es.org/
英国第三代环保主义组织（E3G–Third Generation Environmentalism）	https://www.e3g.org/
美国世界观察研究所（Worldwatch Institute）	http://www.worldwatch.org/
德国生态研究所（Ecologic Institute）	https://www.ecologic.eu/
加拿大国际可持续发展研究会（International Institute for Sustainable Development，IISD）	http://www.iisd.org/
德国环境研究中心（Center for Environmental Research，简称“UFZ”）	http://www.ufz.de/index.php?en=33573

续表

机构名称	主页
挪威发展与环境研究中心（Centre for Development and the Environment，简称“SUM”）	http://www.sum.uio.no/english/
美国未来资源研究所（Resources for the Future，RFF）	http://www.rff.org/
肯尼亚联合国环境规划署（United Nations Environment Programme，UNEP）	https://www.unenvironment.org/
泰国环境资源发展中心（Centre for Energy Environment Resources Development，CEERD）	http://www.ceerd.net/

六、高校图书馆学科导航

（一）国内知名高校学科导航

1. 北京大学国际关系学院

北京大学国际关系学院是国内普通高校中建立最早的国际关系学院，是我国培养国际问题的教学与研究，以及外交与涉外工作专门人才的重要基地。目前，学院由4个系和3个研究所组成，即国际政治系、外交学与外事管理系、国际政治经济学系、比较政治学系、国际关系研究所、亚非研究所、世界社会主义研究所。此外还管理着20多个科研中心。

学院有自己的图书馆，图书馆主页左下方的“研究指南”板块列有不同研究主题，每个研究主题都按文献类别列出了相应的资源链接，如图6–61所示。

图6–61　北京大学国际关系学院图书馆首页

以“美国对外关系”研究专题为例，图书馆所提供的资源导航界面如图6–62所示。可以看出，该研究专题板块下列出了与该专题相关的百科全书及词典、书目及学位论文、人物传记、论文集数据库、新闻报道、外交档案、统计资料、图片及地图等各类文献类型的数据库链接。

图6–62　北京大学国际关系学院图书馆学科导航页面

2. 清华大学

（1）清华大学人文社科图书馆

清华大学人文社科图书馆①（又称文科图书馆）是清华大学重要的研究型专业化图书馆之一，于2011年4月百年校庆期间正式落成并投入服务运行。该馆主要收藏中外文人文社科类的图书和期刊。馆藏文献中，除常规书刊外，还集中收藏重要的经典文献和参考工具书，以及国内外知名学者捐赠的成体系的个人收藏。

① http://hs.lib.tsinghua.edu.cn/

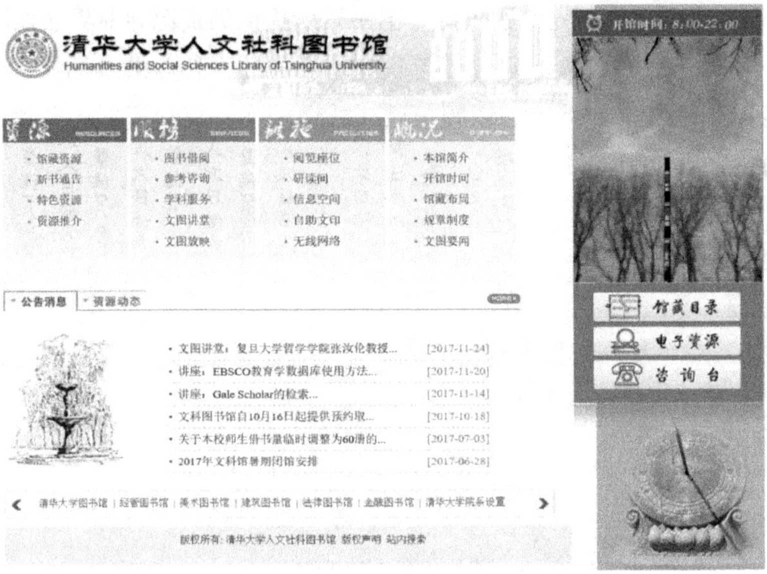

图6–63　清华大学人文社科图书馆首页

（2）清华大学国际关系专业学科导航

该平台①是一站式的文献资源检索系统，整合了国际关系专业的图书、期刊、数据库、学位论文、影音资料、国图资源等内容，能够帮助用户快速、高效地从海量学术资源中查找并获取所需信息，如图6–64所示。

图6–64　清华大学国际关系专业学科导航

① http://tsinghua.cn.libguides.com/INTERNATIONAL_RELATIONS

（二）国外知名高校学科导航

1. 哈佛大学

哈佛大学图书馆的HOLLIS（Harvard Online Library Information System）资源体系将传统观察资源与数字资源整合起来，实现多种资源类型的一站式检索。此外，图书馆还针对不同的专业与研究主题组织资源，提供相关资源导航，用户可以按照分馆、学科专题或资源类型查找相关信息，如图6–65所示。[①]

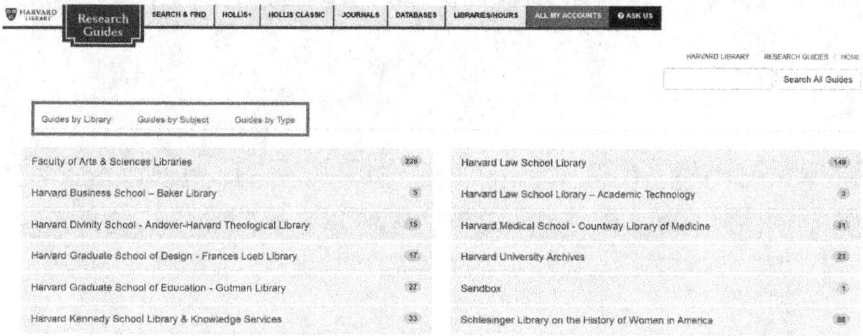

图6–65 哈佛大学HOLLIS资源体系

以学科专题为例，挑选“International Relations”专题，点击后可以看到该专题下属的相关资源链接，如图6–66所示。

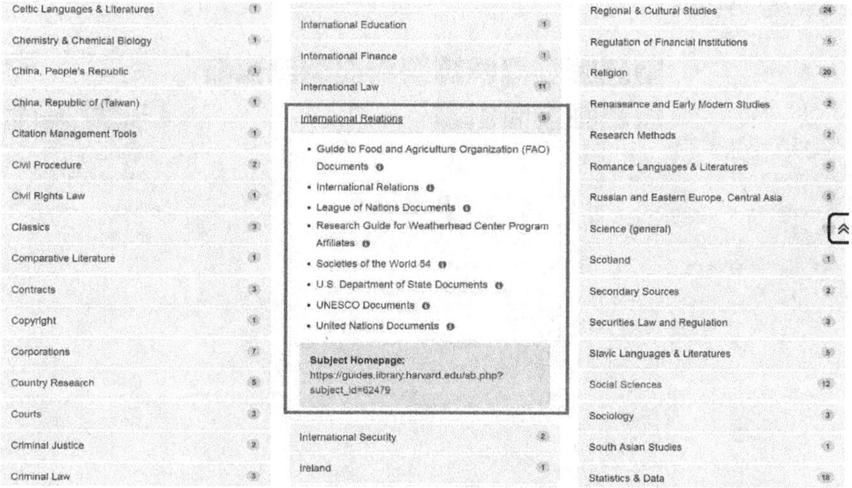

图6–66 哈佛大学国际关系类信息资源

① https://guides.library.harvard.edu/#collapse3833

2. 牛津大学

牛津大学图书馆在线检索系统（Search Oxford Libraries Online，SOLO）是其馆藏资源的主要搜索引擎，提供了牛津大学100余个图书馆的信息，包括800万条书目信息和1300多万个馆藏记录。它具有一站式检索功能，无论资源类型如何、所处何地，用户都能实现快速访问。

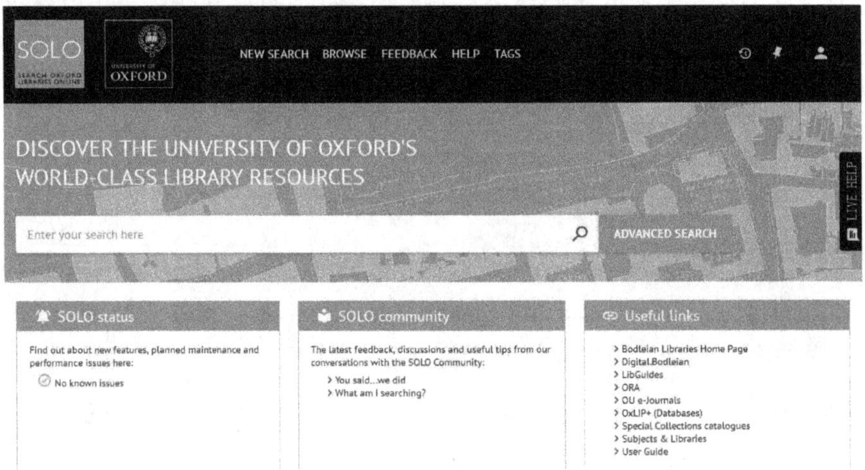

图6–67　牛津大学图书馆在线检索系统

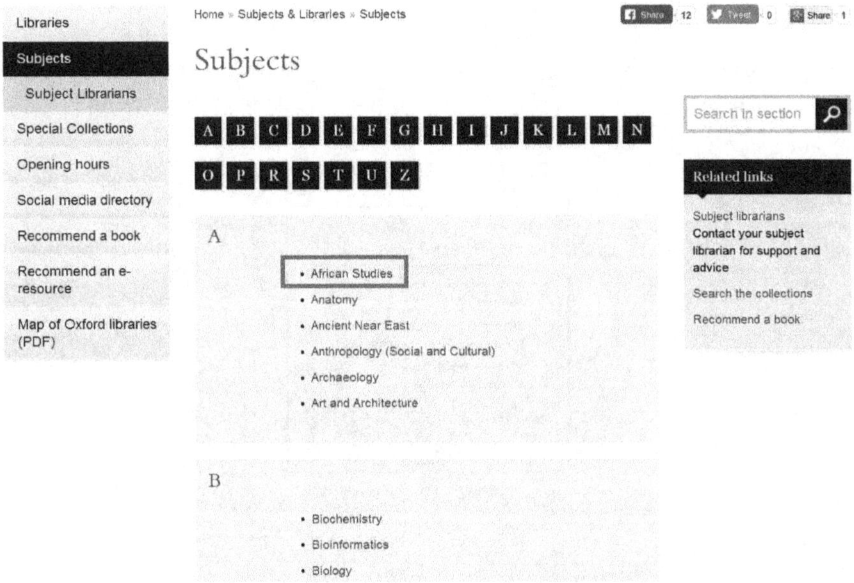

图6–68　牛津大学图书馆学科资源导航

该系统的“Subjects & Libraries”提供了学科专业导航服务，按字母顺序列出了所有学科专业的名称，用户可选择所需专业，从而进入该专业的学科资源平台，如图6–68所示。

比如，字母“A”下属第一个主题是非洲研究“African Studies”，该主题包含的资源平台如图6–69所示。

图6–69　非洲研究相关资源

3. 伦敦政治经济学院

伦敦政治经济学院图书馆针对各个院系提供了相应的学科资源导航（Subjects Guides），如图6–70所示。

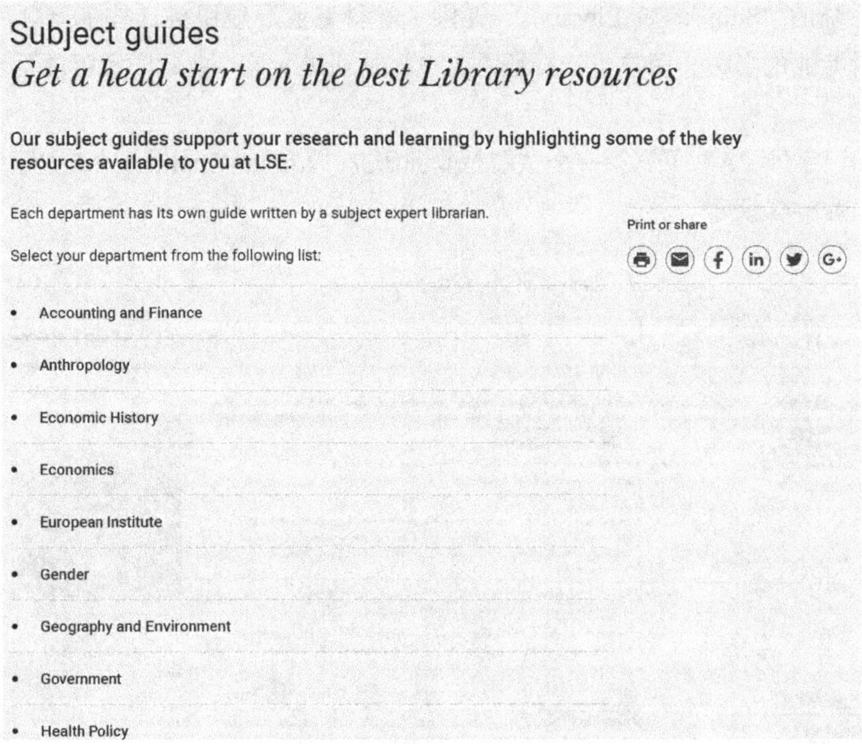
Subject guides
Get a head start on the best Library resources
Our subject guides support your research and learning by highlighting some of the key resources available to you at LSE.
Each department has its own guide written by a subject expert librarian.
Select your department from the following list:
Print or share
Accounting and Finance
Anthropology
Economic History
Economics
European Institute
Gender
Geography and Environment
Government
Health Policy

图6-70　伦敦政治经济学院图书馆学科资源导航

以国际关系学院（International Relations Department）为例，其资源导航页面显示了与学院有关的图书（Books）、期刊（Journals）、新闻与政策网站（News and Policy）、专业资源（Specialist resources）等内容的链接。以期刊为例，包括权威社会科学数据库（如Web Of Science）和国际关系专业数据库（如哥伦比亚国际事务在线、公共事务信息数据库等），每个数据库还提供简要介绍，如图6-71所示。用户可选择特定数据库进行检索。

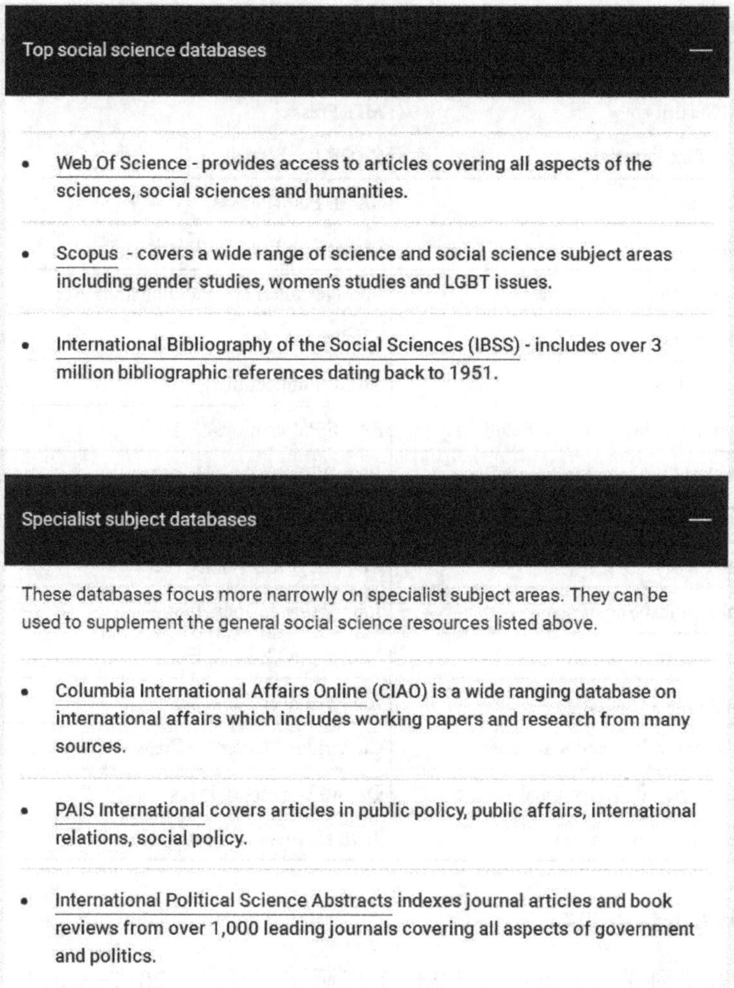

Top social science databases —

- Web Of Science - provides access to articles covering all aspects of the sciences, social sciences and humanities.
- Scopus - covers a wide range of science and social science subject areas including gender studies, women's studies and LGBT issues.
- International Bibliography of the Social Sciences (IBSS) - includes over 3 million bibliographic references dating back to 1951.

Specialist subject databases —

These databases focus more narrowly on specialist subject areas. They can be used to supplement the general social science resources listed above.

- Columbia International Affairs Online (CIAO) is a wide ranging database on international affairs which includes working papers and research from many sources.
- PAIS International covers articles in public policy, public affairs, international relations, social policy.
- International Political Science Abstracts indexes journal articles and book reviews from over 1,000 leading journals covering all aspects of government and politics.

图 6–71　国际关系学院下属资源

七、国内外国际关系专业核心期刊

（一）国外专业核心期刊

根据2017年 SSCI 期刊排名，排名前20位的国际政治类学术期刊如表6–17所示。

表 6–17　SSCI 排名前 20 位的国际政治类学术期刊

序号	期刊名	出版商	影响因子
1	World Politics	Cambridge University Press	4.025
2	Review of International Political Economy	Taylor& Francis Group	3.452
3	International Organization	Cambridge University Press	3.406

续表

序号	期刊名	出版商	影响因子
4	International Security	MIT Press	3.390
5	Journal of Conflict Resolution	SAGE Publications	2.947
6	Security Dialogue	SAGE Publications	2.692
7	Foreign Affairs	Council on Foreign Relations, Inc.	2.536
8	Review of International Organization	Springer International Publishing AG	2.429
9	Common Market Law Review	Kluwer Law Int.	2.318
10	Journal of Peace Research	SAGE Publications	2.284
11	European Journal of International Relations	SAGE Publications	2.277
12	JCMS-Journal of Common Market Studies	John Wiley & Sons, Inc.	2.243
13	Marine Policy	Elsevier	2.235
14	International Theory	Cambridge University Press	2.174
15	International Political Sociology	John Wiley & Sons, Inc.	1.952
16	International Affairs	John Wiley & Sons, Inc.	1.935
17	International Studies Quarterly	John Wiley & Sons, Inc.	1.925
18	American Journal of International Law	Cambridge University Press	1.851
19	International Journal of Transitional Justice	Oxford University Press	1.725
20	Journal of European Integration	Taylor& Francis Group	1.678

（二）国内专业核心期刊

根据中文社会科学引文索引（CSSCI）来源期刊目录（2017—2018年），被收录的国际关系类学术期刊如表6–18所示。

表6–18　CSSCI收录的国际政治类学术期刊

序号	期刊名	出版机构	CN号
1	当代亚太	中国社会科学院亚太与全球战略研究院	11-3706/C
2	世界经济与政治	中国社会科学院世界经济与政治研究所	11-1343/F
3	国际问题研究	中国国际问题研究院	11-1504/D
4	外交评论（外交学院学报）	外交学院	11-5370/D
5	东北亚论坛	吉林大学	22-1180/C
6	现代国际关系	中国现代国际关系研究院	11-1134/D
7	国际观察	上海外国语大学	31-1642/D
8	国际政治研究	北京大学	11-4782/D

续表

序号	期刊名	出版机构	CN 号
9	国际政治科学	清华大学	10-1393/D
10	美国研究	中国社会科学院美国研究所、中华美国学会	11-1170/C
11	欧洲研究	中国社会科学院欧洲研究所	11-4899/C
12	日本学刊	中国社会科学院日本研究所、中华日报学会	11-2747/D
13	太平洋学报	中国太平洋学会	11-3152/K
14	国际展望	上海国际问题研究院	31-1041/D
15	德国研究	同济大学德国问题研究所	31-2032/C
16	国际论坛	北京外国语大学	11-3959/D
17	南亚研究季刊	四川大学南亚研究所	51-1023/D
18	台湾研究集刊	厦门大学台湾研究院	35-1022/C
19	俄罗斯研究	华东师范大学	31-1843/D
20	南洋问题研究	厦门大学南洋研究院	35-1054/C
21	东南亚研究	暨南大学东南亚研究所	44-1124/D
22	南亚研究	中国社会科学院亚太与全球战略研究院、中国南亚学会	11-1306/C

第7章

经济信息检索

一、经济信息概述

（一）经济信息的概念

经济信息（Economic information）是人类对经济活动及其属性的一种客观描述，是经济活动中各种经济状态的特征和发展变化的真实反映。[①] 由于经济信息涉及的范围很广，可进一步分为广义和狭义两种。广义的经济信息是指与整个经济活动有关的各种信息，这些信息从不同角度、不同侧面反映经济运动的变化及其特征。其中有些信息虽然不是经济运动和经济活动特征的直接描述，但在很大程度上制约和影响着经济活动的变化和发展，如经济活动所涉及的政治、法律、科学、技术、自然环境等方面的信息。狭义的经济信息仅指直接反映经济活动的与经济产出、投入直接相关的信息，如市场信息、价格信息、金融信息等。

（二）经济信息的类型

经济信息的类型复杂多样，按产生与涵盖的范围划分，经济信息可分为以下五种类型。

1. 企业经济信息

企业经济信息是指有关企业经济活动的各类信息，包括企业内部产生的信息，也包括企业搜集的各种有关信息。这类信息主要为各个企业所使用，主要包括企业一般信息、生产信息、市场信息、管理信息、金融信息及其他与企业发展有关的信息。

① 刘红军主编:《信息管理基础》，高等教育出版社，2009年，第238页。

2. 部门或行业经济信息

部门或行业经济信息是指有关国民经济各部门或各行业经济活动的各类信息，包括各部门、各行业内部产生的信息，如部门规范、行业标准等，也包括各部门、各行业搜集的各种有关信息。这类信息常由主管部门和行业协会发布、组织整理，并为各部门或行业内的企业所使用。

按部门或行业划分经济信息的类型，可以归纳为以下9个方面：农业经济信息、工业经济信息、信息产业经济信息、交通运输业经济信息、旅游业经济信息、邮电业经济信息、商业经济信息、金融业经济信息、其他部门或行业经济信息。

3. 地方经济信息

地方经济信息是指有关某一国家中的某一地区（如省、市、自治区、县、旗、乡、镇等）或多个地区经济活动的各类信息，包括地方经济各方面的内容，如地方经济政策、经济发展计划、特色经济、少数民族经济等。

这类信息主要产生于本地，常由地方有关机构发布、组织整理，并在当地交流使用。如中国的上海经济信息、香港经济信息、流域经济信息等。

4. 国家经济信息

国家经济信息是指有关某一国家经济活动的各类信息，包括一个国家经济活动的各方面内容，如国家经济方针政策、国民经济计划及其管理、国家经济建设与发展、国家标准、对外经济关系等。这类信息常由国家有关机构发布、组织整理，并在一个国家内交流使用。如中国经济信息、英国经济信息、美国经济信息等。

5. 国际经济信息

国际经济信息是指有关全球、某一大洲及多个国家之间经济活动的各类信息，包括世界经济信息和区域经济信息，如世界经济发展战略信息、非洲经济问题信息、东亚经济统计信息等；也包括国际经济关系，如国际经济合作、国际经济组织与会议信息、国际经济条约与协定信息等。

（三）经济信息的特征

1. 客观性

信息是客观事物或系统的真实状态的表征。经济信息是对经济运动变化过程的真实反映，这种真实性是不以人们的意志为转移的。经济信息的客观性，主要表现为它的真实性和准确性。也就是说，只有能反映经济活动中的各环节、各要素的真实状态的信息才叫做经济信息。

经济信息的这种客观性也就构成了经济信息的基本来源，大致可以分为三个方面：第一，社会各种直接的经济活动产生的信息；第二，社会对经济活动管理方面产生的信息；第三，由国际经济技术交流方面产生的信息。

2. 时效性

时效性强是当今一切社会信息所具有的共性，而经济信息的这一特点尤为突出。经济信息的时效性是指经济信息从信源发出到利用，并发挥效果的时间间隔期及其效率。经济信息的时效性主要受经济活动、信息需求的影响，也受信息接受能力、处理效率、传递速度等方面因素的影响。

经济活动讲求经济效益和经济效率，对信息的及时性要求很高，直接为经济活动服务的经济信息就必须具有时效性强的特征。正如美国著名的McGraw-Hill公司（商业新闻综述全文库的生产者）的负责人所说的那样：滞后于2周的商业报道信息就不是新闻，而是历史（Business news isn't news when it's two weeks old. It's history）。

3. 系统性

经济信息的系统性是指一系列相互依存、相互作用的经济信息，为了一定的目的而有规律地组合成一个经济信息体系。①

经济信息来源于经济活动。经济活动总是持续不断地向前发展，其变化与特征都体现出多样性、关联性和连续性。经济信息客观、全面、连续不断地反映经济活动，自然也具有系统性特征。如一项生产商品的活动，既涉及商品结构、生产技术等信息，也关联着市场上商品的供应、需求、价格变动，甚至是国际市场变化的信息。

系统性是经济信息的一个重要的特征。要确保经济信息的系统性，就要在搜集经济信息时谨防遗漏，在组织经济信息时充分揭示信息之间的各种关系，在信息服务工作中连续不断地提供有关的新信息。

4. 社会性和共享性

经济信息只能产生于社会的经济活动之中，各种经济系统都有密切的联系。它与其他资源不同，能够为全社会所共享。经济信息的共享性是由经济信息的社会性所决定的，往往表现为不同领域不同层次的经济活动对同一信息资源的共同使用。这使得人们可以充分利用现代化的手段和工具，最大限度地储存经济信息，最方便、最迅速地利用经济信息，扩大经济信息利用范围，从而在一定程度上避免某些可以共用的经济信息在开发、利用方面的重复劳动。

5. 效益性

经济信息的效益性是指经济信息注重经济效果与利益。经济信息在被人们及时掌握、合理利用后，不仅与其他信息一样具有社会效益，还可以直接或间接地产生经济效益。各类经济信息都能带来经济效益。如经济理论和经济政策信息，是进行宏观

---

① 邱均平：《市场经济信息学》，武汉：武汉大学出版社，2001年，第46页。

经济管理和控制的依据，可以指导经济实践活动沿着正确的方向发展，在发展中取得经济效益；而部门经济信息和应用经济信息，则可为生产和经营带来直接的经济效益。

二、中文经济类数据库

（一）中经网

1. 数据库介绍

中国经济信息网，[①] 简称中经网，1996 年 12 月 3 日正式开通，是国家信息中心组建的、以提供经济信息为主要业务的专业性信息服务网站。目前已建成日更新量几百万汉字，覆盖宏观、金融、行业、区域、企业、国际、视频等多个频道的，国内互联网上最大的中文经济信息库，是监测和研究中国经济的权威网站群。

图 7–1　中经网主页

（1）中经网系列数据库

中经网主要信息产品与服务见表 7–1。

---

① http://www.cei.gov.cn

表7–1　中经网数据库列表

产品系列	数据库名称
基础数据库（文献与信息集成数据库）	中经专网、中经金融、中国权威经济论文库、中国环境保护数据库
基础数据库（经济统计数据库）	中经网统计数据库、中经网产业数据库、世界经济数据库
经济研究报告（行业经济）	中国行业发展报告、行业监测月报、行业周报、经济研究报告（区域经济）、中国区域经济分析报告、经济研究报告（金融、宏观经济）、固定资产投资季报、经济研究报告（宏观、金融专题研究报告）、上市银行竞争力分析报告（季报）、宏观经济形势分析预测报告
经济分析平台	宏观经济监测预测系统、中国区域经济监测评价系统、信贷评审支持平台、经济情报预警平台
财经视频	通用版、党政版、院校版、企管课程库

① 统计数据库

中经网统计数据库[①]是一个经过专业化处理、组织而形成的综合经济数据库群。根据内容和频度，划分为宏观月度库、综合年度库、海关月度库、城市年度库、分省月度库、分省年度库、县域年度库、OECD月度库和OECD年度库等9个子库。内容涵盖宏观经济、行业经济、区域经济和世界经济等多个领域，具有内容全面、来源权威、更新及时、序列长久等特点，能够为宏观经济研究人员提供可靠有效的数据支持。

② 产业数据库

中经网产业数据库[②]是以更加贴近用户研究分析习惯的方式提供数据的数据库产品。内容涵盖宏观、农业、煤炭、石油、电子、汽车、家电、金融、房地产等24个重点产业，各库包含行业相关的生产、需求、外贸、价格、投资、效益等方面的进度和年度经济统计数据，以报表形式将相关指标组合在一起，内容丰富，结构清晰，易于查找和使用。除了统计数据，还提供行业景气、指标跟踪、权威预测等增值栏目，为宏观和行业研究人员进行产业的监测和研究提供有力的支持。

产业数据库界面主要分为两部分：如图7–2所示，上面为24个产业数据库，点击具体产业可进入子数据库。下面为增值栏目：监测图表、最新数据、宏观指标跟踪、中经行业景气、权威预测等 。

① http://db.cei.cn

② http://cyk.cei.cn

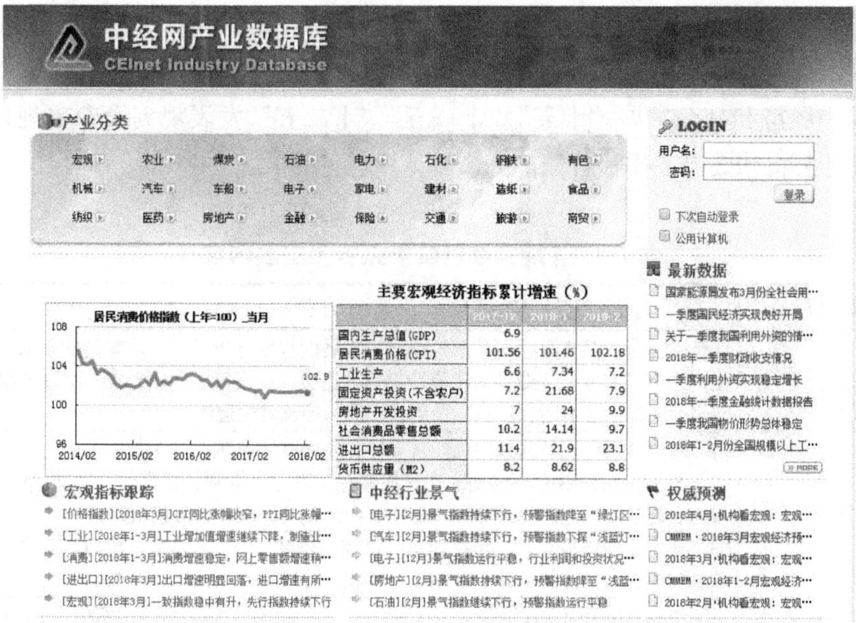

图7-2　中经网产业数据库主页

③ 世界经济数据库

世界经济数据库[①] 汇集了来自 IMF、OECD 和世界银行等权威数据发布机构的第一手数据资源。覆盖经济总量占全球主导地位的22个主要国家和新兴经济体。内容包括国民经济核算、国际收支、对外贸易、人口就业、财政金融、能源环境、价格水平等专题。数据始于1948年，频度跨越月、季、年度。既可以监测各国和地区重点经济指标，又可以从专题角度进行国家间经济比较，是国内外专家和学者分析和研究世界经济形势的便捷工具。

④ 一带一路统计数据库

一带一路统计数据库[②] 提供了沿线65个国家、国内重点省市和相关港口的主要经济统计数据，将中国需求与沿线各国的发展需求和发展特点进行有效对接。为深度剖析"一带一路"沿线国家和地区的潜在机遇与挑战，为各级政府部门相关战略决策、政策制定和政策研讨，为各类科研院所的相关学术研究提供深入、系统的数据支持。

⑤ 地区经济发展报告

《地区经济发展报告》[③] 是国家信息中心中经网依托国家信息系统资源和网络优势，

① http://wdb.cei.cn
② http://ydyl.cei.cn
③ http://dqbg.cei.cn

联合全国31个省区市、16个计划单列及副省级省会城市信息中心共同开发建设并维护。内容包括全国及各省区市、计划单列及副省级省会城市季度、年度经济形势分析报告；国民经济和社会发展“十五”“十一五”“十二五”发展规划及专项规划；2000年以来统计公报和政府工作报告四部分。具体内容见表7–2。

表7–2 《地区经济发展报告》主要内容

数据库名称	内容
经济形势分析报告	经济形势分析报告是全面了解地区经济发展的权威分析资料。内容包括全国及各地国内生产总值、农业、工业、固定资产投资、消费、进出口、利用外资、财政金融等方面基本运行情况，经济运行热点以及未来发展趋势及对策建议。
发展规划	（1）集中展示国家及各地国民经济和社会发展总体规划； （2）全面介绍各地专项规划。包括城镇化、农业、水利、建筑业、交通、能源、科技、教育、高技术、生态建设和环境保护、西部开发、人口、信息化等； （3）重点工业发展规划。包括纺织、机械、建材、轻工、食品、电力、煤炭、石化、石油、化学、有色金属、冶金、汽车、造纸、医药等行业。
统计公报	全面收集全国及各地2000年以来的统计公报，集中展示各地国民经济运行情况。
政府工作报告	包括全国及各地2001年以来的政府工作报告，重点阐述各地政府当年工作重点以及相应措施。

⑥ 行业发展报告

《中国行业发展报告》[①] 围绕综合基础、金融、交通、能源、原材料、装备制造、消费品产业、现代服务、新兴产业等九大类60个重点行业，全面挖掘行业信息，追踪行业热点及政策导向，监控行业变化趋势，深入分析行业运行特点，揭示行业投资前景及风险。各行业通过“行业要闻”“政策解读”“热点专题”“月度监控”“行业发展报告”“关键指标预测”等板块，提供分行业一站式浏览的便捷服务，对行业进行全面、及时性跟踪研究，为投资者及研究者进行投资决策、制定研究战略提供重要参考依据。

表7–3 《行业发展报告》行业范围

行业类别	行业范围
综合基础类	宏观、外贸、农业、建筑、房地产
金融类	金融、保险、债券、银行同业、科技金融、融资租赁、资产管理
交通类	港口、高速铁路、公路运输、航空运输
能源类	石油天然气、煤炭、电力、新能源、核电
原材料类	建材、钢铁、有色、石化、化工
装备制造类	船舶、机械、工程机械、电力设备、通信设备、电子信息、人工智能、新型显示

① http://reportnew.cei.cn/

续表

行业类别	行业范围
消费品产业类	汽车、轻工、纺织、医药、食品、家电
现代服务类	批发零售、电子商务、物流、旅游、养老、健康医疗、教育培训、文化传媒、游戏产业、软件产业、移动互联网
新兴产业类	新材料、生物产业、生态环保、海洋经济、高端装备、数字创意、共享经济、新能源汽车、新一代信息技术

⑦ 中国权威经济论文库

中国权威经济论文库[①]全部信息内容均来自海内外权威机构、著名经济学刊和专家学者的最新研究成果，分为国内论文子库、国外论文子库、校内论文子库、中经评论子库5个子论文库。截至2018年4月，论文总数222619篇，近一个月更新国内论文子库850篇，国外论文子库161篇，中经评论子库824篇。

（2）中经专网

中经专网集成了中国经济信息网的内容精华，涵盖动态、数据、分析、法规、企业、招商、价格、供求、技术等不同信息内容；涉及金融保险、房地产业、信息产业、汽车产业、食品饮料、轻工纺织、石化化工、机电工业、医药卫生、建筑建材、采掘冶金、能源工业、交通运输、农林牧渔、商业服务等各行业，以及我国31个省（区、市）及港澳台和世界主要国家（地区）的经济信息。每日动态更新800—1000篇文章及120万汉字，经济数据按照时间序列进行整理，宏观经济、行业经济、地区经济、世界经济的热点问题组织深度分析报告，是研究经济和社会问题的重要资料来源。中经专网提供在线账号浏览、远程卫星镜像、局域网络镜像等三种形式的服务，信息服务功能包括分类栏目引读、全文信息检索、历史数据库保存等。

中经专网分综合频道、宏观频道、金融频道、行业频道、区域频道、国际频道等六个板块，各板块栏目内容如表7–4所示：

表7–4 中经专网主要内容

名称	主要内容
综合频道	汇集精品信息，发布权威经济数据，展示经典分析，透视经济发展。主要包括：行情速递、总编时评、中经指数、中经评论、世经评论、财经报道、国内大事、国际大事、最新数据、统计公报、近期政策、发展规划。
宏观频道	全方位、多视角监测经济运行，权威分析、政策解读，诠释经济发展。主要包括：宏观主编点评、宏观焦点、宏观分析、宏观统计、宏观指数、宏观快讯、宏观政策、宏观周评。

① http://thesis.cei.cn/

续表

名称	主要内容
金融频道	云集金融运行指标，公布金融调控政策，监测金融体系风险，研究金融体制改革，评价金融市场状况。汇编金融运行中的若干热点问题和报道。主要内容：金融主编点评、金融焦点、金融分析、金融统计、金融指数、金融快报、金融政策、金融周评。
行业频道	搜集产业运行数据，发布产业发展政策，全方位观察产业发展。主要包括：行业主编点评、行业焦点、行业分析、行业统计、行业指数、行业快讯、行业政策、行业周评。
区域频道	展示区域经济发展态势，发布各地发展规划，公布地区经济发展政策。汇集国家经济信息系统和省市区及中心城市信息中心提供的经济分析文章，发布国家统计局、各省区市统计局、副省级市和计划单列市统计局等权威部门公布的统计数据。主要包括：区域主编点评、区域焦点、区域分析、区域统计、区域指数、区域快讯、区域政策、区域周评。
国际频道	提供著名新闻机构的时政新闻、国际权威机构的分析预测、国际市场动向、国际经济统计数据。主要包括：国际主编点评、国际焦点、国际分析、国际统计、国际指数、国际快讯、国际政策、国际周评。

2. 系统功能

（1）简单搜索

① 在输入框中输入搜索的关键词，按“搜索”按钮；

② 如果多个关键字之间是或的关系用“,”隔开。例如“经济，信息”；

③ 如果多个关键字之间是且的关系用“；”隔开。例如“经济；信息”。

（2）高级搜索

点击高级检索链接，进入高级检索页面后有以下参数：

① 关键词：检索文章使用的词。

② 栏目：根据选择的栏目确定文章访问。

③ 排序：根据相关度或时间排列文章。

④ 时间范围：根据选择的时间确定文章，如只输入开始时间，将搜索大于输入时间的文章，如只输入截止时间，将搜索小于截止时间的文章。

（3）在结果中搜索

在检索结果页中，选中“在结果中查询”的复选框，再输入关键词进行搜索，就会在已有的结果集中查询。

（二）国研网

1. 数据库介绍

国研网，[①] 即国务院发展研究中心信息网，创建于1998年3月，是中国著名的专业性经济信息服务平台。国研网以国务院发展研究中心丰富的信息资源和强大的专家阵容

① http://www.drcnet.com.cn/

为依托，为中国各级政府部门、研究机构和企业准确把握国内外宏观环境、经济金融运行特征、发展趋势及政策走向，从而进行管理决策、理论研究、微观操作提供有价值的参考。此外，国研网组建了一支专业研究咨询团队，提供市场研究与决策咨询服务。

国研网包括《国研视点》《宏观经济》《金融中国》《行业经济》《区域经济》《企业胜经》《高校参考》《基础教育》等六十几个文献类数据库；以及《宏观经济》《对外贸易》《工业统计》《金融统计》《财政税收》《固定资产投资》《国有资产管理》等五十多个统计类数据库。同时针对不同用户的需求特点开发了《党政版》《教育版》《金融版》《企业版》四个专版产品，并应市场需求变化推出了《世经版》以及《经济·管理案例库》《战略性新兴产业数据库》《文化产业数据库》《国务院发展研究中心行业景气监测平台》《中国电子商务数据库》几款专业化产品。

2. 数据库资源

（1）国研网教育版

“国研网教育版”是国研网针对高校用户设计的专版，全面汇集、整合国内外经济、金融和教育领域的动态信息和研究成果，为全国各高等院校的管理者、师生和研究机构提供决策和研究参考信息。由全文数据库、统计数据库、研究报告数据库、专题数据库组成。

① 全文数据库

该库包括《国研视点》《宏观经济》《金融中国》《行业经济》《区域经济》《企业胜经》《世经评论》《高校参考》《职业教育》《基础教育》《财政税收》《经济形势分析报告》《发展规划报告》《经济普查报告》《政府工作报告》《政府统计公报》《国情民生》17 个数据库。

② 统计数据库

《国研网统计数据库》是采集国内外政府、权威机构发布的各类经济和社会发展统计数据，通过专业化加工处理，按照科学的指标统计结构体系组织而成的大型数据库集群，是国内最为全面、系统、科学、权威的统计数据库之一。该数据库由宏观专题数据库、重点行业数据库、区域经济数据库、世界经济数据库、其他辅助数据库五大系列组成，具体内容如表 7–5 所示。

表 7–5　国研网统计数据库内容

数据库名称	内　容
宏观专题数据库	包括 15 个独立数据库：宏观经济、对外贸易、金融统计、工业统计、产品产量、国民经济核算、固定资产投资、资源环境、教育统计、人口与就业、居民生活、国有资产管理、价格统计、财政与税收、城乡建设。

续表

数据库名称	内　容
区域经济数据库	包括3个独立数据库：省级数据、市级数据、县级数据。
重点行业数据库	包括21个独立数据库：信息产业、石油化工、医药行业、卫生行业、钢铁行业、有色金属、交通运输、机械工业、汽车工业、轻工行业、科学技术、旅游行业、能源工业、农林牧渔、纺织工业、建材工业、房地产业、建筑行业、批发零售、住宿餐饮、文化产业。
世经经济数据库	包括14个子库：IMF①、WorldBank、WTO、OECD②、ADB③、EuroArea、APEC④、ASEAN⑤、世界教育、世界科技、世界文化、世界邮政、世界卫生、联合国MBS。
其他辅助数据库	最新数据、每日财经、企业排行榜。

③ 研究报告数据库

《研究报告数据库》通过持续跟踪、分析国内外宏观经济、金融和重点行业基本运行态势、发展趋势，准确解读相关政策趋势和影响，及时研究各领域热点，重点问题，为用户提供经济、金融、行业研究和战略决策需要的信息产品。该数据库包括《宏观报告》《金融报告》《行业报告》三大子库。

④ 专题数据库

《专题数据库》围绕当前经济社会发展热点、重点问题，汇集最新政策动向、专家观点、深度报告等信息，包括“一带一路”“创新发展”“新型城镇化”“聚焦十三五”“法治中国”“体制改革”“宏观调控”“社会保障”“资源环境”“人口与发展”“智慧城市”“基础设施建设”等20多个数据库。见图7–3。

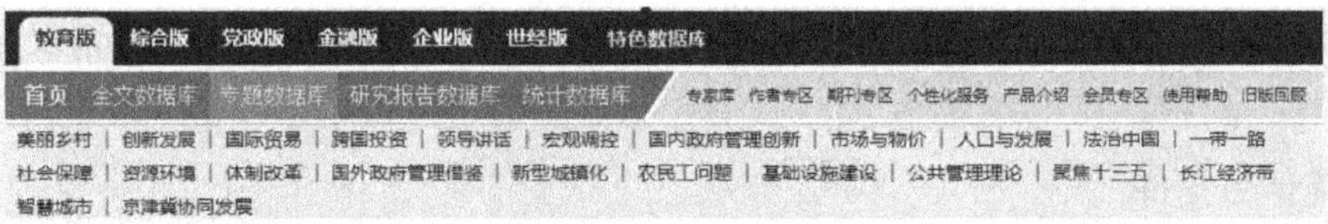

图7–3　专题数据库

（2）国研网世经版

“世经版”设置了7个主要栏目：全球经济、全球金融、热点关注、聚焦中国、国别研究、重点产业以及中国视角，与此同时，还为用户提供了2个辅助数据库——国际财经时评以及国际财经资讯，以帮助用户及时了解国际财经领域的重大经济事件。

---

① International Monetary Fund（国际货币基金组织），成立于1945年。

② Organisation for Economic Co-operation and Development（经济合作与发展组织），成立于1961年。

③ Asian Development Bank（亚洲开发银行），成立1966年12月。

④ Asia-Pacific Economic Cooperation（亚太经济合作组织），成立于1989年。

⑤ Association of Southeast Asian Nations（东南亚国家联盟，简称东盟），成立于1967年。

该数据库收集、编译来自国际/区域性组织（如IMF、BIS、① WTO、OECD、IISI② 等）、各国政府部门（如FED、③ USDA、④ EIA、⑤ ECB⑥ 等）、知名研究机构（如摩根斯坦利、德意志银行等）和媒体（如《经济学家》杂志等）的最新研究报告，涵盖国际经济、金融形势动态，对全球经济的分析判断与预测，各国经济发展热点问题的研究评论以及最新的经济理论研究。

图7-4　国研网世经版

（三）中国资讯行

1. 数据库介绍

中国资讯行⑦（China INFOBank）是香港专门收集、处理及传播中国商业信息的高科技企业，其数据库（中文）建于1995年，是全球最早的互联网中文商业资讯提供商。其数据产品包括14个在线数据库，内容涉及19个领域，197个行业。拥有逾100亿汉字，每日增加逾2000万汉字。该数据库内容包括实时财经新闻、权威机构经贸报告、法律法规、商业数据及证券消息等，较为适合经济、工商管理、财经、金融、法律、

① BIS，Bank for International Settlements（国际清算银行），根据海牙国际协定于成立1930年。

② IISI，Intermediary Insurance Services, Inc.

③ FED，Federal Reserve System（美国联邦储备系统，也称美联储），创立于1913年，负责履行美国中央银行的职责。

④ USDA，United States Department of Agriculture（美国农业部）。

⑤ EIA，Energy Information Administration（美国能源信息署），是隶属于美国能源部的一个统计机构。

⑥ ECB，European Central Bank，欧洲中央银行，简称欧洲央行，总部位于德国法兰克福，成立于1998年。

⑦ http://www.infobank.cn/

政治等专业使用。该数据库具体内容见表7–6，表7–7。

表7–6　中国资讯行更新资料库（数据截至2018年4月2日）

数据库名称	数据库内容	库记录数
中国经济新闻库	收录了中国范围内及相关的海外商业经济信息，以消息报道为主，数据源自中国千余种报章与期刊及部分合作伙伴提供的专业信息，按行业及地域分类，共包含19个领域197个类别。该数据库每日更新。	5987917
中国商业报告库	收录了经济专家及学者关于中国宏观经济、金融、市场、行业等的分析研究文献及政府部门颁布的各项年度报告全文，主要为用户的商业研究提供专家意见的资讯。该数据库每日更新。	578425
中国法律法规库	该数据库收集并增补中华人民共和国自1949年以来的各类法律法规及条例案例全文（包括地方及行业法律法规）。该数据库每日更新。	464676
中国统计数据库	大部分数据收录自1995年以来国家及各省市地方统计局的统计年鉴及海关统计、经济统计快报、中国人民银行统计季报等月度及季度统计资料，其中部分数据可追溯至1949年，亦包括部分海外地区的统计数据。数据按行业及地域分类，数据日期以同一篇文献中的最后日期为准。例:《中国统计年鉴1999》中绝大部分为1998年的统计数字，数据时间即为1998年12月31日。该数据库定期更新。	761675
中国上市公司文献库	收录了中国上市公司（包括A股，B股及H股）的资料，内容包括在深圳和上海证券市场的上市公司发布的各类招股书、上市公告、中期报告、年终报告、重要决议等文献资料。该数据库每日更新。	434968
中国医疗健康库	收录了中国一百多种专业和普及性医药报刊的资料，向用户提供中国医疗科研、新医药、专业医院、知名医生、病理健康资讯。该数据库每日更新。	31260
INFOBANK环球商讯库	该数据库保存了China INFOBANK网站自1998年以来实时播发的“环球商讯”的全部新闻文献。该数据库实时更新。	920468

表7–7　中国资讯行参考资料库

数据库名称	数据库内容	库记录数	最后更新日期
中国人物库	该数据库提供详尽的中国主要政治人物、工业家、银行家、企业家,科学家以及其他著名人物的简历及有关的资料。此库文献内容主要根据对中国八百多种公开发行资料的搜集而生成。	17552	20000622
English Publications	收录了部分英文报刊的全文数据及新华社英文实时新闻资料。	193426	20020629
中国中央及地方政府机构库	该数据库保存了中央国务院部委机构及地方政府各部门资料，内容包括各机构的负责人、机构职能、地址、电话等主要资料。	163	20070129
中国拟建在建项目数据库	收集经国家计委、国家经贸委以及地方计（经）委批准建设的各行业投资总额在人民币1000万元以上的各行业拟建和部分在建项目的详细资料，包括项目概况、项目规模、主要投资者简介、所需关键设备、负责人简历及联系方式等。行业的范围覆盖全国交通、能源、电信、市政、环保、原材料加工、石油、化工、医药、机械、电子、农林水利和旅游开发等领域。	7980	20080214
中国企业产品库	收录了中国27万余家各行业企业基本情况及产品资料。文献分为13个大类。该数据库定期更新。	279322	20070129

续表

数据库名称	数据库内容	库记录数	最后更新日期
香港上市公司资料库（中文）	收集了香港1000多家上市公司1999年以来公开披露的各类公告及业绩简述。可按公司代码、行业分类、公告型进行分类检索，为用户提供了一个全面了解香港上市公司动态的有效途径。	10432	20010131
名词解释库	该数据库主要提供有关中国大陆所使用的经济、金融、科技等行业的名词解释，以帮助海外用户更好地了解文献中上述行业名词的准确定义。	1550	20000623

2. 高校财经数据库

INFOBank 从成立开始就十分重视与教育系统的合作，针对中国大陆的网络资源特色，INFOBank 在教育网内专为内地的高等院校开通了高校财经数据库网站，以便内地高校图书馆使用 INFOBank 高校财经数据库系统。[①]

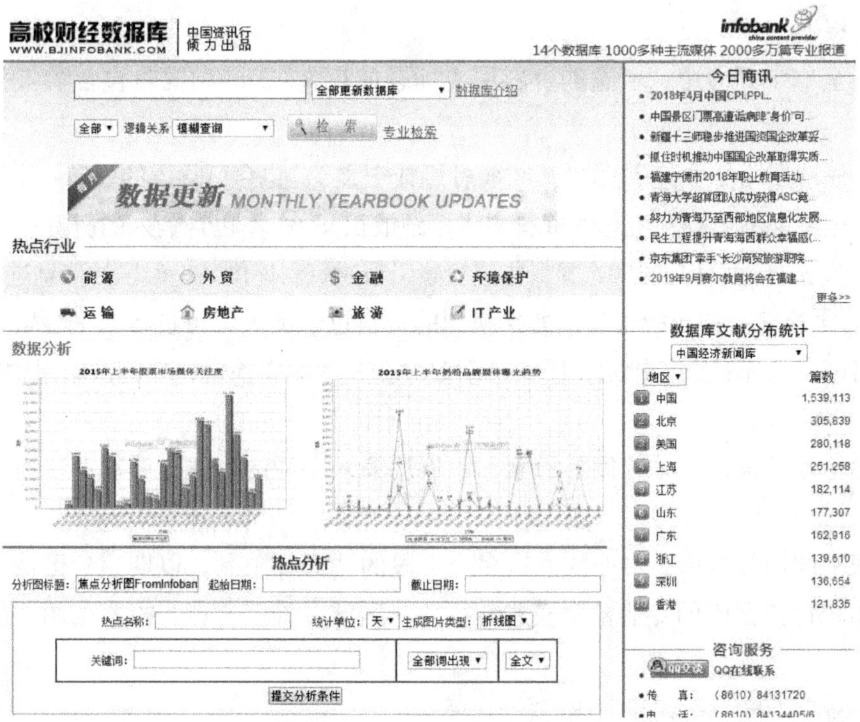

图7–5　高校财经数据库首页

高校财经数据库内容涉及：经济、工商管理、财经、金融、法律、政治等，包括12个子库，内容涉及19个领域，197个行业。目前该平台上定期更新的数据库子库是：

① http://www.bjinfobank.com/

“中国经济新闻库”“中国商业报告库”“中国法律法规库”“中国统计数据库”“中国上市公司文献库”“INFOBANK 环球商讯库”“中国医疗健康库”，这些子库的收录文献起始时间不一，大部分为1990年以来的文献。

3. 系统功能

（1）简易检索

在主页，可使用简易检索功能对资料库进行检索。

① 数据库选择：每次可以指定在某一个数据库中进行检索，如指定“中国经济信息库”。

② 输入字词：可以根据要检索的内容，输入一个或多个适当的主题或关键词（多个字词输入请用空格隔开）这样，在设定检索范围内与主题关键词文字相符的资讯都会被检索出来。

③ 逻辑关系：是用多个主题关键词的相互关系来确定要查找的主题，有三种相互关系供选择：

——全部字词命中：所选的资料中（标题或正文），必须同时包含输入的全部关键词。

——任意字词命中：所选的资料中（标题或正文），包含所输入的任何一个关键词。

——全部词不出现：所选的资料中（标题或正文），不包含输入的所有关键词。

④ 时间选择：可使用时间选择，指定检索引擎对资料库内某一时段的信息进行检索。

⑤ 二次检索：初步检索后，如果找到的资料过于庞大，可进行二次检索。有三种检索策略可以选择：重新检索；同一检索命令在其他库中检索；在前次结果中检索。

（2）专业检索

上述检索手段，可称为简易检索，它仅用输入字词的方式，简单、快速地完成信息查询。

根据不同的数据库，专业检索有多个字段的选择和限制，以期达到更精准的检索结果。如统计数据库的专业检索模式有行业、区域、参考资料、检索范围、起始和截止时间等。

（3）特色功能——在线词典

“在线词典”是从“名词解释库”中提取专业名词的解释。当打开一篇文献的内容后，想进一步了解文献中某些专业名词的含义，点击该页上方的“在线词典”，系统将会从“名词解释库”中把该篇内容所涉及的专业名词全部用高亮度方式显示出来，可以点击需要了解的那个名词，系统即从“名词解释库”中调出该词的解释。

（4）内容分析功能

进入高校财经数据库，在页面的下方找到“热点分析”，分别输入热点名称和关键词，选定时间段，然后开始进行分析。检索系统则根据输入的关键词搜索《中国经济新闻库》中的匹配文章，自动绘制出时间段内的折线图、饼图、柱状图。

（四）中宏网

1. 中宏网简介

中国宏观经济信息网[①]（简称“中宏网”）创办于2000年3月21日，隶属国家发改委中国宏观经济学会，我国三大经济专业网站之一，是具有政府背景和研究背景的权威专业网站。中宏网首创信息整合平台、专家研究平台，拥有政策信息资源和专家研究资源两大优势。中宏网是中国经济学奖唯一的评奖网站。“中宏百人团”是中国经济学奖专家委员会的简称，由133位中国目前最具权威的政界人士和专家学者组成。在“中宏百人团”具体指导和参与下，中宏网负责专家思想和课题成果的整合，以及组织相关的研究和论坛等学术活动。

“中宏数据库”拥有超过20大类、130中类的专业库，内容涵盖20世纪90年代以来宏观经济、区域经济、产业经济、金融保险、投资消费、世界经济、政策法规、统计数据、热点专题等方面的内容，既有深度的研究报告，也有鲜活的政策动态，更有详尽的统计数据，容量已相当于一家中型专业图书馆。

2. 主要资源介绍

（1）中宏经济研究与应用平台（http://www.macrochina.com.cn）

中宏经济研究与应用平台包括20类大库、100类中库。数据量超过100万条，文字量超过30亿字，每日更新。涵盖了20世纪90年代以来宏观经济、区域经济、产业经济、财政税收、金融保险、投资消费、世界经济、政策法规、统计数据，课题成果等方面的详尽内容，成为国内目前门类最全、分类最细、容量最大的经济数据库。

（2）中宏产业研究平台（http://mcin.macrochina.cn）

中宏产业研究平台的行业、地区、类型等均以国家标准为主体，行业标准、地方标准、企业标准为辅，对指标、地区、类别等进行划分。主要分为第一产业、第二产业、第三产业、综合型行业数据。以中国国家统计局国民经济行业分类（GB/T 4754-2017）为基础划分。收集了大量专家的产业分析并进行整合，集中在宏观经济政策、行业前景、区域经济发展对该行业的影响，如货币政策、财政政策、税收政策、产业政策、区域政策等。

（3）中宏形势分析支持系统（http://mct.macrochina.com.cn）

《中宏形势分析支持系统》是国内首个支持经济形势分析的信息综合系统。为决策

① http://www.macrochina.com.cn

者分析和判断宏观形势，提供了最为全面和专业的解决方案。借助该系统，决策者可以及时、直观地看清宏观形势的现状与趋势，并透过专家的视角，结合自己的专业经验，制定出合理、有效的发展战略和经营策略，把握机遇，规避风险。

《中宏形势分析支持系统》通过对形势变化的实时监测，发现变化中蕴藏的机遇与风险，及时提醒用户，并提出针对性的建议。系统包含九大功能模块：我来判断形势、产业观察、形势统计、形势库、形势简报、形势热点、形势提示、形势跟踪、专家分析形势。可为用户提供整套解决方案，全面满足形势分析工作中的各种需求。

（五）道琼斯财经资讯教育平台

道琼斯公司创立于1882年，是一家集商业新闻和信息服务为一体的跨国媒体集团，有8574名专业记者及专家，拥有《华尔街日报》《亚洲华尔街日报》（*The Asian Wall Street Journal*, AWSJ）、《远东经济评论》（*Far Eastern Economic Review*，FEER）、美国专业财经杂志 *Barron's* 和 *Smart Money* 在内的9种著名媒体，是全球最权威的实时财经信息和评论的独立提供商。

《道琼斯全球资讯教育平台》[①] 是道琼斯和新华在线联手为国内高等院校及社科研究机构的教学研究制作的国际财经资讯教育平台，提供道琼斯财经资讯·教育版，其内容均来自道琼斯公司，涵盖全球五大洲，涉及各类金融市场，报道一切有可能影响经济的经济事件、政治事件、社会事件。其栏目专题包括：特色专栏、中国经济参考、亚太财经、美洲财经、欧洲财经、央行观察、行业聚焦、经营之道、专题报道、股票市场、外汇市场、商品市场、债券市场、货币市场等。数据库24小时不间断更新。

该数据库具有以下特点：

• 英汉对照：实时全球资讯，英汉对照呈现。在第一时间准确地了解全球最新的财经动态及国际权威财经评论的同时，学习到最地道的英语。

• 专业权威：美国道琼斯通讯社是全球最优秀的专业财经通讯社之一，其旗下媒体《华尔街日报》《巴伦周刊》《远东经济评论》等）均是世界知名的财经媒体。美国道琼斯公司作为全球最权威的财经信息和评论的提供商，在经济领域的专业性和权威性举世公认。

• 深入透彻：历经华尔街百年风雨洗礼的道琼斯公司凭借其对信息的敏感和信息分析的深入透彻而赢得世人的信任和尊敬。道琼斯公司众多专栏一直是全球数百万研究分析员的重要信息参考。

• 内容全面：内容涵盖全球五大洲，涉及各类金融市场，报道一切有可能影响经济

① http://edu.xinhuaonline.com/

的经济事件、政治事件、社会事件。此时，道琼斯公司有8574名专业的记者及专家在全球五大洲100多个国家和地区提供财经信息服务。更有学生喜闻乐见的娱乐、体育、时尚等内容，寓教于乐。

• 原汁原味：道琼斯财经资讯。教育版的内容均来自世界著名的美国道琼斯公司。中文信息的翻译工作全部由道琼斯中国公司在北京及上海成立的翻译中心承担。

• 同步翻译：为了能在第一时间准确地了解全球最新的财经动态及国际权威财经评论，道琼斯中国公司建立了由120余位经过道琼斯专业训练的高级翻译人员组成的强大翻译中心，从道琼斯英文数据库同步翻译最新内容。

• 精彩互动：通过道琼斯全球资讯平台，新华在线举办每年一次的道琼斯财经英语之旅竞赛。个性化定制栏目，新华在线每个月发送精心挑选的双语阅读文章等。

（六）巨灵金融服务平台

巨灵金融服务平台[①]是深圳巨灵信息技术有限公司的产品，是基于巨灵金融数据库开发的Web版在线实时金融资讯和金融数据平台，提供专业的中国金融市场数据与资讯服务。该平台覆盖报刊资讯数据库、股票、基金、债券、权证、指数、港股、理财、宏观和行业等多项品种，包括数据定制、比较分析、证券筛选、研究报告分享、专题统计及自定义等多项功能，为金融领域的专业人士提供最权威及时的财经信息、最准确的金融数据与最便利的投资分析工具。

表7–8 巨灵金融服务平台主要内容

	项目	内 容
资讯	新闻	覆盖600个信息源的实时新闻，每日更新3000余条。
	报刊	涵盖业界主要财经类报刊,《中国证券报》《上海证券报》等核心报纸全版收录（1991年起）。
	公告	中国证券市场创建以来全部在交易所上市的股票、基金和债券公告。
数据	宏观数据	涵盖来自国家统计局、中国人民银行、国家外汇管理局、国家财政部等权威机构的国民经济统计数据，最早数据是1952年的GDP。
	行业数据	涵盖钢铁、煤炭、通讯、电力等33个重要行业统计数据。
	证券数据	1.中国全部股票的行情报价、公告全文、各类信息、基础数据和衍生数据（1988年起）。 2.中国全部基金的行情和净值、公告全文、各类信息、基础数据和衍生数据（1992年起）。 3.中国全部交易所债券信息和绝大部分银行间债券信息（1993年起）。 4.全部港股和相关权证的行情报价、基础数据、财务数据（1986年起）。
	研究报告	收录国内近百家证券研究机构发布的投资评级和赢利预测数据，涵盖1500多家上市公司。
	专题数据	股票、基金、债券和券商的100多项专题统计数据，从不同角度、不同深度对数据进行挖掘。

① http://www.genius.com.cn/

（七）万得金融数据库

万得信息技术股份有限公司（Wind）是中国大陆领先的金融数据、信息和软件服务企业，总部位于上海。

Wind资讯金融数据库是Wind专业服务的旗舰型产品，为全球专业用户提供一站式金融信息服务及交流平台，以广泛深度的数据及强大灵活的系列工具全面满足金融专业人士的需求。在国内市场，Wind资讯的用户包括超过90%的中国证券公司、基金管理公司、保险公司、银行和投资公司等金融企业；在国际市场，已经被中国证监会批准的合格境外机构投资者（QFII）中75%的机构是Wind资讯的用户。大量中英文媒体、研究报告、学术论文等经常引用Wind资讯提供的数据。

万得金融数据库[①]主要内容有：

Wind资讯金融终端：覆盖全球金融市场的数据与信息，内容包括股票、债券、期货、外汇、基金、指数、权证、宏观行业等多项品种，7×24×365不间断的为金融机构、政府组织、企业、媒体提供准确、及时、完整的金融数据资讯。Wind资讯金融终端具有强大的Excel数据链接功能，方便用户动态获取实时行情、财务数据、宏观行业等数据，构建各种灵活的分析模板。

Wind资讯经济数据库：整合海量全球宏观和行业统计数据，数据及时准确，查找、分析和图形功能强大，支持在Excel动态提取数据，是经济学家、策略分析师、行业研究员必备的数据库系统。

Wind资讯Datafeed数据服务：中国市场的精准金融数据服务供应商，为量化投资与各类金融业务系统提供准确、及时、完整的落地数据，内容涵盖股票、债券、基金、衍生品、指数、宏观行业等各类金融市场数据。

（八）一带一路数据库

参见第6章“第266页，3.‘一带一路’数据库”。

三、外文经济类数据库

（一）ABI/INFORM经济管理期刊全文库

ABI/INFORM Collection数据库[②]（原名ABI/INFORM Complete），是美国ProQuest Information and Learning公司开发的世界著名的商业、经济管理期刊全文图像数据库，

① http://www.wind.com.cn/

② http://search.proquest.com/

内容涵盖了世界性的经济与商业管理、贸易、行业信息等诸多领域，深入报道影响全球商业环境和影响各国市场与经济的具体事件。收录1971年至今全球1000多家著名出版机构出版的商业、经济管理领域超过8500种出版物，全文出版物7100多种。该数据库收录的文献类型广泛，包括学术期刊、行业出版物、市场研究报告、学位论文、研究手稿等。它全面覆盖重要的商业经济与管理类学术期刊的内容，深入报道影响全球商业环境和影响国家及地区市场与经济的具体事件。经过四十多年的发展，ABI数据库已成为全球排名前100位的所有MBA培养机构（商学院）的首选资源，一直以来被誉为商业研究领域的黄金标准。

ABI/INFORM Collection 由 ABI/INFORM Global、ABI/INFORM Trade & Industry 和 ABI/INFORM Dateline 三个数据库组成，具体内容如下：

1. ABI/INFORM Global：核心学术内容，收录大量学术期刊、刊物、学位论文和工作手稿，以及源自《华尔街日报》（*Wall Street Journal*）、《经济学人》（*The Economist*）和其他重要商业出版社出版的内容。

2. ABI/INFORM Trade & Industry（贸易及工业数据库）：覆盖的内容包括与贸易和工业相关的研究报告、学术期刊、杂志等。

3. ABI/INFORM Dateline（新闻数据库）：收录美国当地及地区的商业新闻和通讯，包括大型公司、非上市公司、新成立公司、负责人的背景、营销、金融及行业新闻。收录信息来自报纸、杂志、广播和商业出版物等。

（二）BSC 商业资源全文数据库

Business Source Complete[①] 是商业资源集成全文数据库（Business Source Premier，BSP）的升级版，内容上完全涵盖 BSP 数据库，是 EBSCO 最完整的商管财经全文数据库，内容涵盖商业经济相关主题，如营销、管理、管理信息系统（MIS）、生产与作业管理（POM）、会计、金融、经济等。收录年限为1886年至今。

现收录6300多种期刊索引及摘要，其中近3800种全文期刊（1,910多种为 peer-reviewed 同行评审）；另外 BSC 中包括近千种书籍专著，超过110万份的企业背景介绍，1200多份国家经济报告，8500多份行业报告，10500多份对全球知名企业高层管理人员以及财经分析家的访谈录，2600多份市场研究报告，近5000份 SWOT 分析等。除此之外，BSC 数据库亦收录非期刊的全文数据包含图书、专题论文、参考工具资料、书摘、会议论文、个案研究、投资研究报告、产业报告、行销研究报告、国家报告、企业公司档案、SWOT 分析等。

---

① http://search.ebscohost.com/

另外，BSC还特别收录了以下独家财经文献：

- Bernstein Financial Data 伯恩斯坦金融数据
- 晨星基金股票分析出版品
- 美国会计师协会出版品
- Richard K. Miller & Associates 市场研究报告
- 非英语系国家的商学文献资源
- 900多篇案例分析（其中680多篇全文）
- 特别收录哈佛大学知名教授的57段研讨会视频（seminar video）

数据库检索方法参见第3章“三、外文期刊数据库（一）Ebsco电子期刊全文数据库”。

（三）EMIS全球新兴市场商业资讯库

1. 数据库介绍

全球新兴市场商业资讯数据库[①]（Emerging Markets Information Service，EMIS），1994年创立于美国纽约，1999年成为英国欧洲货币和机构投资者集团（Euromoney Institutional Investor Group, LNE: ERM）的全资子公司。

EMIS是欧洲货币集团旗下最好的数据库之一，内容全面，信息多样化，是全球唯一可以提供150多个新兴市场国家和地区的市场动态和商务信息的数据库，是全球最权威的新兴市场商业资讯数据库，是了解新兴市场的必备工具。所有信息内容均由当地信息供应商直接提供并以英语和当地语言同时表现。它改变了以往新兴市场国家信息资源零散、匮乏的局面，弥补了新兴市场国家信息的空缺，是哈佛、耶鲁、牛津、麻省理工、斯坦福等全球著名高校研究新兴市场国家的首选数据库。EMIS数据库同时作为一款小语种学习的数据库提供给相应读者。

（1）EMIS数据库主要内容

新闻资讯：涵盖当地和全球重要新闻机构，媒体，通讯社，经济学出版机构和国际研究机构在内的3000多个新闻来源，如牛津研究院、OECD（经合组织）、D&B邓白氏、经济学人、JP Morgan Chase（摩根大通）、S&P（标准普尔）、WorldBank（世界银行）等，每天发布BBC、法新社、新华社和各行专业报纸等超过100万条新闻资讯。

公司资讯：150个国家地区130万家上市公司及100多万家非上市公司详细财务数据、海外并购报告、公司研究报告及信用分析等。

行业资讯：各国/地区250多个行业深度分析和统计数据。由国内外专业资讯公司、

① https://www.emis.com/cn

研究机构、政府机构、行业协会等提供的各行业深入研究报告，市场分析与预测，及时更新的行业统计数据。

宏观经济：150个国家/地区等宏观经济统计数据，及相关分析和预测、风险报告等，信息来源均为国内外权威的研究机构和政府机构，如OECD、Oxford Economics、D&B、国家统计局、中国社会科学院、国家信息中心、各知名券商和投行等。

第三方数据：收录全球如EIU（经济学人智库）、D&B、BMI、OPEC、OECD、OXFORD、Economic、易观资讯、艾瑞报告、赛迪顾问、中经网、中国拟在建项目网、中商情报网、慧典顾问、台湾经济研究院、中国机电数据库在内的超过9000多个第三方资源。每年发布超过540000份研究报告。

国家地区分析：包括各个国家最新报告，国家风险报告，国家数据、预测，以及国家风险评级和跨国家比较。

（2）EMIS数据库特点

• 覆盖新兴市场——拥有亚洲、拉丁美洲、中东欧、中东及非洲等地区80多个国家/地区的信息。

• 极具针对性的商业信息——最新消息、公司和行业信息、金融数据和宏观经济分析。

• 丰富的经济类刊物——收录全球各国知名经济报告刊物过千种。

• 多语种选择——可以用包括中文在内的15种语言浏览数据资源。

• “一站式”搜索——已对信息进行归类、存档、索引，通过直观的自定义界面对其进行全方位搜索。

2. 系统功能

EMIS数据库操作简便，易学易用，为用户提供中文检索、浏览界面，多个检索入口，支持全文检索、布尔逻辑检索。

（1）国家/地区选择（点击网址、登录之后）

勾选需要查看的国家或地区名称（中国、中国香港、中国台湾）。

（2）全库搜索

同时支持中英文、通配符“and”“or”“not”“near”及“*”等。

初步设置：在下拉列表的筛选结果中设置时间范围、语言、刊物类型等。

搜索结果：结果自动归档分类成：公司、文档、行业、统计；点击“文档”，会看到进一步的分类：新闻、分析研究、公司公告、评级等。

（3）公司查询

输入公司名称、点击搜索，就可以按名称进行公司查询。

图7–6　EMIS公司查询界面

（4）行业信息

点击“行业”，进入“所有行业”页面，页面提供所有行业列表。选择并点击想要查询的行业名称，进入到某一特定行业页面。包括以下不同内容栏目：

统计——该行业所有相关统计数据。

公司——该行业下所有相关公司名录。

报告——该行业相关研究报告列表。

新闻——该行业所有相关新闻。

（5）宏观经济

宏观经济板块提供以下7项内容：

概览——宏观经济主要指标数据及图表、国家风险地图（数据来自邓白氏）、一致预测数据、最新新闻、相关分析报告。

国家数据——所查询国家的主要经济指标历史数据。

跨国家比较——主要宏观经济指标在EMIS覆盖国家范围内的跨国比较。

一致预测——包括一致预测和个人预测两部分。一致预测是来自全球20+家投行对主要宏观经济指标的预测数据的加权平均；个人预测：20+家投行对宏观经济指标的单独预测数据。

国家风险——国家风险地图和来自邓白氏的风险评级数据。

报告——所有关于宏观经济的报告列表。

新闻——所有关于宏观经济的新闻，可按最新排序、新闻主题分类查询。

（6）信息来源——所有报告列表

EMIS数据库中所有内容全部来自第三方供应商，信息来源是所有供应商及其提供内容的列表。

在提供的筛选项中，可按照国家、信息来源、源类型、刊物类别、语言等进行进一步筛选。

在“信息来源”下拉列表，可查看所有供应商名录，点击供应商名称即可查询该供应商在EMIS中提供的所有内容。

（四）Emerald管理学全文期刊库

1. 数据库介绍

爱墨瑞得（Emerald）是一家以出版人文社科刊物为主的英国出版社，1967年由来自布拉德福商学院（Bradford University）的学者建立。目前出版270多种管理学专家评审期刊，2000多种经济管理学图书，20多种SCI收录工程学期刊，是世界上出版管理学刊物最多的出版社之一。

Emerald管理学全文期刊库[①]主要内容包括：

（1）Emerald管理学全文期刊库（2000年至今）

包含279种专家评审的管理学术期刊，提供最新的管理学研究和学术思想。涉及学科：会计金融与经济学、商业管理与战略、公共政策与环境管理、市场营销、信息与知识管理、教育管理、人力资源与组织研究等。其中包含知名期刊，如:《欧洲营销杂志》(*European Journal of Marketing*)、《管理决策》(*Management Decision*）等。

（2）Emerald全文期刊回溯库（第一卷第一期至2000年）

包含近180种全文期刊，超过11万篇的全文内容，涉及会计、金融与法律；人力资源；管理科学与政策；图书馆情报学；工程学等领域。所有期刊均回溯至第一期第一卷，最早可以回溯到1898年。

（3）辅助资源

① 学习案例集（Case Study Collection）：2000多个精选案例研究，来自Coca-Cola，IBM，Toyota，Glaxo Smith Kline，Hilton Group等知名企业。

②学术评论集（Literature Review Collection）：来自领域内权威学术出版物700多篇学术评论文章。

③访谈集（Interview Collection）：500多个全球商业和管理大师的思想库，提供生动有趣的“商界风云人物”的访谈记录。

④管理学书评（Book Review Collection）：2600多篇特别为学生、教师和研究学者撰写的深度书评。

---

① https://www.emeraldinsight.com/

2. 系统功能

（1）浏览。系统提供了“按刊名浏览”和“按学科浏览”2种浏览途径。见图7–7。

图7–7　Emerald浏览界面

（2）快速检索。在检索框中输入检索词，并选择相应字段即可进行检索。

（3）高级检索

高级检索提供2个检索框（可添加），可输入2组关键词或短语进行检索。针对每组关键词，都提供了限定条件设置。见图7–8。

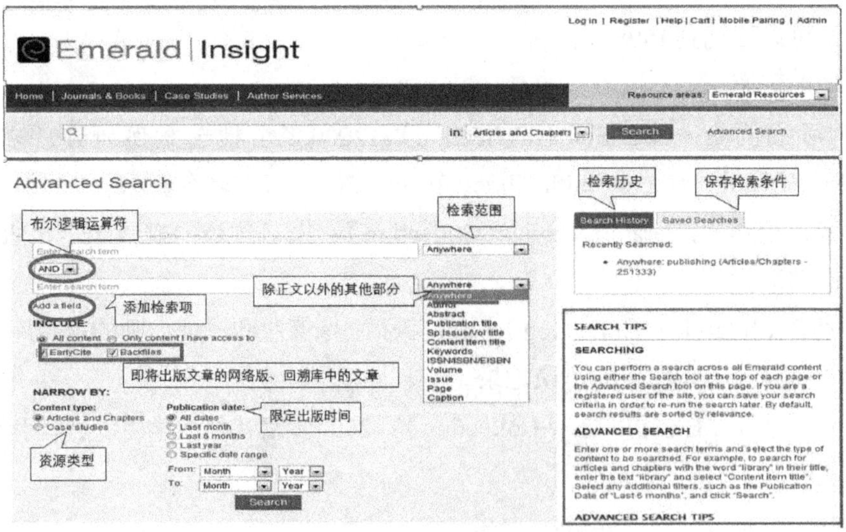

图7–8　Emerald高级检索界面

（五）World Bank E-resource（世界银行数据资源）

世界银行（World Bank）是世界银行集团的简称，成立于1945年，是联合国经营国际金融业务的专门机构，同时也是联合国的一个下属机构。由国际复兴开发银行、国际开发协会、国际金融公司、多边投资担保机构和国际投资争端解决中心五个成员机构组成。

世界银行数据库[①]包括世界银行开放知识库、世界银行项目库、世界银行公开数据。

1. 世界银行开放知识库（World Bank Open Knowledge Repository）

世界银行开放知识库[②]由世界银行于2012年4月创办，是世界银行研究性知识产出的开放获取官方智库。世界银行集团通过OKR以数字化形式汇集、传播和永久保存自己的知识。该站点提供了2005年至今的9000多本研究作品，涉及书籍、世界银行年度报告、世界发展报告、世界银行出版杂志文章、前景报告或工作论文等。该站点重视全球趋势，如经济学、教育、贫穷、地理区域和水资源。支持馆藏、作者、出版日期、主题或标题浏览。2013年世界银行OKR被ALA RUSA[③]评为“美国最佳免费参考网站”之一。[④]

2. 世界银行项目库（World Bank Projects & Operations）

世界银行项目库[⑤]提供1947年至今的所有世界银行贷款项目的信息，包括项目基本信息（如标题、项目负责人、国别、项目号、主题、金额、融资情况等）和公开在线文档的链接。对于老项目，提供可获得项目档案的目录信息。另外，该库还提供2000年7月以来的世界银行所有签约合同的链接。

3. 世界银行公开数据（World Bank Open Data）

世界银行公开数据[⑥]收录了世界银行数据库的7000多个指标，用户可以按国家、指标、专题和数据目录进行数据浏览，其中数百个数据可上溯50年。该网站所有数据都可以免费使用。

（1）数据库浏览

① 按国家浏览数据：数据包括人口数量在3万人以上的经济体以及更小的经济体

---

① http://www.worldbank.org/（英文）；http://www.shihang.org/（中文）

② https://openknowledge.worldbank.org/

③ 美国图书馆协会（American Library Association，简称ALA），ALA的参考与用户服务协会（The Reference and User Services Association，简称RUSA）

④ http://www.ala.org/rusa/sections/mars/marspubs/marsbestfreewebsites/marsbestref2013

⑤ http://www.worldbank.org/projects（英文）；http://projects.shihang.org/（中文）

⑥ https://data.worldbank.org/

（均为世界银行的成员体）。从国家列表中选择一个国家，浏览该国的基本信息、所属地区、所属收入组别、国民生产总值和人口数量等数据。

② 按专题浏览数据：列出一系列经济发展专题。选择其中一个专题，浏览该专题的简要介绍、与之相关的指标、地区总量和主要数据的视图。

③ 按指标浏览数据：从所列目录中选择一项指标，浏览该指标的详细说明和200多个国家的指标数据。可以在表格或地图中浏览数据或以多种格式下载，还可以借助搜索功能获得数据。

④ 按数据目录浏览数据：数据目录按照专业数据、地区和全球专题等进行分类。每个条目包括数据描述、覆盖范围、更新周期、来源和数据注释。

（2）数据库检索

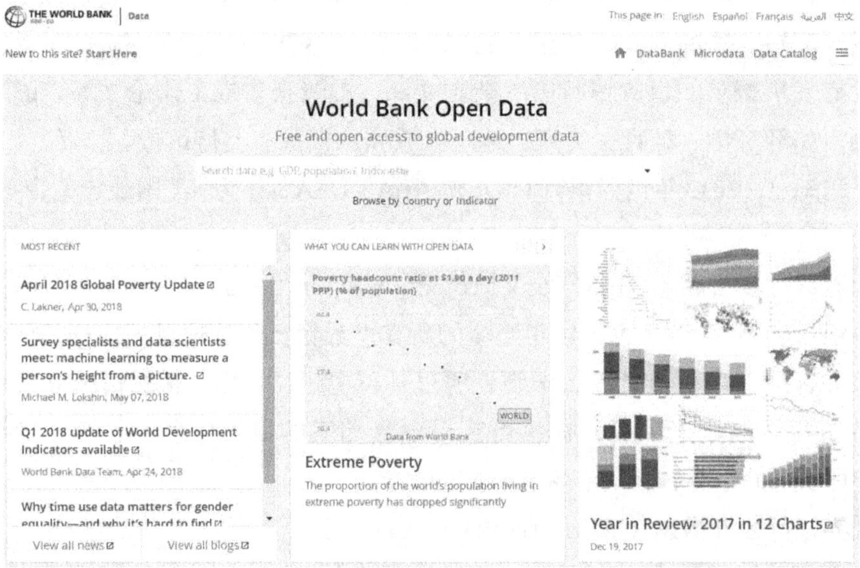

图7–9　世界银行公开数据页面

① 数据检索。搜索数据最简便的方式是使用页面顶端的搜索框。用户可搜索指标名称、国家和主题。输入关键词，搜索框将显示所匹配的结果列表；只需选择其中一项，就会立即显示结果。

② 用户可查看不同指标和国家的组合，或通过在搜索框中添加项目来查看多个国家的指标。一次只能显示一个指标。

③ 数据下载。数据网页允许用户打包下载所有显示的数据。“国家页面”提供一个国家所有年份的所有数据；“主题页面”提供该主题所有国家和年份的每个指标；“指标页面”提供所有国家所有年份的数据。能够下载大容量的数据集（最多可包含250万个

单项数据）。可提供 Excel、CSV、text 和 SDMX 等不同下载格式。

此外，页面右上角（见图 7–9）还有三个蓝色链接："Databank" "微数据" "数据目录"。

Databank：显示的是世界银行数据银行中的部分数据。数据银行中包括涵盖大量时间序列的数据。数据银行具有一些高级功能，能够选择和细分数据集，进行定制查询和数据下载，创建图表和其他可视化效果。

微数据：包含了由用户提供分享的关于国家等团体的更详细的数据，是主数据的补充。

数据目录：列出了世界银行发布的数据和数据集的完整清单。目录囊括了数据银行中的所有数据集以及许多其他有用的数据集，包括一些调查所得的地方数据和原始数据。下载数据集非常容易，也可以借助数据银行的查询工具或数据集专门的定制工具访问数据集。

4. 世界银行在线图书馆 World Bank E–library

WORLD BANK GROUP
eLibrary
Sign in Register Subscriber Services Help
REGIONS TOPICS COLLECTIONS DATA RECOMMENDED READINGS USING eLIBRARY
SEARCH authors, titles, keywords etc.
Advanced Search
Search Tips
The Jobs of Tomorrow: Technology, Productivity, and Prosperity in Latin America and the Caribbean
This book squarely addresses both sets of concerns with new research showing that adoption of digital technologies offers a pathway to more inclusive growth by increasing adopting firms' outputs, with the jobs-enhancing impact of technology adoption assisted by growth-enhancing policies that foster sizable output expansion. The research reported here demonstrates with economic theory and data from Argentina, Brazil, Chile, Colombia and Mexico that lower-skilled workers can benefit from adoption of productivity-enhancing technologies biased towards skilled workers, and often do. The inclusive jobs outcomes arise when the effects of increased productivity and expanding output overcome the substitution of workers for technology.
Read report Buy book
New Books New Journal Articles New Working Papers
Most Popular Books
Yes, Africa Can
Measuring Empowerment
Natural Resources and Violent Conflict
Remittances
Learning from Megadisasters: Lessons from the Great East Japan Earthquake
News View all
April 12, 2018
Important notice for EZProxy users
In order to improve security, the World Bank eLibrary platform has been upgraded from HTTP to HTTPS. We have learned that some
Riding the Wave: An East Asian Miracle for the 21st Century
The Challenge of Agricultural Pollution: Evidence from China, Vietnam, and the Philippines
Global Investment Competitiveness Report 2017/2018

图 7–10　世界银行在线图书馆主页

世界银行在线图书馆[①]可在线阅读世界银行所有有关社会和经济类的全文图书、报告和多种文件，可全文检索和多重查询。其内容包括：世界银行年度出版物、区域和专题系列、培训手册、工作稿、世界银行研究观察报和世界银行经济评论期刊文章、数据出版物、来自世界发展指标的最新国家和区域数据等。

迄今为止该在线图书馆已提供了世界银行从1987年以来出版的4500多种图书、所有世界银行政策研究工作报告和各种文件的全文内容，同时介绍即将出版的图书信息等。每年新增150—175本图书，250—300个工作报告。

（六）IMF数据库

国际货币基金组织（International Monetary Fund，IMF）是根据1944年7月在布雷顿森林会议签订的《国际货币基金协定》，于1945年12月27日成立的。IMF与世界银行同时成立、并列为世界两大金融机构之一，其职责是监察货币汇率和各国贸易情况，提供技术和资金协助，确保全球金融制度运作正常。总部设在华盛顿。

IMF DATA[②]包括国际收支统计、国际金融统计、贸易方向统计、政府财政统计四个关于全球经济的重要统计数据库。

1. 国际收支统计（Balance of Payment Statistics，BOPS）

提供了一个统计说明，概括了一个经济体与世界其他经济体之间的经济交易。从全球、区域和国家的角度，记录了商品、服务和金融的流通。国家信息显示了国际投资地位，说明了每个国家的外部金融资产和负债情况。BOP涵盖了170个国家的数据，涉及数据有：当前账号余额和构成，包括商品、运输服务、旅行、政府服务、其他服务、员工薪酬、投资收入和当前转移项目的借贷。金融账户余额和构成，包括股票和再投资收益的债权债务、债务证券、金融主管当局、政府、银行和其他部门、金融衍生物、贸易、贷款、货币和存款的资产和负债。储备资产包括黄金储备、特别提款权（SDRs）和外汇。BOP根据不同国家按季度、年度提供自1967年以来的数据。数据每月更新。

2. 国际金融统计（International Financial Statistics，IFS）

IFS[③]创刊于1948年，月刊。从1961年起每年增出年刊，是最全面、实用频率最高的全球统计数据单一出版物，提供超过来自200个国家的32000个时间序列数据。IFS统计数据被定为国际和国内的财政标准。数据按国家组织。所选的关键数据集，如商品价格、消费价格和贷款偿还等，被累积记入地区和全球表中。主要提供国际货币基

① https://elibrary.worldbank.org/
② http://data.imf.org/
③ http://data.imf.org/IFS

金组织各成员在汇率、基金、国际清偿能力、储备金、货币和银行账号、利率、商品价格、产品、政府财政、劳力、国民核算、进出口和人口等方面的统计数据。

3. 贸易方向统计（Direction of Trade Statistics，DOTS）

DOTS 表示一个国家与其主要贸易伙伴之间的商品进出口的价值，是当前贸易价值最全面的信息来源，为国家与贸易伙伴之间的进出口项目提供超过100000个时间序列。数据按国家组织来展示，并累计记入地区和全球表中。DOT 收录了186个国家的自1960年以来的年度和季度数据。

4. 政府财政统计（Government Finance Statistics，GFS）

提供145个成员国的政府财政运行统计数据。超过135000个时间序列，促进政府流动性和财政稳定的评估。

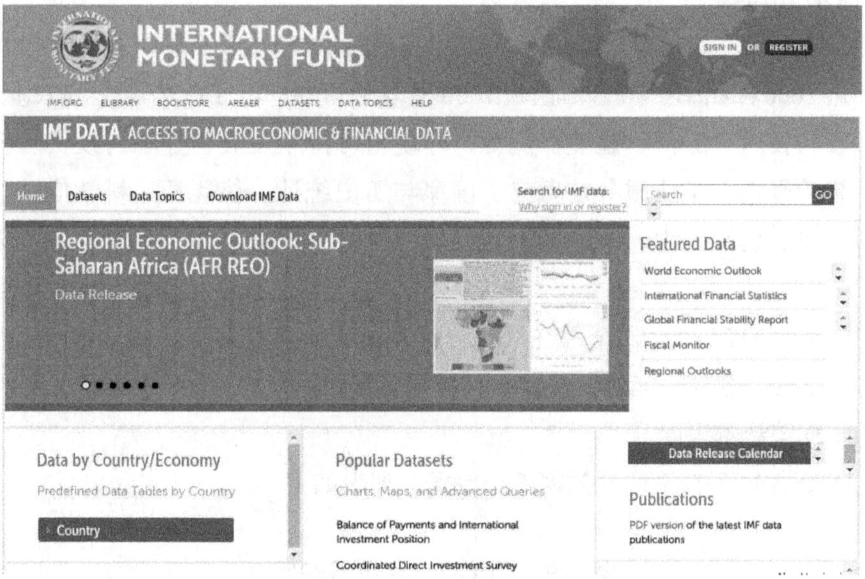

图7-11 IMF DATA首页

此外，IMF 还提供一系列的报告和出版物，包括英、法、西、俄、中文等多个语种的区域经济展望（*Regional Economic Outlook*）、世界经济展望（*World Economic Outlook*）、执行委员会年度报告、全球金融稳定报告（*Global Financial Stability Reports*）等系列年度报告，以及2008年以来 IMF 出版的大部分图书的全文下载。

（七）OECD 数据库

经济合作与发展组织（Organization for Economic Co-operation and Development，OECD），是由34个市场经济国家组成的政府间国际经济组织，旨在共同应对全球化带来的经济、社会和政府治理等方面的挑战，并把握全球化带来的机遇。还包括国际能源组织、国际原子能组织、欧洲交通部长会议、发展中心、教育研究和创新、西非发展中国家组织等6个半自治的代理机构。

OECD iLibrary[①]（原 SourceOECD）是以 OECD 提供的信息资源为基础而建立的在线图书馆，可在线提供 OECD 从1998年至今出版的期刊、图书和报告及统计汇编的数据库资源，为用户提供方便、快捷、全面的访问服务。跨越经济、教育、环境、科学和技术、运输、发展、金融和投资、社会问题、移民和保健、城乡和地区发展、产业和服务、国际能源署能源数据、管理、税收、就业、农业和食品、贸易、国际核能署核能数据等17个领域。

具体内容如下。

1. OECD **出版物**

OECD 共出版书籍、报告4000余种，可以通过 PDF 的形式从网上下载1998年以来出版的将近1000种图书、报告。这近1000种电子图书、电子报告又分为农业与食物、发展、教育与技术、经济、就业、能源、环境与可持续发展、金融与投资、经济与未来研究、统治管理、工业服务与贸易、国家与历史统计、核能源、科学信息技术、社会问题／移民／公共卫生、统计资料与方法、税收、领土经济、转换经济、交通等20个类别。

OECD 出版的24种期刊全部在线，分为期刊、参考类期刊、统计类期刊三大类，包括经济、金融、教育、能源、法律、科技等各领域。

2. OECD **统计数据库**

OECD 提供44个在线统计数据库，数据库列表如下：

表7–9　OECD统计数据库列表

数据库名称	数据库名称	数据库名称
IEA国家的能源预测	经合组织经济展望：统计和预测	经合组织生产力统计
IEA燃料燃烧统计的二氧化碳排放量	经合组织教育统计	经合组织季度国际贸易统计
国际能源署煤炭信息统计	经合组织就业和劳动力市场统计	经合组织区域统计
国际能源署电力信息统计	经合组织环境统计	经合组织科学，技术和研发统计
国际能源署能源价格和税收统计	经合组织概况统计	经合组织社会和福利统计
IEA能源技术RD & D统计	经合组织卫生统计	经合组织社会支出统计
国际能源署天然气信息统计	经合组织机构投资者统计	经合组织国际服务贸易统计

① https://www.oecd-ilibrary.org/

续表

数据库名称	数据库名称	数据库名称
国际能源署石油信息统计	经合组织保险统计	经合组织关于衡量全球化的统计
国际能源署可再生能源信息统计	经合组织国际发展统计	经合组织税收统计
国际能源署世界能源统计和平衡	经合组织国际直接投资统计	经合组织电信和互联网统计
按商品统计的国际贸易	经合组织国际移徙统计	经合组织—世贸组织：增加值贸易统计
ITF 运输统计	经合组织国民账号统计	OECD.Stat
主要经济指标	经合组织专利统计	STAN：经合组织结构分析统计
经合组织农业统计	经合组织养恤金统计	结构和人口统计业务统计
经合组织银行业统计[已停用]	经合组织产品市场监管统计	

3. OECD 统计数据库的检索

进入 OECD 主页之后，可以按“主题”“国家”以及“国家和主题”进行分类浏览，选择相应的主题或国家，单击进入相应页面，选择感兴趣的出版物阅读即可。

在主页上，读者还可以在“Catalogue”下拉菜单中，选择图书、手稿、统计数据等不同文献类型进行浏览阅读，可以根据字母筛选文件。

对于统计数据，可以点击菜单栏的“Statistics”，进入 OECD 的统计数据库列表，可以选择感兴趣的数据库或指标，获取统计数据。

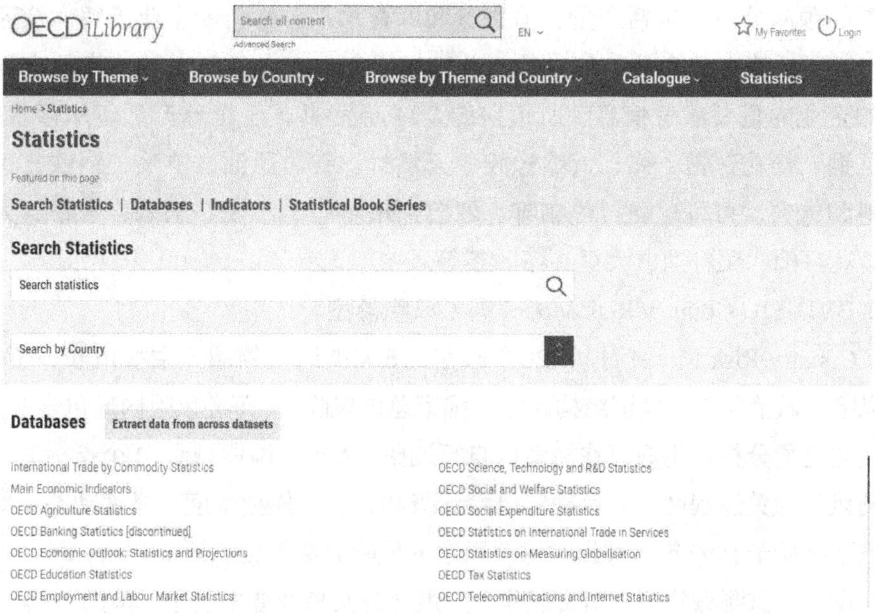

图 7–12　OECD 统计数据库检索界面

（八）BvD 系列数据库

1. 数据库介绍

Bureau van Dijk（BvD）[①] 是欧洲著名的全球金融与企业资信分析数据库电子提供商，为各国政府金融监管部门、银行与金融机构、证券投资公司等提供国际金融与各国宏观经济走势分析等专业数据。BvD 公司创立于1970年，总部位于瑞士日内瓦，在全球30多个国家设有分支机构。BvD 在欧美各国的政府经济监管部门、金融与证券投资机构、咨询公司、跨国经营企业、经济与管理类大学、大型公立图书馆等领域拥有广泛的专业用户。

BvD 平台系列数据库介绍如下。

（1）EIU Countrydata 国家数据

EIU Countrydata[②] 是全面获取全球各国宏观数据分析工具，提供全球200多个国家与地区宏观经济历史与预测数据，每个国家320个指标系列，含年度、季度、月度数值，数值从1980到2035年（提供5—25年预测值）。同时，还提供全球45个地区和次地区的经济总量数据、各国近期经济展望综述报告。

该数据库中每个国家的数据分为7大类，即：人口统计和收入类、国内生产总值类、财政及货币指标类、国际支付类、外部债务存量、外贸与外债偿还类。

EIU Countrydata 还提供全球28种大众商品的分析数据及5年价格预测，以及影响价格因素的预测分析，包括产量、消费量和库存水平。为帮助企业了解大众商品交易趋势，EIU 还计算大宗商品价值指数，并定期更新，它是任何在国际商品市场拥有交易敞口的企业的重要参考信息。所覆盖的全球商品如下：（全球产量、库存量、价格）铝、煤、铜、棉花、铅、镍、天然橡胶、天然气、锌、原油、羊毛、钢铁、黄金、食品、饲料和饮料、可可、阿拉伯咖啡、罗巴斯塔咖啡、小麦、玉米、水稻、大豆、棕榈油、葵花籽油、菜籽油、大豆、糖、茶等。

（2）BVD-EIU Country Risk Model 国家风险模型

EIU Country Risk Model 分析120个国家的6大类风险领域（主权风险、货币风险、银行业风险、政治风险、经济结构风险、国家总体风险）。每类风险内部包含10个变量，兼具定性与定量分析。用户可在模型内自行调整6大类风险领域和61个指标的权重，以使用不同风险的关注程度，最后确定风险评级和分数。模型季度、月度动态更新，各指标的历史数据始于1997年，并提供每个国家的风险总结报告（Risk Overview）以分析各种风险假设，是监测海外国家信贷风险，开展海外交易业务中规避风险的工具。

① https://www.bvdinfo.com

② https://eiu.bvdep.com/countrydata/ip

（3）BVD-EIU Market Indicators & Forecasts 各国竞争力指标分析库

EIU MIF 提供全球60个最大国家内500多项市场规模（Market Size）与各行业竞争力的详细分析数据，并提供各项指标至2030年的预测值（Market Forecast），包括关键宏观预测，如 GDP、人口统计与收入、私人消费开支、通胀、投资、贸易和外国直接投资，同时也包含11个主要地区，比如77国集团和转型经济体的地区汇总数据。此外 MIF 还提供各国的风险评级，即国家信贷风险和商业风险，帮助用户分析目标国家的经济政策、流动性风险、监管和安全风险等因素。

（4）Oriana 亚太企业分析库

Oriana① 提供亚太和中东地区60多个国家和地区内共计5000多万家公司的企业财务、经营信息、贸易投资信息以及各行业发展情况。可按亚太地区各国家、所在城市、所在行业、产品类别、雇员人数、企业资产规模、企业赢利状况、企业在行业排名等指标快速查询，或筛选出符合开展贸易与合作条件的亚太目标企业，并详细了解目标企业的当前与历史经营状况、公司组织结构及背后的控股公司等重要商业信息。中国企业可据此了解亚太市场，开展投资与贸易合作经营。同时，Oriana 也可为中国企业与各地政府部门开展针对亚太地区进出口商的资信背景调查、跨国企业并购战略分析、竞争对手行业分析。更为重要的是，Oriana 在企业经营信息的基础上提供了亚太地区各国各行业最新的整体发展分析报告（Industrial Report），使用户可及时了解所关注行业的整体发展动态，提升企业的国际竞争力与风险回避能力。

（5）Osiris 全球上市公司分析库

Osiris② 提供155个国家超过8万多家上市公司的大型专业财务数据（包括中国深/沪及海外上市公司数据），以及深入分析各国上市公司所需的详细财务经营报表与分析比率、股权结构、企业评级数据、历年股价系列、企业行业分析报告等（含已下市公司数据）。可以进行上市公司的证券投资分析、企业战略经营分析、跨国企业转让定价、公司财务分析等研究领域中广泛使用的知名实证分析。为适合不同用户的需求及准确开展跨国、跨行业检索与分析，该库将各上市公司的财务数据按不同财务格式分层呈现，由标准模板深入至原始财务数据。

数据库中也收录了全球近3200家重要的非上市公司的历年经营分析数据。财务会计准则具有国家和行业的差异，为正确反映出一家公司的财务情况，并同时提供准确的跨国检索与对比分析，Osiris 中的公司分为：工业、银行、保险公司三大类，共计七大模板。在每份公司报告中，数据按深度分为5个层次，分别以两种预设的货币：美元、欧元显示。Osiris 含合并与非合并财务报表。每家公司报告中含有一份默认的标准

① （英语）https://oriana.bvdinfo.com/ip；（中文）http://tinyurl.com/orianacn

② （英文）https://osiris.bvdinfo.com/ip；（中文）http://tinyurl.com/osiriscn

同业对比报告，用户可将任何一家公司与其同行业对比组进行比较。此外，用户也可自选同业公司组成员进行比较。

（6）Zephyr 全球并购交易分析库

Zephyr① 是国际并购研究领域知名的 M&A 分析库，每天在线向用户发布全球并购（M&A）、首发（IPO）、计划首发、机构投资者收购（IBO）、管理层收购（MBO）、股票回购（Share Buyback）、杠杆收购（LBO）、反向收购（Reverse Takeover）、风险投资（VC）、合资（JV）等交易的最新信息。快速更新的全球数据来自欧洲著名并购信息专业提供商 Zephus 公司，集成 BvD 的增值软件。目前 Zephyr 收录了全球各行业100万笔并购记录，每年新增约10万笔。数据可追溯至1997年，并涵盖亚太地区及中国的交易记录。

（7）Orbis Bank Focus 全球银行与金融机构分析库

ORBIS Bank Focus②（原 Bankscope）是当今全球银行业最具权威性的分析库，也是国际金融研究领域的学术论文中参考、引用频率最高的银行专业分析库。详细提供了全球4万多家主要银行及世界重要金融机构与组织的经营与信用分析数据。收录的每一家银行的分析报告包含历年财务分层数据（Global Format，Raw Data，All Ratios）、全球及各国排名、标普 / 穆迪 /Markit 的银行个体评级（长短期、外汇、独立性、支持力、商业债券等评级）、国家主权与风险评级、各银行详细股东与分支机构、董监高管、评级报告、原始财务报表、新闻与并购记录等信息。

（8）Chelem 国际商品贸易分析库

Chelem 是帮助用户深入分析单一国家的经济走势相对于全球经济表现的实证型分析数据库，它收录了全球82个最主要的经济活动体（国家与地区）的数据。这些国家与地区的贸易总量占据全球贸易总量的99%、占世界生产总值的96%。Chelem 包含以下三个模块：

① International Trade（国际贸易）：

收录自1967年以来全球各国所有双边贸易商品信息。每类商品的历年贸易数据均可按不同的地理范围（国家或国家组）以图表或分析曲线显示。

② Gross Domestic Product（国内生产总值）：

收录自1960年以来的204个国家与地区或独立统计地的数据，其中含3项 GDP 指标：International value、International volume、PPP volume。

③ Balance of payments（国际收支平衡）：

收录自1967年以来的 BOP 数据，范围涵盖全球189个国家与94个地区，所有地区

① https://zephyr2.bvdep.com/

② https://orbisbanks.bvdinfo.com/ip

划分为68个贷方账号、68个借方账号、70个平衡账号和7个特别平衡账号，这些分类以IMF（国际货币基金组织）1993年第5次国际收支平衡年会通过的分类方式划分。

CHELEM的主要数据源为IMF，但也有一些数据来自于各国央行，如古巴。

（9）EIU Financial Services 各国金融指标分析库

该库提供全球60多个国家金融行业最深入的分析与未来5年的预测，含数据、报告、图表、预测和当地各类金融机构信息等，可帮助金融企业发现新的海外市场机会，拓展自身优势服务的海外业务。具体内容包括：

① 各国金融机构列表、竞争水平、市场规模、主要机构、各自行业介绍；

② 分析数据：宏观类、金融行业数据（结构性指标、银行表现指标、资产质量比率、流动比指标、利润率指标、各类金融资产、家庭贷款指标、国民个人财富分布状况），政府各类金融资产和负债；

③ 全文分析报告：金融行业未来5年预测、行业背景分析、各自行业分析、行业需求特点。

（10）EIU Energy Indicators and Forecasts 各国能源指标分析库

该库为学术研究者提供69个主要能源市场的能源指标和预测，帮助研究者了解全球能源的市场需求和能源行业的潜在增长。该数据库的数据服务可以按时间将各个国家的数据并列展示，也可以以国家为单位提供详细的数据报告。用各种不同的数据分析方式满足不同研究者的需要。

2. 数据库特点

（1）知名度高、用户广泛

BvD数据库是当今国际上最知名的财经、管理类实证分析产品之一，用户范围很广，长期为欧美等国的专业用户群体作为金融领域内重要的分析工具。

（2）全球数据、子库分类细致

各专业子库均提供全球数据（英文），包含当前与历史数据。子库按类别细分可细分出宏观财经、国际贸易、商业银行、保险公司、上市公司、非上市公司、并购交易、无形资产、行业报告、全球股权链、股权定价模型、风险评估模型等，所提供的信息量庞大。

（3）数据宽度与深度

上市公司库可提供各公司历史5至20年财务数据、未来2至3年EPS收益预期；银行库提供各国银行最长达16年历史数据与分析比率；全球宏观库提供各指标1980至2030年的历史、当前与未来预测数值；全球并购分析库提供自1997年以来90多万件的各国并购案数据。

各公司的财务数据中提供历年资产负债表、损益表、现金流量表。财务数据包括资产负债表、利润及利润分配表、现金流量表及丰富多样的衍生财务指标，并呈现多层次标准化的报表体系：Profile、Global Format、Spreadsheet、Raw Data。用户可使用不同模板快速开展同行业公司间的跨国财务对比（按 US GAAP 会计标准呈现，使用 Global Format）；或深入分析各国上市公司的财务数据（按当地会计准则呈现，使用 Raw Data）。

（4）均包含中国数据

各子库均提供中国数据，如银行库中提供了中国全部200多家各大国有商业银行、政策性银行、城市商业银行等详细历年分析数据。上市公司库中包含中国深、沪两市、海外上市的各公司数据等。

（5）数据的合法性

BvD 所提供的任何公司、行业或宏观经济指标的历史与当前数据都具有合法、可公开与明确的来源，用户不会因在自己的分析报告、论文、文章中摘引或公开引用 BvD 的数据而导致对任何第三方的侵权行为或招致法律上的纠纷。

四、网络经济信息资源介绍

（一）经济信息参考网站

1. 综合信息网站

① 中国统计信息网（http://www.stats.gov.cn/）

中华人民共和国国家统计局的官方网站，是国家统计局对外发布信息、服务社会公众的唯一网络窗口。设有统计分析报告、统计法规、统计制度、统计标准、统计信息、统计公报、统计报刊、统计数据、统计咨询、统计知识等专栏，同时还可以实现地方统计网站和国外统计网站的链接。

② 中国产业经济信息网（http://www.cinic.org.cn）

中国产业经济信息网成立于1997年，由中国报业协会主管主办，几十家国家级行业媒体共同组建，是中国产经及行业信息官方权威发布平台。中国产业经济信息网，拥有庞大的产经信息数据库，“中国产经信息数据库”容纳了中国54家国家级行业媒体的信息数据近1000万条，同时拥有每日1500条左右的数据更新量，其内容涵盖了国民经济各层面、各部门，构成了宝贵的、系统的信息库资源。

③ 中融网（http://www.jrjg.com/）

由全国人大财经委、中国人民银行、银监会、四大国有商业银行总行的数十位金融专家共同发起组建，成立于2003年，是一家以银行业信息数据库、银行业务咨询、银行期刊报告、金融培训和展会为主业的集权威性、专业性、时效性、前瞻性于一体的综合性银行信息咨询服务专业网站。

④ 中国投资指南（http://www.fdi.gov.cn/）

由商务部外国投资管理司负责组织实施的商务信息服务项目，是我国公共商务信息服务体系的重要组成部分。网站服务信息内容以若干大型数据库为基础，涵盖中国投资环境、法律法规及政策体系、行业发展情况和政策、外商投资管理服务体系 、吸收外商投资统计数据、投资促进机构和投资促进服务、招商引资项目库、全球跨国投资和外商来华投资动态信息等，提供图书、光盘、专业网站等形式的终端服务。网站所提供的信息服务全部由政府资助，免费使用。

⑤ 财经网（http://www.caijing.com.cn/）

由《财经》采编团队提供的浏览海内外重大财经新闻的全方位原创新闻与分析文章服务平台，24小时 ×365天为读者提供可信赖的信息源，以客观、专业的视角提供热点新闻专题和周末特刊。内容包括：新闻类频道、评论类频道、专题报道、视频频道、周末版等。

⑥ 中国证券网（http://www.cnstock.com/）

创立于1997年，是上海证券报的网上窗口，是中国最早从事财经信息网络传播的专业性网站之一。依托新华社和上海证券报，中国证券网以其权威即时的财经资讯发布及活跃的社区互动成为最受投资界青睐的综合类财经网站。2013年推出中国证券网财富管理与上市公司两大专区，为资本市场投资者提供更全面、更深入的服务。

⑦ Index of Economic Freedom（https://www.heritage.org/index/）

由《华尔街日报》和美国传统基金会发布的年度报告，范围涉及全球179个国家和地区。它依据10个大的衡量指标，即商业、贸易、财政、货币、投资、金融、房地产、廉洁程度和政府开支去衡量各个国家与地区的经济自由度。每个国家以地图的形式显示，以列表的形式按照从高到低的顺序显示每个国家与地区的经济自由总体系数，并辅以图形的形式同时显示最多3个国家从1995年至今每个具体指标的详细数据。各个指标累加后的平均值可当作不同国家和地区相互比较的依据。这些数据曾被许多顶尖金融与制度相关的文献所引用，具有较高的参考价值。

2. 政府及研究机构网站

表7–10　政府及研究机构网站列表

名　称	简　介
OECD	http://www.oecd.org/，经济合作与发展组织，是由35个市场经济国家组成的政府间国际经济组织，旨在共同应对全球化带来的经济、社会和政府治理等方面的挑战，并把握全球化带来的机遇。成立于1961年，目前成员国总数35个，总部设在巴黎。
美国国际贸易管理委员会	https://www.usitc.gov/，United States International Trade Commission（ITC），是一个独立的、非党派性质的、准司法联邦机构，其前身为1916年创建的美国关税委员会。

续表

名　称	简　介
经济政策研究中心	https://cepr.org/，The Centre for Economic Policy Research（CEPR），世界著名的研究机构，成立于1983年，旨在通过促进高质量的，与政策相关的经济研究并向公众广泛传播给决策者，提高欧洲及其他国家经济政策制定的质量。该网站有许多讨论稿，部分可以免费下载。
美国国家经济研究局	http://www.nber.org/，National Bureau of Economic Research（NBER），成立于1920年，是全美最大且影响广泛的私立、非赢利性学术研究组织。该机构拥有享有盛名的1000多名经济学家和商学教授（包括16位美国诺贝尔经济学奖获得者）。NBER向来以研究美国的经济问题为己任，对美国的宏观经济、经济周期、长期经济发展等问题进行深入的研究，出版大量工作报告，近年还专门开设了中国经济研究项目组，对当代中国经济问题研究的特点、主要观点、发展趋势和作用等进行研究分析。通过互联网，随时可以浏览和检索该网站发布的信息，全面地了解国外学者的研究动向和成果。NBER每周都会产出大量的经济学研究工作报告，可以免费浏览下载，其中不乏今后可能在《美国经济评论》等世界顶尖经济学期刊上发表的优秀之作。
英国皇家经济学会	http://www.res.org.uk/view/index.html，Royal Economic Society（RES）有两种由Wiley-Blackwell出版社出版的期刊:《经济学期刊》《计量经济学期刊》，都可通过RES网站在线获得。
中国社科院经济研究所	http://ie.cass.cn/
欧盟	https://europa.eu/
世界银行	http://www.worldbank.org/

3. 名录信息网站

① 中国企业、公司及产品数据库（http://www.wanfangdata.com.cn）

该数据库是万方《中国机构数据库》（China Institution Database，CIDB）的组成部分之一。

始建于1988年，现已收录96个行业的近20万家企业详尽信息，是了解中国企业信息的重要途径之一。该数据库信息全年100%更新，提供多种形式的载体和版本，全记录包含30多个字段，对企业进行了全方位的立体描述。美国DIALOG联机系统将其作为首选的中国经济信息数据库资源，收录进其系统向全球数百万用户提供联机查询服务。除了中文记录，该数据库还提供英文的中国企业名录数据。

② Dun & Bradstreet（http://www.dnb.com/）

邓白氏公司Dun & Bradstreet Corp，创立于1841年，世界著名的商业信息服务机构之一，也是美国最具权威的财务报告评估公司。该公司提供的“邓氏编码”[①]（Duns Number）已成为国际认可的公司标准识别符号。

③ 康帕斯企业名录（http://www.kompass.com）

康帕斯（Kompass）公司是一家提供企业名录的数据厂商，于1944年在瑞士成立，

① 邓氏编码（D-U-N-S® Number，是Data Universal Numbering System的缩写）。它是一个独一无二的9位数字全球编码系统，相当于企业的身份识别码（就像是个人的身份证），被广泛应用于企业识别、商业信息的组织及整理。可以帮助识别和迅速定位全球2.4亿家企业的信息。

现在总部设在法国。它拥有全球230万家企业的资料。该企业名录具有38种语言版本，在全球拥有多达200万家以上的长期用户。1997年联合国贸易网点组织推荐康帕斯工商数据为世界贸易网点进行电子商务的一级认证基础工商信息。

④ 中国商标网（http://sbj.saic.gov.cn/）

中国国家工商行政管理总局商标局是我国商标管理的权威部门，“中国商标网”是其官方网站。该网站提供了大量商标相关信息，如商标政策法规、驰名商标和商标信息检索等，点击主页上的“商标查询”，即可进行免费的商标在线检索。

⑤ 美国专利及商标局（http://www.uspto.gov）

美国的产品商标注册要通过美国专利及商标局（United States Patent and Trademark Office，PTO）来进行，因此访问美国专利及商标局即可看到相关的商标信息。在其主页选择“商标”下面的搜索商标数据库（Search trademark database），即可进行商标检索。

⑥ 全球产品样本数据库（http://gpd.sunwayinfo.com.cn）

全球产品样本数据库（Global Product Database，GPD）由科技部西南信息中心、重庆尚唯信息技术有限公司研制开发，是我国第一个上规模的、深度建设的产品样本数据库。GPD收录了丰富的产品样本数据，包括：企业信息、企业产品目录、产品一般性说明书、产品标准图片、产品技术资料、产品CAD设计图、产品视频/音频资料等。目前已收录企业1.6万家，产品总量达到348万个，样本总量302万件。主要收录欧美地区大型知名企业，其中70%的产品样本包含高价值的技术文档。

（二）经济类学科导航

表7–11　经济类学科导航

名　称	简　介
武汉大学重点学科导航库（发展经济学与国际经济发展）	http://www.lib.whu.edu.cn/dh/jinji/index.html，该学科导航由世界经济系、美国加拿大经济研究所、发展经济学研究所三部分组成。包括学科介绍、学者教授、本校科研成果、电子资源、馆藏文献信息资源、学术会议及会议论文、本学科硕博论文、学会及协会、政府部门、科研机构组织、本专业论坛等板块。其中“电子资源”板块包括电子全文期刊、网上数据库、光盘数据库、专业统计数据资源、网上其他资源等内容。
北京大学经济管理学信息门户	http://113.204.229.26:10108/home/index，提供学术热点（期刊、图书、数据、会议）、资讯（热点论文、最新图书、热点资讯）、经济管理顶尖机构等内容的导航服务。
中国人民大学图书馆学科导航（经济统计）	http://ruc.cn.libguides.com/jingji，包括学术机构、专家学者、学术论文、学科主文献、数据信息、其他网络资源、学习园地、报告合集、资源推荐合集等板块。

续表

名 称	简 介
方略学科导航（经济学）	http://202.141.162.23/Customer/index.aspx，分“理论经济学”“世界经济学”“应用经济学”三大类。每一类包括：学术站点、知识要闻、国际动态、人物、研招资料、会议中心、学术指南、基本典籍、课件、必读书目、视听资料、知识库等板块。
清华—康奈尔双学位金融MBA/FMBA学科服务导航	http://tsinghua.cn.libguides.com/FMBA，清华大学金融图书馆和康奈尔大学管理图书馆协作完成对该学科的服务支持。
对外经济贸易大学图书馆经济学学科服务平台	http://uibe.libguides.com/economics
Alta Plana国际经济学门户	http://altaplana.com/gate.html，主要提供有关国际经济学站点链接。包括资源与数据、国际组织、国家政府网页等。

（三）经济在线期刊

目前，许多经济商务类的期刊发行网络版，提供期刊信息查询、期刊论文全文免费浏览、电子邮件等业务。下面提供一些相关的网络期刊信息。

表7–12 经济在线期刊

刊名	简介
《应用计量经济学》	http://qed.econ.queensu.ca/jae/，*Journal of Applied Econometrics*是John Wiley & Sons出版的一本涵盖计量经济学的同行评议学术期刊，侧重于应用而不是理论问题，成立于1986年，每年出版七次。
《金融经济学》	http://jfe.rochester.edu/，*Journal of Financial Economics*（JFE），是一本涵盖金融领域的同行评议学术期刊，JFE在2016年的金融期刊中排名第二，与《金融学报》（*The Journal of Finance*）和《金融研究评论》（*The Review of Financial Studies*）一起被称为三大金融期刊。由Elsevier Science出版社出版，刊载财政经济学领域的研究论文，侧重风险投资、有价证券分析、市场平衡理论、财政管理等内容。
《兰德经济学》	http://www.rje.org/，*RAND Journal of Economics*，原名为《贝尔（Bell）经济学杂志》，1984年后改名至今，是同行评议学术期刊，每季度由兰德公司联合Wiley-Blackwell出版社出版。
Economics Research Network	https://www.ssrn.com/en/index.cfm/ern/，SSRN（*Social Science Research Network*）电子图书馆提供来自30个学科369664位研究人员的791154篇研究论文。其中，经济研究网络（ERN）由Michael C. Jensen负责（Jensen是哈佛商学院名誉工商管理学教授和社会科学电子出版公司主席）。
《统计软件杂志》	http://www.jstatsoft.org/，*Journal of Statistical Software*，由美国统计协会出版，提供1996年至今20卷的内容。可以免费获取全文。

（四）国内外经济类专业核心期刊

1. 国内经济类核心期刊

根据中文社会科学引文索引（CSSCI）来源期刊目录（2017—2018年），被收录的经济类学术期刊如表7–13所示。

表 7–13　CSSCI 收录的经济学学术期刊（前 20 名）

序号	期刊名	出版机构	CN 号
1	经济研究	中国社会科学院经济研究所	11-1081/F
2	经济学（季刊）	北京大学中国经济研究中心	11-6010/F
3	世界经济	中国社会科学院世界经济与政治研究所	11-1138/F
4	金融研究	中国金融学会	11-1268/F
5	中国工业经济	中国社会科学院工业经济研究所	11-3536/F
6	会计研究	中国会计学会	11-1078/F
7	数量经济技术经济研究	数量经济与技术经济研究所	11-1087/F
8	经济学家	西南财经大学	51-1312/F
9	经济科学	北京大学	11-1564/F
10	中国农村观察	中国社会科学院农村发展研究所	11-3586/F
11	财经研究	上海财经大学	31-1012/F
12	南开经济研究	南开大学经济学院	12-1028/F
13	农业经济问题	中国农业经济学会	11-1323/F
14	中国农村经济	中国社会科学院农村发展研究所	11-1262/F
15	国际金融研究	中国国际金融学会	11-1132/F
16	财贸经济	中国社会科学院财经战略研究院	11-1166/F
17	国际贸易问题	对外经济贸易大学	11-1692/F
18	经济评论	武汉大学	42-1348/F
19	经济理论与经济管理	中国人民大学	11-1517/F
20	产业经济研究	南京财经大学	32-1683/F

根据中文社会科学引文索引（CSSCI）来源期刊目录（2017—2018 年），被收录的管理类学术期刊如表 7–14 所示。

表 7–14　CSSCI 收录的管理学术期刊（前 20 名）

序号	期刊名	出版机构	CN 号
1	管理世界	中华人民共和国国务院发展研究中心	11-1235/F
2	南开管理评论	南开大学商学院	12-1288/F
3	中国软科学	中国软科学研究会	11-3036/G3
4	科学学研究	中国科学学与科技政策研究会	11-1805/G3
5	公共管理学报	哈尔滨工业大学管理学院	23-1523/F

续表

序号	期刊名	出版机构	CN号
6	科研管理	中国科学院科技政策与管理科学研究所	11-1567/G3
7	管理科学学报	国家自然科学基金委员会管理科学部	12-1275/G3
8	科学学与科学技术管理	中国科学学与科技政策研究会等	12-1117/G3
9	管理科学	哈尔滨工业大学管理学院	23-1510/C
10	研究与发展管理	复旦大学	31-1599/G3
11	外国经济与管理	上海财经大学	31-1063/F
12	管理工程学报	浙江大学	33-1136/N
13	中国管理科学	中国优选法统筹法与经济数学研究会	11-2835/G3
14	中国行政管理	中国行政管理学会	11-1145/D
15	管理评论	中国科学院研究生院	11-5057/F
16	管理学报	华中科技大学	42-1725/C
17	中国科技论坛	中国科学技术发展战略研究院	11-1344/G3
18	软科学	四川省科技促进发展研究中心	51-1268/G3
19	科技进步与对策	湖北省科技信息研究院	42-1224/G3
20	经济管理	中国社会科学院工业经济研究所	11-1047/F

2. 国外经济类核心期刊

2017年SSCI收录的经济学期刊影响因子排名（前20名）如表7-15所示。

表7-15　经济学SSCI期刊影响因子排名

Rank	Full Journal Title	Impact Factor
1	QUARTERLY JOURNAL OF ECONOMICS	6.662
2	JOURNAL OF FINANCE	6.043
3	JOURNAL OF ECONOMIC PERSPECTIVES	5.727
4	ECONOMIC GEOGRAPHY	5.344
5	JOURNAL OF ECONOMIC LITERATURE	5.22
6	JOURNAL OF FINANCIAL ECONOMICS	4.505
7	VALUE IN HEALTH	4.235
8	JOURNAL OF HUMAN RESOURCES	4.047
9	REVIEW OF ECONOMIC STUDIES	4.03
10	AMERICAN ECONOMIC REVIEW	4.026
11	JOURNAL OF POLITICAL ECONOMY	3.923

续表

Rank	Full Journal Title	Impact Factor
12	Review of Environmental Economics and Policy	3.862
13	JOURNAL OF ACCOUNTING & ECONOMICS	3.839
14	TRANSPORTATION RESEARCH PART B-METHODOLOGICAL	3.769
15	REVIEW OF FINANCIAL STUDIES	3.689
16	JOURNAL OF ECONOMIC GEOGRAPHY	3.648
17	PHARMACOECONOMICS	3.63
18	CAMBRIDGE JOURNAL OF REGIONS ECONOMY AND SOCIETY	3.508
19	REVIEW OF INTERNATIONAL POLITICAL ECONOMY	3.452
20	JOURNAL OF ECONOMIC GROWTH	3.44

第8章

语言类信息检索

一、语言类信息概述

（一）基本定义

1. 语言

（1）语言的定义

不同语言学家对语言的定义有所不同，其中被广泛接受的一个定义是“语言是一种用于人类交际的任意的语音符号系统”。该定义反映出语言最为重要的几个特征，即语言是受规则制约的体系、语言的符号是任意的、语言是有声的。①

语言由语音、词汇和语法三个要素组成，其中语音是语言的外部形式，词汇是语言中所有词语的综合，语法则是将语言成分组织起来的各种规则的总和。

语言的表现形式有声音和文字两种。其中，声音是语言最基本的媒介，是第一性的。这是因为在语言的发展过程中，声音媒介早于文字。文字是对声音的记录。

（2）语言的特征

美国语言学家 C. F. 霍凯特（C. F. Hockett）提出了人类语言的12种甄别性特征（即区别于动物语言的特征），其中最重要的特征有以下五种。

① 任意性（Arbitrariness）

任意性指的是语音与语义之间没有逻辑联系；何种语音形式表达何种意义，必须由使用该语言的社会成员约定俗成。

---

① 手语及其他形式的非语音语言本章不做讨论。

② 创造性（Productivity）

创造性指的是语言使用者能够基于有限的语言规则说出并理解无限的句子，这种创造性通过组合和替换实现。

组合，是指利用同样的规则，将不同词汇组合起来构成不同的句子。

替换，是指在不改变原有结构关系的前提下，一些语言符号或更大的语言单位在相同位置能够互相替换。

③ 二重性（Duality）

二重性指的是语言在结构上分为低层次和高层次，低层次上是一个个没有意义的音，这些音依照一定语言规则结合在一起构成高层次的有意义的单位。

④ 移位性（Displacement）

移位性指的是语言的使用可以脱离交际的直接情景语境，从而不受语言时空距离的影响。

⑤ 文化传递性（Cultural Transmission）

文化传递性指的是语言具有传递文化的作用，另外，语言体系具体内容的习得不是通过遗传来传递的，而是要通过后天的学习才能获得。

2. 语言学

（1）语言学的定义

语言学（Linguistics），顾名思义，是研究语言的科学。它是以人类语言为研究对象进行系统科学研究的学科，探索范围包括语言的性质、功能、结构、运用和历史发展，以及其他与语言有关的问题。

语言学是关于语言的理论知识，而不是关于语言的实际知识（指掌握某种语言并使用该种语言进行交际）。

（2）语言学的分类

① 从研究范围来看，语言学可以分为内部语言学和外部语言学。

内部语言学（也称本体语言学或微观语言学），主要研究语言的本体，即语言的内部结构体系。

外部语言学（也称边缘语言学或宏观语言学），主要研究语言与社会、心理、思想、文化等和语言有关的外部事物之间的关系。

② 从研究功能来看，语言学可以分为理论语言学和应用语言学

理论语言学是从理论上研究语言的性质、功能及结构的语言学。

应用语言学有广义与狭义之分。广义的应用语言学研究的是语言在各个领域的实际应用，可以看作一门交叉学科；狭义的应用语言学指语言教学，就是语言学理论在语言教学中的运用。

③ 从研究对象来看，语言学可以分为普通语言学和个别语言学

普通语言学（也称一般语言学），是研究人类语言普通特征、一般性质和共同规律的语言学，其研究对象是人类语言。

个别语言学（也称具体语言学或专语语言学）是专门研究某一种具体语言或亲属语言的语言学。

④ 从研究方法来看，语言学可以分为共时语言学和历时语言学

共时语言学是以静态分析方法研究语言相对静止的状态，分析语言在某一时期、某一阶段的具体情况。

历时语言学是研究语言历史演变的科学，主要研究一种语言的各个结构要素在不同发展阶段的历史演变情况，分析其发展规律。

⑤ 语言学交叉学科

随着科学的发展，语言学与人文科学及自然科学的相关学科交叉融合，发展和建立起一大批语言学交叉学科，比较有代表性的有社会语言学、人类语言学、文化语言学、心理语言学、地理语言学、神经语言学、数理语言学、计算语言学、实验语言学等。

3. 图书馆分类法对语言的分类

（1）中国图书馆分类法

根据《中国图书馆分类法》的分类方式，语言属于“H 语言、文学”大类，该大类又分为18个次级类目，具体如表8–1所示。

表8–1 《中国图书馆分类法》中语言的分类

H语言、文学	H0 语言学	H0-0 语言理论与方法论等14个子类
	H1 汉语	H1-0 汉语理论与方法论等14个子类
	H2 中国少数民族语言	H211 少数民族古语言等54个子类
	H3 常用外国语	H31 英语；H32 法语；H33 德语；H34 西班牙语；H35 俄语；H36 日语；H37 阿拉伯语
	H4 汉藏语系	H41 壮侗语族（侗傣语族）；H42 藏缅语族；H43 苗瑶语族；H44 越南语
	H5 阿尔泰语系（突厥—蒙古—通古斯语系）	H51 突厥语族；H53 蒙古语族；H54 通古斯-满语族；H55 朝鲜语
	H61 南亚语系（澳斯特罗—亚细亚语系）	H611 扪达语族；H612 孟语；H613 高棉语（柬埔寨国语）；H614 占语；H616 老挝语；H617 泰语（暹罗语）；H618 越南语
	H62 南印语系（达罗毗荼语系、德拉维达语系）	H621 泰卢固语；H622 泰米尔语；H623 马拉雅兰语；H624 卡那拉语；H625 库伊语；H626 贡德语；H627 布拉呼语；H628 图鲁语；H629 其他语言
	H63 南岛语系（马来亚—玻里尼西亚语系）	H631 印度尼西亚语族；H632 密克罗尼西亚语族；H633 美拉尼西亚语族；H634 波利尼西亚语族；H635 巴布亚诸语言；H636 安曼达语
	H64 东北亚诸语言	H641 楚克奇语（罗拉维特兰语）等8个子类
	H65 高加索语系（伊比利亚—高加索语系）	H651 卡尔特维里语族（伊比利亚语族）；H652 阿布哈兹-阿第盖语族；H653 巴茨比-基斯金语族；H654 列兹金语族；H655 达格斯坦语族；H659 巴斯克语

续表

H语言、文学	H66 乌拉尔语系（芬兰—乌戈尔语系）	H661 芬兰语族；H662 乌拉尔语族（乌戈尔语族）
	H67 闪—含语系（阿非罗—亚细亚语系）	H671 闪语族；H672柏柏尔语族；H673埃及-科普特语族；H674库希特语族；H675 乍得语族
	H7 印欧语系	H71 印度语族等12个子类
	H81 非洲诸语言	H811沙里-尼罗语系；H815 尼日尔-刚果语系；H824布斯曼-霍登托（考伊散）语系
	H83 美洲诸语言	H831 那华特耳语、奎车语、卡克契阔耳语、曼姆语、犹卡特克语、刻克齐语、奥托米语、乍泼特克语、密希特克语、托托那克语（墨西哥、危地马拉境内语言）等7个子类
	H84 大洋洲诸语言	无子类
	H9 国际辅助语	H91世界语；H92沃拉布克国际语；H93阿克奇顿道尔国际语；H 94 艾多国际语；H95 国际语

（2）美国国会图书馆分类法

根据《美国国会图书馆分类法》（Library of Congress Classification，LC）的分类方式，语言（Language）属于“P Language and Literature”大类，该大类又分为18个次级类目，具体如表8–2所示。

表8–2 《美国国会图书馆分类法》中语言的分类

P Language and Literature	P	Philology and linguistics（General）
	PA	Greek language and literature. Latin language and literature
	PB	Modern languages. Celtic languages
	PC	Romanic languages
	PD	Germanic languages. Scandinavian languages
	PE	English language
	PF	West Germanic languages
	PG	Slavic languages. Baltic languages. Albanian language
	PH	Uralic languages. Basque language
	PJ	Oriental languages and literatures
	PK	Indo-Iranian languages and literatures
	PL	Languages and literatures of Eastern Asia, Africa, Oceania
	PN	Literature（General）
	PQ	French literature - Italian literature - Spanish literature - Portuguese literature
	PR	English literature
	PS	American literature
	PT	Germanic literatures
	PZ	Fiction and Juvenile belles letters

（3）杜威十进图书分类法

根据杜威十进图书分类法（Dewey Decimal Classification），语言（Language）属于“400 Language”大类，该大类又分为9个二级类目，具体如表8–3所示。

表8–3 《杜威十进图书分类法》中语言的分类

400 Language	410	Linguistics
	420	English & Old English languages
	430	German & related languages
	440	French & related languages
	450	Italian, Romanian, & related languages
	460	Spanish, Portuguese, Galician
	470	Latin & Italic languages
	480	Classical & modern Greek languages
	490	Other languages

（二）语言类信息资源的种类

1. 辞书

辞书是汇集与解说词语的工具书，是字典与词典的统称。

（1）字书

辞书在中国古代被统称为字书，分为形书、韵书、雅书三个系统：形书通常以部首检字法排列，也被称为文字学，以东汉许慎《说文解字》为代表；韵书通常以韵目检字法排列，也被称为音韵学，以隋朝陆法言《切韵》为代表；雅书通常以字义词义分类法排列，也被称为训诂学，以《尔雅》为代表。

（2）字典、词典和辞典

字典主要是用来汇集、解释汉字的形、音、义及其用法的工具书；词典主要是用来汇集、解释词语的意义、概念及其用法的工具书。较为知名的字典包括《康熙字典》《中华大字典》《汉语大字典》《中华字海》等。

字典和词典有着密切的联系，不可截然分开，很多字典兼收词语；词典基本都以单个汉字为词目，在解释汉字后再解释词语。二者的区别主要是侧重点有所不同，即重点释字还是重点释词。

辞典是专门收录各学科名词术语，或某一学科以及某一学科中特定方面专业术语的工具书，包括人名辞典、地名辞典、机构辞典、制度辞典、事件辞典等。常见的辞典有《辞海》《辞源》《世界知识大辞典》《外国人名辞典》《中外关系史辞典》《日本史辞典》等。

2. 古籍

（1）古籍的定义

古籍是中国古代书籍的简称，主要指书写或印刷于1912年以前具有中国古典装帧形式的书籍。一部古籍通常由封面题名、序、目录、凡例、正文、跋、卷首、卷末、附录、牌记、笺、注、疏等内容组成。

（2）古籍的分类

古籍分类是指根据古籍的知识内容及其显著的属性特征，对其进行分门别类的系统组织工作。分类既是为了查找方便，也有助于总结学术源流。

①《七略》六分法

中国最早的图书分类产生于西汉，刘歆（？—23年）编撰的《七略》将图书分为六艺略、诸子略、诗赋略、兵书略、术数略、方技略六个大类，并进一步划分为38个小类。这不仅是我国第一部综合性图书分类目录，也是世界上最早将人类知识进行系统化的创举。

六艺略：易、书、诗、礼、乐、春秋、论语、孝经、小学，共九种129家2926篇。

诸子略：儒、道、阴阳、法、名、墨、纵横、杂、农、小说，共187家4546篇。

诗赋略：屈原赋之属、陆贾赋之属、孙卿赋之属、杂赋、歌诗，共五种102家1232篇。

兵书略：权谋、形势、阴阳、技巧，共四种66家1375篇。

数术略：天文、历谱、五行、蓍龟、杂占、形法，共六种110家2157卷。

方技略：医经、经方、房中、神仙，共四种36家857卷。

②《七志》《七录》七分法

南朝宋王俭编撰《七志》，将图书分为七类：一曰经典志，纪六艺、小学、史记、杂传；二曰诸子志，纪今古诸子；三曰文翰志，纪诗赋；四曰军书志，纪兵书；五曰阴阳志，纪阴阳图纬；六曰术艺志，纪方技；七曰图谱志，纪地域及图书；其道、佛附见，合九条。

南朝梁阮孝绪所著《七录》将图书也分为七类：一曰经典录，纪六艺；二曰记传录，纪史传；三曰子兵录，纪子书、兵书；四曰文集录，纪诗赋；五曰术技录，纪数术；六曰佛法录；七曰仙道录。《七录》上承《七略》，下启《隋书·经籍志》，对后世产生了较大的影响。

③ 四分法

起源于魏晋之际，晋荀勖的《中经新簿》将图书分为甲（经）、乙（子）、丙（史）、丁（集）四部，李充编制的《晋元帝四部书目》更换了乙、丙部的图书，正式确立了四分法的顺序。自唐之后，中国历代多使用经、史、子、集四部分类法编制。新中国成立后编制的《中国古籍善本目录》分为经、史、子、集、丛五部，本质上仍属于四部分类法。

3. 语料库

（1）语料库的定义

顾名思义，语料库（Corpus）是指存放语言材料的仓库。现代意义上的语料库指以语言学目的设计建设的，放在计算机中的原始语料文本或经过加工后带有语言学信息标注的语料文本集合。

语料库其实就是数据库技术在语言学中的应用，主要体现在对语言材料的加工和处理两个方面。数据库所具备的强大数据定义功能不仅为语言材料的存储提供了可能，还帮助语言学研究者通过定义的语言材料对海量的语料进行加工和处理。

需要注意的是，语料库中存放的必须是实际使用过程中真实出现的语言材料；必须以计算机作为必要的载体；语言材料在经过分析、处理和加工之后才能发挥作用。

（2）语料库的分类

按照收集语料的种类多少划分，可以分为单语语料库、双语语料库和多语语料库。单语语料库指只收集一种语言的语料库，双语语料库指收集两种语言文本的语料库，多语语料库指收集两种以上语言文本的语料库。

双语和多语语料库又可以进一步划分为平行语料库、类比语料库和翻译语料库三类。平行语料库（也称对应语料库），由原文及其对应的译文文本构成，可以是段落、句子或词语三种级别的对应关系；类别语料库由同一语言不同变体的文本或不同语言的文本构成；翻译语料库是由具有翻译关系的不同语言文本构成，仅在篇章层面上存在对应关系。

按用途划分，可以分为专用语料库和通用语料库。

按是否母语划分，可以分为母语语料库和外语学习者语料库。

（3）语料库语言学

语言学研究者在语料库的基础上开展相关的语言学研究，“语料库语言学（Corpus Linguistics）”由此产生。语料库语言学不属于语言自身某个方面的研究，而是一种基于语料库的语言研究方法。它实际上包含两个层面的内容：其一是对自然语料进行加工和标注；其二是用已经标注好的语料进行相关研究和应用开发。

4. 互联网资源

（1）语言学专业网站

互联网上的语言学信息资源非常丰富，其中一个重要类别就是语言学专业网站，包括提供语言学课程的网站、语言学研究机构的主页、语言学综合网站、著名语言学家的个人主页、语言类博客等。

（2）在线工具书

目前，很多字典、词典等工具书都有了网络版本，用户不需要翻阅纸本工具书，直接上网就可以查询，如《说文解字》《康熙字典》《汉语大词典》《成语词典》《牛津英语词典》《柯林斯英语词典》《韦氏大词典》等。

二、主要的语言类数据库

（一）中文数据库

1. 新东方多媒体学习库

（1）数据库介绍

新东方多媒体学习库[①]是新东方教育科技集团旗下的全资子公司——新东方迅程网络科技有限公司于2000年推出的集网络课堂、教学管理平台、多媒体互动平台为一体的“一站式”综合学习平台，致力于为广大用户提供个性化、互动化、智能化的卓越在线学习体验。它凝聚了新东方学校多年的教学精华，结合网络的特点，对新东方传统教学的课程内容进行了有机整合，其授课内容及用户的学习效果与新东方面授课堂类似。

图8–1　新东方多媒体学习库首页

新东方多媒体学习库在线拥有400多门精品课程，分为应用外语类，国内考试类，

① http://library.koolearn.com/

出国考试类，实用技能类四个专辑，包含CET4、CET6 、TOEFL、GRE、GMAT、研究生入学考试留学考试、学历考试、英语充电、职业教育、求职指导、计算机应用以及德语、法语、日语、韩语、西班牙语等多语种课程，共计22398余课时。

（2）系统功能

① 浏览

数据库将受众分为幼儿、少儿、初中、高中、大学、在职群体，不同群体可选择相关类别的课程进行浏览。以大学类为例，点击“大学”模块，可以看到该模块细分为英语四级、英语六级、托福、雅思等更为详细的课程类别，如图8–2所示，有助于帮助用户精准定位资源。

图8–2 浏览功能

② 检索

目前，数据库提供简单检索功能，用户在首页右上方的检索框中输入检索词即可实现快速检索，如图8–3所示。

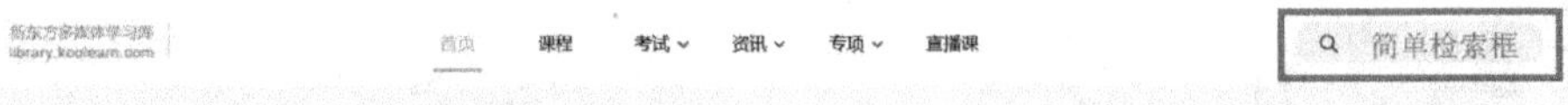

图8–3 检索功能

③ 在线考试

点击导航工具栏中的“考试”下拉菜单，选择“大学”或“在职”。以大学考试为例，在线考试页面如图8–4所示。从“每日一测”和“试题精选”模块中选择想要参加的考试，点击“开始考试”即可在线答题。

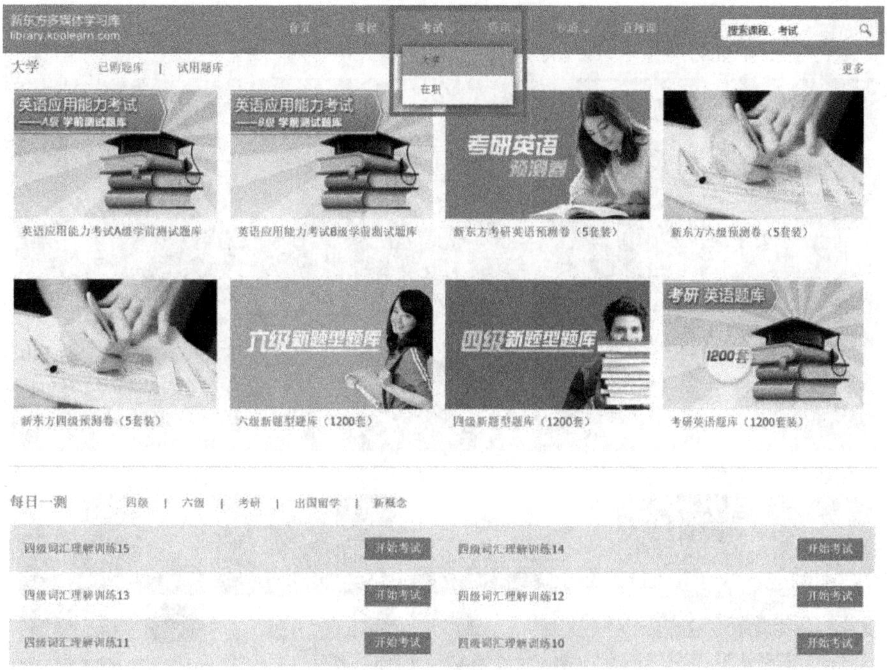

图8-4　在线考试功能

④ 个性化功能

注册并登录的个人用户所进行的学习行为都会被个人中心记录，方便用户下次登录时继续学习。此外，用户还可以收藏个人感兴趣的课程和考试。

2. FIF 外语学习资源库

（1）数据库介绍

FIF 外语学习资源库[①]（原 iLearning 外语自主学习资源库）是由外研讯飞出品的新一代富媒体、多语种外语学习产品，在 iLearning 外语自主学习资源库基础上增加了口语训练营和阅享电子书模块，新的内容，新的技术，新的界面，带给读者新的外语学习体验。

该数据库整合国内外海量优质外语学习资源，为广大外语学习者提供一站式在线学习体验，是图书馆与高校外语院系首选的外语学习数字产品之一。数据库的优势在于：拥有先进的口语训练模块；双语电子图书实现了多终端同步和中英文自由切换；所有外研社出版的高校外语教材都配有相应学习资源；个人中心能够精准记录学习轨迹并做出相应分析。

① http://lib.fifedu.com/

图8–5　FIF外语学习资源库首页

（2）主要内容

FIF外语学习资源库主要包括以下模块。

① 口语训练营。该模块包含十大场景、几十门课程，让学习者轻松掌握海外生存必备口语；轻松的电台DJ风格为学习者讲解语言知识、文化知识以及交际策略；还有主流口语训练题型帮助学习者轻松搞定英语口语。

② 阅享电子书。该模块包含3000余册原版、双语精品图书，多屏同步适配，中英无障碍切换，提升阅读体验，还可以实现手机端、Pad、PC机多终端同步，畅想阅读体验。

③ 视听练兵场。该模块包含国际媒体精品（BBC、VOA、ITN、ECL、TED）、演讲辩论集萃、影视共赏等内容，帮助学习者在语境中掌握表达和学习文化知识。

④ 在线课程库。该模块涵盖综合英语课程、通识英语课程、职业英语课程、经典课程、雅思考试课程，专为自主学习精心设计。

⑤ 玩转多语种。该模块覆盖日语、德语、法语、西班牙语、意大利语、俄语、韩语、越南语等十几个语种，既有语音零基础入门进阶，又有跨文化交际课程，生动有趣。

⑥ 考试·留学。该模块包括托福课程、雅思课程、四六级课程、语法词汇课程等

内容，逐题精讲，各个击破。

⑦ 考试竞技场。内容包括英语四级、英语六级、专业四级、专业八级、PETS、PRETCO 的标准化在线考试流程，还有听、说、读、写、译等专项技能的在线训练。

（3）系统功能

① 浏览

数据库页面上方的菜单工具栏显示了资源库的各个模块，鼠标点击某个模块，即可看到下拉菜单中该模块的进一步分类。以“在线课程库”模块为例，如图 8-6 所示，点击具体的类目就可以浏览该类目所包含的所有内容。

图 8-6　浏览功能

② 检索

目前，数据库提供简单检索功能，用户在首页右上方的检索框中输入检索词即可实现快速检索，如图 8-7 所示。

图 8-7　简单检索功能

③ 资源推荐

数据库首页的“热门排行”“最新课程”以及“今日推荐”模块，起到了资源推荐的功能，便于用户及时了解最受关注以及最新入库的资源，如图8–8所示。

图8–8　资源推荐功能

3. 广益多媒体外语学习平台

（1）数据库介绍

广益多媒体外语原版学习平台[①]（原宝成多媒体外语学习平台）是外语听、说、读、写、译自主学习的智能平台，以了解各国社科百态、学习语言文化、提升外语综合运用能力为目的，将信息化技术、多媒体技术和语言学习有机的结合起来，开创网络环境下的外语自主学习新模式，促进外语综合应用能力、听说能力的提高。提供英语、法语、泰语、越南语、阿拉伯语等原版音视频节目，以最知名、最广泛的原版外语视听节目为基础，提高学习者的外语综合能力；国内唯一的节目和国际播出同步，每天更新，让读者获得独一无二的国际动态信息渠道。

广益多媒体外语学习平台的学习内容题材丰富、有趣，涵盖从专业领域到日常生活，从社会到文化生活，从音乐电影到体育娱乐，涉及时事风潮、科技新知、户外生活、工作生涯、健康专栏、名人小传、美式生活等，紧追时事，包罗万象，无所不

① http://english.lmcki.net/

及。不仅满足用户的学习需要，更帮助用户开阔视野，增广见识，紧贴潮流。

图8-9　广益多媒体外语学习平台首页

（2）系统功能

① 浏览

• 按听力材料特点浏览

数据库页面上方菜单工具栏上，将英语听力材料分为常速、慢速（二者在朗读速度、词汇量、词汇难度方面有所区别）和包含中文字幕的英语，用户可根据需要点击不同类别进行浏览，如图8–10所示。

图8–10　浏览功能

• 按内容分类浏览

菜单工具栏下面列出了数据库所有资源的分类，包括科技前沿、经济财经、社会风潮、娱乐旅游、文化教育、体育江湖、风云人物、深度报道、国际政治、广告基金、商业管理、其他。用户可选择感兴趣的类别浏览相应资源。

② 检索

• 简单检索

平台为用户提供了简单检索功能，在检索框中输入检索词后点击检索按钮即可。用户可以对资源的分类、来源和发布日期进行限定，如图8–11所示。

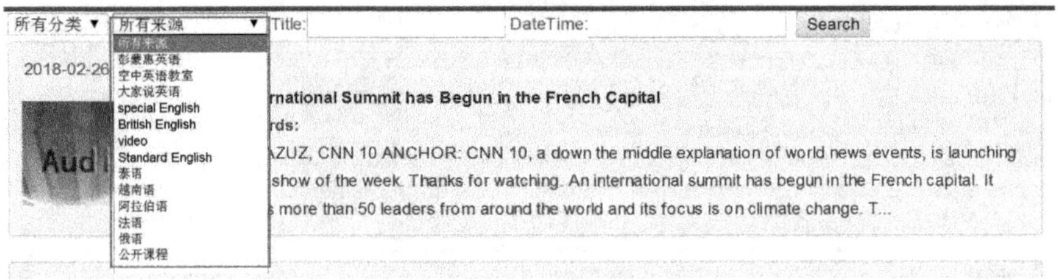

图8–11　简单检索

• 内容日期检索

用户在了解资源发布日期的情况下，可以直接在页面左侧选择该日期，即可看到本日发布的所有资源，如图8–12所示。

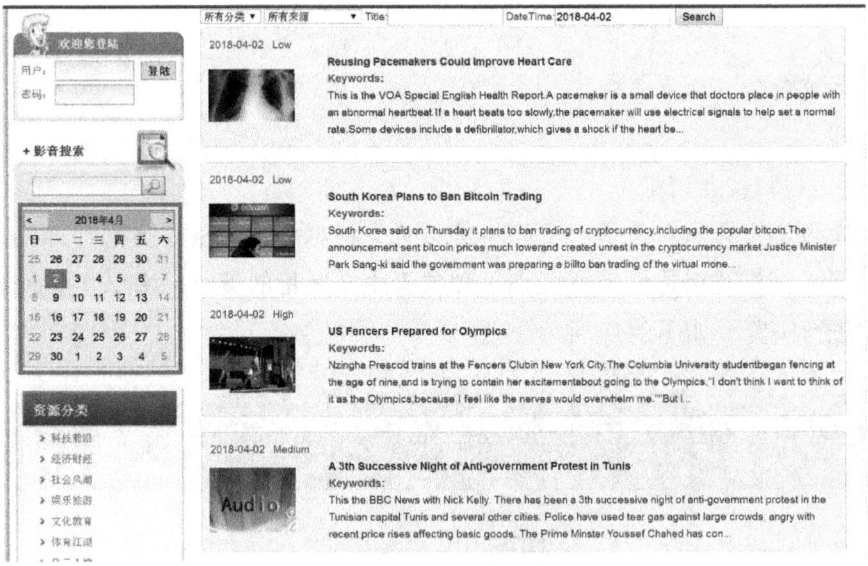

图8–12　内容日期检索

③ 播放

用户浏览或检索到相应资源后，点击视频节目的画面，或者视频和音频的主题即可打开节目的播放页面。节目在播放过程中，所悬挂的字幕与节目同步，播放中的每段语音都在字幕上用红色显示。

（二）外文数据库

1. ECCO 18世纪文献在线

（1）数据库介绍

18世纪文献在线（Eighteenth Century Collection Online，ECCO）是Gale公司[①]制作的18世纪文献作品的在线全文数据库，收录了1701—1800年在英国出版的图书和在美国和英联邦出版的非英文书籍，通过ECCO，可以对整个18世纪的各个领域进行全面的了解和掌握。ECCO系列数据库包括ECCO I和ECCO II两个子库。

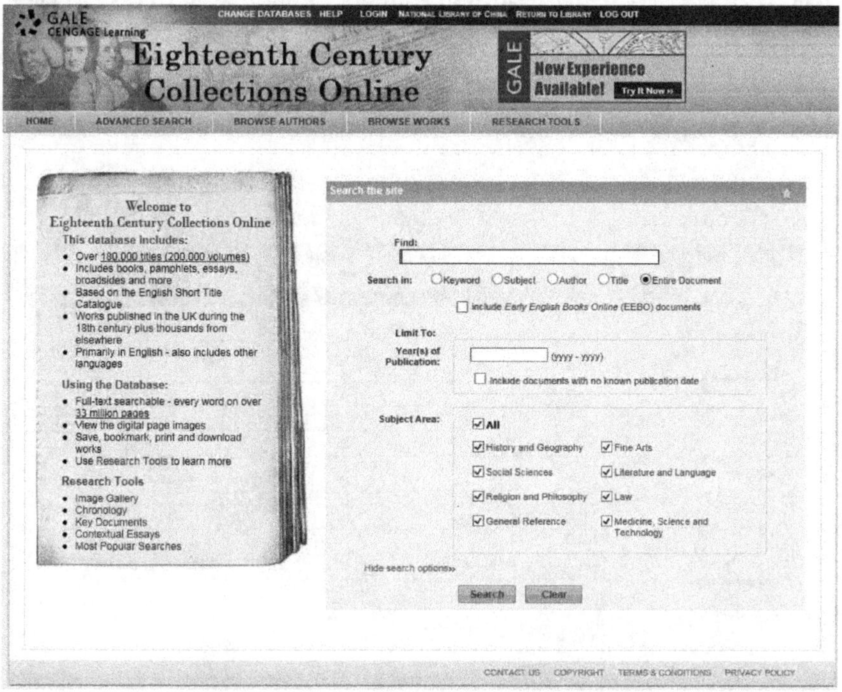

图8–13　ECCO 18世纪文献在线首页

（2）主要内容

数据库收录了英国及其殖民地出版的图书，涵盖英语、法语、德语、西班牙语、拉丁文等多个语种，及大量重要的美国出版物。

ECCO I子库包含13.8万种15万卷图书，超过3000万页的内容，涵盖了历史、地理、

① https://www.gale.com/

法律、文学、语言、参考书、宗教哲学、社会科学及艺术、科学技术及医学等领域。包含大量清晰图片以及有关中国的内容，例如原版《罗密欧与朱丽叶》，亚当·斯密的《国富论》原文，古代中国版图以及乾隆肖像等。所有的书籍均含有电子目录及插图列表，都可以下载成 PDF 格式进行保存，每篇文章都可以进行真正意义上的全文检索。

ECCO II 子库收录约5万种著作，超过700万页信息，全部是来自大英图书馆、牛津大学、哈佛大学、美国国会图书馆、苏格兰国家图书馆、爱尔兰国家图书馆、威尔士国家图书馆等世界各地图书馆的珍贵典藏。

（3）系统功能

① 浏览

• 按作者姓名浏览

点击页面上方菜单工具栏的“Browse Authors”，即进入按作者姓名首字母浏览页面，如图8–14所示。

图8–14　按作者姓名浏览

• 按作品名称浏览

点击页面上方菜单工具栏的“Browse Works”，即进入按作品名称首字母浏览页面，如图8–15所示。

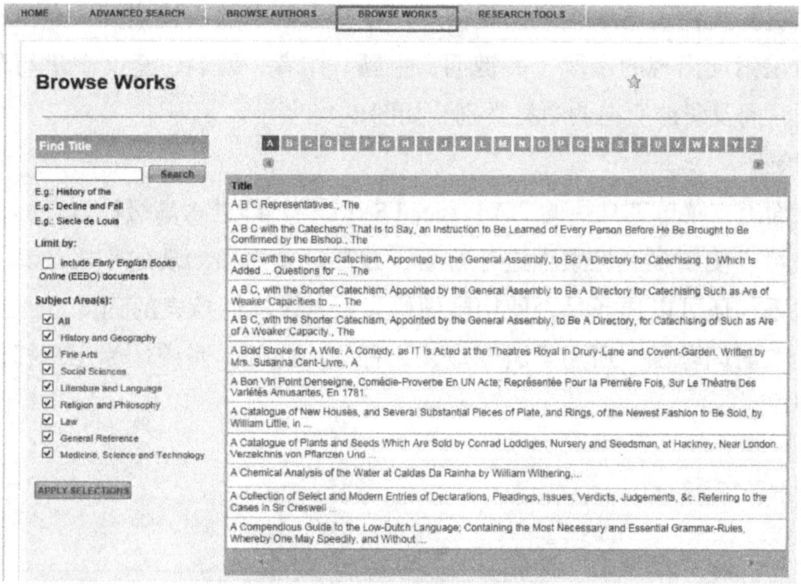

图 8–15　按作品名称浏览

② 检索

• 简单检索

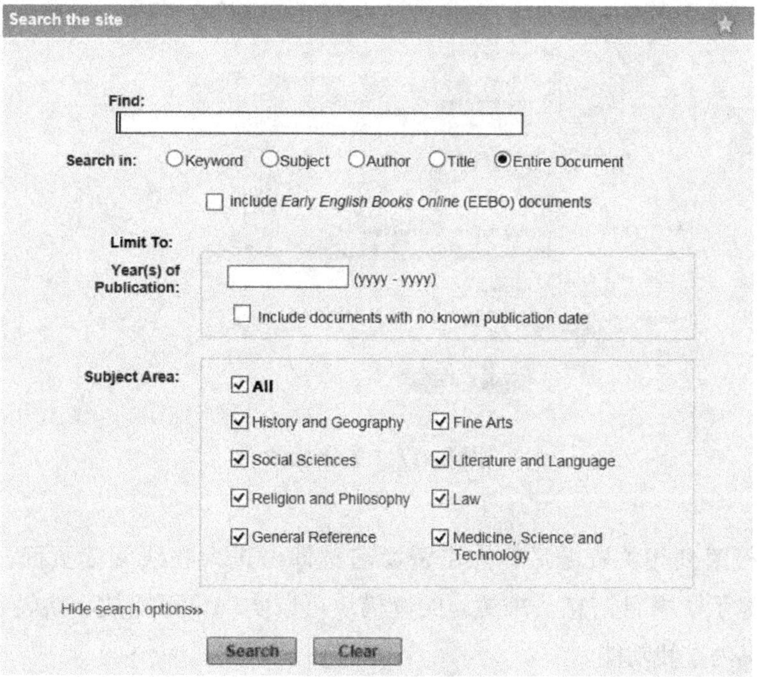

图 8–16　简单检索

数据库首页提供了简单检索模块，用户在检索框中输入检索词，点击检索按钮即可。可以对检索词出现的字段（关键词、主题、作者、题名、全文）进行限定，还可以限定出版时间及资源所在的学科类别，如图8–16所示。

• 高级检索

点击页面上方菜单工具栏的“Advanced Search”，即进入高级检索页面，如图8–17所示。用户可以使用多个检索项进行检索，并限定检索项出现的字段及其相互之间的布尔逻辑关系；还可以选择是否使用模糊检索，以及模糊检索的程度（低、中、高）；能够选择出版时间范围、所属学科专业、语种等。此外，系统还为用户提供了一些检索技巧及建议。

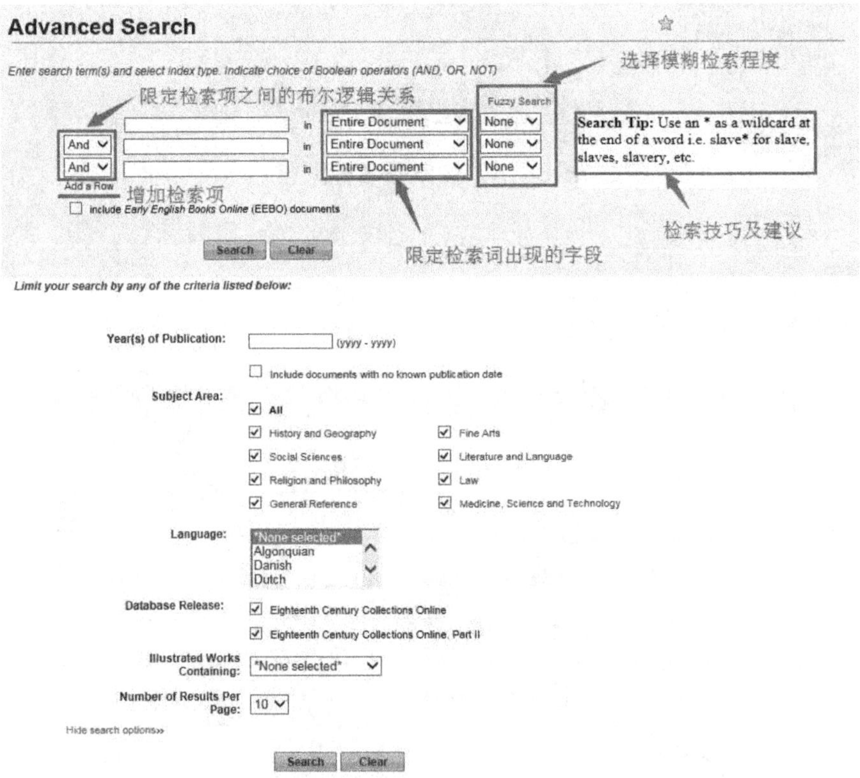

图8–17　高级检索

③ 阅读

浏览或检索到相关资源后，点击资源名称即可进入在线阅读页面，如图8–18所示。该页面显示了书目信息及来源，阅读模块可以实现页面缩放、跳转、最大化、添加书签以及书内查找功能。

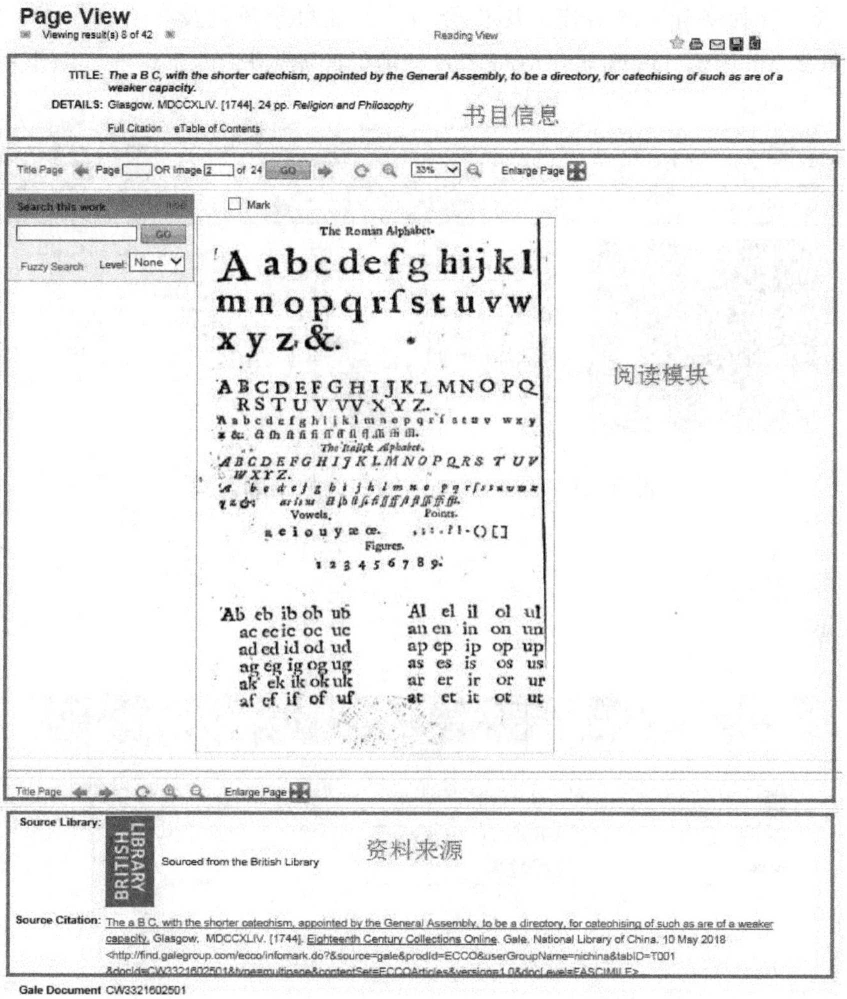

图8–18 阅读功能

2. 早期英文书籍在线

（1）数据库介绍

早期英文书籍在线（Early English Books Online，EEBO）[①] 是由密歇根大学、牛津大学和 ProQuest Information and Learning 公司合作开发并于1999年推出的在线全文数据库，旨在再现1473—1700年英国及其殖民地所有纸本出版物，以及这一时期世界上其他地区的纸本英文出版物。

该数据库的学科领域涵盖英国文学、语言学、历史、哲学、神学、音乐、美术、教育、数学和科学。该数据库收录12.5万余种著作，包括许多名家（例如莎士比亚、

① http://eebo.chadwyck.com/home

培根、牛顿、伽利略等）的著作，历史资料（例如皇家条例及布告、军事、宗教和其他公共文件等），年鉴，印刷品，单行本及其他的原始资料。

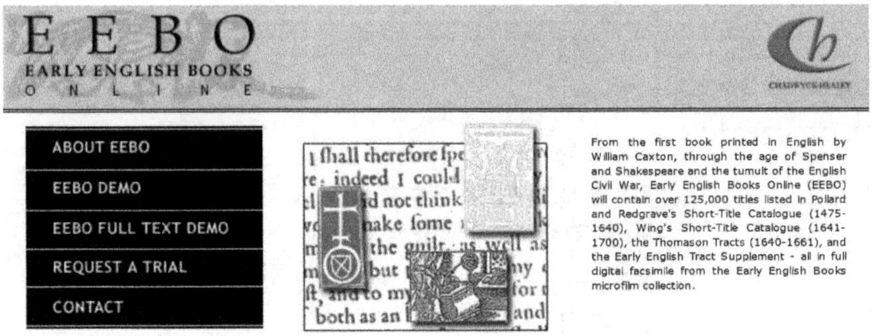

图8–19　早期英文书籍在线数据库首页

（2）系统功能

① 浏览

图8–20　浏览功能

用户可通过作者（Authors）、期刊（Periodicals）和小册子 / 报纸 / 手稿（Thomson Tract）三种方式浏览数据库内容，如图8–20所示。其中作者浏览可输入作者姓氏全称或通过字母 A–Z 浏览，期刊浏览可选择年代和月份查看，小册子 / 报纸 / 手稿浏览可点击各类别（English Tracts、Broadsides、Manuscripts）下的卷号。

② 检索

系统提供了基本检索（Basic Search）、高级检索（Advance Search）和期刊检索（Periodicals Search）三种检索方式。

• 基本检索

基本检索提供关键词、作者关键词、题名关键词、主题关键词（Subject Keyword）、书目号（Bibliographic Number）等检索项，还可通过日期（Limit By Date）、内容限定（Limit To）、结果显示数量（Display）等限定检索条件。除自己输入检索词外，用户还可以从系统提供的列表中选择更加规范的检索词，如图8–21所示。

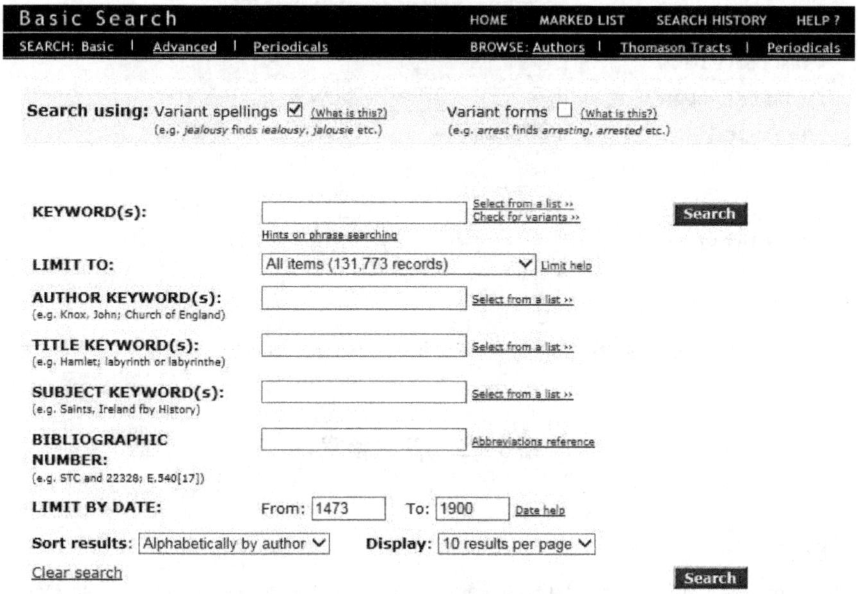

图8–21　基本检索

• 高级检索

检索字段有关键词、作者关键词、题名关键词、主题关键词、书目号、出版信息（Imprint）、缩微胶片卷号及位置（Reel Position）、来源图书馆（Source Library），还可通过日期、语种（Language）、来源国（Country Of Origin）、内容限定、结果显示数量等限定检索条件，如图8–22所示。

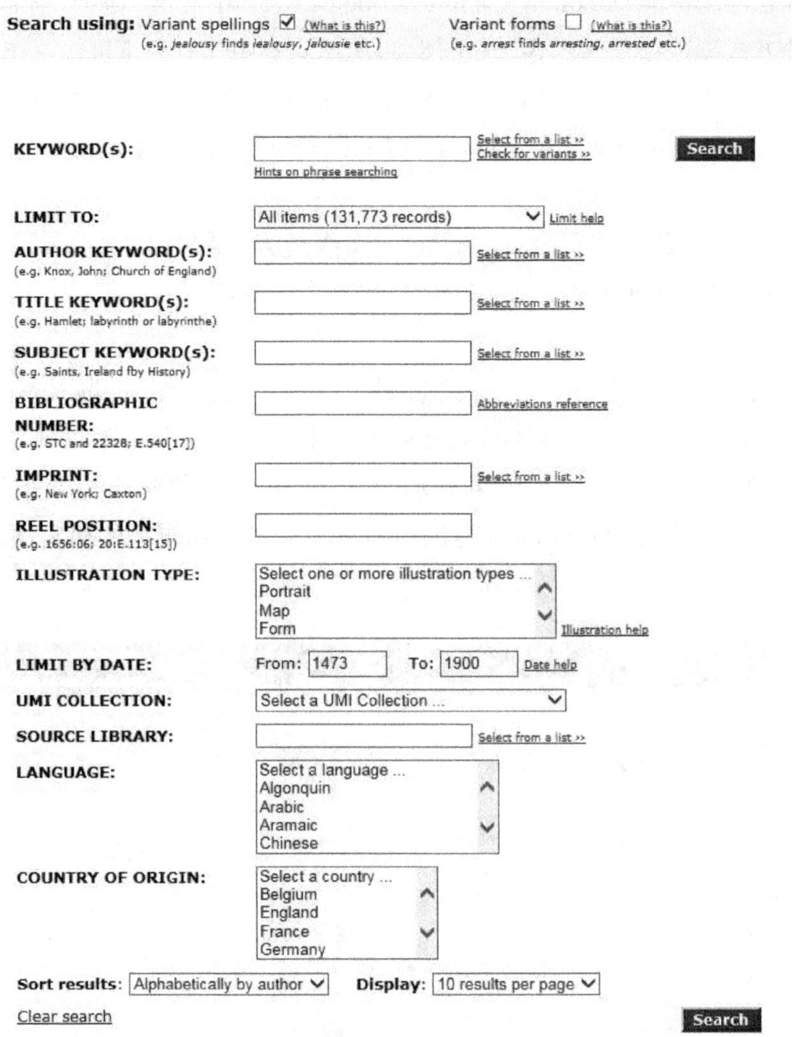

图8–22 高级检索

• 期刊检索

检索字段有关键词、作者/编者关键词、题名关键词、书目号、出版信息、缩微胶片卷号及位置，还可通过日期（Date）、图片类型（Illustration Type）等限定检索条件，如图8–23所示。

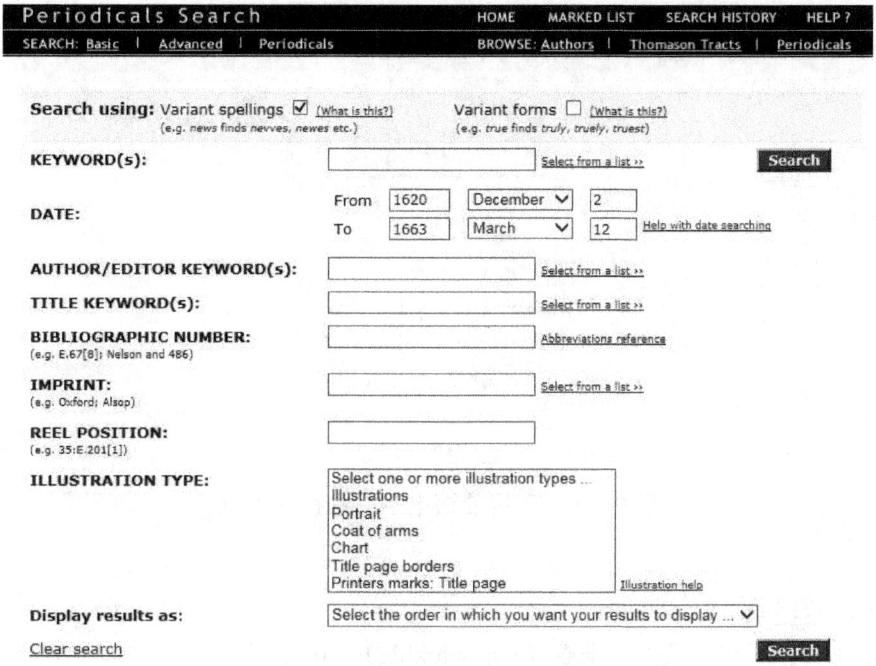

图8–23　期刊检索

③ 检索结果处理

排序——检索结果可以按照作者字顺、题名字顺、出版日期远近等顺序进行排序。

检索结果导出——检索结果可保存为文本格式文档；也可直接导出到 EndNote、ProCite、Reference Manager 和 RefWorks 等参考文献管理工具。

浏览方式选择——可以选择检索结果浏览方式，如文档图像（document image）、PDF 等。

3. 阿拉伯语电子书数据库

（1）数据库介绍

East View① 公司提供的阿拉伯语电子书共收录来自埃及与其他国家和地区的1400多位作者、非政府组织、出版社与杂志社的12000多种阿拉伯语电子书，同时也不断有新的合作伙伴加入，书目数量不断增加。数据库包括第1辑：现代埃及图书典藏、第2辑：现代阿拉伯文艺复兴和第3辑：阿拉伯领导人、历史学家与哲学家著作三个子库。所收录的内容绝大部分为阿拉伯语，提供阿拉伯语和英语双语检索界面，还可通过阿拉伯语软键盘输入阿拉伯语，将经典的与现代的阿拉伯语著作完美地展现在读者面前。

① https://dlib.eastview.com/

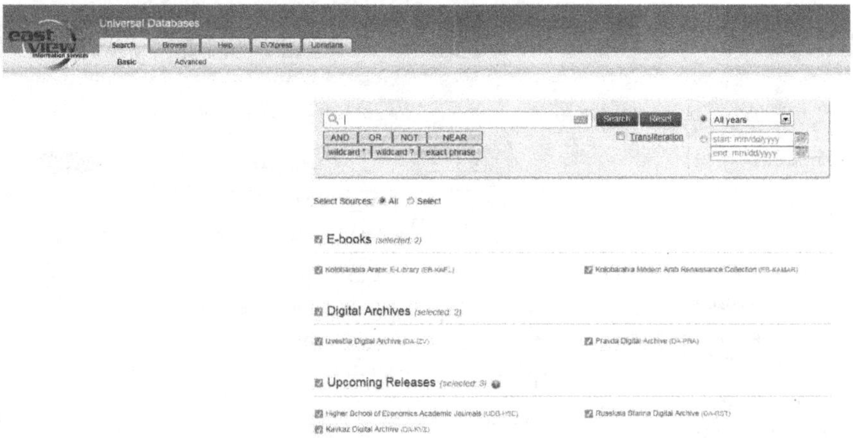

图8–24 阿拉伯语电子书数据库首页

（2）主要内容

① 第1辑：现代埃及图书典藏（Kotobarabia E-Library）

该子库主要收录了来自埃及的作品并不断增加其他国家与地区的图书，其中超过80%的图书是难以订到的，甚至是珍稀印本。图书数量近4000种。所涉及的主题包括：政治、文学、健康、媒体、心理学、科学、社会学、哲学、经济学、哲学与神学、历史、艺术、家政学、法律、伊斯兰遗产、语言、学习与教育、文明社会、技术与信息、报纸与杂志、文化、剧院、伊斯兰教、图书馆、基督教、热点话题、趣闻、企业管理、地理学与地质学等。

② 第2辑：现代阿拉伯文艺复兴（Kotobarabia Modern Arab Renaissance Collection）

该子库内容包括从1820—1914年整个伊斯兰国家出版的图书，并主要集中于埃及与叙利亚等热点地区。近3000种图书涵盖了人文科学与自然科学领域，包括哲学、神学、文学、艺术、历史和政治学等相关学科的著作。

③ 第3辑：阿拉伯领导人、历史学家与哲学家著作（Kotobarabia Arab Leaders, Historians and Philosophers Collection）

该子库汇聚了来自众多领域的著名阿拉伯作家的早期作品，例如女权主义和社会理论，古典文学，历史和科学等；内容包括逊尼教派第四任伊玛目和现代阿拉伯启蒙运动作者的作品，以及前埃及皇室的罕见作品。共收录约5000册图书，包括一些从未发表过的来自许多伟大阿拉伯科学家与教师的作品；以及著名阿拉伯思想家、哲学家、历史学家、政治家与神学家的经典阿拉伯思想著作。

（3）系统功能

本部分以第1辑：现代埃及图书典藏子库为例，介绍数据库的系统功能。

①浏览

子库首页左侧是资源浏览模块，也可以称为资源筛选模块。用户可以按照资源主题类别（教育、艺术、语言文学、法律、政治学、社会科学）、出版商、出版年浏览相应资源。页面右上方部分可以设置资源显示方式，包括每页显示数量（10、20、40、100个）、排序方法以及页面布局，如图 8–25 所示。

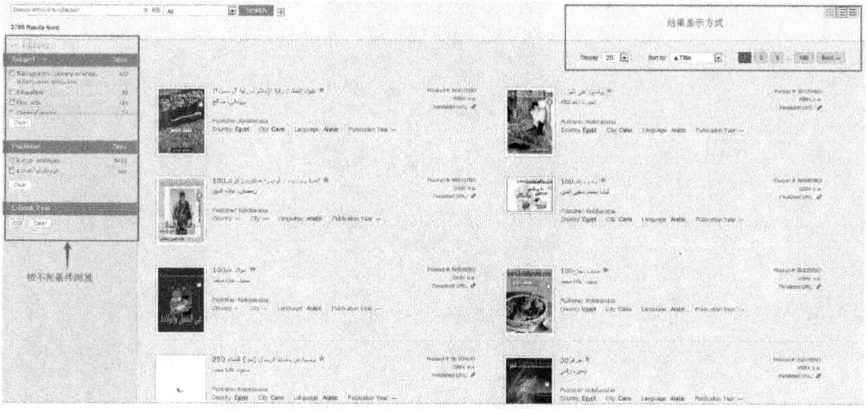

图 8–25　浏览功能

② 检索

• 高级检索

数据库为用户提供了高级检索功能，允许用户增加或减少检索项，并选择检索词之间的布尔逻辑关系，可以限定检索词出现的字段（全文、题名、出版商、作者、ISBN 号等），如图 8–26 所示。

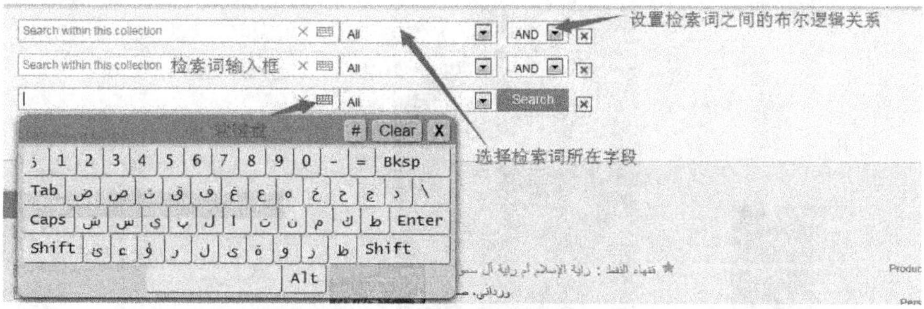

图 8–26　高级检索

• 音译检索

音译检索主要用于处理小语种资源的检索活动。该功能下，用户应按照美国国会图书馆的音译系统（ALA-LC Romanization Tables）[1] 操作。以俄语为例，俄语字母与罗马字符的对应关系如图8–27所示，要检索与“Российская национальная библиотека”有关的资源，只需输入“Rossii’skaia natsional’naia biblioteka”即可。

Russian Transliteration Table

а	a	р	r
б	b	с	s
в	v	т	t
г	g	у	u
д	d	ф	f
е	e	х	kh
ж	zh	ц	ts
з	z	ч	ch
и	i	ш	sh
й	i	щ	shch
к	k	ъ	"
л	l	ы	y
м	m	ь	'
н	n	э	e
о	o	ю	iu
п	p	я	ia

图8–27　俄语字母与罗马字符对照表

③ 阅读

浏览或检索到相应资源后，点击图书示例图片显示的“Show Details”可以查看图书的详细书目信息，如图8–28所示。

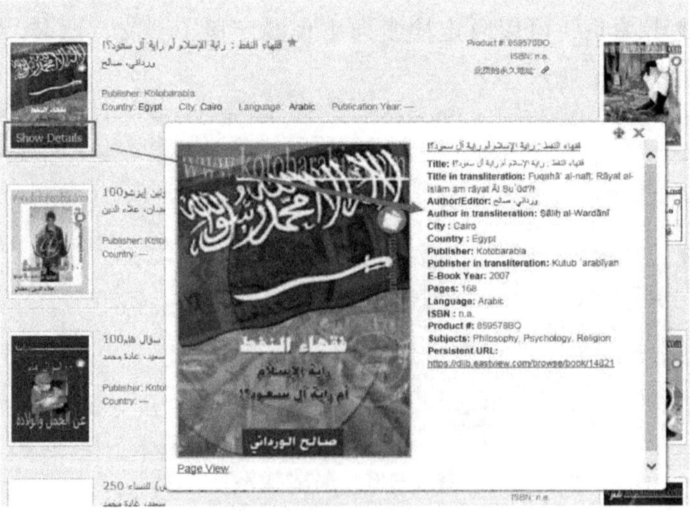

图8–28　显示详细书目信息

① http://lcweb.loc.gov/catdir/cpso/roman.html

点击示例图片或书名即可进入图书在线阅读界面，如图 8–29 所示。用户可以选择页面显示方式，缩放页面大小，跳转到某一个页，或进行书内检索。

图 8–29　阅读功能

（三）其他语言类相关数据库

1. 外国语言文学研究论文数据库

“外国语言文学研究论文数据库”[①] 是由上海外语教育出版社全力打造，面向各大院校、外语院系、图书馆以及外语教育专业的读者的一个专业检索平台，也是国内第一个外国语言文学研究论文数据库。

该库收录了新中国成立至今国内 1000 余种报刊和研究文集中外语研究论文的篇目信息，篇目信息不断更新。论文篇目涉及英、俄、日、德、法、西六大语种。每条记录均包含语种、论文标题、论文作者、发表刊物、年卷 / 期数、页码和类别七个字段。根据论文的性质，按照语种将所有记录归入 9 个大类 50 余个小类中。

数据库提供简单检索、高级检索、二次检索以及专业检索四种检索功能。检索功能强大，操作简便，用户可以根据自身需求，灵活选择单项或者组合的形式对论文进行检索。检索结果可以收藏、打印、导出、发送至邮箱、导入参考文献管理软件。在线工具，用户根据提示，输入自己的资料，平台自动生成符合 APA 或 MLA 标准的参考文献内容。

---

① http://research.sflep.com/index.aspx

2. 外研社外语资源库

外研社外语资源库[①]以北京外国语大学雄厚的外语教学资源为依托，精选外研社30年优质外语学习资源，囊括BBC、ITN等海外著名媒体的精彩原版音视频资源，为教师及学生提供阅读、练习、考试、教学视频、多媒体课件及自测为一体的全面解决方案。

资源库主要设有以下几个模块。

外语文库——收录了外研社出版的各语种精品图书，主要包括外国文学丛书、国外语言学和翻译丛书、外语教育和教学学术丛书、文化和人文丛书、实用和应试丛书、多语种图书、外语期刊等。

双语视频——精选BBC精彩原版视频资源，题材广泛，并针对视频中的生词、短语、内容梗概、学习难点等，配套大量助学内容。

多语种资源——包括日语、德语、法语、俄语、西班牙语、意大利语、韩语、越南语等语种，课程从基础开始逐渐引入初级语法现象和简单日常会话，并将语音、文字、动画、音乐融于一体，使学习变得简单高效。

教学课件——教学课件包括大学英语、英语专业、高职高专英语、研究生英语、大学专业英语以及成人教育英语类的教材与课程的PPT格式的课件内容。

此外，还有考试中心、多媒体课堂等项目。

3. Gale 语言类数据库

（1）数据库介绍

Gale集团是全球最大、最权威的参考书出版商，多年来在出版人文社科工具书、文学传记工具书以及机构名录方面颇具权威性，并以其精确、权威的参考书内容及全文报刊杂志的智能化集成闻名全球。Gale系列数据库的核心内容来自于该集团多年来独家出版的众多参考书系列。这些参考书系列中的参考资料被公认为世界相应学科领域（文学、历史、商业、人物传记等）中最权威、最全面的参考资料，很多资料为Gale集团所独有。

Gale集团出版的数据库主要包括文学资料中心（Literature Research Center）、传记和家谱总索引（Biography and Genealogy Master Index）、市场与技术展望数据库（Predicast Overview of Markets and Technology, PROMT）、相反观点资源中心（Opposing Viewpoints In Context）、18世纪作品在线（Eighteenth Century Collection Online）、现代语言协会国际书目（MLA International Bibliography）、泰晤士报数字档案（The Times Digital Archive）、文学发现系统（LitFinder）等。

---

① http://lib.fifedu.com/

（2）文学资料中心（Literature Research Center）

文学资料中心数据库是Gale集团在线数据库的旗舰产品，很多内容极其珍贵，堪称全球最好的文学数据库，囊括了Gale集团50年来最引以为荣的著名纸本系列文学参考书，如《当代文学评论》(Contemporary Literary Criticism)、《莎士比亚评论》(Shakespearean Criticism)、《戏剧评论》(Drama Criticism)、《诗歌评论》(Poetry Criticism）等。

数据库收录了各个时代各个文学流派的15万名作家传记，每年新增作家3000—4000名；5000篇作品概述与情节摘要；6 5000篇文学评论；500种文学学术期刊中的100万篇全文文章和1万多条文学术语定义；还链接了6000多个经过专家挑选的网站和现代语言协会（MLA）的国际书目信息，从中可以获取200余万条书目索引信息。这些内容在相应文学分支中是最为权威的参考资料。

（3）现代语言协会国际书目

现代语言协会国际书目（MLA International Bibliography）目前收录现代语言、文学、语言学、民俗学等学科相关文献及期刊文章，是最具代表性的书目数据库之一。收录自1926年至今的图书、论文集、会议论文、学位论文、期刊论文、录音数据、缩影数据、附有评论的文学作品及翻译作品等书目数据。

（4）西班牙语及葡萄牙语学术数据库

西班牙语及葡萄牙语学术数据库（Informe Académico）向用户提供了精心挑选的西班牙语及葡萄牙语学术类全文期刊（含少量关于拉美的英语期刊）共991种。在这些期刊文献中，全文无滞后期刊819种，同行评审期刊458种，西语期刊777种，葡语期刊138种，英语期刊76种。数据库提供多种检索方式，便于用户有效查找所需的文献资源。

（5）文学发现系统

文学发现系统（LitFinder）向用户提供丰富的原始文学作品资源，内容涵盖所有文学时期的大量各种类型的文学作品——140000 篇全文诗歌，800000 段诗歌引文及摘录，7100篇全文短篇故事及小说，3800篇全文文章，2000 篇全文演讲稿件，1700 篇全文戏剧等内容。同时提供人物传记、作品概述及相关图片。数据库可用多种搜索形式进行准确内容定位：关键词，作家及作品搜索，主题搜索，题目搜索，按时间搜索，按作家国籍、性别等信息进行搜索。

4. 德古意特语言学文学期刊全文数据库

德国德古意特出版社[①]（De Gruyter）是全球最大的德语人文社科类出版社，拥有

---

① https://www.degruyter.com/

260多年的悠久历史，总部位于德国首都柏林，在语言学出版领域居于全球领先地位。

德古意特语言学文学期刊全文数据库由德古意特出版社（De Gruyter）推出，收录可在线访问的高品质同行评审期刊，语种为英语和德语，学科主要覆盖语言学与记号语言学（Linguistics and Semiotics）和文学研究（Literary Studies）等领域及其分支领域。

数据库收录的许多期刊均是在领域内最知名的学术期刊，例如：

• *Applied Linguistics Review*（《应用语言学评论》）：汇集对语言学各方面探讨的最新理论研究成果；

• *Linguistics*（《语言学》）：广泛收录语言学各种应用与分支领域的研究论文；

• *Zeitschrift für germanistischeLinguistik*（《德语语言学杂志》）：研究德语的今与昔，论述其发展变化；

• *Zeitschrift für AngewandteLinguistik*（《德语应用语言学期刊》）：全面覆盖语言学研究方法与理论、跨文化研究等研究领域；

• *Arbitrium*（《评判》）：德国文学评论杂志；

• *Germanistik*（《日耳曼语言文学》）：刊载日耳曼语言文学领域的文献题录；

• *The Journal of Literary Theory*（《文学理论杂志》）：针对文学理论研究与方法进行深入探讨；

• *Arcadia:International Journal of Literary Culture*（《阿卡狄亚：文学文化国际杂志》）：收录多元文化与文学理论研究的深度评述论文。

5. 美国现代语言协会国际书目数据库

美国现代语言协会国际书目数据库①（MLA International Bibliography）由美国现代语言协会创建，提供美国语言学题录信息及国际性语言学题录信息，涉及现代语言、文学、民俗学和语言学等专题，收录1926年以来逾4400种期刊文献及1000多家出版商出版的图书信息，共计逾280万条文献记录，文献内容覆盖语言、文学、民俗学、语言学、文学理论、文学批评、图书史、修辞学、写作、语言教育和戏剧艺术等研究领域。文献共涉及60多种语言，以英文为主，还包含多种语言如法文、西班牙文、德文、俄罗斯、葡萄牙，挪威语和瑞典语等非英语语言，每年更新9次，年新增记录超过6.5万条。

6. 英语文学在线

英语文学在线②（Literature Online, LION）是由美国Proquest公司推出的全文数据库，是英语文学领域最权威、最全面的学术资源数据库，也是互联网最早出现的英美文学网站，向全世界的研究人员与学生提供英美文学作品与评论的检索工具。该数据库收录了公元8世纪至今超过35万部英文诗歌、小说和戏剧作品，400多种英美文学期

① https://www.ebsco.com/products/research-databases/mla-international-bibliography

② https://literature.proquest.com/

刊全文和英语语言文学年度书目（ABELL）中的书目信息，以及文学评论、参考工具书、多媒体资源，还有1000多部个人作品。此外，还链接了3580多个经过严格挑选的英美文学网站。

其主要内容包括：

英文原著——收录公元8世纪以来，世界著名诗人的逾35万首诗歌原作；13世纪晚期至20世纪初叶，超过6000出英国戏剧与美国戏剧；1500年至20世纪初叶，超过3250篇散文。

文学评论——1920年至今，逾88万条《英语语言文学参考书目年鉴》（ABELL）题录信息；超过200万条美国现代语言协会国际书目数据库的题录信息；全文期刊426种，376294篇文献；剑桥大学出版社出版的《美国小说新论》（*New Essays on the American Novel*）共计38卷，251篇美国小说评论；以及《剑桥文学指南》（*Cambridge Companions to Literature*）共计220卷，3351篇评论。

参考文献——由世界多家知名出版社出版的17卷英语文学参考著作；6654位作家的传记；1540位作家的生平及著作；415卷“企鹅经典系列”（Penguin Classics）作品介绍；230篇相关学生指南。

音视频资源——879段诗人诵诗；38出收录在《莎士比亚全集》中的戏剧音频，以及 Poetry Archive 中的921首诗歌。

7. 英美文学参考中心数据库

英美文学参考中心数据库[①]（Literary Reference Center，LRC）由美国 EBSCO 公司出版，是一个综合性的文学参考全文数据库，整合了来自英美文学领域主要相关参考作品、书籍、文学期刊以及 EBSCO Publishing 中的原创内容，能够为用户提供从古代到现代的广泛的文学参考信息，是公共、学术及高校图书馆的重要文学参考资源。

数据库内容包括文学作品情节摘要、文学评论、作者传记、著作评论、古典与当代诗歌、经典与当代短篇小说、作者访谈等，同时包含了许多重要的研究评论、文章以及专业的文学期刊、书籍文学研究和文学视频教程。它收录了逾 36000 篇剧情简介、概要和书籍概述；逾102000篇文学评论文章及随笔、逾254000篇作者传记（包括22000篇深入采访）以及超过450种文学全文期刊、855000多篇书评、98000篇古典与当代诗选、25000篇古代及当代短篇故事、超过8200篇古典小说全文、9000多笔作者采访笔记、5600篇作者简介以及1000幅重要文献图片等。

此外，数据库还包括多种重要的文学参考工具书，如韦氏文学大百科全书、美国文学百科全书、英国文学百科全书、牛津英文文学史等。

① https://www.ebsco.com/products/research-databases/literary-reference-center

8. 语言学与语言行为文摘数据库

语言学与语言行为文摘数据库①（Linguistics and Language Behavior Abstracts，LLBA）由Proquest公司出品，收录1973年以来世界范围内语言学与语言科学相关领域文献的文摘与索引记录，收录超过1500多种连续出版物，此外还包括书籍、图书章节及论文，以及来自Proquest Deep Indexing深度索引数据的图形图表图像，共计逾62万条记录。每月更新，年增约1.4万条记录。

数据库内容涵盖语言研究的各个方面，主题领域包括人类语言学、描述性语言学、话语分析/话语语言学、听与说心理学、语言学历史、人际行为与交流、语言分类、学习能力缺失、词典编撰/词典学、智力障碍、词法、非语言交流、正字学与写作制度、语言方面的哲学、语音学、语音体系、诗法/文学理论、语言心理学、心理测验学、语义学、记号语言学、社会语言学、特殊教育、语法、语言学理论等。

9. 语言学期刊全文数据库

语言学期刊全文数据库（Linguistics Database）由美国Proquest公司推出，提供世界著名出版商出版的语言学领域重要出版物的全文文献与题录信息，收录1973年以来超过160种出版物，基本提供全文文献，超过8.4万条文献记录。收录的文献类型广泛，包含学术期刊、行业杂志、书籍、学位论文、会议论文、研究手稿等；文献内容涵盖共时语言学、历时语言学、普通语言学、语音学、文字学、语义学、语用学、词汇学、词义学、语法学、写作学、修辞学、翻译学、词典学、方言学、应用语言学、语言学教学等研究领域。

10. Cairn 法语数据库

Cairn.info公司成立于2005年，由法国出版社Belin、Eres、La Découverte和比利时出版社De Boeck共同创立，随后有80多家出版社加入。Cairn法语数据库②向用户提供类别广泛的在线法语出版物，包括电子期刊、电子图书、百科全书、杂志等。

Cairn学术期刊收录了超过400种来自法国、比利时、瑞士和加拿大的高品质学术期刊，并且收录数量不断增加，内容涉及政治经济学、人文学、心理学、教育学等人文科学的各个领域。

自2011年起，数据库开始收录由La Découverte（发现出版社）、De Boeck（德博克出版公司）、Presses de Sciences Po（科学出版社）、Autrement（欧特蒙出版社）、Esprit du temps（时代精神出版社）等出版社出版的学术著作电子书，共计约3000种，并且数量不断增加。

此外，数据库还收录了来自法国大学出版社（Presses Universitaires de France，PUF）

① http://www.proquest.com/products-services/llba-set-c.html

② https://www.cairn.info/

和发现出版社出版的约1200种袖珍百科全书。

除专业学术期刊外，Cairn还提供8种人文科学领域的杂志，非常适合学生尤其是本科生使用，并同样适用于研究社会科学与人类学的教师与研究人员。

11. 美国法语研究全文数据库

美国法语研究全文数据库①（The Project for American and French Research on the Treasury of the French Language，ARTFL）来源于1982年法国政府与芝加哥大学合作的项目，意在为项目成员建立北美最大的法语数字化资源系统。该数据库是由美国国家法语研究所和芝加哥大学人文与社会科学部联合开发维护的法语研究与写作检索库，范围覆盖了13至20世纪的小说、诗歌、歌剧、论文、信件和条约、哲学作品、科技论文等。

12. 唐宋诗分析系统

包括全唐诗分析系统②和全宋诗分析系统。③其中全唐诗分析系统包含57000多首唐诗，全宋诗分析系统包含254240多首宋诗。都可进行全文检索、重出诗检索、诗人小传检索和高级检索，支持严格数据检索和简繁体混合模式检索。具有重出诗提取、格律诗标注、字及词组的频率分布统计、用户自作诗的格律分析等智能化功能。

13. 经典法语数据库

经典法语数据库④（Classiques Garnier Numérique，CGN）是大型法语系列数据库，致力于向各高校、研究机构、公共与非公共图书馆提供独具特色的文学与社会科学领域的专业法语数据库，并与法国教育部国家远程教育中心合作，提供相应资源与服务。数据库整合了众多资源，主要包括蒙田（Montaigne）研究，文艺复兴时期论文与散文集，文艺复兴时期文学图书馆，文艺复兴时期原著典藏，早期非洲法语文学书信与口语语料库，中世纪至20世纪叙事文学语料库，法语词典全集，Godefroy古代法语及方言词典，希腊教父文集等。

三、语言学研究机构

（一）中国社会科学院语言研究所

1. 机构简介

中国社会科学院语言研究所⑤（前身为中国科学院语言研究所）成立于1950年6月

① http://artfl-project.uchicago.edu/

② http://www.chinabooktrading.com/tang/

③ http://www.chinabooktrading.com/song/

④ https://classiques-garnier.com/

⑤ http://ling.cass.cn/

25日，是中国科学院成立时最早建立的哲学社会科学领域的研究所之一。主要从事汉语现状和历史的基础研究，包括语音、语法、词汇、文字等分支领域，涉及通用语言文字、方言和儿童语言等；并进行汉语辞书编纂、语音分析合成与识别、中文信息处理及语料库建设、语言文字规范、语言资源保护等方面的应用研究；基于汉语及中国境内语言和中外语言比较开展语言学理论研究，介绍并研究国外语言学理论和方法。

图8–30　中国社会科学院语言研究所首页

2. 中国社会科学网语言学频道

中国社会科学网是中国社会科学院主办、中国社会科学杂志社承办的高水平的马克思主义理论宣传网、国家级社会科学学术研究网、特大型国内外综合信息网，其中的语言学频道由语言研究所协办，主要板块包括期刊动态、语言学术要闻、世界语言、知识讲堂、常用资源等。

① 专题研究

分为语音学、词汇学、方言学、语言应用、句法语义学、语用学、历史语言学及其他分支学科。按专题分类发布学者的研究成果。

② 语言学术要闻

搜集和整理各类媒体中有关语言学的新闻报道及学术成果，发布语言学的发展趋势、研究现状等内容。

③ 常用资源

包括《中国语情月报》每期内容选编、口音汉语在线及语音偏误数据库、中国传媒大学媒体语言语料库、北京语言大学 BCC 现代汉语语料库、国家语委现代汉语语料库、北京大学 CCL 现代汉语语料库、北京大学 CCL 古代汉语语料库等。

（二）国家语委——中国语言文字网

1. 网站简介

国家语言文字工作委员会①（简称国家语委）是中华人民共和国的国家文字改革机构，成立于1954年12月，直属国务院。1985年12月16日，改名为国家语言文字工作委员会。国家语委的主要任务是拟定国家语言文字工作的方针、政策；编制语言文字工作中长期规划；制定汉语和少数民族语言文字的规范和标准并组织协调监督检查；指导推广普通话工作。该网站就是国家语委的官网。

图8-31　国家语委网站首页

官网分为新闻、机构、科研、服务和专栏五个模块。新闻模块包括"要闻""地方语委信息""媒体视点"三部分；机构模块包括"机构及信息""文献"（官方发布的各类通知）；科研模块包括"科研管理""学术动态""科研成果""国家语委科研项目数

① http://www.china-language.gov.cn/

据库”；服务模块包括“政策法规与规范标准”“港澳台信息”“培训”“测试”；专栏模块包括“中华语文知识库”“汉字演变5000年”“中华经典资源库”等内容。

2. 中华语文知识库

中华语文知识库是两岸合作编纂中华语文工具书项目的重要成果之一，2012年2月8日免费面向全球开放。

数据库主要包括三方面内容：一是展现两岸合作编纂中华语文工具书的成果，即合编的《两岸常用词典》、“两岸科技名词对照表”和“汉字书写演示”；二是呈现为两岸合作编纂中华语文工具书服务的语言资源，如语言资源监测与研究、现代汉语语料库、汉字属性库等；三是表达中华语言文字博大精深和语言资源丰富多彩的内容，比如古籍经典、国家语言资源有声数据库、各种语言测试和语文知识等。

图8-32　中华语文知识库首页

（三）中国翻译工作者协会

1. 机构简介

中国翻译工作者协会[①]（Translators Association of China, TAC），简称“中国译协”，成立于1982年，是由翻译及与翻译工作相关的企事业单位、社会团体及个人自愿结成的全国性、行业性、非赢利社会组织，是翻译领域唯一的全国性社会团体。

① http://www.tac-online.org.cn/

协会宗旨是“协助政府有关部门加强对翻译行业的指导与管理，规范行业行为；开展翻译研究和交流，促进人才培养和队伍建设；维护翻译工作者的合法权益；开展与国内外相关组织之间的交流与合作，为提高翻译质量、改进翻译服务、促进翻译行业健康可持续发展服务”。

图 8–33　中国翻译协会网站首页

2. 中国翻译协会数字图书馆

中国翻译协会数字图书馆分为“政策 · 标准”“教育 · 学术”“翻译论坛”“译史长廊”“《中国翻译》摘要”“权威词库”“中国翻译年鉴”“中国关键词”等栏目。

政策 · 标准——包括语言服务行业规范、翻译服务国家标准、文化及相关产业分类等。其中语言服务行业规范列出了口译、笔译服务报价规范，本地化业务基本术语等标准。

教育 · 学术——含中国内地公办大学翻译系名录，内地公办专业翻译学院、部分民办高校翻译院系名录，翻译教育研究机构名录等。

《中国翻译》摘要——《中国翻译》杂志是中国翻译协会的会刊，旨在开展翻译研究和学术交流；促进翻译人才培养和翻译队伍建设；进行行业指导，参与行业管理；维护翻译工作者的合法权益；开展与国内外相关组织之间的交流与合作。本栏目列出了杂志每一期的目录及主要论文摘要。

（四）华中师范大学语言与语言教育研究中心

1. 中心简介

华中师范大学语言与语言教育研究中心[①] 成立于1999年5月。设有汉语本体研究和语言教育研究两个主要研究方向。自成立以来，语言与语言教育研究中心根据教育部人文社会科学重点研究基地管理办法的规定，结合学校的总体发展目标和中心的建设规划，在学科建设、科学研究、队伍建设、人才培养、学术交流、社会服务等方面都取得了突出的成绩。

图8-34 华中师范大学语言与语言教育研究中心网站首页

2. 汉语复句语料库

该语料库[②] 是一个面向汉语复句研究的专用语料库，收有标复句658447句，约44395000字。语料来源以《人民日报》和《长江日报》为主，收入了各种句式的现代汉语有标复句。它既是开展汉语复句研究的一个重要平台，也是现代汉语研究领域的一项重要资源。该语料库免费向各界研究者开放。

---

① http://ling.ccnu.edu.cn/index.jsp

② http://218.199.196.96:8080/jiansuo/TestFuju.jsp

3.《汉语学报》杂志

《汉语学报》由华中师范大学语言与语言教育研究中心主办，是 CSSCI 收录来源期刊。该杂志以汉语为研究对象，致力于事实的发掘和规律的揭示，致力于理论的探讨和方法的探索；促进汉语的母语教学和对外教学，积极推进语言信息处理和语文现代化。主要栏目有汉语本体研究；语言类型研究（含方言）；理论方法研究；语言应用研究；计算语言研究；语言教学研究；奇思妙想，新人新作，学术争鸣；语言与生活；信息与动态等。

（五）香港中文大学翻译研究中心

1. 中心简介

香港中文大学翻译研究中心[①]（Research Centre for Translation, RCT）成立于1971年，是香港中文大学中国文化研究所下属的一个研究机构，致力于香港翻译工作及翻译研究的发展，旨在通过高质量的翻译作品实现中国文学的国际化，促进翻译领域的开拓性研究，培养该领域的优秀青年人才。目前，该中心是亚洲翻译及翻译研究领域最重要的研究中心之一。

RCT
翻 譯 研 究 中 心
Research Centre for Translation
RCT Home
About RCT
Message from the Director
Logo
History
Staff
Sponsorship
Translation Studies
Renditions
RCT Bookstore
David Hawkes Archive
Links
Site Map
Contact Us
About RCT
Translation Studies
Renditions
Site Map
< 1 2 3 4 5 >
Research Centre for Translation (RCT), a research unit at the Institute of Chinese Studies, the Chinese University of Hong Kong (CUHK), is dedicated to the development of Translation and Translation Studies in Hong Kong. It aims to promote Chinese literature internationally through high-quality translation works, foster pioneering research in Translation Studies and nurture the finest young talents in this discipline. Established in 1971, RCT is now one of the foremost research centres in Translation and Translation Studies in Asia.
About RCT
Translation Studies
Renditions
News
Call for papers:"Writing Chinese Translation History" The Eighth Young Researchers' Conference on Chinese Translation Studies
New Publication: Translation and Modernization in East Asia in the Nineteenth and Early Twentieth Centuries
New Publication: Renditions Nos. 87&88 (Spring & Autumn 2017) special issue on Republican Urban Fiction
New Publication: Studies in Translation History 2016

图 8–35　香港中文大学翻译研究中心网站首页

① http://www.cuhk.edu.hk/rct/index.html

2. 学术出版

(1)《译丛》杂志(Renditions)

《译丛》杂志是有关英译中国文学的国际知名期刊，内容从中国古典诗歌、散文、小说到新近出版的当代优秀文学作品，时间跨度2000多年。此外，还收录有关艺术、中文研究及翻译研究的学术论文。

(2)《翻译史研究》年刊

《翻译史研究》(*Studies in Translation History*)创刊于2011年，由复旦大学出版社出版发行，是国内第一本关注翻译史领域研究的学术期刊。

(3)《翻译史研究论丛》

该丛书由香港中文大学出版社出版发行，是国内外第一套专门研究中国翻译史个案的学术丛书。该中心自2010年开始筹划出版该丛书，目的是积极推动及提高中国翻译史研究水平，深入探讨中国翻译史的重要案例。丛书中的系列之一《译述：明末耶稣会翻译文学论》于2012年推出。

(4)《走向翻译的历史：香港中文大学翻译研究中心40周年纪念论文集》

该丛书是为庆祝翻译研究中心成立40周年而进行的翻译历史汇编，共分三卷。前两卷精选了有关翻译和中国文学的论文，按照时间排序；第三卷是翻译研究领域杰出学者的约稿。

(5)《译学研究》丛书

本丛书共六本，包括《翻译与创作：中国近代翻译小说论》《翻译·文学·文化》《亚洲翻译传统与现代动向》《譯學英華：宋淇翻譯研究論文獎1999—2004文集》(第一卷，中文)、《譯學英華：宋淇翻譯研究論文獎1999—2004文集》(第二卷，英文)、《重寫翻譯史》，主要关注中国历史上的文化翻译活动。

(六)韩礼德语言研究及智能应用中心

1. 中心简介

韩礼德语言研究及智能应用中心(The Halliday Centre for Intelligent Applications of Language Studies，HCLS)于2006年3月正式成立，以世界知名英国语言学家韩礼德(M.A.K. Halliday)教授的名字命名。该中心旨在更好地认识人类活动中语言的工作原理及其他现象，从而充分理解语言在构建个人经验与社会关系中的作用，并开拓实践应用语言学的专业范围。

该中心致力于开展可应用的语言学研究，包括语料库语言学、语篇研究、文本视觉分析、语言学习、翻译等。

图8–36　韩礼德语言研究及智能应用中心网站首页

2. 学术出版物

（1）*Journal of World Languages*

该期刊主要研究全球主要语言的传播对语言学、传播学和社会文化的影响，及其对语言世界图景的冲击，鼓励研究者使用比较研究方法探索一种世界语言产生过程中教育、媒体、经济等各类因素的作用。

（2）*Linguistics and the Human Sciences*

该期刊于2005年11月创刊，主要研究历史学、社会学、政治学、考古学、宗教研究、翻译等学科及研究领域与语言学的关系，每年出版三次。

（3）*WORD*

该期刊于1945年首次出版，代表了美国语言学研究的前沿成果，每年出版三次。

（七）国际翻译家联盟（FIT）

1. 机构简介

国际翻译家联盟（Fédération Internationale des Traducteurs /International Federation of Translators，简称 FIT）[①] 成立于1953年，是国际权威的翻译工作者联合组织，由翻

① http://www.fit-ift.org/

译、口译和术语专家组成，代表全球55个国家8万余名翻译者的利益，享有联合国教科文组织A级咨询地位。

国际译联的主要目标是团结各国翻译工作者协会；鼓励并支持各国成立翻译协会；为会员提供有关工作条件、翻译技术、翻译培训和任何有益于翻译行业发展的信息；促进会员之间建立并保持良好的关系，更好地服务于翻译工作者；维护全世界翻译工作者的利益；推动社会对翻译职业的认同，提高翻译工作者的社会地位，使翻译作为一门科学和一门艺术而得到认可。

会员代表大会（Statutory Congress）是国际译联最高权力机构，每三年召开一次，随后即召开涵盖译界各种议题的世界翻译大会（FIT World Congress）。

Fédération Internationale des Traducteurs
International Federation of Translators
La voix des associations de traducteurs, interprètes et terminologues à travers le monde
The voice of associations of translators, interpreters and terminologists around the word
Home About Activities Members Contact Join Language:
Welcome to FIT!
FIT (Fédération Internationale des Traducteurs / International Federation of Translators) is an international grouping of associations of translators, interpreters and terminologists. More than 100 professional associations and training institutes are affiliated, representing more than 80,000 translators in 55 countries. The goal of the Federation is to promote professionalism in the disciplines it represents.
2018 International Translation Day
26 March 2018
Translation: promoting cultural heritage in changing times On 24 May 2017, the United Nations General Assembly recognised September 30th as International Translation Day (ITD) to be celebrated every year across the entire UN...
Season's Greetings
22 December 2017
The President, the Council and the Secretariat wish you, your family and members of your association a joyful, peaceful festive season and a successful 2018.
QT21
QUALITY TRANSLATION
Registered users: log in
Tweets by @fit_ift
World Congress
International Translation Day
FIT Prizes & Awards
Publications

图8-37 国际翻译家联盟网站首页

2. 学术出版物

（1）Babel

Babel（《巴别塔》）是介绍口笔译领域的信息、发展和研究动向的国际翻译季刊，

除服务于口笔译翻译人员和术语专家外，还为关注该领域的非专业人员提供帮助。该期刊覆盖多个领域，涉及翻译理论、实践与技术，历史学，社会学等领域。此外，期刊还有一个重要的部分，关注翻译职业的发展和变迁，包括职业增长、职业认同、职业前景、道德规范等。

（2）Translatio

Translatio（《译讯》）属于国际翻译家联盟的内部通讯，以季刊形式定时向联盟成员、委员会主席及相关团体发布 PDF 格式的文件。

（八）美国语言学协会

美国语言学协会（Linguistic Society of America）[①] 是一个专业性的语言学组织，成立于1924年，旨在以科学方法研究人类语言，近几年也鼓励学者从事语言在科学、教育与社会议题上的应用研究。

国际公认的顶尖语言学期刊 *Language*，就是该学会的代表期刊，每年发行4期，获选论文均具有一流学术水平。

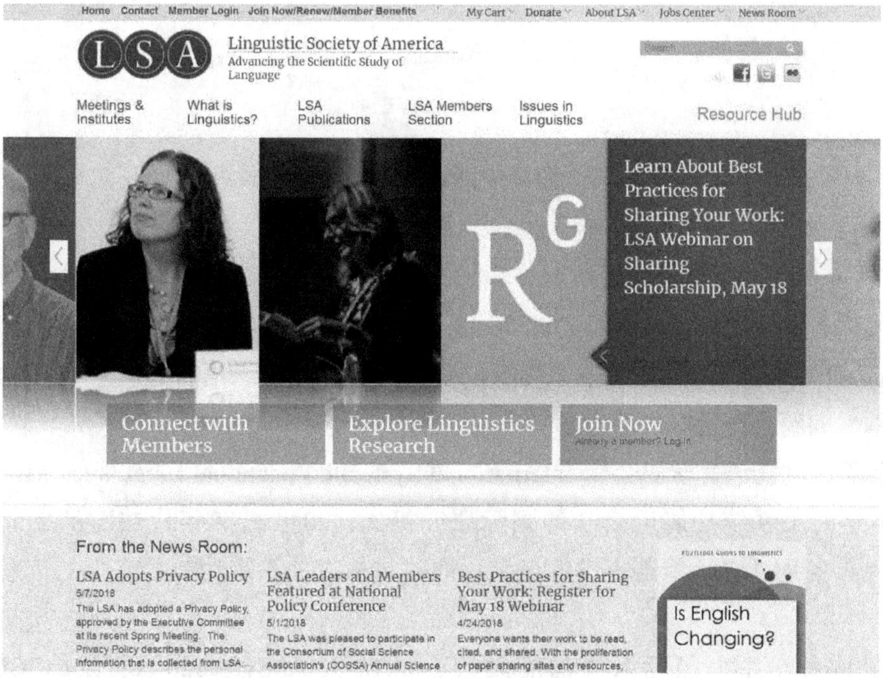

图8–38　美国语言学协会网站首页

① https://www.linguisticsociety.org/

（九）国际中国语言学学会

国际中国语言学学会[①]（International Association of Chinese Linguistics, IACL）1992年6月在新加坡成立，是致力于促进中国语言及方言相关研究、在全球范围推进汉语语言学发展的专业学术组织，也是全世界唯一一个研究中国语言学的国际性专业学术团体。

执行委员会负责管理国际中国语言学学会各项事务。学会网站上提供了2002年4月以来的业务通讯（PDF格式），可阅读和下载。

图8–39　国际中国语言学学会网站首页

（十）国际系统功能语言学协会

系统功能语言学（Systemic Functional Linguistics）由英国著名语言学家韩礼德教授（Michael Halliday）创立，该学科不仅研究语言的性质、语言过程和语言的共同特点等根本性问题，而且探讨语言学的应用问题。

国际系统功能语言学协会[②]（International Systemic Functional Linguistics Association, ISFLA）是有关系统功能语言学的国际研究机构，20世纪70年代在欧洲创立，目的是促进世界各地系统功能语言学的发展，同时传播有关系统功能语言学的信息和学术成果。

该机构每年举办国际系统功能大会（International Systemic-Functional Congress, ISFC）。

---

① http://www.iacling.org/

② http://www.isfla.org/

ISFLA
International Systemic Functional Linguistics Association
About ISFLA
Constitution
Office Bearers
Minutes
Meetings
Grants and Scholarships
About SFL
Contact
Sad news...
Michael Halliday, the founder of Systemic Functional Lingustics, an inspiration to us all, passed away 15th April, 2018. He passed away peacefully at 8pm. He had had family with him during most of the day. As has been said: A mighty tree has fallen in the forest.
About ISFLA
Welcome to the official homepage of the International Systemic Functional Linguistics Association (ISFLA). ISFLA is the international organising body for Systemic Functional Linguistics (SFL), a school of linguistics started by Michael Halliday, initially in Great Britain, and later in Australia. The theory is now practised world-wide, particularly in Language Education. For more information on SFL, see: here.
ISFLA was created to facilitate the development of SFL around the world. Towards this goal, ISFLA organises an annual conference, called the International Systemic-Functional Congress (ISFC). This conference typically rotates between regions: Australia, Asia, Americas, and Europe, although other areas can be

图 8–40　国际系统功能语言学协会网站首页

四、互联网语言学资源

（一）专业语料库

1. 国内知名语料库

（1）中国特色话语对外翻译标准化术语库

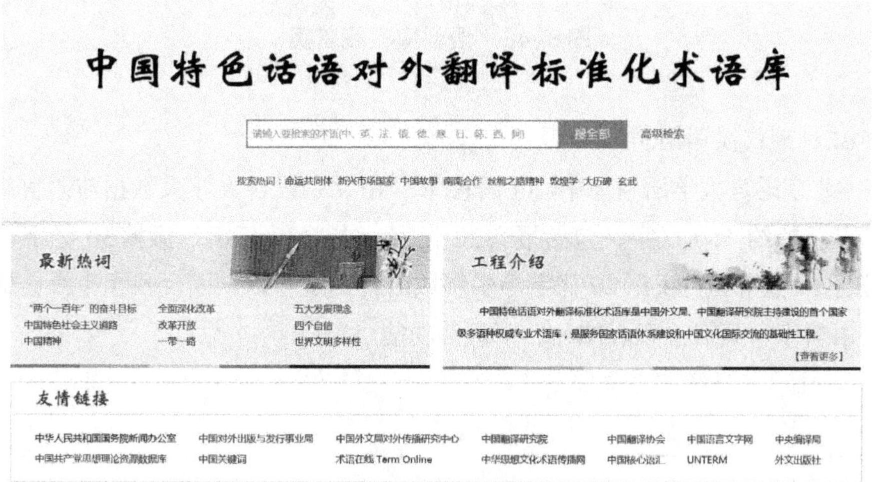
中国特色话语对外翻译标准化术语库
高级检索
最新热词
"两个一百年"的奋斗目标
中国特色社会主义道路
中国精神
全面深化改革
改革开放
一带一路
五大发展理念
四个自信
世界文明多样性
工程介绍
中国特色话语对外翻译标准化术语库是中国外文局、中国翻译研究院主持建设的首个国家级多语种权威专业术语库，是服务国家话语体系建设和中国文化国际交流的基础性工程。
【查看更多】
友情链接
中华人民共和国国务院新闻办公室
中国对外出版与发行事业局
中国外文局对外传播研究中心
中国翻译研究院
中国翻译协会
中国语言文字网
中央编译局
中国关键词
术语在线 Term Online
中华思想文化术语传播网
UNTERM
外文出版社

图 8–41　中国特色话语对外翻译标准化术语库首页

该语料库[①]由中国外文局和中国翻译协会主持建设，是首个国家级多语种权威专业术语库，以习近平新时代中国特色社会主义思想术语和中国特色文化术语为主要内容，收录了中国最新政治话语、马克思主义中国化成功、改革开放以来的党政文献、敦煌文化等多语种的5万余条专业术语。

（2）语料库在线

语料库在线[②]（国家语委现代汉语语料库）是一个大规模的平衡语料库，语料选材类别广泛（包含人文与社会科学类、自然科学类和综合类语料），时间跨度大。包括现代汉语语料库、古代汉语语料库，并提供语料库的字词索引。在线提供检索的语料经过分词和词性标注，用户可以进行按词检索和分词类的检索。

语料库在线
爱汉语
语料库检索：
现代汉语语料库
检索
语料库检索
现代汉语语料库
古代汉语语料库
语料库字词索引
语料分析处理
分词和词性标注
汉语拼音标注
字词频率统计
研究资源
资源下载
网站动态
语料库在线网站部分资源移至本网址 _2017/06/05
研究资源
数据与软件下载：提供语料处理软件工具、语料库字词表、语料库文档等研究资源下载。
现代汉语语料库检索
语料库：现代汉语语料库
语料库样本数：9487个（样本数即篇章数）
语料库字符数：19455328个（含汉字、字母、数字、标点等）
语料库总词语数：12842116个（含单字词、多字词、字母词、外文词、数字串、标点符号等）
语料库总词语个数：162875（指语料库出现的分词单位的个数）
语料库总汉字词语个数：151300（含汉字的词语个数，不包括外文词、标点、数字串等）
语料库说明：现代汉语语料库是一个大规模的平衡语料库，语料选材类别广泛，时间跨度大。在线提供检索的语料经过分词和词性标注，可以进行按词检索和分词类的检索。
古代汉语语料库检索
语料库：古籍语料库
语料库字数：约一亿字

图8-42　语料库在线首页

（3）BCC现代汉语语料库

BCC（北京语言大学语料库中心）语料库[③]由北京语言大学大数据与语言教育研究所开发，总字数约150亿字，包括报刊20亿字、文学30亿字、微博30亿字、科技30亿字、综合10亿字和古汉语20亿字等多领域语料，是可以全面反映当今社会语言生活的大规模语料库。具有检索、统计、下载等功能。

---

① http://210.72.20.108/index/index.jsp

② http://www.aihanyu.org/cncorpus/index.aspx

③ http://bcc.blcu.edu.cn/

词典
汉语
English
Français
双语
登录
注册
帮助
BCC
多领域
文学
报刊
微博
科技
古汉语
学生作文
篇章检索
HSK
历时检索
自定义
帅气的n
搜索 »
对比

图 8–43　BCC 现代汉语语料库首页

（4）现代汉语平衡语料库

中国台湾中央研究院建立的现代汉语平衡语料库①（Sinica Corpus）是世界上第一个有完整词类标记的汉语平衡语料库，于1994年公开提供给国内外学术研究者使用。该语料库共收录1000万词，每个文句都依词断开，并将上述文献按照主题、出处、文献类型、年代、作者等加以标记。

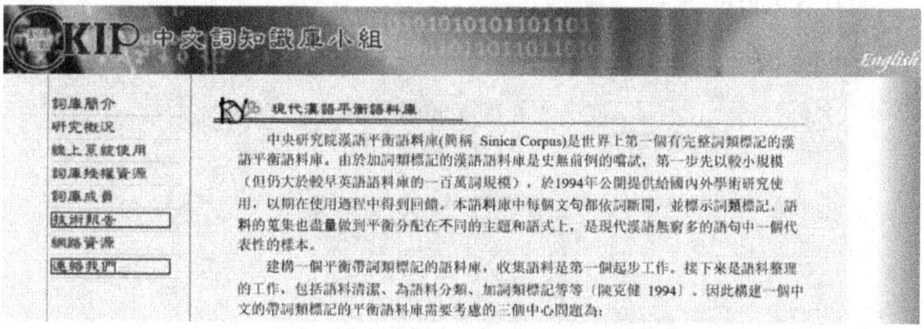
CKIP 中文詞知識庫小組
English
詞庫簡介
研究概況
線上系統使用
詞庫授權資源
詞庫成員
技術報告
網路資源
聯絡我們
現代漢語平衡語料庫
中央研究院漢語平衡語料庫(簡稱 Sinica Corpus)是世界上第一個有完整詞類標記的漢語平衡語料庫。由於加詞類標記的漢語語料庫是史無前例的嘗試，第一步先以較小規模（但仍大於較早英語語料庫的一百萬詞規模），於1994年公開提供給國內外學術研究使用，以期在使用過程中得到回饋。本語料庫中每個文句都依詞斷開，並標示詞類標記。語料的蒐集也盡量做到平衡分配在不同的主題和語式上，是現代漢語無窮多的語句中一個代表性的樣本。
建構一個平衡帶詞類標記的語料庫，收集語料是第一個起步工作。接下來是語料整理的工作，包括語料清潔、為語料分類、加詞類標記等等〔陳克健 1994〕。因此構建一個中文的帶詞類標記的平衡語料庫需要考慮的三個中心問題為：

图 8–44　现代汉语平衡语料库首页

（5）香港城市大学 LIVAC 汉语共时语料库

LIVAC 汉语共时语料库②（Linguistic Variation in Chinese Speech Communities）搜索并处理了海量具有代表性的汉语平面媒体语料，累积了泛华语地区众多精确的语言和语用统计数据。该语料库最大特点是采用“共时性”视窗模式，剖析来自中国香港、北京、上海、中国台湾、中国澳门、新加坡等多地有代表性的定量华语媒体语料。截至2016年，LIVAC 已累计过滤25亿汉字语料，并已处理6亿多字，累积并持续提炼出200多万词条。

---

① http://rocling.iis.sinica.edu.tw/CKIP/20corpus.htm

② http://www.LIVAC.org

图8–45　LIVAC汉语共时语料库首页

（6）中文语言资源联盟

图8–46　中文语言资源联盟首页

中文语言资源联盟[①]（Chinese Linguistic Data Consortium, CLDC），由中国中文信息

① http://www.chineseldc.org/

学会语言资源和管理工作委员会发起，目的是建成能代表当今中文信息处理国际水平的、通用的语言信息与知识库，具有完整性、权威性、系统性和开放性的特点，涵盖中文信息处理各个层面上所需要的语言语音资源，包括词典、各种语音语言语料库、工具等。

目前，该联盟提供了 CASIA 汉语情感语料库、分词词性标注语料库、英汉双语平行语料库、六大方言地方普通话语音语料库、桌面语言识别语音库等语料库资源。

（7）树图语料库

树图语料库[①]（中文句结构树资料库）由中国台湾中央研究院词库小组开发完成，是从中央研究院平衡语料库中抽取句子，经电脑分析形成结构树，然后人工进行修正、检验而得出的成果。该语料库共包含6个档案、61087个中文树图、361834个词，另有1000个句结构树向用户开放下载。

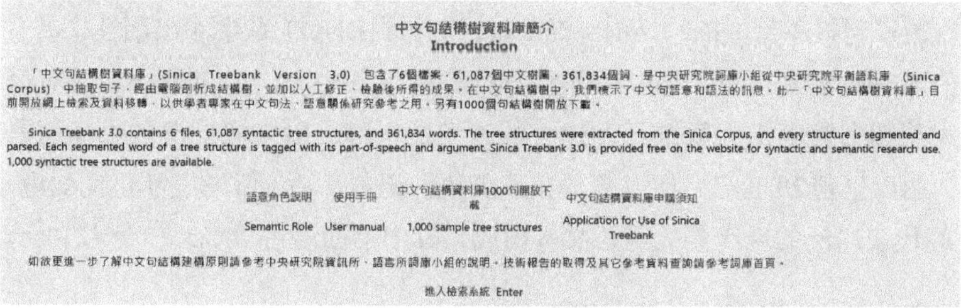
中文句結構樹資料庫簡介
Introduction
「中文句結構樹資料庫」(Sinica Treebank Version 3.0) 包含了6個檔案，61,087個中文樹圖，361,834個詞，是中央研究院詞庫小組從中央研究院平衡語料庫 (Sinica Corpus) 中抽取句子，經由電腦剖析成結構樹，並加以人工修正、檢驗後所得的成果。在中文句結構樹中，我們標示了中文句語意和語法的訊息。此一「中文句結構樹資料庫」目前開放網上檢索及資料移轉，以供學者專家在中文句法、語意關係研究參考之用。另有1000個句結構樹開放下載。
Sinica Treebank 3.0 contains 6 files, 61,087 syntactic tree structures, and 361,834 words. The tree structures were extracted from the Sinica Corpus, and every structure is segmented and parsed. Each segmented word of a tree structure is tagged with its part-of-speech and argument. Sinica Treebank 3.0 is provided free on the website for syntactic and semantic research use. 1,000 syntactic tree structures are available.
語意角色說明
使用手冊
中文句結構資料庫1000句開放下載
中文句結構資料庫申購須知
Semantic Role
User manual
1,000 sample tree structures
Application for Use of Sinica Treebank
如欲更進一步了解中文句結構建構原則請參考中央研究院資訊所、語言所詞庫小組的說明。技術報告的取得及其它參考資料查詢請參考詞庫首頁。
進入檢索系統 Enter

图 8–47　树图语料库首页

（8）《红楼梦》汉英平行语料库

《红楼梦》汉英平行语料库[②]（Parallel Corpus of *A Dream of Red Mansions*）是国内第一个根据译者选用原底本所做的“一对一”或“一对二”句级对齐的平行语料库。

该语料库英文选用英国汉学家霍克斯和闵福德（Hawkes & Minford，1973—1986年）120回全译本、我国杨宪益、戴乃迭（1978—1980年）120回全译本，以及英国人乔利（Joly，1892—1893年）前56回译本。曹雪芹《红楼梦》前80回杨氏译本以“有正本”即“戚序本”为底本，霍氏译本以“程乙本”为底本，分别采用“一对一”处理；后40回均以“程乙本”为底本采用“一对二”处理。

---

① http://turing.iis.sinica.edu.tw/treesearch/

② http://corpus.usx.edu.cn/hongloumeng/

【红楼梦】汉英平行语料库
选择搜索范围:
检索词:

图8-48 《红楼梦》汉英平行语料库首页

2. 国外知名语料库

（1）英语国家语料库

英语国家语料库[①]（The British National Corpus，BNC）是牛津出版社、朗文出版公司、钱伯斯—哈洛普出版公司、牛津大学计算机服务中心、兰卡斯特大学英语计算机中心及大英图书馆等机构联合开发建立的大型语料库，以来源广泛的书面语言和口语为样本，用以呈现20世纪后期以来的英式英语。语料库收录了多达1亿词的电子资源，由4124篇代表广泛的现代英式英语文本构成，其中书面语占90%，口语占10%。

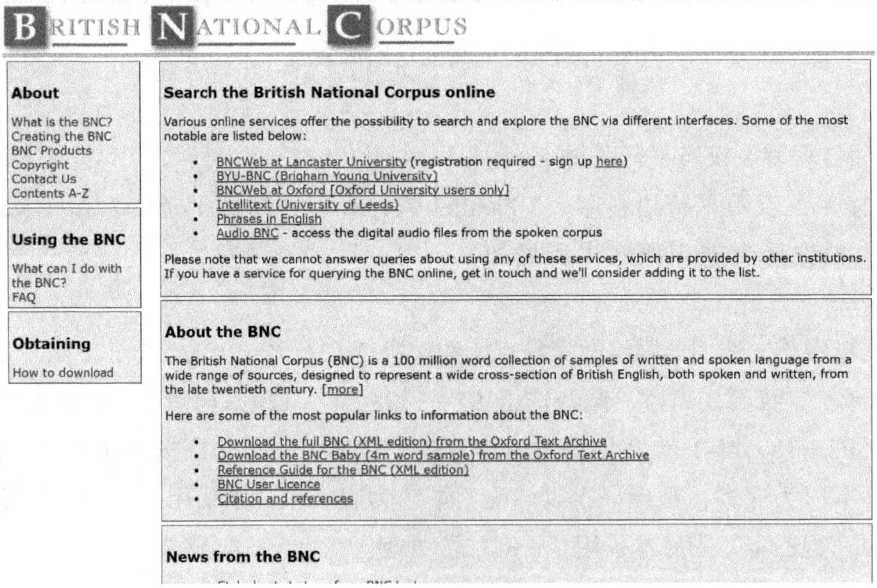
BRITISH NATIONAL CORPUS
About
What is the BNC?
Creating the BNC
BNC Products
Copyright
Contact Us
Contents A-Z
Using the BNC
What can I do with the BNC?
FAQ
Obtaining
How to download
Search the British National Corpus online
Various online services offer the possibility to search and explore the BNC via different interfaces. Some of the most notable are listed below:
BNCWeb at Lancaster University (registration required - sign up here)
BYU-BNC (Brigham Young University)
BNCWeb at Oxford [Oxford University users only]
Intellitext (University of Leeds)
Phrases in English
Audio BNC - access the digital audio files from the spoken corpus
Please note that we cannot answer queries about using any of these services, which are provided by other institutions. If you have a service for querying the BNC online, get in touch and we'll consider adding it to the list.
About the BNC
The British National Corpus (BNC) is a 100 million word collection of samples of written and spoken language from a wide range of sources, designed to represent a wide cross-section of British English, both spoken and written, from the late twentieth century. [more]
Here are some of the most popular links to information about the BNC:
Download the full BNC (XML edition) from the Oxford Text Archive
Download the BNC Baby (4m word sample) from the Oxford Text Archive
Reference Guide for the BNC (XML edition)
BNC User Licence
Citation and references
News from the BNC

图8-49 英语国家语料库首页

① http://www.natcorp.ox.ac.uk/

（2）美国当代英语语料库

美国当代英语语料库[①]（The Corpus of Contemporary American English，COCA）由杨百翰大学的马克·戴维斯教授开发建立，是目前规模最大的免费语料库，也是唯一一个大型的美语平衡语料库。该语料库包含超过5.6亿字的文本（1990—2017年平均每年约2000万字），口语、小说、通俗杂志、报纸及学术文章等类目所包含的字数基本相同。

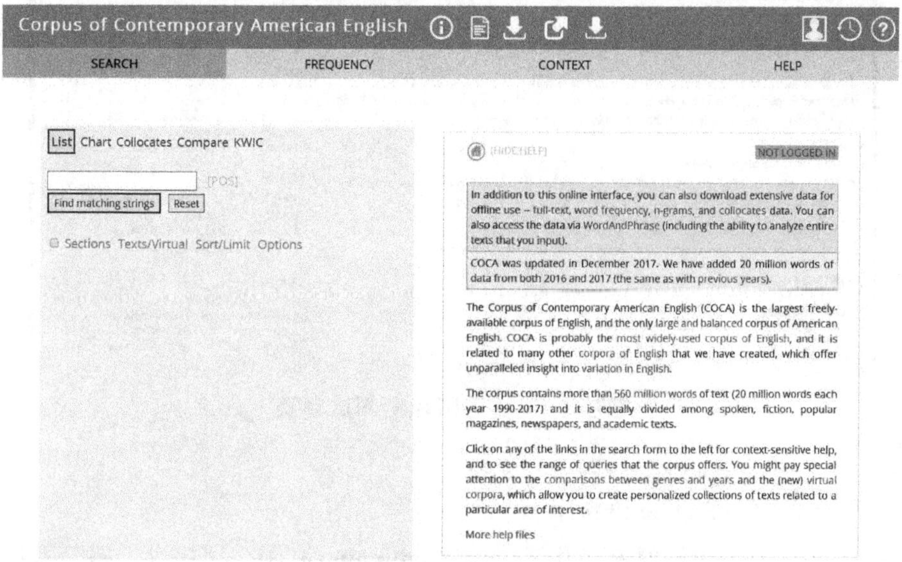
Corpus of Contemporary American English
SEARCH
FREQUENCY
CONTEXT
HELP
List Chart Collocates Compare KWIC
[POS]
Find matching strings
Reset
Sections Texts/Virtual Sort/Limit Options
NOT LOGGED IN
In addition to this online interface, you can also download extensive data for offline use -- full-text, word frequency, n-grams, and collocates data. You can also access the data via WordAndPhrase (including the ability to analyze entire texts that you input).
COCA was updated in December 2017. We have added 20 million words of data from both 2016 and 2017 (the same as with previous years).
The Corpus of Contemporary American English (COCA) is the largest freely-available corpus of English, and the only large and balanced corpus of American English. COCA is probably the most widely-used corpus of English, and it is related to many other corpora of English that we have created, which offer unparalleled insight into variation in English.
The corpus contains more than 560 million words of text (20 million words each year 1990-2017) and it is equally divided among spoken, fiction, popular magazines, newspapers, and academic texts.
Click on any of the links in the search form to the left for context-sensitive help, and to see the range of queries that the corpus offers. You might pay special attention to the comparisons between genres and years and the (new) virtual corpora, which allow you to create personalized collections of texts related to a particular area of interest.
More help files

图8–50　美国当代英语语料库首页

（3）美国国家语料库

美国国家语料库[②]（American National Corpus）是有关美语的文本语料库，包含了1990年以来出现的书面及口语共2200万字。目前，语料库还从很多新兴信息形式中抽取词汇，如电子邮件、推文和网络数据，这是英语国家语料库所不具备的。

用户可以通过美国语言数据联盟（Linguistic Data Consortium）免费访问该语料库；另外，语料库主页上还发布了一个子库——美国国家开放语料库（OANC），包含1500万词，可供无限制免费使用。

① https://corpus.byu.edu/coca/
② http://www.anc.org/

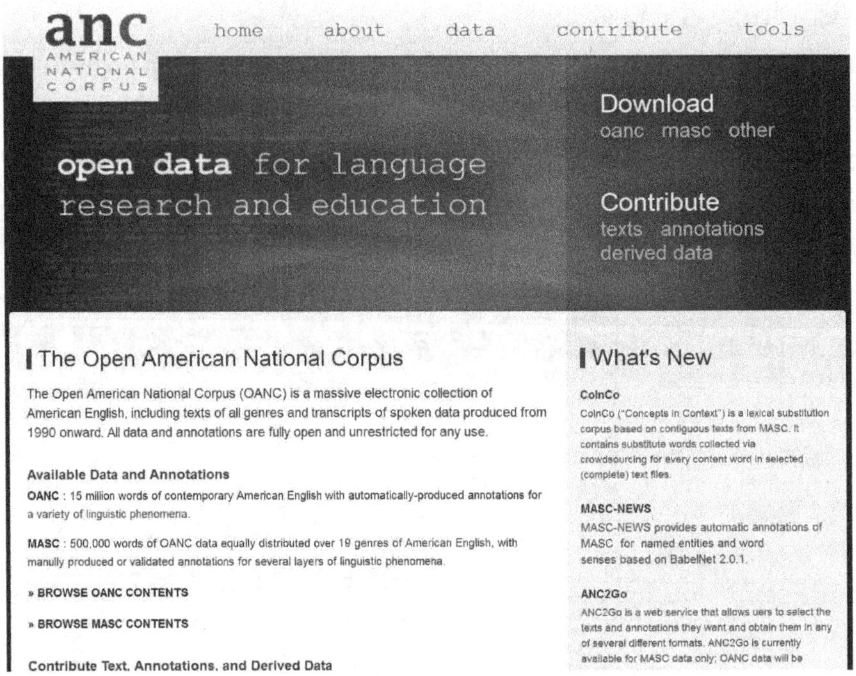
anc
AMERICAN NATIONAL CORPUS
home
about
data
contribute
tools
open data for language research and education
Download
oanc masc other
Contribute
texts annotations derived data
The Open American National Corpus
The Open American National Corpus (OANC) is a massive electronic collection of American English, including texts of all genres and transcripts of spoken data produced from 1990 onward. All data and annotations are fully open and unrestricted for any use.
Available Data and Annotations
OANC : 15 million words of contemporary American English with automatically-produced annotations for a variety of linguistic phenomena.
MASC : 500,000 words of OANC data equally distributed over 19 genres of American English, with manully produced or validated annotations for several layers of linguistic phenomena.
» BROWSE OANC CONTENTS
» BROWSE MASC CONTENTS
Contribute Text, Annotations, and Derived Data
What's New
CoInCo
CoInCo ("Concepts in Context") is a lexical substitution corpus based on contiguous texts from MASC. It contains substitute words collected via crowdsourcing for every content word in selected (complete) text files.
MASC-NEWS
MASC-NEWS provides automatic annotations of MASC for named entities and word senses based on BabelNet 2.0.1.
ANC2Go
ANC2Go is a web service that allows uers to select the texts and annotations they want and obtain them in any of several different formats. ANC2Go is currently available for MASC data only; OANC data will be

图8-51　美国国家语料库首页

（4）Word Sketch Engine 语料库

Word Sketch Engine 语料库[①] 由 Lexical Computing 有限公司提供，属于语料库查询系统，通过词汇概述等多种方式，提供对词汇的语法及相关表述的总结，能够帮助用户自动整理和分析庞大的语料数据，节省宝贵的时间。

系统的系统功能如下。

① Word Sketch

呈现查询单字在语法结构之下（例：作为主词、受词、补语等）所能搭配的词。例句注明出处（例：报纸、杂志）与类别（环境、经济），逐步扩大英语教学与学习者的阅读范围。教师可以依据语料库出考题，学生可以在大量阅读由英国全国语料库收集的丰富语料中，熟悉字词在各类文章中出现的频率及与之相关的词汇，迅速累积词汇量，培养语感。

② Thesaurus

提供同义词或近义词，为写作提供更加生动的词语素材。

③ Sketch-Diff

区分同义词或近义词之间存在的细微差异，帮助用户在不同语境下更精准地使用

① https://www.sketchengine.eu/#top

词汇。

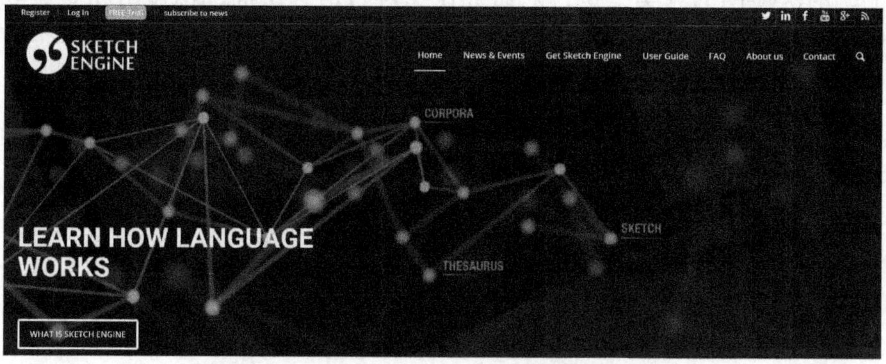

图 8–52　Word Sketch Engine 语料库首页

（5）英国学术书面语语料库

英国学术书面语语料库（British Academic Written English Corpus，BAWE）[①] 于21世纪初建立，是“英国高等教育写作评估类型调查”项目（2004—2007年）的一个组成部分。该语料库是大学生达到熟练写作水平的记录，包含近3000个优秀学生作业，共6968089个词，涵盖艺术与人文科学、社会科学、生命科学和物理科学等30个主要学科。

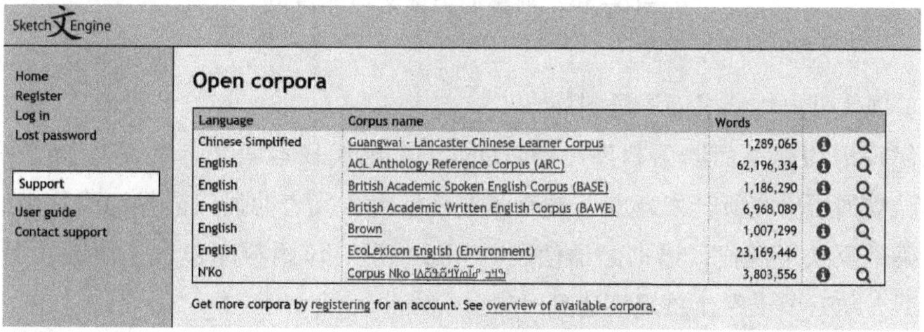

Language	Corpus name	Words
Chinese Simplified	Guangwai - Lancaster Chinese Learner Corpus	1,289,065
English	ACL Anthology Reference Corpus (ARC)	62,196,334
English	British Academic Spoken English Corpus (BASE)	1,186,290
English	British Academic Written English Corpus (BAWE)	6,968,089
English	Brown	1,007,299
English	EcoLexicon English (Environment)	23,169,446
N'Ko	Corpus Nko	3,803,556

图 8–53　英国学术书面语语料库首页

（6）柯林斯英语语料库

柯林斯英语语料库[②]（Collins Word Banks Online）是目前世界著名的语料库之一，由英国伯明翰大学与哈珀·柯林斯出版社合作建立，从广泛的书面及口语语料中汇集

① https://the.sketchengine.co.uk/open/

② https://wordbanks.harpercollins.co.uk/

了5.5亿个单词，英语语体种类多达八种。该语料库可以在线搜索，能够帮助用户获得有关词汇、语法使用的真实案例，对研究论文进行语言层面的深度分析，为学术研究提供可靠的数据支持。

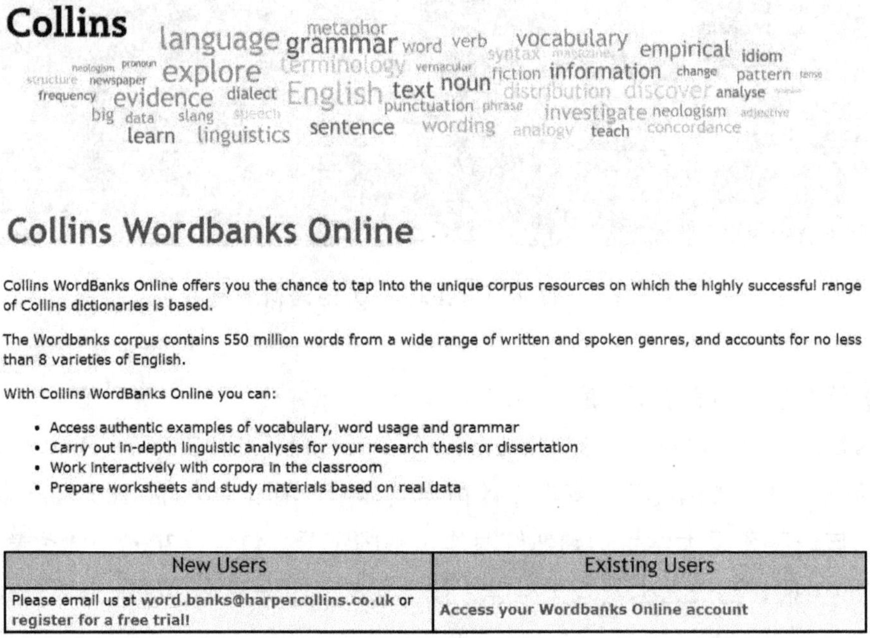
Collins
language grammar vocabulary empirical explore English text noun information evidence investigate learn linguistics sentence
Collins Wordbanks Online
Collins WordBanks Online offers you the chance to tap into the unique corpus resources on which the highly successful range of Collins dictionaries is based.
The Wordbanks corpus contains 550 million words from a wide range of written and spoken genres, and accounts for no less than 8 varieties of English.
With Collins WordBanks Online you can:
• Access authentic examples of vocabulary, word usage and grammar
• Carry out in-depth linguistic analyses for your research thesis or dissertation
• Work interactively with corpora in the classroom
• Prepare worksheets and study materials based on real data
New Users
Please email us at word.banks@harpercollins.co.uk or register for a free trial!
Existing Users
Access your Wordbanks Online account

图8–54　柯林斯英语语料库首页

（7）现代日语均衡书面语语料库

现代日语均衡书面语语料库（KOTONOHA 現代日本語書き言葉均衡コーパス）由日本国立国语研究所开发建立，具有数据规模大、代表性强、语料构成均衡的特点，较为准确地反映了现代日语书面语使用的一般状况。该语料库包含了出版、图书馆和特殊类型文本三个子库，总规模达到1.5亿词。

语料库提供了两款网上检索工具，分别为“少纳言”[①] 和“中纳言”。[②] 前者不需要注册就可以自由使用，但仅具备字符串检索功能；后者功能齐备，提供短单位、长单位和无长度限制字符串检索方式，但需要用户提前注册。

① http://www.kotonoha.gr.jp/shonagon/

② https://chunagon.ninjal.ac.jp/

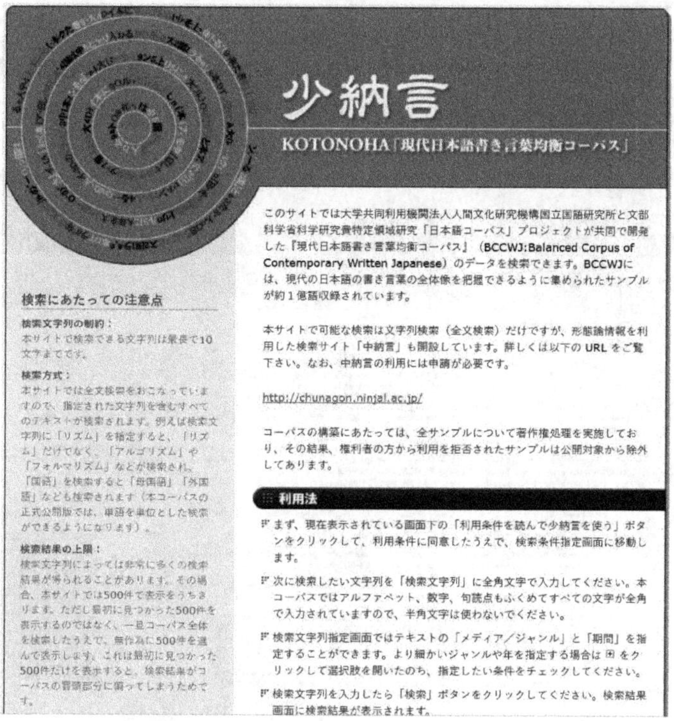

图 8–55　现代日语均衡书面语语料库——“少纳言”首页

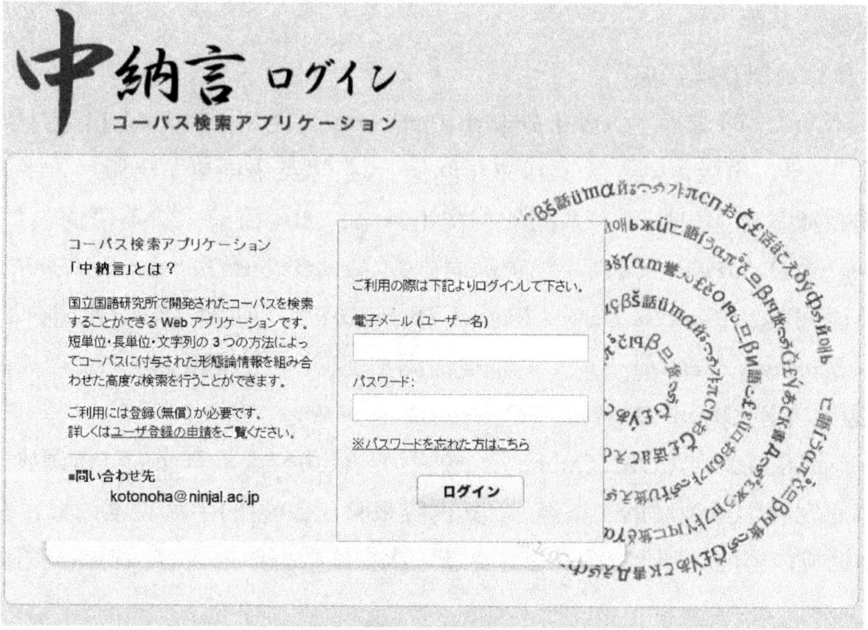

图 8–56　现代日语均衡书面语语料库——“中纳言”首页

（8）法语学习者口语语料库

法语学习者口语语料库[①]（French Learner Language Oral Corpora，FLLOC）是通过收集法语学习者各种笔语和口语的自然语料而建立起来的一种语言学习数据库。

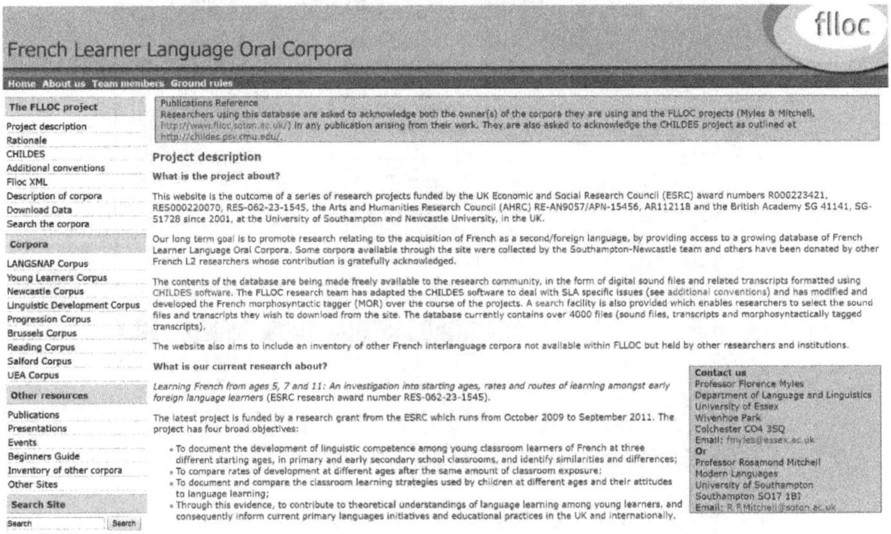
flloc
French Learner Language Oral Corpora
Home About us Team members Ground rules
The FLLOC project
Project description
Rationale
CHILDES
Additional conventions
Flloc XML
Description of corpora
Download Data
Search the corpora
Corpora
LANGSNAP Corpus
Young Learners Corpus
Newcastle Corpus
Linguistic Development Corpus
Progression Corpus
Brussels Corpus
Reading Corpus
Salford Corpus
UEA Corpus
Other resources
Publications
Presentations
Events
Beginners Guide
Inventory of other corpora
Other Sites
Search Site
Search
Publications Reference
Researchers using this database are asked to acknowledge both the owner(s) of the corpora they are using and the FLLOC projects (Myles & Mitchell, http://www.flloc.soton.ac.uk/) in any publication arising from their work. They are also asked to acknowledge the CHILDES project as outlined at http://childes.psy.cmu.edu/.
Project description
What is the project about?
This website is the outcome of a series of research projects funded by the UK Economic and Social Research Council (ESRC) award numbers R000223421, RES000220070, RES-062-23-1545, the Arts and Humanities Research Council (AHRC) RE-AN9057/APN-15456, AR112118 and the British Academy SG 41141, SG-51728 since 2001, at the University of Southampton and Newcastle University, in the UK.
Our long term goal is to promote research relating to the acquisition of French as a second/foreign language, by providing access to a growing database of French Learner Language Oral Corpora. Some corpora available through the site were collected by the Southampton-Newcastle team and others have been donated by other French L2 researchers whose contribution is gratefully acknowledged.
The contents of the database are being made freely available to the research community, in the form of digital sound files and related transcripts formatted using CHILDES software. The FLLOC research team has adapted the CHILDES software to deal with SLA specific issues (see additional conventions) and has modified and developed the French morphosyntactic tagger (MOR) over the course of the projects. A search facility is also provided which enables researchers to select the sound files and transcripts they wish to download from the site. The database currently contains over 4000 files (sound files, transcripts and morphosyntactically tagged transcripts).
The website also aims to include an inventory of other French interlanguage corpora not available within FLLOC but held by other researchers and institutions.
What is our current research about?
Learning French from ages 5, 7 and 11: An investigation into starting ages, rates and routes of learning amongst early foreign language learners (ESRC research award number RES-062-23-1545).
The latest project is funded by a research grant from the ESRC which runs from October 2009 to September 2011. The project has four broad objectives:
To document the development of linguistic competence among young classroom learners of French at three different starting ages, in primary and early secondary school classrooms, and identify similarities and differences;
To compare rates of development at different ages after the same amount of classroom exposure;
To document and compare the classroom learning strategies used by children at different ages and their attitudes to language learning;
Through this evidence, to contribute to theoretical understandings of language learning among young learners, and consequently inform current primary languages initiatives and educational practices in the UK and internationally.
Contact us
Professor Florence Myles
Department of Language and Linguistics
University of Essex
Wivenhoe Park
Colchester CO4 3SQ
Email: fmyles@essex.ac.uk
Or
Professor Rosamond Mitchell
Modern Languages
University of Southampton
Southampton SO17 1BJ
Email: R.F.Mitchell@soton.ac.uk

图8–57　法语学习者口语语料库首页

（二）其他网络资源

1. 词典类

（1）牛津英语在线词典

《牛津英语词典》（*Oxford English Dictionary*）由牛津大学出版社（Oxford University Press）出版，第一版于1933年问世。《牛津英语词典》出版后，牛津大学出版社陆续在此基础上出版了一系列的英文工具书，如《简编牛津英语词典》（*Shorter Oxford English Dictionary*）、《新牛津英语词典》（*New Oxford Dictionary of English*）、《牛津简明英语词典》（*Concise Oxford English Dictionary*）、《牛津高阶学习词典》（*Oxford Advanced Learner's Dictionary*）、《牛津美语词典》（*New Oxford American Dictionary*）、《牛津词源词典》（*Oxford Dictionary Of English Etymology*）等。

牛津英语在线词典（OED Online）[②]被视为当代最权威最全面的英语词典，被誉为英语语言研究和学习领域的“圣经”。其内容来自于20卷的牛津英语词典，在最新发行的纸本词典内容的基础上，每3个月更新一次在线数据库的内容。它是英语语言发展

① http://www.flloc.soton.ac.uk/

② http://www.oed.com/

的忠实记录，记录了超过60万英语单词自公元1050年至今的发展沿革和250万各种来源的引文。功能包括词条、意义、语境、引文、词源的搜索，对语言学家、英语文学家和语言爱好者都有极大的帮助。

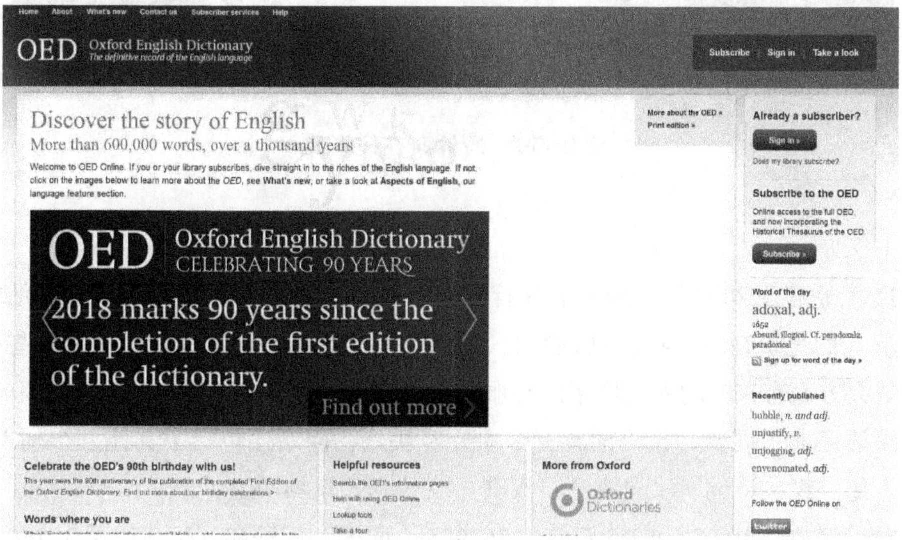

图8–58　牛津英语在线词典首页

（2）柯林斯在线词典

哈珀·柯林斯（Harper Collins）出版集团1817年在纽约成立，有着近两百年出版教育及参考书目的历史，是专门出版教育类、语言类、地理类等专业书籍的大型公司。1819年，《柯林斯英语词典》（*Collins English Dictionary*）问世，内含118000条词汇及220000条相关解释，是世界最权威的四大词典之一（另外三大是韦氏词典、朗文词典和牛津词典）。

柯林斯在线词典[①]由柯林斯总部的编辑团队历时18个月开发完成，于2011年12月31日发布。发布当日，柯林斯在线词典即收录了12万项词条释义，每个词条都包含有释义、引申义、词源等信息，词典共引用200万句权威例句，目前收录量已超过72.2万多条单词、释义及短语。

柯林斯在线词典支持英语词汇释义以及英语与法、德、西、意、葡、中、印地语互译，网站还提供了英语词汇使用趋势数据。

① https://www.collinsdictionary.com/

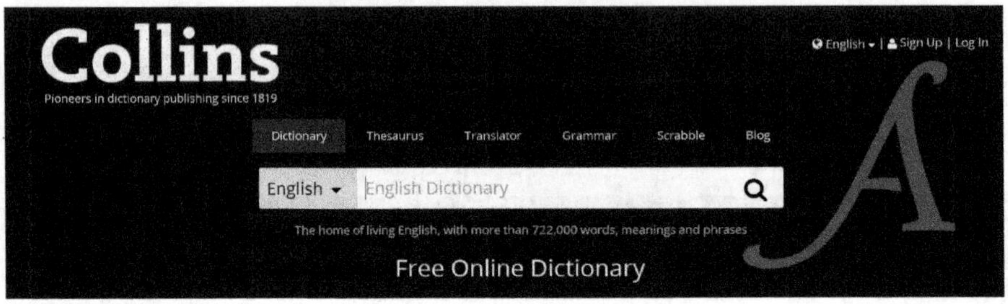

图8–59　柯林斯在线词典

（3）汉典

汉典[①] 始建于2004年，是一个有着巨大容量的字、词、词组、成语及其他中文语言文字形式的免费在线辞典。网站宗旨是介绍中国文化、历史和语言，为那些在中文学习、研究方面有兴趣的人提供帮助与服务，并探讨中文语言文字使用的规范和标准。

除汉语字典、词典、成语词典三个主要模块外，网站还包括了其他五个辅助模块，即汉典古籍、汉典诗词、汉典书法、汉典中文论坛及汉典英文论坛。

目前，汉典收录了75983个汉字、361998个词语、短语和词组，以及32868成语的释义；汉典古籍收录了总共包含有38529章节的1055部古典文献书籍、203篇古文；汉典诗词收录了268886首古典诗词；汉典书法收集135804个著名的中国书法家汉字书法作品。

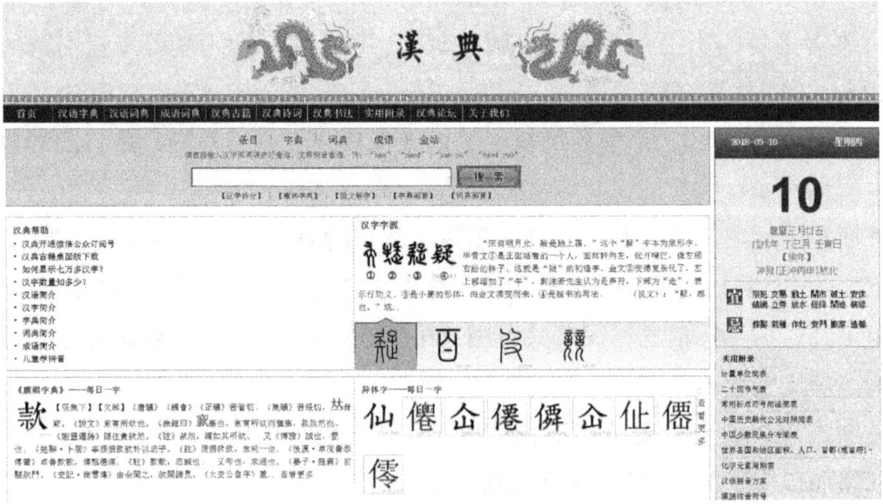

图8–60　汉典首页

① http://www.zdic.net/

2. 论坛、博客及其他网站

（1）语料库语言学在线

语料库语言学在线[①]成立于2005年4月1日，致力于为广大语料库语言学爱好者提供信息交流、问题讨论和资源共享的平台。论坛分为公告 / 注意事项，理论探讨，专题研究，语料库检索、标注与工具开发，特别关注等五个板块，每个板块下还细分了相应的子模块。该网站提供了一些语料库语言学相关的学术文章的电子版，可供注册用户下载学习使用。

（2）语言学之家

语言学之家[②]是南京大学博士生导师陈新仁教授组织创办的集课程教学、科学研究、学术讯息、在线讨论于一体的英语语言学类网站。

该网站包括学术动态、课程资源、学术资源、成果推介、学术讨论等主栏目。

“学术动态”栏目主要介绍国内学术会议和学术讲座等最新信息。

“课程资源”栏目主要提供英语语言学、语用学、英语语法、英语词汇学、英语写作等课程的教学大纲、教学重点、教学难点、教学课件、答案参考等资料。

“学术资源”栏目主要介绍国内外英语语言学学术期刊、经典文献、优秀论文、学术规范、项目研究、学者学会等内容。

“成果推介”模块主要介绍语言学方向新近出版的专著、论文等。

“学术讨论”模块是在线讨论部分（BBS），为语言学爱好者提供在线讨论的平台，目前主要由课程交流区、学术交流区、考试交流区和自由天地等四大板块组成。

（3）Chomsky.info

Chomsky.info[③]是美国著名语言学家艾弗拉姆·诺姆·乔姆斯基（Avram Noam Chomsky）的个人主页。该网站收录了乔姆斯基的著作、文章、音视频、访谈、书信、传记等内容，并为用户提供了按类别浏览和简单检索功能。

（4）iLoveLanguage

iLoveLanguage（原名 Human-Language Page）[④]是一个语言学网络资源导航网站，提供2400余个经过人工审核的链接，内容覆盖与语言及语言学分支学科有关的教学、字典、项目和商业资源，如在线语言课程、翻译辞典、本土文学作品、翻译软件等。

网站按照资源类别的不同分为多个数据库，用户可根据实际需要浏览；也可以使用检索框查找匹配的网站。

---

① http://www.corpus4u.org/

② http://www.cxrlinguistics.com/

③ https://chomsky.info/

④ http://www.ilovelanguages.com/index.php

（5）The World Atlas of Language Structures

The World Atlas of Language Structures（世界语言结构地图集）① 是一个有关语言结构的大型数据库，其内容由55名语言学家组成的团队收集而成。该网站收集了世界上几乎所有语言的资料，包括语音学、音位学、形态学、句法和词汇结构方面的资料，其中“Chapters”模块是语言学基本资料的统计数据，“Reference”模块可以帮助用户通过作者、书名、语言等信息查找相关语言学文献，“Language”模块可以查找特定语言的有关信息。

（6）Linguist List

Linguist List② 是个语言学家列表网站，是一个为语言学家或语言学专业研究者提供通告、会议、基金、项目、论文、出版物和计算机支持方面的资源链接，由印第安纳大学语言学系负责维护。此外，网站还提供了世界各地有关语言学专业的招聘信息、近15000本语言学著作的详细资料以及语言学会议的详细信息。

（7）Language Log

Language Log③ 由宾夕法尼亚大学的语言学家马克·利伯曼（Mark Liberman）和杰弗里·普拉姆（Geoffrey Pullum）于2003年共同创办，目前是世界上最知名的语言学博客。该博客由世界著名的语言学专家执笔，主要关注生活中的各类语言学现象，更新频率较高。

五、语言学权威专业期刊

（一）SSCI 期刊

根据2017年 SSCI 期刊排名，前20位的语言类学术期刊如表8-4所示。

表8-4　SSCI排名前20位的语言类学术期刊

序号	期刊名	出版商	影响因子
1	Applied Linguistics	Oxford University Press	3.593
2	Journal of Memory and Language	Elsevier	3.065
3	Bilingualism: Language and Cognition	Cambridge University Press	3.010
4	Journal of Fluency Disorders	Elsevier	2.714
5	Computational Linguistics	Springer International Publishing AG.	2.528

① http://wals.info/

② https://funddrive.linguistlist.org/

③ http://languagelog.ldc.upenn.edu/nll/

续表

序号	期刊名	出版商	影响因子
6	Brain and Language	Elsevier	2.439
7	ReCALL	Cambridge University Press	2.333
8	Language Learning & Technology	Michigan State University	2.293
9	International Journal of Language & Communication Disorders	John Wiley & Sons, Inc.	2.195
10	Cognitive Linguistics	De Gruyter Publisher	2.135
11	Computer Assisted Language Learning	Taylor& Francis Group	2.121
12	Annual Review of Applied Linguistics	Cambridge University Press	2.083
13	Language Learning	John Wiley & Sons, Inc.	2.079
14	TESOL Quarterly	John Wiley & Sons, Inc.	2.056
15	Studies in Second Language Acquisition	Cambridge University Press	2.044
16	Applied Psycholinguistics	Cambridge University Press	1.970
17	Language Teaching	Cambridge University Press	1.913
18	Research on Language and Social Interaction	Taylor & Francis Group	1.896
19	Language Cognition and Neuroscience	Taylor & Francis Group	1.852
20	Journal of Speech Language and Hearing Research	American Speech-Language-Hearing Association	1.771

（二）CSSCI 期刊

1. 中国语言文学类学术期刊

根据中文社会科学引文索引 CSSCI（2017—2018 年）收录来源期刊目录，中国语言文学类学术期刊如表 8–5 所示。

表 8–5　CSSCI 收录的中国语言文学类学术期刊

序号	期刊名	主办单位	CN 号
1	汉语学报	华中师范大学	42-1729/H
2	中国语文	中国社会科学院语言研究所	11-1053/H
3	古汉语研究	湖南师范大学	43-1145/H
4	世界汉语教学	北京语言大学	11-1473/H
5	语言研究	华中科技大学中国语言研究所	42-1025/H
6	语文研究	山西省社会科学院	14-1059/H
7	语言教学与研究	北京语言大学	11-1472/H
8	语言科学	江苏师范大学语言研究所	32-1687/G

续表

序号	期刊名	主办单位	CN号
9	当代语言学	中国社会科学院语言研究所	11-3879/H
10	当代修辞学	复旦大学	31-2043/H
11	语言文字应用	教育部语言文字应用研究所	11-2888/H
12	方言	中国社会科学院语言研究所	11-1052/H
13	民族语文	中国社会科学院民族学与人类学研究所	11-1216/H

2. 外国语言文学类学术期刊

根据中文社会科学引文索引 CSSCI（2017—2018年）收录来源期刊目录，外国语言文学类学术期刊如表8–6所示。

表8–6　CSSCI收录的外国语言文学类学术期刊

序号	期刊名	主办单位	CN号
1	外语教学与研究	北京外国语大学	11-1251/G4
2	外语界	上海外国语大学	31-1040/H
3	外国语	上海外国语大学	31-1038/H
4	现代外语	广东外语外贸大学	44-1165/H
5	中国外语	高等教育出版社	11-5280/H
6	外语电化教学	上海外国语大学	31-1036/H
7	外语教学理论与实践	华东师范大学外语学院	31-1964/H
8	中国翻译	中国外文局对外传播研究中心等	11-1354/H
9	外语与外语教学	大连外国语学院	21-1060/H
10	外语教学	西安外国语大学	61-1023/H
11	外语研究	解放军国际关系学院	32-1001/H

第9章

法律信息检索

一、法律文献概述

从广义的角度来看，凡是记载法律现象以及有关秩序与正义问题的文献即法律文献。其中，法律现象包括法律行为、法律传统、立法现象、司法现象、行政执法现象等。[①]

（一）法律文献的分类

目前，国际法律图书馆界广泛接受和采用的法律文献的分类方法是耶鲁大学法学院教授莫里斯·科恩和弗吉尼亚大学法学院法律检索老师肯特·奥尔森提出的。他们借鉴了法律渊源的概念，认为法律文献按其效力的不同分为三类：原始法律资源（Primary Sources），具有强制约束力；二次法律资源（Secondary Materials），没有法律效力，只是在不同程度上有一定说服力；法律检索工具（Finding Tools），用来查找其他法律文献的工具。[②]

1. 原始法律文献

原始法律文献，也称一次法律文献，主要是指国家立法机构和政府制定颁布的法律、行政法规、行政规章、法律解释等。在普通法系国家，原始法律文献还包括司法判例和决定。这类文献具有法律效力，具有规范性，也称为"规范性法律文献"。

2. 二次法律文献

二次法律文献是指不具有法律效力和约束力的，研究、探讨和评论法律的文献。

---

① 田庆锋等编著:《中国法律文献学引论》,《中国政法大学出版社》，2014年，第28页。

② Morris L.Cohen and Kent C.Olson，*Legal Reserch*，8th ed., West Group，2003，pp.7-8.

二次法律文献一般包括学术论文、专著、教材等。这一类文献不具有法律效力和规范性，也称为“非规范性法律文献”。

3. 法律检索工具

检索工具是指用以报道、存贮和查找文献线索的工具。法律检索工具主要有传统的法律文献书目、索引、现代的在线公共检索目录系统、数据库检索引擎、互联网搜索引擎等。数据库同时兼具资源本身和检索工具职能。

4. 法律文献资源的分类及效力 ①

表 9–1 法律文献资源的渊源及效力

渊源（sources）	原始法律资源（规范性法律资源） 如：宪法、法律法规、行政规章、司法解释、判例（普通法国家）。	二次法律资源（非规范性法律资源） 如：法学专著、法学论文、法律词典、法律百科全书等。
效力（authority）	1.强制性规范 如：宪法、法律法规、行政规章、司法解释、判例（普通法国家）。 2.非强制性规范 如某地区的地方法规对另一地区来说是非强制性规范；行业公会制定的规则。	说服性规范 如：某个法学理论如果被司法部门接受即成为说服性规范。

（二）法律文献的特征

法律文献具有文献的一般特性，也具有其自身的特点。法律文献的特征是建立在一定事实基础上的产物，是由法律固有的性质所决定的。一般认为，法律文献具有规范性、分散性与多样性的特点。法律的严肃性必然要求法律文献规范化，法律的社会性导致法律文献分散化，法律的实践性促进了法律文献多样化。规范化是其内容特征，分散化是其来源特征，多样化是其形式特征。三者之间有机联系，互相补充。

1. 规范化

规范化是法律文献最显著的特征，是其内容特征。规范化是法律对法律文献的必然要求。法律文献的规范化表现在两个方面，即法律文本的规范和法律文书程式的规范。法律文本是法律文献的核心。它不同于一般的文献。法律是人们行为的准则、行动的指南，任何人都必须无条件服从它，而不能任行其事，无视它的存在。

2. 分散化

分散化是法律文献的来源特征。这是法律社会性在法律文献中的客观表现。社会越发展，法律越完备，法律文献的种类就越丰富，法律文献涉及的范围就越宽广。法律的影响力伴随着法律文献的遍布发挥着重要作用。在现实生活中，法律、法规来自

① 于丽英：《法律文献检索》，北京大学出版社，2015年第3版。

中央和地方的数百个部门和单位。有全国人大及常委会、国务院及各部委、两高（最高人民法院和最高人民检察院）、省级人大及常委会、省政府、经济特区、省会及较大城市的人大及常委会，这数百个单位和部门发布的法律、法规，必然使法律文献处于极度的分散状态。

3. 多样化

多样化是法律文献的形式特征，是法律实践性在法律文献中的积极反映。社会生活的纷繁复杂必然呈现出多样色彩。随着法律的制订，围绕法律的补充、解释、应用、学习、研究、教育、宣传的开展，法律文献的样式也不断地增多，形式不断地创新，以便更加广泛地适应不同环境条件的需要。

（三）法律文献信息源

1. 规范性法律资源

（1）法律法规

① 法律规范

法律规范是指通过国家的立法机关制定的或者认可的，用以指导、约束人们行为的行为规范的一种。它是法学研究和法律实践的基础，可以说它是连接理论法学和实践法学的桥梁。如《全国人民代表大会常委会公报》是我国公布法律的法定载体，最具权威性。

② 行政法规

行政法规是国务院为领导和管理国家各项行政工作，根据宪法和法律，并且按照《行政法规制定程序暂行条例》的规定而制定的政治、经济、教育、科技、文化、外事等各类法规的总称。其基本形式有条例、规定和办法。

③ 地方性法规

地方性法规是有立法权的地方国家机关依法制定与发布的规范性文件。在中国，根据宪法和立法法等有关法律的规定，省、自治区、直辖市、国务院批准的较大的市以及省政府所在地的市的人民代表大会及其常委会，根据本行政区域的具体情况和实际需要，在不同宪法、法律、行政法规相抵触的前提下有权制定地方性法规。[①]

④ 规章

依据国务院《规章制定程序条例》（2002），在部门公报或者国务院公报和地方人民政府公报上刊登的规章文本为标准文本。包括部门规章、地方政府规章。

① 陆雄文：《管理学大辞典》，上海辞书出版社，2013年。

⑤ 法律法规汇编

表9–2　法律法规汇编主要资源

类别	内容示例
最新法律法规汇编	《中华人民共和国新法规汇编》，国务院法制办公室编，中国法制出版社，每月1辑。
年度法律法规汇编	1.《中华人民共和国法律汇编》，全国人大常委会法制工作委员会编，人民出版社，收录时间始于1979年，按年度出版。 2.《中华人民共和国法规汇编》，国务院法制办编，中国法制出版社，收录时间始于1954年，每年1册。 3.《中华人民共和国法律全书》，王怀安主编，吉林人民出版社，按年度出版。
回溯性法律法规汇编	1.《中华人民共和国法律法规全书（1949—1993年）》，全国人大常委会法制工作委员会审定，民主法制出版社，1994年，共10卷。 2.《中华人民共和国法律汇编（1954—2004年）》，全国人大常委会法制工作委员会编，人民出版社，2004年。 3.《中华人民共和国法律法规汇编》（中英文版），国务院法制办编，中国法制出版社,2011年。分宪法卷、民商法卷等8卷。
活页法律法规汇编	1.《中华人民共和国法律法规》，全国人大常委会法制工作委员会编著，法律出版社，1949年至今，每年更新6次。 2.《*Laws and Regulations of the People's Republic of China*》，国务院法制办编著，中国法制出版社，2001年，国内第一套英文法规汇编。
专题性法律法规汇编	1.《中华人民共和国涉外法规汇编》（*Laws and Regulations of the People's Republic of China Governing Foreign-related Matters*），国务院法制办编著，中国法制出版社。收录1949年至今的有关涉外的法律法规。按年度出版，中英文对照。 2.《中华人民共和国涉外税收法律法规汇编》，国家税务总局涉外税收管理司编，中国税务出版社，1995年以来陆续出版。
地方性法律法规汇编	1.《中华人民共和国地方性法律汇编（1992—1994年）》，中国法律年鉴社，1995年。 2.《北京市法规规章汇编》，北京市人民政府法制办公室编，按年度出版。 3.《浙江省地方性法规汇编》，浙江人民出版社，1979年以来按年度出版。

一般来说，通过网络搜索或政府网站就能很方便地获得法律法规相关信息，如中央政府网站和地方政府网站中的规范性法律资源，此外法律专业数据库也是常用的资源和检索途径。

（2）法律解释中的司法解释

法律解释是对法律、法规、法令等规范性文件的内容和含义所做的说明，可分为正式解释（有权解释或合法解释）、非正式解释（无权解释）。正式解释包括立法解释（人大常委会）、司法解释（两高院）和行政解释（国务院及主管部门）。其基本形式有：解释、规定、批复。其中司法解释的主要资源及利用见表9–3。

表9–3　司法解释的主要资源

类别	主要内容示例
综合性司法解释汇编	1.《最高人民法院司法解释》，最高人民法院研究室编，法律出版社，年度汇编，不定期出版。 2.《中华人民共和国常用法律法规司法解释全书》，国务院法制办公室编，中国法制出版社，2010年。 3.《新编中华人民共和国司法解释全书》，中国法制出版社，按年度出版。 4.《中华人民共和国最新司法解释全集》，法律出版社，按年度出版。
专题性司法解释汇编	如：1.《中华人民共和国最高人民法院最高人民检察院司法解释与指导案例》，中国法制出版社，2011年，分为民事、刑事、商事等卷；2.《最高人民法院司法解释解读系列》，法律出版社，2009—2011年，包括民事、刑事、行政、劳动、民事诉讼、刑事诉讼等卷。
司法解释数据库	如：《中国法律法规规章司法解释全库》（北大法律信息网）、北大法意“法律法规”库中的司法解释。

（3）案例资源

法律案例文献是指各级人民法院公开的有关案件审理后的案卷材料或以案情分析为主要内容的出版物，是法律文献的重要组成部分。在我国，判例不能作为法院审判案件的直接依据，一般只能作为审判案件的参考。但是，案例文献在法学研究、教学、法律实务以及法制宣传中都必不可少，也是由理论学习通向实践学习的桥梁。

表9－4　案例资源示例

类别	主要内容示例
案例汇编	1.指导案例。最高人民法院案例指导工作办公室每年度对指导性案例进行编纂。 2.最高人民法院公报案例。如《最高人民法院公报》最新案例，每月1期;《最高人民法院公报案例大全》，人民法院出版社，2009年。 3.《人民法院案例选》，最高人民法院中国应用法学研究所定期编辑，人民法院出版社出版，1992年起，每年4辑。 4.典型案例。最高人民法院定期发布一些对社会影响大、具有较强典型意义的典型案例。 5.案例选编。如《中华人民共和国最高人民法院判案大系》，人民法院出版社，2003年。
裁决书汇编	1.《中国国际经济贸易仲裁委员会裁决书汇编》，中国国际经济贸易仲裁委员会编，法律出版社，2004年。全书收录1963—2000年的裁决文书，共32册。 2.《中国国际经济贸易仲裁裁决书选编（1989—1995年）》，中国国际经济贸易仲裁委员会编，中国对外经济贸易出版社，1997年。 3.《中国国际经济贸易仲裁裁决书选编（1995—2002年）》，中国国际经济贸易仲裁委员会编，法律出版社，2002年。 4.《中国国际经济贸易仲裁裁决书选编（1995—2002年）》，法律出版社，2009年。收录2003—2006年审结的约200件具有典型意义的裁决书。 5.《中国海事仲裁委员会裁决书和调解书选编：1984—1988年》，中国海事仲裁委员会编，法律出版社，1989年。
案例数据库	1.北大法宝数据库的“司法案例库”。 2.北大法意数据库的“法院案例库”。 3.中国法院网。网站设有“审判”栏目，分为民事案件、刑事案件、行政案件、典型案件。

（4）国际条约

国际条约（International Treaties）是指国际法主体之间以国际法为准则而确立其相互权利和义务而缔结的书面协议。基本内容是政治、经济、贸易、法律、文化、军事等方面的相互权利和义务的法律文件。国际条约的名称很多，有条约、公约、协定、协定书、宪章、签约和宣言等。

表9–5　国际条约汇编

类别	主要内容示例
1949年新中国成立以来的条约集和汇编	1.《国际条约集》，世界知识出版社及商务印书馆先后出版。 2.《中华人民共和国条约集》，外交部编。 3.《中华人民共和国多边条约集》，外交部条约法律司编，法律出版社，1987年。
经济贸易方面的条约公约汇编	1.《加入世界贸易组织法规文件汇编》，国务院法制办，中国法制出版社，2002年。 2.《国际经济条约公约集成》及其续编，芮沐，人民法院出版社，1994、1997年。 3.《国际经济贸易条约总览》，黄曙海，中国法制出版社，1997年。 4.《国际民事商事公约与惯例》（附英文）。
其他方面的条约汇编	1.《中华人民共和国国际司法合作条约集》，司法部司法协助外事司，中国方正出版社，2005年。 2.《国际海事条约汇编》，袁新林，大连海事大学出版社，1993年。
条约数据库	1.北大法宝“中外条约数据库”。 2.北大法意“法律法规”库中的国际条约。 3.中国人大网的“文献资料”栏目提供“公约、条约及双边协定”，均有全文。如图9-1所示（http://www.npc.gov.cn/npc/xinwen/newwxzl.htm）。 4.外交部网站“资料”栏目下设“条约文件”，包括“条约法规”“政策文件”“我国对外缔结的司法合作类条约”。

图9–1　全国人大条约检索页面

2. 非规范性法律资源

（1）法律工具书类文献

法律工具书类文献主要包括法律词典、法律年鉴、法律手册、法律百科全书。

（2）法学研究类文献

① 法学研究著作。法学研究著作类文献主要包括各种法学研究专著、法学教科书、法律普及读物等。

② 法学期刊论文。如《中国法学》《法学研究》等。

③ 法学学术会议论文。法学学术会议论文是指在法学学术会议上交流、发表的学术论文、报告。

④ 法学研究报告。如《2004年中国司法行政发展研究报告》《2006—2007年度中国法学研究报告》《2013—2015年中国法治状况研究报告》《国际私法国际前沿年度报告（2011—2016年）》等。

二、国内法学专业数据库检索

（一）北大法宝

北大法宝[①]1985年诞生于北大法律系，是由北京大学法制信息中心与北大英华科技有限公司联合推出的智能型法律信息一站式检索平台。目前，包括“法律法规”“司法案例”“法学期刊”“律所实务”“专题参考”“英文译本”和“法宝视频”七大检索系统。

1. 法律法规数据库

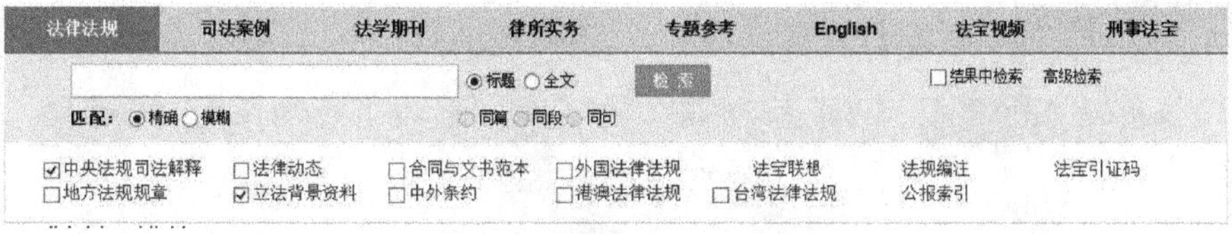

图 9–2　法律法规系统检索界面

该库收录自1949年起至今的全部法律法规，包括中央法规司法解释、地方法规规章、合同与文书范本、港澳台法律法规、中外条约、法律动态等。具有“摘要显示”“检索结果筛选”和“修订沿革”功能。独创的“法宝联想”功能使法规条文与案例、法学文献、英文译本等信息相互链接与印证，实现了立体化的法律信息展现体系。检索界面见图9–2。

① http://www.pkulaw.cn/

表9-6　法律法规数据库（统计日期：2017/9/9）

参数	简介
内容	法律、行政法规、法规性文件、司法解释、部门规章、地方性法规、地方政府规章，常用规范性文件。
数量	中央法规司法解释（276735篇）、地方法规规章（1223695篇）、法律动态（71018篇）、立法背景资料（9319篇）、合同范本（7243篇）、法律文书样式（7129篇）、中外条约（8187篇）、外国法律法规（507篇）、法规编注库（595篇）、中国香港法律法规库（2159篇）、中国澳门法律法规库（11621篇）、中国台湾法律法规库（9383篇）。
更新	平均每日更新600余篇，法律、行政法规发布后3日内更新，中央文件发布后7日内更新，地方文件15日内更新。
时效	标注法规时效性，注明时效变化原因。
来源	立法法认可的官方网站、政府公报、法规汇编，有关合作单位提供的文件。
质量	经过电脑与人工校对，符合出版物质量标准，经过与政府公报文本的核对。
检索方式	标题与全文关键词、日期、发布部门、法规分类、效力级别、时效性，多种条件组合检索，在检索结果中检索。
排列	按照法律适用原理效力级别排序，同一级别文件按照发布日期先后排序。
筛选	检索结果可再次按照发布部门、主题分类、效力级别、时效性等条件筛选。
提示	支持拼音首字母提示、词组提示、检索历史提示、参考关键词提示，提供全文检索结果预览提示。
法宝联想	提供法规或某法条的立法沿革，相关法规、案例、期刊论文，提供该法规英文译本标题；相关资料可以再次检索和筛选。
参考	提供该法规的同类、同发布部门、含有相同关键词的参考文件。
下载	提供法规或某法条的立法沿革，相关法规、案例、期刊论文，提供该法规英文译本标题；相关资料可以再次检索和筛选。

2. 司法案例数据库

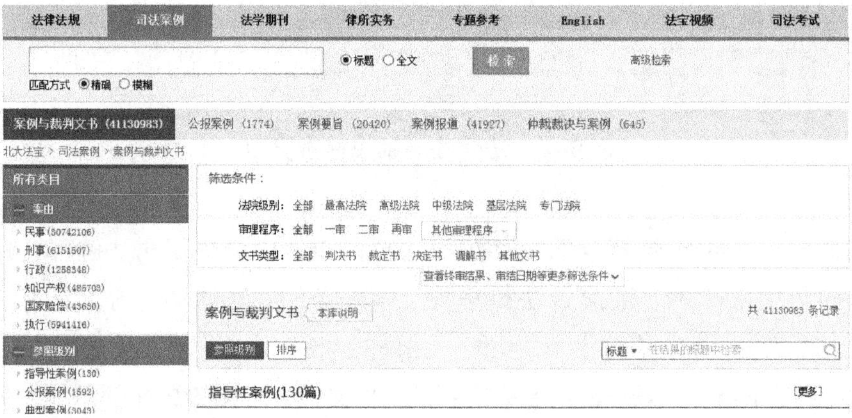

图9-3　司法案例数据库检索界面

全面精选收录我国大陆法院的各类案例，平均每个工作日收录案例500余篇。包括案例与裁判文书、公报案例、案例要旨、案例报道、仲裁裁决与案例五个子库，除对案例精细整理外，对指导案例、公报案例、典型案例进行了核心术语、争议焦点、案例要旨等方面做了深加工，由专家对案情进行深入剖析与点评，使收录的案例具有很高的参考价值。

表 9–7　司法案例数据库（统计日期：2018/4/10）

系统参数	简　介
内容	案例与裁判文书、案例报道、仲裁裁决与案例、公报案例、案例要旨。
数量	案例与裁判文书（39944738篇）、公报案例（1774篇）案例要旨（20372篇）案例报道（41747篇）仲裁裁决与案例（645篇）。
更新	司法案例时时更新，平均每日更新3万余篇。
来源	精选收录全国各级人民法院公布的各类裁判文书，主要包括两高发布的指导案例、两高从创刊号开始至今出版的公报上登载的案例、全国公开出版的上百余种案例类书籍中的裁判文书及社会关注度高的热点案例、案例报道及仲裁裁决案例。
检索方式	根据用户需求提供全方位检索、检索结果筛选功能，并独家推出个案系统呈现、案例关联帮助系统。
排列	按照民事、刑事、行政、知识产权、国家赔偿、执行排序，同一类文件按照发布时间先后排序。
筛选	检索结果可再次按照案例分类、案由分类、案例情节、审理程序、审理法院等条件筛选。
提示	支持拼音字母提示、词组提示、检索历史提示、参考关键词提示。
法宝联想	直接印证案例中引用的法律法规和司法解释，还可链接与该法规或某法条相关的所有法律法规、司法解释、案例、条文释义、法学期刊、英文译本等。
参考	提供案例的法律依据、相同案例、本院同类案例、相关审判参考、相关论文以及实务专题等资料。
下载	提供多格式文件下载（txt、word、html），所有文件均可选择是否保留相关资料链接。

3. **法学期刊数据库**

该系统收录国内法学类核心期刊、优秀的非核心期刊和集刊的全文及目录，各刊内容覆盖创刊号至今发行的所有文献，同时根据文章内容对其进行细致整理，满足用户一站式查询需求。

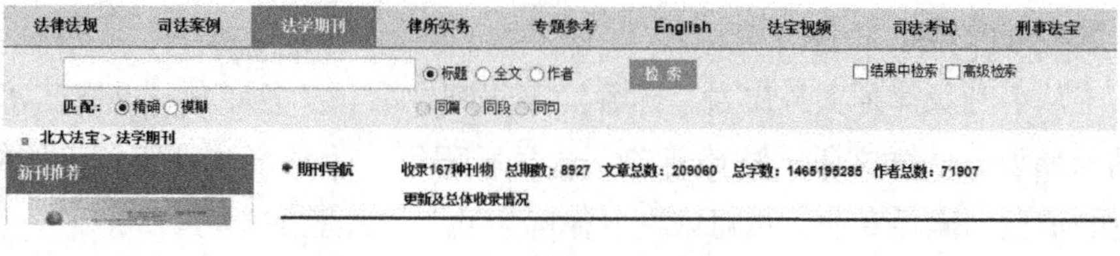

图 9–4　法学期刊数据库检索界面

表9-8 法学期刊数据库（统计日期：2018/4/10）

内容	《中国法学》《法学研究》《中外法学》《人民司法》《法学杂志》《政法论坛》等。
数量	收录165种刊物；总期数8885；文章总数208077；总字数1453308356；作者总数71907。
更新	每月数据更新1—2次；月更新数量600余篇。
来源	收录期刊的标准主要依据国内的四种版本：1.《中文社会科学引文索引》（CSSCI）；2.《中文核心期刊要目总览》；3.中国社科院《中国人文社会科学核心期刊要览》；4.《武汉大学RCCSE核心期刊目录》。
检索方式	可按照标题、作者、作者单位、分类、关键词、摘要、期刊年份、期号内容、期刊名称进行检索。
排列	按照核心期刊、非核心期刊、集刊、其他期刊排列；按照期刊在国内影响力排序。
提示	支持拼音字母提示、词组提示、检索历史提示、参考关键词提示。
下载	提供了多格式文件下载（txt、word、html、pdf），所有文件均可选择是否保留相关资料链接。

4. 律所实务数据库

精选国内知名律师事务所、全国优秀律师事务所获奖刊物和优秀文章，根据所属律所、刊物类别、专业领域、学科类别等分类导航，方便用户根据不同需求导航浏览。可按标题、全文、刊物名称、律师名称、律所名称、专业领域、学科分类、刊物年份、期号、中文关键词、摘要等限制检索。

图9-5 律所实务数据库检索界面

5. 专题参考数据库

该系统从审判及律师实务出发，内容涵盖裁判标准、实务专题、办案艺术与技巧、法律依据与精要、法学文献、法律年鉴、法学教程等，为从事法律实务工作的人士提供更专业的信息，满足专业人员对审判、律师实践工作经验的学习。

裁判标准内容来自最高人民法院专家型法官编写的《民商事裁判标准》《最高人民法院专家法官阐释民商裁判疑难问题》《诉讼原理与判例》系列、《金融危机下民商事案件裁判要点》《裁判理念与方法》等丛书，有11168个知识点。实务专题内容来自北大出版社出版的《北大法宝—法律人高级助手书系》，精选了20个实用性强的法律门类，内容涵盖民商法、刑法、经济法、行政法、诉讼法、社会法体系。

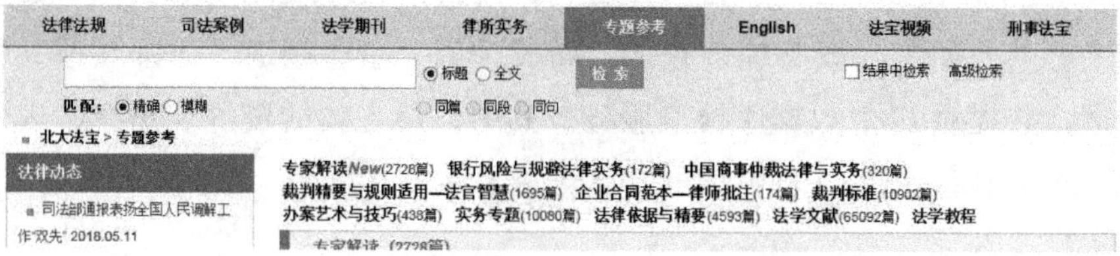

图 9–6　专题参考数据库检索界面

6. 英文译本数据库

该系统为用户提供中国法律法规、案例、中外税收协定等重要法律信息的英文译本。所有英文译本均与中文法律文本相对照，且提供多种文件下载模式。检索系统中所有内容均由北京大学法律翻译研究中心译制，质量可靠。支持中英文双语关键词检索，搭配独创的"法宝联想"功能，使英文译本与法规条文、相关案例、裁判文书、法学文献等信息之间相互链接与印证。

图 9–7　英文译本数据库检索界面

7. 法宝视频数据库

该系统收录了北京大学等多所国内顶尖法学院校的著名学者专题讲座，还包括来自司法界实务人员的一线实践经验传授，此外也兼顾了数位知名专家释法解读系列，并有机地加入了税务、管理、文化等综合素能课程。每个视频与文字讲义（或 PPT）同步播放，且与北大法宝法规、案例、法学期刊库进行法条联想，提供丰富灵活的辅助资源及实用的学习素材。

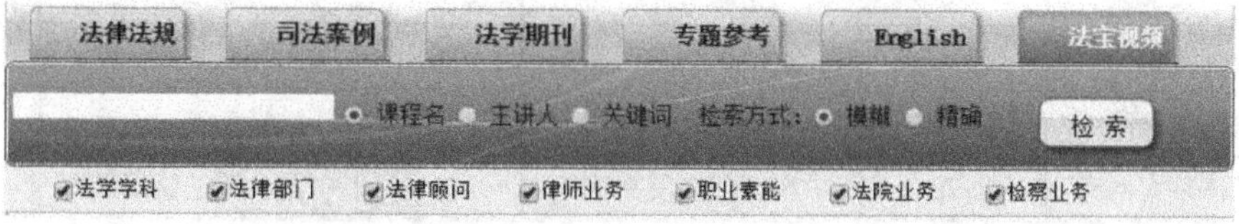

图 9–8　法宝视频数据库检索界面

（二）北大法意

北大法意[1]网由北京法意网科技有限公司与北京大学实证法务研究所、北京大学金融法研究中心共同研制，设有综合频道、高校频道、企业频道、律师频道、咨询频道等五个频道，共提供17个数据库检索服务，其中，最主要的资源有法律法规库、法院案例库和合同文本库等。

1. 法律法规库

文书来源：所有数据均具备权威来源，由专业法律编辑整理汇编。

文书导航：提供主题引导、专题引导、法域引导和层级引导等多种引导类型，最大限度契合用户检索习惯。

覆盖范围：全面覆盖同类法规数据库的内容及功能。

表9-9　北大法意法律法规库内容

中国法律法规库	1551515	中英文本对照库	3759	新旧版本对照库	213
香港法规库	3050	中国澳门法规库	32368	中国台湾法规库	10550
外国法规库	1016	国际条约库	5668	法规解读库	1840
古代近代法规库	648				

2. 案例库

涵盖大陆裁判文书、媒体案例、港澳台案例、审判精品案例等多个子库，伴随着裁判文书公开化进程的推进，每年以12万部的速度递增。

文书来源：来自于最高法检指导性案例、最高法检公报、审判要览等权威性审判资料。

文书导航：提供案由引导、专题引导、法律点引导和法院地域引导等多种引导类型，最大限度契合用户检索习惯。

数据检索：提供快速、高级检索、结果中检索等多种功能。

表9-10　北大法意案例数据库群内容

中国裁判文书库	14376819	精品案例库	24813	精选案例库	4286664
中国媒体案例库	55753	行政执法案例库	1918	国际法院案例库	140
外国法院案例库	808	中国古代案例库	467	教学参考案例库	438
中国香港法院案例库	89704	中国澳门法院案例库	17720	中国台湾法院案例库	610832

① http://www.lawyee.com/

对于国际法和国际经济专业，值得关注的是“国际法院案例库”和“外国法院案例库”。其中“国际法院案例库”数据均源自于国际法院年报和权威书籍。

3. 合同文本库

提供中英文合同、官方文本、行业合同、专题合同，并提供合同起草功能。

合同数量：共收录5585部中文合同范本（包括276部由法意专业编辑精心编写的法意推荐文本）、2402部各类型英文合同范本和50余部中英文合同对照文本。

数据来源：各部合同文本来源于各大官方网站、互联网站、各类律师事务所在实务应用中的合同文本以及多种纸质书籍，收录范围广，渠道多。

此外，北大法意还提供14个特色专题数据库检索服务，其他数据数据库介绍如表9–11所示。

表9–11　北大法意其他数据数据库介绍

数据库名称	数据库介绍	数据量
法学论著	法学文献库是一个庞大的法学文献数据集合，旨在覆盖网络、报纸、期刊、书籍等一切可用资源，成为数据索引最完整、全面的法学文献数据库。	索引不断更新（每月）
法律文书	法律文书是司法行政机关及当事人、律师等在解决诉讼和非讼案件时使用的文书，也包括司法机关的非规范性文件，囊括三大诉讼、公司企业、公检法机关、律师、仲裁、公证等各领域内的文书。	650余部
法律咨询	收录典型法律咨询问答，涉及刑事、民商、行政、执行、综合等多个方面。	680余部
法学词典	法学词典以音序或学科分类为索引，尽可能囊括了法学学科的所有专业词汇及其释义，分别按学科和英文字母A-Z顺序两种分类维度对法学词汇进行划分。	词汇扩充中
金融法库	提供与金融有关的法律类信息。	数据更新中
统计数据	法意库中的统计数据主要侧重司法领域，主要包括综合、刑事、民事、经济、行政、海事海商、交通运输、执行、赔偿、告申信访、特别程序11个方面的内容。	730余部
政报文告	政报文告是国家机关和地方政府对外发布的具有法律效力文件的载体，是《国家立法法》规定的刊登政府法律法规规章的标准文本，是行政复议和诉讼的依据。	14,000余部
审判参考	分别从文本类型、业务领域、地域三个维度进行数据种类划分，提供包括法院工作报告、领导讲话、新闻稿、会议纪要、调研报告、审判业务规定、法律理解与适用、司法建议等方面的审判资料。	3400余部
立法资料	提供包括新闻稿、立法说明、法律草案、征求意见稿以及其他。	8000余部
行政执法	提供行政处罚决定、整改通知书、通报批评、撤销决定等实务案例的查询服务。	2000余部
法务流程	按照不同领域提供各种专题分类引导。	6000余部
司法考试	提供历年司法考试真题以及答案，页面直接链接至司法考试在线模拟考试系统。	题库不断更新
法律人	提供国内的律所和律师信息，律所和律师可针对个人或所里的信息进行在线提交评析、修改。	——
WTO法律	提供与WTO有关的法律类信息。	——

4. 教育频道

教育频道是面向高校的法学门户资源站点，该频道以法学数据为核心，适用于法学专业以及其他各领域学科与法学专业的交叉研究，重点服务于高校领域的教学科研工作。该频道包含在线司法考试模考系统、实证研究平台、案例数据库群、法规数据库群、法学词典、法学文献、法学家沙龙、法学核心期刊目录、高校热点关注、免费电子期刊等模块及栏目。是国内唯一以法学教育、学习与科研应用为目的的自主服务平台。

图 9–9　北大法意教育频道首页

（三）中国法律知识资源总库（CLKD）

《中国法律知识资源总库》①（简称 CLKD）由同方知网技术产业集团开发，是我国资源收录完备、内容权威、功能先进的大型动态法律知识服务系统。数据库主要内容见表 9–12。

表 9–12　CLKD 主要内容

数据库名称	文献类型	收录时间	总文献量	特点	年更新
CLKD案例库	裁判文书、案例分析	1979年至今	1000万篇	文书评析结合	5万
CLKD论文库	期刊、博硕、报纸、会议	1979年至今	260万篇	权威全面综合	15万
CLKD法律法规库	中央法规、地方法规	1949年至今	102万篇	细致入条	8万

该数据库主要功能如下：

① http://law.cnki.net/

1. 跨库统一检索

法律法规库、论文库、案例库统一跨库检索，实现一站式查询。

2. 跨库统一导航

知识导航按照学科体系将所有文献分为法理学与法制史知识库、宪法知识库、行政法知识库、民商法知识库、经济法知识库、刑法知识库、诉讼法知识库、公安知识库等14个知识库，并在此基础上细分为400余个专题，每一专题都包括涉及该专题的法律法规、案例、论文等法律知识资源，形成独立的"行业小总库"，最大限度的满足用户对某一专业领域全面的知识信息需求。

3. 跨库知网节

《中国法律知识资源总库》"知网节"拥有案例、论文、法规三位一体的立体多维知识网络。不仅体现了知识之间的关联，更体现了案例、法律法规、论文之间的引用与印证关系，使得每一个CLKD知网节都是一个包含了法条适用、实务指导与理论研究的专题页面，为用户提供知识挖掘、知识发现、知识创新、业务研究、业务交流等增值知识服务。

4. 知识聚类

每一次的检索结果，系统都会深入分析文献内容，按照不同类型资源的不同标准对检索结果进行分类，主动推送给用户，用户可以对检索到的内容进行分析评价，从中选择最符合自己需要的内容。

该数据库检索方法见第3章"中国学术期刊网络出版总库"。

（四）法律门系列数据库

法律门系列数据库[①] 是法律出版社依托自身资源优势和香港中华法律网资源优势打造的全文检索应用型数据库，旨在为法律人士以及公众提供专业的全程法律服务及法律解决方案。集合法律出版社和中华法律网的优势资源，法律门数据库目前已建有14个法律应用数据库，包括法律法规、司法判例、仲裁案例、法律文书、合同文本、WTO、学术论文、实务应用、法律问答、法律释义、英文法律、法律翻译、法律名词、法律名录等，共计75万余条数据。主要数据库内容见表9–13。

表9–13　法律门数据库内容

名称	数据量	名称	数据量	名称	数据量
法律法规	432,008	实务应用	7750	仲裁案例	5780

① http://www.falvmen.com.cn/

续表

名称	数据量	名称	数据量	名称	数据量
法律文书	5368	英文法律	368	法律翻译	57202
学术论文	10,006	法律名录	968	法律名词	5930

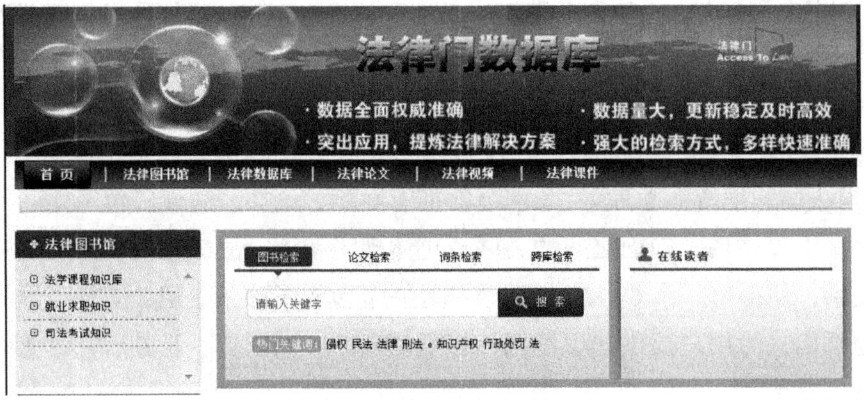

图9-10 法律门数据库主页

（五）法律之星

法律之星《中国法律检索系统》[①] 涵盖了中央和地方政府批准和颁布的各类现行法律、行政法规、部门规章、司法解释、地方性法规、规章、规范性文件；中国与各国签定的经济协定、科技协定和双边条约；有关贸易、保险、金融等方面多边条约、国际公约、国际商业惯例；最高人民法院公布的典型案例、司法裁判文书；中国香港立法局、中国台湾立法机构制定的经济法律、法规以及国家工商行政管理局示范合同式样和合同范本、常用文书范本和格式文书等67万多篇。每天以200—300篇的法规更新速度增加产品的法规内容，保证了与立法同步。

表9-14 数据库文件中外交、国际关系相关数据内容

数据库名称	中央法规文件	地方法规文件	文件总数（件）	最新文件日期
外经外贸	5308	4829	10137	2015-10-23
外交外事	689	568	1257	2015-10-15

① http://law.law-star.com

表 9–15　法规库中外交、国际关系相关数据库内容

数据库名称	文件数量	最新文件日期
国际公约和惯例数据库	788	2005-12-14
中外经济和科技协定数据库	4032	2009-11-30

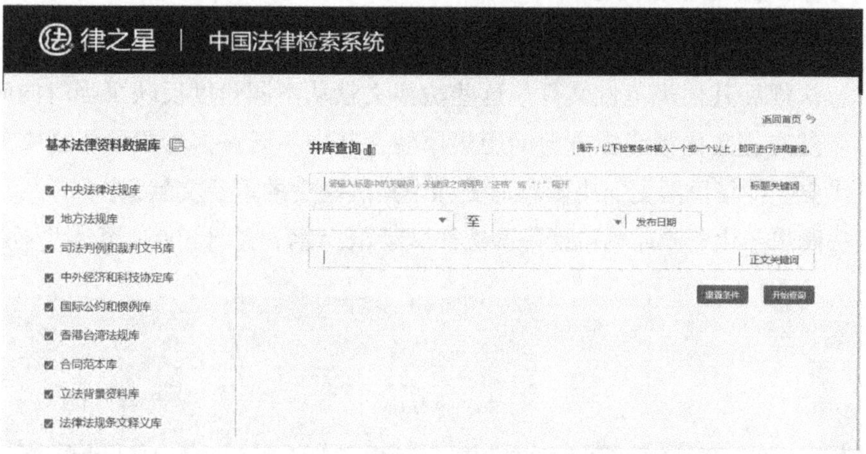

图 9–11　法律之星并库查询页面

（六）中国裁判文书网

图 9–12　中国裁判文书网高级检索界面

中国裁判文书网[1]是最高人民法院依据2014年1月1日实施的《最高人民法院关于人民法院在互联网公布裁判文书的规定》设立的。中国裁判文书网统一公布各级人民法院的生效裁判文书。目前，已经成为全球最大的裁判文书网，公布裁判文书超过4400万份，访问总量达到145亿。

（七）民国法律数字化资源库

民国时期曾先后出现过多个性质迥异、对峙并存的政权，其存在期间制定颁布了大量法律、法规和其他规范性文件，这些法律文献从不同角度反映了当时的政治、经济、军事、外交、文化等诸多方面的历史原貌，其中不乏许多珍贵的历史文献，是研究中国近代史、中华民国史、中国革命史和中国法制史的重要文献源。

民国法律数字化资源库[2]包括民国法律文献8114篇，总计29087页，并不断更新。

图9-13 民国法律数字化资源库主页

（八）港澳台法律数据库

1. 电子版香港法例

"电子版香港法例"[3]是由中国香港律政司维持运作的香港法例电子资料库。2018年7月1日之前与香港双语法例资料系统（BLIS）[4]并行运作。2018年7月1日之后，"电子版香港法例"将是唯一的香港法例官方网站，双语法例资料系统终止服务。

---

① http://wenshu.court.gov.cn/

② http://mylib.nlc.cn/web/guest/minguofalv

③ http://www.elegislation.gov.hk

④ http://www.blis.gov.hk/

图9–14　电子版香港法例主页

该库提供经编订法例的现行版本及过去版本（最早追溯至1997年6月30日），并提供不同的搜寻及阅览模式，使查阅法例更为便利。“电子版香港法例”的内容包括：

（1）中国香港“成文法”的中文及英文文本

① 所有现时实施的主体条例及附属法例。

② 所有主体条例及附属法例（包括已废除的主体条例及附属法例）追溯至1997年6月30日的过去版本。

（2）“宪法”类文件及其他有关文件

① 中华人民共和国宪法、香港特别行政区基本法、全国人民代表大会的有关决定、全国人民代表大会常务委员会的有关决定及解释等。

② 在香港特别行政区实施的全国性法律。

③ 香港特别行政区立法会议事规则。

（3）条例索引

①条例中文主题索引；②条例英文主题索引；③条例中文标题索引；④条例英文标题索引。

（4）宪报

提供由2000年起发布的宪报第1号法律副刊（条例）、第2号法律副刊（附属法例）、第3号法律副刊（条例草案）以及第6号副刊（只限私人草案）的文本，以供参考。上述宪报的真确本或在2000年之前发布的宪报，可参阅宪报的印刷版本。

（5）编辑修订记录

根据《1990年法例（活页版）条例》（1990年第51号）第2B条及《法例发布条例》（第614章）第15条编订的编辑修订记录。

（6）其他有用的资料

英汉法律词汇、汉英法律词汇、法律草拟科出版的刊物。

2. 澳门法例数据查询系统

澳门法例数据查询系统（LegisMac）[①] 收录了在《澳门特别行政区公报》（澳门回归之前的官方称谓是“澳门政府公报”）上刊登的法律、法规及各种规范性文件，以及与特区政府行政运作息息相关之各类批示、通告及公告等法制规范的文献，提供免费查询。一般而言，通过澳门特别行政区政府入口网站进入查询系统是最佳途径。

图9-15 澳门法例数据查询系统检索界面

其他澳门法律数据库还有：

（1）澳门“印务局”网站（http://www.io.gov.mo/cn/）。可免费查询澳门特别行政区的主要法典、法例等资源。

（2）“立法会”网站（http://www.al.gov.mo/）。提供《基本法》《中葡联合声明》全文以及1999年以后两届立法会通过的法律等内容，包括法律草案、立法意见、修正文本及刊登在《特区公报》上的法定文本等原始立法文献资料。

① http://legismac.safp.gov.mo/

（3）澳门“法律”网（http://www.macaolaw.gov.mo/cn/）。可免费提供澳门法例全文。

（4）澳门“中央图书馆政府出版物”数据库（http://www.library.gov.mo/）可免费检索政府出版物目录。

3. 月旦知识库

月旦知识库①是中国台湾元照出版公司出版发行的法学专业数据库。收录法学、高等教育、金融保险、公共管理、医疗卫生五大学科专辑，包括：期刊、文献专论、博硕士论文、教学资源、词典工具书、实务判解精选、常用法规、学术名家、考试题库热点等9大子库、50多万笔全文数据，运用智能型跨库整合交叉比对查询。具体收录内容如表9–16所示。

表9–16　月旦知识库数据库内容

子库名称	内容简介
期刊	1. 中国台湾高等教育TSSCI期刊独家收录：教育研究集刊、台东大学教育学报等。 2. 中国台湾法学TSSCI期刊，包括：台大法学论丛、政大法学评论、东吴法律学报等。 3. 大陆重要CSSCI核心期刊，包括：北大中外法学、中国政法大学比较法研究与政法论坛、清华大学清华法学、吉林大学当代法学、武汉大学法学评论、北大金融法苑等。 4. 月旦法学杂志系列独家收录：月旦法学杂志、法学新论、月旦法学教室、月旦民商法、月旦财经法、中德私法、月旦裁判时报、月旦释读文摘等。
论著	两岸4000位作者授权著作。除了出版机构出版外，也包括个人出版。
词典工具书	收录《元照英美法词典》《英汉法律用语大词典》《英汉法律缩略语辞典》《英汉法律词典》共计约205000笔词条。
教学案例	1. 教材讲义：提供学者教学所使用的教材及讲义。 2. 案例解析：由学者自创教学案例，透过学理阐述与分析，提升学习者的理解，实践学理与实务印证。 3. 裁判评释：收录学者所挑选具参考、经典之判决与函释，由案例事实中提供学理见解后，并作出体系的归纳，更对此案例提出争点评释。
常用法规	1. 中国台湾法规：6600种常用重要法规，并有专业编辑进行近万笔知识点加值。呈现框架：沿革、条旨、立法理由、草案对照、新旧条文对照、条文、相关实务见解等。 2. 大陆法规：收录近500种重要法规，并有专业编辑进行近万笔知识点加值。
判解精选	1. 中国台湾裁判：选实用的判解约25000笔，包括：大法官会议解释、司法解释、最高法院判决、最高法院决议、最高法院裁判。 2. 大陆裁判：选用重要及经典案例，包括最高人民法院、最高人民检察院、各级地方法院、专业法院等近千笔裁判。
博硕论文索引	收录两岸精选之法、政等相关领域之博硕士论文索引及部分全文。
题库讲座	收录两岸法学相关试题及部分参考答案，包括中国台湾试题有司法人员（司法官、律师等）、法律研究所、专技及高普考等，大陆试题（包括大陆司法考试、法学硕士、法律硕士、自考试题等），以及《判解集》《法观人》的完备考试信息。

① http://www.lawdata.com.tw/

三、国外法学专业数据库

（一）LexisNexis 法律数据库

1. 数据库介绍

LexisNexis①（律商联讯）是世界著名的数据库，公司成立于1818年，总部设在纽约，服务于全球175个国家的用户，全球许多著名法学院、法律事务所、高科技公司的法务部门都在使用该数据库。

（1）Lexis Advance 数据库

Lexis Advance②（全球法律信息数据库）作为Lexis.com的升级新平台，在原有平台丰富资源的基础上，进行了检索系统的改进设计，为法学研究者提供一站式的快速文献检索，便于研究者迅速、准确地找到相关领域英美法的前沿文献和权威分析，缩短文献检索和阅读理解的时间。

Lexis Advance 数据库专门提供在线法令、判例、法案等法律方面的检索服务，内容丰富，所收文献涉及法律、新闻和商业、公共信息三大领域。

① 法律部分：主要有美国法律文献、美国以外包括中国在内的其他160多个国家和地区的法律文献、二次资源（收录包括《耶鲁法律评论》在内的700多种法学期刊论文）、法律新闻（300多种美国及其他国家的法律报纸、杂志和新闻简报的法律新闻）和参考文献。

② 新闻和商业部分：收录来自世界各地9000多个资料来源的英语和非英语新闻，全球主要上市和非上市公司信息、行业概况等。

③ 公共信息，包括美国个人和企业信息，如联邦及各州的判决、破产记录、专业执照、诉讼记录等资料。

（2）LexisNexis CourtLink

LexisNexis CourtLink③（美国法院案卷检索系统）是独一无二的与全美法院案卷联网的信息平台，全新的法庭记录文件方式，可帮助用户获得深度信息，提高工作效率，有效节约信息获取成本。

其内容、特点如下：美国联邦及各州法院的超过1.68亿个案卷及相关文件；全美1139个法院的全文资料；美国国际贸易委员会2003年以来的所有337调查案例及相关文件；正在审理的案件进程和动态信息每小时更新；案件相关信息及原始文件一站式

---

① https://www.lexisnexis.com/

② https://advance.lexis.com/

③ https://www.lexisnexis.com/en-us/products/courtlink-for-corporate-or-professionals.page

获取；先进检索技术和多种通知功能。

（3）Lexis China律商网

Lexis China律商网[①]是LexisNexis为中国法律市场度身定做的实务性的中英双语法律数据库。面向来自政府、中外企业、国内外律所以及各大高校的专业法律用户，从信息检索到实务操作，提供一站式服务。

该数据库基础数据量已近300万，33个法规分类，全面涵盖1949年以来各级中央和地方颁布的法规和判例。推出多个实务模块，提供深度加工的实务内容。所收录的基础法规和判例信息都来自官方和权威渠道，评论文章、实务资料、案例解析等二次文献均由国内一流的专家撰写。法律信息和英文翻译均经过专业编辑团队的严格审校和筛选，确保数据库内不存在错误和重复数据，并确保翻译的精准度。实时监测超过3400个政府和机构信息源，确保信息每日更新，重要政府部门出台的法规可以在发布当天上线。拥有强大的技术支持，智能搜索引擎最大程度的提高检索结果的相关度。内容均按照法律主题、工作流程以及行业领域合理分类，便于浏览和查找。对内容进行加工和整理，实现了所有相关资料与中文法律法规的交互参考与查询。多种邮件提醒和简讯定制服务，并可以在移动设备上随时登录。用户可通过在线专家问答、网络会议、专题研讨会的方式共同分享各领域权威专家的精彩观点。

2. 系统功能

（1）简洁红色检索框：百度式检索，单击鼠标即可检索全库内容；通过使用引证号、常用法律名称或案件名称搜索，即可获得所需的全文文件；也可通过自然语言搜索，或者通过键入检索式进行高级搜索。

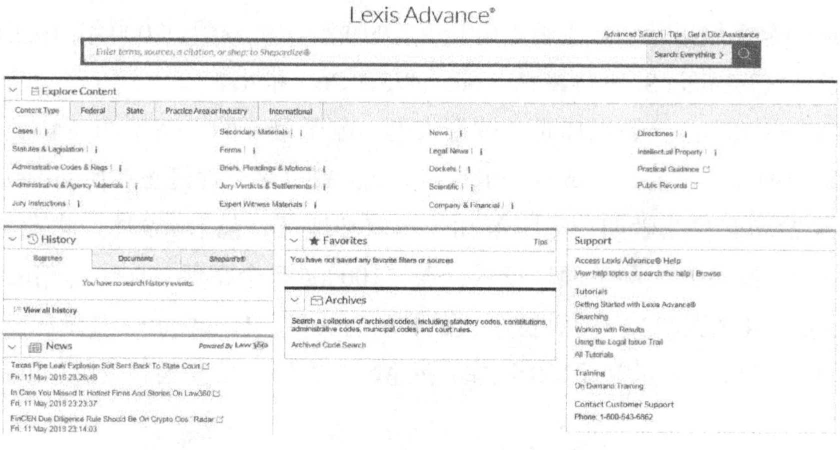

图9–16 Lexis Advance检索界面

① http://hk.lexiscn.com/

（2）自由设定搜索范围：在搜索前可以按照辖区、内容类型或实践领域限定检索范围。或者预先设定，在检索后按照时间、辖区、内容类型、来源或实践领域等进行二次筛选，缩窄搜索范围；还可保存和重复使用最常用的筛选组合词条。

（3）人工智能问答 Lexis Answers：运用强大的机器学习技术，Lexis Answers 可以读懂用户的问题然后给出一个准确的答案。只需要输入一个短语，该技术可以进行联想，为用户推荐问题。不仅给出权威且清晰的答案，还提供大量相关文件，帮助用户做更深入的检索。

（4）灵活的邮件提醒选择，确保更新信息不会遗漏：无需检索，通过设置邮件提醒可实现在所有文献中接收最新消息。有多种邮件提醒选择，如设置新法提醒，跟踪案件进展；设置 Shepard’ s Alert 通知，及时掌握案例的效力变化。

（5）谢泼德引证服务 Shepard’ Citations Service：帮助用户判断所引用案例的真实法律效力，同时查找案例、法规所涉及的其他相关资料。使用独家的网格视图按法院或日期分析模式，运用上诉历史地图（Appellate History Map），以可视化方式快速查看过往案例之间的联系。

（6）按法律主题浏览，为用户提供法律专题资源：可选择关注的法律主题，检索相关文件、添加其为常用搜索条件、获得更新提醒、查看相关专题总结以及开展一系列其他操作。

（二）HeinOnline 法学全文数据库

1. 数据库介绍

HeinOnline（HOL）[①] 数据库是美国著名的以法律为核心，涉及政治、国际关系、外交等领域的全文数据库，是法学等相关专业的重要学术资源。2000年由美国威廉·S. 海恩有限公司（William S. Hein & Co.,Inc.，WSH Co）推出。

HeinOnline 法学全文数据库是全球最大的、收录最全的、基于 PDF 浏览格式的全文法学文献数据库。目前，全球有150多个国家、3200多个地区正在使用 HeinOnline。该库现收录2300多种法学期刊（覆盖38个国家和地区，包括469种全球排名前500名的法学期刊），3115卷国际法领域权威巨著，100000多个案例，5000部精品法学学术专著以及超过1.4亿页和12.5万种法学文献和政府文件。HeinOnline 收录的全球法学文献可以回溯到16世纪，涵盖近100个国家和地区（主要包括美国、英国、欧洲、亚洲、非洲等）。

HeinOnline 数据库在全球法学学术界享有很高声誉，2002年获得过国际法律图书

① https://www.heinonline.org/

馆协会（IALL）颁发的“最佳商业网站奖”；2001年、2009年、2014年多次获得美国法律图书馆协会（AALL）颁发的“最佳新产品奖”。

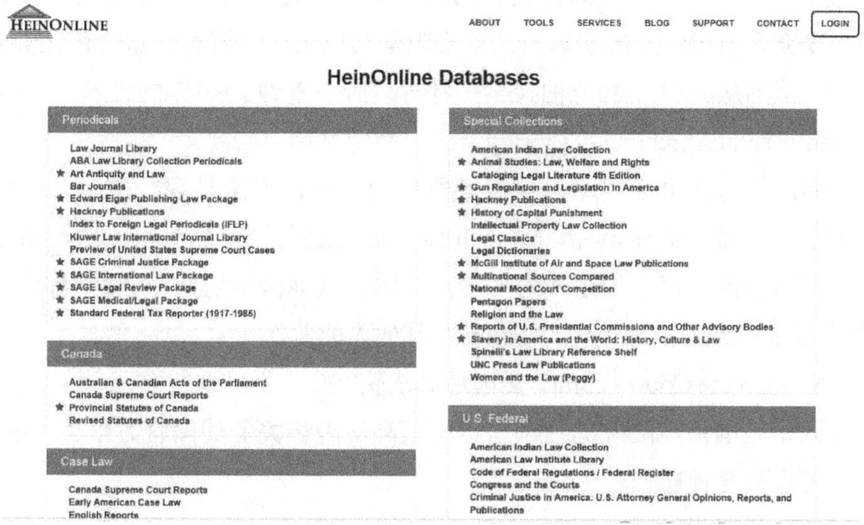

图 9–17　HeinOnline 法学全文数据库列表页面

该库包括核心库、国际法库、美国总统文库等若干精品子库，主要数据库介绍如下：

（1）Law Journal Library 法学期刊库（核心文库）

法学期刊库提供了丰富信息，涉及法律的沿革、问题和对法律方面重要决策的深层分析。这一专题库被法庭和其他法律工作者广泛地参考引用。HeinOnline 包含近 2400 余种法律和法律相关期刊。经过出版社的授权，绝大部分期刊的收录都是从创刊号直到当前期次。所收录的期刊可以分为以下几个子库：

美国律师协会期刊库（American Bar Association Journals）

美国核心 / 被引用最多法学期刊库（Core U.S./Most Cited Law Journals）

刑事司法期刊库（Criminal Justice Journals）

国际及非美国法学期刊库（International & Non-U.S. Law Journals）

知识产权期刊库（Intellectual Property Journals）

最多被引用期刊库（Most-Cited Journals）

（2）Foreign & International Law Resources Database 国际法数据库（重点文库）

通过国际法数据库，研究者可以方便地在线检索或浏览一些世界上最珍贵的国际法出版物，如覆盖全面的美国国际法出版物、世界各国的年鉴、海牙国际永久法庭判决系列以及其他著名出版社的出版物。

（3）Foreign Relations of the United States Library 美国外交关系文库

该文库提供官方历史记录的主要的美国外交政策决策和重大外交活动，是世界第一个并且也是唯一一个能够全面搜集到的关于美国主要外交政策及重大外事活动的在线文库，为研究人员提供了诸多珍贵的外交政策与决策历史资料。该文库由超过600本书组成，时间范围从1861年的亚伯拉罕·林肯政府一直到1980年的吉米·卡特政府。

（4）Treaties and Agreements Library 条约 / 协定文库

HeinOnline 条约和协定文库包含美国所有的条约，不论是现行的、废止的还是未经官方正式公布的统一收录其中。这是世界上最大最全的在线美国条约与协定文库。其中包含一些著名的文集，如正式的“美国条约及其他国际协定”（通常称为“蓝色系列”），以及来自 Bevans、Miller、Malloy 及其他人的著作。

（5）U.S. Supreme Court Library 美国最高法院文库

全面收录了美国最高法院的判例与美国最高法院相关的美国官方报告、各种预案、专家意见、著作和各种期刊。

美国最高法院的裁决作为美国法律的准则，都是在“U.S.Reports”中发布的。现在 HeinOnline 首次将这些文献制作成基于图像和全文检索的在线数据，供读者使用。另外，它还收录了更早期的印刷出版物。

（6）Code of Federal Regulations 美国联邦法典文库

HeinOnline 数据库对美国联邦法典文库的覆盖非常全面，收录的文献最早从1938年开始。美国联邦法典文库具有多重浏览和检索功能。从联邦纪事文库模块也可以进入该库。

（7）HeinOnline 的其他主要数据库

除了上面提到的数据库外，HeinOnline 还包含许多重要的法律、政治、国际关系、外交等文献资源，见表9–17。

表9–17　HeinOnline数据库内容介绍

数据库名称	数据库简介
English Reports英国报告文库	英国报告文库是案例文库，其中的页面以图像格式为基础，再现了原始报告的再版版本（包含100000多个案例），其与索引、图表一起构成了该库的主要内容。除此之外，丰富的导航功能，例如案例定位功能、图表导航功能，以及高级检索功能，可以轻松找到需要的案例。
Federal Register Library 美国联邦纪事文库	收录其中的文献最早发表于1936年。具有多重浏览与检索功能。收录其中的文献包括：开始于1938年的联邦规章法典、开始于1935年的美国行政指南以及开始于1965年的总统文件每周汇编。
Legal Classics法学精品文库	收录了来自历史上最著名的法律专家们的近3000部精品法学学术专著。除了许多“法学精品”外，该库还包含世界范围内少数图书馆收藏的非常罕有的文集。

续表

数据库名称	数据库简介
U.S. Attorney General Opinions 美国司法部意见书文库	收录的是美国司法部官方意见书，包括美国司法部官方意见书和美国司法部法律咨询办公室的咨询建议书。
U.S. Federal Legislative History Library 美国联邦立法史文库	除了收录联邦政府印刷所和私人出版社出版的联邦立法史文献，还包含立法史汇编的原始资料。研究者可以借助这个检索工具，利用其提供的有关法律评论文章的参考书目来找到专门的立法史文献。
U.S. Presidential Library 美国总统事务文库	包含总统演说辞及文集，总统公报，联邦规章法典（总统文件），总统文献周报，以及其他与总统相关的文献。
U.S. Statutes at Large 美国法令全书文库	收录的法令全书覆盖全面，多重浏览及检索功能使得网络版数据库的价值远远高于印刷版。
America Association of Law Libraries 美国法律图书馆协会文库	展示美国法律图书馆协会出版的相关期刊和年度会议文献。
Association of American Law Schools 美国法学院协会文库	提供美国法学院协会出版的相关期刊和自1900年以来的年度会议文献。包括法学教育和诊所式法学教育的期刊。
World Constitutions Illustrated 世界宪法文库	该库是法学学者研究世界各国的宪法文献及政治制度发展的重要工具。包括各国现行宪法原文文本和相应的英文译本，同时提供如澳大利亚、巴西、中国、法国、墨西哥、英国宪法的立法史资源。它还包含宪法期刊、数以千计的宪法经典图书及相关著作、学术文章的链接和在线资源以及参考文献。
United States Code 美国法典文库	自1925年以来美国官方出版的各个版本的美国法典，为每六年出版一次。
European Center for Minority Issues 欧洲少数民族事物中心文库	提供ECMI（欧洲少数民族事务中心）的关于欧洲少数民族的生存和发展的研究报告。
Canada Supreme Court Reports 加拿大最高法院报告文库	包括加拿大最高法院9400多个案例，其中包括背景资料，法规和规章，作者引用的分析和决策。
Early American Case Law 早期美国判例法文库	包含整个联邦案例系列丛书（1894—1897年），其中包含超过20000例案例。
Pentagon Papers 美国国防部官方文件文库	是美国国防部，美国政治军事从1945年到1967年介入越南关系的历史官方文件。
Revised Statutes of Canada 加拿大法规修订文库	近48000页完整的覆盖所有修订的加拿大法规。
Law in Eastern Europe 东欧法律子库	该文库的主要文献系由Brill出版社出版。HeinOnline数据库第一次将此系列文献汇编进行了数字化，并利用HeinOnline数据库成熟而友好的平台展示给用户。该系列文献包含超过60多部作品，展示了东欧法律的发展、颁布和影响。

2. 系统功能

（1）浏览功能

可选择按照标题“Titles”，州“State”，国家“Country”，主题“Subject”或引用次数最多“Most-Cited”的方式浏览期刊。

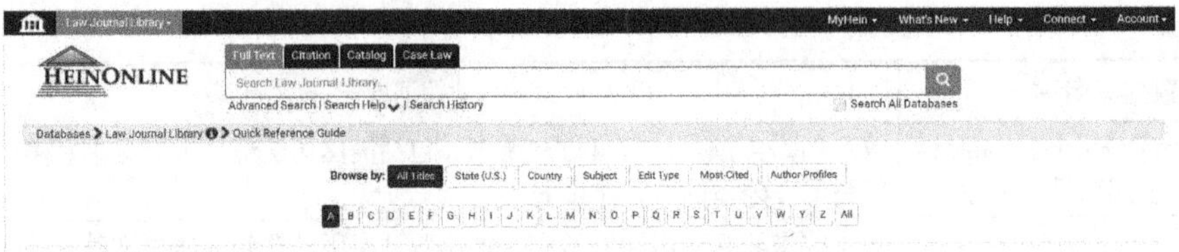

图9-18　HeinOnline浏览界面

① 按国家\主题浏览

如选择按主题浏览，将显示按主题分类列表。每个主题包括的期刊数量出现在主题旁边的括号中。

② 按最常引用浏览

最常引用的浏览“Most-Cited”选项列出了HeinOnline引用最多的作者，文章和期刊。它还提供了前50名的文章和250名作者的名单。点击作者的姓名将会生成该作者的个人资料页面，包含该作者撰写的文章列表。

（2）检索功能

① 主要搜索：可通过关键词在全文（Full Text）、引文（Ciation）、目录（Catalog）和案例法（Case Law）中进行检索。

② 高级检索：点击高级搜索全文或目录搜索标签，可访问额外的搜索字段和缩小搜索标题和日期范围等。点击“Add field”可最多增至6个搜索选项。

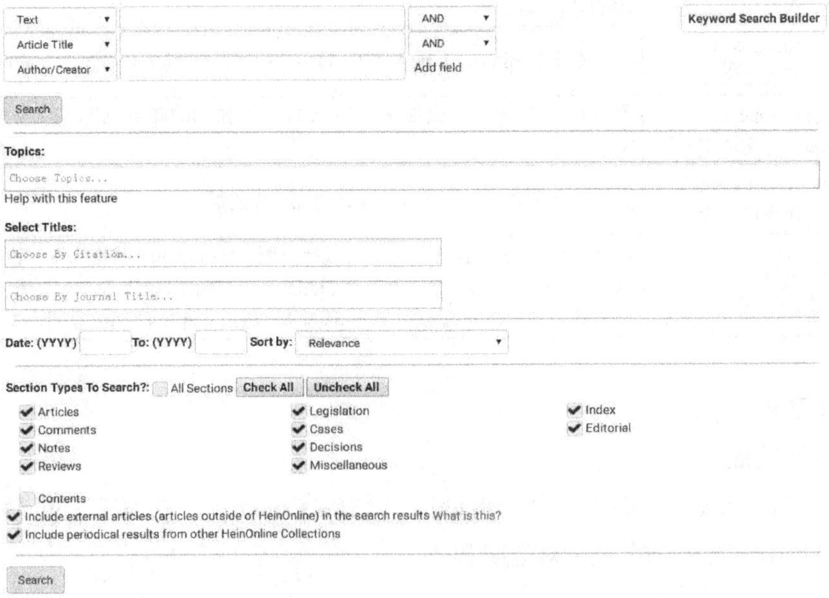

图9-19　HeinOnline高级检索界面

③ 支持布尔逻辑运算符 AND/OR/NOT，需要大写。关键词为词组的，需要用引号引注。

（3）检索结果

① 在检索结果页面，可以对文献类型、学科、题目、出版国家与地区、日期等进行再次选择，以限定检索结果。页面右侧显示每个检索结果的被引用和被关注的次数，以及下载、打印、邮件发送和收藏按钮。点击每个检索结果下方的“All Matching Text Pages”可以完整显示出该篇文献中含有检索关键词的具体页面和段落。

② 检索出来的结果可以按文章的被引用次数（Number of Times Cited by Articles）进行排序，可以快速定位文章的全球学术影响力。点击作者名字可以快速定位学者的全球学术影响力、作者发表的学术文章、每篇文章的被引用次数、作者的总被引用次数、在最近12个月被全球学者关注的次数［Number of Times Accessed（Past 12 months）］。

③ RSS feed 可用于期刊更新提醒，支持导出引文功能。

④ 文章可以选择以 PDF 或者文本格式呈现，移动装置通过二维码可获得 PDF 文件。

⑤ 可注册创建一个“MyHein”账号，用以保存检索结果、设置书签、获取期刊更新提醒。

（三）Westlaw 法律数据库

Thomson Reuters Westlaw 是由汤森路透法律信息集团旗下的美国 West 出版公司于1975年开发的综合性法律法规、新闻和公司信息平台，在60多个国家被广泛使用，是世界著名的法律文献数据库。数据库内容包括美国、英国、加拿大、澳大利亚、欧盟以及我国香港等世界各地成文法、判例、学术评论及国际条约等专业法律资料。

1. Westlaw（英文数据库）

Westlaw 收录内容主要包含：英、美、法、澳、加拿大、韩国、中国香港和欧盟国家的判例、成文法；美国、欧盟等国家或地区的5000余种法学期刊通讯资源（其中包括90%以上美国法学核心期刊）收录在内；近4000本法学专业专著书籍，独家收录布莱克法律词典第十版（*Black's Law Dictionary*，10th）电子版；路透法律、财经、政治等领域新闻。更多全球法律动态均可第一时间通过 WestLaw 数据库获得。

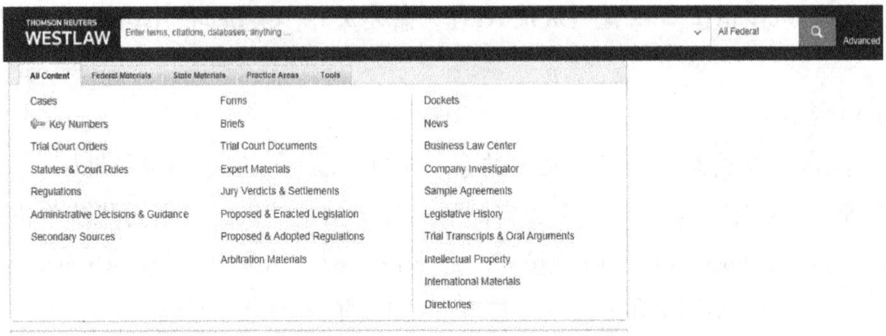

图9-20 Westlaw检索界面

2. Westlaw China（万律）

万律（Westlaw China）[①] 中国法律信息数据库是汤森路透法律信息集团基于Westlaw法律信息平台的技术和经验打造的智能化中国法律信息双语数据库。其内容涵盖了全面的法律法规、各级法院官方公布的裁判文书以及精选的合同文本和法学期刊，并将法律法规和裁判文书进行专业分析和高度整合，提供多个由法律要点体系组成的法律专题和裁判要点。

该数据库包括法律法规、法律专题、裁判文书三个部分。法律法规库中创设了法律层级，在查询结果列表中，点击法规名称可查看法规全文，且检索界面列出按效力层级分类的查询结果统计。在法律专题中，部分专题有英文文本资料。检索功能包括简单检索、二次检索（在结果中检索）及高级检索。

（四）美国CALI数据库

CALI，[②] 全称为The Center for Computer-Assisted Legal Instruction（计算机辅助法律教学中心），是由美国部分知名法学院校所组成的一个非赢利性机构，以其出色的法律课程、网络互动教学方式以及CALI未来奖学金而闻名。美国几乎所有的法学院校均已加入CALI数据库系统。到目前为止，CALI课程数据库中已包含30多所法学院校上传的1000多门法律专业课程。这些课程资料均已进行相应授权，并进行预先审核，可供CALI会员单位免费下载和使用。

---

① http://www.westlawchina.com/

② https://www.cali.org/

图9-21 CALI首页

（五）Beck-Online 德文法学数据库

Beck-Online[①] 法律数据库是著名的德文法律数据库，主要收录 C.H.Beck 出版社出版的出版物（期刊、专著、教科书、论文集）等的电子版本，同时也收录相关的法律信息和法律资源，如法律、法规条文、关于法律条文的相关的注释类资源，例如著名的《Staudinger 德国民法典注释》丛书等。另外还包括德国联邦法院的相关判例。已成为研究德国法律和欧洲法律不可或缺的资源。

1. 数据库内容

收录的内容：超过1000种法律图书、550万份可以检索的文献、最早可以回溯到1954年。

包括的法律领域主要有：民法、商法和贸易法、诉讼法、劳动和社会法、公法、刑法、交通法、税法及审计规则、国际法和欧盟法等。

2. 数据库特点

权威性：Beck-online 数据库收录了数千种法学各学科领域的最核心的专著和注释书；

丰富性：收录的内容包括：法律法规、期刊、专著、教科书、法律法规的注释书、论文集、文书范本、判例、法律新闻等，包括所有的法律体系，还有国际法和欧盟法的相关资源；

时效性：每天更新，收录资源最早可以回溯到1954年；

简单性：一站式检索，轻松找到相关资源。

① https://beck-online.beck.de/

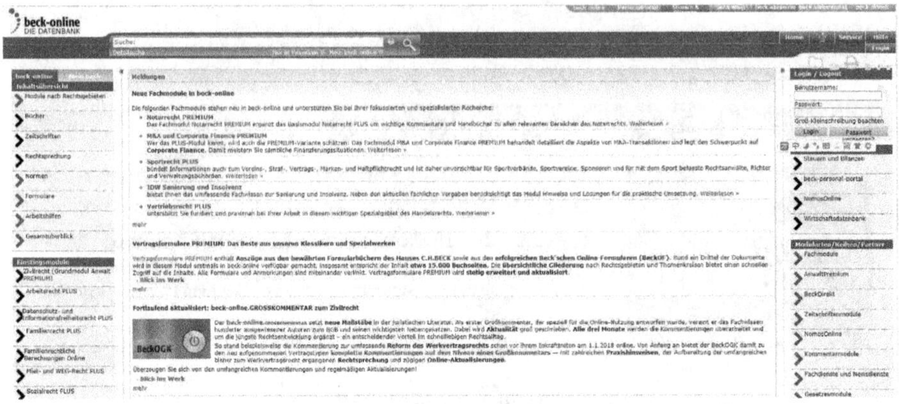

图9-22　Beck-Online数据库首页

（六）Wolters Kluwer 法律系列数据库

威科集团（Wolters Kluwer）1836年成立于荷兰，有180年的历史，旗下四大业务板块分别是医疗卫生、财税与会计、法律与法规、金融与合规服务。其中法律法规专业信息服务和出版位列全球第二，服务全球超过60万法律专业人士、21万家税务师事务所、财富500强中90%的法务部、财务部、人力资源部、全球90%的顶尖银行及98%的美国顶尖银行、85%的美国顶尖保险公司、美国4500家对冲、共同基金，以及180个国家的130万医疗专业人士，同时协助北美、欧洲、亚太等地区知名高校培育进入上述企业工作的学生，支持高校教师对于教学工作的研究及学术成果的研究。

威科中国库：[①] 包含法律、人力资源、财税、银行合规、保险合规、医疗合规六个子库。其中法律类数据库包括：

1. 威科法律全文期刊数据库（www.kluwerlawonline.com）

独家收录了排名比较靠前的24种精品法律学术期刊，其中包含数十万篇期刊全文，涉及商法、经济法、欧共体法、国际（贸易）法、竞争法（反垄断法）、交通运输法、环境法、税法、商业仲裁等，内容均为实时更新，与Hein online互不重复，且大部分可追溯到第一卷第一期。

① www.wkinfo.com.cn

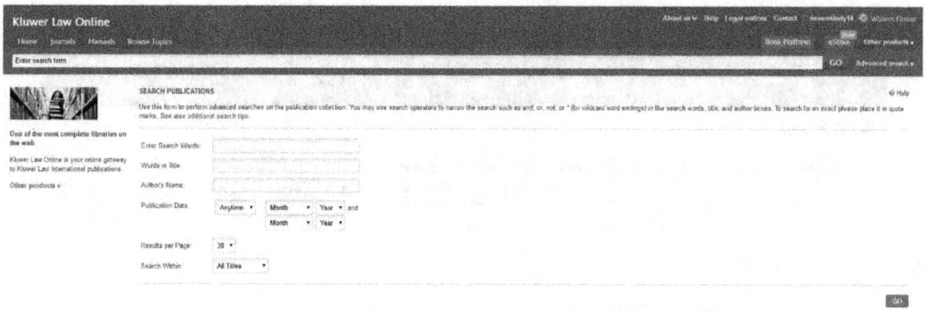

图 9–23　Kluwer Law Online 期刊库检索界面

2. 威科国际法律百科全书（www.kluwerlawonline.com）

International Encyclopaedia of Laws，是世界上唯一的一套法律经典专业百科全书，该套经典活页百科全书囊括了25个系列的经典的参考著作，共计141卷。每个系列著作都是一个独立的研究领域，包括民事诉讼法、商业与经济法、竞争法、宪法、合同法、有限公司 & 合伙公司、刑法、网络法、能源法、环境法、家庭继承法、保险法、知识产权法、国际组织、劳动法和劳资关系、传媒法、医疗法、移民法、国际私法、财产与信托法、宗教法、社会保障法、体育法、民事侵权法、运输法。

3. 威科国际商事仲裁在线 Kluwer Arbitration（www.kluwerarbitration.com）

由国际商事仲裁委员会、常设仲裁法庭、国际仲裁学会以及 Kluwer Law International 机构联合推出，提供超过与仲裁相关的最必需资料。

4. 威科国际知识产权法律数据库 Kluwer IP Law（www.kluweriplaw.com）

集成所有威科国际知识产权的出版物，是制订知识产权战略、提高团队处理知识产权争议的能力、获取海外市场知识产权相关规定和实践的有效工具。

5. 威科国际竞争法数据库 Kluwer competition Law（www.kluwercompetitionlaw.com）

（七）MOML 现代法律之路（GALE）

Making of Modern Law（MOML）包含了自1800年后在英国及美国出版的所有法律类图书共2.2万种，超过1060万页。此数据库共包含99个法律领域，涉及英、美法律体系的所有方面，是研究国内及国际法律、法律史、商业及经济、政治及政府、国家安全、犯罪学、宗教、教育、劳动及社会福利、军事审判等领域的重要工具。国家图书馆购有该数据库。

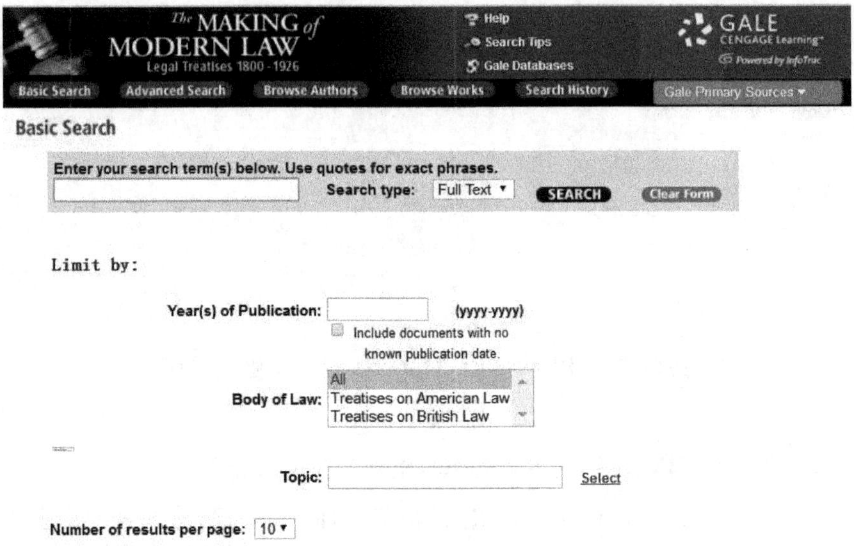

图9-24　MOML基本检索界面

四、国际法与国际组织资源利用

（一）国际法

国际法是国家之间的法律，或者说，主要是国家之间的法律，是以国家之间的关系为对象的法律。[①]2004年出版的《布莱克法律辞典》(第八版)指出，“国际法是调整国家之间关系的法律制度；而现代国际法则是国际关系的法律，其参与者不仅包括国家，而且包括国际组织和个人(特别是当个人主张人权或者犯下战争罪行的时候)”。[②]

1. 国际法渊源的含义

关于国际法渊源的含义，主要有两种解释。一种是国际法作为有效法律规范所形成的地方，即“严格法律意义上的国际法渊源”，这种渊源被认为是主要的国际法渊源。另一种是国际法规范第一次出现的地方，即“广泛历史意义上的国家法渊源”，这种渊源被认为是辅助性的国际法渊源。[③]

2. 国际法渊源的主要内容[④]

《国际法院规约》第38条规定了国际法院在审理案件时应当使用的法律。这一般被认为是对国际法渊源的权威说明。

---

① 王铁崖主编:《国际法》，法律出版社，1981年，第1页。

② Bryan A. Garner (ed.), *Black's Law Dictionary* (8th edition), West Group, 2004, p.835.

③ 梁西:《国际法》，武汉大学出版社，2011年第3版，第36页。

④ 刘丽等主编:《国际法》，华中科技大学出版社，2016年，第8页。

（一）主要渊源

1. 国际条约。国际条约是指国际法主体之间以国际法为准则而缔结的确立其相互权利和义务的书面协议。

2. 国际习惯。是“作为通例之证明而经接受为法律者”，即各国在交往实践中形成的一种有法律约束力的行为规则。

（二）辅助性渊源

1. 一般法律原则。可以理解为各国法律体系中所包含的共同的原则。

2. 司法判例与权威公法学家学说。司法判例包括国际司法判例与国内司法判例。国际司法判例主要是指国际法院的判例，也包括各种形式的国际仲裁法庭的裁决在内。权威公法学家学说是指各国研究和精通国际法的代表各国最高水平的国际公法学家的权威性著作。

3. 国际组织的决议。

（二）国际组织法律资源检索

1. 联合国

联合国（United Nations，UN）是第二次世界大战后成立的国际组织，是一个由主权国家组成的国际组织。1945年10月24日，在美国旧金山签订生效的《联合国宪章》，标志着联合国正式成立。联合国致力于促进各国在国际法、国际安全、经济发展、社会进步、人权及实现世界和平方面的合作。总部设立在美国纽约的联合国总部。现在共有193个成员国。

联合国每年产生的文件成千上万，通常都以复杂的方式归类，包括文件、报告、图书、期刊、年鉴、统计及各种信息资料，涉及面广，具有较高的使用价值。

联合国信息资源的检索参见第6章“三、联合国信息资源”。

2. 国际条约

（1）联合国条约库

根据《联合国宪章》第102条，宪章生效后，联合国任何成员国缔结的所有条约和国际协定应尽快在秘书处登记并由秘书处公布；未经登记的条约不得向联合国任何机关援引。联合国秘书处将登记的条约汇编成册予以公布，并制成了电子数据库“联合国条约库”[①]（United Nations Treaty Collection），读者可以免费查询和使用这些数据。

① https://treaties.un.org/

图9-25　联合国条约库主页

（2）《联合国条约集》

《联合国条约集》（*UNTS: United Nations Treaty Series*）是官方出版的印刷文本，为便利用户检索，联合国秘书处每出版50册条约集便制作一期累积索引（Cumulative Index），从中可以查到近50册条约集中刊载了哪些条约。累积索引也已制成电子版本供用户在线查询。

3. 国际法院

图9-26　国际法院主页

国际法院[①]（International Court of Justice，ICJ）是联合国主要司法机关，根据1945年10月24日在旧金山签署的《联合国宪章》设立，以实现联合国的一项主要宗旨："以和平方法且依正义及国际法之原则，调整或解决足以破坏和平之国际争端或情势。"

国际法院具有双重作用：依照国际法解决各国向其提交的法律争端，并就正式认可的联合国机关和专门机构提交的法律问题提供咨询意见。

国际法院网站内容包括法院判决、咨询意见、命令、申请等。

4. 国际法资源检索

表9–18　国际法资源列表

名　称	简　介
American Society of International Law 美国国际法学会	创立于1906年，宗旨是兴国际法之研究，促进在法律和正义的基础上建立和维持国际关系，尤其重视对美国实践中的国际法问题进行研究。目前已成为美国乃至世界国际法学界最权威的学术组织之一。美国国际法学会的"电子资源指南"（http://www.asil.org/resource/home.htm）组织提供了国际法各领域的资源及链接（如可以链接到各著名的国际法研究机构），特别是其中的"国际法电子信息系统"（Electronic Information System for International Law, EISIL），按主题进行资源组织，其内容由专家提供，非常具有参考价值。
International Law Association 国际法协会	历史可以追溯到1873年，其历任和现任官员都是国际法领域内取得突出成就的学者。同时出版《国际法论坛》（季刊）。http://www.ila-hq.org/
Center for International Legal Studies 国际法律问题研究中心	一个非赢利性的国际法研究和培训机构，包括国际会议和国际培训项目的详细资料。http://www.cils.org/
International Intellectual Property Institute 国际知识产权研究会	成立于1998年，是一个致力于提高全球范围的知识产权保护的非赢利性组织。https://iipi.org/
Max Planck Institute for International Law 马普国际法研究所	致力于国际公法、国际组织法、联邦德国的对外法律关系、其他国家的宪法和行政法以及公法的比较研究。还出版《海德堡国际法杂志》《比较公法和国际法研究》和《国际公法》。http://www.mpil.de/en/pub/news.cfm
厦门国际法高等研究院	http://www.xiamenacademy.org/
海牙国际法研究院	https://www.hagueacademy.nl/
Institute of European Law 欧洲法研究所	该研究所位于伯明翰大学，致力于欧洲法的研究、教育及相关文献的出版。https://www.birmingham.ac.uk/research/activity/iel/

（三）国际贸易法律检索

1. GATT/WTO 法律文献

关税及贸易总协定（General Agreement on Tariffs and Trade, GATT）是一个政府间缔结的有关关税和贸易规则的多边国际协定，简称关贸总协定。其宗旨是通过削减关税和其他贸易壁垒，削除国际贸易中的差别待遇，促进国际贸易自由化，以充分利用世

① http://www.icj-cij.org/

界资源，扩大商品的生产与流通。关贸总协定于1947年10月30日在日内瓦签订，并于1948年1月1日开始临时适用。应当注意的是，由于未能达到关贸总协定（GATT）规定的生效条件，作为多边国际协定的GATT从未正式生效，而是一直通过《临时适用议定书》的形式产生临时适用的效力。GATT是世界贸易组织（WTO）的前身。

世界贸易组织（World Trade Organization, WTO），简称世贸组织，1994年4月15日，在摩洛哥的马拉喀什市举行的关贸总协定乌拉圭回合部长会议决定成立更具全球性的世界贸易组织，以取代成立于1947年的关贸总协定。世界贸易组织是当代最重要的国际经济组织之一，拥有164个成员，成员贸易总额达到全球的98%，有“经济联合国”之称。

WTO文件包括协定、部长会议文件、成员国关于关税减让表、服务贸易承诺表、争端解决报告的修正文件和通告等。

（1）协定（agreements）

研究国际法律问题，要先从寻找和获得所适用的国际条约入手。有关WTO的一系列条约都被称为“协定”。大多数WTO协定是1986—1994年乌拉圭回合谈判的成果，于1994年召开的马拉喀什部长会议上签署，总共约有60项协定和决议。此后的谈判又缔结了一些条约，如信息技术协定、服务和加入WTO的议定书等。

（2）附表（schedules）

附表也是WTO的重要文件，它是WTO成员签署的文件，反映了WTO成员方接受的义务。如关税减让表（the schedules of tariffs）、服务贸易承诺表（schedules of commitments）、成员国的豁免协议（exemptions agreed to by the WTO member states）等，都是构成法律协议的附件。

（3）争端解决报告

WTO根据“关于争端解决规则与程序的谅解”（DSU）形成的贸易争端处理程序，对于规则的执行和保障贸易的顺利进行十分重要。当某一成员国政府认为另一成员国政府违反了协定或WTO做出的承诺时，争端就此产生。解决的途径是通过“争端解决机构”（Dispute Settlement Body）。WTO争端解决报告（*Dispute Settlements Reports*）是该组织最常引用的材料。WTO争端解决报告通过多种途径出版，由WTO及其他商业机构发行。

2. 国际贸易法网络资源检索

国际贸易法律文献有多种出版方式，包括多卷本图书、光盘等，可通过各图书馆文献查询系统了解各出版物的馆藏情况。但更便捷的途径是利用网络资源和数据库检索。

（1）WTO 网站

在 WTO 网站[①] 上有“文件”（documents）栏目，可查询其法律文本。另外，有专门的数据库（documents online）可检索。

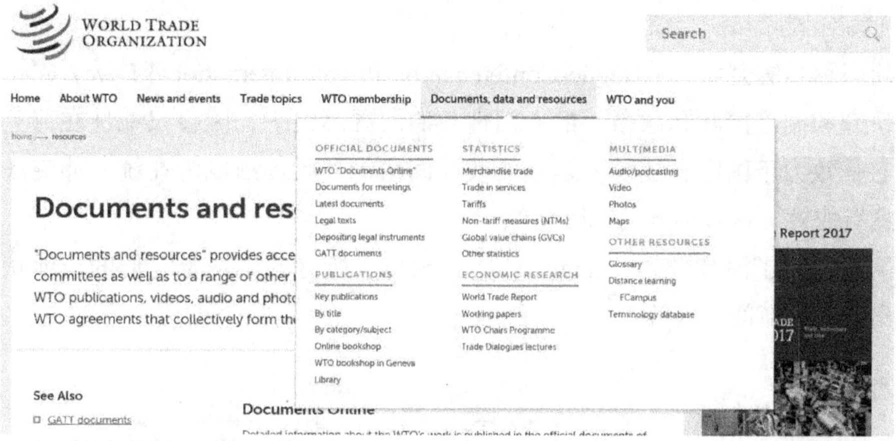

图 9–27　WTO“文件”栏目内容

（2）联合国国际贸易法委员会（UNCITRAL）

联合国国际贸易法委员会[②]（United Nations Commission on International Trade Law）是国际贸易法领域联合国系统核心法律机构，50 多年来专门从事全世界商法改革，并拥有广泛成员。国际贸易法委员会的业务是协调各种国际商业规则并使之现代化。

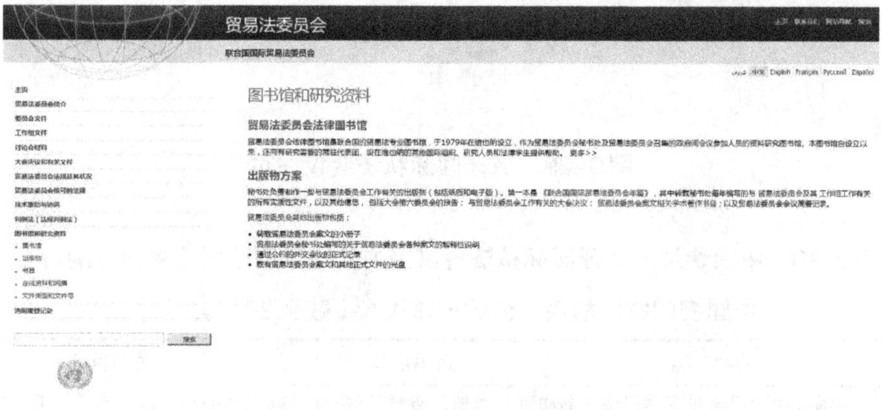

图 9–28　UNCITRAL 在线资源页面

① https://www.wto.org/
② http://www.uncitral.org/

该网站提供委员会文件、决议、法规、判例法、研究资料等检索查询。此外，贸易法委员会图书馆藏书主要侧重于国际贸易法领域。目前，藏书包括：超过10000种专著；150种热门杂志；法律和一般参考资料，包括非贸易法委员会的联合国文件，其他国际组织的文件；以及电子资料（仅限内部使用）。

（3）海牙国际私法会议

海牙国际私法会议[①]（Hague Conference on Private International Law）成立于1893年，是研究和制订国际私法条约的专门性政府间国际组织，因会议地址在荷兰海牙而得名。它是致力于国际私法统一运动的政府间组织，已逐渐成为在统一冲突法和程序法方面最有成效、最有影响的国际组织。

其网站提供了海牙公约（Hague Conventions）所有的文本及它们的当前状态、成员国、出版物、新闻事件等。

图9-29　海牙国际私法会议主页

表9-19　中国参加的海牙国际私法会议相关公约和仅适用于中国香港特区、中国澳门特区的海牙公约一览表[②]（截至2014年7月）

序号	公约名称	适用范围	公约目的
1	《关于向国外送达民事或商事司法文书和司法外文书的公约》(简称海牙《送达公约》)	内地、香港特区、澳门特区	提高司法效率，就缔约国之间相互协助送达民商事司法文书和司法外文书制定规则。

① https://www.hcch.net/

② 外交部网站：http://www.fmprc.gov.cn/web/ziliao_674904/tytj_674911/tyfg_674913/t1201153.shtml。

续表

序号	公约名称	适用范围	公约目的
2	《关于从国外调取民事或商事证据的公约》（简称海牙《取证公约》）	内地、香港特区、澳门特区	提高司法效率，就缔约国之间相互协助调取民商事案件证据制定规则。
3	《跨国收养方面保护儿童及合作公约》（简称海牙《收养公约》）	内地、香港特区、澳门特区	保护被跨国收养儿童利益，就缔约国之间互相开展跨国收养活动制定规则。
4	《关于遗嘱处分方式法律冲突的公约》	仅适用于香港特区	就解决遗嘱处分方式的法律冲突、遗嘱效力等制定规则。
5	《关于取消外国公文认证要求的公约》	仅适用于香港特区、澳门特区	就取消对外国公文进行外交或领事认证等制定规则。
6	《承认离婚和分居公约》	仅适用于香港特区	就缔约国之间相互承认具有法律效力的离婚和分居的效力等制定规则。
7	《国际诱拐儿童的民事方面公约》	仅适用于香港特区、澳门特区	旨在加强国际合作，尽快使未经监护人同意被带离的儿童返还惯常居住地。
8	《信托的法律适用及其承认公约》	仅适用于香港特区	就信托法律适用的共同规则和承认等制定规则。
9	《民事诉讼程序公约》	仅适用于澳门特区	就司法文书转递、取证、诉讼费用担保、法律援助等制定规则。
10	《抚养儿童义务法律适用公约》	仅适用于澳门特区	就抚养儿童义务的法律适用制定规则。
11	《未成年人保护的管辖权和法律适用公约》	仅适用于澳门特区	就未成年人保护案件的管辖权和法律适用制定规则。

（4）国际统一私法协会（UNIDROIT）

国际统一私法协会①（International Institute for the Unification of Private Law, UNIDROIT），1926年根据多边公约建立的一个政府间组织，是当时国际联盟的一个附属机构，总部设在罗马。UNIDROIT是一个专门从事私法统一的政府间国际组织，其宗旨是统一和协调不同国家和国际区域之间的私法规则，并促进这些私法规则的逐渐采用。出版物为一年两次的《统一法评论》。中国政府于1985年决定加入该组织，1986年1月1日起正式成为该组织的成员国。②

该网站提供UNIDROIT的国际商务合同准则、判例法和该领域的书目、特许经营、跨国民事程序的规则和原则、中国及关联资本市场交易、UNIDROIT公约及其当前状态以及有关新闻等。

① https://www.unidroit.org/

② 曾宪认、林毓辉:《国际经济贸易法律大辞典》，北京：华夏出版社，1993年，第33页。

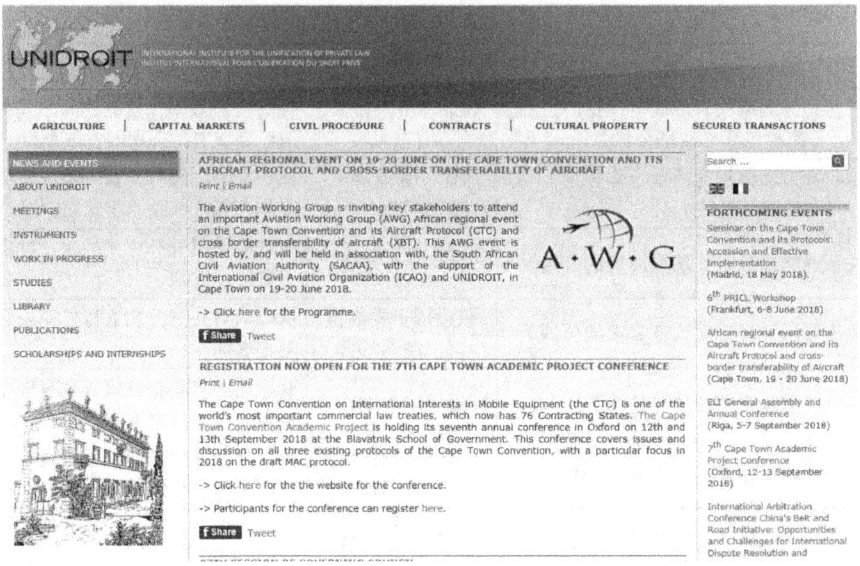
UNIDROIT
AGRICULTURE | CAPITAL MARKETS | CIVIL PROCEDURE | CONTRACTS | CULTURAL PROPERTY | SECURED TRANSACTIONS
NEWS AND EVENTS
ABOUT UNIDROIT
MEETINGS
INSTRUMENTS
WORK IN PROGRESS
STUDIES
LIBRARY
PUBLICATIONS
SCHOLARSHIPS AND INTERNSHIPS
AFRICAN REGIONAL EVENT ON 19-20 JUNE ON THE CAPE TOWN CONVENTION AND ITS AIRCRAFT PROTOCOL AND CROSS-BORDER TRANSFERABILITY OF AIRCRAFT
Print | Email
The Aviation Working Group is inviting key stakeholders to attend an important Aviation Working Group (AWG) African regional event on the Cape Town Convention and its Aircraft Protocol (CTC) and cross border transferability of aircraft (XBT). This AWG event is hosted by, and will be held in association with, the South African Civil Aviation Authority (SACAA), with the support of the International Civil Aviation Organization (ICAO) and UNIDROIT, in Cape Town on 19-20 June 2018.
-> Click here for the Programme.
A·W·G
f Share Tweet
REGISTRATION NOW OPEN FOR THE 7TH CAPE TOWN ACADEMIC PROJECT CONFERENCE
Print | Email
The Cape Town Convention on International Interests in Mobile Equipment (the CTC) is one of the world's most important commercial law treaties, which now has 76 Contracting States. The Cape Town Convention Academic Project is holding its seventh annual conference in Oxford on 12th and 13th September 2018 at the Blavatnik School of Government. This conference covers issues and discussion on all three existing protocols of the Cape Town Convention, with a particular focus in 2018 on the draft MAC protocol.
-> Click here for the the website for the conference.
-> Participants for the conference can register here.
f Share Tweet
Search ...
FORTHCOMING EVENTS
Seminar on the Cape Town Convention and its Protocols: Accession and Effective Implementation (Madrid, 18 May 2018).
6th PRICL Workshop (Frankfurt, 6-8 June 2018)
African regional event on the Cape Town Convention and its Aircraft Protocol and cross-border transferability of Aircraft (Cape Town, 19 - 20 June 2018)
ELI General Assembly and Annual Conference (Riga, 5-7 September 2018)
7th Cape Town Academic Project Conference (Oxford, 12-13 September 2018)
International Arbitration Conference China's Belt and Road Initiative: Opportunities and Challenges for International Dispute Resolution and

图9-30　UNIDROIT主页

（5）国际商会（ICC）

国际商会①（International Chamber of Commerce，ICC），是国际民间经济组织，它由世界上一百多个国家参加的经济联合会，包括商会、工业、商业、银行、交通运输等行业协会组成。它也是联合国经社理事会的一级咨询机构。国际商会1919 年成立，总部设在巴黎，其宗旨是：推动国际经济的发展，促进自由企业和市场组织的繁荣，促进会员之间经济往来，协助解决国际贸易中出现的争议和纠纷，并制定有关贸易、银行、货运方面的规章和条款。

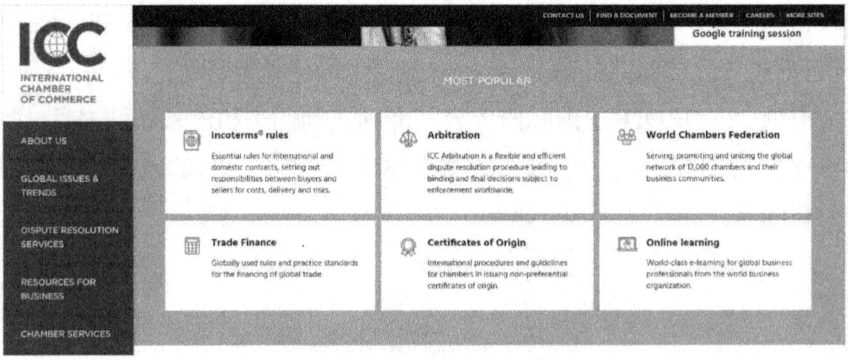
ICC
INTERNATIONAL CHAMBER OF COMMERCE
Google training session
MOST POPULAR
ABOUT US
GLOBAL ISSUES & TRENDS
DISPUTE RESOLUTION SERVICES
RESOURCES FOR BUSINESS
CHAMBER SERVICES
Incoterms® rules
Essential rules for international and domestic contracts, setting out responsibilities between buyers and sellers for costs, delivery and risks.
Arbitration
ICC Arbitration is a flexible and efficient dispute resolution procedure leading to binding and final decisions subject to enforcement worldwide.
World Chambers Federation
Serving, promoting and uniting the global network of 12,000 chambers and their business communities.
Trade Finance
Globally used rules and practice standards for the financing of global trade.
Certificates of Origin
International procedures and guidelines for chambers in issuing non-preferential certificates of origin.
Online learning
World-class e-learning for global business professionals from the world business organization.

图9-31　ICC网站首页

① https://iccwbo.org/

国际商会制定的《国际贸易术语解释通则》《托收统一规则》《联合运输单证统一规则》和《跟单信用证统一惯例》等，虽然是非强制性的，但实际上已为世界各国普遍接受和采用。

国际商会网站也提供 WTO 相关资源，以及与其他重要的国际贸易网站的链接。

此外，国际商会的国际仲裁法院（ICC International Court of Arbitration），是个极有价值的站点，免费提供 ICC 仲裁的全文文本、ICC 规则、申请适用以及替代性争议解决方式（Alternative Dispute Resolution，ADR）的一般程序等。网址为：http://www.iccwbo.org/court/arbitration/。

（6）国际投资争端解决中心（ICSID）

国际投资争端解决中心[①]（International Centre for the Settlement of Investment Disputes, ICSID），是依据《解决国家与他国国民间投资争端公约》而建立的世界上第一个专门解决国际投资争议的仲裁机构。是一个通过调解和仲裁方式，专为解决政府与外国私人投资者之间争端提供便利而设立的机构。其宗旨是在国家和投资者之间培育一种相互信任的氛围，从而促进国外投资不断增加。提交该中心调解和仲裁完全是出于自愿。该中心还发表有关解决争端和外国投资法律方面的出版物。截至2005年底，公约的签字国达到155个，其中缔约国142个。中国于1993年正式成为公约的缔约国。

国际投资争端解决中心网站提供了有关解决投资争议公约及其缔约国、判例、基本文件、出版物等内容。

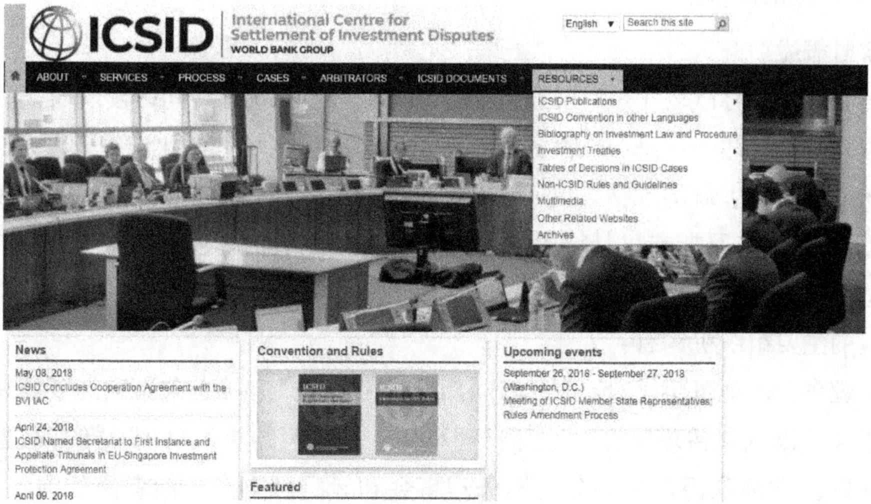

图 9–32　ICSID 主页

① https://icsid.worldbank.org/en/

（7）“WTO and GATT Research”指南

纽约大学法律图书馆提供的“WTO and GATT Research”指南[①]是进行WTO相关研究的有效起点，它提供了许多领域内的各类资源，如条约、争端解决报告、官方文件和其他资料等。见图9–33。

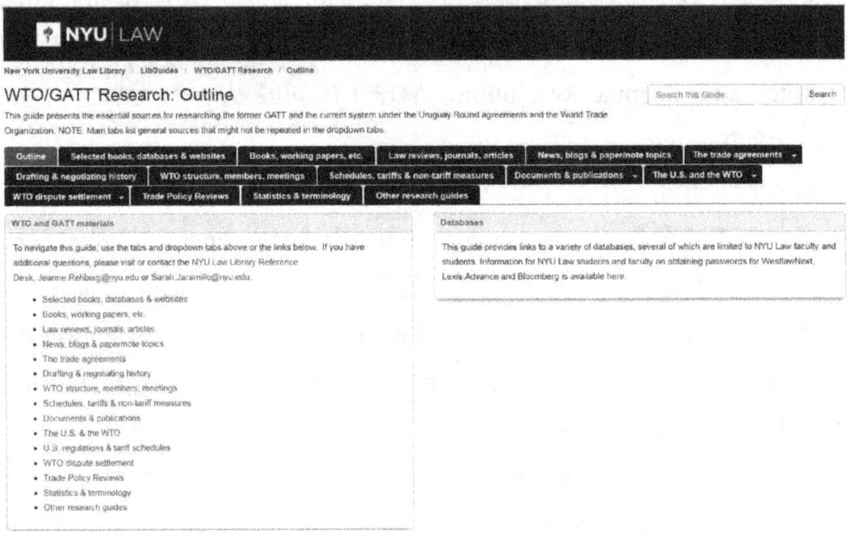

图9–33　WTO and GATT Research主页

（四）欧盟法律检索

1. 欧盟概述

欧洲联盟，简称欧盟（European Union，EU），是由欧洲共同体发展而来的一个集政治实体和经济实体于一身、在世界上具有重要影响的区域一体化组织。1991年12月，欧洲共同体马斯特里赫特首脑会议通过《欧洲联盟条约》，通称《马斯特里赫特条约》。1993年11月1日，《马斯特里赫特条约》正式生效，欧盟正式诞生。联盟现拥有28个会员国，总部设在比利时首都布鲁塞尔（Brussel）。

欧盟的主要组织机构有：

（1）理事会。理事会（The Council of the European Union）包括欧洲联盟理事会和欧洲理事会。欧洲联盟理事会原称部长理事会，是欧盟的决策机构，拥有欧盟的绝大部分立法权。欧洲联盟理事会分为总务理事会和专门理事会，前者由各国外长参加，后者由各国其他部长参加。欧洲理事会即欧共体成员国首脑会议，为欧共体内部建设和对外关系制定大政方针。

① http://nyulaw.libguides.com/wto_gatt

（2）委员会。欧盟委员会（European Commission）是常设执行机构。负责实施欧共体条约和欧洲联盟理事会做出的决定，向理事会和欧洲议会提出报告和建议，处理欧盟日常事务，代表欧共体进行对外联系和贸易等方面的谈判。

（3）欧洲议会。欧洲议会（The European Parliament）是欧盟监督、咨询机构。欧洲议会有部分预算决定权，并可以2/3多数弹劾委员会，迫其集体辞职。议会秘书处设在卢森堡。

（4）欧洲法院。欧洲法院（The Court of Justice）是欧盟的仲裁机构。负责审理和裁决在执行欧共体条约和有关规定中发生的各种争执。

此外，欧盟机构还包括外围组织、欧洲统计局、欧洲审计局、欧洲中央银行、欧洲投资银行等。

2. 欧洲联盟法的渊源

欧洲联盟法的渊源兼具西方两大法系的特征，基本上可以分为成文法和不成文法两大类。成文法包括条约和各种制定法，不成文法是指法的一般原则和判例法。就其法律渊源的重要性而言，可以区分为基本渊源和派生渊源。此外，还有一些特殊的渊源。①

（1）条约

条约是欧盟法律中最重要的、带有根本性的行为规范，是欧洲联盟法的基本渊源。条约可以分为欧洲共同体和欧洲联盟基础条约、后续条约以及欧洲共同体国际协定两类。基础条约最为重要，是指建立欧洲共同体、欧洲联盟诸条约，包括其附件与议定书，还包括在共同体发展过程中，欧盟成员国为实现该条约最终目的、适应欧盟发展需要，修改与补充上述基本条约的法律文件。

欧洲联盟国际协定是由欧洲联盟成员国与非成员国或其他国际组织缔结的条约，这些条约规定了欧盟及其成员国的权利义务，对欧盟及其成员国具有法律约束力，构成欧洲联盟法的渊源。

（2）制定法

制定法是欧盟享有立法权的机关为实施基础条约的目的，根据基础条约的授权，依照法定程序制定的各种不同名称、具有不同性质与效力等级的法律，称为派生渊源，它是欧盟自主立法的结果。欧洲联盟制定法包括理事会和委员会制定的条例（Regulations）、指令（Directives）和决定（Decisions）。

① 条例，是欧盟最重要的立法形式。它有三个基本特征：普遍适用性、全面约束力和直接适用性。

---

① 曾尔恕主编：《外国法制史》，中国政法大学出版社，2013年第2版，第347页。

② 指令，是为履行欧盟条约上的义务而做出的，对特定成员国具有拘束力的、命令该成员国通过国内立法手段来履行该义务的规定。

③ 决定，通常用于特定场合对欧盟一般性法律规则的具体实施。它要求成员国或者法人甚至个人从事某项活动、禁止从事某项活动，或者实施某项处罚。

（3）法的一般原则

在欧洲联盟法中，法的一般原则主要是从成员国法律秩序中的共同原则或法的一般意识中引申出来的精神，其渊源大多出于罗马法。

（4）判例

欧洲法院以大陆法系各国的裁判制度为模式，原则上不受判例的拘束。

（5）国际法

在国际事务中，欧盟已经成为国际间的主体，以类似于国家的名义和身份参与活动，所以国际法上的一些适用于国家之间的国际准则，如国际条约、优惠与豁免等也成为欧盟法的渊源。

3. 欧盟法律资源利用

（1）欧盟委员会中心图书馆（Central Library）

欧盟委员会（European Commission），简称欧委会，是欧洲联盟的常设执行机构，也是欧盟唯一有权起草法令的机构。其中心图书馆[①] 提供关于欧盟的各类出版物、法律文件、官方公报、法院报告等。

图9–34　欧盟委员会中心图书馆

① http://ec.europa.eu/libraries/

（2）欧盟在线 EUROPA

欧洲联盟门户网站，[①] 内容包括欧盟的立法文件，法律适用、立法程序、签订的条约以及其他正式文件。

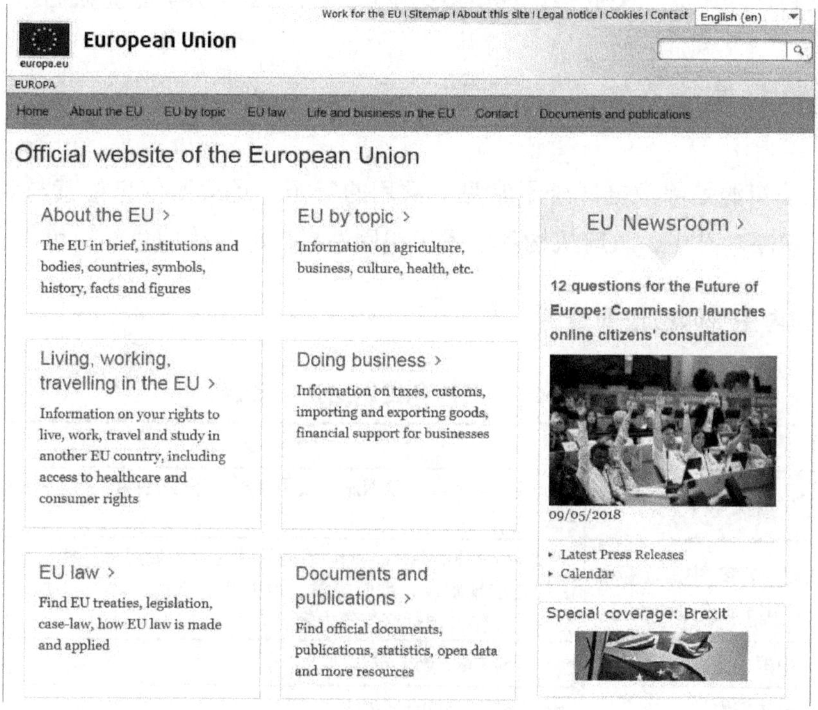

图 9–35　欧盟门户网站主页

（3）纽约大学法律图书馆“欧盟研究指南”

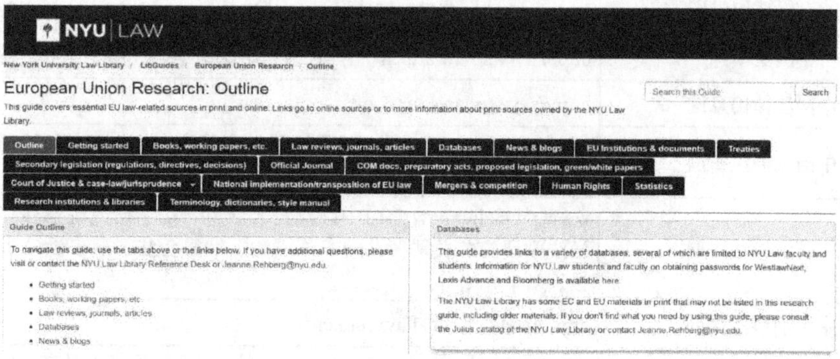

图 9–36　“欧盟研究指南”网页

① https://europa.eu/

纽约大学法律图书馆的“欧盟研究指南”[①] 提供了印刷版本、在线重要的欧盟法律相关资料以及各种数据库的链接。

除上述网站外，利用 Lexis Advance 数据库、Westlaw 法律数据库等法律数据库，也可以检索到该领域的相关资料。具体参见本章“三、国外法学专业数据库”内容。

五、网络法律资源介绍

网络法律资源是除数据库外最常见、常用的资源，是法律信息检索与利用的重要补充，不可忽略。其中，政府机构和学术组织网站提供的法律信息相对可靠和稳定。

（一）国内免费网络法律资源

表 9–20 国内免费网络法律资源

	名 称	简 介
中国大陆地区	中国政府网	http://www.gov.cn/ 该网站“政策”栏目下设文件库、法律法规、国务院公报等。
	国务院法制办公室/中国政府法制信息网	http://www.chinalaw.gov.cn/ 该网站“法律法规规章”栏目下设法律、行政法规、法规解读、部门规章、地方政府规章，此外“法治工作”栏目还有条约工作，国际交流等内容。
	中国人大网	http://www.npc.gov.cn/
	司法部网站	http://www.moj.gov.cn/
	最高人民检察院网站	http://www.spp.gov.cn/
	最高人民法院网站	http://www.court.gov.cn/
	国家知识产权局	http://www.sipo.gov.cn/
	北大法律信息网	www.chinalawinfo.com 北大英华公司和北大法制信息中心共同创办的大型综合性网站，下设法学在线、法律网刊、法律新闻、法律专题等栏目。
	中国法学网	http://www.iolaw.org.cn/ 中国社会科学院法学研究所、国际法研究所主办。
	中国法律信息网	http://service.law-star.com/
	中国民商法律网	www.civillaw.com.cn 中国人民大学法学院主办，内容包括法学讲堂、判解研究、论坛等。
	中国诉讼法律网	www.procedurallaw.cn 由中国政法大学诉讼法学研究院创办，内容包括诉讼法学研究相关法律法规、外围法、港澳台法、刑事诉讼法学研究会专栏、新书介绍等。
	中国刑事法律网	http://www.criminallaw.com.cn/
	中国法院网	http://www.chinacourt.org/index.shtml 中国法院网是由最高人民法院支持的全国法院信息平台，提供“中国审判案例库”“法律文库查询”“法院公告查询”等栏目检索。

① http://nyulaw.libguides.com/european_union_updated

续表

	名 称	简 介
中国香港	香港律政司网	http://www.doj.gov.hk/chi/laws "香港法例"栏目提供"基本法""香港法例""公约及国际协定""法律词汇"等内容的检索。
	电子版香港法例	http://www.elegislation.gov.hk
	香港司法机构网	http://www.judiciary.gov.hk/chs/index
	香港特别行政区立法会	http://www.legco.gov.hk
	以上网站收录《香港特别行政区政府宪报》《香港法例》《香港特区的条例》《香港特区的规例》《香港判例集》《香港区域法院判例集》等。	
中国澳门	澳门特别行政区政府网	http://www.macau.gov.mo
	澳门印务局网	http://www.io.gov.mo 其法例—国际法栏目还提供国际公约、双边协议、区域协定、联合国安全理事会决议等内容的中英文全文。
	澳门特区法院网	http://www.court.gov.mo
	澳门法律网	http://www.macaolaw.gov.mo
	澳门法例资料查询系统	http://legismac.safp.gov.mo/legismac/main/main.jsf?lang=zh_TW
	以上网站收录《澳门特区公报》《澳门特区法例》《澳门特别行政区司法制度法例汇编》等。	
中国台湾	法源法律网	http://www.lawbank.com.tw
	台湾地区法律网	http://www.lawtw.com/
	"立法院"全球资讯网	http://www.ly.gov.tw
	"司法院"网站	http://www.judicial.gov.tw
	以上网站提供法律法规、政府公报、统计资料、裁判文书等。	

（二）国外免费网络法律资源

表9–21 国外免费网络法律资源列表

	名 称	简 介
国际组织	世界法律信息研究所（WorldLII）	http://www.worldlii.org主要由普通法系国家信息中心合作主办，内容包括判例、成文法、条约、法律改革报告、法律期刊等。
	联合国数据中心	http://www.un.org/zh/databases内容包括联合国印发的所有正式文件、联合国条约、宣言和立法等。
	欧盟官网	https://europa.eu/
	欧盟委员会	http://ec.europa.eu/ 内容包括欧盟委员会参与制定的政策和法律。
	欧盟法院	https://curia.europa.eu/ 内容包括欧盟法院的判决报告及欧盟立法。
	世界贸易组织	http://www.wto.org 内容包括世贸组织的官方文件，如法律文本、GATT/WTO相关文件、出版物、统计数据等。

续表

	名　称	简　介
美国	美国国会法律图书馆	http://www.loc.gov./law/guide美国国会公共服务部主办。内容包括国际及各国法律资源及其导航，如立法和司法文件、部门网站以及各国政府信息等。
	美国政府网站	http://www.firstgov.gov美国政府主办，内容包括立法和司法机关的文件、美国政府各部门网站链接等。
	康奈尔大学法律信息学会	http://www.law.cornell.edu康奈尔大学法学院主办，内容包括美国联邦和州的立法和司法文件、法律百科全书等。
	FindLaw	http://www.findlaw.com，Thomson West公司主办，内容主要包括美国判例、成文法、律师执业指南等。
	美国国际法学会	http://www.asil.org/index.html内容包括美国国际法学会出版物数据库和国际经济法基础文献数据库，文献类型有条约、报告、案例、图书、论文等。
英国	英国及爱尔兰法律信息学会网站	http://www.bailii.org内容包括英国及爱尔兰的判例和成文法、欧盟判例、欧盟法律委员会报告等。
	英国法律在线	http://www.justis.com，Justis主办，内容包括英国、爱尔兰及欧盟判例和成文法。
	英国皇家文书出版局（HMSO）	http://www.hmso.gov.uk，英国皇家文书出版局主办，内容为英国所有成文法。
	律师信息网	http://www.Infolaw.co.uk，Infolaw主办，内容包括律师通讯、律师执业培训课程、法律信息目录等。
澳大利亚	澳大利亚法律信息中心网（AustLII）	http://www.austlii.edu.au澳大利亚法律信息学会主办，内容包括澳大利亚的成文法、判例、条约、法律改革报告以及法律期刊等。
加拿大	加拿大法律信息中心网（CanLII）	http://www.canlii.org加拿大法律信息学会主办，内容包括加拿大的成文法和判例等。

（三）法律信息资源导航

国内外法学信息资源非常丰富，据不完全统计，美国目前仅政府网站就有5000多个，加上各大学法学院等法律网站有上万个。国际组织网站也不计其数，很难一一列举。通过搜索引擎、高校图书馆或学术研究机构网站的资源导航、资源列表或学科信息指南等可以比较方便地找到相关免费网络法律资源。

1. 中国法律信息研究网

2009年正式开通的“中国法律信息研究网”，[①] 由中国法学会信息中心和北京大学法制信息中心主办，是一个从客观上全面反映中外文法律信息资源建设现状和业内研究成果的一个完全网络化的中国法律信息资源建设理论与实务研究方面的交流平台，该网站提供“法律法学网导航”和“法律图书馆导航”。

“法律法学网导航”包括学术网、院校网、立法司法网、政府机构网、外国主要法律

① http://chinalawlib.org.cn/

网。其中，外国主要法律网收录了美国、英国、加拿大、澳大利亚、德国、法国、日本、新加坡、俄罗斯、西班牙、巴西等国以及各国际组织的法律信息资源网站近 100 个。

“法律图书馆导航”囊括了 130 多个中外大学法学院及研究院所的网址。

图 9–37 法律信息研究网导航页面

2. 纽约大学法律图书馆“研究指南”

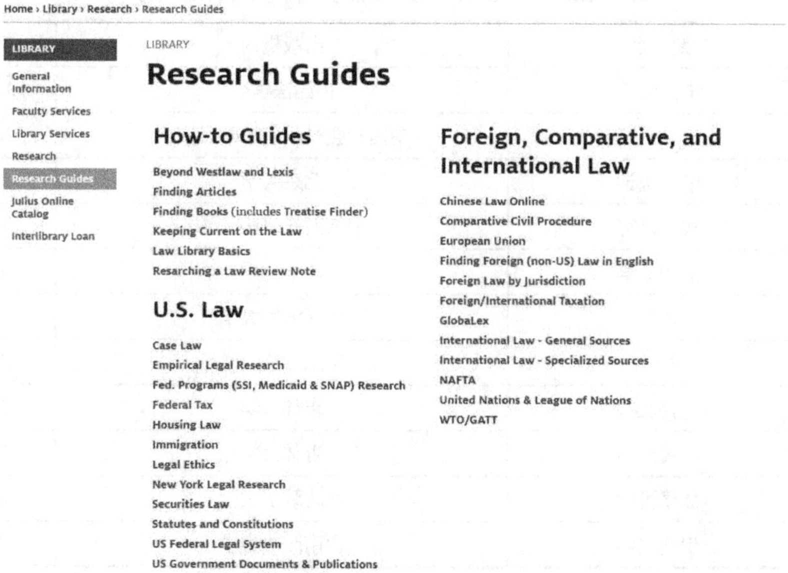

图 9–38 “研究指南”界面

该研究指南[①]分为“美国法律”“外国法、比较法和国际法”2个栏目，每个栏目下设有若干主题，如中国法律、欧盟、联合国和国际联盟等。具体内容见图9–38。

3. 其他法律信息资源导航

表9–22 其他法律信息资源导航

名称	简介
武汉大学“国际法重点学科导航”	http://www.lib.whu.edu.cn/dh/gjfn/index.htm该学科导航属于CALIS重点学科导航库项目，提供“电子期刊”“法律条文”“国际组织”“研究机构”“国内外法学院”等内容导航。
方略学科导航—法学	http://202.141.162.23/Customer/index.aspx其法学学科导航包括理论法学、法律史学、部门法学、国际法学、法律法规、判决文书等不同类别。
湘潭大学法学学科服务平台	http://law.xtu.xk.hnlat.com/提供国内外109个免费网络资源链接及国内外176个法学学科机构链接。
Findlaw	https://www.findlaw.com/ 是1996年由美国北加利福尼亚法律图书馆的一个工作小组开发的专业法律搜索引擎，主要为使用者提供法律信息的网络导航，它提供最全的法律目录，是目前美国最受欢迎的免费法律信息网站之一。

（四）国内外法律专业核心期刊

1. 国内法律类核心期刊

根据中文社会科学引文索引（CSSCI）来源期刊目录（2017—2018年），被收录的法律类学术期刊如表9–21所示。

表9–23 CSSCI收录的法学期刊（共23种）

序号	期刊名	出版机构	CN号
1	中国法学	中国法学会	11-1030/D
2	法学研究	中国社会科学院法学研究所	11-1162/D
3	中外法学	北京大学	11-2447/D
4	法商研究	中南财经政法大学	42-1664/D
5	清华法学	清华大学	11-5594/D
6	法学家	中国人民大学	11-3212/D
7	法学	华东政法大学	31-1050/D
8	法制与社会发展	吉林大学	22-1243/D
9	当代法学	吉林大学	22-1051/D
10	法律科学	西北政法大学	61-1470/D
11	现代法学	西南政法大学	50-1020/D

① http://www.law.nyu.edu/library/research/researchguides/

续表

序号	期刊名	出版机构	CN号
12	政法论坛	中国政法大学	11-5608/D
13	法学评论	武汉大学	42-1086/D
14	法学论坛	山东省法学会	37-1343/D
15	比较法研究	中国政法大学比较法研究所	11-3171/D
16	政治与法律	上海社会科学院法学研究所	31-1106/D
17	行政法学研究	中国政法大学	11-3110/D
18	华东政法大学学报	华东政法大学	31-2005/D
19	环球法律评论	中国社会科学院法学研究所	11-4560/D
20	中国刑事法杂志	最高人民检察院检察理论研究所	11-3891/D
21	法学杂志	北京市法学会	11-1648/D
22	政法论丛	山东政法学院	37-1016/D
23	东方法学	上海法学会、上海人民出版社	31-2008/D

2. 国外法律类核心期刊

2016年度SSCI收录的法学期刊影响因子排名（前20名）如表9–22所示。

表9–24 法学SSCI期刊影响因子排名

序号	Full Journal Title	ISSN	Journal Impact Factor	Total Cites
1	STANFORD LAW REVIEW	0038-9765	4.415	3464
2	YALE LAW JOURNAL	0044-0094	4.258	5084
3	TEXAS LAW REVIEW	0040-4411	4.030	1856
4	COLUMBIA LAW REVIEW	0010-1958	3.775	3654
5	HARVARD LAW REVIEW	0017-811X	3.477	5987
6	Regulation & Governance	1748-5983	2.898	598
7	LAW AND HUMAN BEHAVIOR	0147-7307	2.822	2920
8	HARVARD INTERNATIONAL LAW JOURNAL	0017-8063	2.632	504
9	UNIVERSITY OF PENNSYLVANIA LAW REVIEW	0041-9907	2.630	2598
10	VIRGINIA LAW REVIEW	0042-6601	2.589	2346
11	GEORGETOWN LAW JOURNAL	0016-8092	2.347	1708
12	COMMON MARKET LAW REVIEW	0165-0750	2.318	772
13	DUKE LAW JOURNAL	0012-7086	2.297	1511
14	UNIVERSITY OF CHICAGO LAW REVIEW	0041-9494	2.284	2585

续表

序号	Full Journal Title	ISSN	Journal Impact Factor	Total Cites
15	MINNESOTA LAW REVIEW	0026-5535	2.207	1288
16	UCLA LAW REVIEW	0041-5650	2.177	1561
17	CORNELL LAW REVIEW	0010-8847	2.150	1472
18	MICHIGAN LAW REVIEW	0026-2234	2.131	2370
19	PSYCHOLOGY PUBLIC POLICY AND LAW	1076-8971	1.915	1135
20	VANDERBILT LAW REVIEW	0042-2533	1.873	1351

第10章

多媒体信息资源检索与利用

一、多媒体信息资源概述

（一）多媒体

1. 多媒体的定义

媒体（Media）就是信息进行交换和传播的载体。从字面来看，多媒体（Multimedia）由前缀“Multi”（大量的、复合的）和“Media”（媒体）组合而来，可以理解为多种媒体的综合体，即将图像、音频、视频、计算机技术、通信技术等集成在同一个数字环境中，从而共同表达更加丰富和复杂的信息。

多媒体有“广义”和“狭义”之分。广义的多媒体指的是能够传播文字、声音、图形、图像、动画、视频等多种类型信息的手段、方式或载体；狭义的多媒体则专指融合两种及以上“传播手段、方式或载体”的人机交互式信息交流及传播媒体。

2. 多媒体的类型

（1）按照数据特征划分

① 文本媒体

文字是由一系列字符组成的书面语言，文字信息在计算机中被称为“文本”，是最常用的一种数字媒体，可以分为简单文本、丰富格式文本和超文本三类。

② 声音媒体

声音是由物体振动产生的，通过介质（空气、固体、液体）传播并能被听觉器官感知的波动现象。声音可以分为音频信号和噪音，其中音频信号又分为语音、音乐和音效三类。声音包含音调、音色、音强三要素，涉及周期、频率、振幅、带宽四个重要参数。

③ 图形与图像媒体

通常合称为图片媒体，其特性有：分辨率，指的是显示器屏幕上图像的精密度，也就是屏幕所能显示的像素的多少；颜色特征，描述图片的表面性质，可能取值有2色、16色、256色、16位增强色、24位真彩色等；纹理特征，体现了物体表面的具有缓慢变化或者周期性变化的结构组织排列属性；形状特征，即图像或图形外围封闭的轮廓曲线及其所包围的区域；空间关系特征，即图片中分割出来的多个目标之间的相互空间位置或相对方向关系。

④ 视频媒体

泛指将一系列静态影像以电信号方式加以捕捉、记录、处理、储存、传送与重现而产生的媒体[①]，包括动画、影像等。视频媒体的属性包括画面更新率（帧率）、分辨率、长宽比例、色彩资料、视频品质（画质）等。

（2）按照人类感知形式划分

多媒体可以分为视觉类媒体（符号、文字、位图图像、矢量图形、动画、视频等）、听觉类媒体（波形声音、语音、音乐等）、触觉类媒体（环境媒体、温度、湿度等）、活动媒体、抽象事实媒体（抽象数据等）。

（3）按照国际电信联盟的标准划分

根据国际电信联盟（ITU-T）的标准，多媒体可以分为感觉媒体、表示媒体、表现媒体、存储媒体和传输媒体等类型。

① 感觉媒体

感觉媒体指能直接作用于人们的感觉器官，从而能使人产生直接感觉的媒体，比如文字、图形、图像、声音等。

② 表示媒体

表示媒体指为了存储和传输感觉媒体而人为研究出来的，以计算机编码表示的媒体，如文本字符以 ASCII 码表示，图像以 JPEG 或其他编码表示，视频以 MPEG 编码存储等。

③ 表现媒体

表现媒体指在信息通信过程中使电信号和感觉媒体进行转换的媒体，是计算机用于输入输出信息的媒体，如键盘、鼠标、显示器、打印机、扫描仪等。

④ 存储媒体

存储媒体指支持信息存储的数据载体，即存放表示媒体的媒体，也称为介质，如微型胶片、磁带、软盘、硬盘、CD–ROM 等。

---

① 根据视觉暂留原理，连续的图像变化每秒超过24帧画面时，人眼就无法辨别单幅的静态画面，因而产生了平滑连续的视觉效果，这样连续的画面叫做视频。

⑤ 传输媒体

传输媒体指用于传输数据信息的物理媒体，如光纤、同轴电缆、微波、红外线等。

目前，多媒体主要讨论的是感觉媒体和表示媒体，即声音、图形、图像、文字、视频和动画等信息载体及各种编码形式。

（4）按照资源格式划分

多媒体资源的音 / 视频格式可以分为普通媒体和流媒体两种。

① 普通媒体

普通媒体格式就是“源”格式，是由多媒体采集设备（如摄像机、录音机等）直接录制拍摄并未经压缩的，通常在广播、电视系统播放。

② 流媒体

流媒体格式则是源格式经过压缩和编码之后生成的媒体格式，主要用于网络传播。

（二）多媒体信息资源

1. 多媒体信息的定义

多媒体信息就是将文字、声音、图像等信息按照内在联系组织在一起形成的信息集合，能够全面表征事物形态。

2. 多媒体信息资源的特点

多媒体信息资源的特点主要有：

• 数据量大，从数据量来看，多媒体数据的数据量可以达到常规数据的几万甚至几十万倍；

• 多样化，从数据种类来看，多媒体数据除了包含整形、实性、布尔型、字符型、浮点型等传统数据类型，还包括图形、图像、音频、视频等复杂数据类型，它们的数据长度可变，这就给数据存储带来了困难；

• 集成性，一方面，文本、声音、图像图形、视频等各种媒体信息实现了有机整合，能够在多任务系统下很好地协同工作；另一方面，处理这些多媒体的设备系统也实现了集成；

• 交互性，多媒体信息为用户提供了更加自然和丰富的信息存取手段，用户能够交互式地使用、加工和控制信息；

• 实时性，由于多媒体系统需要处理各种复合的信息媒体，多媒体技术必然要支持实时处理，接收到的各种信息媒体在时间上必须是同步的。

3. 多媒体学术资源

多媒体学术资源，即基于学术需求的、能够成为教学科研或语言学习辅助的多媒体资源。此外，多媒体学术资源还包括满足学生素质教育及文化需求的各类多媒体资源。多媒体学术资源能够为教学过程带来更加直观的感受以及更具互动性的学习方式。

（三）多媒体信息资源的种类

1. 文本

文本（Text）是最常见的媒介形式，也是人机交互作用的主要形式，它包括数字、字母、符号、汉字等各种文字。各类书籍、档案、信件等都是由文本信息构成的。

文本一般用来存储大量的文字信息，其保存信息所占用的空间较少。一个数字、字母或符号占用1个字节的存储空间；一个汉字占用2个字节的存储空间。常见的文本格式有纯文本格式（TXT）、Microsoft Word 文档（DOC 或 DOCX）、电子书（PDF）、网页源代码（HTML）等。

2. 矢量图与位图

矢量图图形（Graphic）亦称面向对象的图像或绘图图像，是指用一系列的线段或其他造型描述一幅图像，通常以一组指令的形式存在，这些指令描绘图中所包含的每个直线、圆、弧线和矩形的大小和形状，其特点是无论缩放还是改色都不会损坏画质。位图图像（Bitmap）亦称为点阵图像或绘制图像，是由称作像素（图片元素）的单个点组成的，常用于逼真照片和精细细节图像，各像素点之间没有内在联系，图像分辨率固定，其特点是放大时图像边缘会出现锯齿状失真。矢量图图形与位图图像文件通常统称为图片文件。

图像的常见特征有颜色特征、纹理特征、几何特征、形状特征、空间关系特征。

（1）颜色特征

颜色特征是一种全局特征，描述了图像或图像区域所对应的景物的表面性质。一般颜色特征是基于像素点的特征，此时所有属于图像或图像区域的像素都有各自的贡献。颜色直方图是最常用的表达颜色特征的方法。

（2）纹理特征

纹理特征也是一种全局特征，它也描述了图像或图像区域所对应景物的表面性质。但纹理只是一种物体表面的特性，并不能完全反映出物体的本质属性。与颜色特征不同的是，纹理特征不是基于像素点的特征，它需要在包含多个像素点的区域中进行统计计算。常用的纹理描述方法有统计法和频谱法。

当图像分辨率发生变化时，计算出的纹理可能出现较大偏差。

（3）几何特征

图像的几何特征包括位置与方向、长轴与短轴、周长、面积、距离等参数。

（4）形状特征

图像的形状特征包括矩形度、宽长比、圆形度、球状度、偏心率等参数。

（5）空间关系特征

空间关系是指图像中分割出来的多个目标之间的相互的空间位置或相对方向关系，这些关系也可分为连接 / 邻接关系、交叠 / 重叠关系和包含 / 包容关系等。空间位置信息分为相对空间位置信息和绝对空间位置信息。

其他属性包括分辨率、量化位数、色彩数等。

（6）分辨率

图像分辨率指的是图像中存储的信息量，以每英寸图像内包含的像素点数量来表示，单位是 PPI（Pixels Per Inch）。

图像分辨率 = 图像水平像素数 × 垂直像素数

常见的电脑图片分辨率有 800 × 600、1280 × 768、1920 × 1080 等；常见的手机图片分辨率有 800 × 400、960 × 640、1280 × 720 等。

（7）量化位数

图像的量化位数指的是图像中每个像素点记录颜色所需要的二进制的位数，决定了图像的最多颜色数和最大灰度等级数。

（8）色彩数

色彩数就是屏幕上最多显示出的颜色总数。

3. 音频

音频是多媒体中的一种重要媒体。我们能够听见的音频频率范围是 60Hz—20kHz，其中语音大约分布在 300Hz-4kHz，而音乐和其他自然声响是全范围分布的。声音经过模拟设备记录或再生，成为模拟音频，再经采样、量化和编码过程成为数字音频。

（1）从信息载体角度划分

① 波形声音

波形声音是对模拟声音进行数字化而生成的数字音频信号，能够代表语音、音乐、自然界的声音及合成声响。

② 语音

语音是一种高度抽象的概念交流媒介，具有字词、语法等要素，经过识别可以转换为文本形式。

③ 音乐

音乐是人声或 / 和乐器音响等配合所构成的一种声音，具有节奏、旋律或和声等要素，可以通过乐谱表示。

（2）从层次上划分

① 物理样本级

音频内容以流媒体形式呈现，用户可以通过时间刻度检索或调用音频的样本数据。

② 声学特征级

从音频数据中自动抽取声学特征，用以表达用户对音频的感知，或用于语音的识别或检测。

③ 语义级

该层级是对音频内容、音频对象的概念级描述，即音频内容可以是语音识别、检测、识别的结果，可以是对音乐旋律和叙事内容的说明，也可以是音频对象和概念的描述。

4. 视频与动画

（1）基本定义

视频（Video）泛指将一系列静态影像以电信号的方式加以捕捉、记录、处理、储存、传送与重现的各种技术。

当连续的图像变换速度超过每秒24帧画面时，根据视觉暂留原理，人眼将无法辨别每一幅单独的静态画面，因此呈现出平滑连续的视觉效果，这种连续画面就是视频。

当连续的图像变换速度低于每秒24帧画面时，人眼有不连续的视觉效果，产生的画面就是动画。

（2）视频的属性

① 格式

视频格式反映了视频的保存格式，可以分为适合本地播放的本地影像格式和适合在网络中播放的网络流媒体影像格式两大类。常见的视频文件格式有 .AVI、.RMVB、.WMA、.FLASH、.MP4、.RM、.MOV、.ASF、.FLV 等。

② 分辨率

视频分辨率指的是视频成像产品所成图像的大小或尺寸。常见的视像分辨率有352×288、176×144、640×480、1024×768等。在成像的两组数字中，前者为图片长度，后者为图片宽度，两者相乘得出的是图片的像素。

③ 帧率

帧率（Frame Rate）也称画面更新率，是指视频格式每秒钟播放的静态画面数量，单位是每面显示的帧数（Frame Per Second，fps）或赫兹（Hz）。高的帧率可以得到更流畅、更逼真的视觉效果。一般来说，帧率在30fps就可以接受，性能提升至60fps则可以明显提升交互感和逼真感，但是超过75fps后流畅度提升就很难觉察了。

④ 码流

码流（Data Rate）也称码率，是指视频文件在单位时间内使用的数据流量。码流是视频编码中画面质量控制中最重要的部分。在分辨率相同的情况下，视频文件的码流越大，压缩比就越小，画面质量就越高。

二、多媒体信息检索方法与技术

（一）多媒体信息检索

1. 多媒体信息检索的定义

多媒体信息检索（Multimedia Information Retrieval，MIR），就是对多媒体信息的特征进行分析，提取元数据及索引建库，并按照相似匹配度量模式，将检索语言和数据库资源近相似度匹配运算，从而识别和返回用户所需信息，并通过与用户之间的反馈，进一步优化、调整检索结果的过程。

多媒体信息检索主要分为两类：一是以全文检索作为基本和主要的手段，在文字和其他媒体之间建立连接，非文字媒体的检索通过全文检索实现；二是根据各种媒体本身的特征进行检索。多媒体信息检索技术主要包括各种媒体的获取、压缩、存取（本地存取和网络存取）和输出（显示和打印）。

2. 多媒体信息检索的特征

（1）采用相似性检索原理

多媒体信息检索摒弃了传统的精确匹配技术，而是直接对多媒体信息进行分析，从中抽取内容特征并以此建立索引，采用近似匹配（或局部匹配）方法通过逐步求精获得检索结果，避免了传统检索方法在处理多媒体信息方面产生的不确定性。

（2）满足用户的复杂检索需求

多媒体信息检索系统一般由媒体库、特征库和知识库组成：媒体库包含文本、图像、音频、视频等多媒体的相关数据；特征库保护用户输入的特征和预处理自动提取的内容特征；知识库包含通用知识和领域专业知识，其中的知识表达可以更换，从而适应不同学科领域的应用需求。

（3）实现多媒体信息的快速检索

数量巨大、种类繁多的多媒体数据库通常具有较为强大的检索能力，能够实现多媒体信息的快速检索。

（二）多媒体数据库

1. 多媒体数据库的定义

一般来说，能够管理数值、文字、表格、图形、图像、声音等多种媒体的数据库称为多媒体数据库。它除了数据量大、信息媒体多样化等特点外，还有数据间时间的同步性和空间的连续性，以及人机间实时的交互性等特点。

多媒体数据库是数据库技术与多媒体技术结合的产物，与管理数字和字符数据的传统数据库相比，它在性质、功能、存取结构上都存在很大的不同：多媒体数据库所存储和处理的是复杂对象，没有任何一个单一的数据模型能够适应所有情况；多媒体数据库强调媒体独立性；强调对象的物理表现和交互方式，以及最终用户界面的灵活性；多媒体数据库的对象访问手段更强。

2. 多媒体数据库的功能

（1）基本功能

概括而言，多媒体数据库必须具备的基本功能有以下几个方面。

第一，能够表示和处理不同种类的媒体数据，反映和管理各种媒体数据的特征或不同媒体数据之间的时空关系。

第二，除了满足物理数据独立性和逻辑数据独立性外，还需要满足媒体数据独立性。

第三，应当具有开放性，提供相应的应用程序接口。

第四，需要具备数据操作功能，不仅能够查询和搜索无格式数据，还能够针对不同媒体提供不同的操作方法，比如剪辑音频数据、编辑处理图形图像等。

第五，能够解决网络环境下多媒体数据库中数据的定义、存储、操作问题，保证数据的一致性和安全性。

第六，具备解决长事务的能力，并且能够解决版本控制的问题。

（2）浏览功能

多媒体资源内容丰富，种类繁多，但相应的描述信息通常较为简单，因此对于广大用户来说，其浏览功能显得非常重要。

① 类别浏览

类别浏览，就是将数据库中的多媒体资源按照一定的依据（如学科、资源内容和体裁）分门别类，用户根据需要选择相应的类目，查看该类目下所包含的多媒体资源。

② 热门浏览

热门浏览实际是一种资源推荐功能，多媒体数据库将用户使用较多的资源以排行榜的形式呈现出来，提供热门主题或热门关键词的浏览，或设计为精品推荐或最新资源推荐，便于用户及时获得最新最受欢迎的资源。

（3）检索功能

多媒体数据库的检索包含两个方面：一方面是基于元数据信息的文本检索，如按照多媒体资源的相关描述文字进行检索；另一方面是基于多媒体资源（图像、音频、视频）的内容检索进行检索。

3. 多媒体数据库的层次

多媒体数据库的层次包括多媒体数据支持层、存取数据及存储数据模型层、概念数据模型层、多媒体表示层，如图 10–1 所示。

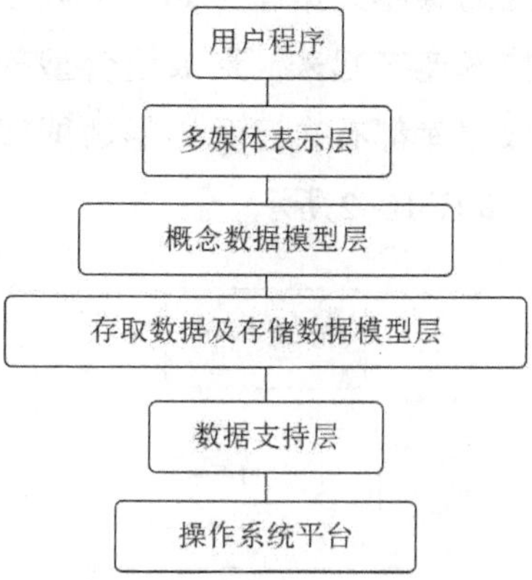

图 10–1　多媒体数据库的层次

（1）多媒体表示层

多媒体表示层也称多媒体用户接口层，位于多媒体数据库顶层，直接面向最终用户，将不同类型从多媒体数据准确、形象地表示给用户，完成用户对多媒体数据的查询描述并得到相关信息的查询结果。其特点是驱动各类多媒体设备显示多媒体数据。

（2）概念数据模型层

概念数据模型层位于多媒体表示层之下，既是对现实世界中事物的抽象描述，也是多媒体数据库在全局概念下的整体视图，为上层的多媒体表示层和下层的数据存取存储层之间建立起逻辑上的统一通道。

（3）存取数据及存储数据模型层

该层位于概念数据模型层之下，实现多媒体数据的逻辑存取和存储、各种媒体数据的逻辑位置安排、相互的内容关联、特征与数据的关系、超链接的建立。在第二层对概念数据模型的操作转换为本层对存储数据模型的操作。该层与概念数据模型层通称数据模型层。

（4）多媒体数据支持层

数据支持层位于数据库最底层，该层针对不同媒体的特殊性质确定相关数据的物理存储位置及存储方法，并以多媒体操作系统为基础负责对数据进行最基本的物理管理（包括添加、删除、修改、查找）。

4. 多媒体数据库的结构

目前，还没有标准的多媒体数据库体系结构，通常都是通过扩展现有的关系型数据库实现。典型的多媒体数据库结构有以下几种。

（1）组合型结构

组合型结构即将多个独立的媒体数据库（如文本数据库、音频数据库、图像数据库、视频数据库）通过整合技术连接起来，形成组合型的多媒体数据库。在这种数据库体系结构中，每一个媒体数据库都有自己独立的数据库管理系统，不需要考虑与其他数据库的匹配及协调问题，如图10–2所示。

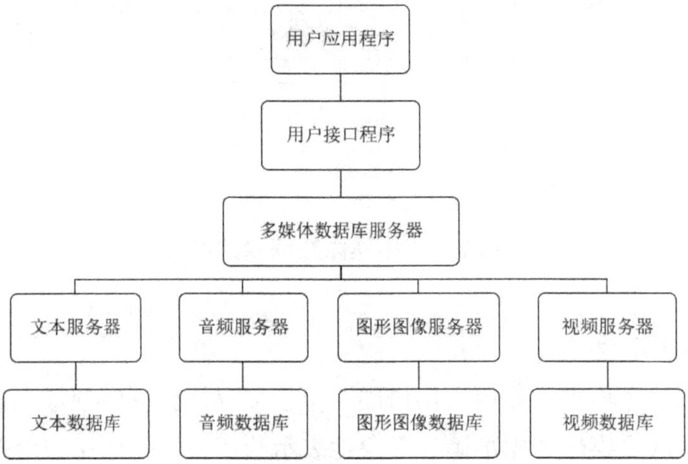

图10–2　组合型多媒体数据库

（2）集中统一型结构

集中统一型结构包含一个多媒体数据库和一个多媒体数据库管理系统。各种类型的媒体数据统一建模，存储在一个数据库中，由单一的数据库管理系统进行管理并提供访问，查询结果也可以统一表现，旨在实现综合应用的效果，如图10-3所示。不过，目前还没有研究出一种恰当而高效的方法管理所有种类的多媒体数据。

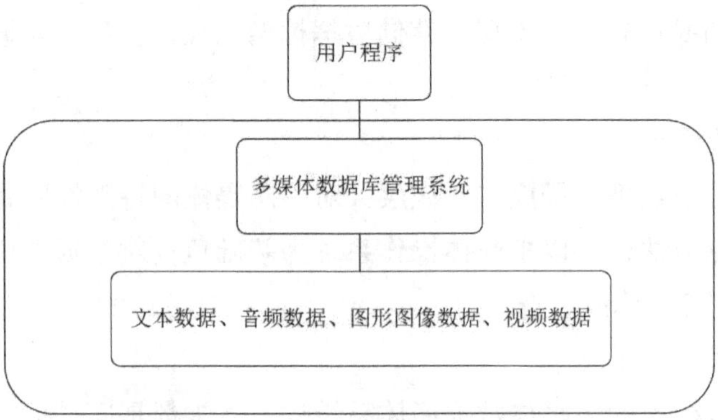

图10–3　集中统一型多媒体数据库

（3）客户 / 服务型结构

客户 / 服务型结构包括用户应用程序、用户接口程序、多媒体管理服务器、各种媒体服务器和多媒体数据库等要素，如图 10–4 所示。在这种结构中，各种媒体数据库彼此独立，借助专用服务器和统一的多媒体管理服务器连接。多媒体管理服务器管理和操纵各个多媒体服务器，并通过特定的中间件系统与用户接口程序连接，从而最终实现与用户的信息交换。该结构适用于网络环境，用户可根据需要选择一个或几个多媒体服务器的服务，但必须建立一定的标准。

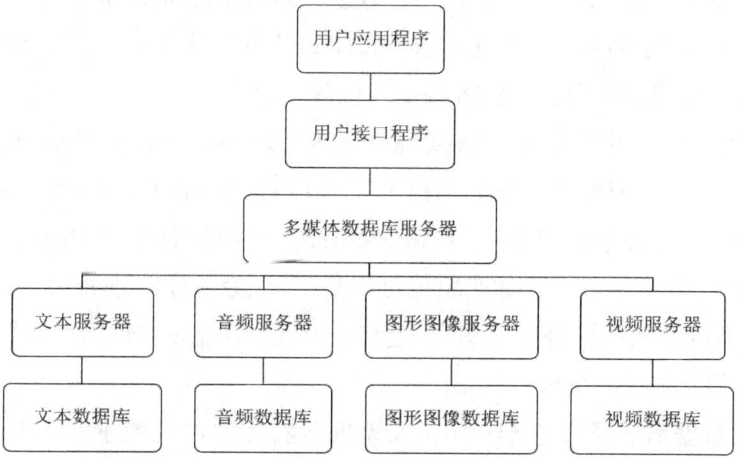

图 10–4　客户 / 服务型多媒体数据库

（4）超媒体型结构

超媒体型结构指的是在网络连接环境下，各类媒体数据库分散存储于不同的存储空间，通过网络服务器及互联网进行信号传递，如图 10-5 所示。该结果强调对数据时空索引的组织，在建立适当访问工具的前提下，可以自由访问和使用这些数据。

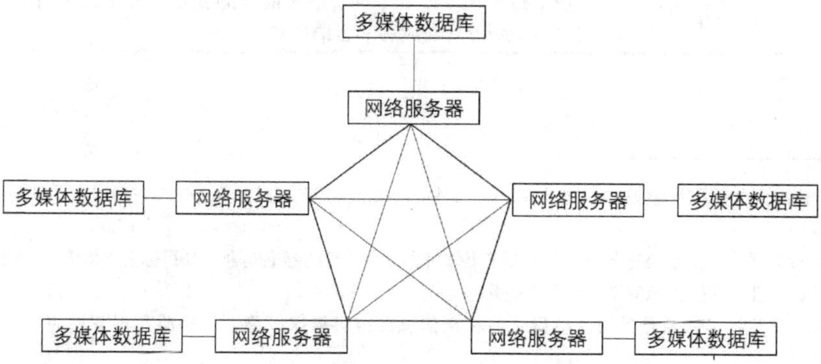

图 10–5　超媒体型多媒体数据库

5. 多媒体信息的描述方法

（1）多媒体元数据

图像、音频、视频等媒体对象的二进制数据是非结构化的，无法简单地使用数学解析式表达。多媒体数据库在对这些媒体对象进行存储、组织、处理、检索和应用之前，必须取得这些对象内容及信息特征的解释，这些解释就是多媒体元数据。

多媒体元数据包含两个方面的内容：其一，媒体内部元数据，指的是处理媒体内信息的解释；其二，媒体间元数据，指的是处理多个媒体及其相互关系信息的解释。

多媒体元数据分为三类：内容相关元数据、内容描述元数据和内容无关元数据。其中，内容描述元数据占较大比重，它与媒体的信息属性相关，无法自动生成，只能凭借使用者的描述或媒体内容的代表特征来表达。

目前，国内外主要多媒体元数据规范有 VRA Core（Visual Resources Association Core Categories，视觉资源协会核心类目）、[①] MPEG-7（Multimedia Content Description Interface，多媒体内容描述接口）、[②] MusicBrainz 元数据计划（MusicBrainz Metadata Initiative,MMI）、[③] 广播电视音像资料编目规范、[④] 北京大学"视音频信息元数据规范"和"多媒体资源综合元数据著录方案"、上海交通大学"音频资料描述元数据规范"等。

（2）多媒体元数据的生成

多媒体元数据需要通过基于一定语义空间的特征提取函数生成。不同的多媒体对象，其元数据的表示形式及生成方式也有所不同，如表 10–1 所示。

表 10–1　不同媒体对象的元数据表示形式及内容

媒体对象	表示形式	元数据内容
文本	字符串（由键盘输入）	偏重文本逻辑结构及其展示风格的描述；描述内容一般由作者提供，作者未提供的部分仍然需要自动或半自动方法识别（如关键词提取）。
	图像（由扫描仪输入）	主要通过自动或半自动方法获得，如符号、图、表识别，关键词提取，段落边界确定等。
声音	语音	一般通过辨识言语的单词、语音韵律的变化、静默的时间、发音的位置得出，并识别静音时间和非言语声音。

① VRA Core 由视觉资源协会数据标准委员会制订与维护，用于描述艺术、建筑、史前古器物、民间文化作品等艺术类可视资源。

② MPEG-7 规定了一个用于描述各种不同类型多媒体信息的描述符的标准集合，其目标是支持多种音频和视觉的描述，支持数据管理的灵活性、数据资源的全球化和互操作性等。

③ MusicBrainz 元数据计划是针对互联网上音视频信息的内容描述模型，直接服务于开放的音乐百科全书网站 MusicBrainz.org。

④ 广播电视音像资料编目规范由国家广电总局主持制订，中央电视台等单位起草，于 2004 年 10 月正式公布，适用于电视节目采编、制作、播出、存储、交换、共享等环节的音像资料编目。

续表

媒体对象	表示形式	元数据内容
图像	基于文本	提取图像的文件名、链接、锚文本、图像的替换文字、图像周围的文本、图像的标签等文本内容进行分析和索引，生成元数据。
	基于内容	提取图像的颜色、纹理、形状、空间关系等特征作为元数据。选取的特征不同，提取手段和处理方式也不同。
视频	帧①	与图像元数据类似，包含颜色或灰度特征等。
	帧系列	分为影视级（一部完整的视频节目）、情节级（影视节目中一段连贯的内容）、场景级（某个地点或场景下拍摄的内容），镜头级（一次连续的拍摄）。每一级都可能产生元数据。

（三）多媒体信息资源检索技术

1. 基于文本的多媒体信息检索技术

基于文本的多媒体信息检索（Text-Based Retrieval，TBR）也被称为基于关键词的检索方式。由于计算机技术及其他相关技术的限制，早期的多媒体信息检索采用了这种方式。互联网逐渐发展起来之后，它被直接引入网络多媒体信息检索领域，是目前网络信息检索系统的主流检索方式，具有代表性的有百度图片、视频、音乐搜索，Yahoo 音乐搜索与图片搜索，Google 图片搜索等。

该技术首先对多媒体进行人工分析并抽取反映该多媒体物理性和内容特征的关键词，然后对这些关键词进行文字著录或标引，建立类似于文本文献的标引著录数据库，从而将多媒体信息检索转换为对上述关键词的检索，在本质上与纯文本信息检索类似。基于文本的多媒体信息检索优势在于实现原理相对简单，技术比较成熟，与用户的信息表达形式相适应；劣势在于主观性太强，不同人对同一个多媒体信息的描述可能完全不同，另外多媒体信息具有多维性，人工描述很难全面反映其特征。

2. 基于内容的多媒体信息检索技术

基于内容的信息检索技术（Content-Based Retrieval，CBR）是对媒体对象的内容及上下文语义环境（如图像的颜色、纹理、形状，视频的镜头、场景，声音的音调、音色、响度等）进行分析，抽取特征和语义，并在此基础上建立索引和进行检索。其原理是提取多媒体的特征并进行量化，通过向量空间的形式表达出来，建立索引库，用户提问也被转化为向量，与已有信息所建立的向量空间进行匹配度计算。

该技术需要从媒体内容（如图像中的颜色、纹理、形状，视频中的镜头、场景、镜头的运动，声音中的音调、响度、音色等）中提取信息线索；然后以图像处理、模式识别、计算机视觉、图像理解等学科中的多种方法作为检索基础；检索过程采取近

① 帧是影像动画中最小单位的单幅影像画面，每一帧就是一幅静止的画面。帧数是1秒内传输的图片数。

似匹配、逐步求精的方法，通过人机交互定位到所需信息。就普及程度而言，目前还局限在较小的数据集合上，大多数基于内容的多媒体搜索引擎都是实验室的研究成果。

最初，多媒体信息检索以计算机视觉算法为基础，重点对图像、视频、音频等进行基于特征的相似度检索，其中较为流行和具有代表性的多媒体信息检索系统是 QBIC 和 Virage；此后，相似度搜索理念逐渐被网络图像搜索引擎（包括 Webseek 和 Webseer）吸纳和应用，甚至直接聚合到企业层数据库中，如 Informix Data Blades、Oracle Catridges 等。

（1）基于内容的图像检索

基于内容的图像检索主要利用了图像中的一些可视化信息（如颜色、形状、纹理等）作为检索途径，实现了自动化、智能化的图像检索和管理，提高了检索的效率和准确性。

概括而言，基于内容的图像检索过程包括以下步骤：第一，预先分析、提取和存储各个图像视觉的底层特征；第二，系统根据用户提交的检索例图采用某种方法提取该图的特征向量；第三，通过相似性比较方法，将该例图的特征与特征库中的特征进行比较匹配；第四，将匹配完成的图像，按相似度大小排列结果返回给用户；第五，用户根据反馈的结果调整检索策略，形成新的查询，直至得到满意的结果。

基于内容的图像检索常用的关键技术包括基于颜色特征的检索、基于纹理特征的检索、基于形状特征的检索、基于组合的多特征检索、基于语义特征的检索。

① 基于颜色特征的检索

颜色是图像重要的一种视觉特征，反映了图像的全局特定，在图像检索中最先被采用。基于颜色特征的主要方法有颜色直方图、颜色相关图、颜色一致性矢量、颜色矩等。

② 基于纹理特征的检索

纹理反映的是图像的某种局部性质，或局部区域中像素之间的关系。描述纹理特征的方法主要有统计法、结构法、模型法、频谱法四种。

③ 基于形状特征的检索

形状是图像较难以提取和描述的特征，具有不受目标颜色、纹理、背景变化影响的特点，形状特征的表达必须基于对图像中物体或区域的划分，形状特征的提取必须以图像分割为前提。形状特征的表示通常有两种方法，一种是基于边界轮廓特征的方法，如傅里叶描述、小波轮廓描述、直线段描述；另一种是基于区域特征的表示方法，如不变矩。

④ 基于组合的多特征检索

基于组合的多特征检索实际是在图像的颜色、纹理、形状等几种查询特征中选择两种或两种以上的特征进行组合检索，从而更加灵活和有效地满足用户的检索要求。

⑤ 基于语义特征的检索

图像视觉特征信息与用户视觉数据理解的差异造成了视觉底层特征与高级语义之间的“语义鸿沟”，基于语义特征的图像检索旨在解决这一问题。它允许用户在检索过程中使用个人主观感受来描述图像，有助于提高检索效率和准确性。

（2）基于内容的视频检索

基于内容的视频检索技术对非机构化的视频数据进行结构化的分析和处理，采用视频分割技术将连续的视频流划分为具有特定语义的视频片断，即镜头，以此作为检索的基本单元，并进行代表帧（representative frame）的提取和动态特征的提取，形成描述镜头的特征索引。镜头特征索引采用视频聚类等方法研究镜头之间的关系，将内容相似的镜头组合起来，逐步缩小检索范围，直至检索到所需的视频数据。

基于内容的视频检索所涉及的关键技术是视频镜头边界检测技术、关键帧提取技术、视频特征提取技术、视频浏览和检索技术。

① 视频镜头边界检测技术

镜头是视频的基本单元，对视频建立索引的第一步是将视频分割为镜头，这个过程就是镜头边界检测。镜头切换的过程中，视频数据会发生颜色、对象纹理或形状，以及运动不连续性等一系列变化，镜头边界检测的目的就是寻找这些变化的规律。常用的镜头边界检测方法有像素比较法、直方图法、模板匹配法、基于边缘的方法、基于模型的方法、双重比较法、基于压缩域的方法等。

② 关键帧提取技术

关键帧就是描述一个镜头主要内容的关键图像帧，其选取是建立视频数据索引的关键一环。提取时不仅要选择尽可能描述视频主要内容和事件的图像帧，还要从中提取所含的内容及相应类别，数据量要尽可能小，以便存储和管理。关键帧提取方法主要分为基于全图像视频序列的方法和基于压缩的方法两种，以前者最为常见。具体而言，有基于镜头的方法、基于内容分析的方法、基于运动分析的方法和基于聚类的方法等。

③ 视频特征提取技术

视频特征提取的目的是提取镜头的颜色、纹理、运动以及高级语义等特征，从而获得一个能够尽可能充分反映镜头内容的特征空间，以此作为视频聚类和检索的依据。

静态特征提取通常可以采用图像处理方法，提取视频中图像的颜色特征、纹理特征、形状特征等。动态特征反映了视频随时间变化的情况，是视频镜头的重要特征，提取动态特征的方法主要有两种：一是考虑灰度元素的时间变化，从而计算各个像素密集的光流；二是基于先提取目标的一组稀疏的特征，在其后的帧内对这些特征进行跟踪。

④ 视频聚类技术

聚类就是基于一定条件对对象进行分类的过程。视频聚类技术根据视频内容的相关性，将内容相近和时间连续的镜头进行重新组合，不但能够对图像进行动态分类，还能缩小查询范围，提高检索效率。常见的聚类方法有基于视频分割的方法、基于层次的方法和基于模式分类的方法。

基于内容的视频检索系统是将视频进行结构化并依据视频数据的视觉特征和时空特征进行相似度衡量与比较的系统。其基本工作流程分为以下几个步骤：第一步，通过镜头边界检测技术将视频序列分割为镜头，对视频序列进行结构化处理，同时通过关键帧提取技术提取关键帧图像；第二步，利用特征提取技术提取视频的动态特征和关键帧的静态特征，并将这些特征存入视频数据库中；第三步，将用户提交的检索条件与数据库中存储的特征进行匹配，并返回检索结果；第四步，用户将检索结果与自身检索需求进行比较，对系统提供相关反馈，系统依据反馈信息进行再次检索，直至满足用户的需求。

（3）基于内容的音频检索

基于内容的音频检索需要从音频数据中提取听觉感知特征（音量、音调、响度等）和听觉非感知特征。由于语音、音乐与其他声音有着显著差异，因此音频信息检索可以分为基于语音技术的检索、音乐检索和普通音频检索。

基于语音技术的检索以语音为中心，常用技术包括利用大词汇语音识别技术、利用子词索引单元、识别关键词、基于说话人语音差别进行分割等。

① 音频特征提取技术

实现音频检索的第一步就是提取音频特征，提取特征的方法主要有两种，第一种是提取听觉感知特征（如音高、响度等），第二种是计算非感知特征或称物理特性（如对数倒频谱系数、线性预测系数等）。

② 语音识别技术

语音识别就是通过机器识别和理解将语音信号转变为相应文本或命令的过程。语音识别技术主要包括语音控制、电子发声、连续语音识别、非连续语音识别和语音学习等。完整的语音识别系统包含了语音特征提取、声学模型与模式匹配、语义理解三个主要部分。

基于内容的音频检索系统基本工作流程分为以下几个步骤：第一步，预处理，即通过处理使音频数据具有相同的格式，包括采样频率、文件格式、声道等，同时进行滤波处理，尽可能降低噪音；第二步，特征提取，即对音频数据进行特征提取，将音频数据存储在原始音频库中，将音频特征存储在特征库中，从而建立起相应的音频数据库；第三步，音频分类，即利用特征对音频数据进行聚类，产生的聚类信息存储在聚类参数库部分；第四步，提交检索提问，即用户采用示例查询（Query by Example，QBE）方式，通过检索界面选择一个查询示例，并设定相应的属性值，然后提交检索请求；第五步，音频检索，即系统根据用户选择的示例提取特征，结合属性值确定查询特征矢量，检索引擎对特征矢量和聚类参数集进行匹配，按相关性排序后向用户返回检索结果。

三、典型的多媒体信息检索系统

（一）图片检索系统

1. TinEye 图片检索系统

（1）系统简介

TinEye 搜索引擎[①] 是加拿大 TinEye 公司所开发的图像搜索工具，于2008年5月6日上线，其特色是通过用户提供的 URL 或上传的图像文件，搜索互联网上类似的图片及其位置。用户可以利用一张分辨率较低的图片寻找较高分辨率的同一图片；利用偶尔看到的图找到原图；或在仅拥有图片一部分的情况下寻找原版图片。TinEye 不断从网页上抓取图片并添加在其索引数据库中，目前，索引库已经包含了超过250亿张图片。

除了在 TinEye 网站使用图片搜索功能外，TinEye 还提供了浏览器插件支持。该插件可以集成在浏览器中，更加方便地使用以图搜图功能。用户可以轻松地找到未经处理的图片，还可以搜索到图片更加详细的信息，比如图片的名称、作者、发布日期以及第一次发布在何处等。

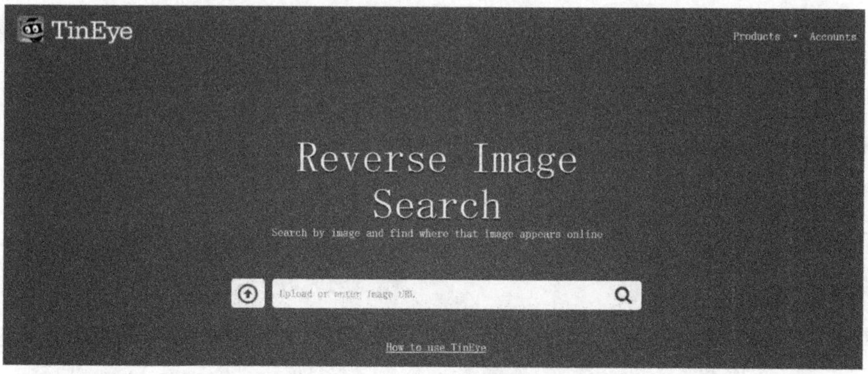

图 10–6　TinEye 搜索引擎首页

（2）检索功能

TinEye 网站提供了两种搜索方法：上传图像或输入图像的 URL 链接地址。

① https://www.tineye.com/

①上传图像检索

点击按钮，会跳出“选择要上传的文件”对话框，用户可以从自己的电脑中挑选一张图片，然后点击对话框的“打开”按钮，图片会被自动上传，如图10–7所示。图片上传完毕后即可看到检索结果，包含图片的文件名、链接、系统抓取时间等信息。检索结果还可以按相关性、变化程度、图片大小、抓取时间等条件进行排序。

图10–7　上传图像检索

② 输入图片链接检索

如果知道图片的URL地址，可以在首页检索框中直接输入，然后点击按钮，即可进行搜索。

③网页拖拽检索

在TinEye系统页面打开的情况下，用户可将网页上的图片直接拖拽到TinEye网页选项卡上，系统会自动识别该图片的地址并将图片上传，随后返回检索结果。

2. Multicolr 搜索引擎

（1）系统简介

Multicolr 搜索引擎①也是加拿大TinEye公司开发的产品。该搜索引擎通过颜色

① http://labs.tineye.com/multicolr/

来搜索图片，允许用户最多选择五种颜色，系统根据用户选择的颜色，从 Flickr 超过 2000 万张图片的海量数据库中搜索含有这些颜色的图片。

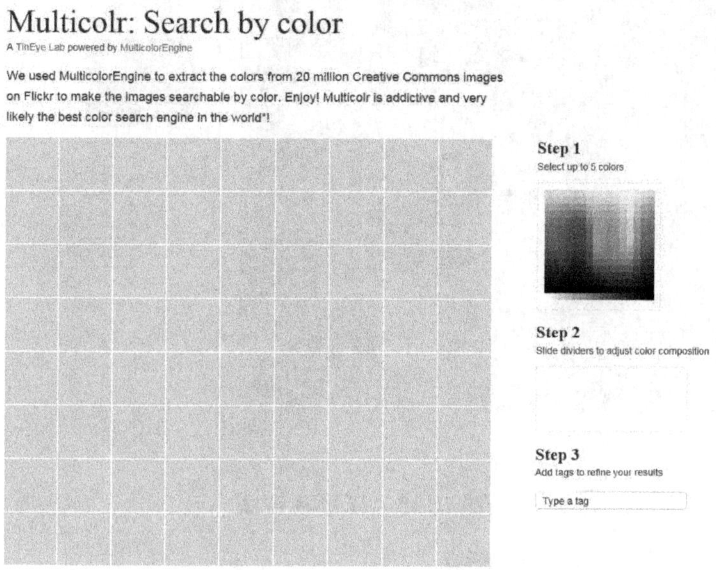
Multicolr: Search by color
A TinEye Lab powered by MulticolorEngine
We used MulticolorEngine to extract the colors from 20 million Creative Commons images on Flickr to make the images searchable by color. Enjoy! Multicolr is addictive and very likely the best color search engine in the world*!
Step 1
Select up to 5 colors
Step 2
Slide dividers to adjust color composition
Step 3
Add tags to refine your results
Type a tag

图 10–8　Multicolr 搜索引擎首页

（2）MulticolorEngine 工具

MulticolorEngine 是 Multicolr 搜索引擎所使用的应用程序接口，其作用是利用颜色搜索相应的图片。该工具能够根据用户提交的颜色及其权重寻找最为匹配的图片，并能轻而易举地集成在已有的计算机系统中。检索过程中，MulticolorEngine 主动忽略图片的纯色或透明背景，从一张图片或一系列图片中抽取调色板，还支持元数据搜索，能够实现快速、准确、大规模的图片检索。

MulticolorEngine 首先对所有图片进行索引，从每一幅图片中提取详细信息，并将信息存储在专用的颜色数据库中。索引过程有助于实现基于颜色的海量图片快速检索。然后对图像的像素进行分析，不考虑元数据、标签或图片涉及的其他信息，直接从图片中获取颜色数据。

（3）检索功能

Multicolr 搜索引擎最大的特定就是以颜色搜图。

第一步，选择颜色。搜索引擎页面右侧提供了选色器，用户最多可以从中选出五种颜色。

第二步，显示后的颜色会在选色器下方的颜色栏中显示出来，如图 10–9 所示。同一种颜色多次选择可以增加其权重。鼠标放在某个颜色上会显示删除按钮，拖拽两个颜色之间的分割线能够调整颜色的占比（权重）。检索结果即时显示。

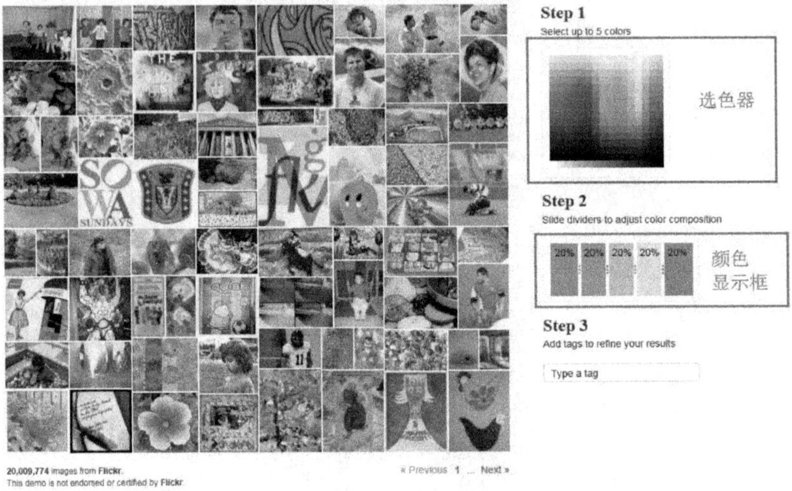

图10–9　以颜色搜图

第三步，以标签对图像主题进行限定，缩小检索范围，使检索结果更加精确，如图10–10所示。输入“garden”，系统会提供相关的联想词，如gardens、gardening、botanicalgardens、kewgardens等，选择恰当的标签即可得出该标签下满足颜色条件的所有图片。

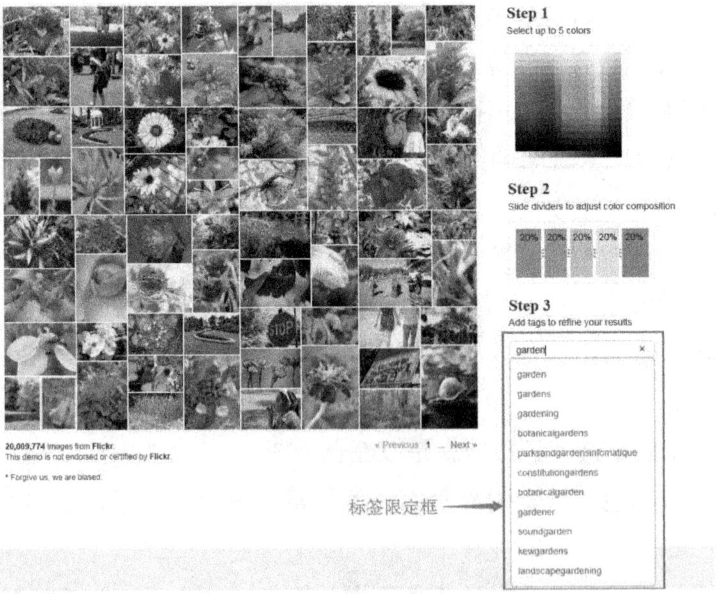

图10–10　缩小检索范围

3. LIRE

LIRE（Lucene Image REtrieval）[①] 是一款开源的图像特征索引工具，它能够帮助用户方便地对图像特征建立索引并实施检索。LIRE 提供两种类型的应用程序接口（API），一种是用于提取图像特征描述符的 Caliph&Emir，[②] 另一种是用于搜索基于内容的图像的 Lucene。[③]

使用 LIRE 开发图像检索系统时，第一个步骤是提取数据库中每个图像的特征描述符，借助 Caliph&Emir 可以完成该步骤并自动将结果改为特征字符串；第二个步骤是通过 Lucene 建立关于特征字符串的全文索引。用户提交查询图像后，检索系统将该图像转化为特征字符串，随后进行基于全文本索引的全文检索。

（二）音乐检索系统

1. Musipedia 搜索引擎

（1）系统简介

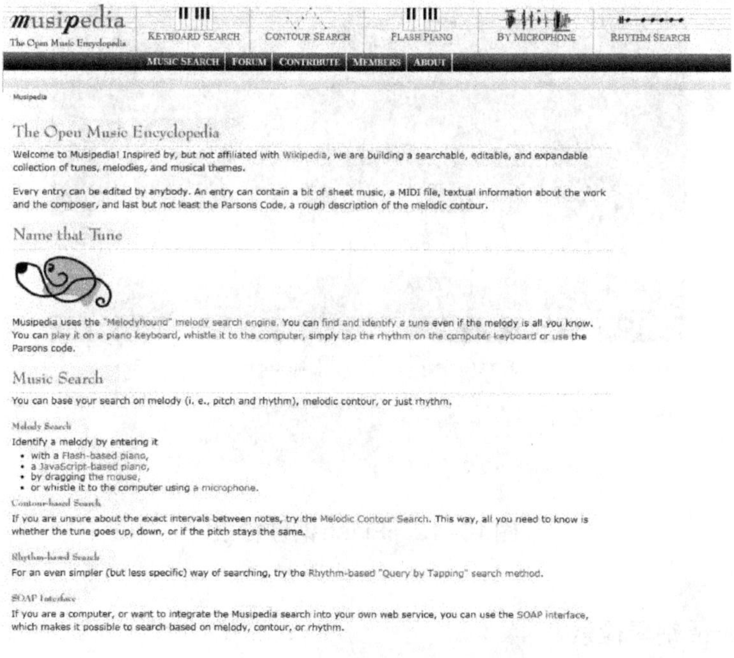
musipedia
The Open Music Encyclopedia
KEYBOARD SEARCH
CONTOUR SEARCH
FLASH PIANO
BY MICROPHONE
RHYTHM SEARCH
MUSIC SEARCH
FORUM
CONTRIBUTE
MEMBERS
ABOUT
Musipedia
The Open Music Encyclopedia
Welcome to Musipedia! Inspired by, but not affiliated with Wikipedia, we are building a searchable, editable, and expandable collection of tunes, melodies, and musical themes.
Every entry can be edited by anybody. An entry can contain a bit of sheet music, a MIDI file, textual information about the work and the composer, and last but not least the Parsons Code, a rough description of the melodic contour.
Name that Tune
Musipedia uses the "Melodyhound" melody search engine. You can find and identify a tune even if the melody is all you know. You can play it on a piano keyboard, whistle it to the computer, simply tap the rhythm on the computer keyboard or use the Parsons code.
Music Search
You can base your search on melody (i. e., pitch and rhythm), melodic contour, or just rhythm.
Identify a melody by entering it
with a Flash-based piano,
a JavaScript-based piano,
by dragging the mouse,
or whistle it to the computer using a microphone.
If you are unsure about the exact intervals between notes, try the Melodic Contour Search. This way, all you need to know is whether the tune goes up, down, or if the pitch stays the same.
For an even simpler (but less specific) way of searching, try the Rhythm-based "Query by Tapping" search method.
If you are a computer, or want to integrate the Musipedia search into your own web service, you can use the SOAP interface, which makes it possible to search based on melody, contour, or rhythm.

图 10-11　Musipedia 搜索引擎首页

---

① http://www.lire-project.net/

② Caliph&Emir 库可以提取以下特征描述符：RGB 和 HSV 空间的颜色直方图；MPEG-7 的颜色特征；Tamura 纹理特征，包括粗糙度、对比度和方向；Gabor 纹理特征；颜色和边缘方向性描述符；模糊颜色和纹理直方图；自动颜色相关特征。

③ lucene 是一个高性能和全功能的文本搜索引擎库，它提供了一个全文索引引擎、全文分析引擎和全文检索引擎，适合几乎所有需要全文搜索的应用程序。

Musipedia[1] 致力于创建一个类似于维基百科的开放音乐社区，在这里任何人都可以轻松地创作、编辑、搜索音乐。该搜索引擎提供了多种方式的音乐搜索功能：包括Flash 钢琴、JavaScript 钢琴、旋律轮廓、鼠标拖拽、麦克风（哼唱）或键盘敲击节奏，用户可以通过其提供的这些工具，弹奏相应的旋律来、借助麦克风哼唱歌曲、在键盘上敲打节奏或直接输入准确音符，从而实现搜索。

该系统提供英语、法语、德语和中文界面，使用较为方便。

（2）检索功能

① Flash 钢琴检索

在 Flash 钢琴检索方式下，用户利用鼠标在屏幕提供的模拟钢琴上敲击，通过弹奏一定的旋律搜索相应的曲目。弹奏旋律之后，点击界面右下角的黑色三角按钮，可以对该旋律进行试听，如果弹奏错误，点击左下角的“Clear”按钮就可以清除旋律。此外，该检索方式还允许用户对检索范围（Musipedia 或整个网络）、过滤条件和匹配位置进行筛选，有助于进一步细化检索范围，获得更精确的结果，如图 10–12 所示。

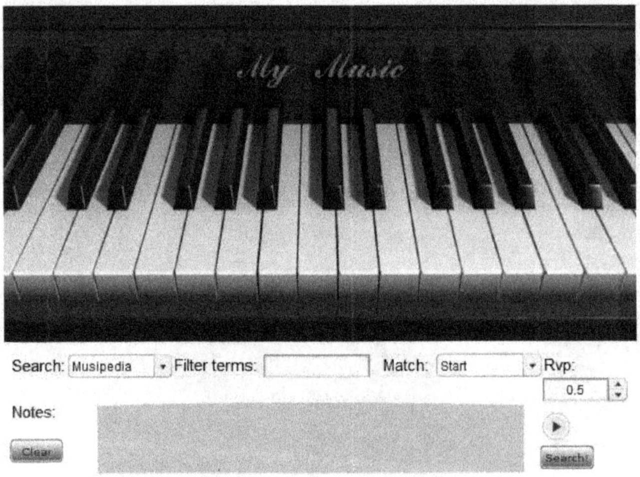

图 10–12　Flash 钢琴检索

② JavaScript 钢琴检索

在 JavaScript 钢琴检索方式下，系统提供了拥有两个八度的键盘，每个音高上有四个音符（分别是八分音符、四分音符、符点四分音符和二分音符），用户可根据自己的检索需要选择点击适当的音高和音符长短，还可以插入键盘右侧的休止符，产生的旋律会在键盘下的高音谱号后和高音谱号下面的文本框中显示出来，如图 10–13 所示。如

① http://www.musipedia.org/

果输入错误，点击“Delete note”按钮即可删除。“Play”按钮具有试听功能，输入一些关键词或短语可屏蔽不相关的检索结果。

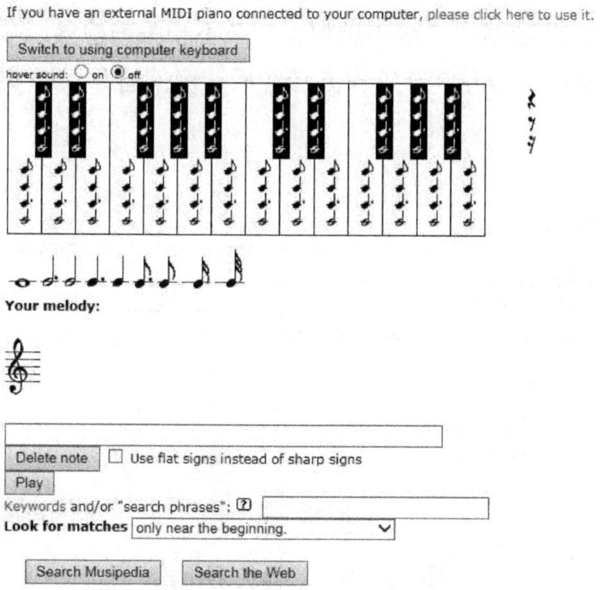
If you have an external MIDI piano connected to your computer, please click here to use it.
Switch to using computer keyboard
hover sound: on off
Your melody:
Delete note
Use flat signs instead of sharp signs
Play
Keywords and/or "search phrases":
Look for matches only near the beginning.
Search Musipedia
Search the Web

图10–13　JavaScript钢琴检索

③ 麦克风检索

麦克风检索即用户通过哼唱或吹口哨将音乐旋律由麦克风传递给系统，由系统进行匹配和搜索。这种检索方式是一种非常实用的搜索方式，非常适合对五线谱不太熟悉的大众用户。用户点击“Record”按钮之后，系统会弹出提示，询问是否允许使用本机的麦克风。在点击“允许”按钮后就可以开始录音了，试听无误后，即可点击“Search”按钮开始搜索，如图10–14所示。

需要注意的是，必须清楚地哼唱出每个音符，才能得到准确的检索结果。

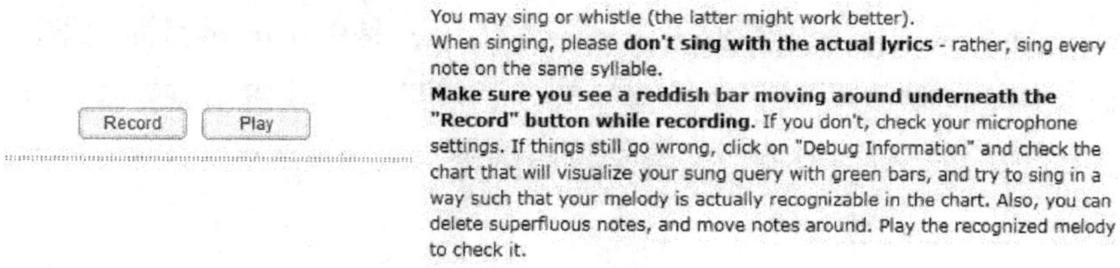
Record
Play
You may sing or whistle (the latter might work better).
When singing, please don't sing with the actual lyrics - rather, sing every note on the same syllable.
Make sure you see a reddish bar moving around underneath the "Record" button while recording. If you don't, check your microphone settings. If things still go wrong, click on "Debug Information" and check the chart that will visualize your sung query with green bars, and try to sing in a way such that your melody is actually recognizable in the chart. Also, you can delete superfluous notes, and move notes around. Play the recognized melody to check it.

图10–14　麦克风检索

④ 旋律轮廓检索

旋律轮廓（Melodic Contour）检索方式下，用户可以输入 Parsons 编码[①]查找相应的音乐旋律。用户检索时在“Melodic Contour”检索框中输入 Parsons 编码（该项必填），并配合一些关键词或短语（该项选填）屏蔽不相关的检索结果。系统还允许用户对音乐的类别进行限定，如古典音乐、流行音乐、民间音乐、节庆颂歌、国歌等。如图 10–15 所示。

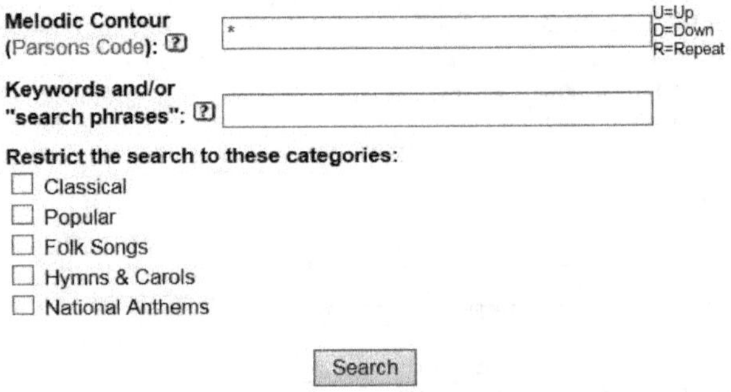

图 10–15　旋律轮廓检索

（3）编辑与分享功能

除了音乐检索功能外，Musipedia 还具有强大的音乐编辑与分享功能，人人都可以上传自己的音乐旋律并与世界各地的音乐爱好者共同分享，还可以对现有的音乐旋律进行在线编辑，共同完善曲目片段，呈现曲目的完整面貌。

在首页导航栏下，点击“Contribute”模块即可进入投稿分享页面，页面中详细介绍了音乐上传的方法，已经注册的用户点击“Add New Entry”就可以添加新条目了。

此外，系统的“Forum（论坛）”模块为音乐爱好者提供了交流和分享的平台，注册之后即可参与讨论。

2. ThemeFinder 搜索引擎

（1）系统简介

ThemeFinder[②] 是面向音乐专业人士的搜索引擎，是由美国斯坦福大学计算机辅助人文科学研究中心与俄亥俄州立大学合作开发的成果。该搜索引擎不仅提供专业的音乐主题检索功能，还可以按照作曲者姓名进行浏览。

① Parsons 编码是一种完全忽略音乐节奏的编码，用来反映前后两个音符之间的音高关系，如果后一个音符的音高高于前一个音符，就以“U（向上）”表示，如果后一个音符的音高低于前一个音符，就以“D（向下）”表示，如果前后两个音符音高相同，就以“R（重复）”表示。

② http://www.themefinder.org/

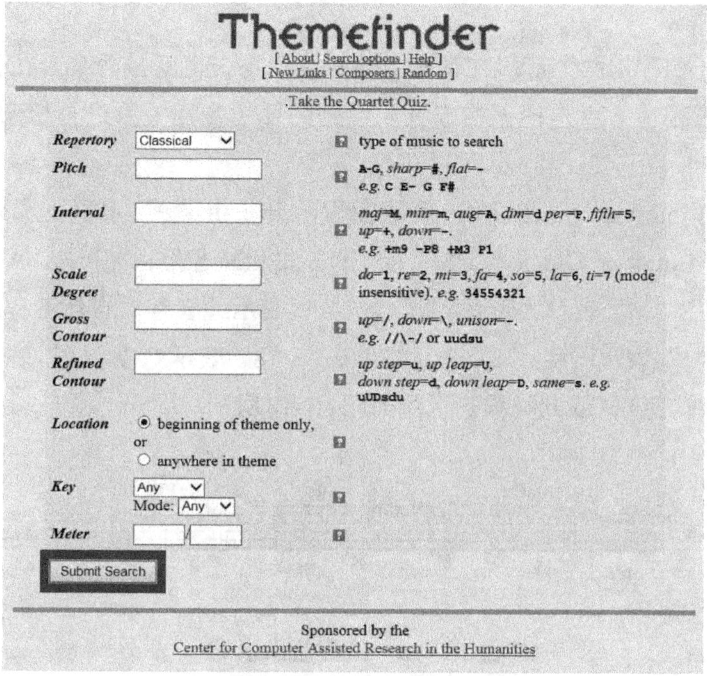

图 10–16　ThemeFinder 搜索引擎

（2）检索功能

① 音高检索

音高（Pitch）即音的高度，表示声音的高低，音高大小由频率决定。音高检索就是利用固定音高的音名来查找相应的音乐主题。具体的检索方法是：

使用字母 a—g（或 A—G）表示音符的音名；字母后面可以加上临时记号表示音名升、降或还原的变化，“#”表示升调，“–”表示降调，“##”表示重升号，“—”表示重降号，这些符号仅对其前面的一个音符有效；为清楚起见，每个表示音高的字母可以用空格隔开，表示八度的数字在检索过程中会被忽略，因此不用标注。示例如图 10–17 所示。

图 10–17　音高检索示例

② 音程检索

音程（Interval）指两个音级在音高上的相互关系，也就是两个音在音高上的距离，其单位是度。音程检索就是根据构成音乐主题的几个音程关系进行检索。音程由以下三部分组成：

音程向位（Interval Direction），表示音程的升（由“+”表示）和降（由“–”表示）；音程性质（Interval Quality），“d”或“D”表示减音程，“a”或“A”表示增音程，“m”表示小音程，“M”表示大音程，“p”或“P”表示纯音程。自然音程度数（Diatonic Interval Size），“1”表示同度，“2”表示二度…… “8”表示八度，“9”表示八度加二度，“10”表示八度加三度，依此类推。示例如图 10–18 所示。

图 10–18　音程检索示例

③ 音级检索

音级（Scale Degree）是划分音阶中各音之间音程的单位，是乐音在音列、音阶中的排序位置，以数字 1 到 7 表示，“1”代表“do（C）”，“2”代表“re（D）”，“3”代表“mi（E）”，“4”代表“fa（F）”，“5”代表“sol（G）”，“6”代表“la（A）”，“7”代表“si（B）”。什么调的乐曲，即以该调的第一音级为主音，乐曲调性的名称源于主音的名称。示例如图 10–19 所示。

图 10–19　音级检索示例

④旋律走向检索

旋律走向检索分为大致走向（Gross Contour）和精确走向（Refined Contour）检索。

大致走向检索通过音程的变化和韵律行进方向对主题旋律进行描述。在这种检索方式中，“/” 表示旋律上行，“\” 表示旋律下行，“–” 表示旋律不变。示例如图 10–20 所示。

图 10–20　旋律走向检索

精确走向检索主要对旋律的上行和下行进行级进和跳进的区分。

⑤ 附加限定条件

ThemeFinder 还提供了提升检索精确度的限定条件，如音乐类别（古典音乐、民歌、文艺复兴时期音乐等）、节拍（2/4 拍、3/4 拍、7/8 拍、5/16 拍等）、检索词出现的位置（音乐开头或音乐任意位置）、调性（C 大调、A 小调等）。

（3）浏览功能

Themefinder 提供了按作曲者姓名（A–Z）浏览的功能，用户可选择自己感兴趣的作曲者，点击查看其作品主题，如图 10–21 所示。

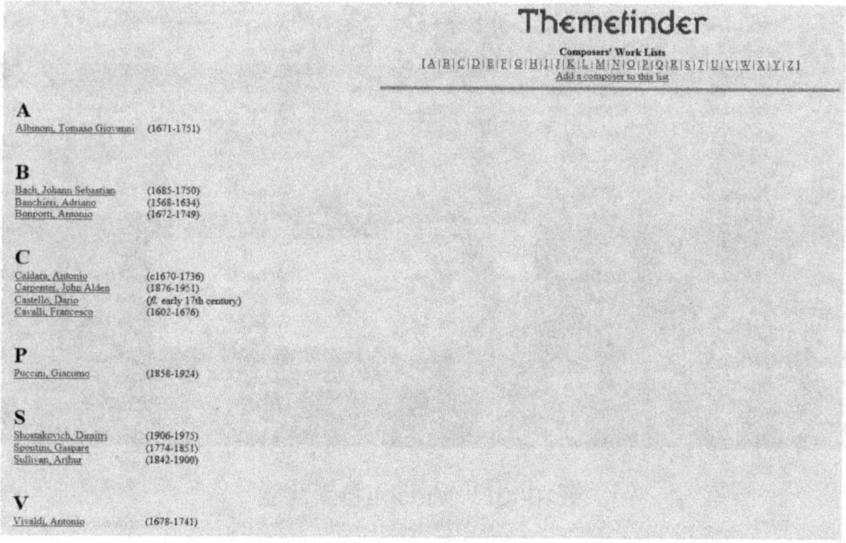

图 10–21　按作曲者姓名浏览

3. Midomi 音乐搜索引擎

（1）系统简介

Midomi[①] 音乐搜索引擎于2007年问世，一个通过旋律搜索相关音乐的网站，适用于只记得一两句旋律，却不记得歌名的情况。用户无论是唱歌、哼唱还是吹口哨，都可以很快找到需要的歌曲。网站提供了英语、法语、中文、西班牙语、德语、意大利语、日语、韩语、葡萄牙语等界面。

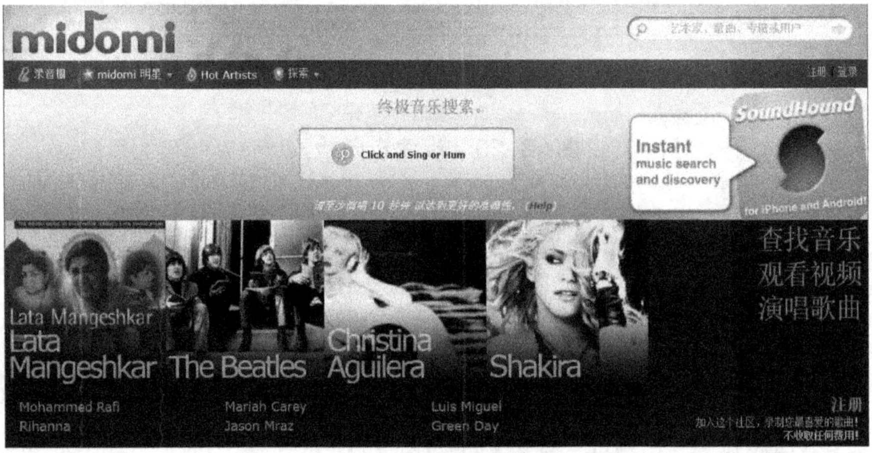

图10-22　Midomi音乐搜索引擎首页

（2）检索功能

图10-23　Midomi检索功能

① https://www.midomi.com/

在 Midomi 首页正中的位置，可以看到“终极音乐搜索”的字样，下方提供了标注有“Click and Singor Hum”字样的检索按钮，如图10-23所示。点击该按钮，系统会弹出对话框询问是否允许使用麦克风，点击“允许”后，按钮区域立刻显示正在连接的信息，时间很短暂。当按钮区域显示“Click to Stop”字样并开始计时的时候，即可对麦克风哼唱。再次点击按钮停止录制，系统会将录制的音频上传，随后显示检索结果。

一般来说，在较为安静的环境下录音，音乐片段时长在10秒以上，获得的检索结果更加有效。如果哼唱的旋律与原曲差别较大，或音乐片段时长太多，可能需要多次调整才能获得较为满意的结果。

（3）浏览功能

Midomi 的“Hot Artists”模块列出了网站上最活跃的歌手、最佳乐曲、最大的歌迷俱乐部、热门歌曲语种以及网站近期事态等。用户可点击相应的歌手名，进入歌手主页，浏览其基本信息、试听歌曲、专辑精选、照片等内容，还可以加入歌手的歌迷俱乐部。

（4）交流与分享功能

Midomi 除具备检索功能外，还是一个有趣的音乐社区，为用户提供交流与分享的强大功能。用户注册后，可以在这里建立自己的音乐档案，使用“录音棚”功能在线录制音乐，并与好友们交流分享这些音乐。同时，可以结交社区中拥有相同或相似爱好的用户，在“midomi 明星”模块聆听他们上传的演唱曲目，并进行打分、音频留言或发送消息。此外，还可以加入明星俱乐部，购买他们的正版唱片。

四、多媒体数据库

（一）中文多媒体数据库

1. 新华社多媒体数据库

（1）数据库介绍

新华社作为有着70多年光辉历史的中国国家通讯社，是中国最大、最权威的新闻信息采集和发布中心，其信息资源具有权威性、原创性、前瞻性、实用性、及时性等特点。新华社多媒体数据库于2004年7月正式推出，是新华社对国内外用户提供新闻信息服务的总平台和总出口。它以新华社遍布全球的新闻信息及采集网络为依托，汇集了新华社文字、图片、图表、视音频、报刊等各类新闻信息产品以及各类新闻历史资料，新华社用户可以通过多媒体数据库方便、快捷、交互式的选择各自需要的新闻信息产品。

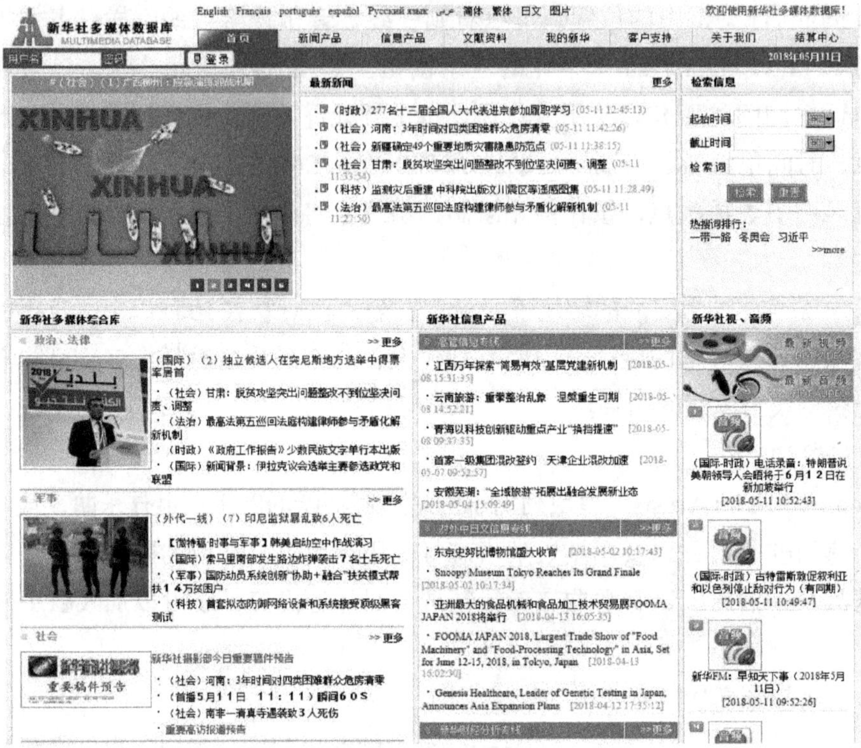

图 10-24　新华社多媒体数据库首页

（2）主要内容

新华社多媒体数据库全面整合了新华社的各类资源和社会上有价值的新闻信息资源，拥有包括中、英、法、俄、西、阿及中文繁体在内的 6个文种，涵盖政治、经济、文化、生活等各个领域，各行各业。真正实现多媒体互动、数据准确、传输高效、检索便捷。目前数据库收录汉字200多亿、图片170万张、图表4000多张、视音频资料8000小时，全天候为海内外用户提供多层次的新闻信息服务。

① 文字系统

文字系统不仅汇集了从1948年以来新华社播发的所有中文电讯稿，而且全天24小时实时播发新华社各路电讯稿、各条种经济信息专线产品，以及新华社社办报刊和精选稿件。此外文字系统还增加了实时播发的英文、法文、西班牙文、阿拉伯文、葡萄牙文、俄文等外文电讯稿。

② 图片系统

新华社新闻发稿照片和留资照片数据量以及从社会摄影师图片中精选的图片在国内首屈一指，图片系统庞大的底片资料库涵盖了中国近百年历史和世界重大新闻事件，聚焦国内、国际最新时事的新闻照片滚动入库。目前已入库图片数量达100多万张，每日增加1600多张。

③ 图表新闻

目前已有4000多张图表入库，每天递增最新的国内国际图表新闻10多张。

④ 视音频系统

每天播发新华社采编的国内外时政新闻、财经新闻、体育新闻、娱乐新闻，目前正将8000余小时的各类历史视音频新闻资料整理入库。

（3）系统功能

① 分类浏览

新华社多媒体数据库的资源分为新闻产品、信息产品、文献资料三个大类，每个大类又细分为若干子类，如新闻产品分为综合检索库、新华社新闻、新华社图片、新华社视频等，如图10–25所示。点击具体类目，即可浏览该类目下的所有资源。

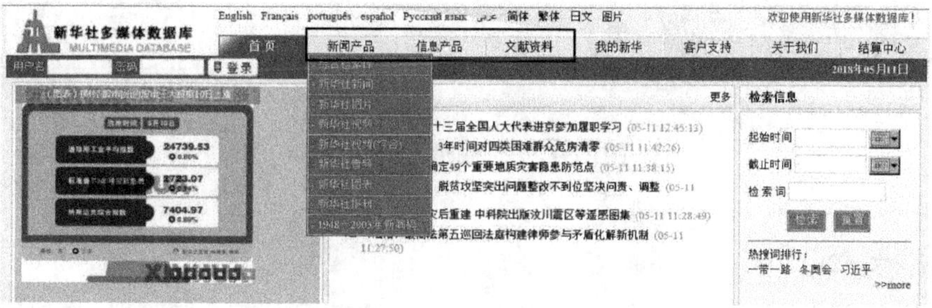

图10–25　分类浏览功能

图10–26　按类别浏览和按时间浏览

为了方便用户浏览最清晰以及最新的分类信息，系统又将分类浏览功能细分为按类别分类浏览和按时间分类浏览，如图10–26所示。

② 简单检索

数据库首页右上方的简单检索模块允许用户输入检索词进行快速检索，还可以限定资源发布的起始和截止时间，如图10–27所示。此外，数据库提供了热搜词排行，作为用户输入检索词的参考。

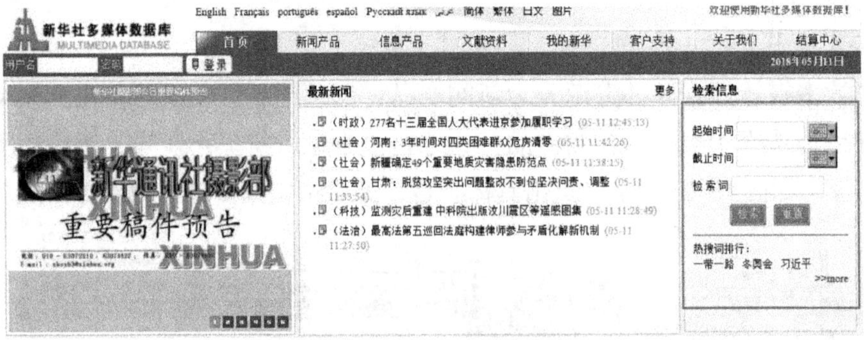

图10–27　简单检索功能

③ 高级检索

为了能够准确的定位搜索信息，用户在输入检索词之后，还可以对其他多种条件（如播发时间、结果排序、稿件类型、完全匹配、全库等）进行限定。在检索后，如需要结果信息进行符合其他条件的再次检索，可以在选择新条件后，点击“二次检索”按钮，即可得到同时符合两次检索需求的内容。如图10–28所示。

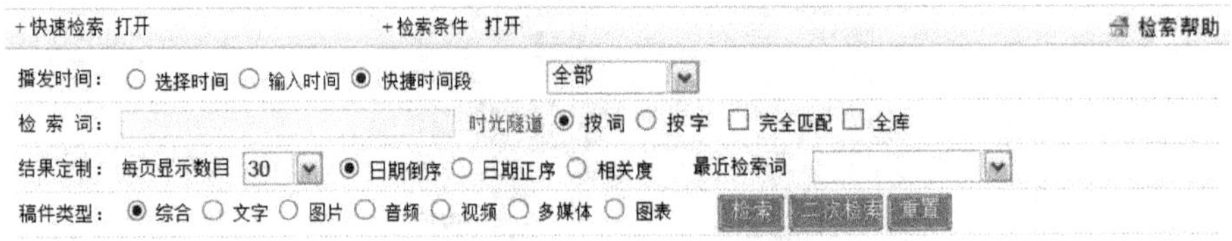

图10–28　高级检索功能

④ 个性化检索

多媒体数据库搜索为了方便每一个登录用户的搜索操作，为每个用户专门定制了“我的检索”功能，每一个登录用户都可以定制自己的检索条件，用户可以通过点击“高级检索”或者“我的新华”下“个性化定制”中的“定制个性化检索条件”来进入条件定制页面。完成定制后，即可按照已经定制好的检索条件进行对应检索。

2. 超星学术视频

（1）数据库介绍

超星学术视频[①]是由北京世纪超星公司主办的，由超星公司独立拍摄制作的学术视频网站，邀请了国内众多知名专家学者，通过影像技术将其研究成果系统地记录、保存下来，并向用户传播。超星学术视频目前囊括了哲学、宗教、社会学、政治、文化科学、文学、艺术、历史等系列，共八万余部学术专辑；授课形式包括课堂教学系列、专题讲座系列及大师系列。目前，超星学术视频已经成为中国最大的自有知识产权中文数据库之一。

该数据库资源权威性高，数百位授课老师是来自各个知名大学、研究院所的权威研究专家，并成立了超星学术视频学术委员会，对视频内容进行严格的策划、组织及编审；覆盖面广，哲学、法学、经济学、文学、历史学、工学、理学、医学等学科全部覆盖，内容丰富、结构完整，涉及数千个学术研究课题，还在不断补充完善中；系统性强，课程及课题设置紧密结合大学基础课程，又在基础之上进行扩展和提升，符合在校学生及青年教师的学习需求。

图 10–29　超星学术视频数据库首页

① http://video.chaoxing.com/

超星学术视频还针对校外学习者开设了职业教育课程（如教师培训、速记速读、学前教育、淘宝大学课程等）和外语类课程（包括日语、法语、意大利语、俄语、泰语、越南语等二十余种），服务范围更加广泛。

（2）系统功能

① 浏览

• 按类别浏览

将鼠标置于首页左上方的“全部分类”按钮，即可显示所有资源的一级和二级分类，用户可根据需要点击某一类别，浏览该类别的所有资源，如图10–30所示。

图10–30　按类别浏览

• 按教师浏览

点击首页工具栏的“名师”模块，即可进入按教师浏览页面，如图10–31所示。用户可按教师姓名首字母浏览，还可以限定教师所在的学校。

图 10-31　按教师姓名首字母浏览

• 按学校浏览

图 10-32　按学校浏览

点击首页工具栏的“名校”模块，即可进入按学校浏览页面，如图10–32所示。所有高校按照地域划分为华北地区、华中地区、华南地区、西南地区、东北地区、西北地区及海外，用户可按照高校所在区域浏览。

•“排行榜”浏览

点击首页工具栏的“排行榜”模块，即可进入按资源排行页面，如图10–33所示。用户既可浏览综合排行内容，也可以分类浏览各个类别的资源排行情况。

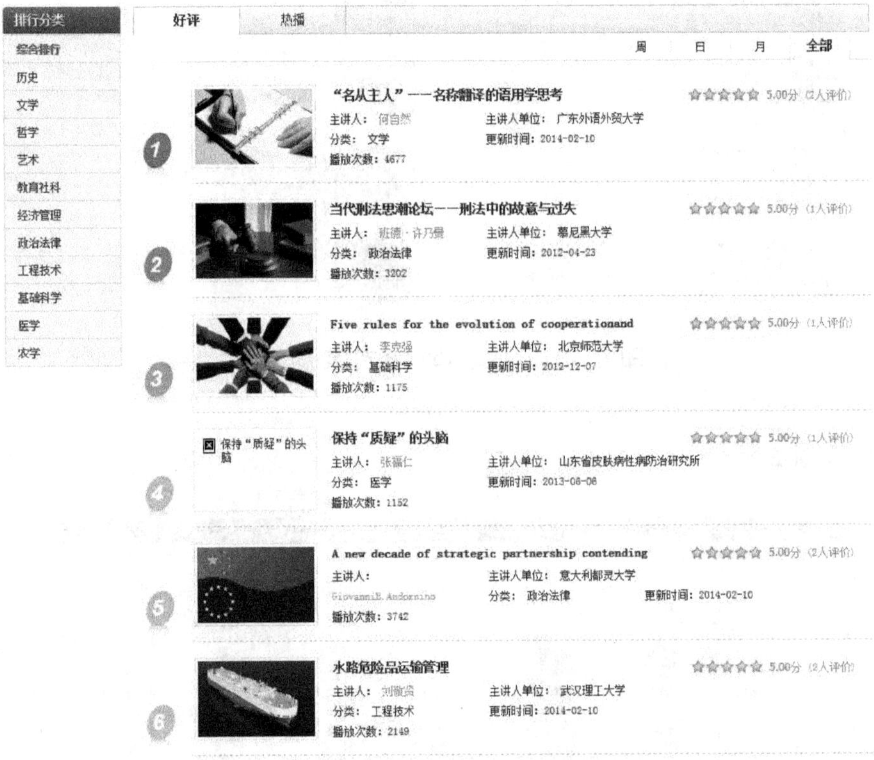

图10–33 按排行榜浏览

② 检索

目前，系统仅提供了简单检索功能。在首页上方的检索框中输入检索词即可进行简单检索，还可以对检索词出现的字段（标题、主讲人、主讲人单位）进行限定，如图10–34所示。

图10–34 简单检索功能

3. 知识视界视频教育资源库

（1）数据库介绍

“知识视界”（Video Library）视频教育资源库由武汉缘来文化传播有限责任公司从国外原版引进的拥有合法版权的科学、教育类综合视频资源，汇聚了世界各国科教片精华，合作伙伴包括澳大利亚 Classroom Video、美国 Schlessinger、Discovery 探索频道、中央7套及10套等国内外众多著名的科教节目频道。它以视音频资源为基础，配合海量的图片资源及文字资源，为用户呈现集视、听、教、学、研一体的多媒体科教平台。

该数据库具有画面检索功能以及中英文双语词条检索功能；双语外挂字幕功能，用户可以选择性调出和隐藏字幕，并选择单独使用中文字幕、外文字幕或是同时使用双语字幕；视频片段保留功能，用户可将视频片段直接保存，便于以后在本地调用。

图10–35　“知识视界”视频教育资源库首页

（2）主要内容

“知识视界”视频教育资源库中的节目分为自然科学、人文历史、工程技术、军事侦探、医学保健、专题讲座、语言学习等7个大类30多个2级分类。这些视频资源来自澳大利亚、美国、德国、法国、日本等不同国家，不仅有地道的外语发音，还提供中外文双语字幕（字幕可进行显示或隐藏设置），用户可以在观看视频的过程中掌握英、德、法、日等多语种大量专业的词汇，是学习专业外语的最佳选择之一。

“知识视界”视频教育资源分为基础性、实用性和前沿性三个类别。基础性节目介绍了各种专业的科学原理和专业知识；实用性节目将展示给学生实际操作场面和社会生活场景；前沿性节目则介绍了国内外在高科技领域和其他领域的最新理论成果。

（3）系统功能

①浏览

• 按专业浏览

数据库首页上方的工具栏列出了经济管理学、工学、理学、医药学等11个大类，每个大类还做了进一步细分，如图10–36所示。用户可根据需要浏览某一具体专业类目的资源。

图10–36　按专业浏览

• 推荐浏览

数据库首页提供了“本月推荐”“最新视频”“经典热播”“精品推荐”“佳片推介”等板块，便于用户选择最新最热门的资源。

② 检索功能

• 快速检索

用户在数据库页面上方的快速检索框中输入检索词，即可进行快速检索，这种检索方式不限定检索词的字段，如图10–37所示。

图10–37　快速检索功能

• 高级检索

点击“快速检索”按钮旁边的“画面检索”按钮，即进入高级检索界面，如图10–38所示。高级检索允许用户选择资源的分类、国别、语种和收录时间，支持中英文双语词条检索，可以对节目的每一秒画面进行检索，使用户能方便快捷的在近百万个词条中检索到所需的画面内容。

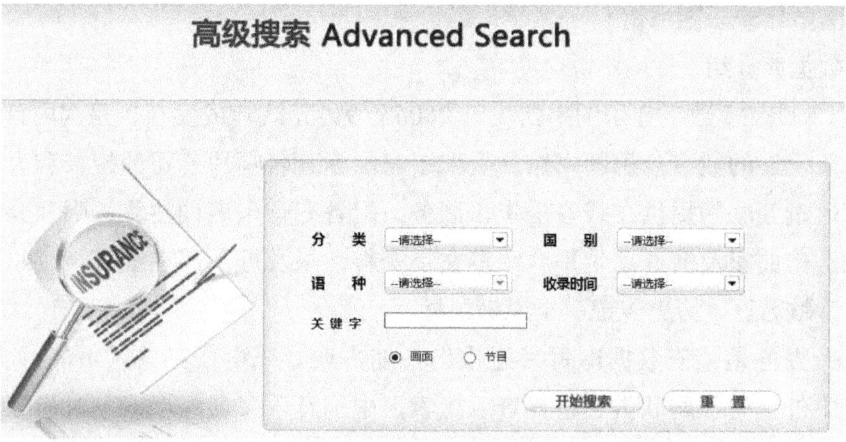

图 10–38　高级检索功能

③ 播放

浏览或检索到满意的视频后，点击视频名称即进入播放界面，如图 10–39 所示。

图 10–39　播放功能

数据库中部分视频里实现了中、英文字幕同时外挂，可任意选择字幕显示方式。全屏形式下不能实现中、英文字幕的同时显示，若要返回原始窗口，按 ESC 键即可退出全屏状态。

此外，用户可下载苹果和安卓系统的手机客户端，视频播放默认竖屏模式、中英文双语字幕，横屏即可转换为全屏模式，显示中文字幕。

4. 库客数字音乐图书馆

（1）数据库介绍

库客（KUKE）数字音乐图书馆[①] 于2006年9月正式建成发布，是国内首家专注于非流行音乐发展的数字音乐图书馆，受到多家国际著名唱片公司的授权和大力支持。该数据库通过互联网提供在线音乐资讯服务，配备有音乐名词注释、唱片介绍、歌剧故事大纲、作曲家及演奏家生平介绍等文字资料，以及近千部在线有声读物，涵盖儿童文学、诗歌名著、历史传记、小说等题材。

值得一提的是，该数据库每月还推出一期古典音乐电子杂志《*Aria*》（阿丽雅），内容涉及中外优秀歌剧欣赏、世界音乐探索、中国音乐、名家漫谈、时尚经典音乐等多元化音乐元素。杂志以古典音乐为索引，从音乐人物、音乐故事、音乐地理、乐器、曲风等方面充分展示了古典音乐的魅力。《*Aria*》属于永久免费的使用资源。

图10-40　库客数字音乐图书馆首页

（2）主要内容

该数据库广泛收集世界范围的古典音乐，以及中国、美国、西班牙、日本、瑞士、南非、伊朗等多个国家独具特色的民族风情音乐，设立爵士音乐、电影音乐、新世纪音乐等多个专栏，汇聚了从中世纪到现代9000多位艺术家、100多种乐器的音乐作品，总计50多万首曲目。

---

① http://www.kuke.com/

① 唱片曲库

拥有 Naxos、Marco Polo、Countdown、Sony Classical 等国际著名唱片公司的授权，同时整合了中国唱片总公司等国内唱片公司的资源。已经收藏了世界上所有的古典音乐，以及独具特色的民族风情音乐，同时还包含爵士音乐、电影音乐、新世纪音乐等多种音乐类型。汇聚了如指挥家伯恩斯坦、阿巴多等；演奏家霍罗威茨、斯特恩、马友友、郎朗等；作曲家陈其钢、谭盾等知名艺术家的唱片专辑。

② 有声读物

分为中文读物和英语读物两种。英语读物均由英国 BBC 广播电台、美国 ABC 广播电台当红主播亲自朗读，结合丰富的古典音乐配乐，在形式上很受大众喜爱，内容涵盖了儿童文学、诗歌名著、小说、历史传记等1000余部作品。中文读物为配乐的唐诗宋词等作品，风格优雅清新。

③ 课件资源

包括支持音乐教师教学的课件资源、音乐杂志《*Aria*》（阿丽雅）以及乐器杂志系列。

（3）系统功能

① 浏览

数据库为用户提供了按类别浏览功能。在数据库页面上方的工具栏上，显示了主要的四个类别——曲库、音乐主题、有声读物和课件资源。以曲库资源为例，列出了中国及世界民族音乐、经典流行、音乐时期、音乐体裁等分类方式，如图10–41所示，用户可根据类别浏览相应的资源。

图 10–41　浏览功能

② 播放

浏览到所需音乐资源后，点击该资源即可进入详细信息页面，如图10–42所示。页面显示了资源信息及其包含的曲目，还就用户可能喜欢的资源进行了推荐。用户可以播放所有曲目，也可以挑选某几支曲目播放，登录后还可以点赞。

图10–42　播放功能

③ 分享交流

库客数字音乐图书馆充分利用社交媒体进行资源分享和交流，开通了库客音乐及库客 Live 的官方微博和微信，并建立了豆瓣小站“库客音乐”，便于资源推荐以及用户互动，如图10–43所示。

图10–43　分享交流途径

（二）外文多媒体数据库

1. ASP 学术视频在线

（1）数据库介绍

ASP 学术视频在线[①]（Academic Video Online）由美国 Alexander Street Press 出版社提供，该公司致力于向学术界提供高质量的数字化典藏资源。ASP 学术视频在线于2011年10月发布，整合了来自 BBC、PBS、Arthaus、CBS、Kino International、Documentary Educational Resources、California Newsreel、Opus Arte、The Cinema Guild、Pennabaker Hegedus Films、Psychotherapy.net 等数百家出版社的视频内容。

数据库提供中文、英语、西班牙语等多语种界面，同一界面可以实现所有视频之间的交互检索；用户能够选择多种检索功能，检索结果提供缩略图快照供用户快速浏览；所有学术视频内容附带完整索引和完整抄本文档，读者可对视频进行编辑、添加注释、创建个人播放列表等；培训类视频提供讲义下载，方便教师和学生使用；所有个性化剪辑和视频列表均提供静态 URL 网址，用户可引用至论文、课件、博客和社交网站中进行分享；支持移动设备浏览，用户可以通过手机等移动终端观看视频。

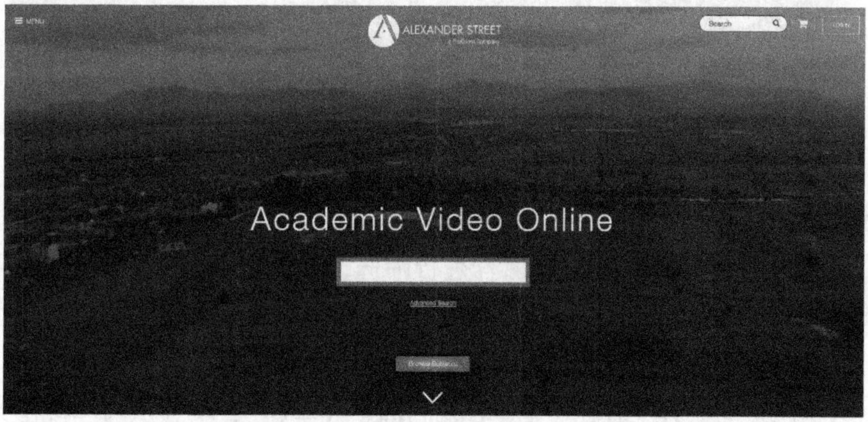

图 10–44　ASP 学术视频在线首页

（2）主要内容

ASP 学术视频在线数据库完整视频数量超过32000部，资源类型涵盖获奖纪录片、考察纪实、访谈、讲座、培训视频以及独家原始影像等类别。

该数据库分为以下专题：建筑与艺术、医疗与卫生、心理咨询与疗法、护理学教

---

① https://search.alexanderstreet.com/avon

育、心理学、科学、人文科学、犯罪与法律、商业与经济、教育学、语言与文学、美国历史、世界历史、歌剧、戏剧、舞蹈、区域 / 领域研究、民族志学、女性 / 性别研究等。

（3）系统功能

① 浏览

• 按主题浏览

点击数据库首页简单检索框下方的“Browse Subjects”（按主题浏览）按钮，即进入主题浏览页面，如图 10–45 所示。

图 10–45　检索及主题浏览功能

页面右侧部分显示了所有主题大类及其次级类别，并列出了每个类别所包含的资源数量。左侧部分允许用户对浏览内容进行筛选，如限定资源类别、出版者、语种、出版时间等，如图 10–46 所示。

• 按学科浏览

点击数据库页面上方工具栏中的“Disciplines”（学科），会显示与学科相关的下拉列表，以“Literature& Language”（语言文学）为例，该学科细分为戏剧、电影、语言、文学四个子类，点击具体类目即可浏览相应的资源，如图 10–47 所示。

此外，还可以按“Titles”（题名）、“Publishers”（出版者）、“Playlists”（播放列表）、“Clips”（视频剪辑）的首字母顺序浏览，点击数据库工具栏中的相应按钮即可。

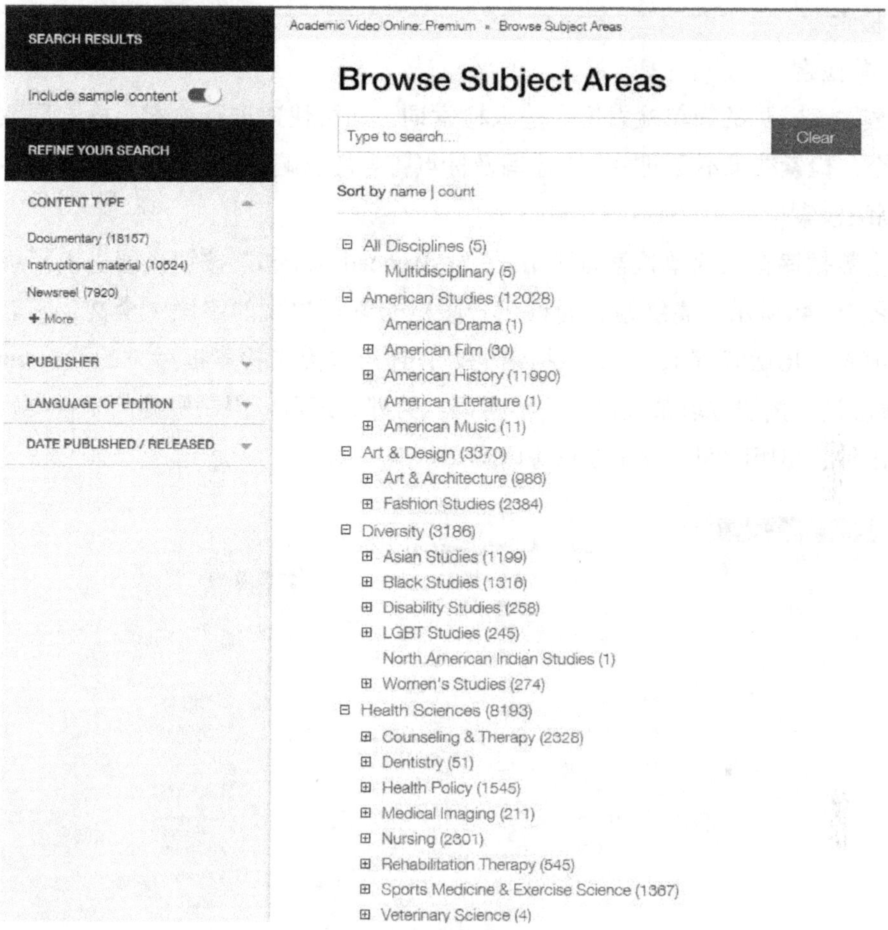

图 10–46　主题浏览界面

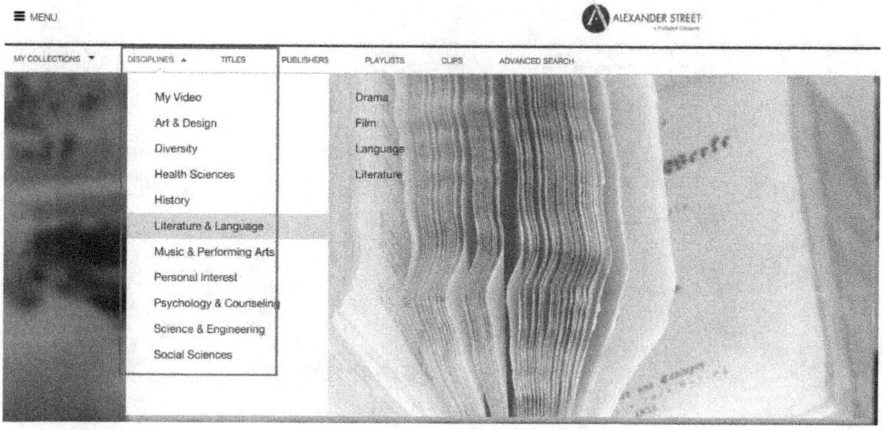

图 10–47　按学科浏览功能

② 检索

• 简单检索

在数据库首页的简单检索框中输入检索词，即可快速进行检索。检索词数量可以超过一个，检索结果不受词序、大小写及标点符号的影响。

• 高级检索

点击数据库首页简单检索框下方的“Advanced Search”按钮，即进入高级检索界面，如图10–48所示。高级检索允许用户限定检索词出现的字段（全文、题名、责任者、表演者、出版者等），除输入检索词外，还可以点击检索框后方的“Select terms”（选择关键词）按钮选取系统提供的检索词。另外，还可以限制资源的学科类别、资源格式、语种、出版时间、发布地点等内容。

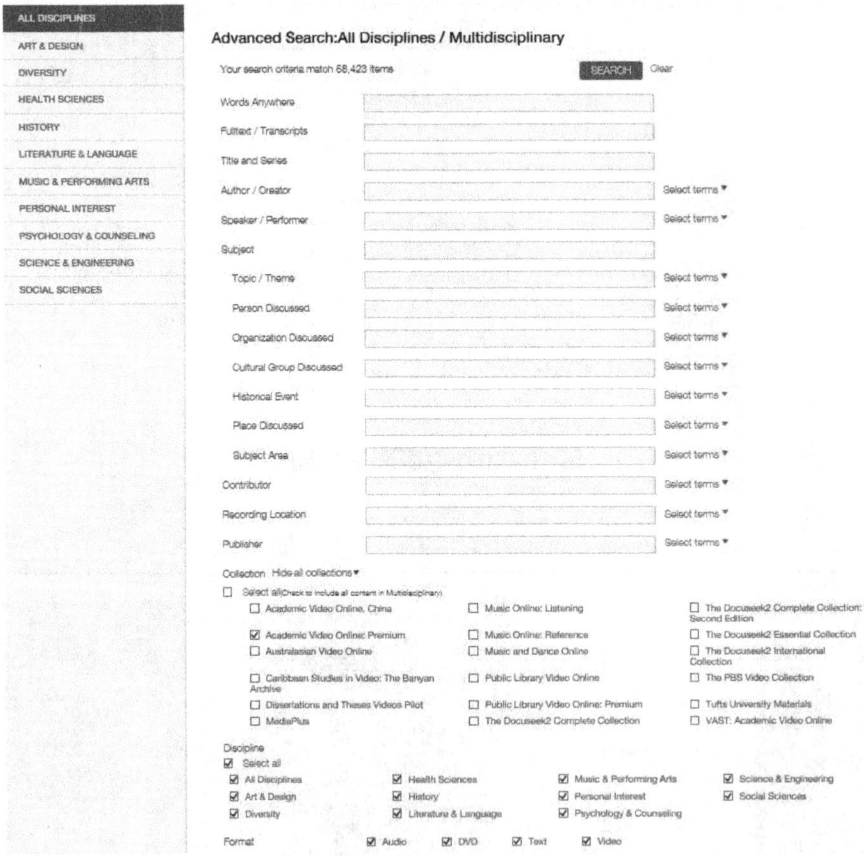

图10–48　高级检索界面

检索结果默认按照相关性大小排序，也可以根据需要选择按时间（优先最近或最远）或题名首字母顺序排列。

③ 播放

浏览或检索到相关资源后，点击资源名称即可进入视频播放界面，如图 10–49 所示。界面右侧是视频详细信息及文字稿部分，通过选项卡切换即可查看详细信息或该视频的文字内容。用户可以设置播放页面布局、为视频添加书签，还可以对视频进行剪辑和分享。界面列出了与该视频相关的其他资源，起到内容推荐的作用。

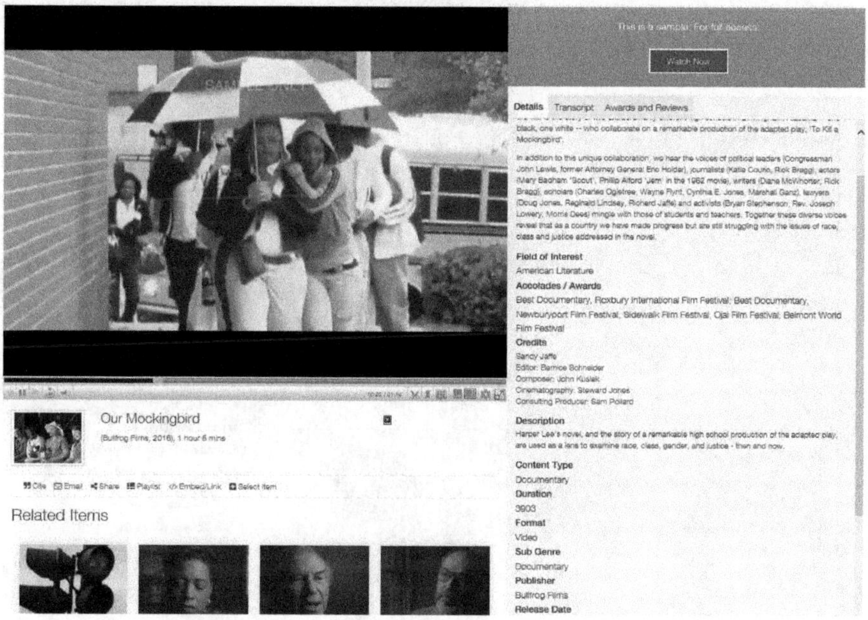

图 10–49　视频播放界面

2. CAMIO 艺术博物馆在线数据库

（1）数据库介绍

CAMIO 艺术博物馆在线数据库（Catalog of Art Museum Images Online）① 由美国联机计算机图书馆中心（Online Computer Library Center，OCLC）提供，收录了世界各地丰富多样的艺术资料，其内容及描述由二十多家世界级知名博物馆提供，包含美国第一大博物馆大都会博物馆、全美第三大美术馆费城艺术博物馆、旧金山现代艺术博物馆、克拉克艺术中心、国际摄影博物馆、沃克艺术中心、英国第二大博物馆维多利亚与艾伯特博物馆等。

该数据库的特色在于，所有艺术品的内容和描述均由世界知名博物馆提供；内容丰富、形式多样，提供当代珍稀艺术资料；所有内容已获得版权并可用于教学；运行

① http://camio.oclc.org/

条件简单，可使用任何网络浏览器访问，无需安装特殊的插件，提供英语、韩语、中文简体、中文繁体和泰语用户界面；图像采用 JPEG 格式，提供小图像、大图像，便于浏览、下载保存使用；IP 认证，无需输入用户名和密码，无并发用户数限制。

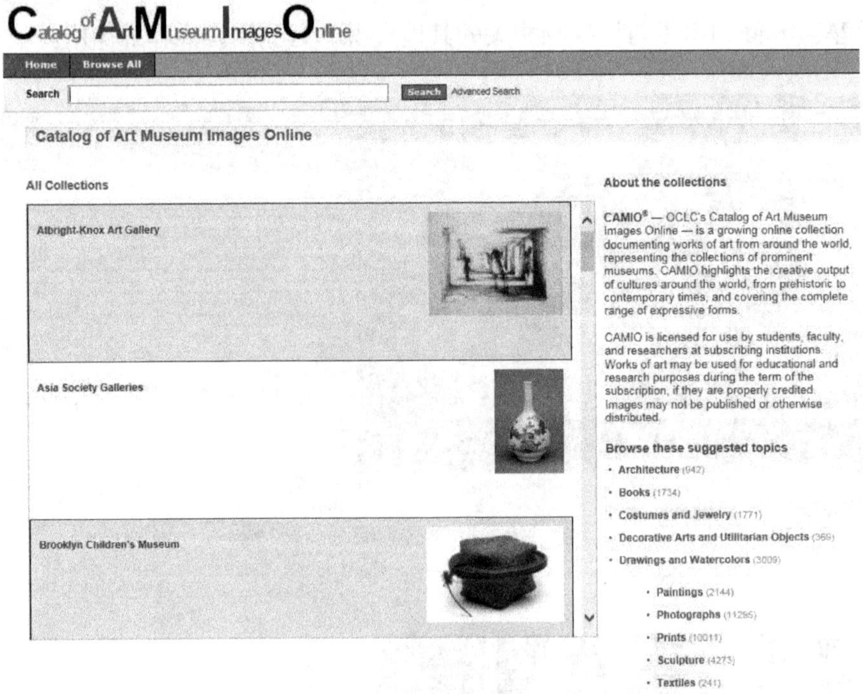

图 10–50　CAMIO 艺术博物馆在线数据库首页

（2）主要内容

CAMIO 馆藏丰富，涵盖公元前 3000 年至今的约十万件艺术作品，类别包括照片、绘画、雕塑、装饰和实用物品、印刷品、素描和水彩画、珠宝和服饰、纺织物和建筑，以及音频、视频和混合媒体资料等，专业涉及美术、艺术与人文、艺术史、经典、文化研究、人类学、考古、建筑、宗教等领域，CAMIO 展示了各种美术和装饰艺术作品资料，旨在为教育、研究和欣赏提供高质量的艺术图像。

（3）系统功能

① 浏览功能

• 按博物馆浏览

在数据库首页上部，有“Browse All”（浏览全部）按钮，点击该按钮，即可看到按首字母顺序排列的所有博物馆名称，用户可以根据需要点击相应的博物馆名，查看其馆藏资源。

• 按资源主题浏览

在数据库首页右下方，系统提供了按照资源主题浏览的功能，将所有资源分为建筑类、书籍类、服饰珠宝类、装饰艺术与实用物品类、绘画及水彩作品类等。用户可根据需要选择主题浏览具体的资源内容，如图10–51所示。

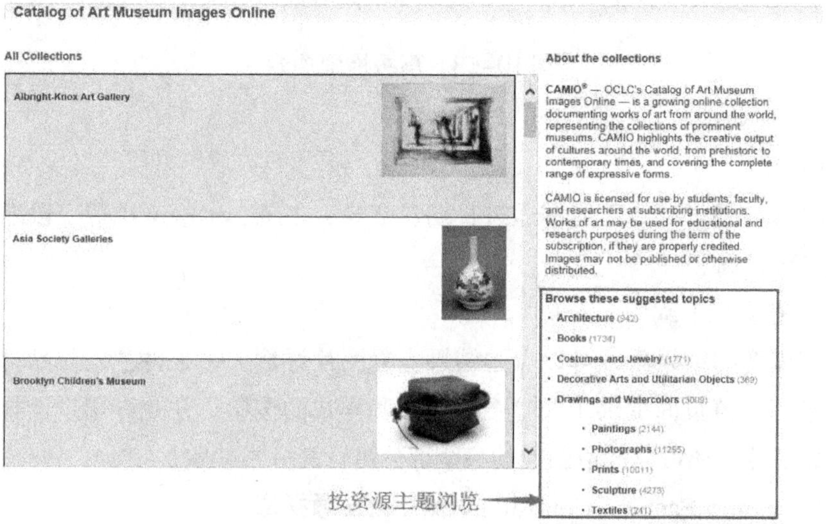

图10–51　按资源主题浏览

② 检索

• 简单检索

数据库首页上方的检索栏具有简单检索功能。支持在所有核心元数据字段中进行检索，如题名、主题、描述、创建者、出版者、其他责任者、日期、类型、格式、标识符、来源、语种等，如图10–52所示。

图10–52　简单检索功能

• 高级检索

用户可根据需求在多个字段、多个博物馆馆藏，并使用逻辑算符进行组合检索，如图10–53所示。

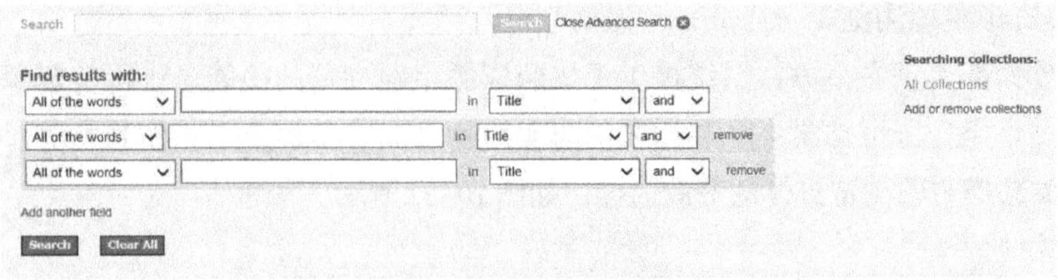

图 10–53　高级检索功能

• 二次检索

获得检索结果之后，还能够通过日期、格式、主题、出版来源等字段缩小检索范围，实现二次筛选。

③ 图片查看和下载

检索到满意的结果后，可以点击结果查看图片详情，每一件艺术作品都有完整的元数据信息。详情页面提供了调整图片大小和样式的按钮，并允许用户选择所需的像素大小下载图片，还可以截取图像的一个部分进行高分辨率欣赏。

3. Bloomsbury Fashion Central（时尚中心）数据库

（1）数据库简介

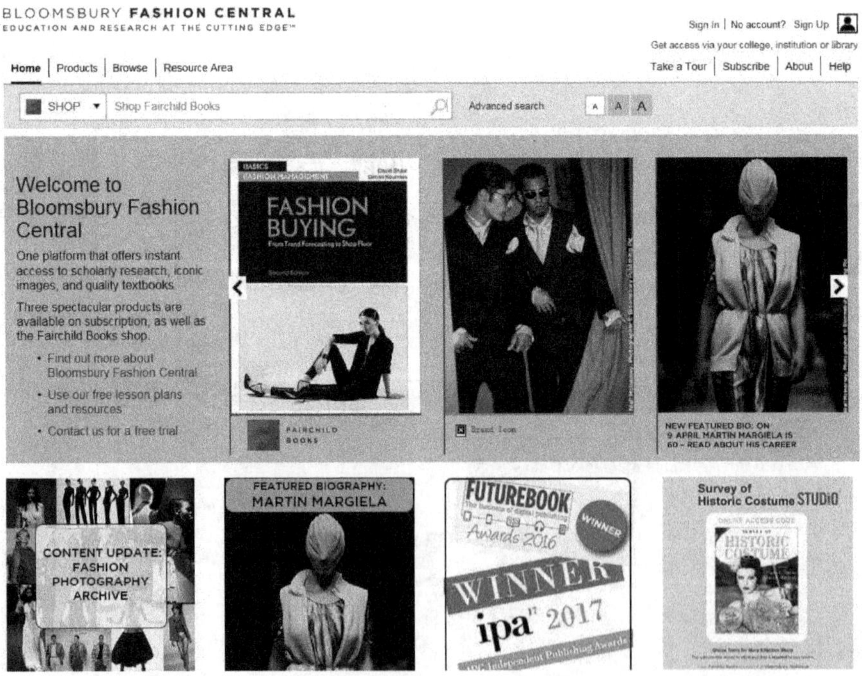

图 10–54　Bloomsbury Fashion Central（时尚中心）数据库首页

Bloomsbury Publishing Plc.（布鲁姆斯伯里）是著名的英国出版社，在人文学术出版方面表现出色，在伦敦、纽约、悉尼、新德里有四个分公司。Bloomsbury Fashion Central①（时尚中心）数据库是Bloomsbury Publishing Plc. 出版社开发的专注于时尚设计的数据库资源，是全球权威的时尚与服装设计类数据库。

（2）主要内容

该数据库包含了三个模块。

① 伯格时尚图书馆

伯格时尚图书馆（Berg Fashion Library）综合了《伯格世界服饰和时尚百科全书》这一时装设计与时尚的领先信息资源，既有古典著作和现代时尚文章，又有原始文献，提供独家在线图片回溯档案。来源合作伙伴如洛杉矶艺术博物馆，费城艺术博物馆，大都会博物馆艺术时装学院，泰勒档案馆，商业档案馆，内容超过11000张彩色图片。

② 仙童图书馆

仙童图书馆（Fairchild Books Library）是综合时尚资源库，其中包含超过130本电子教科书，并向用户提供个性化测评、视频和学习工具，以及即时访问检查和讲师材料，能够密切配合学生阅读作业和教师课堂教学。

③ 时尚图片回溯档案

时尚图片回溯档案馆（Fashion Photography Archive）专门为学生和研究人员设计，收录了2000年之前超过75万张时尚图片以及90多个小时的视频资料，其中绝大部分都是在数码相机广泛应用前的珍贵资料。图片同时涵盖了赛场、T台和街头风格等诸多种类的资料以及Alexander McQueen、Vivienne Westwood、Hussein Chalayan等诸多时装设计大师的作品，能够为专业从业人员以及研究人员提供丰富的设计素材及灵感。

（3）系统功能

① 浏览

在数据库页面上方的主工具栏中，有“浏览”（Browse）模块，点击即可看到可供浏览的类目，包括服饰、设计机构（含设计公司）、人物、时期、地点、服装材质、时尚产业、主题等。如图10–55所示。

① https://www.bloomsburyfashioncentral.com/

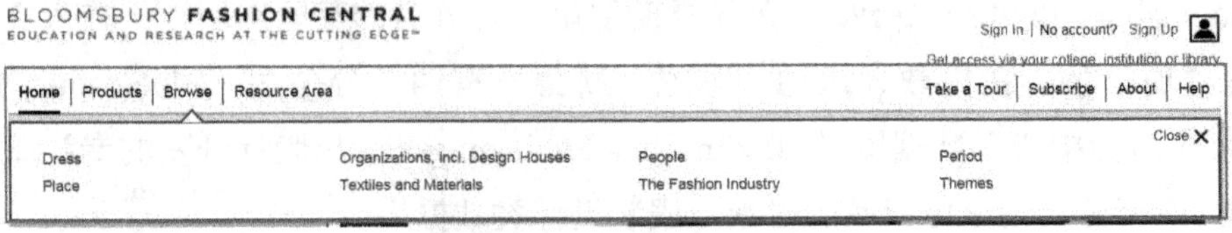

图10–55 浏览功能

点击具体类目之后，将进入更详细的分类界面，如图10–56所示。以“地点”（Place）为例，进入详细界面后可以看到进一步的地点分类，如非洲、亚洲、加勒比地区、中美洲、欧洲、中东、北美洲、大洋洲等。这些分类下面还有三级类目。

在某些情况下，显示器无法容纳全部三级类目，只需点击“更多”（More）即可显示这些内容。

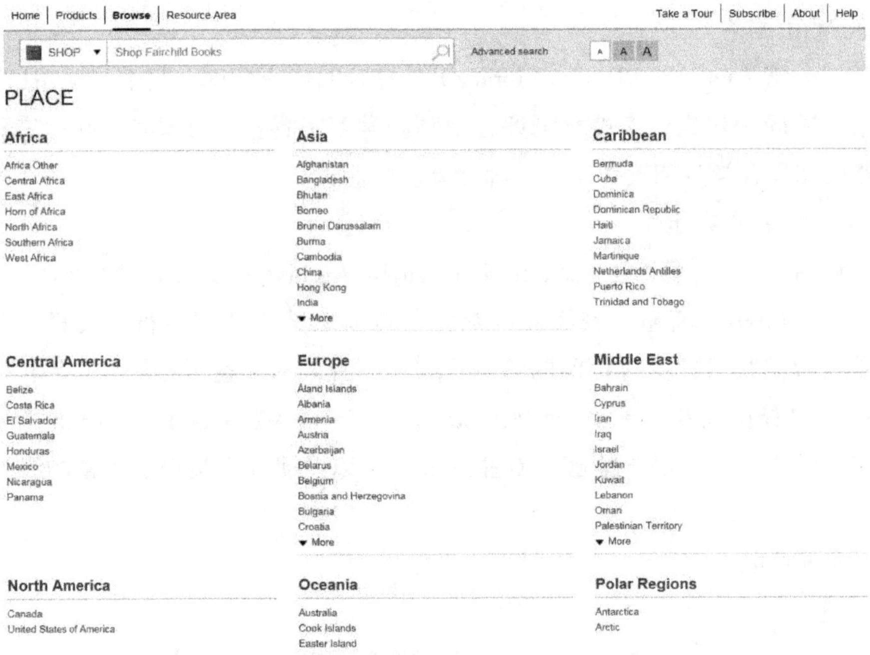

图10–56 按地理位置浏览

② 检索

• 简单检索

在数据库首页左上方提供了简单检索框。该检索功能默认搜索与用户相关的产品（比如订阅了仙童图书馆的信息，即从仙童图书馆的资源中检索）。但用户也可以选择在订阅之外的产品中搜索，点击搜索框左侧的下拉列表，然后在感兴趣的产品旁边勾选，即可选中相应的产品。如图 10–57 所示。

图 10–57　简单检索功能

• 高级检索

点击简单检索框右侧的“高级检索”（Advanced Search）链接即可进入高级检索页面，如图 10–58 所示。在高级检索功能中，用户可以点击“增加行”（Add Row）添加新的检索词，并使用布尔运算符“AND”“OR”“NOT”连接不同的检索词；还可以限定检索词出现的字段（如题名）及资源出版的时间范围。

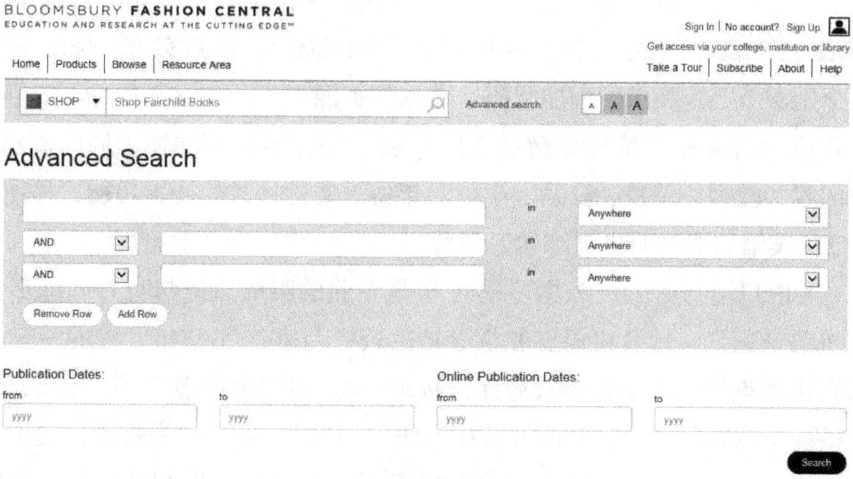

图 10–58　高级检索功能

③ 检索结果

系统默认一页显示 10 条检索结果，用户可以根据习惯更改为 20 条或 25 条。另外，检索结果能够按照题名、作者或日期排序。

④ 保存和个人文件夹

用户在创建并登录个人账户之后，可以保存需要的内容并访问内容所在的文件夹。

⑤ 资源分享

用户可以通过各种社交媒体和电子邮件分享数据库中的资源，在想要分享的内容页面顶部寻找“分享”（Share）图标，点击此图标并选择共享方式即可。

（三）其他多媒体数据库

1. MeTeL 外文国外高校多媒体教学资源库

MeTeL 外文国外高校多媒体教学资源库[①]是专为高校研究生、本科生、留学生自主学习提供的资源学习平台，同时为高校一线教师数字化备课授课提供参考资料。数据库资源以 PPT 或 PPT 转换的 PDF 文件为主、视频文件为辅、涉及80多种文件格式的真正多媒体，完整真实再现国外先进高校课堂教学过程及育人理念。

该资源平台主要收录美、英、加、澳等国300余所著名高校，6000余教师或教学小组讲授的1万余门课程、10万余课节、65万余个教学资源；涉及计算机科学、电子技术、通讯工程、经济学、生物学、数学、化学、管理学、物理学、医学、心理学、地理学、农业、动力电气工程、水利水电等100多个一级或二级学科。每门课程包括课程介绍、课程须知、课程表、教学大纲、参考教材、课任教师等；每个课节可能有如讲义、课件、音频、视频、教学图片、教学案例、阅读材料、作业、习题答案、试卷等几类资源；部分课节为独立的专题研讨会（Seminar）、实验实习、外出考察、演讲讲座等；个别课节会有相关的程序代码、数据等资源。

平台提供学科导航、院校导航、教师导航、课程导航等功能，同时支持对课程、教学资源内容、教师、院校、院系、学科、年份、文件格式的搜索功能，易用性强。

2. MyET 英语口语与听力训练学习平台

MyET 英语口语与听力训练学习平台[②]是专业的英语口语与听力训练工具，是由多位计算机语音识别、计算机语音教学领域的资深专家于2002年开发的一套基于智能语音分析技术的英语学习多媒体资源库。MyET 以“听说教学法”及“沟通式学习法”为基础，搭配全球首创的“自动语音分析系统”，让学生通过“先听说，后读写”的语言学习方式进行学习，并与国内外著名的英语教学出版社和期刊社合作，优选适合不同学习水平、不同行业的学习者需要的课程，让学习者可以快速提高听力、口语水平，真正有效提高英语的应用沟通能力。

---

① http://www.metel.cn/

② http://cn.myet.com/

数据库的主要功能有：一对一矫正英语口语并提高听力能力；检测口语水平；英语场景模拟、角色扮演、人机对话；教师进行班级管理、布置作业、举行考试等。

3. 爱迪科森网上报告厅

爱迪科森网上报告厅[①] 是由北京爱迪科森信息技术有限公司推出的国内第一套大型视频专家报告库。它整合了中央党校、中央电视台、清华大学、中华医学会、中国经济50人论坛、中评网、解放军卫生音像出版社等权威学术机构的专家报告资源，开发了“学术报告”和“学术鉴赏”两大视频模块，是广大师生开拓视野、了解学科前沿、提升综合素质的知识平台。

“学术报告”模块包括党政系列、法律视点、教育培训、经管系列、就业择业、理工系列、农林系列、体育系列、外语学习、文史系列、心理健康、医学系列、营销系列、综合素质等类别。

“学术鉴赏”模块包括对话、探索发现、军事系列、旅游地理等类别。

此外，该平台还提供了手机客户端，汇聚海量视频资源，帮助用户克服时间和地点的限制，利用碎片化时间实现高效学习。

4. Artlib 世界艺术鉴赏库

Artlib世界艺术鉴赏库[②] 是集艺术文献、艺术图片和艺术资讯于一体的综合数据库，定位于为艺术教育提供资源、素材及方法，满足互联网 + 时代用户的全方位艺术鉴赏需求。数据库目前收录4万多幅高清图片，实时更新，涵盖油画、素描、版画、水彩、国画、书法、壁画、雕塑、篆刻、建筑艺术及其他类型，包含六大模块：艺术普及、艺术故事、艺术品、艺术家、机构、资讯，具有知识组织系统、内容全面完整、数据深度标引、超级高清大图、知识点关联、艺术辞典规范等专业特点。

数据库通过建立以经典艺术作品和艺术文献为中心的内容体系，搜集世界范围内的艺术品和艺术资料，组织专业艺术史学者进行了大量的系统整理和资料翻译工作，不仅能够提供高质量的艺术作品图片（可以进行高倍数放大，可以满足临摹、学习等多场景使用），同时为艺术鉴赏学习提供了大量的辅助素材和必要工具。

5. 公元集成教学图片数据库

公元集成教学图片数据库[③] 是专为高等教育开发的教学图片数据库，采用高级数据库技术对教学图片进行保存和管理，还提供了一系列高级检索功能。该数据库利用图片在反映和体现事物方面无可替代的直观性、生动性和客观性，配合充分的背景文字、数据资料，为高等院校的课堂教学和自主学习等提供与教学密切相关的、丰富、准确、

---

① http://www.wsbgt.com/

② http://www.artlib.cn/

③ http://www.adsoft.com.cn:88/

直观、生动的视觉化素材，改善知识的传递与认知方式。

该数据库目前已发布世界历史、世界地理、中国历史、当代中国、中国地理、中华民族、中国建筑、中国宗教、中国民俗、中华医药、世界建筑、园艺、农业、军事、动物、中国艺术、世界艺术、考古等18个分库，1000多个专题，辑录专业级图片近23万张。这些高精度的图片经由专业图片编辑的筛选、编辑、组织整理，全部配备了全面、准确、规范的文字数据。完全满足制作电子课件、电子教案、幻灯等需要。

6. 橙艺艺术在线数据库

橙艺艺术在线数据库①是集艺术资源的专业性、内容的全面性、形态多元性为一体的艺术数字资源综合服务平台，包含大量艺术类高清数字图书、高清图片及CG案例教程。数据库主要分为艺术类高清数字图书、高清图片、CG案例教程三大模块。

艺术类高清数字图书——汇聚了国内主要艺术类出版社出版的精品电子图书约4000册，覆盖艺术理论与艺术史、绘画、设计等专业画册、套书及教材教参。数据库还收录了精选优质港版图书和台版图书，为教学与研究提供全面的专业图书资源保障。

高清图片——收录了中西方艺术名家的代表作品，且关联相关艺术图书，涵盖了油画、中国画、素描、书法等。

CG案例教程——录制并中英文同步了国内外优秀工作室（好莱坞工作室、顽皮狗工作室、暴雪娱乐、索尼影音、网易等）主要设计人员的案例教程，课程涵盖平面设计、UI设计、三维设计、绘画插画设计、游戏美术、影视后期、影视动画、室内外设计、XFX特效、虚拟现实、服装设计等8000+视频，并且每年更新视频3000个。

7. 中国近代影像资料库

中国近代影像资料库②是中国社会科学出版社打造的一款大众读图产品，内容涵盖了不同主题的近代老照片，为用户生动的展示出中国近代的历史风貌，帮助读者在了解近代历史的同时，做学习研究之用。

数据库收录了1840—1949年的4万多幅珍贵历史照片和100余万字内容，200多个组图和十几个精选专题，是目前国内最大的、以近代历史照片为主要内容的专业历史研究数据库。除了老照片，影像库中还包含大量的档案、书信、舆图、地图等资料，多源于海外的图书馆藏，同时也有来自于世界各国的摄影家和收藏家的照片，极富史学研究价值。数据库采用组图、专题、图说历史等形式展现和记录历史变迁，并配以详细介绍，条理清晰，层次分明。

（四）网络多媒体资源

① http://www.chengyiart.cn/

② http://www.lzp360.com/

其他网络多媒体资源如表10–2所示。

表10–2　网络多媒体资源

资源名称	网址
联合国教科文组织多媒体资源	http://www.unesco.org/new/zh/unesco/resources/multimedia/
加州大学圣迭戈分校播客资源	http://podcast.ucsd.edu
纽约城市大学播客资源	http://podcast.york.cuny.edu/lectures
波士顿学院多媒体资源	http://frontrow.bc.edu
伦敦政治经济学院音视频资源	http://www.lse.ac.uk/website-archive/newsAndMedia/videoAndAudio/Home.aspx
杜克大学法律学院开放资源	http://www.law.duke.edu/webcast
莱斯大学多媒体资源	https://mediahub.rice.edu/app/Portal/default.aspx?
犹他教育网多媒体资源	https://www.uen.org/general_learner/multimedia_resources.shtml

第11章

网络免费学术资源

一、搜索引擎

（一）搜索引擎概述

1. 搜索引擎的定义及工作原理

（1）搜索引擎的定义

互联网规模的迅猛增长导致了网络信息与资源的指数级增长，为了帮助用户在复杂的网络环境和海量的网络数据中快速、安全、准确的获取信息，网络搜索引擎应运而生。

搜索引擎（Search Engine）是指根据一定的策略、运用特定的计算机程序从互联网上搜集信息，在对信息进行组织和处理后，为用户提供检索服务，并将相关信息展示给用户的系统。

（2）搜索引擎的工作原理

搜索引擎的工作过程大致分为以下4个步骤：

① 从互联网上抓取网页。搜索引擎利用网络爬虫将互联网中的网页抓取下来，存储到数据库中。

② 对抓取到的海量网页进行文本内容解析。由分析索引系统程序对收集回来的网页进行分析，提取相关网页信息（包括网页所在的URL、[①] 编码类型、页面内容包含的关键词、关键词位置、生成时间、大小、与其他网页的链接关系等）。

---

① 统一资源定位符（Uniform Resource Locator）是对可以从互联网上得到的资源的位置和访问方法的一种简洁的表示，是互联网上标准资源的地址。互联网上的每个文件都有一个唯一的URL，它包含的信息指出文件的位置以及浏览器应该怎么处理它。

③ 建立索引数据库。根据一定的相关度算法进行大量复杂计算，得到页面内容及超链接中每一个关键词的相关度，然后用这些相关信息建立网页索引数据库。

④ 显示结果。当用户输入关键词检索后，由搜索系统程序从网页索引数据库中找到符合该关键词的所有相关网页，并利用网页排序算法对满足用户需求的网页进行相关度排序。由页面生成系统将搜索结果的链接地址和页面内容摘要等内容组织起来返回给用户。

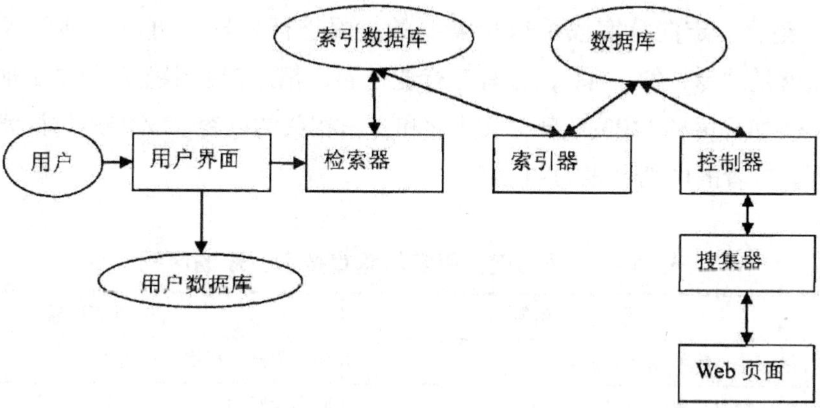

图 11–1　搜索引擎结构图

2. 搜索引擎的分类

（1）按搜索原理划分

按照搜索引擎的工作方式可将其分为目录索引类搜索引擎、全文搜索引擎和元搜索引擎。

① 目录索引类搜索引擎（Search Index/Directory）

目录型搜索引擎并不采集网站的任何信息，只是提供了包括生活服务、商业经济、文化娱乐等众多不同领域的导航链接，用户在使用时需从上到下逐步筛选出自己所需的内容，达到获取信息的目的。典型的目录索引类搜索引擎如 Yahoo、搜狐、新浪等。

② 全文搜索引擎（Full Text Search Engine）

全文搜索引擎是名副其实的搜索引擎，通过程序从互联网上提取各个网站的信息，并建立索引数据库，当用户查询信息时，输入要查询的内容（即关键词），搜索引擎就会从数据库中检索与关键词匹配的记录，并按照一定的排列顺序将结果返回给用户。如 Google、百度等。

③ 元搜索引擎（Meta Search Engine）

元搜索引擎就是通过一个统一的用户界面帮助用户在多个搜索引擎中选择和利用

合适的（甚至是同时利用若干个）搜索引擎来实现检索操作，被选中的引擎对用户请求进行实际检索处理，并将搜索结果返回用户。如 MetaCrawler、360综合搜索等。

（2）按搜索范围划分

按照搜索引擎的搜索范围可以分为通用搜索引擎和垂直搜索引擎。

通用搜索引擎是将所有网站上的信息整理在一个平台上供网民使用。如大家熟知的 Google、百度、雅虎等都是通用搜索引擎的杰出代表。

垂直搜索引擎是针对某一个行业的专业搜索引擎，是对网页库中的某类专门的信息进行一次整合，定向分字段抽取出需要的数据进行处理后再以某种形式返回给用户。其特点就是“专、精、深”，且具有行业色彩，相比较通用搜索引擎更加专注、具体和深入。例如百度的 MP3 搜索就只搜索和音乐相关的内容，又如购物搜索，比如淘宝、京东等。二者的区别见表 11–1。

表 11–1　通用搜索引擎与垂直搜索引擎的区别

类别	通用搜索引擎	垂直搜索引擎
主题划分	没有分类体系或分类粗糙。	面向主题，严格的分类体系。
爬虫	随机爬取，集中控制，没有合作。	面向主题爬取，相互之间有合作。
数据节点	根据效率分配数据存储。	每个节点是一个主题或子主题。
索引器	索引不包含主题。	根据主题分类建立索引。
自动分类	起初无分类，现代通用搜索引擎提供简单分类。	按照主题分类体系严格分类。
数据索引和存储	对 web 资源进行全文索引，无元数据提取工作。	给定 web 资源，提取标引项按元数据标准存储。
面向用户	所有用户。	特定专业人群。

除了上面的两种分类方法以外，按照包含检索工具的数量不同，搜索引擎可以划分为独立搜索引擎和元搜索引擎两类；按照开发运作背景的不同，还可以划分为学术型搜索引擎和商业搜索引擎等。

3. 搜索引擎使用指南

大多数搜索引擎能够提供常规数据库的检索功能，如布尔逻辑检索、词组检索、截词检索、字段检索、限制检索和位置检索等，但并非每一种搜索引擎都能提供全部的检索功能，同时，每一种检索功能在不同搜索引擎中的表现也不完全一致。常规检索功能详见第 2 章“信息检索基础知识”。

除常用的检索功能外，搜索引擎还提供了一些特殊检索功能。

（1）文档类型检索。许多搜索引擎支持文档类型限定检索“filetype：”，这些类型包括 Office、Lotus、PostScript、Flash 和 Text 等。如“filetype:PDF”表示检索出来的为 PDF 文档。

（2）检索词提示。一些搜索引擎会根据用户输入的内容，在搜索框下方实时展示最符合的提示词。一些中文搜索引擎，如百度搜索，还支持拼音输入、错别字修正等功能。

（3）自然语言检索。是指直接使用自然语言中的字、词或句子组成提问式进行检索。自然语言检索使得检索式的组成不再依赖于专门的检索语言，使检索变得简单而直接，特别适合于不熟悉检索语言的一般用户。大多数著名的搜索引擎，如 Google、百度等都在某种程度上支持自然语言检索。

（4）多语种检索。提供多语种供用户选择，系统按用户指定的语种检索并输出结果。有的搜索引擎提供多达30个语种的选择，适合于不同国家的用户检索不同语种的网络资源。

（5）高级搜索。包括字段限定、语种限定、文档限定等，还可以定制结果排序或显示方式等。

（6）二次检索。即在上次的检索结果中进行再次检索。Google 的使用方法是在检索结果页面底部单击“在结果中搜索”。

（7）使用说明。如有些搜索引擎的布尔运算符 AND、OR、NOT 是大小写敏感的，使用“+”“–”“*”等运算符时也要注意与前后单词之间有无空格，双引号要使用半角符号 "" 而非全角符号 “” 等。

（二）综合搜索引擎的检索

1. 百度

百度[①] 搜索引擎是目前国内最大的商业化全文搜索引擎，也是全球最大的中文搜索引擎。2000年1月1日由李彦宏创建于北京中关村。致力于向人们提供“简单、可依赖”的信息获取方式。“百度”二字源于中国宋朝词人辛弃疾的《青玉案 · 元夕》诗句:“众里寻他千百度”，象征着百度对中文信息检索技术的执著追求。

百度拥有的中文网页数据超过10亿，并且每天以千万级的速度增长。除网页外，百度还提供 mp3、百科、地图、图片、视频等多样化的搜索服务，并率先创造了以贴吧、知道为代表的搜索社区。

（1）基本搜索技巧

①布尔逻辑运算

“与”运算——增加搜索范围，运算符可以是“空格”，也可以是“+”。

---

① https://www.baidu.com/

“非”运算——可以排除含有某些词语的信息，缩小查询范围。运算符为“–”。减号前后必须留一空格，语法是“A – B”。

“或”运算——并行搜索，运算符为 OR（/）。结果包含关键词 A，或者包含关键词 B，或者同时包含关键词 A、B。

② 使用双引号进行精确检索

搜索引擎大多都会对检索词进行拆词搜索，并会返回大量无关信息。解决方法是将检索词用双引号括起来。使用英文输入状态下的双引号，有些搜索引擎对双引号不进行区分，中文的和英文的都可以，如搜狗等。这样得到的结果最少、最精确。

③ 使用书名号进行检索

在百度中，加上书名号的查询词有两层特殊功能，一是书名号会出现在搜索结果中；二是被书名号括起来的内容，不会被拆分。

④ 在特定站点中搜索关键词

如果想查找某个站点中需要的资料，可以把搜索范围限定在这个站点中。检索方法是在查询内容的后面加上“site: 站点域名”。其中，“site:”后面跟的站点域名，不要带“http://”；另外，“site:”和站点名之间，不要带空格。

⑤ 指定文档类型的检索

百度支持特定文档类型的检索，包括对 Office 文档（Word、Excel、PowerPoint）、Adobe、PDF 文档、RTF 文档的全文搜索。在搜索的关键词后面加一个“filetype：+ 文档类型”限定文档类型，其中文档类型可以是“doc、xls、ppt、pdf、rtf、all”。其中，“all”包含所有文件类型。

⑥ 限定在网页标题中的搜索

网页标题通常是对网页内容的归纳，将查询内容限定在网页标题中，有时能获得良好的效果。将查询内容用“intitle：”限定在网页标题范围内。“intitle：”和后面的关键词之间不能有空格。

⑦ 搜索范围限定在 URL 链接中

URL 是统一资源定位符，网页 URL 内的某些信息，常常有某种有价值的含义。如果对搜索结果的 URL 做某种限定，就可以获得良好的效果。使用方法是用“inurl：+ 关键词”。如：找关于 flash 的学习技巧。检索式为：“flash inurl:jiqiao”，它表示“flash”可以出现在网页的任何位置，而“jiqiao”则必须出现在网页 URL 中。

此外，百度还提供“拼音提示、错别字提示、相关搜索、英汉互译词典”等检索服务。如果对百度各种查询语法不熟悉，可以使用百度的高级搜索界面，做各种搜索查询。如图 11–2 所示。

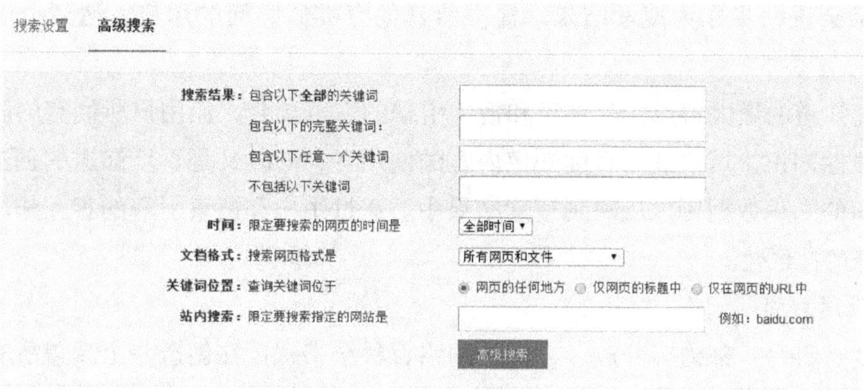

图 11-2　百度高级搜索页面

用户还可以根据自己的习惯，在搜索框右侧的“设置”窗口，改变百度默认的搜索设定，如搜索框提示的设置、每页搜索结果数量等。

（2）特色搜索服务

图片搜索——单击百度首页“更多产品”中的“图片”，再输入要查询的关键词即可进行图片内容的搜索，百度还提供了多种图片分类供用户来准确搜索。百度图片库是世界最大的中文图片库，截至目前，百度图片搜索引擎可检索图片近亿张。

音乐搜索——单击首页百度首页“更多产品”中的“音乐”。再输入要查询的关键字即可进行音频信息的搜索，百度还提供了多种音频分类供用户选择搜索。

视频搜索——点击首页正上方“视频”标签，再输入要查询的关键字即可进行视频信息的搜索。

地图搜索——百度地图是百度提供的一项网络地图搜索服务，覆盖了国内近400个城市、数千个区县。在百度地图里，用户可以查询街道、商场、楼盘的地理位置，也可以找到附近的所有餐馆、学校、银行、公园等。单击百度首页上方的“地图”标签，输入要查询的信息就可查询地址、搜索地区周边及规划路线等。

网站导航——百度按照“资讯信息、娱乐休闲、购物海淘、生活周边”等类别提供网站导航。

此外，百度还提供计算器和度量衡转换、天气查询、货币换算、股票、列车时刻表和飞机航班查询等搜索服务。

（3）百度社区服务

① 百度知道

百度知道是一个基于搜索的互动式知识问答分享平台，是用户自己有针对性地提出问题，通过积分奖励机制发动其他用户来解决该问题的搜索模式。同时，这些问题的答案又会进一步作为搜索结果，提供给其他有类似疑问的用户，达到分享知识的效果。

百度知道的最大特点，就在于和搜索引擎的完美结合，让用户所拥有的隐性知识转化成显性知识，用户既是百度知道内容的使用者，同时又是百度知道的创造者，在这里累积的知识数据可以反映到搜索结果中。通过用户和搜索引擎的相互作用，实现搜索引擎的社区化。

② 百度百科

百度百科是一部内容开放、自由的网络百科全书，旨在创造一个涵盖所有领域知识、服务所有互联网用户的中文知识性百科全书。

百度百科提供给大家的是一个互联网所有用户均能平等地浏览、创造、完善内容的平台。在百度百科中，可以浏览自然、文化、地理、历史等各门学科。

③ 百度文库

百度文库是供网友在线分享文档的开放平台，在这里，用户可以在线阅读和下载涉及课件、习题、考试题库、论文报告、专业资料、各类公文模板、法律文件、文学小说等多个领域的资料。平台上所累积的文档，均来自用户的上传。“百度”自身不编辑或修改用户上传的文档内容。当前平台支持的文件格式有 doc、ppt、xls、pdf、txt 等。

2. 谷歌（Google）

谷歌[①] 被公认为全球最大的搜索引擎。谷歌公司（Google Inc.）成立于1998年9月4日，由拉里・佩奇和谢尔盖・布林共同创建，是一家位于美国的跨国科技企业，业务包括互联网搜索、云计算、广告技术等，同时开发并提供大量基于互联网的产品与服务。2017年12月13日，谷歌宣布谷歌 AI 中国中心（Google AI China Center）在北京成立。

（1）检索方法和技术

① 检索词的选择

Google 的检索是以分析网页内容和网页链接为基础的，也就是说 Google 是将检索词与网页上的字词进行匹配，所以，在选择检索词的时候，尽量使用会在网页上出现的字词。比如，用户如果想要查找一个娱乐新闻人物的年龄，直接输入姓名“XXX”和“年龄”作为检索词就能很快查到；而如果用户要查党和国家领导人的年龄，使用这种方式就不能很快查到结果，用姓名和“简历”作为检索词就能很快得到答案。

② 检索运算符

Google 在检索英文的时候，不区分检索词中的大写字母和小写字母。Google 检索

---

① https://www.google.com

运算符见表11–2。

表11–2　Google检索运算符一览表

名称	符号	内容	说明及示例
逻辑运算符	空格、AND	逻辑与	采用空格作为AND算符检索
	OR	逻辑或	必须用大写的英文OR
	–	逻辑非	英文状态下的减号
全词通配符	*	代表一个英文单词或者一个汉字。	如检索“我*你”或者“I*you”，会检索出含有“我和你”“我爱你”“我恨你”“I love you”“I hate you”“I promise you”这样的结果。
词组检索	“”	严格按照引号内的内容检索。	表示精确匹配，Google将完全按照引号内输入各个检索词的模样，输出与引号内完全匹配的检索词的结果。
限定检索范围	allintitle	所有的检索词都必须在网页标题中。	如allintitie:大数据”，限定于搜索标题中含有“大数据”的网页。
	allinurl	所有的检索词都必须在网页的URL中。	如allinurl:gov
	filetype	查找特定格式的文件。	如“资产负债表 filetype:doc OR filetype:xls OR filetype:ppt”，检索出来的结果就只会包括Word、PPT、Excel表格这样的文件。
	site	在特定的网址查找资源。site后的冒号为英文字符，而且，冒号后不能有空格。	如“英文六级site:edu.cn”，只显示在中国教育网（CERNet）上有关的英语六级的内容。
其他	related	查询相似网页。	如“related:www.sina.com.cn”可查找与新浪网相似的主页。

（2）Google 其他功能

Google 除了可以检索数十亿个网页之外，还提供许多特色功能，如天气查询、股票查询、邮编查询、货币转换、物理常数等度量转换和阴阳历的转换等。

天气查询——用 Google 查询中国城市地区的天气和天气预报，只需输入一个关键词（“天气”，“tq”或“TQ”任选其一）和要查询的城市地区名称即可。

度量转换——Google 可以对货币类型、重量单位、长度单位以及其他单位进行转化。例如：要知道1厘米等于多少英寸，可以有以下几种检索方法：“1厘米等于多少英寸”“1厘米等于多少 inch”“1cm 等于多少 inch”“1cm 等于多少英寸”或“lcm=?inch”“1厘米 =? 英寸”“1厘米 =?inch”“lcm=? 英寸”。

阴阳历转换——在 Google 的搜索框中输入关键词“阳历”或“公历”，“阴历”或“农历”然后加上日期即可，结果会显示在一般搜索结果的上方。如：“阳历10月1日”“阴历8月15日”“中秋”“2012年春节”等。如果前面不注明年，则默认是当年。

（3）Google 的其他搜索引擎

除了 Google 的通用搜索引擎（https://www.google.com）外，Google 还有很多其他的搜索引擎，如：图片搜索引擎（https://images.google.com）；新闻搜索引擎（https://news.google.com）；

博客搜索引擎（https://blogsearch.google.com）；学术搜索引擎（https://scholar.google.com）；

图书搜索引擎（https://books.google.com）等。

这些搜索引擎的检索技巧和方法与通用搜索引擎大都一致，只是收录内容和侧重点不同，比如图片搜索引擎只搜索图片，博客搜索引擎只查找博客内容。

3. 必应（Bing）

必应[①]是微软公司于2009年5月28日推出的全新搜索品牌，中文名称“必应”，含有求必应的寓意。Bing 提供各种搜索服务，包括网络，视频，图像和地图搜索等，集成了搜索首页图片设计，崭新的搜索结果导航模式，创新的分类搜索和相关搜索用户体验模式，视频搜索结果无需点击直接预览播放，图片搜索结果无需翻页等功能。

与传统搜索引擎只是单独列出一个搜索列表不同，Bing 搜索的最大特点是会对返回的结果加以分类。例如，当用户搜索某位歌星的名字时，搜索结果的主要部分会显示传统的列表，其导航栏则会显示音乐、档案、专辑、简介、视频等几个类别。当用户输入的是某一城市名称时，则会显示交通、天气、旅游、房产等类别。另外，还会显示一组相关的搜索关键词。截至2015年11月，Bing 查询量为20.9%，成为仅次于 Google 的美国第二大桌面搜索引擎。

4. 雅虎（Yahoo!）

雅虎[②]是全球第一家提供互联网导航服务的网站，是最老的“分类目录”搜索数据库，曾一度成为美国最受欢迎的网站。雅虎有英、中 、日、韩、法、德、意、西班牙、丹麦等 12种语言版本，各版本的内容互不相同。提供目录、网站及全文检索功能。目录分类比较合理，层次深，类目设置好，网站提要严格清楚，网站收录丰富，检索结果精确度较高。

从1996年到2004年，雅虎先后选用 AltaVista、Inktomi 等第三方的搜索引擎作为自己网页搜索的后台服务提供商。为给用户提供更好的搜索体验，雅虎先后收购了 Inktomi 和 Overture 等著名的搜索引擎公司，并结合自己多年的搜索技术，重新整合打造出 Yahoo! Search Technology（YST）搜索技术平台。2004年3月，雅虎开始推出独立的搜索服务，迅速成长为全球第二大搜索引擎。Yahoo！还是阅读量最高的新闻和媒体

① https://cn.bing.com/

② https://www.yahoo.com/

网站，每月访问量超过70亿次，是2016年全球访问量排名第六的网站。

5. 搜狗（Sogou）

搜狗[①]是搜狐公司于2004年8月3日推出的完全自主技术开发的全球首个第三代互动式中文搜索引擎，是一个具有独立域名的专业搜索网站。搜狗以一种人工智能的新算法，分析和理解用户可能的查询意图，给予多个主题的“搜索提示”，在用户查询和搜索引擎返回结果的人机交互过程中，引导用户更快速准确定位自己所关注的内容，帮助用户快速找到相关搜索结果，并可在用户搜索时给予主题提示。

（三）学术搜索引擎的检索

学术搜索引擎是专门用于检索互联网的学术信息的专业搜索引擎，通常包括图书、论文、期刊、文档、题录等学术资源和学术站点，对学习和科研有很大的帮助。学术搜索引擎在搜索一些学术文章的线索的时候也非常有用，对于一些只知道作者或者只知道部分线索的文献来说，就可以使用搜索引擎先查找文献的详细情况，比如来源、作者、出版社等，然后再进一步查找是否能有本地馆藏。

1. 百度学术搜索

百度学术搜索[②]于2014年6月13日正式上线，旨在“保持学习的态度”，为用户提供海量中英文检索的学术搜索平台。百度学术有一般检索与高级检索两种检索方式。

一般检索只提供一个检索框，支持布尔逻辑检索，可直接输入关键词、著者、刊名或对三者组配以缩小范围方式的检索。比较适合确定性检索。如用户已经知道论文标题，在搜索框内输入标题即可直接检索。

图11–3　百度学术主页

① https://www.sogou.com/

② http://xueshu.baidu.com/

高级检索可以从关键词、作者、出版物（包括期刊和会议两种类型）、成果发表时间多个途径同时进行检索。它还支持多个关键词同时检索、检索词精确检索，用户可以限定检索词出现的位置（包括文章任何位置和文章标题）。高级检索适合用户需求模糊的检索，或者多途径的复合需求检索。

2. 谷歌学术（Google Scholar）

谷歌学术搜索[①]（Google Scholar，GS）是使用最为广泛的学术引擎，是Google公司2004年推出的，一经推出便被广泛关注和使用，其宗旨是让使用者“站在巨人的肩膀上”用简单的方法搜寻到广泛的学术性文献。2006年推出中文版学术搜索。

GS检索结果以列表形式按相关度排序，每条记录含文献名、作者、摘要、被引频次、相关文章、所有版本、引用、保存等信息，并提供链接。

GS的个性化功能主要是引文分析功能。通过抽取文献之间的引证关系，GS在每条记录中提供“被引用次数”链接，通过链接，用户可以查看所有被GS索引的该文献的引证文献列表。文献的被引用次数在文献评价中是一个重要的计量指标，文献的被引用次数能够比较客观地反映出文献的被利用程度，在一定程度上可以作为文献质量和影响力的评价依据。

GS个性化服务体现出了Web2.0的去中心化、开放和共享的特征。用户通过“学术搜索设置”，可以实现限定检索结果页面显示数、导出参考文献链接格式、限定检索指令语言和检索结果返回语言、限定图书馆访问链接等个性化设置。同时，用户可将检索结果自动保存在“我的图书馆”，便于日后阅读或引用。

图11-4　谷歌学术搜索主页

3. 微软学术搜索

2006年，微软研究院推出在线免费学术搜索引擎Microsoft Academic，[②] 取代了早

① http://scholar.google.com/

② https://academic.microsoft.com/

期的微软研究项目 Microsoft Academic Search。它为研究员、学生、图书馆馆员和其他用户查找学术论文、国际会议、权威期刊、作者和研究领域等提供了一个更加智能、新颖的搜索平台。提供英文搜索服务。新的微软学术搜索被文献计量学家认为是谷歌学术搜索的竞争者。截至2018年4月，内容涵盖学术论文1.7亿篇，期刊47939种，研究机构18719个，作者210806214人。

微软学术搜索系统功能如下：

（1）浏览。该系统检索页面提供15个学科类别限定检索，提供排名靠前的作者、出版物、会议论文、期刊论文、关键词和机构等浏览检索。

（2）基本检索。支持关键词、人名检索，检索范围可限定为全文或具体学科。基本检索支持布尔逻辑与，但不支持逻辑或、逻辑非及模糊检索。

（3）高级检索。提供期刊、会议、作者、组织、DOI 和年份6个字段限定检索。

（4）检索结果。该搜索引擎以图表和文字集合方式返回检索结果，检索结果页面提供发表文章数、引用频次、同义词、定义、引证关系图，每条返回记录提供文献名、作者、出版时间链接。

（5）个性化功能。包括提供可视化、订阅和移动服务功能。可视化是其最具特色的功能之一，该搜索引擎提供了8种可视化的方式：学术地图、CFP Calendar、领域趋势图、组织比较图、合著关系图、合著路径图、学者关系图和文献引证关系图。用户通过图谱，可了解某领域的专家、会议论文、期刊论文；也可通过可视化阅读，了解具体学术领域兴起和发展的详细信息；找到感兴趣的学者或学术论文在该学术领域的地位和影响力；发现经典、热点的学术论文。

图 11–5　微软学术搜索主页

4. 其他学术搜索引擎介绍

表11-3 其他学术搜索引擎介绍

名称	简介
必应学术搜索	https://www.bing.com/academic/，是由微软打造的免费学术搜索产品，旨在为广大研究人员提供海量的学术资源，并提供智能的语义搜索服务。
BASE	https://www.base-search.net/，比勒费尔德学术搜索引擎（BASE）是德国比勒费尔德（Bielefeld）大学图书馆开发的一个多学科的学术搜索引擎，提供对全球异构学术资源的集成检索服务。它整合了德国比勒费尔德大学图书馆的图书馆目录和大约160个开放资源（超过200万个文档）的数据。
CiteSeerX	http://csxstatic.ist.psu.edu/，CiteSeerX的前身是CiteSeer引文搜索引擎。1997年，由NEC公司研制开发，是利用自动引文标引系统（Autonomous Citation Indexing，ACI）建立的第一个科学文献数字图书馆（Scientific Literature Digital Library）。CiteSeerX是专注于计算机和信息科学方面的学术搜索引擎，主题包括智能代理、人工智能、硬件、软件工程、数据压缩、人机交互、操作系统、数据库、信息检索、网络技术、机器学习等。目前能搜索100多万的文章和300多万的引文。
Search	https://www.search.com/，一个检索免费论文的好工具。
360学术搜索	http://xueshu.so.com/，2014年8月16日，“360学术搜索”上线，旨在“博观而约取，厚积而薄发”，为用户提供海量中英文期刊论文搜索。360学术检索页面简单，仅提供基本检索，支持关键词、人名、刊名检索，支持布尔逻辑（空格、+、-）检索。检索可限定时间筛选，检索结果可按相关度、时间、被引频次排序，提供被引频次链接。

二、开放获取资源

（一）概述

1. 开放获取的发展

20世纪90年代末，开放获取（Open Access，OA）运动在国际学术界、出版界、信息传播界和图书情报界大规模地兴起。其初衷是推动科研成果利用互联网自由传播，促进学术信息的交流与出版，提升科学研究的公共利用程度，保障科学信息的长期保存。

2001年12月，开放社会协会① 在匈牙利的布达佩斯召集了一次有关开放获取的国际研讨会，呼吁加强国际合作，促进开放获取的发展。

2002年2月14日发表的《布达佩斯开放获取计划》（*Budapest Open Access Initiative*，*BOAI*）将开放获取定义为：OA是指某文献在Internet公共领域里可以被免费获取，允许任何用户阅读、下载、复制、传递、打印、检索、超级链接该文献，并为之建立索引，用作软件的输入数据或其他任何合法用途。用户在使用该文献时不受财力、法律或技术的限制，而只需在存取时保持文献的完整性，对其复制和传递的唯一限制、或者说版权的唯一作用是使作者有权控制其作品的完整性及作品被准确接受和引用。

① Open Society Foundations（OSF），前身为开放社会研究所（Open Society Institute），非赢利研究机构，由乔治·索罗斯捐款成立。

2003年6月20日发布的《贝斯达开放获取出版声明》(*Bethesda Statement on Open Access Publishing*)，在BOAI的基础上进一步强调：①作品一旦开放获取，权利不可收回；②要以恰当、标准的电子格式存储在至少一个由学术机构、学术团体、政府机构或其他组织以追求开放获取、无限制传播和长期保存为目的的在线数据库中。

2003年10月22日，德国马普学会[①]发布了《科学与人文知识开放获取的柏林宣言》(*Berlin Declaration on Open Access to Knowledge in the Sciences and Humanities*)。

在以开放社会协会、德国马普学会等为代表的许多行业协会、社会组织、科研机构的积极推动下，开放获取运动在全球范围内快速发展，开放获取期刊和知识库数量不断增长、规模不断扩大。开放获取期刊的被引用率不断提高，也开始得到传统文摘索引服务商的认可，成为收录的对象。由于开放获取在学术信息交流中的突出优势，一些国家的政府和主要科研管理机构也参与了开放获取运动，其中很多机构采取了强制性的自存储政策。

2004年1月，加拿大国家图书馆将存储于加拿大Theses论文库中的博士论文提供开放获取。

2007年1月10日，欧洲研究咨询委员会公布了关于建议欧盟第七框架计划[②]所有研究项目强制实行开放获取的政策。

2007年6月8日，英国医学研究理事会对适用开放获取政策的出版文章中的数据，增加开放获取要求。现在英国超过90%的公共资源的生物医学研究成果都有开放获取的要求。

美国把2007年2月15日定为本国的开放获取日。

中国正式参与开放获取运动始于2004年，中国科学院、国家自然科学基金委员会分别签署了《柏林宣言》，2006年，中国发布了科学数据开放获取政策。

2. 开放获取的特点

(1) 数字化和网络存储。开放获取是基于互联网时代的新型学术传播机制，数字化和网络化是其赖以实施的基础。

(2) 全文免费获取是其基本特点。强调用户对学术信息传播获取的平等、自由、无偿和开放性。

(3) 投稿方便，出版快捷。以OA方式出版研究成果，可以提升学者在研究领域的进步及其专业生涯的发展。

---

① 马克斯·普朗克科学促进学会(International Max Planck Research School)是德国政府资助的全国性学术机构。其前身是指成立于1911年的威廉皇家学会。

② 欧盟第七框架计划(7th Framework Programme，FP7)，是欧盟投资最多的全球性科技开发计划。欧盟委员会于2007年1月1日启动第七个科技框架计划(2007—2013年)，总预算为505.21亿欧元。该计划是当今世界上最大的官方重大科技合作计划，其研究以国际前沿和竞争性科技难点为主要内容。

（4）出版费用低廉。OA去除了价格与使用的限制，让研究成果更容易被使用，兼顾了作者的权益与所有潜在读者的利益。

（5）检索方便，具备广泛的读者群和显示度。其传播方式可以扩大读者群，扩大知识的分享范围，以及促进研究的进行。目前在世界各地的实施都证明了OA可以超越传统的订购导向的期刊，服务整个科学及学术领域。

目前OA出版最为主要的实现途径是开放获取期刊（Open Access Journal）和开放获取机构库（Open Access Repositories）两种类型。作为一种新型的学术交流理念和机制，开放获取这些年来得到了长足的发展，开放获取的信息资源类型已经从最开始的学术期刊发展到电子印本（E-print）、电子图书、学位论文、会议论文、研究报告、专利、标准、多媒体、数据集、工作论文、课程与学习资料等。

（二）开放获取期刊

开放获取期刊（Open Access Journal），是指任何经过同行评审，以免费的方式提供读者或机构取用、下载、复制、打印、分享、发行或检索的电子期刊。

根据出版模式，开放获取期刊可分为三类：纯电子开放获取期刊（E-only）、混合开放获取期刊（Both E-print and P-print），以及复合开放获取期刊（Hybrid OA Journals Free Issues）。

根据开放程度，开放获取期刊也可分为三类：延时开放获取期刊（Delayed Open Access Journals）、部分开放获取期刊（Partial Open Access Journals）以及完全开放获取期刊（Open Access Journals）。

开放获取期刊的类型分布如表11–4所示。

表11–4　开放获取期刊类型分布

划分依据	OA期刊类型	类型描述	类型举例
出版模式	纯电子OA期刊	纯电子，不出版纸质本。	BMC（BioMed Central）、PLoS① 的部分期刊
	混合OA期刊	既有电子版又有打印本。	British Medical Journals
	复合部分OA期刊	部分文章开放，或部分内容开放。	ACS② 的Author Choice等
开放程度	延时OA期刊	在期刊出版一段时间后可免费使用。	JBC（Journal of Biological Chemistry）
	部分OA期刊	免费访问作者付费出版的文章。	Springer的Open Choice
		免费访问部分文章全文。	部分BMC期刊
		免费访问文摘、付费访问全文。	大部分传统期刊
		部分地区或国家可免费访问。	OUP③ 期刊
	完全OA期刊	作者付费出版，读者免费使用。	PloS期刊
		作者免费出版，读者免费使用。	D-library

1. 开放获取期刊目录（DOAJ）

（1）简介

DOAJ[④]（Directory of Open Access Journals）是由瑞典隆德大学图书馆（Lund University Libraries）主办的一份开放期刊目录。该系统收录的均为学术性、研究性期刊，一般都是经过同行评审，或者有编辑做质量控制的期刊，具有免费、全文、高质量的特点，对学术研究有很高的参考价值。该数据库不定期更新，截至2018年4月，已有125个国家的11230种期刊被收录，其中8133种可进行文章级搜索，包含3024010篇文章，其中包括中文期刊56种，中文论文14574篇。DOAJ的期刊收录范围非常广泛，包括语言与文学、法律及政治学、社会科学、经济学等20个一级学科。用户无需登录即可使用该系统。

（2）检索方法

① 可以通过学科浏览（Browse subject）或检索来查找期刊和论文。检索字段包括：所有字段、文章题名、期刊题名、学科、关键词、标识符（DOI, ISSN）、作者、国家、语言、出版社等。

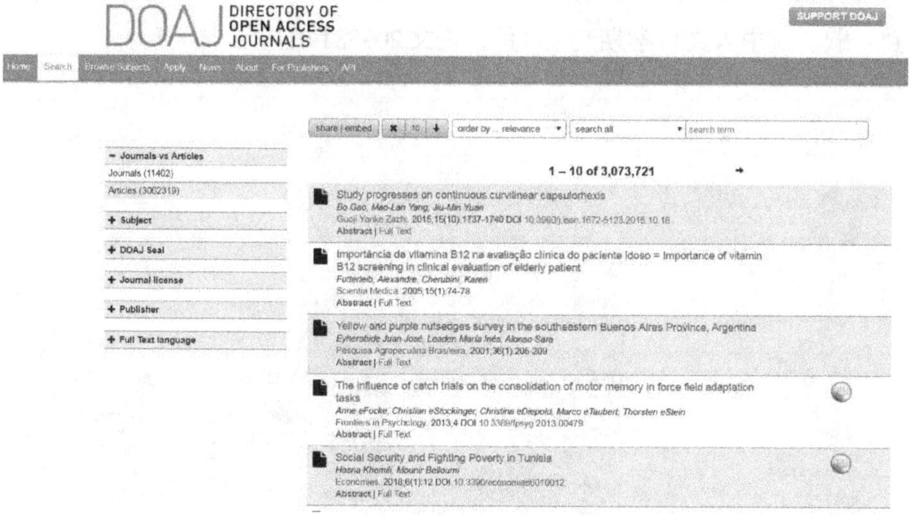

图11-6　DOAJ检索页面

① PLoS（美国科学公共图书馆，the Public Library of Science）创立于2001年，为科技人员和医学人员服务，致力于使全球范围科技和医学领域文献成为可以免费获取的公共资源。

② ACS（美国化学学会，American Chemical Society）是一个非赢利性组织，1876年成立于纽约大学，目前在化学领域拥有超过158000名会员，是世界上最大的科学学会之一。ACS通过其同行评审科学期刊，全国性会议、化学文摘服务机构等，已成为科学信息的主要来源。

③ OUP（牛津大学出版社，Oxford University Press）是世界上最大的大学出版社。

④ https://doaj.org/

② 检索结果。DOAJ的期刊检索结果包含以下字段：刊名、ISSN号、URL、同行评审类型、主题类别、添加到DOAJ的日期、文章处理费等。允许用户阅读、下载、复制、传播、打印、检索或者链接全文。

2. 中国科技论文在线

（1）简介

中国科技论文在线[①]是经教育部批准，由教育部科技发展中心主办，针对科研人员普遍反映的论文发表困难，学术交流渠道窄，不利于科研成果快速、高效地转化为现实生产力等状况而创建的科技论文网站。该数据库利用现代信息技术手段，打破传统出版物的概念，免去传统的评审、修改、编辑、印刷等程序，给科研人员提供一个方便、快捷的交流平台，提供及时发表成果和新观点的有效渠道，从而使新成果得到及时推广，科研创新思想得到及时交流。根据文责自负的原则，只要作者所投论文遵守国家相关法律，为学术范围内的讨论，有一定学术水平，且符合中国科技论文在线的基本投稿要求，可在一周内发表。

中国科技论文在线的"在线学术期刊免费全文库"是国内唯一免费全文期刊库，截至2018年4月21日，已收录近千家科技期刊、1299483篇各领域科技论文全文，全部提供免费下载。其中人文科学期刊198种，论文209831篇。

图11-7　期刊页面

① http://www.paper.edu.cn/

（2）检索方法

① 注册。中国科技论文在线将服务的对象分为注册用户和非注册用户两类。非注册用户则只能以访客的身份，对本站进行部分检索、浏览和下载。注册用户可以使用网站的所有功能，包括投稿、评论、定制、添加私人标签、收藏站内外各类资讯、加入感兴趣的学术圈子等个性化功能。

② 提供高级检索、全文检索两种检索方式。

高级检索：用户可根据所知信息输入检索词，按题目、关键字、作者和摘要在全库、在线发表论文库、优秀学者论文库、高校期刊论文库等数据库中进行检索。同时为了适当的限制检索范围，要求对检索的论文进行时间指定。

全文检索：如果用户不能清楚记得文章的题目、作者、关键词等信息，只要记得文章中的一句内容，就可以通过全文检索查询到包含有这句内容的文章。

③ 提供丰富的浏览模式。可按照首发论文、同行评审、首发精品、优秀学者、名家推荐、学者自荐、科技期刊、博士论坛、专题论文、热度视界、多维论文等类别浏览论文。比较有特色的是同行评议的论文可以看到学科专家的评语。

3. 日本科技信息集成门户（J-STAGE）

（1）简介

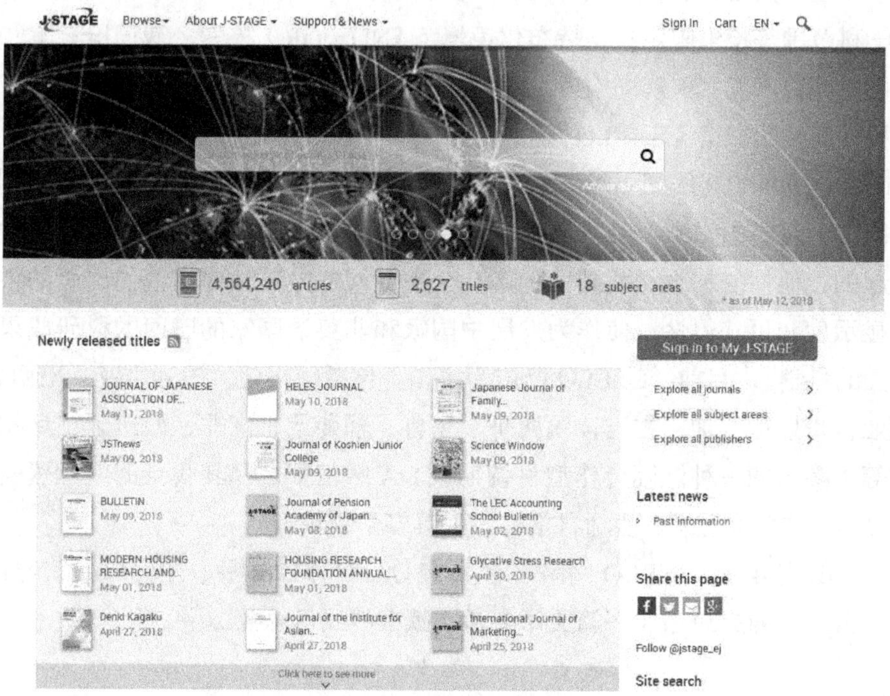

图 11-8　J-STAGE 主页

J-STAGE[①]（日本科技信息集成门户，Japan Science and Technology Information Aggregator，Electronic）是由日本科学技术振兴机构（Japan Science and Technology Agency，JST）在1999年10月创建的学术期刊网络平台，收录了日本各科技学会出版的文献（文献多为英文，少数为日文）。截至2018年4月21日，该平台共有期刊2608种、论文4555506篇，以及部分会议论文集、日本科技报告（JST报告）等，涉及18个学科领域，包括人文社会科学、信息科学、数学、物理、化学、医学、电子与电气工程、食品科学、地球科学和天文学、生物、建筑学、综合等。

（2）检索方法

① 查找期刊及其他出版物

检索：首页的“Search Titles”检索框就是期刊及其他出版物的检索入口，可对出版物名称进行检索。

浏览：可按照期刊名称首字母（by Titles）、学科领域（by Subject Areas）、出版机构（by Publishers）浏览三种不同途径浏览。还可以浏览NII（日本国立情报研究所）的学术会议论文。

② 查找论文

高级检索（advanced）提供文章出版年限、出版物名称、文章标题、关键词、全文多个检索途径；具备出版物类型（期刊、会议录、报告等）、语种、同行评审刊、出版年份、学科范围等检索限定；支持布尔逻辑（AND、OR）检索、截词检索（*）。英文检索界面只能输入英文检索词检索，日文界面可输入英文或日文检索词检索。

4. 科学在线图书馆（SciELO）

SciELO[②]（科学在线图书馆，Scientific Electronic Library Online）1997年创立于巴西，是国际上重要的OA运动国际倡议者和实践者之一。最初是由巴西的10种期刊的编辑发起的，他们的初衷是找到一种期刊全文上网的方法，提高他们出版的科技期刊的国际显示度和可获得性，使作为发展中国家和非英语国家的巴西的科研成果不再成为“消失的科学”。目前，SciELO已成为多国（包括阿根廷，玻利维亚，巴西，智利，哥伦比亚，哥斯达黎加，古巴，墨西哥，秘鲁，葡萄牙，南非，西班牙，乌拉圭和委内瑞拉等）参与的一种国际合作型科技期刊OA网络平台。其收录的期刊覆盖了经济学、语言学、文学和艺术、生命科学、工程等多个领域。

截至2018年4月，SciELO网络平台共有OA期刊1285种、52356期、745182篇研究论文、引文16943454条（每篇文章参考文献中的项目总数）。

---

① http://www.jstage.jst.go.jp/

② http://www.scielo.org/php/

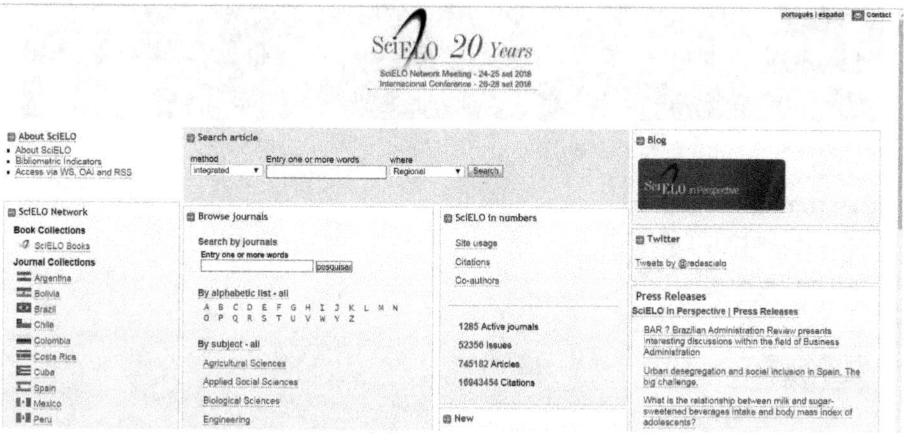

图 11-9　SciELO 主页

5. HighWire 出版社 OA 期刊

HighWire Press① 是全球最大的提供免费全文的学术文献出版机构，1995年由美国斯坦福大学图书馆创立。最初仅出版著名的周刊《生物化学杂志》(*Journal of Biological Chemistry*)，后来发展到生物学、医学、人文、社会科学、物理学等多个学科。到2018年，已有超过3500种同行评审的学术期刊和数千种学术著作。

HighWire 出版社的文献提供三种免费方式：Free Issues、Free Site 及 Free Trial，其中 Free Issues 表示在某个时间之前的所有文献全文均为免费的；Free Site 则是可以完全免费获取全文的网站；Free Trial 表示在试用期间，所有文献可免费使用。

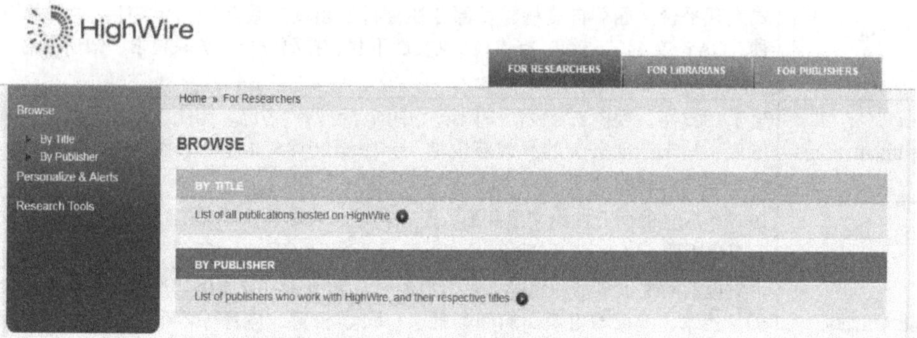

图 11-10　浏览界面

① https://www.highwirepress.com/

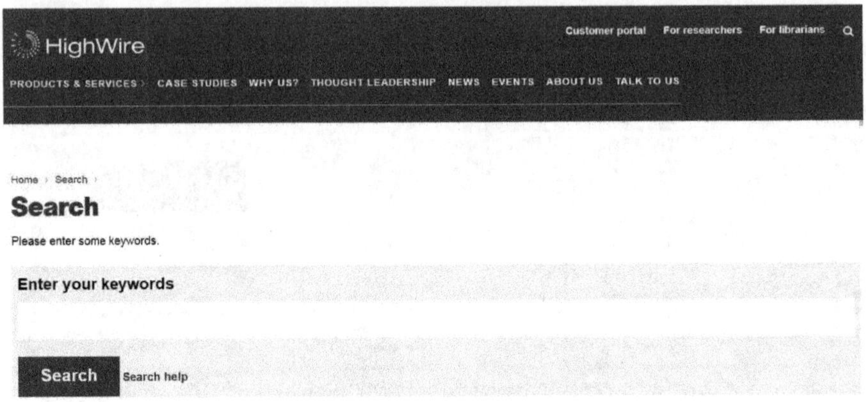

图11–11　检索界面

6. 其他开放获取期刊简介

表11–5　其他开放获取期刊简介

名 称	简　介
Socolar	是中国教育图书进出口公司提供的一个为用户提供OA资源的公共服务平台，收录来自世界各地、各语种的重要OA资源，并优先收录经过学术质量控制的期刊（比如同行评审期刊）。截至2018年4月，收录OA期刊11739种，论文13503317篇。http://www.socolar.com/
ERIC	Educational Resource Information Center是美国教育部的教育资源信息中心数据库，收录980多种教育及和教育相关的期刊文献的题录和文摘，包括250多种EBSCO收录的全文杂志教育文献数据库，数据为1967年至今。https://eric.ed.gov/
GoOA	是中国科学院立项启动、由中科院文献情报中心实施建设的免费的OA期刊和论文一站式发现平台。涵盖自然科学及部分社会科学领域，截至2018年4月，共收录期刊2525种，OA论文440765篇。提供OA论文的下载、投稿分析、关联检索、知识图谱分析、用户分享等功能。http://gooa.las.ac.cn
Bioline International	建于1993年，提供来自发展中国家（中国、巴西、古巴、印度、印度尼西亚、南非、肯尼亚、马来西亚等）的开放获取期刊，截至2018年4月可下载全文1217086篇。http://www.bioline.org.br/
Hindawi	1997年成立的商业性论文出版商，是在科学、技术、医学（STM）领域完全开放获取的一家出版商。http://www.hindawi.com/
Find Articles	论文搜索网提供多种刊物的上百万篇论文，涵盖艺术与娱乐、汽车、商业与经融、计算机与技术、健康与健身、新闻与社会、科学教育、体育等各个方面。http://findarticles.com/http://www.search.com/search
BioMed Central	BioMed Central（BMC）出版超过250种科学期刊，所有期刊仅在线发布。http://www.biomedcentral.com/
汉斯开源学术期刊	汉斯出版社（Hans Publishers）聚焦于国际开源中文期刊的出版发行，覆盖以下领域：数学物理、生命科学、化学材料、地球环境、医药卫生、工程技术、信息通讯、人文社科、经济管理等。目前主办的期刊共有160本，均被知网等数据库收录。其中，23本被美国《化学文摘》收录，30本被EBSCO收录。http://www.hanspub.org

（三）开放获取机构库

开放获取机构库（Open Access Repositories），又称知识仓库、OA Archives（技术档案），是收集、存放由某一个或多个机构或个人产生的知识资源和学术信息资源、可供社会共享的信息资源库。这种方式接受作者论文的预印本（Preprints）、后印本（Postprints），也接受期刊的电子预印本（E-prints）和后印本。

预印本指的是未公开发表的，出于同行交流的目的而在互联网上发布的学术文献，包括没有投稿的论文、投稿了但未被采用的论文以及已经被采用但尚未发表的学术论文。与刊物发表的论文相比，预印本具有交流速度快、利于学术争鸣等特点。

后印本则是相对于预印本而言的一种电子文献形式，指的是已经在期刊或者其他公开出版物上发表的文献，这些文献既可以是期刊论文，也可以是会议论文、专著篇章或其他研究成果。

互联网上的开放获取机构库非常丰富，此外，还有专门作为支持数字化学习而创建的教学机构库，这类数据库提供存储与共享教学信息资源。开放获取机构库和电子预印本示例见表 11–6 和表 11–7。

表 11–6　开放获取机构库示例

名称	简介
欧盟学术资源开放存取平台	截至 2018 年 4 月，收录开放获取资源共 23643763 篇，其中文章 14256165 篇，预印本 1862633 篇，博士论文 1271288，硕士论文 947739、图书 448163 册。https://www.openaire.eu/
麻省理工学院机构库	MIT DSpace 系统是由美国麻省理工学院图书馆（MIT Libraries）和美国惠普公司实验室合作开发并于 2002 年 10 月开始投入使用的。该系统用 DSpace 构建，用来获取、传播和保存该校教师和研究人员的知识成果，包括开放获取论文、学位论文等。http://dspace.mit.edu/
南安普顿大学机构库	E-Prints Soton，南安普顿大学机构库（University of Southampton Institutional Research Repository）目前收录自 20 世纪 70 年代以来该校科研人员撰写的学术文献。http://eprints.soton.ac.uk/
OAIster 全球联合机构知识库	OAIster 全球联合机构知识库是由世界上 1100 多家图书馆及机构提供的数据资源，是全球最大的开放档案资料数据库，记录数量已达近 3300 多万条。OAIster 的资源类型包括：数字化图书与期刊文章、原生数字文献、音频文件、图像、电影资料、数据集、论文、技术报告、研究报告等。数据库每季度更新一次。https://www.oclc.org/en/oaister.html
厦门大学学术典藏库	主要是用来存储厦门大学教学和科研人员的具有较高学术价值的学术著作、期刊论文、工作文稿、会议论文、科研数据资料以及重要学术活动的演示文稿等。http://dspace.xmu.edu.cn/
香港科技大学机构库	是由香港科技大学图书馆开发的一个数字化学术成果存储与交流知识库，收录由该校教学科研人员和博士生提交的论文（包括已发表和待发表的）、会议论文、预印本、博士学位论文、研究与技术报告、工作论文和演示稿全文等。截至 2018 年 4 月，共收录文件数量 11027 篇，记录数量 84022 条，学者简介 653 人。http://repository.ust.hk/dspace/
OpenDOAR	开放获取存储库目录，提供开放获取知识库的列表。http://opendoar.org/
ROAR	开放获取知识库地址录，列出一些注册知识库所用的软件、国家、知识库名称、注册日期和存储量等。http://roar.eprints.org/

续表

名 称	简 介
CALIS高校机构知识库	中国高校机构知识库联盟（Confederation of China Academic Institutional Repository，CHAIR）由中国高等教育文献保障系统（CALIS）组织部分高校图书馆共同发起成立。截至2018年4月已有会员机构49个，元数据总量2812320。http://chair.calis.edu.cn/
中国科学院机构知识库	截至2018年4月共收录文献468205篇，其中期刊论文288040篇，学位论文106374篇、专利24903篇、会议论文19635篇。http://www.irgrid.ac.cn/
国家自然科学基金基础研究知识库	Open Repository of National Natural Science Foundation of China, 简称NSFC-OR，作为我国学术研究的基础设施，收集并保存国家自然科学基金资助项目成果的研究论文的元数据与全文，向社会公众提供开放获取，致力于成为传播基础研究领域的前沿科技知识与科技成果、促进科技进步的开放服务平台。截至2018年4月，已公开研究论文全文518524篇，包含78万多个作者、涉及1792家研究机构。http://or.nsfc.gov.cn/

表11–7 主要的电子预印本网站列表

名称	简 介
arXiv电子预印本	创建于1991年，是目前国际最知名的预印本平台，1998 年转由康乃尔大学图书馆运营。截至2018年4月，收录包括涵盖物理学、数学、计算机科学、定量生物学、定量金融、统计学、电气工程与系统科学、经济学领域的论文共1377332篇。在物理学的某些领域，早已替代传统的研究期刊。美国主站点：https://arxiv.org/；中科院镜像站点：http://cn.arxiv.org/
SSRN社会科学研究网络	Social Science Research Network的预印本库，致力于以最低的成本在全球快速传播社科研究成果（Tomorrow’s Research Today），2016年被Elsevier 收购。由一系列研究网络组成，涵盖经济、金融、法律等所有社会科学门类。自1994年推出以来，受到广大科研人员的广泛欢迎，拥有200多万名用户。截至2018年4月，平台收录来自30个学科，372695位研究人员的793168篇研究论文。https://www.ssrn.com/en/
中国预印本服务系统	由国家科技图书文献中心建设，主要收藏国内科研人员自由提交的预印本文章，具有二次检索、浏览全文、发表评论等功能。（原“国外预印本门户”，因合作方丹麦科技大学图书馆技术信息中心关闭，其平台已停止服务。）http://prep.istic.ac.cn/；http://www.nstl.gov.cn/preprint
中国科学院科技论文预发布平台	面向全国科研人员，接收中英文科学论文的预印本存缴和已发表科学论文的开放存档。支持中国高水平科研论文的快速预发布，有效支撑中国科学家的科研首发权。截至2018年4月，共收录论文总数13864篇。http://www.chinaxiv.org/
viXra预印本库	截至2018年4月共有23301篇电子文档，包括物理、数学、计算机科学、生物学、化学、人文科学等学科，都可以免费下载全文。http://vixra.org/
CogPrints	认知科学电子预印本，建于1997年，提供已出版的、同行评审期刊的印后本，以及未正式出版、未经评审的预印本，覆盖心理学、行为生物学、计算机科学、语言学、人工智能以及哲学等各个认知学科的相关领域。截至2018年4月提供4230篇可免费下载的文章。http://cogprints.org/
PhilSci Archive	是关于科学哲学（philosophy of science）的学科预印本库，由美国科学哲学学会、匹兹堡大学的科学哲学中心和图书馆合作创办，目前该库共收录科学哲学相关主题文章6178篇。http://philsci-archive.pitt.edu/
中国台湾学术机构典藏	Taiwan Academic Institutional Repository（TAIR）是中国台湾学术成果入口网站。用户可以很方便地整合查询或浏览中国台湾整体研究成果，同时链接回原始学术机构典藏系统，获取全文。截至2018年4月，共收录学术机构138所，总论文数2197955篇。http://tair.org.tw/

（四）其他网络开放资源

1. 其他网络开放资源介绍

表11-8　其他网络开放资源列表

名 称	简 介
OA图书馆	OALib提供的开源论文超过4233089篇，涵盖所有学科。所有文章均可免费下载。http://www.oalib.com/
OA搜索网	搜索5000多个开放存取资源，绝大部分文献可免费下载全文。http://www.souoa.com/
HOLLIS Images	是哈佛图书馆的专用图像目录（取代了哈佛大学图书馆可视化资源目录，the VIA image catalog）。包括来自哈佛大学档案馆、博物馆、图书馆和其他馆藏的内容。访问目录向公众开放。https://images.hollis.harvard.edu/
甘博照片数字库	Sydney Gamble Photographs，是美国社会学教授Sidney D.Gamble（西德尼·D. 甘博）捐赠建立的。甘博曾在1908—1932年，先后4次访问中国，前往中国各地收集社会经济数据，并用他的相机记录了当时的城市和农村生活、公共活动、建筑及宗教雕像等。共提供5188张照片，目前这些照片都能在杜克大学图书馆网站上看到。https://library.duke.edu/digitalcollections/gamble/
知识产权数字图书馆	知识产权数字图书馆（Intellectual Property Digital Library）由世界知识产权组织（WIPO）于1988年建立，旨在推动世界各国的知识产权组织进行知识产权信息的交流，提供各种专利文献、商标等的检索。http://www.wipo.int/wipogold/en/
秘籍琳琅——北京大学数字图书馆古文献资源库	北京大学图书馆收藏古籍约150万册，包括善本及各种特藏如地方志、家谱等，在国内收藏居于前列。该库收罗了北京大学图书馆馆藏古籍，一般匿名用户可以查看古籍书目等记录的简要和详细显示结果以及各类型文献相应图像的缩略图；有权限的用户可以查看详细显示结果和高精度图像，并打印、下载等。http://rbdl.calis.edu.cn/aopac/indexold.jsp
古腾堡计划	Project Gutenberg，参见第4章“四、网络电子图书资源（二）外文电子图书资源”。http://www.gutenberg.org/
书格	参见第4章“四、网络电子图书资源（一）中文电子图书资源”。https://shuge.org/
《日本外交文书》目次索引	《日本外交文书》是由日本外务省编纂的日本外交档案资料汇编，对研究日本周边国家如中国、朝鲜的相关历史具有很高价值，特别是对近代以来的中日关系研究有着极高的价值。武汉大学为方便读者查询，编制该目次索引，可通过日本纪年、公元纪年、事件关键词等方式查询，并且可以通过CASHL文献传递服务获取全文。http://apps.lib.whu.edu.cn/wjws/

2. 工具类开放资源

表11-9　网络免费参考工具列表

名 称	简 介
汉典网	是一个容量巨大的免费在线辞典。详见第8章之词典类互联网语言学资源。http://www.zdic.net/
美国新闻与世界报道排名	US News and World Report Rankings，提供美国研究生院学科排名、美国大学排名，以及相关学校信息，每年更新。英语界面。https://www.usnews.com/
梅里厄姆-韦伯斯特辞典	Merriam-Webster Dictionary Online，提供《梅里厄姆·韦伯斯特大学辞典（第11版）》的网络版。英语界面。https://www.merriam-webster.com/
大英百科全书	“Encyclopædia Britannica”，提供12万份百科资源并随时更新，并提供来自纽约时报、BBC的新闻资源。https://www.britannica.com/

续表

名 称	简 介
维基百科	Wikipedia，成立于2001年，是一个网络百科全书项目，特点是自由内容、自由编辑。是目前全球网络上最大且最受大众欢迎的参考工具书，名列全球十大最受欢迎的网站。截至2018年4月维基百科一共有280种语言版本，其中英语超过560万。https://www.wikipedia.org/
爱词霸在线翻译	iCIBA，提供多个英语专业词库、词霸沙龙、在线翻译、每日一句以及英语学习天地。http://www.iciba.com/
Google地图	提供地图、路况、卫星、地形、获取路线等信息。http://www.google.cn/maps
Google翻译	提供50种语言的在线翻译服务，包括文字、词组、网页翻译。https://translate.google.cn/

三、学科信息门户

（一）学科信息门户概述

1. 定义

20 世纪90年代，国内外逐渐出现了专业化的学科信息门户（Subject Information Gateway，SIG），即将特定学科领域的信息资源、工具和服务集成为整体，为用户提供方便的信息检索和服务入口。学科信息门户又称主题信息门户、学科导航门户或网络学术资源导航。虽然在名称叫法上不一，但是其本质、涵义都是一样的，都是重要的网络学术资源深层组织模式。

CALIS“重点学科网络资源导航库”项目组对它的定义为：“以学科为单元对相关学术资源进行搜集、描述、分类、组织和有序化整理，并对其进行简要的内容揭示，建立分类目录式资源组织体系、动态链接、学科资源数据库和检索平台，发布于网上，为用户提供网络学科信息资源导引和检索线索的导航系统。”

SIG 概念的最早提出人之一——T. Koch 将其特点归纳为：①一种联机服务；②通过人工选择和筛选信息；③智能产生包括注解和评论在内的内容描述信息（如元数据）；④智能地构建分类浏览结构；⑤至少支持部分和手工构建单个信息资源的（书目）元数据。

2. 学科信息门户的特点

学科导航中有独立的、单独为一个学科建立的导航网站，也有大型的、综合了多个学科的导航库或导航系统；有由某一文献资源服务单位、学术研究单位或商业单位独立完成的，也有由某一机构发起并由多个单位共同参与的。

学科信息门户的特点可以概括为以下几个方面：

（1）针对性：学科信息门户的重要特点是以学科为基础，是针对某一个学科或主题、专业学术领域而建立的，首先强调的就是学科体系；

（2）学术性：学科信息门户不同于站点导航或搜索引擎，它强调所搜集的网络资源的学术性，它不是简单的搜集与整理，是进行评估后精选的具有学术价值的网络资源，且也对每一个选中的网络资源进行必要的描述，真正起到对用户进行指引的作用；

（3）规范化：学科信息门户要求规范操作，从编制开始，就对所搜集的网站的内容、类型等有所要求；将搜集到的网站发布到网上时，还要利用元数据对其进行描述，描述内容均有统一的规范（即元数据规范），这是学科信息门户的必要前提。目前所有已完成的学科信息门户也分别有其规范。

3. 学科信息门户的内容

学科信息门户的对象一般都是独立的学术资源网站或网站中有价值的学术论文、报告以及其他文献，包括多媒体和图像资料等，具体到导航的内容，则视导航学科的不同而有所差别，主要包括：

教育科研机构（包括院校及其他相关教育科研单位，当前的研究情况，主要学者、教授简况等）；

其他相关机构信息介绍（包括学会、行业协会、专业组织、非赢利性组织等）；

相关电子期刊及其他电子出版物等（包括专业的电子词典、专业软件等）；

本学科下属的各分支学科的学术资源导航（包括各分支学科的学术站点、电子出版物、教育科研机构及相关专业组织、相关链接等）；

本学科相关的国际会议预告；

本学科、行业的相关标准、规范、协议等；

本学科相关的主要新产品与市场；

本学科相关的新成果、新近创造与发明、专利等；

其他相关信息（包括相关链接、学术新闻、网上学术论坛等）。

（二）国外学科信息门户

1. ipl2

ipl2[①] 由美国加州图书馆的 LII 导航系统和美国密歇根大学 IPL 导航系统组成。

LII 即著名的 Librarian's Index to the Internet，是国外最早的网络学术资源导航之一，是由美国加州图书馆创建并由伯克利数字图书馆维护的。LII 的内容非常丰富，包括艺术人文、商业金融、政治法律、教育、新闻媒体、区域研究、社会学专题、体育等共 14 个大类上百个子类的学科导航。LII 收集的站点都经过严格的选择，每个站点在进

① http://www.ipl.org/

入 LII 数据库之前都被评估至少2遍，并定期对变化的链接和死链接进行修改，保证库里的死链接不超过100个。该站点对外的标语是“用户可依赖的信息（Information You Can Trust）”。

IPL（Internet Public Library，网络公共图书馆）由美国密歇根大学建立，是一个完全由图书情报学院的学生创建、发展及维护的数字图书馆，提供丰富网络资源的连结服务，是广受好评的指南网站。

2010年，IPL 和 LII 整合到一起，更名为 ipl2，收录各地区图书馆的资源成为能阅读的资料，强调其每一份资料都是经过审慎选择、归类并加以解说。

截至2011年，ipl2已经收录了上万个面向教师、学生、科研人员服务的网站，内容分为艺术与人文、商业与经济、计算机与网络、教育、科学、社会科学等10个大类，另外还有一个 Reference 大类，总共11个大类，每类再细分若干细目。每一个信息主题下都有一段简短清楚的解释，并完整列出这个信息的地址及相关信息。可利用查寻及浏览功能查寻所需资源。除此之外，还提供线上参考咨询中心，使用者可利用电子邮件咨询问题。该项目目前已停止更新，但可以继续使用。

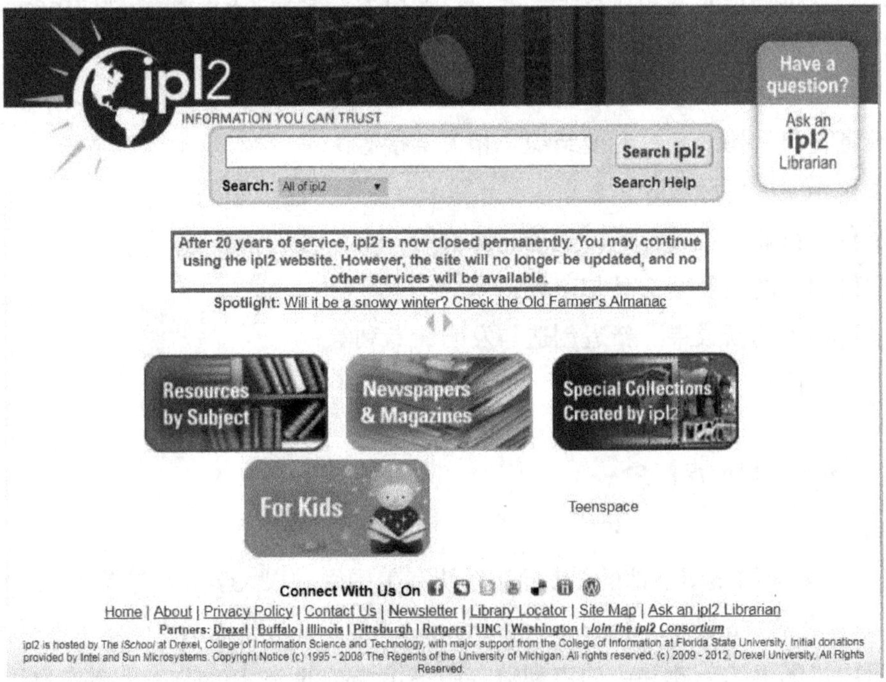

图11-12 ipl2主页

2. The WWW Virtual Library

万维网虚拟图书馆（The WWW Virtual Library）① 是万维网上第一个索引内容的网站，也是一个提供网络信息资源网站的目录。由网站创始人蒂姆·伯纳斯于1991年在瑞士日内瓦的欧洲核子研究中心创建。不同于其他索引商业网站，万维网虚拟图书馆是由一批志愿者组成的松散联合体所构建和维护，这些志愿者大都是某一学科领域的专家，他们把针对某一特定学科的重要链接编辑成网页，从而组成高质量的网络信息资源指南。

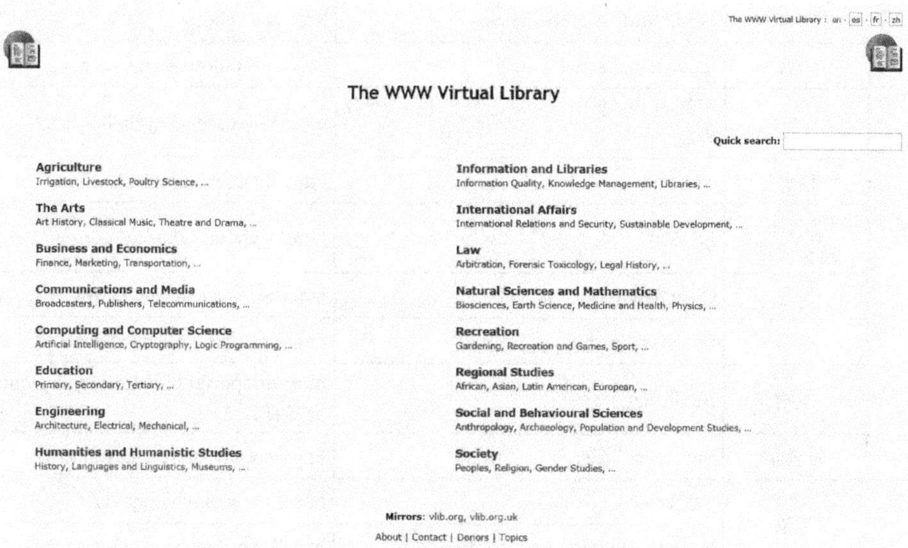

图 11–13　万维网虚拟图书馆主页

3. 其他国外学科信息门户

目前，国外不少学科信息门户已不可访问，停止服务中较为有影响力的著名学科信息门户有 Infomine，图书情报方面的 ILL，英国的 Intute 网络资源发现门户，网络资源学术门户 BUBL，社科信息网关 SOSIG 及科技搜索引擎 Scirus 等。其中包含学科范围较广泛的 Intute 网络资源发现门户，在 2011 年 7月由于缺乏资金费助而关闭。

---

① http://www.vlib.org.uk

表 11–10　其他国外学科信息门户①

域名所属地	学科范围	门户名称	网址
美国	综合	Sci Central	http://www.scicentral.com/index.html
		About	http://about.com/
		Academic Info	http://www.academicinfo.net/index.html
		Internet Scout	https://scout.wisc.edu/archives/index.php
		加州大学伯克利分校网络学术资源导航	http://guides.lib.berkeley.edu/all-guides
	艺术	World Wide Arts Resources	http://wwar.com/
	语言	iLove Languages	http://www.ilovelanguages.com/
		韦斯利恩大学社会学心理学网络资源导航	http://www.socialpsychology.org/
	信息	citeseerx	http://citeseer.ist.psu.edu/index
	信息技术与教育改革	Ed Web	http://www.edwebproject.org
	信息	Open Archives	http://www.openarchives.org
	医学	Bio Med Central	http://beta.biomedcentral.com/
	生物	Bio Portal	http://bioportal.bioontology.org/ontologies/MESH
	教育学	Education Week	http://portal.ers.org/index.html
英国	建筑	SAPLING	http://www.sapling.org.uk/
		National Building Specification	http://www.thenbs.com/resources/
	法律	Portal to Legal Resources in the UK and Ireland	http://www.venables.co.uk/
	航空	aerospace and defence	http://aerade.cranfield.ac.uk/
	历史	cain	http://cain.ulst.ac.uk/
		Eldis	http://www.eldis.org/
	法律	infolaw	http://www.infolaw.co.uk/
德国	数学	mathguide	http://www.mathguide.de/
澳大利亚	综合	APO	http://apo.org.au/
印度	信息学	SIGIT学科信息门户信息技术	http://www.itsubjectgateway.info/
芬兰	健康	HON	http://www.hon.ch/

① 刘盈盈、曹树金:《国内外学科信息门户运行现状调查及启示》,《图书馆》,2017年第6期。

（三）国内学科信息门户

1. CALIS 重点学科导航库

CALIS 重点学科导航库[①] 是“211工程”立项高校图书馆共建项目。其目的是建立基于网络的学术资源导航库，收集整理有关重点学科的网络资源为高校重点学科服务，让重点学科领域的师生，以较快的速度了解本领域科技前沿研究动向和国际发展趋势。该数据库由上海交通大学、西安交通大学先后负责，共有48个图书馆参加该项目共建，目前已完成213个重点学科导航库建设，共收录了6万多个较重要的学术网站。

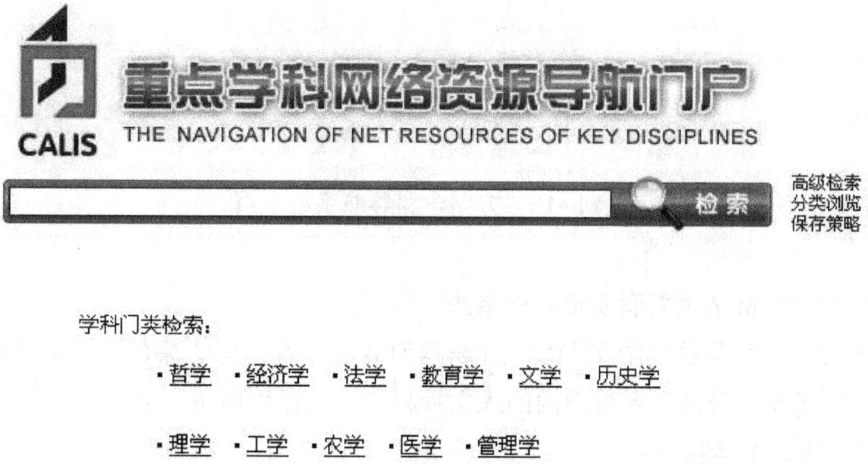

图 11–14　CALIS重点学科导航库主页

2. 方略学科导航系统

方略学科导航系统[②] 是雷速公司创办的一个包括哲学、经济学、法学、教育学、文学、历史学、理学、工学、农学、医学、军事学和管理学等14大门类、108个一级学科、600多个二级学科在内的新型、综合性的学科网站集群，每个学科网站以收录各个学科灰色文献为主。

方略设有知识要闻、国际动态、人物、开放资源、学术站点、研招资料、会议中心、学术指南、必读书目、知识库等栏目。

① http://navigation.calis.edu.cn/cm/

② http://www.firstlight.cn

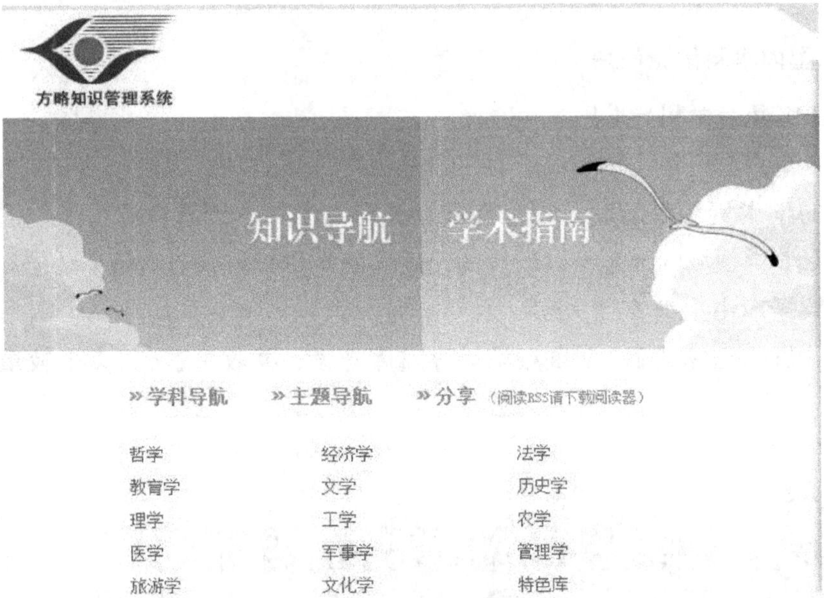

图 11–15　方略学科导航系统主页

3. HUMANUM 人文社科资源导航系统

HUMANUM① 是香港中文大学人文学科研究所开发创建的综合性人文社科资源导航系统。其任务是提供世界范围内的人文社科信息元索引服务，开发人文社科界感兴趣的各种文本、工具和网页。

图 11–16　HUMANUM 主页

HUMANUM 提供主题分类浏览和搜索引擎两种检索方式，其主题分为 12 个类别，

① http://humanum.arts.cuhk.edu.hk/

每个类目下收录该学科不同语种的相关网站，其中英文信息占了很大的比重。主要类目如下：

（1）General: Search engines，E-text etc.（综合：搜索引擎、电子文本等）

（2）Literature & Languages（文学与语言）

（3）History & Regional Studies（历史与地区研究）

（4）Philosophy（哲学）

（5）Religion（宗教）

（6）Arts & Performing Arts（美术与表演艺术）

（7）Computer & Humanities（计算机与人文科学）

（8）Related fields in the Humanities（人文社科相关领域）

（9）Reference Shelf（参考书架）

（10）Book Store & Newsstand（书店与报亭）

（11）Community Services（社区服务）

（12）Medical & Health Information（医疗与健康信息）

HUMANUM 在各栏目下收集的内容主要有学术研究机构、信息资源、期刊杂志、产品与服务等。点击进入各栏目，就可得到相关的各类网络资源链接。如果使用关键词搜索方式进行检索，只需在检索框内输入关键词，并按下“submit”键就能得到检索结果。该搜索引擎同时提供语言选择框。

4. 其他国内学科信息门户

表 11–11　其他国内学科信息门户

名　称	网　址
中国社会科学院图书馆	http://www.cendi.cass.org.cn/
中国人民大学图书馆学科导航	http://ruc.cn.libguides.com/index.php
武汉大学图书馆重点学科导航库	http://www.lib.whu.edu.cn/xkdh/index.asp
中国高校人文社会科学信息网学科网站导航	https://www.sinoss.net/xkdh/
北京大学图书馆学科信息门户	http://www.lib.pku.edu.cn/portal/cn/fw/xkfw/xuekexinximenhu
清华大学重点学科导航库	http://tsinghua.cn.libguides.com/
中国高等教育文献保障系统（CALIS）	http://www.calis.edu.cn/calisnew/
资源环境学科信息门户	http://www.resip.ac.cn/
馆员天地	http://lib.nwnu.edu.cn/librarian/
林业学科信息门户与网络资源导航系统	http://www.lknet.ac.cn/xkmh.htm
国家科技数字图书馆重点领域信息门户	http://portal.nstl.gov.cn/STMonitor/

四、网络开放教育资源

（一）开放教育资源的定义

开放教育资源（Open Educational Resources，OER）指的是通过信息与传播技术实现教育资源的开放式供给，使用户为了教育、学习和研究等非商业目的能够参考、使用和修改这些资源。该术语是在2002年联合国教科文组织的一次会议上提出的，意在实现免费、可复制、获取无障碍的教育。根据联合国经济合作与发展组织（OECD）2007年的定义，开放教育资源是“免费且开放的数字化材料，可供教育工作者、学生及自主学习者在教学、学习和研究过程中重复使用”。[①] 休利特基金会（William and Flora Hewlett Foundation）将其定义为“在公共领域存在的，或者在允许他人免费应用和修改的知识产权许可协议下发布的教学、学习和研究资源，包括整门课程、课程材料、模块、教材、流媒体视频、测验、软件以及支持获取知识的其他任何工具、材料和技术”。[②]

2008年，国际开放课程联盟（Open Course Ware Consortium，OCWC）正式成立。OCWC由世界范围内的250多个高校和机构组成，他们免费公开自己的教学资源，包括讲义、作业、课件及课堂视频，将它们上传到网络供人们免费使用。OCWC希望身处世界任何角落的人都可以获得他们想要的知识和教育。

（二）公开课平台

公开课是有组织、有计划、有目的的一种面向特定人群做正式的公开的课程讲授形式活动。公开课主题鲜明、任务明确，是老师展示教学水平，交流教学经验的有益的研究活动。网络公开课是将课程教学录像和教学材料公布于网络上，供全世界想学习的人免费观看学习。网络公开课最早起源于英国，可追溯至1969年英国成立的开放大学。与MOOC（慕课）相比，公开课没有学期、作业和考试限制，更加适合课余时间对非系统性知识的学习和获取。目前，国内外知名的公开课平台有TED演讲、网易公开课等。

1. TED 演讲

TED[③]（technology，entertainment，design）是美国的一家私有非赢利机构，该机构

① OECD, Giving Knowledge for Free: the Emergence of Open Educational Resources [EB/OL]. http://www.oecd.org/edu/ceri/38654317.pdf

② http://www.hewlett.org/programs/education-program/open-educational-resources

③ https://www.ted.com/

以它组织的TED大会著称，这个会议的宗旨是“用思想的力量来改变世界”。TED诞生于1984年，其发起人是理查德·索·乌曼。2001年起，克里斯·安德森接管TED，创立了种子基金会（The Sapling Foundation），并运营TED大会。从1990年开始每年在美国加州的蒙特利举办一次，如今也会选择其他城市举办。

TED演讲的特点是毫无繁杂冗长的专业讲座，观点响亮，开门见山，种类繁多，看法新颖。它邀请世界上的思想领袖与实干家来分享他们最热衷从事的事业。他们要么是某一领域的佼佼者，要么是某一新兴领域的开创人，要么是做出了某些足以给社会带来改观的创举。比尔·克林顿、比尔·盖茨、英国动物学家珍妮·古道尔都曾经担任过演讲嘉宾，每个T ED演讲的时间都在18分钟左右，演讲者通过分享自己的故事来展示他在该领域的建树和思考，涉及的领域也不仅限于“科技”“娱乐”以及“设计”，而是不断扩展，展现着涉及几乎各个领域的各种见解。参加者们称它为“超级大脑SPA”和“四日游未来”。大会观众往往是企业的CEO、科学家、创造者、慈善家等，他们几乎和演讲嘉宾一样优秀。

从2006年起，TED演讲的视频被上传到网上。TED官方网站上收录的演讲视频已有2700多个。几乎所有的上传至官网的TED视频都配有繁体中文字幕。也可以通过网易公开课观看TED视频，网易是TED在中国最主要的合作伙伴之一，目前已上传该平台的视频1980个，所有视频都配有中英文双语字幕。

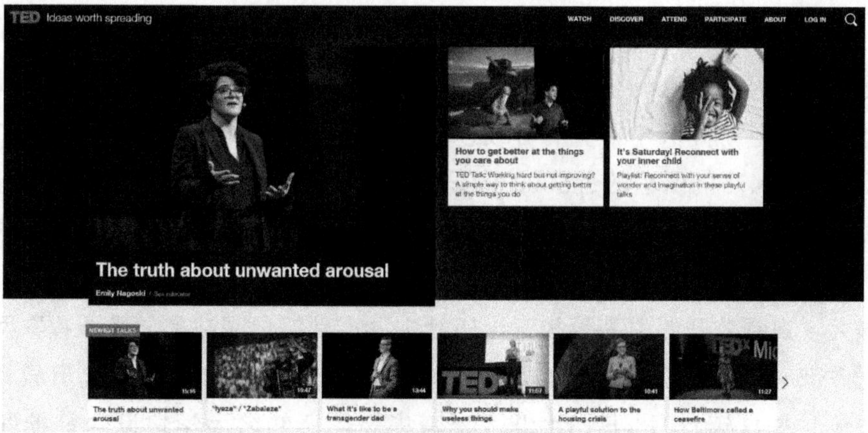

图11-17　TED首页

2. **网易公开课**

2010年11月1日，网易推出“全球名校视频公开课项目”，首批1200集课程上线，来自于哈佛大学、牛津大学、耶鲁大学等世界知名学府，内容涵盖人文、社会、艺术、金融等领域，其中有200多集配有中文字幕。用户可以在线免费观看来自于哈佛大学等世界级以及国内名校的公开课课程。目前，网易公开课平台[①] 包括国际名校公开课、中国大学视频公开课、TED 演讲、可汗学院等内容。

图11-18　网易公开课主页

（1）国际名校公开课

国际名校公开课是网易公开课最早的服务项目，现在已经集结了哈佛大学、牛津大学、耶鲁大学、加州大学伯克利分校、普林斯顿大学、剑桥大学、麻省理工学院等20所国际名校共475门课程的近5000个公开课视频，并且都附有中文字幕。这些课程分为人文、社会、自然3个大类，23个小类，课程可按学校或者学科分类进行浏览。

（2）中国大学视频公开课

中国大学视频公开课由高等教育出版社主办，其门户网站是“爱课程”网，是教育部、财政部“高等学校本科教学质量与教学改革工程”支持建设的高等教育课程资源共享平台。2011年11月9日，由北大、清华等18所知名大学建设的首批20门“中国大学视频公开课”免费向社会公众开放。目前上线课程1055门（截至2018年3月），课程来自北京大学、复旦大学、浙江大学、南开大学、武汉大学、中国人民大学等国内知名院校，收录学科覆盖文学艺术、哲学历史、经管法学、基础科学、工程技术、农林医药六个类目。

① https://open.163.com/

（3）TED 演讲

网易公开课平台目前收录 TED 演讲近2000场，分为科技、娱乐、设计、商业、科学、全球问题及其他七个大类。

（4）可汗学院

收集可汗学院的教学影片共114门课程超过2000段，涵盖数学、科学、金融经济、考试准备、人文等。

3. 开放式课程计划

开放式课程计划[①](Opensource Opencourseware Prototype System，简称OOPS)，是一个致力于将开放式课程（Open Course Ware）中文化以及推广的项目。该计划希望借此打破英语语言障碍、贫富差距造成的知识鸿沟，让华人师生能够更便利、全免费接触到世界一流教育资源。

图11–19　OOPS首页

4. 国家精品课程资源网

国家精品课程资源网[②]（“精品课”）是教育部质量工程项目，是由高等教育电子音像出版社主办的面向在线学习领域的重要服务平台，旨在使广大教师和学生能够方便、快捷地享用优质教育资源，促进高等教育教学质量不断提高。

① http://www.myoops.org/

② http://www.jingpinke.com

网站资源类型涉及网络课程、教学课件、电子教案、教学录像、教学设计、教学案例、实验实践、例题习题、文献资料、名词术语、媒体素材等。文献媒体类型涉及音频、视频、图片、动画、混合媒体、文本、DOC文件、PPT文件、XLS文件、PDF文件等。

图11-20　精品课主页

5. 网易云课堂

网易云课堂①是网易公司倾力打造的在线实用技能学习平台，该平台于2012年正式上线。所选内容立足于实用性的要求，侧重于实用知识、技能的培养。云课堂与多家权威教育、培训机构建立合作，课程数量已达10000+，课时总数超100000，涵盖实用软件、IT与互联网、外语学习、生活家居、兴趣爱好、职场技能、金融管理、考试认证、中小学、亲子教育等十余大门类。云课堂目前拥有Web端、移动端（Android、iOS）。

6. 国内其他公开课平台

表11-12　国内公开课平台

中国公开课	http://opencla.cctv.com/
“爱课程”网公开课	http://www.icourses.cn/home/
北京大学公开课	http://opencourse.pku.edu.cn/

① http://study.163.com/

续表

北京师范大学精品课程	http://jwc.bnu.edu.cn/jpk/gjjjpspgkk/
中国人民大学开放课程	http://kf.cmr.com.cn/
浙江大学开放课程	http://ocw.zju.edu.cn
新浪公开课	http://open.sina.com.cn/
搜狐公开课	http://edu.tv.sohu.com/
凤凰网公开课	http://v.ifeng.com/gongkaike/

（三）MOOC 学习平台

2008年，加拿大学者戴夫·科米尔（Dave Cormier）与布莱恩·亚历山大（Bryan Alexander）教授首次提出了 MOOC 这个概念。MOOC（慕课），是“大规模开放式在线课程（Massive Open Online Course）”的简称，是近年来迅速崛起的一种在线学习形式，具有免费和开放注册、课程共享以及开放式输出的特点，它将社交网络和可利用的在线资源整合在一起。学习者足不出户即可听遍名校人气课程，学习专业知识，提高职业技能。

MOOC 的出现给互联网产业及在线学习、高等教育带来巨大影响。斯坦福大学校长约翰·亨尼斯（John Hennessy）将其比作教育史上“一场数字海啸”，《纽约时报》作者劳拉·帕帕诺（Laura Pappano）将2012年称为“MOOC 元年”。MOOC 的主要特点是大规模、在线和开放。“大规模”表现在学习者人数上，与传统课程只有几十个或几百个学生不同，一门 MOOC 课程动辄上万人。只有大型的或者叫大规模的课程，才是典型的的 MOOC。“在线”是指学习是在网上完成的，不受时间空间限制。“开放”是指世界各地的学习者只要有上网条件就可以免费学习优质课程，这些课程资源是对所有人开放的。

目前，全世界有700多所大学推出了免费的在线课程。截至2016年底，约有5800万学生参加了至少一个 MOOC 课程。世界各地的许多国家（如印度，墨西哥，泰国，意大利等）都推出了自己国家特定的 MOOC 平台。

1. Coursera

Coursera[①] 2012年1月由美国斯坦福大学两名计算机科学教授（Andrew Ng 和 Daphne Koller）创办，是全球最大的 MOOC 在线教育提供商。致力于同全球一流大学和机构合作，在线提供免费的网络公开课程，“普及全世界最好的教育”。

截至2017年10月，Coursera 拥有超过2500万注册用户以及来自28个国家164个合作伙伴的2800多门课程。课程包括艺术与人文、商务、计算机科学、数据科学、信息

① https://www.coursera.org/

技术、生命科学、数学和逻辑、个人发展、物理科学与工程、社会科学、语言学习等主题类型。除了单一课程之外，Coursera 还提供专业化认证以及硕士学位课程。

图 11-21　Coursera 主页

2. edX

edX[①] 是麻省理工学院和哈佛大学于 2012 年 4 月联手创建的 MOOC 平台，是为所有人提供世界一流大学免费课程的在线课堂。

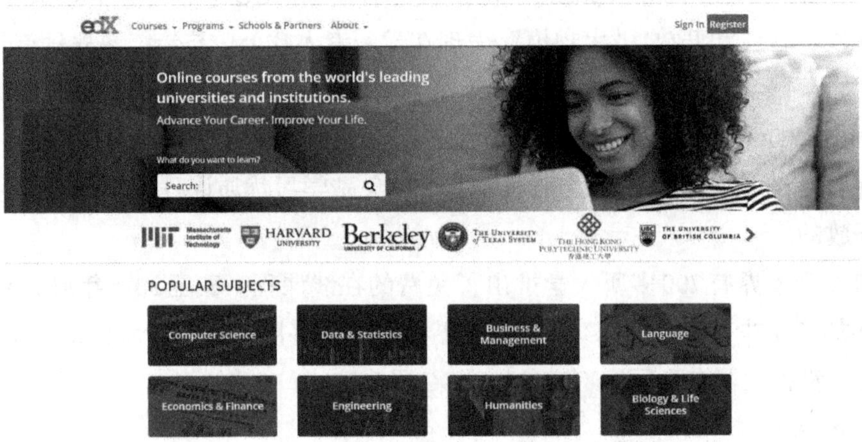

图 11-22　edX 主页

edX 是一个非赢利组织，也是全球第二大 MOOC 提供商。截至 2017 年 12 月 29 日，edX 拥有超过 1400 万名学生，130 多个合作伙伴（多为世界一流大学，其中包括中国的

① https://www.edx.org/

北京大学、清华大学、香港理工大学、香港大学等），可提供1900多门课程。其课程分为商业管理、计算机科学、数据分析和统计、人文、语言、建筑、艺术与文化、生物与生命科学、化学、通讯、设计、经济与金融、能源与地球科学、工程、环境研究、历史、法律、文学、数学、医学、音乐、物理、社会科学等30个主题。此外，edX 还可提供不同类型的证书程序及部分硕士学位课程。

除了在线教授相关课程以外，麻省理工学院和哈佛大学还利用该共享平台进行教学法研究，促进现代技术在教学手段方面的应用，同时也加强学生们对课程效果的评价。

3. Udacity

Udacity（优达学城）① 成立于2012年，是一家赢利性质的在线教育平台，其前身为2011年斯坦福的免费计算机科学课程（当时的斯坦福大学教授塞巴斯蒂安·特隆（Sebastian Thrun）和彼得·诺维格（Peter Norvig），通过在线授课的方式，向全世界免费开放他们的课程“人工智能概论”。来自 190 个国家的 16 万多名学生报名参加了这门课）。

图 11-23　Udacity 中文主页

与 Coursera、edX 不同的是，Udacity 主要提供理工科的课程，包括计算机科学、数学、物理学、统计学、心理学等，以计算机类课程为主。该平台主要和个别学者专家以及知名企业如 Google、Facebook 等合作，更侧重于专业人士的职业课程。

优达学城课程分为“人工智能”“机器学习 / 深度学习”“数据分析”“互联网营

① https://cn.udacity.com/

销”“VR/AR”“网站开发”“Android/iOS”“非技术类”“佐治亚理工学院计算机科学硕士”等九大类，难易程度分为初级、中级、高级三种，采用英语授课方式，部分课程提供中文字幕。该平台还和Google、Facebook、亚马逊等全球领先企业合作推出了纳米学位认证项目。该平台课程没有开课日期，使用者可在任何时间学习。目前提供近200个免费在线课程。

4. FutureLearn

FutureLearn① 建于2012年底，是来自英国的MOOC平台，由开放大学② 提供。截至2018年4月，已拥有7716621名注册用户，144个合作伙伴（除了71个位于欧洲的大学外，还包括美国、澳大利亚、韩国等国的大学，以及一些文化机构，如英国文化协会，大英图书馆，大英博物馆和国家电影电视学院等），是第一个让学生获得英国顶尖大学学位的平台。

FutureLearn课程分为商业管理、创意艺术与媒体、健康与心理学、历史、语言和文化、法律、文学、自然与环境、政治与现代世界、科学工程和数学、学习技巧、教学、技术和编码等13大类。

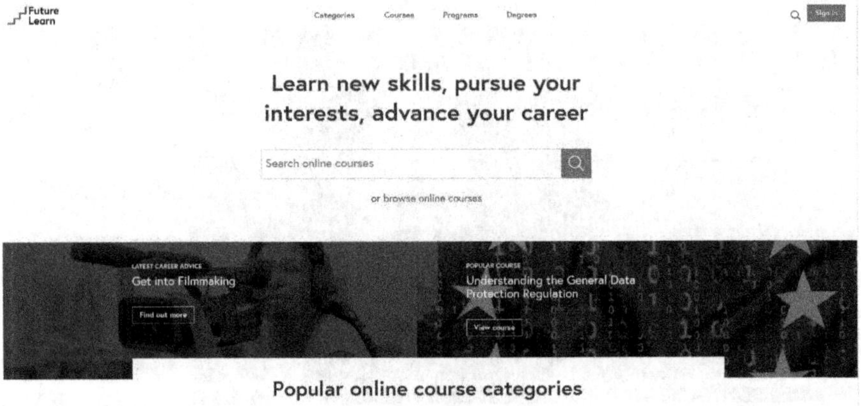

图11-24　FutureLearn主页

5. 可汗学院

可汗学院（Khan Academy）③ 是一个免费的世界级教育平台，创立于2007年。创办人萨尔曼·可汗是孟加拉裔美国人，拥有麻省理工学院的硕士学位，以及哈佛大学的MBA学位。可汗学院是一家教育性非赢利组织，主旨在于提供一系列免费的高品质教

① https://www.futurelearn.com/

② 开放大学（The Open University, OU）成立于1969年，是一所公立远程学习和研究型大学，也是英国本科教育最大的大学之一。目前已有超过174000名学生入学，是按学生人数计算的英国最大的学术机构（也是欧洲最大的学院之一）。

③ https://www.khanacademy.org/

学内容来改善教育，其内容涵盖数学、历史、金融、物理、化学、生物、天文学、经济学、宇宙学、有机化学、医学、美术史、计算机科学等众多科目。目前，教学影片超过4700段，机构的使命是加快各年龄学生的学习速度，“让所有人享有免费的世界一流教育”。

可汗学院的教学特点如下：

（1）可汗学院利用了网络传送的便捷与录影重复利用成本低的特性，每段课程影片长度约十分钟，从最基础的内容开始，以由易到难的进阶方式互相衔接。

（2）教学者本人不出现在影片中，用的是一种电子黑板系统。其网站开发了一种练习系统，记录了学习者对每一个问题的完整练习记录，教学者参考该记录，可以很容易得知学习者哪些观念不懂。

（3）传统的学校课程中，为了配合全班的进度，教师只要求学生跨过一定的门槛（例如及格）就继续教；但若利用类似于可汗学院的系统，则试图让学生搞懂未来每一个要用到的基础观念之后，再继续教学，进度类似的学生可以重编在一班。

（4）目前美国某些学校已经采用这样的教学模式：学生回家不做功课，看可汗学院影片代替上课，上学时则是做练习，再由老师或已经懂得的同学为其他不懂的同学讲解。

（5）可汗老师教学的方式，就是在一块触控面板上面，点选不一样颜色的彩笔，一边画，一边录音，电脑软件会帮他将所画的东西全部录下来，最后再将这一则录下的影片上传到网上。其教学视频，没有精良的画面也看不到主讲人。

（6）除教学视频外，可汗学院平台有自己的评分、同学互评、自我审视、数据报告以及学生跟踪功能，并且注重培养学生的创作能力。

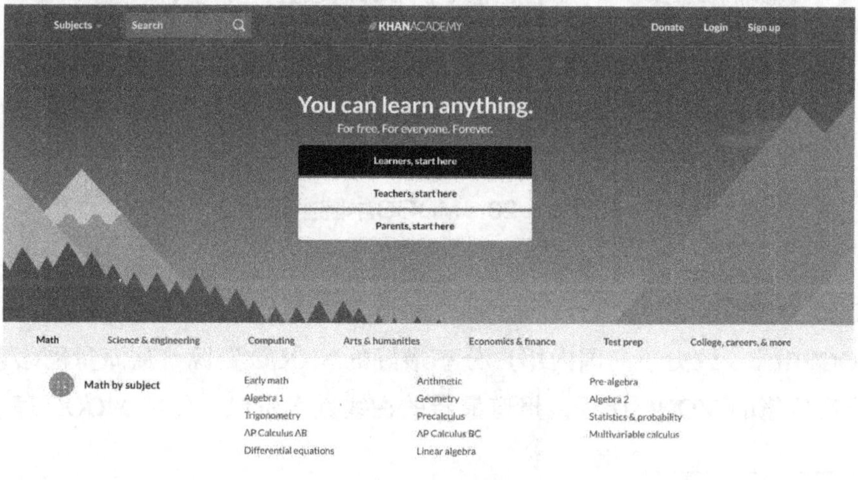

图 11–25　可汗学院主页

6. MOOC 学院

MOOC 学院[1]是中文互联网内最大的 MOOC 学习社区，由北京果壳互动科技传媒有限公司创立，旨在让更多人认识和了解 MOOC，并基于真实学习者的评价，筛选、推荐最值得上的MOOC课程，协助MOOC中文用户跨越语言障碍，通过“社会化学习”提升 MOOC 中文用户的学习质量。MOOC 学院目前已有120多万用户，其资源主要分为 MOOC 课程、职业课程、专题和演讲四个部分。

MOOC 学院是 Coursera 的全球翻译合作伙伴，用户自发组成的“教育无边界字幕组”为40多门课程制作了中文字幕。此外，edX、Udacity、FutureLearn、iversity、清华大学“学堂在线”、台湾大学 MOOC 项目组、复旦大学等教育组织，都和 MOOC 学院建立了长期合作。

图11-26　MOOC学院主页

7. MOOC 中国

MOOC 中国[2]致力于向国内用户分享最好的 MOOC 资源，从海量网络教育资源中挑选最具价值的 MOOC 课程，报道最新的在线教育资讯，传播 MOOC 理念，分享

① http://mooc.guokr.com/

② http://www.mooc.cn/

MOOC 价值。截至2018年4月，收录了来自全世界最好大学的 1415 门在线课程，涵盖社会、经济、金融、法律、商业管理、哲学、伦理、历史、文学、语言、数学与统计、物理、化学、医学健康、生物、环境与地球、心理、宗教、建筑、艺术、教育、互联网、计算机、电子、工程等学科。

MOOC 中国的资源分为 Coursera 专项课程、微专业和普通课程三类。

① Coursera 专项课程

专项课程是 Coursera 推出的一种课程套装，通常由一组针对某个主题或知识分类的相关课程组成。学生须先完成组内每门课并获得对应的认证证书，最后还要完成毕业项目设计（Capstone project），才可获得最终的专项证书。

② 微专业

微专业是由网易云课堂联合知名企业的一线资深工程师、设计师，以及行业知名专家，以就业为导向，精心打造的职业培训方案。所有课程均采用 MOOC 模式，包括在线授课、测验、互评、讨论、证书等一系列教学环节，通过系统地掌握工作方法和技巧有效提高用户在线学习效果。一个微专业包含了多门必修课程，部分微专业还会提供选修课程帮用户掌握基础。

③ 普通课程

除上述两种课程类别之外的所有课程资源。

11–27　MOOC 中国主页

8. 顶你学堂

顶你学堂[①]是高科慕课（北京）教育科技有限公司运营的中国首个正式商业运营并且拥有完全自主知识产权的大规模开放在线教育平台，致力于为用户提供一流的高等教育与职业教育内容，促进教育公平，培养创新人才，构建“人人皆学、处处能学、时时可学”在线开放大学。

顶你学堂先后与清华大学、北京大学、台湾大学等著名高校展开合作，成为多所高校对外学分输送课程的官方平台，为上百所高校输送慕课学分课程，并于2015年推出首个中文慕课学历课程。同时制作并运营北大、清华、复旦、武大等数十所高校的上百门顶级慕课课程。

图11-28　顶你学堂主页

9. 学堂在线

学堂在线[②]是清华大学于2013年10月发起建立的精品中文慕课平台，是清华大学面向未来的战略部署。截至2017年11月，学堂在线注册用户超过900万，平台课程1300门，来自清华大学、北京大学、复旦大学、中国科技大学，以及麻省理工学院、斯坦福大学、加州大学伯克利分校等国内外一流大学，全面覆盖12大学科门类。根据美国第三方在线教育机构 Class Central 2016年12月的报告，学堂在线的课程数量和注

① http://www.topu.com/

② http://www.xuetangx.com/

册用户数位居全球第三。

图 11–29　学堂在线主页

学堂在线的业务范畴主要包括综合培养解决方案、人才培养衔接解决方案、就业及终身学习解决方案三大部分。

① 综合培养解决方案。包括学堂云、雨课堂、同等学力申硕、学分课四个模块。

• 学堂云。提供一站式的课程体系搭建、课程建设、混合教学、学习跟踪与考核服务，可满足学习者、教学者和管理者在该平台的个性化操作需求。

• 雨课堂。基于清华大学等国内优秀院校一线名师的教学实践研发的智慧教学工具，旨在全面提升课堂教学体验，让师生互动更多、教学更为便捷。

• 同等学力申硕。学员可在学堂在线平台随时随地学习同等学力申硕课程，通过认证考试取得的学分，获得合作大学的认可。

• 学分课。高校可选用学堂在线主站课程作为本校认可的学分课程，应用学堂在线开发的学习行为数据分析系统，探索教育教学改革。

② 人才培养衔接解决方案。提供中国大学先修课（CAP）课程，学分获得清华大学、西安交通大学、中国人民大学和华中师范大学等多所大学的认可。

③ 就业及终身学习解决方案。包括 X 学堂、军事职业教育互联网服务平台两个模块。

值得一提的是，2017 年 12 月 23 日，中国高校外语慕课联盟在北京成立。该联盟由北京外国语大学倡议发起，全国多所外语类院校及具备外语优势学科的各类院校联合组成，旨在推动中国高等教育领域“外国语言文学”学科建设与发展。

（四）其他国外著名开放教育资源

表11–13　其他国外著名开放教育资源

名称	简介
麻省理工学院开放课程资源	http://ocw.mit.edu，Massachusettes Institute of Technology Open Course Ware（OCW）提供麻省理工学院从本科到研究生教育各层次的课程资源，以多媒体的形式呈现。这些课件资源包括每一门课程的主讲教师信息、讲义、教学大纲、试题、作业、阅读书目、教学法、课堂录像等。英语界面，部分资源有中文翻译。
耶鲁大学开放课程	https://oyc.yale.edu/
加州大学伯克利分校	http://webcast.berkeley.edu/courses.php，作为美国第一的公立大学，伯克利分校提供了许多优秀教授的播客和视频讲座，可以跟踪最新的讲座。
卡耐基・梅隆大学开放课程	http://www.cmu.edu/oli/，卡耐基·梅隆针对初入大学的大学生，提供10门学科的课程视频。与其他大学的免费课程一样，非卡耐基·梅隆的学子能学习课程。
斯坦福大学开放课程	http://itunes.stanford.edu/
犹他州大学开放课程	http://ocw.usu.edu/front-page/Courese_listing提供大量的课程课件。
塔夫茨大学开放课程	http://ocw.tufts.edu塔夫茨大学也是“开放式教育课程”的先驱之一，初期提供的课程着重在本校专长的生命科学、跨领域方法、国际观点以及对美国地区性、全国性社群服务的基础理论。
英国公开大学	http://openlearn.open.ac.uk/course/index.php英国十几所大学联合起来，组建了英国公开大学。部分课程是对注册学生开放的，也有一批很好的课程是免费的，并提供视频。每门课还设立了论坛，提供其他的学习资源。
莱斯大学开放课程	http://cnx.rice.edu　号称是课程资源免费共享图书馆。开辟了大学资源共享的新天地，尤其适合自学能力超强的大学生。有些课程有中文版。
索菲亚大学开放课程	http://sofia.ocw.cn/gallery索菲亚大学的免费课程适合想当一名管理者、作家、评论员，或要从事设计和IT业的人。
联合国大学	https://unu.edu/ 联合国大学（United Nations University，UNU）是一个总部设在日本的全球智库和研究生教学机构。
杜克大学法律学院开放资源	http://www.law.duke.edu/webcast
加州大学埃尔文分校开放课程	http://ocw.uci.edu/
华盛顿大学开放课程	http://www.cs.washington.edu/education/course-webs.html
东京大学开放课程	http://ocw.u-tokyo.ac.jp/
早稻田大学开放资源	http://course-channel.waseda.jp/
大阪大学开放资源	http://ocw.osaka-u.ac.jp/
宾夕法尼亚科茨城大学开放课程	http://www.kutztownsbdc.org/course_listing.asp
英国格雷莎姆学院开放资源	http://www.gresham.ac.uk/

五、移动端资源

随着智能移动设备的大规模普及，互联网络已经遍布于生活的每个角落，大大改变了人们的信息获取方式和习惯，电子资源、网络信息已经成为现代人信息来源的主要方式，越来越多的人都通过移动端获取信息。

（一）超星移动图书馆

超星移动图书馆是专门为各图书馆制作的专业移动阅读平台，用户可在手机、pad等移动设备上自助完成个人借阅查询、馆藏查阅、图书馆最新咨询浏览，同时该平台还拥有超过百万册电子图书，海量报纸文章以及中外文献元数据供用户自由选择，为用户提供方便快捷的移动阅读服务。

1. 功能特点

超星移动图书馆依托集成的海量信息资源与云服务共享体系，为移动终端用户提供了资源搜索与获取、自助借阅管理和信息服务定制的一站式解决方案，具有十分突出的特点与技术优势：

（1）具备对已有图书馆应用系统的高度集成

移动图书馆不是一个孤立的软件平台，而是对性能优良的图书馆集成管理系统、OPAC 系统、数字图书馆资源、一站式搜索系统、文献传递系统等应用系统服务的高度集成，系统具有强大的应用服务能力。

（2）基于元数据的一站式检索

系统应用元数据整合技术对馆内外的中外文图书、期刊、报纸、学位论文、标准、专利等各类文献进行了全面整合，在移动终端上实现了资源的一站式搜索、导航和全文获取服务。

（3）集成了丰富多样的海量信息资源

通过移动图书馆并依托云服务架构，读者可以查找和获取的内容包括电子图书、期刊论文、报纸，以及学位论文、会议论文、标准、专利等中外文文献。同时，充分考虑到手机阅读的特点，移动图书馆还专门提供3万多本 E-pub① 电子图书、7800多万篇报纸全文供手机用户阅读使用。另外，提供215万种中文电子图书、9亿页全文资料的文献传递，内容涉及文学、历史、哲学、医学、旅游、计算机、建筑、军事、经济、金融和环保等数字图书资源。

① 即Electronic Publication的缩写，意为电子出版。

（4）先进高效的云服务共享架构

超星移动图书馆接入功能强大的云共享服务体系，平台提供24小时云图书馆文献传递服务，无论是电子图书还是期刊论文，都可以通过邮箱接收到电子全文。系统接入文献共享云服务的区域与行业联盟已达78个，加入的图书馆已有723家；24小时内文献传递请求的满足率：中文文献96%以上，外文文献85%以上。

（5）个性化服务体验

通过设置个人空间与图书馆OPAC系统的对接，实现了馆藏查询、续借、预约、挂失、到期提醒、热门书排行榜、咨询等自助式移动服务。并可以自由选择咨询问答、新闻发布、公告（通知）、新书推荐、借书到期提醒、热门书推荐、预约取书通知等信息交流功能。

总之，移动图书馆依托资源、技术优势，深入分析移动图书馆读者的需求，帮助任何用户（Any user）在任何时候（Anytime）、任何地点（Anywhere）获取任何图书馆（Any Library）的任何信息资源（Any Information Resource），是一种新兴的图书馆信息服务，是数字图书馆电子信息服务的延伸与补充。

2. 使用方法

（1）客户端下载、登录

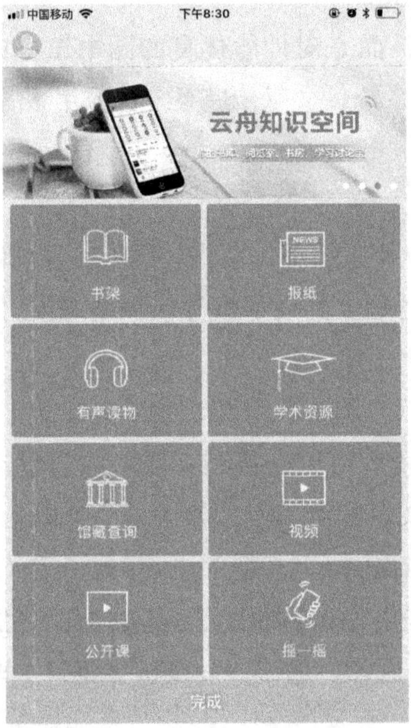

图11-30

图11-31

在 APP Store 或其他客户端应用下载适用于苹果或安卓系统的超星移动图书馆客户端。

下载之后，打开客户端，首先在客户端左上角点击图标，进入院校选择页面（见图 11–21），选择相应的单位。输入借阅证号及密码，点击登录，即可成功进入移动图书馆。移动图书馆主界面提供的服务功能有“书架、馆藏查询、学术资源、公开课、报纸、视频、有声读物、书世界等”。

（2）馆藏书目查询

① 馆藏查询。点击首页“馆藏查询”，打开馆藏书目查询页面，选择检索字段，有“题名、作者、主题词、ISBN 号”供选择；在检索框中输入想要查询的图书，点击搜索；在检索结果页面选择要查询的图书；查看馆藏信息。

② 图书预约。

③ 显示本人借阅信息。在个人中心点击“借阅信息”“我的借阅”，即可查看图书的借阅情况。

④ 图书续借。在“我的借阅”中，选择想要续借的图书，点击右上角“续借”按钮，即可成功进行续借。

⑤ 条码扫描。可以通过条码扫描的方式查询馆藏，点击首页左下角条码小图标开始扫描，对准图书的条码，即可查看图书的馆藏状态。也可手动输入 ISBN 号进行查询。

（3）学术资源查询

点击首页“学术资源”，提供有“图书、章节、期刊、报纸、视频、学位论文”选项。

① 图书检索

输入书名，检索结果显示图书详细信息。除了提供出版信息及内容提要外，还有“全文阅读、文献传递、下载、全国馆藏”四种选项。

点击“全文阅读”，可在手机上即时阅读图书全文内容。

点击“文献传递”，可传递部分页（每次不超过 50 页）到注册邮箱。

点击“下载”，可将图书下载在移动图书馆“书架”中，下载完成后在无网络情况下也可阅读全文。

点击“全国馆藏”，显示收藏该书的国内图书馆目录。

此外，部分图书不能“全文阅读”，只能“在线试读”，这种情况可先通过“在线试读”浏览目录，确定需要内容页码范围，然后通过“文献传递”功能获取内容页。

② 学术视频检索

输入视频“名称或主讲人”检索视频。在视频播放界面，可浏览课程分集目录，点击目录即可播放对应章节视频。

③ 学位论文检索

可以通过“标题、作者和授予单位”三种方式检索学校论文信息。在检索结果页面，点击论文题目，显示“是否传递文献到邮箱”，输入验证码，论文全文即可发送到已注册邮箱。

（4）公开课

超星移动图书馆提供网络公开课在线浏览功能。在主界面点击“公开课”，进入公开课主页。页面下方有“推荐、课堂、下载、播放记录”四项功能。点击课堂，可以浏览公开课课程，也可点击“全部”按钮分类浏览课程；输入关键词，可以检索相关视频。

超星学习通是面向智能手机、平板电脑等移动终端的移动学习专业平台。用户可以在超星学习通上自助完成图书馆藏书借阅查询、电子资源搜索下载、图书馆资讯浏览，学习学校课程，进行小组讨论，查看本校通讯录，同时拥有电子图书、报纸文章以及中外文献元数据，为用户提供方便快捷的移动学习服务。

（二）CNKI 全球学术快报

CNKI 全球学术快报移动版，是建立在中国知网总库平台基本功能移动化的基础上，依托云阅读平台用户管理系统，实现相关产品目标，分为网页触屏版与 App 版两个版本。CNKI 全球学术快报以用户为中心，进行个性化推荐，为用户访问资源提供方便快捷的入口；减少用户的操作行为，提供给用户最想获取的文献；随时随地云同步。设计上注重移动端用户体验，设置简洁，逻辑清晰，方便用户操作。最终目的在于为用户提供个性化的快报推送业务，实时了解最新科技前沿动态。

1. 注册和登录

用户可以通过知网账户或知网个人数字图书馆账号登录，这样不仅可以实现云同步，而且可以防止资料丢失，在不同的设备只需登录自己的账号即可查看之前收藏下载的文献。

如果没有知网账号，可以在注册页面进行注册，注册方式有两种：

快速注册：输入手机号和密码，根据短信验证码进行快速注册。

普通注册：输入用户名、密码和邮箱地址进行注册。

2. 关联机构账号

用户登录后关联机构就可以通过机构账号进行校外访问，免费下载知网资源。

机构关联有三种方式，分别是：位置自动关联、使用 IP 自动登录和机构账户登录。

3. 检索

主要提供各种类型文献的搜索和下载阅读功能。检索分为快速检索和高级检索。

同时又可以在文献、期刊、硕博论文、会议、外文文献等常用分类中进行范围内检索。检索时可以设置不同类型的检索字，比如篇名、关键字、作者、主题。

快速检索：在文献分类下，输入关键字进行快速检索，检索结果可以进行筛选、排序。

高级检索：关键字之间可以是“与、或、非”的关系，根据输入的条件进行精确检索，检索结果可以筛选、排序。

4. 资料库

进入资料库进行文献收藏、阅读和编辑、文献的标注，资料库文献可多台终端设备阅读云同步。

5. 个性化定制

根据用户选择的分类标签，实时更新推送相关文献。用户可以在学术快报、会议、项目、学科和期刊这五大类中进行个性化定制，定制完成后在首页就可以看到自己感兴趣的最新内容。

6. 个人中心

个人管理中心，可实现关联机构，免费阅读、下载机构购买的文献，查看评论，点赞和浏览足迹查看，修改个人信息等的功能。

（三）龙源移动图书馆

龙源期刊网是国内较大的人文社科类期刊网，目前已经签约中国品牌期刊杂志3000多家，该平台出版的每一种期刊都与杂志社签约并获得充分授权，与印刷版期刊实现同步出版，同步更新，真正实现期刊杂志的网络同步出版，读者第一时间足不出户便可获悉最新信息。内容涵盖时政新闻、经济法律、管理财经、社科历史、文学文摘、健康生活、文化艺术、科技科普、教育考研等9大类别40个小类的电子期刊。

龙源移动图书馆——优阅是龙源期刊网的移动端APP。

打开优阅客户端输入账号密码进入客户端，点击左上角“频道功能”显示优阅的资讯、杂志、图书、文库、收藏、书架、设置7个频道。

1. 资讯频道界面：优阅主界面显示16种专题的分类最新精选文章。

2. 杂志频道界面：杂志频道界面主要包括杂志库、关注及搜索三项功能。优阅杂志库又将收录的多种顶级期刊杂志根据不同的特性分为时政新闻、经济法律、管理财经、社科历史、文学文摘、健康生活、文化艺术、教育教学、科普科技九大类；读者可以在杂志库内利用龙源移动图书馆提供的搜索功能来直接搜索自己喜爱的期刊；关注界面内显示的是客户已关注的期刊杂志。

3. 图书频道界面：优阅图书库将收录的多种热门图书根据不同的特性分为管理培

训、职业职场、家庭生活、人文历史及文学故事五大类。

4. 文库频道界面：可以在龙源杂志库内搜索全部文章，例如：搜索“中国教育”关键字的文章。

5. 收藏频道界面：显示读者已经收藏的自己喜爱的文章。

6. 书架频道界面：包括杂志架及图书架，显示读者已经添加的期刊和图书。

7. 设置频道界面：点击已登录的账号可以退出此账号。

（三）ZAKER

ZAKER是国内一家互动分享和个性化定制的阅读平台，它将资讯、报纸、杂志、图片、微信等众多内容，按照用户意愿聚合到一起，实现深度个性化定制。打造出前沿的资讯轻社区，满足用户基于不同阅读兴趣的互动话题讨论。拥有强大的分享功能，打通多个社交媒体平台，可将任何内容通过邮件、短信、微博、微信、QQ等转发分享。

ZAKER以个性化资讯阅读为基础，“订阅”是初始默认的进入页，在该页面内点击“+”可以选择订阅感兴趣的内容。ZAKER将网络资讯分为新闻、美图、财经、科技、体育、汽车、时尚、奢侈品、娱乐八卦、游戏动漫、星座、彩票、旅游、美食、生活、创意、港台资讯等近20大类频道，每个频道下都包含多个网站或电子期刊，实时更新，自由添加。

第12章

信息资源的综合利用

一、信息分析与评价

（一）信息鉴别

1. 信息鉴别的定义

信息鉴别是指根据需要对信息进行对比、分析和审定，去粗取精、去伪存真，挑选出最有价值、最适用的信息资源。

信息鉴别能力指用户在正确理解和表达信息需求的基础上对检索系统中的相关信息进行正确分析、判断和取舍的能力。

2. 信息鉴别的种类

（1）来源鉴别

来源鉴别是从信息来源对信息真伪进行甄别的方法，具体来说：包括查看信息来源，判断信息要素是否齐全；采用调查、逻辑推理等方法进行考证，判断信息要素是否客观真实；通过将获取的信息与同类信息进行比较，判断信息来源是否权威可靠。

学术信息的来源鉴别需要对所收集的文献信息进行来源国、学术机构、研究机构的对比鉴定。判断是否出自著名学术或研究机构，是否登在同领域的著名核心期刊上，来源是否准确，是公开发表还是内部交流等。

（2）真实性鉴别

真实性鉴别即判断所获取信息的真实性，主要包括：鉴别该信息所涉及的事物是否存在，反映的问题是否发生，包含的数据是否准确无误；鉴别该信息所反映的情况是否存在偏颇，价值取向是否有偏差；鉴别该信息所反映的情况在具体时间范围内的真实性。

（3）时效性鉴别

时效性是信息的重要特征，一些信息对时效性的要求非常高，如天气预报、新闻、股市行情、食品药品保质期、通知告示等。在鉴别信息时效性时，要注意：

对突发性或跃进性事件（如重大自然灾害、恐怖袭击等）来说，第一时间发出的报道有很强的时效性。但要注意的是，由于当前信息传播途径多元化、传播速度快，在突发事件出现后，很多不实信息或谣言也迅速出现，因此用户需要在把握时效性的同时对信息真实性进行鉴别。

对渐进式事件（如天气）来说，应在事情变化过程中找到最新最近的时间点判断信息的时效性。

（4）著者鉴别

著者鉴别是指对文献信息的著者做必要的考证，看该著者是否是本领域具有一定影响力的学者，或某一研究课题的核心著者群成员。

（5）事实和数据信息鉴别

事实和数据信息鉴别要指对文献中提出的假设、论据和结论的鉴别，应首先审定假设、论据的可信度，结论是否是推理的必然结果，实验数据、调查数据是否真实可靠。

（6）价值取向鉴别

受认识水平的局限，个人不可能接收所有的信息，往往只关心与自己有关的信息，也就是对自己有价值的信息。因此，价值取向鉴别指的是在海量信息中寻找个人认为最具价值的信息。

此外，信息鉴别还涉及先进性鉴别、权威性鉴别、适用性鉴别和完整性鉴别。

需要注意的是，鉴别优选信息资源应侧重其可靠性、新颖性和适用性。

（二）信息分析

1. 信息分析的定义

（1）对信息分析的不同理解

不同学者对信息分析的概念理解有所不同，最具代表性的观点有以下几种。

信息分析是运用科学的理论、方法及手段，对大量信息进行搜集、整理与评价，并在此基础上透过由各种关系交织而成的复杂表面现象，把握其内容本质，从而认识客观事物运动规律的过程。

信息分析是以解决特定问题为目的，将信息作为研究对象，收集相关信息进行分析研究，最终得到解决方案的科学劳动过程。

信息分析是对海量信息进行筛选、分析、比较、判断，从而消除不确定性，得出有价值的知识和情报，为人类决策提供支持和帮助的过程。

（2）信息分析的定义

综合上述观点进行概括，可以得出：信息分析是指通过对大量纷繁无序的信息进行有针对性的收集、整理、选择、分析、综合、预测，为用户提供系统、准确、及时、大流量知识与信息的智能活动。信息分析是一项内容广泛的信息加工处理和情报提炼活动，它以用户需求为基础并最终服务于用户，以大量相关的原生信息为处理对象，通过定性和定量研究方法对原生信息进行深度加工，提炼出有支持作用、具有一定预测性和前瞻性的最终信息成果，从而为科学决策、研究开发、市场开拓等活动服务。

（3）信息分析的内涵

从成因来看，信息分析的出现是由于存在社会需求；从方法来看，信息分析需要广泛采用情报学及软科学的方法；从过程来看，信息分析需要经过一系列相对程式化的流程；从成果来看，信息分析最终会产生新的增值性信息产品；从目的来看，信息分析服务于各个层次的科学决策工作。

我国的信息分析研究起源于20世纪50年代，1956年中国科学院正式成立了我国第一个科技情报机构——中科院科学情报研究所（后更名为中国科学技术情报研究所），标志着我国的科技情报工作正式开始。早期的信息分析被称为情报分析，主要目的是为决策提供可靠的依据，是科技情报工作的重要环节。

2. 信息分析的功能

（1）基本功能

信息分析的基本功能包括整理功能、评价功能、预测功能和反馈功能。

① 整理功能。信息分析的整理功能体现在对海量信息进行搜集、组织和分析，将繁芜庞杂的信息转变为有序信息。

② 评价功能。信息分析的评价功能体现在对信息价值做出评定，实现去粗取精、去伪存真的目的。

③ 预测功能。信息分析的预测功能体现在基于已有的信息内容预测事物的发展趋势，获取未知或未来的信息。

④ 反馈功能。信息分析的反馈功能体现在根据实际效果对信息评价及预测结论进行审议，从对已有的信息分析策略及成果做出进一步调整、修改和补充。

（2）决策支持功能

决策（Decision Making）就是做出决定的策略或方法。信息分析对决策的支持作用主要体现在：决策前期，提供相关理论依据、论证和备选方案；决策后期，做出相应评价和反馈。

（3）科学管理服务功能

为了提高宏观管理及微观管理的科学化程度，必须获得大量可靠的信息，经过整理、鉴别、分析研究的信息，即信息分析成果尤为重要。

（4）研发服务功能

在科学研究和产品开发过程中，经过分析加工的有序化信息有着至关重要的作用，它们对科研及生产活动具有启迪、借鉴、支持和促进等服务功能。

（5）市场开拓功能

精准的信息分析成果能够为企业提供详细的内外部信息，帮助企业识别发展趋势，把握市场机遇，在企业开拓市场的过程中给予相应指导并保驾护航。

（6）监控及预警功能

准确的信息分析能够起到过程监控的作用，在问题出现之前及时感知可能性前兆，并向决策层和相关人员发出信号进行预警，便于提前做出准备，防范危险和损失。

3. 信息分析的类型

（1）按专业领域划分

根据专业领域及信息分析对象的性质，信息分析可以分为科技信息分析、社会科学信息分析、军事情报分析、预测性信息分析等类别。

① 科技信息分析

科技信息分析主要包括：某项科技课题的发展过程、研究动态、重要意义、未来趋势、应用情况；研究课题所在学科的重大发现、研究进展，相关学科的发展情况；当前科技发展的关键技术、带头学科、新兴领域及可能产生的影响；某一技术的原理、沿革、核心技术、应用范围、发展前景，该技术所具有的先进性、可靠性和适用性；科技发明的理论依据、背景材料、实验数据等。

② 社会科学信息分析

社会科学信息就是反映社会现象、本质和社会发展规律的信息，具有阶级性、历史性、综合性等特点。社会科学信息分析包括社会科学领域的理论研究和动态分析，以及具体某个社会科学课题的研究。

③ 预测性信息分析

预测性信息分析是指基于已经掌握的情况、知识和手段，预测和判断事物的未来状况和发展趋势，其要素包含预测者、预测依据、预测方法、预测对象和预测结果。按照预测的内容和对象可以分为经济预测、社会预测、科学预测、技术预测和军事预测。

④ 军事情报分析

军事情报（Military Intelligence，MI）是用于军事用途的情报，是为军事斗争需要而搜集的相关信息及研究成果。军事情报分析的作用是提供大量有用的信息，为决策者制定军事战略提供有力支撑。军事情报分析的对象、范围和目标并不局限于敌对势力，也有可能是军事同盟、友好势力或中立势力。

⑤ 竞争情报分析

竞争情报（Competitive Intelligence，CI）就是有关自己、竞争对手、竞争环境以及由此引出的相应竞争策略的情报。它既是一种过程，又是一种产品：过程包括了对竞争信息的收集和分析；产品包括了由此形成的情报和谋略。竞争情报分析主要涉及环境监测、市场预警、技术跟踪、对手分析、策略制定、商业秘密保护等领域。

（2）按内容划分

根据内容的不同，信息分析可以分为跟踪信息分析、比较信息分析、预测型信息分析、评价型信息分析等类别。

① 跟踪型信息分析

这种类型的信息分析又可以分为政策跟踪型、技术跟踪型、社会活动跟踪型和经济跟踪型等类别，目的是掌握各个领域的发展趋势，及时了解技术或政策面的新动向和新发展。通常采用的方法是，以事实型、数值型和文献型数据库作为常备工具，进行信息搜集和加工，并对搜集的信息加以一定的定性分析。

② 比较型信息分析

比较型信息分析目的在于确定事物之间的相同点和不同点，把握事物之间的内在联系，认识事物的本质，比如企业在开发新产品时，往往要对市场现有同类产品进行比较，分析其优劣势，从而明确产品开发目标和产品特色；在确定产品价格时，通常也会对比竞争对手同类产品的价格。比较型信息分析采用的方法既可以是定性方法，也可以是定量方法，还可以定性定量方法相结合。

（3）按分析方法的性质划分

信息分析的方法可以分为定性分析方法、半定量分析（定性定量相结合）方法和定量分析方法三种类别。定性分析方法一般不涉及变量关系，主要依靠人类的逻辑思维功能来分析问题，如比较法、推理法、分析法、综合法等；定量分析法主要依靠数学关系和函数形式计算求解，如时间序列法、回归分析法等。定性分析方法和定量分析方法往往结合使用，形成半定量分析法，以解决复杂的信息分析问题，如层次分析法等。

4. 常用信息分析方法

信息分析方法的来源多种多样，包含图书情报学方法、社会学方法、统计学方法、逻辑学方法、系统分析学方法等。

（1）逻辑分析方法

① 对比法

对照各个研究对象，确定其差异点和共同点，从而判断其状态和特性的一种逻辑思维方法。有助于揭示事物的水平和差距、认识事物发展的过程和规律、判定事物的优劣和真伪。

② 类比法

根据两个对象或两类对象在某些属性上的相似性，在已经知道一个对象具有某种属性的情况下，推知另一对象也具有同一属性。主要类型包括简单共存类比、因果类比、对称类比、综合类比等。

③ 推理法

从一个或几个已知的判断中得出一个新判断的过程。可以分为演绎推理和归纳推理两类。

④ 分析法

分析法可以分为层次分析、因果分析、相关分析等类别。

层次分析就是对信息所反映的事物特征由浅入深、由表及里进行层层剖析，从而发现事物的本质。

因果分析就是从事物固有的因果关系出发，由原因得出结果，或由结果探究原因。

相关分析就是利用事物的相关关系进行由此及彼、由表及里的分析方法。

⑤ 综合法

是指对研究某一主题所需要的各种片面的、分散的、大量的信息碎片进行归纳综合，从错综复杂的信息中探索其内在的相互关系，统观事物的全貌及其发展的全过程，从而构建出完整、系统的结论的逻辑方法。综合法的主要类型有简单综合法和系统综合法。

（2）文献计量学方法

文献计量学五大定律分别是布拉德福定律、洛特卡定律、齐普夫定律、普赖斯定律和加菲尔德定律。

① 布拉德福定律

布拉德福定律是由英国著名文献学家和化学家布拉德福（Samuel Clement Bradford）于20世纪30年代率先提出的描述文献分散规律的经验定律。

布拉德福定律的文字描述为：如果将科技期刊按其刊载某专业论文数量的多寡，以递减顺序排列，可以将期刊分为针对这个学科的核心区、相关区和非相关区，各个区的文章数量相等，此时核心区、相关区和非相关区的期刊数量关系为$1:n:n^2$。

② 洛特卡定律

洛特卡定律是由美国人口统计学家洛特卡（Alfred James Lotka）于20世纪20年代率先提出的描述科研工作者人数与其所著论文之间关系的经验规律。

洛特卡定律的文字描述为：写两篇论文的作者数量约为写一篇论文的作者数量的

为写一篇论文作者数量的 $1/n^2$……而写一篇论文作者的数量约占所有作者数量的60%。

③ 齐普夫定律

齐普夫定律是由美国著名语言学家和心理学家齐普夫（George Kingsley Zipf）于20世纪40年代提出的词频分布定律。

齐普夫定律的文字描述为：如果把一篇较长文章中每个词出现的频次统计起来，按照高频词在前、低频词在后的递减顺序排列，并用自然数给这些词编上等级序号，即频次最高的词等级为1，频次次之的等级为2……频次最小的词等级为D。若用f表示频次，r表示频次等级序号，则有 $f \times r = C$（C为常数）。需要注意的是，常数C并非绝对不变的，而是围绕一个中心数值上下波动。

④ 普赖斯定律

普赖斯定律是由美国著名科学家与科学史学家普赖斯（Derek John de Solla Price）提出的衡量各个学科领域文献作者分布的规律。

普赖斯定律的文字描述为：在同一主题中，半数的论文为一群高生产能力作者所撰，这一作者集合的数量上约等于全部作者总数的平方根。也就是说，科学家总人数开平方，所得到的人数撰写了全部科学论文的50%。

1971年，普赖斯提出了一个衡量各个学科领域文献老化量度指标——“普赖斯指数”，用以衡量文献的老化速度和程度。该指数是某一具体学科内，年限不超过五年的引文数量占引文总数的比例。

普赖斯指数=近五年的被引用的文献数量/被引用的文献总量 × 100%

普赖斯指数越大，相关文献的老化速度越快，该学科发展也就越迅速。普赖斯还发现，文章发表后两年内被引用的次数最多，然后会逐渐减少，进入老化期，这被称为“引文峰值理论”。

⑤ 加菲尔德定律

加菲尔德定律是由美国著名情报学家和科学计量学家加菲尔德（Eugene Garfield）于20世纪60年代提出的期刊引文集中定律。

加菲尔德定律的文字描述为：大量被引用文献都集中在多个学科的一小部分核心期刊中，而少量被引用文献则散布在大量的期刊中，被引文献在期刊的分布上也有一个较为集中的核心区与广为分散的相关区。因此，一个基本的、集中的期刊集合，就可以代表所有学科的核心。只要掌握各个学科中的核心期刊，就可以获取该学科最有价值的信息。

（3）引文分析法

在科学文献的体系结构中，每篇文章都不是孤立存在的，彼此之间都存在着一定的联系，即引用和被引用的关系，被称为引证（Citation）。学术文章中的参考文献（References）称为被引文献（Cited Paper），也称受引文献；引用参考文献的文章称为引证文献（Citing Paper），也称来源文献、施引文献。引文链（Citation Link）指的是由科学文献之间由引证关系而形成的一种链状关系。引文网络（Citation Network）指的是由文献群体及其相互引证关系而形成的网状结构。

引文分析法就是利用数学及逻辑方法对期刊、专著、学术论文等研究对象的引用及被引情况进行分析，揭示对象之间内在关系及其所蕴含规律的方法。引文分析分为：数量分析，主要用于评价期刊及论文质量，研究文献情报流规律；链状分析，主要用于揭示某项研究的发展演进过程以及未来的研究趋势；网状分析，主要用于揭示学科相关程度、科学结构以及进行文献检索等。

引文分析的主要对象包括引文年代、引文语种、引文文献类型、引文国别、引文作者等。

（4）德尔菲法

德尔菲法又称专家意见法，是一种匿名式、轮番征求专家意见，最终得出预测结果的一种集体经验判断法。该方法就一定问题函请相关领域专家提出意见或看法，然后将专家的答复意见或新设想加以整理、综合和归纳，并以匿名方式将整理结果反馈各位专家再次征求意见，如此经过多轮反复，直至意见趋于集中，得到一种可靠性、一致性较高的意见。

德尔菲法有一套独特的预测程序，主要包括三个阶段：准备阶段、轮番征询阶段和数据处理阶段。准备阶段需要明确要解决的问题和要实现的目的，还要挑选相关领域的专家，准备一定的背景资料，并设计调查表。轮番征询阶段需要寄出咨询调查表，然后对专家返回的调查表进行归纳、整理、综合，根据结果调整调查表的内容，并进入下一轮意见征询。这一过程通常需要进行三至四次。数据处理阶段，对上一阶段得出的数据做出处理，最终提出预测报告或者决策意见。

德尔菲法具有匿名性、反馈性和统计性的特点。

匿名性——德尔菲法采取匿名发函调查的形式，克服了专家会议调查法易受权威、学术潮流、会议气氛和心理因素影响的缺点，专家可以不受任何干扰独立对调查表所提问题发表个人意见，并有充足的时间思考、调查和研究，保证了专家意见的充分性与可靠性。

反馈性——德尔菲法在进行的过程中，专家互不接触，仅靠一轮调查，往往只能得到比较分散的意见，难以做出结论。因此组织者采取多轮征询的方式，每一轮获得的结果都在整理、分析、综合后在下一轮征询中反馈给每一位受邀专家，有助于专家获知每一轮征询的汇总情况和其他专家的意见。

统计性——采用德尔菲法进行信息分析时，分析结果既不是由信息分析人员做出的，也不是由个别专家给出的，而是一批相关领域专家的结论经过统计学处理的结果。因此，得出的结果具有统计学特征，往往以概率形式出现，同时反映出专家意见的集中程度和离散程度。

（5）回归分析法

回归分析法（Regression Analysis）属于定量分析中的简单线性分析方法，是处理两个或两个以上变量之间相关关系的一种数学方法，便于观察变量间的关系，了解变量反映出的时间问题，还能够进行简单的预测。

回归分析按照涉及变量的多少，分为一元回归和多元回归分析；按照因变量的多少，可分为简单回归分析和多重回归分析；按照自变量和因变量之间的关系类型，可分为线性回归分析和非线性回归分析。

（6）因子分析法

因子分析法（Factor Analysis）属于定量分析中的多元统计分析方法，是在尽可能不损失信息或少损失信息的情况下，将多个变量减少为少数几个潜在的因子，即用少数几个因子来描述众多指标或因素之间联系，以少数几个因子反映原资料大部分信息的统计学分析方法。

因子分析的优势在于：因子变量数量远少于原始指标的变量数量，便于分析研究；因子变量对原始变量进行重组，能够反映原始变量的大部分信息；因子变量之间不存在相关关系，对变量分析较为方便；因子变量具有命名解释性，即该变量是对某些原始变量信息的综合与反映。

5. 大数据时代的信息分析

大数据指社会活动中产生的大量半结构化和非结构化数据，具有规模大、流转速度快、类型多、价值密度低的特征。大数据是海量数据规模、数据处理技术与数据应用的统一整体，它在处理和分析实时、海量和非结构数据方面具有突出的优势，并能将分析结果以可视化形式进行动态呈现。

大数据的快速发展为信息分析提出了新的问题，包括如何革新信息分析思维、如何创新信息分析方法、如何开发信息分析工具、如何探索信息分析工作模式、如何构建信息分析资源保障体系等。

（1）大数据时代的信息分析技术

① 关联规则挖掘技术

关联规则反映了一个事物与其他事物之间的相互依存性和关联性。如果两个或两个以上事物之间存在一定的关联关系，那么其中一个事物就能够通过其他事物进行预测。

关联规则挖掘（Association Rule Mining）最早由 R. 阿格拉瓦尔（R. Agrawal）等人提出，目的是发现超市交易数据库中不同商品之间的关联关系。

② 神经网络

人工神经网络（Artificial Neural Networks，ANNs）是由大量类似于生物神经元的处理单元相互连接而成的非线性复杂网络系统。它是用一定的简单的数学模型来对生物神经网络结构进行描述，并在一定的算法指导下，使其能够在某种程度上模拟生物神经网络所具有的智能行为，解决传统算法所不能胜任的智能信息处理的问题。神经网络既是高度非线性动力学系统，又是自组织自适应系统，可用来描述认知、决策和控制的智能行为，是巨量信息并行处理和大规模并行计算的基础。

③ 模式识别

模式（Pattern）是对客体（研究对象）特征的描述（包括定量或结构的描述），是取自客观世界的某一样本的测量值的集合（或综合）。模式识别（Pattern Recognition）就是确定一个样本的类别属性的过程，即把某一样本归属于多个类型中的某个类型的过程。

④ 空间分析

空间分析（Spacial Analysis）是基于地理对象的位置和形态特征的空间数据分析技术，用于提取和传输空间信息，其内涵丰富，既有基于地理信息系统（GIS）的图形分析，也有基于统计学的分析和建模。空间分析由来已久，在地理学、生态学、经济学、地质学、流行病学、犯罪、交通、考古等学科领域都有着广泛应用，大数据时代，空间分析日益受到重视。

⑤ 自然语言理解

自然语言理解（Nature Language Processing，NLP）也称“自然语言处理”“人机对话”，是一种使机器理解人类语言的技术，它是计算机科学领域与人工智能领域的重要方向，涉及人与计算机使用自然语言进行有效通信的各种理论和方法，包括查询资料、解答问题、摘录文献、汇编资料及其他有关自然语言信息的加工处理。

⑥ MapReduce

MapReduce 是由 Google 实验室在2004年提出的一种分布式并行编程模式，主要用于处理基于集群的大规模数据集的分布式处理模型。作为一种处理大数据的并行编程模型，MapReduce 具有很好的可扩展性、可用性、容错性，它提供了简单强大的编程接口，使用户可以轻松地操纵成千上万台计算机完成大型并发和分布式计算任务，并将底层的并发处理、容错、数据分布以及负载均衡等细节问题对用户透明呈现。

⑦ R 语言

R 语言（R Language）由新西兰奥克兰大学的罗斯·伊哈卡（Ross Ihaka）和罗伯特·詹特尔曼（Robert Gentleman）两人共同开发，是一个统计计算和绘图的语言和环境。它提供了广泛的统计分析和绘图技术，包括线性和非线性模型、统计检验、时间序列、分类、聚类等方法，其最大的特点是免费、开源、使用灵活。R 语言不仅是一门程序化语言，更是一整套数据分析的解决方案，与普通的数据处理方式相比，R 语言能够实现更为复杂的数据处理功能，且处理效果较为理想。此外，R 语言包含十分丰富的扩展包，从数据模型、分析工具到绘图工具、数据接口等，应有尽有，方便用户应对各种统计分析场景。

（2）大数据时代信息分析的机遇与挑战

大数据时代信息分析面临的机遇与挑战有以下几个方面。

第一，基于大数据的信息分析正逐渐成为新的信息服务方式。大数据分析涉及多媒体数据分析、文本数据分析、流式数据分析等，主要应用领域包括金融数据分析、科学工程数据分析、医疗健康数据分析、社交网络数据分析、移动与互联网数据分析，以及交通、教育、电信等领域的数据分析。

第二，由于大数据所提供的数据支持，人们进行信息分析的主要目标已经转变为基于总体情况进行全局性信息分析，通过对未来模式、趋势或规律进行预测，为人类管理决策提供支持，实现从数据到价值的目标。此外，大数据信息分析的目标从以往的精准分析向发现趋势、信号转变，实现数据实时监测与分析，从而及时预测事物发展方向，实现信号分析的功能。

第三，非结构化数据在海量数据中占据主体部分，其数据处理和分析既是重点，也是难点。针对非结构化数据的管理平台、表示方式、操作处理等内容都与结构化数据有所不同。值得注意的是，当前基于 Web 形式的非结构化数据总量及交互量非常大，如何从海量 Web 数据中分析和挖掘出最有价值的信息，也是备受关注的热点。

（三）信息预测

1. 信息预测的定义

信息预测有狭义与广义之分。狭义的信息预测是指以事物过去已知的分析结果为依据，参照当前已经出现或正在出现的情况，运用现代管理学、数学系统计学方法和现代信息技术，对事物的未来状态进行科学推断的活动。广义的信息预测除上述定义以外，还包括对已经发生或存在的事物的位置状态进行推断。

信息预测的基本特征是尽可能充分地、综合地运用事物发展动态及相互关联的信息，利用各种科学的预测方法和技术手段，寻求对客观事物本质规律的准确提示。

信息分析是信息预测的前提和基础，信息预测又是信息分析的拓展和延伸。没有信息分析，信息预测便没有科学的根据，从而失去其可信度；没有信息预测，信息分析工作便只能停留在粗浅层次的揭示事物既定状态的阶段，而无法获得更深的、有助于社会发展与进步的价值。

2. 信息预测的类型

（1）定性预测

定性预测就是人们依据自身的经验、判断和直觉进行预测的方法，包括市场调查、专家打分、主观评价等。

（2）时间序列预测

时间序列，也叫时间数列、历史复数或动态数列，简单地说就是各时间点上形成的数值序列。

时间序列预测是以时间数列所能反映的社会经济现象的发展过程和规律性，进行引伸外推，预测其发展趋势的方法。其内容包括：收集与整理某种社会现象的历史资料；对这些资料进行检查鉴别，形成一定的数列；分析时间数列，从中寻找该社会现象随时间变化而变化的规律，并得出一定的模式；以此模式去预测该社会现象将来可能出现的情况。

（3）因果关系预测

因果关系是指两个或两个以上变量在行为机制上的依赖性，作为结果的变量是由作为原因的变量所决定的，原因变量的变化引起结果变量的变化。

因果关系预测就是根据过去掌握的历史资料找出预测对象的变量与其相关事物的变量之间的依存关系，以此建立相应的因果预测的数学模型，然后通过对数学模型的求解来进行预测，是利用事物发展的因果关系来推测事物发展趋势的方法。

（四）信息评价

1. 信息评价概述

（1）信息评价的定义

信息评价是指信息需求者针对已经获取的信息进行价值评定以决定是否采纳利用的过程，是影响用户信息行为和决策的重要因素。

（2）信息评价的一般标准

① 作者标准

通过作者判断某篇学术文献的水平是较为常用的一个评价标准，作者的专业水平在很大程度上决定了其文献成果的水平。使用作者标准时，主要判断作者是否有撰写该主题文章的专业水平，可以通过考察其教育背景、工作经历、研究成果和发表的论文进行评价。

② 时间标准

时间标准是指判断信息所包含的信息是否是最新的。很多情况下，信息发布时间对其真实性、可用性和价值的影响非常大，尤其是计算机科学、医学等领域的信息，对时间的敏感程度很高。随着时间的推移，一些曾经被认为正确的观点和理论可能被推翻，因此信息的正确性受到时间的影响。

③ 来源标准

来源标准是指对信息的出处进行判断，主要判断信息来源是否权威、信息要素是否真实齐全等，往往需要与同类信息进行比较，并进行实地考证。对于学术文献来说，其来源通常是文献的出版单位，如学术论文的发表期刊、著作的出版社等。通常，出版单位的相关政策会对其出版物的内容和质量产生影响。

④ 价值标准

一个人不可能接受所有的信息，他只关心与自己有关的信息，也就是对自己有价值的信息。因此在进行信息评价时，判断信息对自己是否有价值是一条重要标准。

2. 期刊评价

（1）期刊评价的含义

期刊评价就是通过文献计量学方法，对学术期刊的发展规律及增长趋势进行量化分析，旨在揭示学科文献数量在期刊中的分布规律，是文献计量学研究的重要部分和应用领域。期刊评价有助于优化学术期刊的使用，提高学术期刊的内在质量，促进其良性发展。目前，最主要的学术信息评价是期刊评价。

（2）期刊评价指标

评价期刊的主要测度指标包括载文量、影响因子、期刊被引频次、平均引文率、期刊他引率、期刊被引半衰期、即年指数、基金项目论文比例、发表论文机构数、国际著者论文数、特征因子分值、论文影响分值等。

① 载文量

期刊载文量（Number of Article Published）指的是某一给定时间内，期刊刊载的论文数量总和，与时间长短和期刊种类有关，反映了期刊生产论文的能力。

② 影响因子

影响因子（Impact Factor，IF）是指某期刊在指定统计年份前 N 年内发表的所有论文在指定年被引用的总次数，除以该刊在指定统计年份前 N 年内发表的论文总数。目前国际上比较通行的做法是将计算影响因子的引文年度规定为两年，属于相对数量评价指标。其通用计算公式如下：

$$\text{某年影响因子（N 年）}=\frac{\text{前 N 年期刊在指定年份被引频次之和}}{\text{该期刊前 N 年发表的期刊论文之和}}$$

③ 期刊被引频次

期刊被引频次（Citation Frequency）指的是自期刊创立以来发表的全部论文在一年内被引用的总次数，属于绝对数量评价指标。

④ 平均引文率

平均引文率（Mean Citing Rate）指的是给定时间内，期刊篇均参考文献量，属于相对数量指标。

$$平均引文率 = \frac{期刊参考文献总数}{期刊论文总数}$$

⑤ 期刊他引率

期刊他引率（Non-self-cited Rate）指的是期刊被其他刊物引用的次数占本刊总被引次数的比例，属于相对数量评价指标。

$$期刊他引率 = \frac{被其他期刊引用的次数}{被引用的总次数}$$

⑥ 期刊被引半衰期

期刊被引半衰期（Cited Half-life）指的是某一期刊现尚在被引用的全部论文中较新的一半的年代跨度。

被引半衰期可测度期刊文献老化的速度。半衰期受学科的内容、性质等因素的制约。一般来说，比较稳定的学科，其期刊半衰期要比正在经历重大变化的学科，或发展较快、较活跃的学科的期刊半衰期长；基础理论学科的期刊半衰期比技术学科的期刊半衰期长；历史悠久的学科期刊半衰期比新兴学科的期刊半衰期长。

⑦ 即年指数

期刊即年指数（Immediacy Index）是指一份期刊中在某年发表的文章同年被引的总次数除以该年在该刊上发表的所有论文数。它是测度期刊被利用速度的指标，也是判断期刊重要性的依据。

$$即年指数 = \frac{某份期刊某年发表的论文在当年的被引总次数}{该期刊当年发表的论文总数}$$

⑧ 文献选出率

文献选出率指的是按统计源的选取原则选出的论文数量与期刊发表的论文总数之比。

$$文献选出率 = \frac{基于统计源选取原则选出的论文数量}{期刊发表的论文总数}$$

⑨ 学科扩散指数

学科扩散指数指的是在统计源期刊范围之内，引用某一期刊的期刊数量占所在学科全部期刊数量之比。

⑩ 学科影响指数

学科影响指数指的是在统计源期刊范围之内，引用某一期刊的期刊数量占所有期刊数量之比。

⑪ 基金项目论文比例

基金项目论文比例指的是给定时间内，省、部级以上重大项目和基金项目的论文与期刊论文总数之比，该指标有助于测度期刊在学术交流中的地位。

⑫ 发表论文机构数

该指标能够测度期刊论文的发表机构的具体分布情况，机构分布越广，说明期刊具有开放性和作者队伍具有广泛性。

⑬ 地区分布数

地区分布数指的是某一期刊登载论文所涉及的地区数量，它是衡量期刊论文覆盖面和全国影响力的一个指标。

⑭ 国际著者论文数

国际著者论文数指的是期刊发表国外作者论文的数量，外国作者论文数包括外国作者独立撰写的论文和外国作者与国内作者合作的论文。该指标可测度期刊在国内外学术交流中的作用。

⑮ 特征因子分值

特征因子分值（Eigenfactor Score）是指剔除同一期刊自我引用后的被引用分值。该指标使用 Thompson 公司的 Journal Citation Reports（JCR）作为数据源，构建剔除自引的期刊5年期引文矩阵，并迭代计算出期刊的权重影响值。该指标不仅考察了引文的数量，还考虑了施引期刊的影响力，即某期刊如果越多地被高影响力的期刊引用，则该期刊的影响力也越高。

⑯ 论文影响分值

论文影响分值（Article Influence Score）指的是特征因子分值除以期刊所发表的论文标准化比值（所有期刊的论文总数为1），是基于每篇论文测度期刊相对重要性的指标。论文影响分值的平均值为1.00，大于1.00表明期刊中每篇论文的影响力高于平均水平，小于1.00则表明期刊中每篇论文的影响力低于平均水平。

除上述指标之外，平均引文数、平均作者数、论文相关研究成果获奖数、是否属于核心期刊、论文平均发表周期、编校质量、优秀期刊获奖情况、发行量平均增长率等也是期刊评价的内容。

（3）期刊评价体系

① 美国科学引文索引

引文索引（Citation Index）是指利用文献引证关系检索相关文献的索引，能够利用主题、作者等检索点查找特定领域有影响力的文献、成果及主要研究机构；追踪研究课题的起源、基础、发展演变过程、最新动态及趋势；揭示学术研究之间的内在逻辑关系；评价科研人员及研究机构的学术视频。

科学引文索引（Science Citation Index，SCI）是美国科学情报研究所（Institute for Science Information Inc.）于1963年创办出版的引文数据库，是以引文为文献检索点建立的展示文献之间内在联系的引文索引系统，其指导思想是现代情报学家E. 加菲尔德（Eugene Garfield）提出的引文分析理论。SCI从论文被引用的角度，即知识的继承性和相关性角度来确定学术成果的重要性，被公认为收录世界各国科学论文及综合性工程技术论文的权威检索系统。

SCI选刊的原则包括出版的时效性、编辑的规范性、国际化程度、是否有同行评议、引文分析指标、学科范围等。

② 美国社会科学引文索引

社会科学引文索引（Social Sciences Citation Index，SSCI）同样由美国科学情报研究所建立，是目前世界上可以用来对不同国家和地区的社会科学论文的数量进行统计分析的大型权威检索系统。SSCI涵盖人类学、经济学、教育学、历史学、政治科学、语言与语言学、图书馆学和信息科学、社会学、心理学、商业、传播、城市研究、家庭研究等社会科学的众多学科和研究领域。

③ 美国工程索引

工程索引（Engineer Index，EI）是由美国工程师学会联合会于1884年创办的历史上最悠久的一部大型文献型检索工具。从1896年起，美国工程信息公司正式将其出版，1998年，EI被Elsevier Science收购。EI是评价个人、研究机构乃至整个国家科研水平的重要体系，也是检索世界各国工程领域学术文献最主要和最权威的工具之一。EI Compendex是世界最早的工程文章来源数据库。

EI收录的文献资源涉及机械工程、土木工程、环境工程、电气工程、结构工程、材料科学、固体物理、超导体、生物工程、能源、化学和工艺工程、照明和光学技术、空气和水污染、固体废弃物的处理、道路交通、运输安全、控制工程、工程管理、农业工程和食品技术、计算机和数据处理、电子和通讯、石油、宇航、汽车工程以及这些领域的子科学，总共近200个领域。

与SCI一样，EI也采用文献计量学方法，通过计算引文率等相关指标对所选期刊进行评定，得出影响因子。

④ 中文核心期刊要目总览

1990年，北京大学图书馆与北京高校图书馆期刊工作研究会共同发起了中文核心期刊的研究工作，其研究成果《中文核心期刊要目总览》于1992年正式出版，每四年修订一次，目前最新版是第七版（2015年9月由北京大学出版社出版）。该评价体系采用了被索量、被摘量、被引量、他引量、被摘率、影响因子、他引影响因子、被重要检索系统收录、基金论文比、Web下载量、论文被引指数、互引指数等指标对国内期刊采取定量评价，数千位学科专家对期刊进行定性评价。其内容由各学科核心期刊表、核心期刊简介、专业期刊一览表等几部分组成，不仅可以查询学科核心期刊，还可以检索正在出版的学科专业期刊，是反映国内学术期刊水平的重要工具。

中文核心期刊要目总览共分为七编共134个学科类目：第一编，哲学、社会学、政治、法律类（共12个学科类目）；第二编，经济（共11个学科类目）；第三编，文化、教育历史（共34个学科类目）；第四编，自然科学（共16个学科类目）；第五编，医药、卫生（共17个学科类目）；第六编，农业科学（共9个学科类目）；第七编，工业技术（共35个学科类目）。

⑤ 中文社会科学引文索引

中文社会科学引文索引（Chinese Social Sciences Citation Index，CSSCI）是由南京大学中国社会科学研究评价中心开发的期刊评价体系，1998年和香港理工大学成功开发CSSCI网络版，用以检索中文社会科学领域的论文收录和文献被引用情况，主要从来源文献和被引文献两个方面向用户提供信息。CSSCI遵循文献计量学规律，采取定量与定性相结合的方法从全国2700余种中文人文社会科学学术性期刊中精选出学术性强、编辑规范的期刊作为来源期刊。

目前，CSSCI收录了28个学科大类的500多种学术期刊，来源文献100余万篇，引文文献600余万篇。具体类别包括：马克思主义理论，管理学，哲学，宗教学，语言学，汉语类，外语类，中国少数民族语言文字类，外国文学，中国文学，艺术学，历史学，考古学，经济学，政治学，法学，社会学，民族学与文化学，新闻学与传播学，图书馆、情报与文献学，教育学，统计学，人文经济地理，环境科学，综合性社会科学，高校综合性学报。

⑥ 中国科技期刊引证报告

中国科技期刊引证报告（Chinese S&T Journal Citation Reports，CJCR）是由中国科技信息研究所（简称“中信所”）开发编制的理工科期刊评价体系。该体系采用总被引频次、影响因子、即年指标、他引率、引用刊数、扩散因子、学科扩散指标、学科影响指标、被引半衰期等多种指标对期刊进行综合评价。

⑦ 中国科学引文数据库

中国科学引文数据库（Chinese Science Citation Database，CSCD）是我国第一个引文数据库。它创建于1989年，收录我国数学、物理、化学、天文学、地学、生物学、农林科学、医药卫生、工程技术和环境科学等领域出版的中英文科技核心期刊和优秀期刊千余种。目前数据库已积累1989年至今的论文记录近500万条，引文记录6000余万条。

3. 网络信息资源评价

（1）网络信息资源评价的定义

网络信息资源评价（Web Information Resources Evaluation）是指依据科学评价的基本原理，采用有效的定量及定性分析方法，构建合理的评价指标和完善的指标体系，对存在于网络上的各种信息资源进行选择和评估，从而确定其特征、质量和价值。

（2）网络信息资源评价定性指标

1991年，贝特西·雷克蒙德（Betsy Richmond）首次提出了网络资源评价的“10C原则”，指出网络资源评价指标包括内容（Content）、可信度（Credibility）、批判性思考（Critical Thinking）、版权（Copyright）、引文（Citation）、连贯性（Continuity）、审查制度（Censorship）、可连接性（Connectivity）、可比性（Comparability）和范围（Context）。该原则的提出开创了网络信息资源评价标准的先河。

1994年，戴维·斯多克（David Stoker）和阿里森·库克（Alison Cooke）提出了8条评价标准，即权威性、信息来源、范围和论述、文本格式、信息组织方式、技术因素、价格和可获取性、用户支持系统。

1997年，凯文·M. 奥利弗（Kevin M. Oliver）等人提出了11大类125个质量指标，随后又提出了“OASIS”评价体系，即客观性（Objective）、准确性（Accuracy）、来源（Source）、信息含量（Information）、范围（Span）。

1998年，阿拉斯泰亚·G. 史密斯（Alastair G. Smith）提出了范围（Scope）、内容（Content）、图形与多媒体设计（Graphic and multimedia design）、目的（Purpose）、评论（Reviews）、可操作性（Workability）、成本（Cost）七项评价指标。

1999年，罗伯特·哈里斯（Robert Harris）在其1997年研究的基础上，提出了“CARS检验体系”，包括可信度（Credibility）、准确性（Accuracy）、合理性（Reasonableness）和支持度（Support）。

（3）网络信息资源评价定量指标

1996年，杰瑞·麦凯曼（Gerry McKieman）根据文献计量学的引文理论，首次提出“Sitation”的概念，用以描述网站之间的相互链接关系。

1997年，罗纳德·罗西奥（Ronald Rousseau）首次将“Sitation”一词正式用于学术论文题名中，由此确立了“网络链接分析方法”。

1998 年，彼特 · 英格沃森（Peter Ingwersen）提出了“网络影响因子”（Web Impact Factor，WIF），用来分析一定时期内受关注的网站或网页的平均被引情况，作为评价网站影响力的依据。

1999 年，左艺提出通过专题网站在搜索引擎和主题指南中出现的频次、各站点被访问次数、文章被访问和下载次数、超文本链接数等对网络信息资源进行定量评价。

2004 年，金越提出“覆盖率”指标，指的是信息资源的主题范围占整个网络信息资源的比例，包括信息资源的收录范围、资源的集中领域、提供主题的层次、信息资源收录的格式、提供的链接是否受限等。

二、课题研究

（一）课题

1. 课题的定义

课题，即科研课题，是科学研究或技术研究中力求获得结果的具体问题或亟待解决的重大事项。在科学研究工作中，根据一定的研究目的，把复杂的研究对象分解成为若干方面、若干层次的课题，才能组织人员承担每一项具体的研究工作。

2. 课题的类型

（1）根据所属级别划分

根据课题所属的级别，可以分为国家级课题、省部级课题、市厅级课题、校级课题等。

国家级课题包括国家自然科学基金项目、国家社会科学规划基金项目、教育部重大攻关项目等；省部级课题包括各部委和各省的公开招标项目；市厅级课题包括省厅及各市公开下达的课题；校级课题指高校根据自身科研需要设立的基金项目。

此外，各个级别的课题还可以进一步分为重大项目、重点项目和一般项目，有时还会设立青年项目。

（2）根据研究内容划分

根据课题的研究内容，可以分为政策制定相关课题、科学研究项目相关课题、大型工程项目相关课题、技术与设备引进相关课题、产品开发相关课题、管理活动相关课题。

（3）根据研究视角划分

根据课题的研究视角，可以分为宏观课题、中观课题和微观课题。宏观课题是指某一时期关系到社会或国家民族整体利益的研究课题；中观课题涉及的范围小于宏观课题，以阶段性、局部问题作为研究对象；微观课题只对个别单位、个别地区、个别行业的工作有关，研究对象非常具体、涉及面较窄。

（二）课题研究流程

课题研究是一项复杂的探索性工作，又是一项有序的系统工程，需要很强的计划性，要做到有序、有控，以确保课题研究的质量。课题研究有着严格的流程，具体包括选择课题、制订研究计划，信息搜集，信息分析和整理、报告撰写等。

1. 选择课题

（1）课题来源

概括而言，研究课题的来源主要有三种，分别是上级领导下达的课题、信息用户委托的课题以及研究人员自己提出的课题。

其中，研究人员自己提出的课题又来源于以下方面：基于个人兴趣，对某一领域进行研究；基于所从事工作的实践经验，进行有针对性的研究；受其他学科启发，进行跨学科研究；对已有研究成果进行商榷反驳或深化细化；根据课题申报指南的要求，选择与个人研究方向一致的课题；对学科发展动态及学术前沿的研究。

（2）课题名称

课题名称包含三个要素：第一，研究对象，即研究涉及的学科范围和领域；第二，研究问题，即要研究的内容；第三，研究类型，即课题使用的研究方法。

课题名称要与研究目标、内容及核心观点相一致，力求简洁。课题名称并非越大越好，而是应具有明确的指向性，体现出需要研究解决的中心问题，避免个人价值判断，已有的结论和认识、号召式的口号都不能作为课题的题目。

（3）选题流程及注意事项

课题的选择应遵循以下流程：首先，明确课题的方向，定位所要研究的问题；其次，基于经验查找资料、做出分析，浓缩研究范围；最后，确定研究的焦点，最终形成课题。

选题要把握科学性、可行性、创新性的一般原则；明确研究目的；应结合实际，与研究者的学术专长和自身工作相结合，与研究者的能力相适应；避免盲目跟风；避免因功利主义导致研究有头无尾；避免重复、缺乏独立思考、大量照搬照抄其他研究成果的情况。

2. 制订研究计划

确定课题之后，需要制订详细的研究计划（也称研究方案），它是课题实施的总体规划，提出了研究工作的具体设想、思路、框架和实施步骤，主要解决为什么研究，研究什么，怎么研究以及预期得到什么成果的问题。研究计划文本包括以下几个部分。

（1）提出课题

提出课题是研究计划文本的第一个部分，主要阐述问题背景，对课题涉及的主要概念进行界定，概括国内外的研究现状并分析其存在的不足，从而引出此次研究的理论意义、实践价值和创新之处，突出研究的特色。此外，还需要介绍研究的理论依据。

（2）研究目标

研究目标即研究者通过研究活动所要达到的某种愿望和期望实现的结果，它来源于课题所研究的问题。研究目标切忌过于笼统宽泛，缺乏独特性；也切忌过于具体，避免变成详细的工作目标。

（3）研究内容

研究内容是指详细阐述研究工作从哪些方面展开。研究内容应当与研究目标相一致，根据研究目标把一个大问题分解为几个小问题，或者分解为一个问题的几个方面。研究内容的多少由课题的大小决定。

（4）研究方法

研究方法是指解决研究问题所采取的手段、途径和程序。常用的研究方法有观察法、调查法、实验法、文献法、比较法、测量法、案例研究法、行动研究法、人类学方法、统计学方法等。不同的课题所使用的研究方法有所不同，同一课题的不同研究阶段使用的研究方法也有所不同。此外，单一的方法很难得到科学的研究结果，应综合使用多种方法，或以一种方法为主，其他方法为辅进行研究。

（5）研究步骤

研究步骤是指课题研究在时间和顺序上的安排，一般分为前期准备阶段、中期实施阶段和后期总结阶段。每一个阶段都有明确的时间范围、研究内容安排以及具体的目标落实，从而保证研究过程有条不紊、循序渐进。

（6）研究的组织保障

研究的组织保障是指课题组的成员分工、制度保障和经费保障等。每一名成员的分工务必明确，所负责的研究内容要与课题整体研究目标、内容、方法、步骤相一致。成员应严格按照研究步骤中的时间安排落实个人所负责的内容。

（7）预期成果形式

课题研究的预期成果应当与课题的研究问题、目标、内容具有高度的相关性和针对性。课题最主要也是必备的成果形式是研究报告（或称结题报告），其他成果还包括论文、专著、教材、调查报告、专利、新产品、新工艺、软件、数据库等。

3. 课题的申报与立项

课题负责人应认真阅读课题申报要求和研究指南，按照要求填写课题立项申请书，提交立项主要材料（申请书、研究计划、上级机构推荐意见等），根据申报要求提出的流程及截止时间进行申报。

提交立项申请后，课题负责人所在单位首先对申请进行审查，然后交由基金资助部门受理，资助部门在完成资格审查后，组织专家进行评审。对通过评审的项目发布立项文件，通知到课题负责人及其所在单位，并以网络公布的形式通报。

4. 组织开题

组织开题是课题成功立项之后，研究工作开始前对课题进行的整体构思和设计。这一过程其实是对研究计划的再设计，是为整个研究工作绘制蓝图，有助于使研究思路更加清晰，使研究计划更加具体，还能够帮助课题组成员尽快进入研究状态。

组织开题通常会以开题论证会议的形式进行，其主要过程包括：撰写开题论证报告，邀请相关领域的专家，举行开题论证会（会上专家与课题组成员交流并提问，随后陈述意见）；根据会议成果修改开题论证报告。[①]

5. 课题实施

课题研究人员严格按照科研计划及开题论证报告中的安排开展科研活动，主要涉及对资料的搜集、整理和分析，以及在此基础上得出相应的研究结果。

在课题实施过程中，还不能忽视中期检查与评估。中期检查是依照开题报告进行调查评估，了解研究工作的进展情况、已经取得的阶段性成果、经费使用情况，明确尚待解决的主要问题以及下一步计划与目标。

6. 课题结题

结题即结束课题研究，完成课题研究任务，形成研究成果，它是课题研究的最后一个步骤。结题是相对于课题立项而言的，它是一项课题必须完成的终结性工作，也是课题研究非常重要的一个环节。结题的主要工作是研究成果的验收鉴定。研究成果是对研究实践和理论思考的反映。

（1）结题准备

结题准备包括两个步骤：分析结题条件和整理研究资料。

分析结题条件是对研究课题的完成情况进行周密审查，从而判断是否具备结题条件。需要审查的内容包括：是否达到研究目的；各阶段研究工作是否落实；研究质量是否达到预期目标等。

整理研究资料是对课题所涉及的资料进行鉴别、筛选、归纳、分类，整理出四类课题材料：

• 原始材料，指研究过程中通过调查等方式搜集的、与课题研究密切相关的、具有保存价值的材料；

① 开题论证报告的内容有课题名称、研究目的与意义、研究范围与内容、研究方法、研究对象、研究步骤、研究条件与人员分工、研究的预期成果等。

• 课题工作材料，如立项申报书、通知立项文件、开题论证报告、课题实施方案、中期报告书等；

• 成果材料，如研究报告、论文、数据库等；

• 有关成果收益与影响的材料，如社会反响、成果推广情况等。

（2）结题所需材料

课题结题需要准备课题立项申报报告、立项通知书、中期报告书、结题申请报告、结题鉴定表，课题研究的主要成果原件、课题研究的主要过程性材料、相关附件或佐证材料复印件（如被采用、转载情况和获奖证书）。

（3）结题流程

研究课题的结题流程如图 12–1 所示。

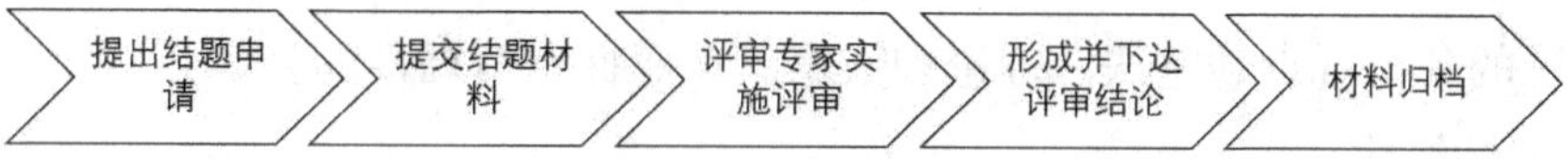

图 12–1　结题流程

（三）文献综述的撰写

1. 文献综述的定义

文献综述是在对某一特定学科或专题的文献进行搜集、整理、分析和研究的基础上，撰写出的关于该学科或专题的研究现状、发展动态及未来趋势的研究报告。文献综述的内容包括某一学科领域的研究背景、发展脉络，某一问题的研究意义，目前的研究水平、存在问题及可能的原因，未来发展趋势和研究方向概况，学者个人的见解等。

文献综述能够反映出当前某个领域、学科或重要专题的最新进展、学术见解和建议，往往能体现出有关问题的新动态、新趋势、新水平、新原理、新技术等。

文献综述由“综”和“述”两部分组成。“综”即根据所查阅的大量文献进行综合归类、提炼和概括；“述”则需要作者根据自身的理论水平、专业基础，以及分析和解决问题的能力，对问题进行合情合理的剖析并提出个人独到的见解。

2. 文献综述的目的

概括而言，文献综述能够使研究者和读者了解相关领域及特定问题的研究现状、本研究与以往研究的关联，现有研究成果的优点和不足，以及未来发展趋势，从而确定自身的研究价值。

具体来说，文献综述可以较为全面、系统地反映某学科和主题的历史沿革和发展过程，揭示研究问题的理论背景，为研究假设奠定接触；能够帮助研究者和读者节省时间和精力；有助于追踪课题的前沿领域，明确个人的研究方向及研究价值，制定科学的研究计划；发现已有研究成果的优劣，深化对主题的理解，避免无根据和重复的研究。

3. 文献综述的种类

（1）按信息含量分类

按文献综述信息含量的不同，可将文献综述分为叙述性综述、评论性综述和专题研究报告。

① 叙述性综述

叙述性综述是指对原始文献中的各种观点和方法进行客观的介绍和描述，通常较少对所综述的内容进行褒贬性评价，只是进行系统的罗列。

这类综述的特定是使读者能够在极短时间内，花费较少精力了解到本学科、专业或研究课题的各类观点、方法、理论和数据，从而拥有全局性的认识。

② 评论性综述

评论性综述（也称分析性综述）是在对某一问题或专题进行综合描述的基础上，对其进行横向或纵向上的对比、分析、批判和评论，提出作者自己观点和见解的综述文章。

③ 专题研究报告

专题研究报告是一种现实性、政策性和针对性很强的信息分析研究成果，通常就国家经济、社会、科研等方向的专题进行分析与评价，并提出相应的解决对策或发展趋势预测，主要表现为可行性研究报告、专题调研报告、预测报告、建议与构想报告、解决对策报告等。

（2）按时间范围划分

按文献综述涉及内容的时间范围划分，可以分为动态性综述、回顾性综述和预测性综述。

① 动态性综述

动态性综述以描述近期各类现实动态（如政治动态、科研动态、经济动态等）为主，这类综述时效性极强，能够反映某一领域的最新发展态势。新闻综述就是典型的动态综述。

② 回顾性综述

回顾性综述描述了过去一定时期内的成果和发展历程，作为当前研究的理论基础和参考资料，总结性较强。

③ 预测性综述

预测性综述是在过去经验和现实情况的基础上，对未来一定时期内的发展发现及目标提出预测。

（3）按撰写方式划分

根据撰写方式的不同，可以将文献综述划分为“大综述”写法和“小综述”写法。

①“大综述”

“大综述”写法是对某一领域文献的全面总结，属于真正意义上的三次文献，通常会以论文形式发表在学术期刊或年鉴中。

②“小综述”

“小综述”写法往往不是为了向读者介绍所撰写领域的研究现状或发展前沿等内容，而是为了由综述引出自己的论述，主要目的是阐述已有研究的缺陷以及个人研究的意义。它实际上是一次文献和三次文献的结合体，最具代表性的就是毕业论文及论文开题第一部分“前言”中的综述内容。

这种综述并不要求涵盖所有研究成果，而是着重介绍与个人研究直接相关的文献。

4. 文献综述的组成部分

（1）题目

文献综述的题目是该综述涉及学科主题范围与水平的第一个重要信息，应做到简短精炼、准确得体、能够恰如其分地概括综述的内容。恰当的题目有助于选定关键词和编制题录、索引等可供检索的信息。

（2）摘要

摘要是以提供文献内容梗概为目的，不加评论和补充解释，简明、确切地记述文献重要内容的短文。

学术论文的摘要是典型的结构化写作，文献综述也不例外。中文学术论文的摘要要求浓缩文章观点，着重展示研究的成果和结论，突出创新之处；具有独立性，能够高度概括论文内容，读者不阅读全文即可获知论文主要观点，能够作为独立存在或被文摘等二次文献采用；不能包含图表、非公知公用符号、简称、缩写等；长度通常为200至300汉字。英文学术论文的摘要一般要求150字左右，主要可以分为五个部分：研究背景（1—2句话）；提出问题（1句话）；文章主要内容（1句话）；研究方法、实验方法及主要结论（各1句话）；本研究的学术意义、应用前景、未来展望等（共1句话）。

（3）关键词

关键词是为了文献标引工作从报告、论文中选取出来的用以表示全文主题内容信息款目的单词或术语，通常是名词或名词性的词组，单独的动词或形容词并不适合做关键词。关键词应能鲜明而直观地表述文献论述或表达的主题，并且便于检索，在读者不知道题名和著者的情况下，输入关键词几乎可以说是检索目标文章的唯一途径。一般学术论文的关键词可列3—5个。

（4）引言

引言（或前言）属于整篇文献综述的引论部分，其内容包括研究的理由、目的、背景、理论依据和研究基础，预期成果及其在相关领域的地位、作用和意义，使读者对全文要叙述的内容有大致的了解。

引言在内容选择上不可分散，文字不可冗长，措辞应当精炼，避免长篇大论。篇幅大小视整篇综述的篇幅大小及论文内容需要而定。

（5）正文

正文是文献综述的主体，并无固定的写作格式，既可以按照年代顺序综述，也可按问题的不同角度综述，也可基于不同观点进行比较综述。无论使用哪一种综述格式，都需要将所有搜集到的文献资料进行归纳、整理、分析和比较，阐明相关主题的历史背景、现状、发展趋势以及有关评述。选择的文献资料应具备代表性、权威性、科学性、可靠性、创新性等特征。

（6）总结

一般来说，总结部分包括：本文研究成果说明了什么问题；对已有研究、观点、结论进行了哪些修正、补充、发展、论证或否定；此次研究尚有哪些不足，还有哪些未解决的问题，以及解决这些问题可能的突破口和方向。

文献综述的总结部分与其他研究性学术论文的结语类似，都是将全文主题进行扼要总结，保证准确、完整精炼，对所综述主题有相应研究的作者，最好能够提出自己的见解。在用语方面，切忌模棱两可、含糊其次、盲目夸大，对不能完全肯定的内容应注意留有余地。

（7）参考文献

参考文献是文献综述的重要组成部分，不仅表示了对被引用文献作者的尊重，也体现出支撑综述内容的理论依据，明确区分个人观点和他人观点，还为读者进一步研究相关问题提供文献查询出处，便于检索。

5. 撰写文献综述的注意事项

（1）文献搜集的全面性

搜集与综述主题相关的全面、大量的文献资料是写好文献综述的前提，否则极有可能以偏概全，对读者产生误导效果。

（2）引用文献的权威性和可靠性

搜集到的文献可能出现观点重复的情况，也有可能在真实性、可靠性、科学性方面存在差异。作者引用文献时应有所甄别，务必选择具有权威性和可靠性的文献。

（3）对原始文献的忠实性

作者进行文献综述时，引用文献应贯彻忠实于原始文献的原则，不能篡改原始文献的内容和结论，也不能添加个人的观点和评论。

（4）必须标注参考文献

文献综述的结尾必须著录所引用的参考文献，这些文献应该是作者直接阅读过的，并能够充分反映文献综述的主题。

三、文献管理

（一）文献管理

（1）文献管理的内容

文献管理是为实现一定的目标而对各类文献进行获取、组织、维护、检索及利用的过程。具体而言，文献管理包括以下几个方面的内容。

① 文献搜集

可以直接与互联网上大量的图书馆目录检索系统、免费数据库连接，实现检索查询功能、数据库导入功能、PDF 导入功能、手动添加功能、批次输入文献资料、直接搜索网络信息等。

② 文献管理

形成个人文献数据库并对数据库中的文献进行管理，包括查重功能、排序功能、建立目录、加注个人读书心得、同步与云存储、多学科文献管理等。

③ 文献利用

插入文献、自动生成期刊所需的参考文献格式、根据期刊投稿要求修改论文格式等。

（2）文献管理的发展历程

文献管理经历了从卡片式管理到非专业化工具管理，再到专业工具管理的三个阶段。

① 卡片式管理阶段，该阶段以纸本文献为主，以复印、手抄或剪报形式进行管理，效率低下，且不易管理和检索。

② 非专业化工具管理阶段，该阶段电子文献开始出现和发展，通常使用资源管理器或 Excel 等软件进行管理，效率较低。

③ 专业工具管理阶段，该阶段专业工具管理阶段以电子文献为主，利用专业的文献管理软件管理，使用方便、功能强大、效率很高。

（二）文献管理软件

（1）文献管理软件概述

文献管理软件是学者或者作者用于记录、组织、调阅引用文献的计算机程序。一旦引用文献被记录，就可以重复多次地生成文献引用目录。

文献管理软件的基本功能包括：从各种不同来源搜集信息资料并输入系统，建立和维护自己的文献数据库；检索、查询、记录排序；查重、修改、删除相关书目信息；编辑记录，建立自己的近义词表，以便在需要的时候检索和提取相关记录，通过网络共享数据；直接搜索网络上的文献资源信息；显示文献资料情况（如是否有原文）；加注个人读书心得和重点笔记；利用文字处理系统生成引用资料清单；自动生成期刊所需的参考文献格式并提供学术论文写作模板，简化论文投稿程序。

目前，国内主要的文献管理软件有 CNKI E-Study、NoteExpress、PowerRef、Notefirst 等，国外主要的文献管理软件有 Endnote、RefWorks、Mendeley、Zotero、Procite、Reference Manager、Quosa 等。

（2）CNKI E-Study

① 软件简介

CNKI E-Study[①]（原 E-Learning）是依托于中国知网的一种文献学习、管理软件，旨在为学术用户量身定做探究式学习工具，展现知识的纵横关系，洞悉知识脉络。其增强了文献的学习研读功能并增加了投稿模块，可实现在线投稿。

② 系统界面

CNKI E-Study 的用户登录界面如图 12–2 所示。系统提供两种使用方式：单机使用，点击界面上的“单机使用”，即可直接进入主界面使用；在线试用，需要输入 CNKI 个人账号和密码进行登录，若没有 CNKI 个人账号的用户可点击界面上的“用户注册”进行账号注册。

图 12–2　CNKI E–Study 用户登录界面

① http://elearning.cnki.net/

系统主界面（如图 12–3 所示）分为四个主要部分。

第一部分，菜单栏。主要包含 CNKI E-Study 中的功能操作，选择点击菜单栏下拉框中具体菜单项，执行相关操作。

第二部分，工具栏。随主界面的变化而变化，提供主界面中需要的一些常用操作，方便用户快捷找到相关操作。

第三部分，导航栏。导航栏主要包括“功能导航”“检索”及当前打开文献的标题，可以点击切换主界面，其中打开文献的导航，允许关掉。

第四部分，主界面。主要分为“功能导航”界面、“检索”界面及打开文献阅读界面，其中“功能导航”为用户提供一站式阅读和管理平台；“检索”便于用户文献检索和下载；文献阅读界面提供用户笔记记录及研读功能。

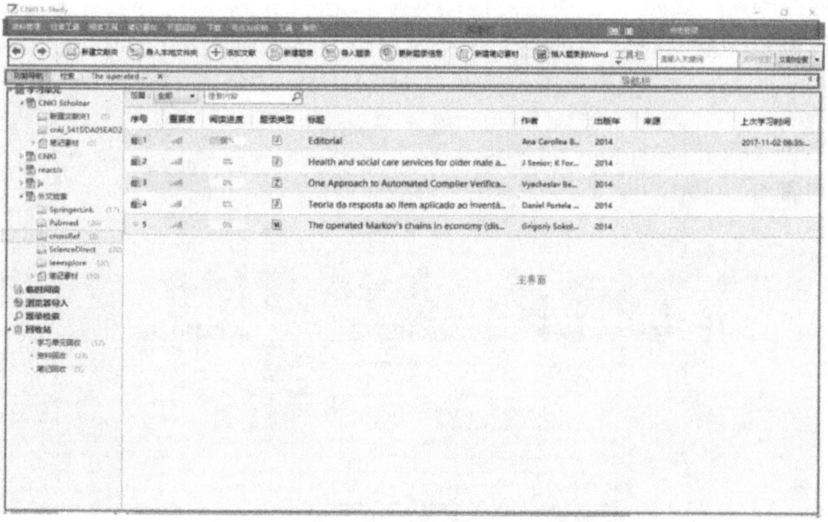

图 12–3　CNKI E–Study 系统主界面

③ 主要功能

一站式阅读和管理平台——支持多类型文件的分类管理，支持目前全球主要学术成果文件格式，包括 CAJ、KDH、NH、PDF、TEB 等文件的管理和阅读。新增图片格式文件和 TXT 文件的预览功能。支持将 WORD、PPT、TXT 转换为 PDF。

文献检索和下载——支持 CNKI 学术总库检索、CNKI Scholar 检索等，将检索到的文献信息直接导入到学习单元中；根据用户设置的账号信息，自动下载全文，不需要登录相应的数据库系统。

云同步——支持学习单元数据（包括文献夹、题录、笔记等信息）和题录全文的云同步。使用 CNKI 个人账号登录即可实现 PC 间学习单元同步。

深入研读——支持对学习过程中的划词检索和标注，包括检索工具书、检索文献、词组翻译、检索定义等；支持将两篇文献在同一个窗口内进行对比研读。

支持写作与排版——基于 WORD 的通用写作功能，提供了面向学术等论文写作工具，包括：插入引文、编辑引文、编辑著录格式及布局格式等；提供了数千种期刊模板和参考文献样式编辑。

浏览器插件——支持 chrome 浏览器、opera 浏览器；支持将题录从浏览器中导入、下载到 CNKI E-Study 的“浏览器导入”节点；支持的网站有中国知网、维普、百度学术、Springer、Wiley、ScienceDirect 等。

记录数字笔记——支持将文献内的有用信息记录笔记，并可随手记录读者的想法、问题和评论等；支持笔记的多种管理方式：包括时间段、标签、笔记星标；支持将网页内容添加为笔记。

在线投稿——撰写排版后的论文，作者可以直接选刊投稿，即可进入期刊的作者投稿系统。

（3）NoteExpress

① 软件简介

NoteExpress主程序界面
【标题】：Becoming data-savvy in a big-data world
【作者】：Xu, M.; Rhee, S. Y.
【来源】：Trends in Plant Science, 2014, 19(10), 619-622
【摘要】：Plant biology is becoming a data-driven science. High-throughput technologies generate data quickly from molecular to ecosystem levels. Statistical and computational approaches enable describing and interpreting data quantitatively. We highlight the purpose, common problems, and general principles in data analysis. We use RNA sequencing (RNAseq) analysis to illustrate the rationale behind some of the choices made in statistical data analysis. Finally, we provide a list of free online resources that emphasize intuition behind

图12–4　NoteExpress主程序界面

NoteExpress① 是北京爱琴海乐之技术有限公司研制开发的参考文献管理工具软件，主要服务于国内科研工作者，使之在撰写学术论文、学位论文、专著或报告时，能够轻松实现对中外文数据库进行检索、导入题录、下载全文、阅读、笔记以及在论文写

① http://www.inoteexpress.com/aegean/index.php/home/ne/

作中插入笔记、引文及格式化参考文献等功能，提供近500种中文期刊参考文献编辑样式，方便中文期刊投稿。NoteExpress是目前国内同类软件中系统功能相对较为完善，用户数量比较多的工具软件。

NoteExpress的主程序界面如图12–4所示。

② 主要功能

数据收集——包括浏览器导入（青提收藏），青提文献收藏题录下载，全文导入、识别和更新，在线检索，内嵌浏览器，格式化文件导入，手工录入等功能。具体而言，用户在浏览专业数据库（列表附后）或普通网页时，可以通过“青提收藏”插件保存题录和全文到NoteExpress；手机APP“青提文献”也可以与NoteExpress实现协同功能，利用碎片时间进行文献收集，并最终归集到自己的软件中。此外，NoteExpress内置常用电子资源库的接口，可以快速下载大量题录（文摘）及全文。

管理——分类管理电子文献题录以及全文，能够实现海量数据的有序存储管理。具体包括查找重复题录、虚拟文件夹、表头DIY、影响因子显示、表头排序、附件管理、标签标记、本地检索、保存检索条件、数据备份、回收站等。

分析——对检索结果进行多种统计分析，用户可以有的放矢，达到事半功倍的效果。

发现——综述型的阅读方式，能够帮助用户快速发现有价值的文献，与此同时，与文献相互关联的笔记功能可以使用户随时记录阅读过程中的想法和灵感。

写作——支持Word和WPS，在论文写作时可自动生成符合要求的参考文献索引，繁琐工作能够实现一键完成。

（4）EndNote

① 软件简介

EndNote[①] 是一款历史悠久、应用广泛的文献管理软件，由Thomson Corporation下属的Thomson Research Soft公司开发。可对文献进行分组管理、全文检索、注释等，还可以通过插件方便地即时插入参考文献，同时生成规范的、符合出版要求的文后参考文献列表。

② 主要功能

建立数据库——系统提供了四种建立数据库的方式：在线检索，即使用EndNote内置的在线检索功能查找文献；格式转化，即PDF导入及文件夹批量导入文件；网站输出，即通过英文网站（Google Scholar、PubMed、Ovid、FMJS等）和中文数据库（CNKI、万方数据、维普网）导入；手工添加，即手动输入书目数据。

---

① https://endnote.com/

数据库管理——针对格式不完整或不规范的书目数据修改书目信息；对导入的书目进行分类管理（包括普通分组和智能分组）；去除数据库内重复的文献条目或删除不需要的文献条目等。

引文数据编辑——在写作时插入引文、编辑文后参考文献显示格式（即输出格式）、输出格式的编辑与修改、论文模板的应用。

（5）Mendeley

① 软件简介

Mendeley① 是一款免费的跨平台文献管理软件，同时也是在线的学术社交网络平台，能够一键抓取网页上的文献信息添加到个人图书馆中，还可以安装 Microsoft Word 和 Open Office 插件，方便在文字编辑器中插入和管理参考文献。

目前，Mendeley 已经被 Elsevier 公司收购。Elsevier 公司承诺将继续保持 Mendeley 的开放性，其旗下的各数据库在导出格式中都增添了 Mendeley 输出格式。

② 主要功能

Mendeley 可以批量导入 PDF 格式的全文，具有强大的 PDF 管理功能；可以快捷查找相关文献，并利用 Google Scholar 补全文献的详细信息；可以通过网络搜索并下载多种格式的参考文献体例；可以实现云端同步账户，用户无论何时何地都可以获取自己存储的所有信息。

Mendeley 的特点在于对文献的导入和管理功能较强，支持多人共享使用，能快速组织相关文献。但是，它对中文文献的支持功能并不理想。

（6）Zotero

① 软件简介

Zotero② 是一款免费、开源、跨平台的文献管理软件，由安德鲁 · W. 梅隆基金会、斯隆基金会以及美国博物馆和图书馆服务协会资助开发。

不同于大多数文献管理软件，Zotero 在权限范围内可以自动下载全文，并能提取网页中内嵌的题录数据（如题名、作者等）。该软件还能作为插件嵌入本地软件（如 Microsoft Word）。

Zotero 作为开源的文献管理软件，其数据库结构非常规范，方便软件开发人员以此为基础编写插件和扩展，并根据自己的需求安装各种插件。

② 主要功能

Zotero 可以对研究资料（引文、全文、网页、图片等）进行搜集、组织和分析，并共享研究结果，兼具强大的文献管理功能和网络应用功能。

---

① https://www.mendeley.com/

② https://www.zotero.org/

Zotero 能够与浏览器整合在一起，实现对在线数据库和网页中文献题录的直接抓取，外文全文数据库可以抓取全文。在大多数研究网站、数据库及图书馆网站，Zotero 可以自动保存文献题录信息。作为浏览器的一部分，它很容易从其他应用中获取信息并传递信息。

（三）参考文献的管理

（1）参考文献的定义

参考文献（Reference）或称引文（Citation），是作者在撰写综述性文章、学术论文或专著（通称“论著”）时表明所参考、引用的有关文献资料，是著作界普遍存在的一种“参考习惯”。

参考文献与注释有所区别，前者是作者写作论著时所参考的文献书目，通常在文章末尾以列表形式集中排列；后者是对论著正文中某一特定内容的解释或补充说明，一般位于该页页脚处。

（2）参考文献的作用

参考文献的作用主要体现在五个方面，即标志功能、审查验证功能、评价功能、保护功能和链接功能。

① 标志功能

论文所引参考文献是学术论文真实性和科学性的依据，能够反映论文作者的态度，以及该论文的起点、依据和深度，参考文献的新颖性和权威性在很大程度上可以体现出论文自身的学术水平高低。

② 审查验证功能

参考文献可以对论著中的某个具体论点或结论起到检验证明的作用，根据引用的参考文献，能够对文章内容的准确性做出判断。审稿过程中，对参考文献的审查十分重要。

③ 评价功能

论著与参考文献之间的评价功能是相互的。作者著录参考文献的过程，既是对自己论著学术水平的展示，也是对被引用者论著水平的肯定。对于被引文献来说，其实是获得了一种社会的、学术的评价。此外，参考文献经过搜集、汇总和统计，依据文献计量学等方法进行处理后，得出的结果是判断期刊及其刊载论文学术水平的重要依据。

④ 保护功能

论著与参考文献的关系是引用与被引用的关系，著录参考文献有助于清楚地区分前人的研究成果和论文作者的原创成果，能够保护作者和被引用者的著作权。

⑤ 链接功能

参考文献能够建立起文献与文献、知识与知识之间的迅捷联系。它有助于查找与本研究课题相关的文献，进一步了解该主题的研究内容和发展历程；也有助于情报人员进行情报分析和文献计量学研究。

（3）参考文献引用的原则

在引用参考文献时，应注意把握一定的原则。

① 仅著录最相关、最必要、最新的参考文献

著录的参考文献要精选，仅限于著录作者在论文中直接引用或参考的文献，应避免大量文献的罗列。引用的参考文献必须与论著主题密切相关，应当根据主题的需要，结合实际情况和文章具体内容，从文献中寻找最有用、最相关的信息，避免引用与主题联系不大的内容。

② 仅著录公开发表的文献

所谓公开发表，就是在国内外公开发行的报刊或正式出版的书籍上发表。供内部交流的刊物上发表的文章和内部使用的资料（尤其是不宜公开的资料），均不能作为参考文献著录。一般来说，国内外学术会议上用于交流的论文也不适合作为参考文献著录。

③ 采用规范化的标准著录格式

在著录参考文献时，应按照规范化的《文后参考文献著录规则》进行著录。目前，国内各种科技论著的参考文献著录格式要依据GB/T 7714–2005标准进行，大多数采用顺序编码制格式，少部分采用著录—年代制格式。文后参考文献在文中引用时应在相应位置与文后文献一一对应，避免误引、漏引等情况。

（4）参考文献的著录标准

2005年3月23日，国家质量监督检验检疫总局和中国标准化管理委员会发布了《文后参考文献著录规则》（GB/T 7714-2005），① 代替 GB/T 7714-1987。该标准非等效采用了国际标准 ISO 690：1987《信息文献工作—文后参考文献—内容、形式和结构》和 ISO 690-2：1997《信息和文献—文后参考文献—第二部分：电子文献部分》，规定了各个学科、各种类型出版物的文后参考文献的著录项目、著录顺序、著录所用符号、著录方法及参考文献在正文中的标注法，是供著者和编辑使用的文后参考文献著录规则。

2015年，北京大学信息管理系、中国科学技术信息研究所、北京师范大学学报（自然科学版）编辑部、北京大学学报（哲学社会科学版）编辑部、中国科学院文献情

① http://www.std.gov.cn/gb/search/gbDetailed?id=5DDA8BA011A418DEE05397BE0A0A95A7

报中心共同起草了《信息与文献 参考文献著录规则》（GB/T 7714-2015），[①] 代替 GB/T 7714-2005。该标准非等效采用了国际标准 ISO 690：2010《信息和文献 信息资源目录参考和引用指南》。

① 纸张型载体文献类型标志

对于纸张型载体的文献，通常以单字母方式标识各类文献类型，如表 12–1 所示。

表 12–1　纸张型载体文献类型标志

文献类型	专著	期刊文章	论文集	学位论文	专著、论文集的析出文献
标志	[M]	[J]	[C]	[D]	[A]
文献类型	报纸文章	标准	专利	报告	未说明的文献类型
标志	[N]	[S]	[P]	[R]	[Z]

② 非纸张型载体文献类型标志

对于非纸张型载体的电子文献，当被引用为参考文献时需在参考文献类型标志中同时标明其载体类型。通常以双字母表示电子文献载体类型：磁带（Magnetic Tape）——MT、磁盘（Disk）——DK、光盘（CD-ROM）——CD、联机网络（Online）——OL。电子文献的参考文献类型标志如表 12–2 所示。

表 12–2　电子文献的参考文献类型标志

文献类型	联机网络数据库	磁带数据库	光盘图书	磁盘软件	网络期刊	网络电子公告
标志	[DB/OL]	[DB/MT]	[M/CD]	[CP/DK]	[J/OL]	[EB/OL]

四、信息服务

（一）学科服务

1. 学科服务的含义

学科服务是图书馆面向院系开展的一种全方位、多层次的服务，它要求学科馆员深入到用户的科研或教学活动中，帮助他们发现和提供更多的专业资源和信息导航，为用户的研究和工作提供针对性很强的信息服务，是图书馆创新精神和个性化服务特征的具体体现。

国内外学科服务模式均以学院或专业为单位，根据学科馆员的学科背景和专业知识，开展一对一、一对多或多对多的服务模式。

---

① http://www.std.gov.cn/gb/search/gbDetailed?id=5DDA8BA0925418DEE05397BE0A0A95A7

2. 学科服务的内容

（1）学科馆员

学科馆员（Subject Librarian），也称学科专家馆员（Subject Specialist Librarian）、联络馆员（Liaison Librarian）、学科咨询馆员（Subject Reference Librarian），指的是掌握一门或几门专业学科知识，并精通图书情报知识，能为相应学科提供高层次的文献服务的图书馆员。概括而言，学科馆员具备两个特征："熟悉特定学科知识"和"为特定学科用户服务"。

学科馆员制度是指为了保证学科馆员与对口学科专业人员及部门保持经常性的联系，为其提供专、精、深的信息服务而制定的一系列保障措施，包括学科馆员应具备的专业素质、培养目标、基本职责、服务内容和方法等。

学科馆员负责相关院系与图书馆的沟通和联络、学科资源组织与开发、学科信息咨询和导航以及用户培训等工作。

（2）学科服务平台

学科服务平台是使用计算机及网络技术搭建，发布在互联网上，用于支持学科馆员开展学科服务的网络平台。该平台基于学科分类，展示出图书馆馆藏资源、学科信息资源以及相关的学科服务，并提供学科馆员与用户联络的多种交互工具，便于学科馆员及时解答用户的问题，给予研究方法和工具方面的指导。此外，学科服务平台还提供相关学科的专业知识库。

通常，学科服务平台内容涉及与学科相关的图书馆馆藏资源、主要数据库资源、网络资源、实践资源、学术动态及热点追踪、科研导航、研究工具、引用管理工具等。学科服务平台的功能包括资源管理、筛选和推送，定题服务，参考咨询，短信/邮件服务，统计管理，用户管理，系统设置等。

目前，国际上使用最为广泛的学科服务平台是LibGuides① 平台。

3. 高校图书馆学科服务案例

上海交通大学图书馆自2007年确立"创新型图书馆"的建设目标以来，逐步采取多分馆联合服务模式，设立"人文社科综合分馆"等四个分馆，并将原有的13个部门简化为3大部门，设置专业学科服务岗位，组建起"学科馆员——咨询馆员——阅览室管理员"的三层服务梯队，依托图书馆学科服务点、院系基地以及虚拟社区三大阵地开展服务，并在管理和运行机制上对学科服务提供保障。

上海交通大学图书馆基于LibGuides创建了学科服务平台，如图12–5所示。平台内容按院系（专业）划分，涵盖学科网络资源导航、学科馆藏资源指引、学科 IC^2 创新

① LibGuides是一个专为图书馆设计的内容管理与知识共享系统，由美国Springshare公司使用web2.0技术开发，以"云端"的管理方式，为用户提供"一站式"服务。

支持 /IC² 人文拓展、[①] 学术热点追踪、学科资源荐购、学习社区等资源和服务内容。

图 12–5　上海交通大学 LibGuides 学科服务平台

图书馆具体的学科服务包括：

院系联络——学科馆员与对口院系建立密切联系，及时了解师生信息需求，由院系推荐专业学术资源；参加院系会议，掌握学科前沿及发展动态；在院系建立学科服务基地，直接解决师生的有关问题。

交流互动——图书馆为院系师生提供学习研讨空间，并推出博客信息服务交流平台，从多角度揭示图书馆资源。

科研支持——学科服务团队与全校数百名博士生导师进行面对面访谈，建立学科服务基地科研团队档案，便于为科研团队提供相应的学科态势分析、热点文献追踪、同行科研成果对比等深层次服务。

信息素养教育——除新生培训及信息资源、文献管理软件使用讲座外，图书馆还为对口院系提供实用的信息素养教育课程，讲授专业信息的检索与使用。

个性化服务——包括编辑发布《学科信息导报》、提供学术资料检索、建设整理专题学术资料库、储存课题资料成果、总结归纳学科发展前沿及热点等。

① IC² 是指在支持学习的“信息共享空间”（Information Commons，IC1）基础上，引入“创新社区”（Innovation Community, IC²）理念，以“学科服务”为主线开展工作，同时提倡与读者开展互动交流，支持协同研究，启迪创新思维。

（二）定题服务

1. 定题服务的含义

定题服务（Selective Dissemination of Information Service，SDI）是一种根据读者需求，一次性或定期不断地将符合需求的最新信息传送给读者的服务模式。又指信息机构根据用户需求，通过对信息的收集、筛选、整理并定期或不定期地提供给用户，直至协助课题完成的一种连续性的服务。定题服务对象多是科研项目负责人，服务内容可以从课题查新、立项申请、开题报告、中期检查、成果验收、后续进展等科研活动的各个阶段，运用国际联机检索系统开展文献检索服务。

2. 定题服务的流程

（1）接受课题

课题委托人（高校教师及科研人员）填写定题服务委托单，向图书馆负责定题服务的馆员提出定题服务需求，内容涉及具体的课题名称、背景、检索关键字、特殊检索要求、已掌握文献情况等，以便工作人员迅速了解课题需求并制定检索策略。

（2）确定检索范围

根据课题委托人的文献情况，确定检索范围，如检索时间段、地域分布、语种分布、文献类型分布、学科分布等，选定相关的检索工具和数据库，通常是本馆已有的工具和购买的数据库。课题委托人也可以推荐或指定检索范围，供工作人员参考。

（3）制定检索策略

在充分理解课题的实质内容和用户的委托要求后，工作人员选择恰当的检索词，根据各个检索词之间的相互关系，制定出准确的检索策略，并根据检索结果和用户的反馈意见不断调整检索策略，直到查到满足用户需要的相关文献。

（4）提供定题服务成果并建立档案

工作人员将所查询到的完整情报资料及文献汇总、整理，生成检索报告（形式包括书目、索引、文摘、汇编、全文等），并以电子邮件、存盘等方式交给委托人。定题服务检索到的情报资料、相关工作记录以及服务成果都会加以归档保存，作为未来定题服务的工作基础和参考资料。

3. 高校图书馆定题服务案例

北京师范大学图书馆在其定题服务页面明确列出了本馆定题服务的具体内容（分为课题检索和专题检索）、服务流程、联系人和联系电话。

课题检索——根据用户的教学、科研需要，定期或不定期对某一特定主题进行跟踪检索，把经过筛选的最新检索结果，以书目、索引、全文等方式提供给用户；或是针对自然科学、社会科学及人文科学各个学科、各种项目的研究课题，经与用户协商从课题前期调研、开题立项、中期成果、直到成果验收，开展整个过程的文献检索提供服务。

专题检索——对用户所委托的各种研究课题（包括研究生的学位论文课题）进行检索，以书目、索引、文摘、全文 / 汇编等形式提供给用户。

北京师范大学图书馆《定题委托服务表》如图 12–6 所示。

定题服务委托表　　**编号：______**

请在空白处填写或选择编号

用户填写	个人信息	用户姓名		用户单位		
		用户身份	a 教师　b 博士生　c 硕士生　d 本科生　e 其他			
		联系电话		传　真		Email
		通讯地址			邮　编	
	定题检索要求	检索类别	a 课题检索　b 专题检索		课题学科	
		课题名称				
		课题级别	a 国家　b 省、部级科研项目　c 校级科研项目　d 其他			
		关键词/主题词	中文			
			英文			
		文献语种	a 中文　b 英文　c 中、英文　d 其它			
		文献类别	a 论文　b 专著　c 网络资源　d 其他			
		时间范围	a 1 年内 b 3 年内　c 5 年内　d 10 年内　e 10 年以上			
		提供形式	a 题录　b 全文　c 其他			
		交付形式	a 复印件　b 扫描件　c 软盘　d 光盘　e 电子邮件　f 其他			
		服务要求	a　次/　月　b　次/　年		起始日期	
		其它要求				
馆员填写	承　接　人			承 接 时 间		
	预计完成时间			完 成 时 间		
	检索过程	检索提问式				
		检索工具				
		检索途径				
		检索结果				
	费用核定					
	付费方式	现　金		票据号码		
		帐　号				
	备注					

用户签名：______　日期：______

图 12–6　北京师范大学定题服务委托表

（三）科技查新

1. 科技查新的含义

科技查新是指查新机构根据查新委托人提供的需要查证其新颖性的科学技术内容，按照《科技查新规范》标准，经过文献检索与对比分析，得出相应的结论。科技查新以文献为基础，以文献检索和情报调研为手段，以检出结果为依据，通过综合分析，对查新项目的新颖性进行情报学审查，写出有依据、有分析、有对比、有结论的查新报告。

科技查新是国家科技部为避免科研课题重复立项和客观正确地判别科研成果的新颖性而设立的一项工作，由查新机构[①] 承担完成，是科学研究、产品开发和科技管理等

① 查新机构就是具有查询业务资质，根据查新委托人提供的需要查证其新颖性的科学技术内容，按照科技查新规范操作，有偿提供科技查新服务的信息咨询机构。

活动的重要组成部分。根据科技部和教育部的规定，查新咨询工作为有偿服务。

科技查新的主要业务范围包括：立项、鉴定、报奖查新；研究、开发、转化、技术转移过程中的查新；国家及地方规定要求的查新；其他。

2. 科技查新的流程

（1）提出查新委托

委托查新的单位或个人须填写科技查新合同或科技查新委托单，写明查新目的（如立项查新、成果查新等）、查新点、[①] 查新要求、[②] 查新项目的主要内容、可能出现的关键词、国内外相关技术背景资料、参考文献等。

（2）查新受理

查新机构判断委托人提出的委托是否属于机构所承担的查询业务受理范围。对于符合受理条件的委托，查新中心将根据委托课题的特征和查新级别，安排相应的专业查新人员受理。查新人员受理后，向委托人说明查新的具体规定和要求，委托人缴纳预付款。

（3）查新检索

查新人员从委托人处了解查新课题的实质内容，确定相应检索方式、检索年限、检索策略以及检索主题词，选择检索工具（数据库），随后开始正式检索，根据检索结果和阅读的需要，还需要获取文献原文。根据查新技术要点将检索出的文献分为密切相关文献和一般相关文献，查新人员筛选出一般相关文献的题录、文摘，密切相关文献原文的复印件，作为附件。

（4）撰写查新报告

查新人员将相关文献与查新项目的科学技术要点进行比较分析，确定项目的新颖性，草拟查新报告。查新报告应当如实反映检索的过程和结果，避免使用定性词语和语气。

（5）审核查新报告

查新人员将查新报告、附件及机检过程打印件一并交给审核人员审核。审核员根据查新规范、相关文献与查新项目的科学技术要点比较结果，对查新程序和查询报告进行初步审核。对审查不合格的查新报告，审查人员有权要求重查，并提出改进措施。

（6）出具正式报告

查新人员填写正式查新报告，由查新人员和审核人员共同签字，加盖“科技查新专用章”。查新报告一式三份，一份提交用户，一份由查新机构存档，一份报上级主管部门。

（7）归档管理

应当及时建立查新课题档案，档案包括查新项目的资料、科技查新合同、课题登

---

① 查新点即需要查证的内容要点，是查新课题内容中具有新颖性之处，与查新结论密切相关。

② 查新要求即委托人对查新服务提出的具体要求，包括：希望查新机构证明所查范围内国内外是否存在相同或类似的研究；对查询项目分别或综合进行国内外对比分析；对查新项目的新颖性做出判断；其他愿望。

记表、查新人员和审核人员的工作记录、科学查新报告及附件等。

3. 高校图书馆科技查新案例

同济大学图书馆的科技查新工作站从1992年12月开始成为国家教委首批查新工作站，2003年12月再次被认证为“教育部科技查新工作站”。科技查新工作由图书馆信息咨询部承担，为校内外用户提供高质量的成果查新、立项查新、专利查新等服务以及国际联机数据库、光盘数据库、网络数据库的检索服务。

同济大学科技查新的流程包括以下步骤：

- 委托人提出查新委托、交课题相关材料；
- 查新受理、订立科技查新合同；
- 查新检索准备、了解课题科学技术要点；
- 选择检索工具书和数据库；
- 确定检索方法、编制检索策略；
- 反复调整检索策略、查找相关文献；
- 完成查新检索阶段，对相关文献进行分析对比；
- 草拟查新报告；
- 审核查询报告；
- 签字、盖章、形成正式的查新报告；
- 提交查新报告并进行归档，用户付费。

同济大学科技查新合同如图 12–7 所示。

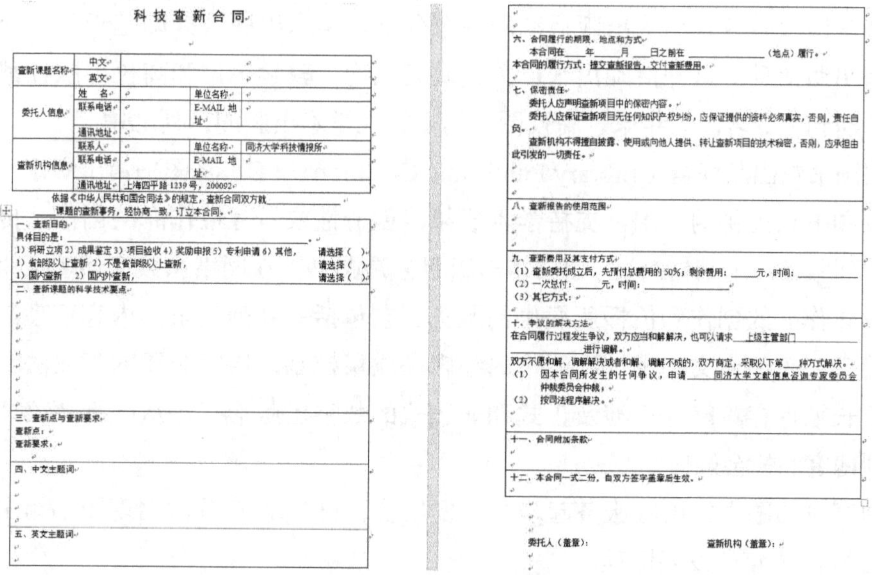

科 技 查 新 合 同

查新课题名称	中文			
	英文			
委托人信息	姓　名		单位名称	
	联系电话		E-MAIL 地址	
	通讯地址			
查新机构信息	联系人		单位名称	同济大学科技情报所
	联系电话		E-MAIL 地址	
	通讯地址	上海四平路 1239 号，200092		

依据《中华人民共和国合同法》的规定，查新合同双方就______________ ____课题的查新事务，经协商一致，订立本合同。

一、查新目的

具体目的是：______________________________。

1）科研立项 2）成果鉴定 3）项目验收 4）奖励申报 5）专利申请 6）其他，　请选择（　）

1）省部级以上查新 2）不是省部级以上查新，　请选择（　）

1）国内查新　2）国内外查新，　请选择（　）

二、查新课题的科学技术要点

三、查新点与查新要求

查新点：

查新要求：

四、中文主题词

五、英文主题词

六、合同履行的期限、地点和方式

本合同在____年_____月___日之前在 ______________（地点）履行。

本合同的履行方式：提交查新报告，交付查新费用。

七、保密责任

委托人应声明查新项目中的保密内容。

委托人应保证查新项目无任何知识产权纠纷，应保证提供的资料必须真实，否则，责任自负。

查新机构不得擅自披露、使用或向他人提供、转让查新项目的技术秘密，否则，应承担由此引发的一切责任。

八、查新报告的使用范围

九、查新费用及其支付方式

（1）查新委托成立后，先预付总费用的 50%；剩余费用：_____元，时间：__________

（2）一次总付：_____元，时间：______________

（3）其它方式：

十、争议的解决方法

在合同履行过程发生争议，双方应当和解解决，也可以请求　上级主管部门　______________进行调解。

双方不愿和解、调解解决或者和解、调解不成的，双方商定，采取以下第___种方式解决。

（1）　因本合同所发生的任何争议，由请　同济大学文献信息咨询专家委员会仲裁委员会仲裁；

（2）　按司法程序解决。

十一、合同附加条款

十二、本合同一式二份，自双方签字盖章后生效。

委托人（盖章）：　　　　查新机构（盖章）：

图 12–7　同济大学科技查新合同

为了推进同济大学图书馆科技查新工作的信息化、透明化和程序化，简化查新工作流程，为校内外的科技查新用户提供一站式远程在线服务，同济大学图书馆推出了“科技查新系统”，[①] 如图12–8所示。用户可以足不出户办理查新任务申请，网上填写委托书、提交查新合同等，大大节约了时间。

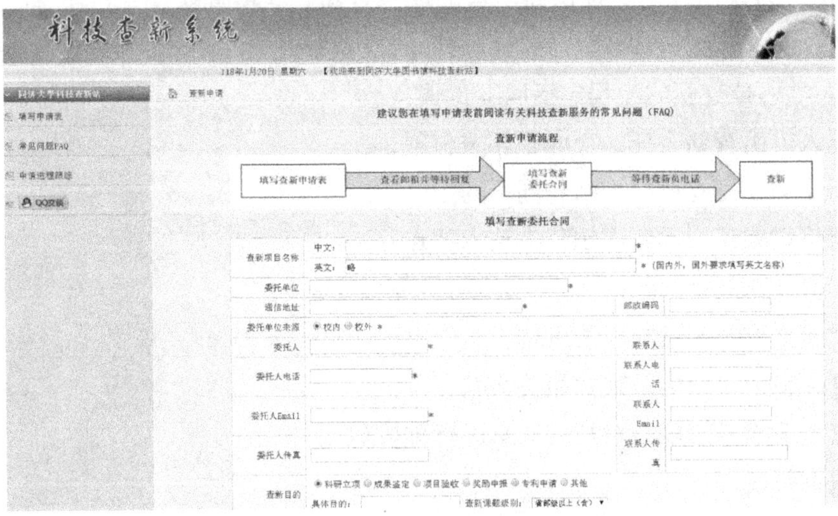

图12–8　同济大学科技查新系统

（四）图书馆出版服务

1. 图书馆出版服务的含义

图书馆出版服务是学术出版活动的一个分支。学术出版服务即基于学术交流而进行的校园出版活动。这种活动由来已久，研究机构、教学单位和高校出版社都参与出版过学术期刊和专著。近年来，高校图书馆也加入学术出版的行列之中。

美国图书馆出版联盟（Library Publishing Coalition,LPC）将图书馆出版定义为“由高等院校图书馆提供的，用以支持学术成果、创造性或教育性作品的创作、传播和保存的一系列服务”。具体来说，图书馆出版服务是图书馆在网络和数字环境下为促进文本和多媒体作品的创作和传播所提供的服务，它包括一系列复杂的内容管理活动，如元数据管理、跨平台文档设计、严格的编辑和质量控制、恪守必要的版权法和商业法律、注重长期保存策略等；涉及正式和非正式的数字出版形式，从同行评议期刊和政策报告到博客和社会媒体。

美国高校的图书馆出版服务起步早、发展快，自1988年首次出现图书馆出版服务以来，已经有30年的发展历程。

---

① http://lib.tongji.edu.cn/IPTSch/Novelty_Search/BriefApply.aspx

2. 图书馆出版服务的目标

概括而言，高校图书馆提供出版服务主要有以下几个目标：第一，为高校发展总体目标和任务提供相应支持；第二，为高校教职员工、科研人员和学生的学术成果提供搜集、整理、发现和长期保存的统一网络平台及软硬件支持；第三，为校内外用户访问和使用本院校学术成果提供便捷的网络途径，促进成果的交流、传播和共享；第四，满足本校用户的学术研究、出版和交流需求，提供相关咨询和建议；第五，促进开放存取运动和图书馆出版服务的广泛开展。

3. 图书馆出版活动的内容

（1）出版物类型

在图书馆出版服务中，期刊、学位论文、会议论文和记录、研究报告以及专著是图书馆出版物的主要类型，主要原因在于这些出版物类型是学术作品和研究成果的主要表现形式。另外，数据库、音视频资料、特色数字馆藏、课程材料、工作文件等多样化的资源类型是图书馆出版内容的重要补充，也是图书馆出版有别于传统学术出版的一个特点。

（2）出版物文件格式

图书馆各类出版物的文件格式涵盖了文本、图像、视频、音频、数据、多媒体 / 交互式内容、概念图 / 模型图 / 可视化内容以及软件等类别，以文本、图像、音视频格式最为普遍。

（3）出版技术

图书馆出版服务离不开相关软件和技术平台的支持。目前，高校图书馆使用较多的出版软件有 OJS/OCS/OMP（开放期刊系统 / 开放会议系统 / 开放专著出版）系统、DSpace 系统、Bepress 系统等，此外还有 CONTENTdm 系统、DPubs 系统、WordPress 系统等。

此外，出版服务还必须考虑数字资源的长期保存问题，它涉及技术、管理、经济、法律等多方面的因素。数字资源存档模式及保存策略也多种多样，高校图书馆一般都根据自身实际情况，选择一种或几种保存方案。较为普遍的是内部保存（in-house）模式，此外还有 LOCKSS 模式、HathiTrust 模式、DuraCloud/DSpace、Portico、Archive-It、CLOCKSS、MetaArchive、DPN 等。

（4）附加服务

与传统出版业务不同，图书馆出版服务往往包含了一系列附加的服务内容，比如元数据服务、版权咨询、印本资源数字化、相关培训、编目、补充内容托管、数据分析、成果推广、音视频流媒体服务、数字对象标识（DOI）分配、平面设计、ISSN 注册、市场营销、其他咨询服务、数据集管理、相关合同或许可准备、同行评议管理、开放网址支持服务、文字编辑、排版等，这些服务都与数字学术成果的收集、组织、管理、长期保存、获取和使用密切相关，是图书馆学术出版活动的有机组成部分。

4. 高校图书馆出版服务案例

（1）佐治亚理工学院图书馆

佐治亚理工学院（Georgia Institute of Technology）图书馆的出版服务主要包括知识库服务（Scholarly Materials and Research at Georgia Tech，SMARTech）和会议论文支持服务（Library Conference Proceedings Support Service，LCS），旨在提高图书馆对教师和学生的学术支持力度，并通过提高师生学术成果的可见性和易发现性服务于学院的总体目标和战略重点。

① SMARTech 知识库

SMARTech 知识库创建于2006年，是一个能够对校内知识成果进行搜集归档的可信赖知识库，图书馆通过该知识库搜集、组织、传播和保存佐治亚理工学院的学术成果。可以存入 SMARTech 知识库的内容多种多样，包括年度报告、会议论文、学位论文、时事通讯、预印本 / 后印本、连续出版物、研究报告、技术报告、工作报告、视频文件、网页等。文件格式主要有文本、图像、音频、视频文件等。

② 会议论文支持服务

佐治亚理工学院图书馆的会议论文支持服务同样开始于2006年。LCS 主要采用开放会议系统（Open Conference Systems，OCS）作为资源发布和管理平台，服务内容涉及以下几方面：为会议建立临时网页并提供支持，以管理相关论文提交活动和促进同行评议；会议录的模板和设计服务；对个人和组织进行 OCS 系统的使用培训；会议资料（文本、音频和视频）的存档工作；对访问受限的内容进行访问管理。LCS 服务支持各类型的会议出版物，包括文摘、演示文稿、研究报告以及多媒体演示内容等。

（2）普渡大学图书馆

普渡大学（Purdue University）图书馆的学术出版服务称为 e-Pubs，是普渡大学数字知识库（Purdue Digital Repositories）的组成部分。e-Pubs 既是机构知识库，又是一项服务，旨在搜集、组织、存储和分享普渡大学的学术成果。e-Pubs 面向普渡大学产生的或与大学有联系的期刊文章、技术报告、工作文件、会议论文、研讨会材料、学位论文以及其他学术性质的作品，同时还为普渡大学出版社的电子出版物提供主机托管服务。

e-Pubs 出版服务始于2006年，由大学图书馆和出版社合作提供，主要出版开放存取期刊。目前出版10种期刊，其中6种（IJPBL、JTO、FOSR、GBL、JPEER 和 JATE）从属于普渡大学的分校或院系部门，两种（JCA 和 JPUR）是学生杂志，还有两种期刊的编辑分别是校内教师（JPS，但这一杂志并不属于学校某个部门）和校外专家（CLC Web）。

e-Pubs 是一项开放存取服务，这意味着其中绝大多数内容都可以免费获取和使用并通过互联网下载，为全球用户提供一个获取、分享普渡大学学术成果并从中获益的平台。e-Pubs 的支持对象涉及普渡大学下属学院、学校、各部门或研究中心等学术团体以及个人研究者，收录的文献包括同行评议期刊文章、系列出版物、预印本、后印本、非正式出版物、未发表的文献以及灰色文献等。

（3）犹他大学图书馆

犹他大学（The University of Utah）图书馆的出版服务开始于 2010 年，主要负责部门为图书馆的信息技术部，资金完全来自图书馆业务预算。目前，图书馆已出版3种教师期刊、6 种学生期刊以及100 篇数字化学位论文，媒体格式涉及文本、图片、音频、视频、概念图和模型图等。图书馆拥有法律、环境科学研究、外语、政治学方面的专家，出版的顶级刊物有:《犹他法律评论》(Utah Law Review),《欣克利政治杂志》(Hinckley Journal of Politics),《犹他外语评论》(Utah Foreign Language Review）和《犹他环境法评论》(Utah Environmental Law Review)。随着图书馆与出版社合作的日益紧密，他们积极地探索如何为犹他大学的学术群体提供各类出版服务，图书馆也在寻求对自身的特色馆藏文献进行系统研究和深入挖掘。

犹他大学图书馆出版服务的内容具体包括：为出版社出版的学术专著的相关在线内容（通常是学术专著的数字形式或补充内容）提供主机托管服务；为犹他大学教职工研究成果及其他出版物的数字化发布和传播提供支持，无论这些出版物是否有印刷版本；深入挖掘图书馆的特色馆藏资源，以判断这些资源是否能够以书籍形式由出版社出版、是否能够在出版社的编辑建议下由图书馆在网络上免费发布、是否能转换为数字形式或按需出版形式供用户使用；使用图书馆的快速印书机为犹他大学的教职员工和学生、一般公众和出版社提供按需出版服务；提供附加服务，如（印本或网络）平面设计、外展服务、元数据支持、数字对象标识（DOI）分配、版权问题咨询、数字化、音视频数据流服务等。

（五）其他信息服务

1. 论文收录引用证明

（1）服务概述

论文收录引用证明就是图书馆通过作者姓名、作者单位、文献篇名、期刊名称、会议名称、会议时间、会议地点、发表时间等途径，查找文献被 Web of Science [SCI、SSCI、A&HCI、CPCI-S（原 ISTP）、CPCI-SSH（原 ISSHP）]，EI，CSSCI（中文社会科学引文索引）,CSCD（中国科学引文数据库）等国内外权威数据库收录和引用的情况，并根据检索结果出具带有公章的检索证明。

需要“论文收录引用”服务的情况主要有以下几种。

个人需求——个人硕博学位申请、优秀论文评奖、研究类型职称评审、岗位申请、国家杰出青年基金申请、特聘教授申请、教育部长江学者申请、院士评定等。

团体需求——科研团体研究课题结题、申报国家奖励、实验室评估、硕博士点审批等。

期刊需求——学术期刊进行相关基金申请、申报奖励等。

（2）服务内容

第一步，委托人提出论文收录引用服务申请，填写收引检索委托合同，注明检索目的、检索数据库、被检索人或机构的中英文写法、检索年限、服务完成时间等；提供发表论文的目录清单；根据信息服务机构的收费标准支付相应费用。

第二步，信息服务人员根据委托人提供的资料进行检索，并对检索结果做出整理。

第三步，信息服务人员向委托人出具带有公章的检索证明。

2. 科研产出统计分析

（1）服务概述

科研产出的统计和分析是帮助高校科研管理人员评定高校科研成果的服务，利用相关数据库资源，能够从机构、作者、学科等维度对高校的国内外期刊论文、博硕士学位论文、国内外会议论文、基金项目、国内外专利、奖励等方面进行统计，提供基于数量、引证、下载等多项统计指标，并能实现单指标下高校排序、任意高校对比分析等功能，满足高校科研管理人员明晰高校科研产出的需求。

（2）服务内容

《中国学术期刊（光盘版）》电子杂志社有限公司、中国科学文献计量评价研究中心于2017年9月推出了对全国31个省市自治区的972家高校及其477万学者自2006年至今的论文、专利等科研成果进行统计分析的数据库。利用该数据库，可以实现以下服务内容。

① 全国科研情况概览

能够揭示全国各地区高校科研产出的整体情况，以及各个学科的科研产出概况。

② 全国各高校科研情况分析

科研产出统计分析有助于揭示各地区、各学科高校科研产出整体状况，帮助教育管理部门和高校管理人员全面了解高等教育事业科研工作发展现状；也为评估各高校在各学科的科研能力发展水平和影响力提供客观数据，为同学科定位的高校间科研成果横向对比提供全局数据。

③ 全国作者科研产出情况分析

对全国或各地区中不同学科下科研工作者的科研产出情况进行统计分析，揭示科研实力比较强的作者。同时，系统提供二次检索功能，通过设置检索条件可以实现某一机构所有作者科研能力的比较分析，以及单个作者科研能力分析。

④ 校内科研产出情况分析

内容包括总体分析、学科分析、引证分析、合作机构分析、网络传播分析、高被引论文、热点文献、热词分析等功能。

⑤ 对比分析功能

提供与5家高校的科研产出的横向对比。可对比的指标包括各年国内期刊论文数、核心论文数、国家级基金论文数、被引频次、下载频次、专利数、国际论文数等。若选择某学科，则统计数据相应变为该学科下各个高校统计数据对比。该功能可灵活地用于与其他高校的总体情况、子学科的对比分析。

图书在版编目（CIP）数据

数字信息资源检索——国际关系及相关专业检索指南 / 胡波，游祎主编. —北京：世界知识出版社，2018.8
ISBN 978-7-5012-5836-9

Ⅰ.①数… Ⅱ.①胡… ②游… Ⅲ.①计算机应用—情报检索—高等学校—教材 Ⅳ.①G254.92

中国版本图书馆CIP数据核字（2018）第203430号

责任编辑 袁路明
责任出版 赵 玥
责任校对 马莉娜
封面设计 田 林

书 名 **数字信息资源检索——国际关系及相关专业检索指南**
Shuzi Xinxi Ziyuan Jiansuo — Guoji Guanxi Ji Xiangguan Zhuanye Jiansuo Zhinan

主 编 胡 波 游 祎

出版发行 世界知识出版社
地址邮编 北京市东城区干面胡同51号（100010）
网 址 www.ishizhi.cn
电 话 010-65265923（发行） 010-85119023（邮购）
经 销 新华书店
印 刷 北京虎彩文化传播有限公司
开本印张 787×1092毫米 1/16 41¼印张
字 数 880千字
版次印次 2018年9月第一版 2018年9月第一次印刷
标准书号 ISBN 978-7-5012-5836-9
定 价 98.00元

理论专著／教材

台湾地区政治研究

冲突法的理念嬗变与立法创新

政党学概论

国家侵权行为的管辖豁免问题研究

美欧应对中国崛起：理论、战略与互动

法国欧洲一体化政策研究

数字信息资源检索——国际关系及相关专业检索指南